직업기초능력평가

2022 상반기

고시넷 NCS 코레일

한국철도공사

기출예상 문제집

의사소통능력·수리능력·문제해결능력

사무영업(일반/수송) 운전 차량 토목 건축 전기통신

코레일 신경향 문제로 구성한 실전형 모의고사 15회 수록

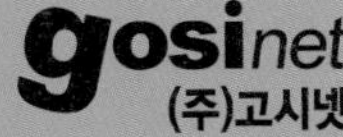

(주)고시넷

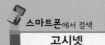

정오표 및 학습 질의 안내

정오표 확인 방법

고시넷은 오류 없는 책을 만들기 위해 최선을 다합니다. 그러나 편집에서 미처 잡지 못한 실수가 뒤늦게 나오는 경우가 있습니다. 고시넷은 이런 잘못을 바로잡기 위해 정오표를 실시간으로 제공합니다. 감사하는 마음으로 끝까지 책임을 다하겠습니다.

고시넷 홈페이지 접속 > 고시넷 출판- [illegible] 정오표

www.gosinet.co.kr

모바일폰에서 QR코드로 실시간 정오표를 확인할 수 있습니다.

학습 질의 안내

학습과 교재선택 관련 문의를 받습니다. 적절한 교재선택에 관한 조언이나 고시넷 교재 학습 중 의문 사항은 아래 주소로 메일을 주시면 성실히 답변드리겠습니다.

이메일주소 passgosi2004@hanmail.net

차례

코레일 필기시험 정복

파트 1 코레일 기출예상문제

파트 2 인성검사

파트 3 면접가이드

책속의 책

파트 1 코레일 기출예상문제 정답과 해설

구성과 활용

1 채용기업 소개 & 채용 절차

코레일의 미션, 비전, 핵심가치, 전략목표, 인재상 등을 수록하였으며 최근 채용 현황 및 채용 절차 등을 쉽고 빠르게 확인할 수 있도록 구성하였습니다.

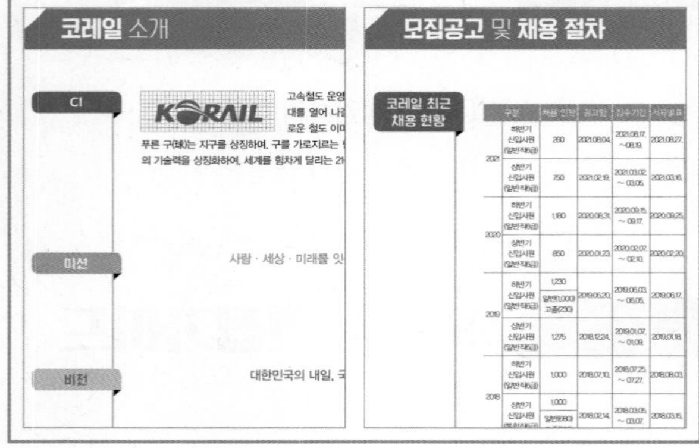

2 코레일 기출 유형분석

최근 기출문제 유형을 분석하여 최신 출제 경향을 한눈에 파악할 수 있도록 하였습니다.

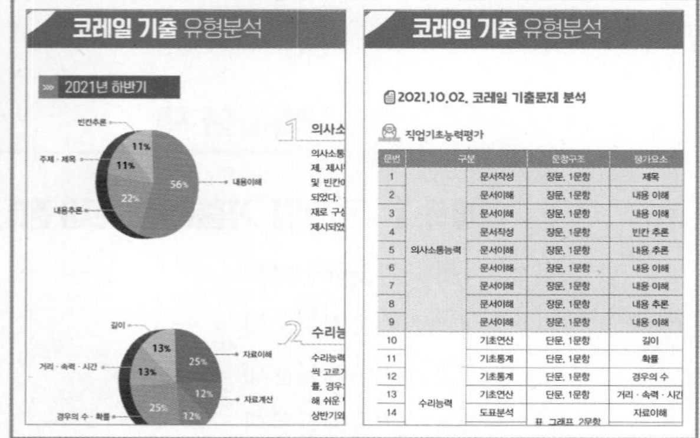

3 기출예상문제로 실전 연습 & 실력 UP!!

총 15회의 기출예상문제로 자신의 실력을 점검하고 완벽한 실전 준비가 가능하도록 구성하였습니다.

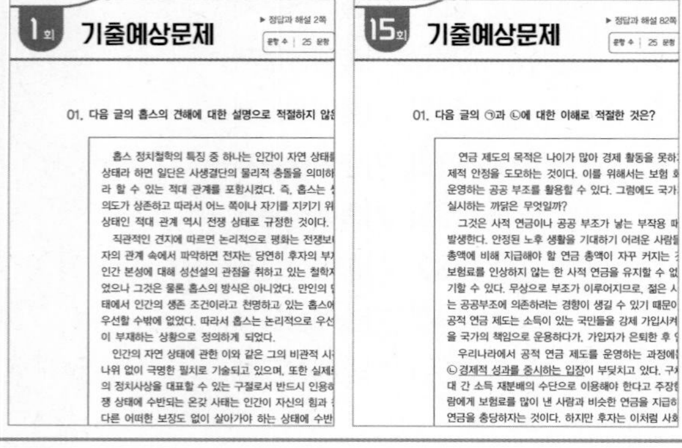

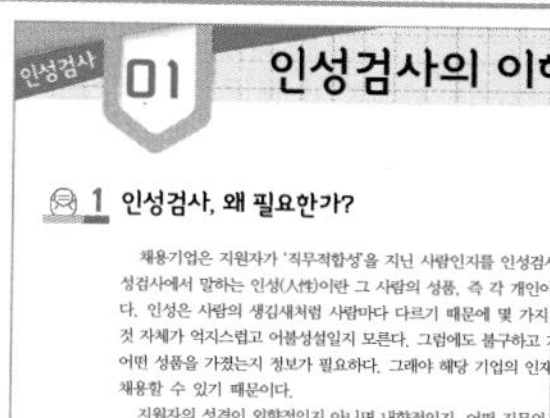

인성검사 01 인성검사의 이해

1 인성검사, 왜 필요한가?

면접가이드 03 면접 최신 기출

1 2021 하반기 면접 실제 기출 주제

- 다대일(지원자 1명, 면접관 4명), 10분간 진행
- 면접 전 7분간 상황면접지를 보고 답변을 미리 준비

1. 1분 자기소개
2. 상사와 갈등이 발생한다면 어떻게 할 것인가?
3. 주인의식을 가지고 일해 본 경험에 대해 말해 보시오.
4. IoT에 대해 아는 대로 말해 보시오.
5. 팀장이 상사의 업무를 지시한다면 어떻게 할 것인가?
6. 원칙을 준수해서 일을 처리한 경험이 있는가?
7. 신입사원으로서 가져야 할 태도에 대해 말해 보시오.
8. 공공기관의 직원으로서 가져야 할 자세에 대해 말해 보시오.
9. 본인이 채용되어야 하는 이유를 말해 보시오.
10. 지원한 직무에서 어떤 일을 하는지 아는 대로 말해 보시오.
11. 자기소개서에 적혀 있는 경험사항에서 특별히 노력한 점
12. 평소 자기관리를 어떻게 하는지 말해 보시오.

4 인성검사 & 면접으로 마무리까지 OK!!!

최근 채용 시험에서 점점 중시되고 있는 인성검사와 면접 질문들을 수록하여 마무리까지 완벽하게 대비할 수 있도록 하였습니다.

5 상세한 해설과 오답풀이가 수록된 정답과 해설

기출예상문제의 상세한 해설을 수록하였고 오답풀이 및 보충 사항들을 수록하여 문제풀이 과정에서의 학습 효과가 극대화될 수 있도록 구성하였습니다.

코레일 소개

CI

고속철도 운영과 대륙철도 연결로 21C 철도 르네상스 시대를 열어 나갈 주역으로서 한국 철도의 비전을 담은 새로운 철도 이미지를 구현하였습니다.

푸른 구(球)는 지구를 상징하며, 구를 가로지르는 힘찬 선(LINE)은 고속철도의 스피드와 첨단의 기술력을 상징화하여, 세계를 힘차게 달리는 21C 한국 철도의 이미지를 표현하였습니다.

미션

사람 · 세상 · 미래를 잇는 대한민국 철도

비전

대한민국의 내일, 국민의 코레일

핵심가치

안전(국민안전 | 안전역량), 고객(고객만족 | 직원행복), 소통(미래창조 | 혁신성장)

전략목표

Best Safety 글로벌 최고 수준의 **철도안전**	Efficient Management 고객가치 기반의 **재무개선**	Special Value 기업가치 제고로 **미래성장**	Trust Management 소통과 공감의 **신뢰경영**
글로벌 TOP 철도안전	부채비율 100%대	지속성장사업 매출 0.6조 원	종합청렴도 1등급

전략과제

최적의 철도안전·방역체계 정립	고품질 철도서비스 확대	미래 핵심기술 내재화	디지털 기반의 열린경영 실현
철도 안전운행 인프라 구축	내부자원 생산성 향상	남북철도 및 지속성장사업 확대	상호존중의 조직문화 구축

ESG 경영

공공 안전서비스	친환경 서비스 강화	사회적가치 실현	윤리경영 강화

인재상

인재상	사람지향 소통인	고객지향 전문인	미래지향 혁신인
	사람 중심의 사고와 행동을 하는 인성, 열린 마인드로 주변과 소통하고 협력하는 인재	내외부 고객만족을 위해 지속적으로 학습하고 노력하여 담당 분야의 전문성을 갖춘 인재	코레일의 글로벌 경쟁력을 높이고 현실에 안주하지 않고 발전을 끊임없이 추구하는 인재

HRD 미션	KORAIL 핵심가치를 실현하기 위한 차세대 리더의 체계적 육성			
HRD 비전	통섭형 인재양성을 통해 국민의 코레일 실현			
HRD 전략	HRD 조직발전	미래성장동력 확보	성과창출형 HRD	공감/소통의 조직문화 조성

모집공고 및 채용 절차

코레일 최근 채용 현황

(단위 : 명)

구분		채용 인원	공고일	접수기간	서류발표	필기시험	필기발표	면접시험	최종발표
2021	하반기 신입사원 (일반직6급)	260	2021.08.04.	2021.08.17. ~08.19.	2021.08.27.	2021.10.02.	2021.10.26.	2021.11.15. ~11.19.	2021.12.02. (*이후 철도적성검사 및 신체검사)
	상반기 신입사원 (일반직6급)	750	2021.02.19.	2021.03.02. ~ 03.05.	2021.03.16.	2021.04.10.	2021.05.04.	2021.05.24. ~ 05.28.	2021.06.10. (*이후 철도적성검사 및 신체검사)
2020	하반기 신입사원 (일반직6급)	1,180	2020.08.31.	2020.09.15. ~ 09.17.	2020.09.25.	2020.10.17.	2020.10.30.	2020.11.16. ~ 11.27.	2020.12.09. (*이후 철도적성검사 및 신체검사)
	상반기 신입사원 (일반직6급)	850	2020.01.23.	2020.02.07. ~ 02.10.	2020.02.20.	2020.06.14.	2020.06.24.	2020.07.06. ~ 07.09.	2020.07.17. (*이후 철도적성검사 및 신체검사)
2019	하반기 신입사원 (일반직6급)	1,230 일반(1,000) 고졸(230)	2019.05.20.	2019.06.03. ~ 06.05.	2019.06.17.	2019.07.20.	2019.07.30.	2019.08.19. ~ 08.23.	2019.09.05. (*이후 철도적성검사 및 신체검사)
	상반기 신입사원 (일반직6급)	1,275	2018.12.24.	2019.01.07. ~ 01.09.	2019.01.18.	2019.02.16.	2019.02.26.	2019.03.18. ~ 03.22.	2019.04.03. (*이후 철도적성검사 및 신체검사)
2018	하반기 신입사원 (일반직6급)	1,000	2018.07.10.	2018.07.25. ~ 07.27.	2018.08.03.	2018.08.25.	2018.09.05.	2018.09.17. ~ 09.20.	2018.10.04. (*이후 철도적성검사 및 신체검사)
	상반기 신입사원 (통합직6급)	1,000 일반(680) 고졸(320)	2018.02.14.	2018.03.05. ~ 03.07.	2018.03.15.	2018.04.14.	2018.04.23.	2018.04.30. ~ 05.04.	2018.05.10. (*이후 철도적성검사 및 신체검사)

채용 절차

채용공고
입사지원

서류검증

필기시험

면접시험
(인성검사 포함)

철도적성검사
채용신체검사

정규직
채용

- 각 전형별 합격자에 한하여 다음 단계 지원 자격을 부여함.
- 사무영업(수송), 일반공채_토목(일반), 고졸전형_토목분야에 한해 필기시험 이후 면접시험 이전에 실기시험 시행

입사지원서 접수

- 온라인 접수(방문접수 불가)

서류검증

- 직무능력기반 자기소개서 불성실 기재자, 중복지원자 등은 서류검증에서 불합격 처리

필기시험

채용분야	평가 과목	문항 수	시험시간
일반공채	직무수행능력평가(전공시험) NCS직업기초능력평가(의사소통능력, 수리능력, 문제해결능력)	50문항 (전공 25문항+직업기초 25문항)	60분 (과목 간 시간 구분 없음)
고졸전형 보훈추천 장애인	NCS직업기초능력평가(의사소통능력, 수리능력, 문제해결능력)	50문항	60분

- 합격자는 증빙서류 검증이 완료된 자 중 필기시험 결과 과목별 40% 이상 득점자 중에서 두 과목의 합산점수와 가점을 합한 고득점자 순으로 2배수 선발
- 필기시험 결과는 면접시험 등에 영향이 없음.

면접시험 등

- 면접시험 : 신입사원의 자세, 열정 및 마인드, 직무능력 등을 종합평가
  ※ 면접시험에는 경험면접 및 직무 상황면접 포함
- 인성검사 : 인성, 성격적 특성에 대한 검사로 적격 · 부적격 판정(면접 당일 시행)
  ※ 부적격 판정자는 면접시험 결과와 상관없이 불합격 처리

⇨ 면접시험 고득점 순으로 합격자 결정. 단, 실기시험 시행 분야는 면접시험(50%), 실기시험(50%)을 종합하여 고득점 순으로 최종합격자 결정

철도적성검사 및 채용신체검사

- 사무영업, 운전 및 토목_장비분야에 한해 철도안전법에 따라 철도적성검사 시행
- 채용신체검사 불합격 기준

정규직 채용 시는 철도안전법시행규칙 및 공무원채용신체검사규정을 준용합니다.

채용직무	신체검사 판정 기준
사무영업, 운전, 토목_장비	철도안전법시행규칙 "별표2"의 신체검사 항목 및 불합격 기준 준용
차량, 토목, 건축, 전기통신	공무원채용신체검사규정 "별표"에 따른 신체검사 불합격 판정기준 준용

- 철도적성검사 및 채용신체검사에 불합격한 경우 최종 불합격 처리

코레일 기출 유형분석

2021년 하반기

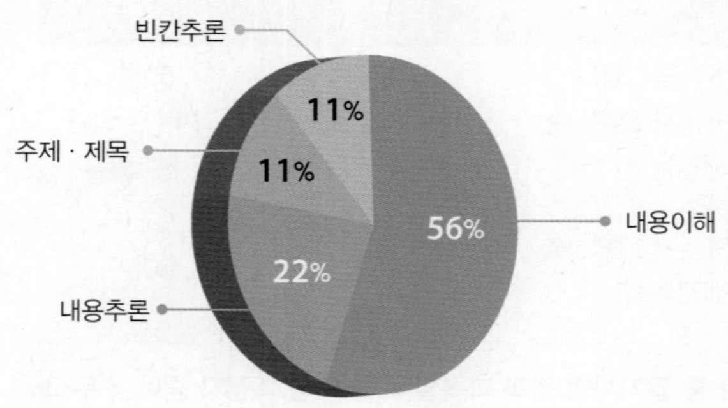

1 의사소통능력

의사소통능력에서는 제시된 글을 이해하는 문제, 제시된 글을 바탕으로 추론하는 문제, 제목 및 빈칸에 들어갈 내용을 찾는 문제 등이 출제되었다. 전기자동차, 공유자원, ASMR 등의 소재로 구성된 지문이 한 페이지 정도의 분량으로 제시되었다.

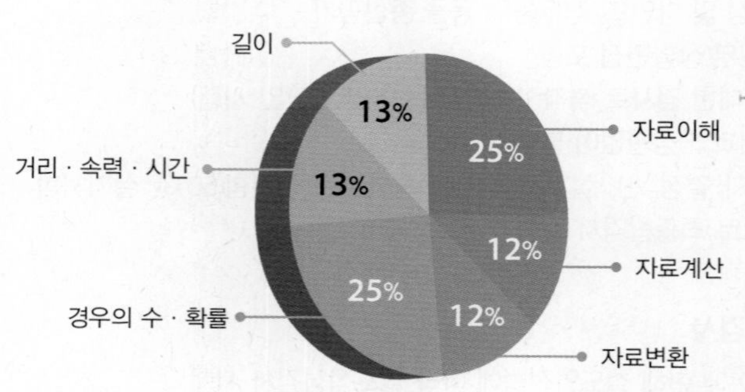

2 수리능력

수리능력에서는 응용수리와 자료해석이 4문제씩 고르게 출제되었다. 응용수리에서는 길이, 확률, 경우의 수 등의 문제가 2021년 상반기에 비해 쉬운 난도로 출제되었고, 자료해석은 2021년 상반기와 비슷한 난도로 출제되었다.

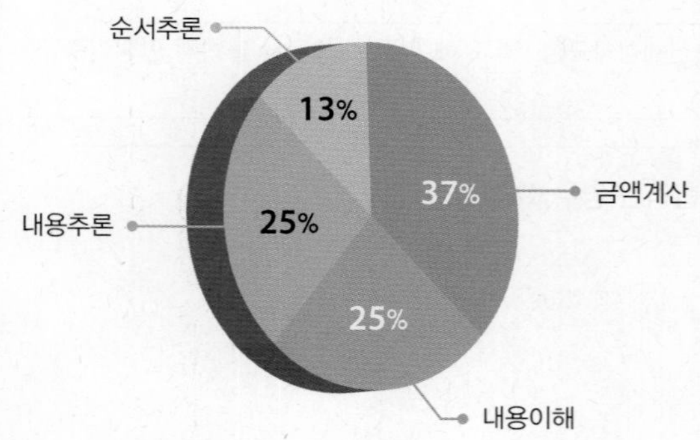

3 문제해결능력

문제해결능력에서는 제시된 자료를 바탕으로 금액을 계산하는 문제, 제시된 자료를 이해하고 추론하는 문제 등이 출제되었다. 이전 필기시험과 마찬가지로 타 영역과 결합된 문제가 지속적으로 출제되고 있어 대비가 필요하다.

2021년 상반기

1 의사소통능력

의사소통능력에서는 제시된 글을 읽고 알 수 있는 내용, 추론할 수 있는 내용을 묻는 문제가 가장 많이 출제되었고, 글의 제목이나 필자의 논지를 묻는 문제도 출제되었다. 대체 의학, 4차 산업혁명, 불면증, 첫인상 등 다양한 소재의 지문이 한 페이지 정도의 분량으로 길게 제시되었다.

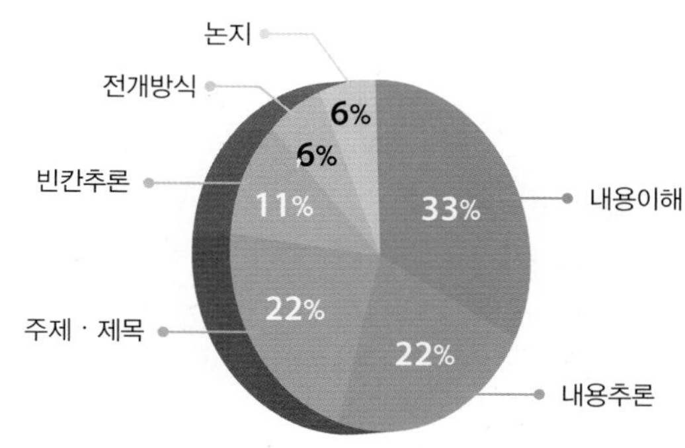

2 수리능력

수리능력에서는 이전에 출제된 거리 · 속력 · 시간, 수추리, 집합 등의 유형이 출제되지 않고 다소 낯설 수 있는 유형의 응용수리 문제가 출제되었다. 또한, 자료해석에서는 2개 이상의 자료가 제시되었으며, 자료변환 문제가 1~2개 정도 출제되어 빠른 계산을 요구했다.

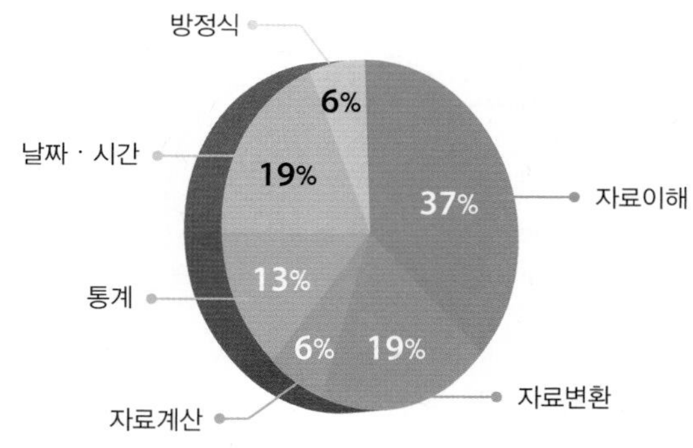

3 문제해결능력

문제해결능력에서는 제시된 조건을 바탕으로 추리하는 문제, 글을 읽고 추론하는 문제가 가장 많이 출제되었다. 이전 시험과는 달리 명제추리, 참 · 거짓 문제가 출제되지 않았으며, 의사소통능력이나 자원관리능력과 결합된 문제도 다수 출제되었다. 문제해결능력의 자료도 길게 제시되어 이에 대한 훈련이 필요하다.

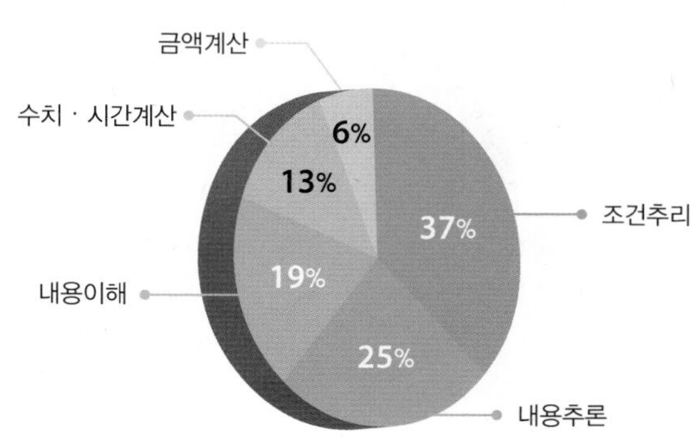

코레일 기출 유형분석

2020년 상 · 하반기

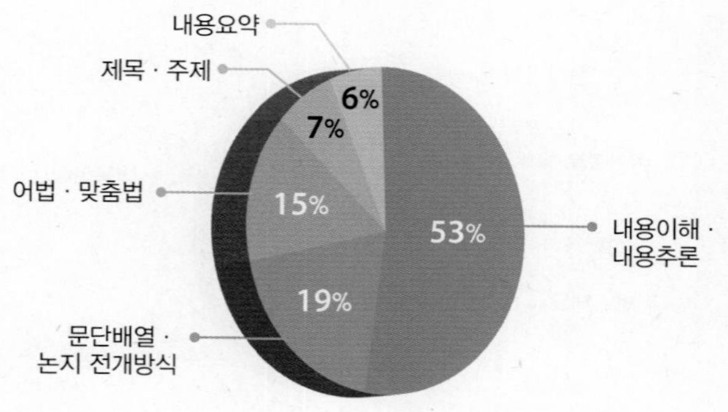

1 의사소통능력

의사소통능력에서는 내용이해 문제가 가장 많이 출제되었다. 도시철도, 제4차 산업혁명, 어린이 보호구역, 과학 지문 등이 제시되었으며 지문의 내용을 뒷받침하는 자료를 찾는 문제, 단어의 바른 표기, 발음 등을 묻는 문제도 출제되었다.

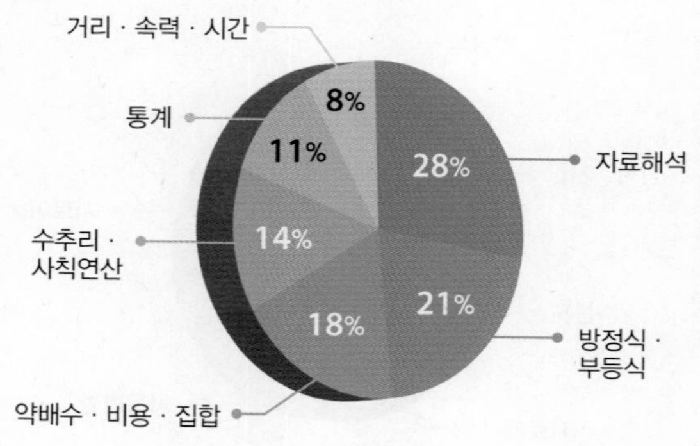

2 수리능력

수리능력에서는 수추리, 통계, 방정식, 자료해석 등의 유형이 고르게 출제되었으며 이전 필기시험에서 출제되지 않았던 시침과 분침 사이의 각도를 구하는 문제, Z-값 관련 문제, 사칙연산을 한 번씩만 사용하여 최댓값을 만드는 문제가 출제되기도 했다.

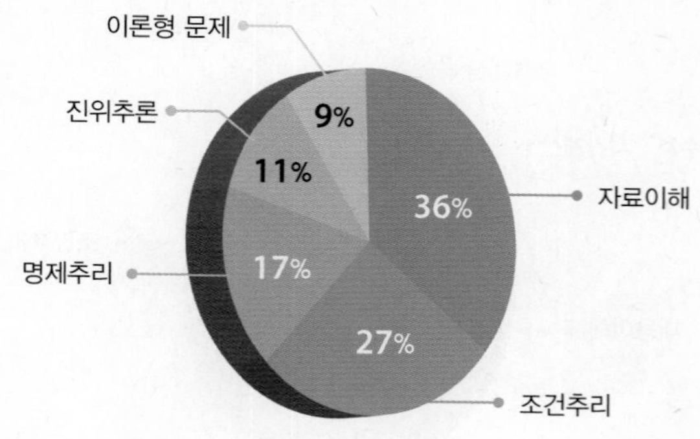

3 문제해결능력

문제해결능력에서는 자료를 이해하여 각 상황에 따른 결과를 추론하는 문제 유형의 출제 비중이 높았다. 이외에도 시간 추론 문제, 전제 찾는 문제, 브레인스토밍의 진행 방법과 같은 이론 문제도 출제되어 이에 대한 대비가 필요하다.

2019년 상 · 하반기

1 의사소통능력

의사소통능력에서는 내용이해와 어휘 · 어법 문제가 높은 출제 비중을 보였다. 어법, 단어의 의미를 묻는 문제가 다수 출제되었고 단어의 관계를 묻는 새로운 유형의 문제가 나왔다. 시기마다 출제 유형에 차이가 있으므로 한 쪽에 치우치지 않고 다양한 유형을 학습해 대비하는 것이 필요하다.

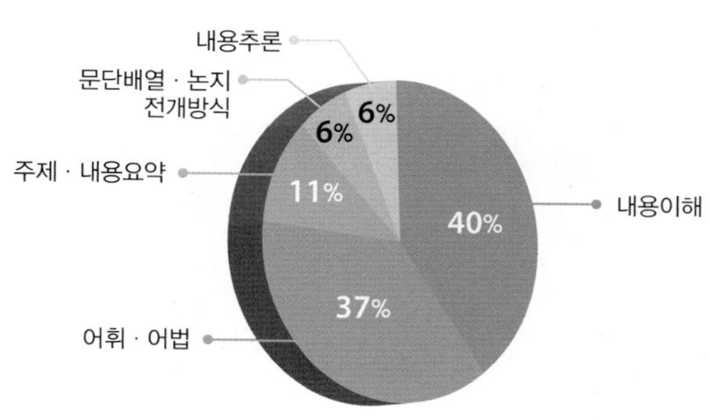

2 수리능력

수리능력에서는 자료이해, 자료계산 등의 자료해석 문제의 비중이 높았다. 방정식을 활용하여 인원, 개수, 횟수 등을 구하는 문제와 거리 · 속력 · 시간 등의 응용수리 문제가 출제되었으며, 2019년 하반기에는 2019년 상반기까지 출제되지 않았던 수추리 문제가 출제되기도 했다.

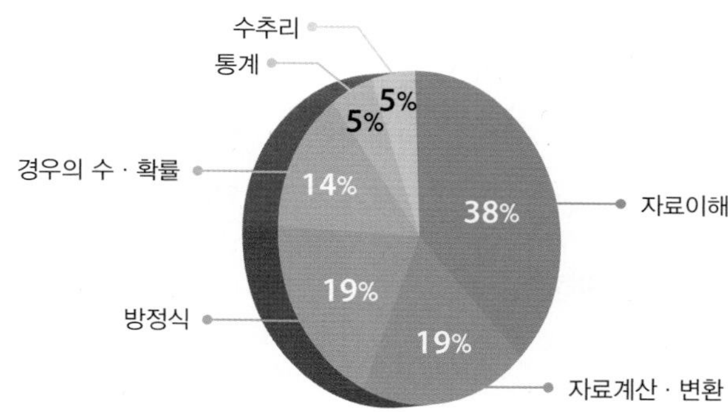

3 문제해결능력

문제해결능력에서는 자료를 이해하거나 활용하여 결과를 추론하는 유형이 가장 많이 출제되었으며 그 다음으로는 야유회에서 보물찾기, 꽃 전달하기 등 조건을 바탕으로 추론하는 문제가 많이 출제되었다. 에너지 절약 프로젝트, 회의록 등의 자료를 보고 푸는 복합문제, 논리적 오류 유형을 묻는 문제 등도 출제되므로 이에 대한 학습이 필요하다.

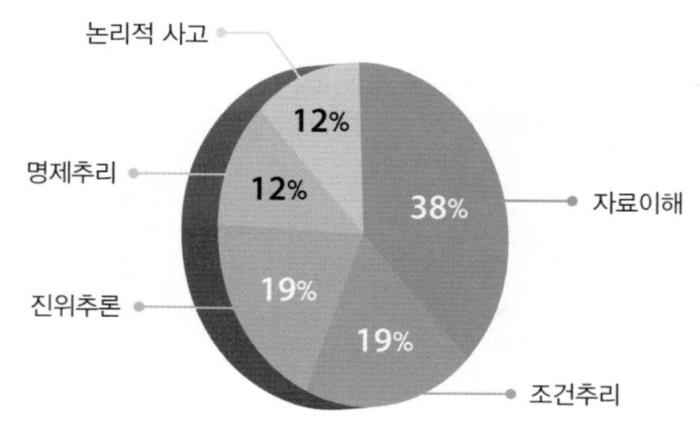

코레일 기출 유형분석

2021.10.02. 코레일 기출문제 분석

직업기초능력평가

문번	구분		문항구조	평가요소	소재
1	의사소통능력	문서작성	장문, 1문항	제목	전기자동차
2		문서이해	장문, 1문항	내용 이해	공유자원에 의한 시장실패
3		문서이해	장문, 1문항	내용 이해	홉스
4		문서작성	장문, 1문항	빈칸 추론	언론의 기능
5		문서이해	장문, 1문항	내용 추론	달걀
6		문서이해	장문, 1문항	내용 이해	ASMR
7		문서이해	장문, 1문항	내용 이해	그리스 수학
8		문서이해	장문, 1문항	내용 추론	박쥐
9		문서이해	장문, 1문항	내용 이해	딥페이크 기술
10	수리능력	기초연산	단문, 1문항	길이	TV의 크기
11		기초통계	단문, 1문항	확률	직원의 성별과 신입 여부
12		기초통계	단문, 1문항	경우의 수	인스턴트 커피와 핸드드립 커피
13		기초연산	단문, 1문항	거리 · 속력 · 시간	등산
14		도표분석	표, 그래프, 2문항	자료이해	통합시청점유율
15		도표작성		자료변환	
16		도표분석	표, 그래프, 2문항	자료이해	기업의 투자유형별 추이
17				자료계산	
18	문제해결능력	문제처리	장문, 1문항	내용 이해	의료비 지원 사업
19		문제처리	표4, 1문항	조건 추리	한식당 메뉴
20		문제처리	단문, 표3, 1문항	금액 계산	세미나 일정
21		문제처리	장문, 1문항	내용 이해	온돌
22		문제처리	단문, 표, 그림, 2문항	순서 추론	병원 회진시간
23				내용 추론	
24		문제처리	단문, 표2, 2문항	금액 계산	본인부담 병원비
25					

2021.04.10. 코레일 기출문제 분석_1

직업기초능력평가

<table>
<tr><th>문번</th><th colspan="2">구분</th><th>문항구조</th><th>평가요소</th><th>소재</th></tr>
<tr><td>1</td><td rowspan="9">의사소통능력</td><td>문서작성</td><td>장문, 1문항</td><td>제목</td><td>대체 의학</td></tr>
<tr><td>2</td><td>문서이해</td><td>장문, 1문항</td><td>내용 추론</td><td>4차 산업혁명</td></tr>
<tr><td>3</td><td>문서이해</td><td>장문, 1문항</td><td>논지 이해</td><td>헉슬리와 오웰의 미래상</td></tr>
<tr><td>4</td><td>문서작성</td><td>장문, 1문항</td><td>빈칸 추론</td><td>마르크스의 「독일 이데올로기」</td></tr>
<tr><td>5</td><td>문서이해</td><td>장문, 1문항</td><td>내용 추론</td><td>고밀도 천, 수지 코팅된 천, 필름 적층 천</td></tr>
<tr><td>6</td><td>문서이해</td><td>장문, 1문항</td><td>내용 이해</td><td>지리적 표시제</td></tr>
<tr><td>7</td><td>문서이해</td><td>장문, 1문항</td><td>주제</td><td>기회의 평등과 결과의 평등</td></tr>
<tr><td>8</td><td>문서이해</td><td>장문, 1문항</td><td>내용 이해</td><td>말의 발화작용</td></tr>
<tr><td>9</td><td>문서이해</td><td>장문, 1문항</td><td>내용 이해</td><td>철도종합시험선로</td></tr>
<tr><td>10</td><td rowspan="8">수리능력</td><td>기초연산</td><td>단문, 1문항</td><td>단순 계산</td><td>뻐꾸기시계</td></tr>
<tr><td>11</td><td>기초통계</td><td>단문, 1문항</td><td>확률</td><td>7인승 차량</td></tr>
<tr><td>12</td><td>기초연산</td><td>단문, 1문항</td><td>날짜 계산</td><td>공적 마스크 5부제</td></tr>
<tr><td>13</td><td>도표분석</td><td>표, 그래프2, 1문항</td><td>자료이해</td><td>결혼할 의향이 없는 1인 가구의 비율</td></tr>
<tr><td>14</td><td>도표분석</td><td rowspan="2">그래프2, 2문항</td><td>자료이해</td><td rowspan="2">대출 A의 공급액 및
대출 A와 가계대출의 금리</td></tr>
<tr><td>15</td><td>도표작성</td><td>자료변환</td></tr>
<tr><td>16</td><td>도표분석</td><td rowspan="2">그래프2, 2문항</td><td>자료이해</td><td rowspan="2">분기별 자동차 수출, 수입</td></tr>
<tr><td>17</td><td>도표작성</td><td>자료변환</td></tr>
<tr><td>18</td><td rowspan="8">문제해결능력</td><td>사고력</td><td>단문, 표, 1문항</td><td>조건 추리</td><td>복용하는 약의 종류와 복용 조건</td></tr>
<tr><td>19</td><td>사고력</td><td>단문, 표, 1문항</td><td>조건 추리</td><td>카페의 회전율</td></tr>
<tr><td>20</td><td rowspan="2">문제처리</td><td rowspan="2">단문, 2문항</td><td>조건 추리</td><td rowspan="2">여름 휴가 계획</td></tr>
<tr><td>21</td><td>금액 계산</td></tr>
<tr><td>22</td><td>문제처리</td><td>단문, 표, 1문항</td><td>내용 이해</td><td>신 · 재생에너지설비 설치계획서</td></tr>
<tr><td>23</td><td>문제처리</td><td>장문, 1문항</td><td>내용 추론</td><td>탑</td></tr>
<tr><td>24</td><td rowspan="2">문제처리</td><td rowspan="2">중문, 2문항</td><td>내용 이해</td><td rowspan="2">택배 업무</td></tr>
<tr><td>25</td><td>시간 계산</td></tr>
</table>

2021.04.10. 코레일 기출문제 분석_2

직업기초능력평가

문번	구분		문항구조	평가요소	소재
1	의사소통능력	문서작성	장문, 1문항	제목	불면증
2		문서이해	장문, 1문항	내용 이해	NGO
3		문서이해	장문, 1문항	내용 추론	대중매체
4		문서작성	장문, 1문항	빈칸 추론	첫인상
5		문서이해	장문, 1문항	내용 이해	자동차의 보급
6		문서작성	장문, 1문항	소제목	피가 중요한 이유
7		문서이해	장문, 1문항	내용 이해	도시 지도
8		문서이해	장문, 1문항	내용 추론	인류세
9		문서이해	장문, 1문항	전개 방식	3차원 프린터
10	수리능력	기초연산	단문, 1문항	방정식	사진 인화
11		기초연산	단문, 1문항	단순 계산	교차로 신호 체계
12		기초통계	단문, 1문항	평균	근무만족도 평균
13		도표분석	표2, 1문항	자료이해	국내 종합건설업 국내건설공사 수주액
14		도표분석	표, 그래프, 2문항	자료이해	유실 · 유기 동물
15		도표작성		자료변환	
16		도표작성	표, 그래프, 2문항	자료이해	자동차 등록대수
17		도표분석		자료계산	
18	문제해결능력	사고력	단문, 조직도, 1문항	조건 추리	중앙집행위원회 임원 임명
19		문제처리	단문, 표, 1문항	조건 추리	구매 목록과 영수증 내역
20		사고력	단문, 표, 1문항	조건 추리	근무지 배치
21		문제처리	장문, 1문항	내용 이해	출장 여비 규정
22		문제처리	장문, 표, 1문항	내용 추론	연구원 채용 공고
23		문제처리	장문, 그림, 1문항	내용 추론	크럼플존
24		문제처리	표2, 2문항	내용 추론	5개 공항의 노선과 이용객 수
25		문제처리		수치 계산	

2020.10.17. 코레일 기출문제 분석_1

직업기초능력평가

문번	구분		문항구조	평가요소	소재
1	의사소통능력	문서이해	장문, 1문항	내용 이해	기초 과학
2		문서이해	장문, 1문항	주제	우리나라의 산업 및 혁신시스템
3		문서이해	장문, 1문항	단어 관계	하의 관계
4		문서작성	목차, 장문, 2문항	목차	'항공 산업부문 혁신성장' 연구보고서
5				문단 배열	
6		문서이해	장문, 1문항	내용 이해	유명 브랜드의 양면성
7		문서이해	장문, 1문항	내용 이해	차별 문제
8		문서이해	장문, 1문항	단어 의미	작업과 고역
9		문서이해	중문, 1문항	내용 이해	안전속도 5030 정책
10	수리능력	기초연산	단문, 1문항	규칙 찾기	빈칸에 들어갈 숫자 찾기
11		기초연산	단문, 1문항	집합	꽃다발 개수
12		기초연산	단문, 1문항	기록 분석	차량 A, B의 주행 및 주유 기록
13		기초연산	단문, 1문항	부등식	반올림하여 정수로 나타내는 계산기
14		도표분석	표, 1문항	자료이해	여객운송수단별 여객수송현황
15		기초연산	단문, 1문항	방정식	피자 판매
16		도표분석	표, 1문항	자료이해	일대일 개인 톡방 현황
17	문제해결능력	사고력	단문, 1문항	조건 추리	가구 배치
18		사고력	단문, 1문항	명제 추리	코로나 확진자의 동선
19		사고력	단문, 1문항	논증의 변화양상	블루레이 플레이어
20		사고력	단문, 1문항	조건 추리	장관의 발언 순서
21		사고력	단문, 1문항	명제 추리	주연 캐스팅
22		사고력	단문, 1문항	이론	브레인스토밍의 진행방법
23		문제처리	장문, 표3, 3문항	내용 이해	보증기간 산정기준 및 유무상 수리기준
24				금액 계산	
25				내용 이해	

코레일 기출 유형분석

2020.10.17. 코레일 기출문제 분석_2

직업기초능력평가

문번	구분		문항구조	평가요소	소재
1	의사소통능력	문서작성	장문, 1문항	전개방식, 표현상의 특징	국내에 체류 중인 외국인
2		문서이해	장문, 1문항	내용 이해	언어 습득 이론
3		문서이해	장문, 1문항	내용 이해	매체에 따른 정보 구성 방식
4		문서이해	장문, 1문항	내용 이해	제4차 산업혁명이 경제에 가져다 줄 변화
5		문서작성	장문, 2문항	제목	도시철도 차량시스템
6		문서이해		내용 이해	
7		문서이해	장문, 1문항	작품 이해	소설 오발탄
8		문서이해	장문, 1문항	내용 이해	음성 언어 의사소통의 원리
9		문서이해	장문, 1문항	내용 이해	퇴고의 방법
10	수리능력	기초연산	단문, 1문항	부등식	고객 만족도 점수
11		기초연산	단문, 1문항	방정식	퍼즐
12		기초연산	단문, 1문항	방정식	단순 연립방정식
13		기초통계	단문, 1문항	Z-값	전공 및 토익 성적
14		도표분석	중문, 표, 1문항	자료이해	조선시대의 시법 체계
15		기초연산	단문, 1문항	거리 · 속력 · 시간	곡선구간 속력
16		도표분석	표, 1문항	자료이해	차종별 1일 평균 주행거리
17		기초연산	장문, 1문항	금액 계산	여성추천보조금
18	문제해결능력	사고력	단문, 1문항	명제 추리	전제 추론하기
19		사고력	단문, 1문항	조건 추리	자율주행 자동차
20		문제처리	단문, 표, 1문항	규칙 적용	조기축구대회 예선경기 결과
21		사고력	단문, 1문항	조건 추리	노래, 기타, 춤, 스피치 중 배우는 기술
22		사고력	단문, 1문항	조건 추리	방탈출게임
23		문제처리	단문, 1문항	금액 계산	카페의 우유 및 원두 구입
24		사고력	단문, 1문항	조건 추리	파스타 취향
25		문제처리	단문, 표, 1문항	규정 적용	신입생 최종 면접 결과

2020.10.17. 코레일 기출문제 분석_3

직업기초능력평가

문번	구분		문항구조	평가요소	소재
1	의사소통능력	문서이해	장문, 1문항	내용 이해	소나무
2		문서작성	장문, 1문항	작문 계획	신경성 식욕 부진증
3		문서이해	장문, 1문항	중심 내용	트럭 아저씨
4		문서이해	장문, 2문항	내용 이해	보행사고 감소를 위한 추진전략
5		문서작성		외래어	
6		문서이해	장문, 1문항	내용 이해	차마설
7		문서이해	장문, 3문항	내용 이해	고속철도가 바꾼 우리나라
8		문서작성		자료 추가	
9		문서작성		어법	
10	수리능력	기초연산	단문, 1문항	단순 계산	허용적재량
11		기초연산	단문, 1문항	금액 계산	세금
12		기초연산	표, 1문항	방정식	단순 방정식
13		기초연산	단문, 1문항	방정식	도르마무
14		기초통계	표, 1문항	평균	대행사 심사결과표
15		기초연산	중문, 1문항	규칙 적용	카드 게임
16		도표분석	표, 1문항	자료이해	정차역 신설 도시 선정
17		도표분석	단문, 표, 1문항	자료이해	인증대학 현황
18	문제해결능력	사고력	단문, 1문항	명제 추리	색의 선호와 상상력의 관계
19		사고력	단문, 1문항	명제 추리	단순 명제
20		사고력	단문, 1문항	조건 추리	금연구역에서 흡연하는 사람
21		사고력	단문, 1문항	명제 추리	과자 랜덤박스
22		문제처리	장문, 2문항	내용 이해	일치법, 차이법, 일치차이병용법
23					
24		사고력	단문, 1문항	명제 추리	조별과제 발표 조건
25		사고력	단문, 1문항	조건 추리	민간심의위원 선정

2020.06.14. 코레일 기출문제 분석_1

직업기초능력평가

문번	구분		문항구조	평가요소	소재
1	의사소통능력	문서작성	단문, 1문항	맞춤법	어법에 맞는 단어 찾기
2		의사표현	단문, 1문항	표준발음법	표준발음법
3		문서이해	장문, 1문항	내용 이해	복사 냉난방 패널 시스템
4		문서이해	장문, 1문항	내용 이해	겨울철 블랙아이스 사고 특성과 대책
5		문서작성	장문, 2문항	문단 배열	근거 과세의 원칙
6		의사표현		말하기 방식	
7		문서이해	장문, 2문항	내용 이해	공공기관 사회적 가치 포럼
8					
9		문서이해	장문, 1문항	내용 이해	교통안전사업
10	수리능력	기초연산	단문, 1문항	거리 · 속력 · 시간	기차의 출발시간
11		기초연산	단문, 1문항	단순계산	역의 개수
12		기초연산	단문, 1문항	규칙 찾기	숫자 배열 규칙
13		도표분석	그래프, 1문항	그래프 해석	코로나19 바이러스 확진자 추이
14		기초통계	표, 1문항	확률	열병 방제 방역
15		기초연산	표, 1문항	문장형 사칙연산	투자결과
16		기초연산	단문, 1문항	거리 · 속력 · 시간	이동 속도
17		기초연산	단문, 1문항	각도 계산	시침과 분침 각도
18	문제해결능력	사고력	단문, 1문항	조건 추리	맛집 가이드북 재평가
19		사고력	단문, 1문항	조건 추리	트럼프 카드 점수 계산
20		사고력	표, 1문항	조건 추리	쇼핑몰별, 상품별 가격 비교
21		사고력	단문, 1문항	조건 추리	경력직 채용 면접 결과
22		사고력	단문, 1문항	조건 추리	층별 사용하는 사람 찾기
23		사고력	표, 1문항	조건 추리	기술위원회 회의 계획
24		사고력	단문, 1문항	명제 판단	전제 추론
25		사고력	단문, 1문항	조건 추리	지사장 인사발령

2020.06.14. 코레일 기출문제 분석_2

직업기초능력평가

문번	구분		문항구조	평가요소	소재
1	의사소통능력	문서이해	단문, 표, 1문항	내용 전개	미래 교통수요 변화 대응
2		문서작성	장문, 1문항	핵심 키워드 선정	어린이 보호구역
3		문서작성	장문, 1문항	슬로건 작성	밀레니얼 시대
4		문서이해	중문, 1문항	내용 이해	잊힐 권리 법제화
5		문서이해	문장, 1문항	단어 의미	문맥에 맞는 단어 사용
6		문서작성	장문, 1문항	내용 전개	스마트시티 구축 전략
7		문서작성	문장, 1문항	맞춤법	표준어 규정에 맞는 발음
8		문서이해	장문, 1문항	내용 이해	과학사회학의 시대별 관점 변화
9		문서이해	장문, 1문항	내용 이해	상사의 의사소통 스타일과 직무몰입
10	수리능력	기초연산	문장, 1문항	방정식	채권 투자
11		기초연산	표, 1문항	사칙연산	숫자 배열 규칙
12		기초연산	단문, 1문항	경우의 수	테이블에 앉는 경우
13		기초연산	단문, 1문항	사칙연산	사칙연산으로 최댓값 계산
14		기초연산	그림, 1문항	도형 계산	공원 산책로의 폭
15		기초연산	그림, 1문항	도형 계산	삼각형의 둘레 길이
16		도표분석	표, 1문항	자료이해	수출입 동향
17		도표분석	표, 1문항	자료계산	국내은행 원화대출 연체율 추이
18	문제해결능력	사고력	문장, 1문항	조건 추리	다트 점수 계산
19		사고력	문장, 1문항	조건 추리	거짓을 말한 사람 찾기
20		문제처리	표, 문장, 1문항	내용 이해	리튬이온 배터리 견적표의 세부사항
21		문제처리	문장, 1문항	조건 추리	비상대기 근무자 수
22		문제처리	표2, 1문항	내용 이해	선호도 투표 결과
23		사고력	표2, 1문항	내용 이해	최종순위를 바탕으로 가중치 적용
24		사고력	문장, 1문항	조건 추리	불만에 대한 진술 내용
25		사고력	표2, 그림1, 1문항	조건 추리	면접을 진행할 면접관 찾기

필기시험 합격선

2021 하반기

(단위 : 점수)

<table>
<tr><th colspan="2" rowspan="2">구분</th><th colspan="2">사무영업</th><th colspan="2">운전</th><th colspan="2">차량</th><th colspan="2">토목</th><th colspan="2">건축</th><th rowspan="2">전기통신</th></tr>
<tr><th>일반</th><th>수송</th><th>일반</th><th>전동차</th><th>기계</th><th>전기</th><th>일반</th><th>장비</th><th>일반</th><th>설비</th></tr>
<tr><td colspan="2">전국권</td><td>–</td><td>–</td><td>–</td><td>–</td><td>–</td><td>–</td><td>–</td><td>–</td><td>80.93</td><td>70.9</td><td>–</td></tr>
<tr><td rowspan="6">권역별</td><td>수도권</td><td>80.72</td><td>75.13</td><td>–</td><td>65.4</td><td rowspan="6">–</td><td rowspan="6">–</td><td>73.2</td><td rowspan="6">–</td><td rowspan="6">–</td><td rowspan="6">–</td><td>72.98</td></tr>
<tr><td>강원권</td><td>–</td><td>75.28</td><td>72.92</td><td rowspan="5">–</td><td>–</td><td>–</td></tr>
<tr><td>충청권</td><td>78.48</td><td>72.85</td><td rowspan="4">–</td><td>65.73</td><td>70.48</td></tr>
<tr><td>호남권</td><td>79.95</td><td>72.43</td><td>65.03</td><td>70.57</td></tr>
<tr><td>대구경북권</td><td>–</td><td>–</td><td>66.98</td><td>72.87</td></tr>
<tr><td>부산경남권</td><td>79.2</td><td>75.23</td><td>77.47</td><td>70.62</td></tr>
<tr><td rowspan="5">차량분야</td><td>수도권</td><td rowspan="5">–</td><td rowspan="5">–</td><td rowspan="5">–</td><td rowspan="5">–</td><td>89.22</td><td>82.4</td><td rowspan="5">–</td><td rowspan="5">–</td><td rowspan="5">–</td><td rowspan="5">–</td><td rowspan="5">–</td></tr>
<tr><td>중부권</td><td>84.32</td><td>74.9</td></tr>
<tr><td>충청권</td><td>89.17</td><td>79.45</td></tr>
<tr><td>호남권</td><td>91.7</td><td>80.98</td></tr>
<tr><td>영남권</td><td>89.03</td><td>81.13</td></tr>
</table>

2021 상반기

(단위 : 점수)

<table>
<tr><th colspan="2" rowspan="2">구분</th><th colspan="2">사무영업</th><th rowspan="2">운전 (전동차)</th><th colspan="2">차량</th><th colspan="2">토목</th><th colspan="2">건축</th><th rowspan="2">전기통신</th></tr>
<tr><th>일반</th><th>수송</th><th>기계</th><th>전기</th><th>일반</th><th>장비</th><th>일반</th><th>설비</th></tr>
<tr><td colspan="2">전국권</td><td>–</td><td>–</td><td>–</td><td>–</td><td>–</td><td>–</td><td>85.59</td><td>68.67</td><td>66.82</td><td>–</td></tr>
<tr><td rowspan="6">권역별</td><td>수도권</td><td rowspan="2">–</td><td>67.87</td><td>64.49</td><td rowspan="6">–</td><td rowspan="6">–</td><td>55.9</td><td rowspan="6">–</td><td rowspan="6">–</td><td rowspan="6">–</td><td>59.82</td></tr>
<tr><td>강원권</td><td>58.38</td><td rowspan="5">–</td><td>–</td><td>46.03</td></tr>
<tr><td>충청권</td><td>69.32</td><td>62.55</td><td>42.8</td><td>57.05</td></tr>
<tr><td>호남권</td><td>67.32</td><td>60.7</td><td>48.8</td><td>50.3</td></tr>
<tr><td>대구경북권</td><td>–</td><td>–</td><td>46.05</td><td>53.2</td></tr>
<tr><td>부산경남권</td><td>69.23</td><td>61.03</td><td>58.65</td><td>55.72</td></tr>
<tr><td rowspan="4">차량분야</td><td>수도권정비단</td><td rowspan="4">–</td><td rowspan="4">–</td><td rowspan="4">–</td><td>82.75</td><td>67.27</td><td rowspan="4">–</td><td rowspan="4">–</td><td rowspan="4">–</td><td rowspan="4">–</td><td rowspan="4">–</td></tr>
<tr><td>대전정비단</td><td>81.68</td><td>64.93</td></tr>
<tr><td>호남정비단</td><td>81.52</td><td>63.72</td></tr>
<tr><td>부산정비단</td><td>84.63</td><td>68.53</td></tr>
</table>

2020 하반기

(단위 : 점수)

구분	사무영업			운전	차량		토목	건축		전기통신
	일반	수송	IT		기계	전기		일반	설비	
수도권	81.15	78.82		61.67	77.47	69.36	56.97	83.07	–	57.16
중부권	83.48	74.55		–	–	65.31	41.99	–	47	49.7
충청권	81.30	77.49	–	70.25		64.95	43.61	65		48.30
영남권	81.48	76.22		71.99	79.35	69.03	52.35	–	–	55.7
호남권	–	75.56		68.55	71.87	–	45.15			43.38

2020 상반기

(단위 : 점수)

구분	사무영업			운전	차량		토목	건축		전기통신
	일반	수송	IT		기계	전기		일반	설비	
수도권	79.47	78.48	81.17	55.73	81.39	67.61	66.23	83.07	62.63	66.75
중부권	–	75.34		60.79	77.08	60.7	49.65			56.82
충청권	77.59	76.83	–	65.5	77.08	66.7	–	–	–	66.59
영남권	77.53	78.11		67.12	83.3	71.01				68.98
호남권	75.9	79.8		61.95	78.8	66.8	54.67			68.98

2019 하반기

(단위 : 점수)

구분	사무영업		운전	차량	토목	건축	전기통신
	일반	수송					
수도권	85.6	71.47	–	68.77	60.27	62.03	66.8
중부권		69.27	65.3	64	52.7	–	63.13
충청권	–	72.43	68.33	67.63	53.57		60.67
영남권		–	–	68.87	59.97	52.7	72.5
호남권		68.9	69.5	63.63	58.23	–	70

2019 상반기

(단위 : 점수)

구분	사무영업			운전		차량	토목	건축	전기통신
	일반	수송	IT	일반	전동차				
수도권	81.47	66.73	70.27	–	56.07	64.4	61.87	63.6	67.27
중부권	71.7	63.13		55.3		61.73	49.97	54.27	57.8
충청권	74.53	–	–	61.37	–	62.63	51.77	–	63.9
영남권	79.37	62.43		60		65.43	58.03	65.2	66.8
호남권	73.57	60.57		56.87		62	52.67	–	62.7

키워드
글의 제목을 찾는 문제
글을 읽고 추론하는 문제
글의 빈칸에 들어갈 내용을 추론하는 문제
경우의 수, 확률을 계산하는 문제
표와 그래프로 제시된 자료를 해석하는 문제
제시된 자료를 바탕으로 그래프를 작성하는 문제
조건을 바탕으로 추론하는 문제
자료를 바탕으로 비용, 순서를 파악하는 문제

분석
의사소통능력에서는 신종 코로나바이러스, 전기자동차, 공유자원, ASMR 등 다양한 소재의 지문이 제시되므로 평상시에 다양한 글을 접해보는 것이 중요하다. 수리능력에서는 응용수리와 자료해석이 고르게 출제되는데, 자료해석의 경우 2개 이상의 자료를 제시하여 이를 해석하고 다른 자료로 변환하는 문제가 출제되므로 자료를 빠르게 이해하고 계산하는 연습이 필요하다. 문제해결능력에서는 조건을 토대로 추론하는 문제가 출제되며, 의사소통능력이나 자원관리능력과 결합된 문제도 출제되므로 폭넓은 학습이 요구된다. 전반적으로 지문, 자료가 길게 제시되었으므로 학습을 통해 문제 풀이 시간을 단축시키는 훈련이 필요하다.

1 파트

코레일(한국철도공사) 기출예상문제

NCS란? 산업 현장에서 직무를 수행하기 위해 요구되는 각종 지식, 기술, 태도 등의 내용을 국가가 체계화한 것을 의미한다.

유의사항

- 필기시험 문항 수는 총 50문항(NCS 25+전공 25)이며 응시 시간은 60분입니다.
- 계산기, 휴대전화, 전자사전, MP3, PDA 등 전자기기의 사용은 부정행위로 간주됩니다.
- OMR 답안지의 작성은 반드시 검정색 컴퓨터용 사인펜을 사용하여 주시기 바랍니다. 컴퓨터용 사인펜 미사용으로 인한 책임은 본인에게 있습니다.
- OMR 답안지 수정은 수정테이프를 사용하여 수정 혹은 답안지 교체가 가능합니다(단, 수정액은 사용 불가능합니다).
- 답안지 교체 시 잘못 작성한 답안지에는 크게 X 표시를 한 후 제출하시기 바랍니다.

※ 본 문제지는 OMR 답안지와 함께 제출하셔야 하며, 제출하지 않는 경우 응시자에게 책임이 부과됩니다.

코레일(한국철도공사)

1회 기출예상문제

수험번호	
성 명	

KORAIL

감독관 확인란	

1회 기출예상문제

성명표기란

ㄱ	ㅏ	ㄱ	ㄱ	ㅏ	ㄱ	ㄱ	ㅏ	ㄱ	ㄱ	ㅏ	ㄱ
ㄴ	ㅑ	ㄴ	ㄴ	ㅑ	ㄴ	ㄴ	ㅑ	ㄴ	ㄴ	ㅑ	ㄴ
ㄷ	ㅓ	ㄷ	ㄷ	ㅓ	ㄷ	ㄷ	ㅓ	ㄷ	ㄷ	ㅓ	ㄷ
ㄹ	ㅕ	ㄹ	ㄹ	ㅕ	ㄹ	ㄹ	ㅕ	ㄹ	ㄹ	ㅕ	ㄹ
ㅁ	ㅗ	ㅁ	ㅁ	ㅗ	ㅁ	ㅁ	ㅗ	ㅁ	ㅁ	ㅗ	ㅁ
ㅂ	ㅛ	ㅂ	ㅂ	ㅛ	ㅂ	ㅂ	ㅛ	ㅂ	ㅂ	ㅛ	ㅂ
ㅅ	ㅜ	ㅅ	ㅅ	ㅜ	ㅅ	ㅅ	ㅜ	ㅅ	ㅅ	ㅜ	ㅅ
ㅇ	ㅠ	ㅇ	ㅇ	ㅠ	ㅇ	ㅇ	ㅠ	ㅇ	ㅇ	ㅠ	ㅇ
ㅈ	ㅡ	ㅈ	ㅈ	ㅡ	ㅈ	ㅈ	ㅡ	ㅈ	ㅈ	ㅡ	ㅈ
ㅊ	ㅣ	ㅊ	ㅊ	ㅣ	ㅊ	ㅊ	ㅣ	ㅊ	ㅊ	ㅣ	ㅊ
ㅋ	ㅐ	ㅋ	ㅋ	ㅐ	ㅋ	ㅋ	ㅐ	ㅋ	ㅋ	ㅐ	ㅋ
ㅌ	ㅒ	ㅌ	ㅌ	ㅒ	ㅌ	ㅌ	ㅒ	ㅌ	ㅌ	ㅒ	ㅌ
ㅍ	ㅔ	ㅍ	ㅍ	ㅔ	ㅍ	ㅍ	ㅔ	ㅍ	ㅍ	ㅔ	ㅍ
ㅎ	ㅖ	ㅎ	ㅎ	ㅖ	ㅎ	ㅎ	ㅖ	ㅎ	ㅎ	ㅖ	ㅎ
	ㅘ		ㄲ	ㅘ	ㄲ	ㄲ	ㅘ	ㄲ	ㄲ	ㅘ	ㄲ
	ㅙ		ㄸ	ㅙ	ㄸ	ㄸ	ㅙ	ㄸ	ㄸ	ㅙ	ㄸ
	ㅚ		ㅃ	ㅚ	ㅃ	ㅃ	ㅚ	ㅃ	ㅃ	ㅚ	ㅃ
	ㅝ		ㅆ	ㅝ	ㅆ	ㅆ	ㅝ	ㅆ	ㅆ	ㅝ	ㅆ
	ㅞ		ㅉ	ㅞ	ㅉ	ㅉ	ㅞ	ㅉ	ㅉ	ㅞ	ㅉ
	ㅟ			ㅟ	ㄺ		ㅟ	ㄺ		ㅟ	ㄺ
	ㅢ			ㅢ	ㄻ		ㅢ	ㄻ		ㅢ	ㄻ

수험번호

⓪	⓪	⓪	⓪	⓪	⓪
①	①	①	①	①	①
②	②	②	②	②	②
③	③	③	③	③	③
④	④	④	④	④	④
⑤	⑤	⑤	⑤	⑤	⑤
⑥	⑥	⑥	⑥	⑥	⑥
⑦	⑦	⑦	⑦	⑦	⑦
⑧	⑧	⑧	⑧	⑧	⑧
⑨	⑨	⑨	⑨	⑨	⑨

(주민등록앞자리 생년제외) 월일

⓪	⓪	⓪	⓪
①	①	①	①
②	②	②	②
③	③	③	③
④	④	④	④
⑤	⑤	⑤	⑤
⑥	⑥	⑥	⑥
⑦	⑦	⑦	⑦
⑧	⑧	⑧	⑧
⑨	⑨	⑨	⑨

수험생 유의사항

※ 답안은 반드시 컴퓨터용 사인펜으로 보기와 같이 바르게 표기해야 합니다.
〈보기〉 ① ② ③ ❹ ⑤

※ 성명표기란 위 칸에는 성명을 한글로 쓰고 아래 칸에는 성명을 정확하게 표기하십시오. (맨 왼쪽 칸부터 성과 이름은 붙여 씁니다)

※ 수험번호/월일 위 칸에는 아라비아 숫자로 쓰고 아래 칸에는 숫자와 일치하게 표기하십시오.

※ 월일은 반드시 본인 주민등록번호의 생년을 제외한 월 두 자리, 일 두 자리를 표기하십시오.
〈예〉 1994년 1월 12일 → 0112

※ 검사문항 : 1~25

문번	답란	문번	답란
1	① ② ③ ④ ⑤	16	① ② ③ ④ ⑤
2	① ② ③ ④ ⑤	17	① ② ③ ④ ⑤
3	① ② ③ ④ ⑤	18	① ② ③ ④ ⑤
4	① ② ③ ④ ⑤	19	① ② ③ ④ ⑤
5	① ② ③ ④ ⑤	20	① ② ③ ④ ⑤
6	① ② ③ ④ ⑤	21	① ② ③ ④ ⑤
7	① ② ③ ④ ⑤	22	① ② ③ ④ ⑤
8	① ② ③ ④ ⑤	23	① ② ③ ④ ⑤
9	① ② ③ ④ ⑤	24	① ② ③ ④ ⑤
10	① ② ③ ④ ⑤	25	① ② ③ ④ ⑤
11	① ② ③ ④ ⑤		
12	① ② ③ ④ ⑤		
13	① ② ③ ④ ⑤		
14	① ② ③ ④ ⑤		
15	① ② ③ ④ ⑤		

1회 기출예상문제

▶ 정답과 해설 2쪽

문항 수 | 25 문항

01. 다음 글의 홉스의 견해에 대한 설명으로 적절하지 않은 것은?

홉스 정치철학의 특징 중 하나는 인간이 자연 상태를 전쟁 상태로 정의하는 데 있다. 전쟁 상태라 하면 일단은 사생결단의 물리적 충돌을 의미하나 홉스는 이 정의에다 일종의 냉전이라 할 수 있는 적대 관계를 포함시켰다. 즉, 홉스는 쌍방 중 어느 쪽에게든 타방을 공격할 의도가 상존하고 따라서 어느 쪽이나 자기를 지키기 위해선 타방에 대한 경계를 늦출 수 없는 상태인 적대 관계 역시 전쟁 상태로 규정한 것이다.

직관적인 견지에 따르면 논리적으로 평화는 전쟁보다 우선된다고 한다. 전쟁과 평화를 양자의 관계 속에서 파악하면 전자는 당연히 후자의 부재로서 보일 것이다. 사실 이런 방식은 인간 본성에 대해 성선설의 관점을 취하고 있는 철학자들에게는 매우 매력적인 접근 방법이었으나 그것은 물론 홉스의 방식은 아니었다. 만인의 만인에 대한 전쟁 상태야 말로 자연 상태에서 인간의 생존 조건이라고 천명하고 있는 홉스에게선 전쟁이 평화에 대해 논리적으로 우선할 수밖에 없었다. 따라서 홉스는 논리적으로 우선하는 전쟁을 기초로 하여 평화란 전쟁이 부재하는 상황으로 정의하게 되었다.

인간의 자연 상태에 관한 이와 같은 그의 비관적 시각은 『리바이어던』 13장 9절에서 더할 나위 없이 극명한 필치로 기술되고 있으며, 또한 실제로 모든 홉스 연구자들은 이 문단을 그의 정치사상을 대표할 수 있는 구절로서 반드시 인용하고는 한다. "만인이 만인에게 적인 전쟁 상태에 수반되는 온갖 사태는 인간이 자신의 힘과 창의에 의해 얻을 수 있는 것 이외에는 다른 어떠한 보장도 없이 살아가야 하는 상태에 수반되는 사태와 동일하다. 이런 상태에선 근로가 자리 잡을 수 있는 여지가 없다. 근로의 과실이 불확실하니까 말이다. 따라서 토지의 경작도 항해도 존재할 수 없으며, 해로로 수입되는 물자의 이용, 편리한 건물, 다대한 힘을 요하는 물건의 운반이나 이동을 위한 도구, 지표면에 관한 지식, 시간의 계산, 기술, 문자, 사회 등 그 어느 것도 존재할 수 없는 것이다. 그리고 무엇보다도 나쁜 일은 끊임없는 공포와 폭력에 의한 죽음에 대한 위험이다. 이런 상태에서 인간의 삶은 고독하고 빈궁하고 더럽고 잔인하면서도 짧다."

① 홉스는 평화로운 상태가 논리적으로 우선시되고 그 다음으로 전쟁 상태가 뒤따라온다고 주장한다.

② 홉스가 말한 전쟁 상태는 사생결단의 물리적 충돌에 일종의 냉전이라고 하는 적대 관계가 포함된 상태이다.

③ 홉스가 말한 전쟁 상태에서는 타인이 내게 베푸는 그 어떠한 보장도 믿을 수 없다.

④ 만인이 만인에게 적인 전쟁 상태에서 믿을 수 있는 것은 자신뿐이다.

⑤ 홉스는 쌍방 중 어느 쪽에게든 타방을 공격할 의도가 상존하고 따라서 어느 쪽이나 자기를 지키기 위해선 타방에 대한 경계를 늦출 수 없는 상태도 전쟁 상태로 규정한다.

02. 다음 글을 참고할 때, 공유자원에 의한 시장실패를 막을 수 있는 예방책이 아닌 것은?

대부분의 재화는 시장 원리에 따라 소비자가 대가를 지불하고 공급자가 그 대가를 취득하는 방식으로 배분된다. 그러나 등대, 가로등과 같은 공공재나 깨끗한 공기, 바다 속의 물고기와 같은 공유자원은 재화를 이용하는 대가를 지불하지 않아도 되므로 시장 원리에 따라 재화가 효율적으로 배분되지 못한다. 이와 같은 경우를 시장실패라 하는데, 시장실패가 발생하면 이를 해결하는 데 드는 사회적 비용이 크기 때문에 사전에 예방하는 것이 중요하다. 그 방법은 재화의 성격에 따라 달라지므로 공공재와 공유자원을 명확하게 구분할 필요가 있다.

공공재는 배제성과 경합성이 없는 재화를 말한다. '배제성'이란 사람들이 재화를 소비하는 것을 막을 수 있는 가능성을 말하고, '경합성'이란 한 사람이 재화를 소비하면 다른 사람이 소비에 제한을 받는 속성을 말한다. 공공재가 배제성이 없다는 것은 재화를 생산하더라도 그것을 소비하는 데 드는 비용을 지불할 사람이 없다는 것이므로 누구도 공공재를 공급하려 하지 않는다. 따라서 정부가 사회적 비용과 편익을 따져 공공재를 공급해야 시장실패를 예방할 수 있다.

공유자원은 공공재와 같이 배제성이 없어 누구나 무료로 사용할 수 있지만, 경합성이 있는 재화이다. 따라서 '공유자원의 비극'이라는 심각한 문제를 야기하기도 한다. 만약 누구든지 자유롭게 사용할 수 있는 목초지가 있다면, 소의 주인들은 많은 소를 몰고 와서 풀을 먹이려고 할 것이다. 따라서 목초지가 훼손된다고 해도 이에 따른 불이익은 목초지를 이용하는 모든 소 주인들이 나누므로 크게 문제가 되지 않는다. 보다 큰 문제는 목초지의 풀이 제한되어 있다는 사실인데, 계속해서 많은 사람이 목초지를 이용하면 결국 그 목초지는 기능을 상실한다.

공공재에 의한 시장실패는 정부가 공급 비용을 부담함으로써 쉽게 예방할 수 있다. 하지만 공유자원에 의한 시장실패는 위의 예와 같이 개인들이 더 많은 자원을 사용하려고 경합하는 데서 발생하기 때문에 재화의 경합성을 적절하게 조정하는 예방책이 필요하다. 정부가 특정 장비 사용을 제한하거나, 사용 시간 및 장소를 할당하고, 이용 단위나 비용을 설정하는 등 공유자원의 사용을 직접 통제하여 수요를 억제하거나 공유자원에 사유 재산권을 부여하여 공유자원을 관리하게 함으로써 공유자원이 황폐화되는 것을 막는 방법이 있다. 이 점에서 통제 방식이나 절차, 사유 재산권 배분 기준에 대한 사회적 합의가 전제되어야 한다. 또한 공유자원을 사용하는 사람들에 대한 정부의 통제 능력과 개인의 사유재산 관리 능력을 확보하는 것이 성패의 관건이 된다.

> 공공재와 공유자원에 의한 시장실패는 자원의 왜곡된 배분을 가져와 사회 전체의 효용을 감소시킨다. 또한 재화의 관리가 효율적으로 이루어지지 않으면 재화를 공급하여 얻는 편익이 감소될 가능성이 크다. 따라서 시장실패가 초래하는 비극을 예방할 수 있는 효율적인 방안을 강구해 구성원의 경제적 후생을 향상시키는 것이 정부의 중요한 경제 정책이 되어야 한다.

① 야생동물을 보호하기 위해 정해진 구역에서만 수렵하도록 수렵 허가 지역을 운영한다.

② 치안에 대한 불안을 해소하기 위해 우범 지역마다 CCTV를 설치하여 범죄 발생을 예방한다.

③ 도심의 교통 혼잡 문제를 해결하기 위해 도시에 진입하는 차량들에 대해 통행료를 징수한다.

④ 어장이 황폐화되는 것을 막기 위해 바다 밑바닥을 훑으며 고기를 잡는 저인망 그물 사용을 금지한다.

⑤ 환경파괴를 막기 위해 국립공원 이용 예약제를 실시하고, 일부 등산로에 휴식년제를 도입한다.

03. 다음 글에서 필자가 생각하는 '그리스 수학'에 대한 설명으로 적절한 것은?

서양의 고전을 연구하는 고전문헌 학자들이 쓰는 단어 중에 '하팍스'라는 말이 있습니다. 하팍스 레고메나(hapax legomena)라는 말을 줄인 것인데, 고전문헌에 등장하는 여러 단어 중에서 한 번 혹은 매우 드물게 등장하는 단어를 가리키는 말입니다. 만약 지금까지 인류의 지성사 안에서 독특하게 빛나는 하팍스를 찾아본다면 아마도 많은 학자들이 주저하지 않고 고대의 그리스 세계를 꼽을 것입니다. 물론 그것이 하팍스가 될 만한 이유에 대해서는 조금씩 차이를 보입니다. 어떤 사람들은 고대 그리스인들이 많은 것들의 시작을 이루었다는 점을 강조합니다. 여러 면에서 실로 고대 그리스는 철학함의 시작이었고, 역사를 서술하는 첫 모범이었으며, 연설의 경연장과 불후의 극작품들이 처음 만들어진 곳이었습니다. 또 어떤 사람들은 고대 그리스인들이 우리의 삶에 남긴 광범위한 영향력에 주목합니다. 고대 그리스의 문화를 가리키는 가장 유명한 클리셰인 '서양 문명의 두 기둥을 이룬 헤브라이즘과 헬레니즘'이라는 표현처럼, 우리는 고대 그리스인들이 이룬 많은 것들에 빚을 지고 있기 때문입니다.

그러나 서양의 수학과 과학 고전을 연구하는 입장에서 제가 고대 그리스 세계를 하팍스라고 부르는 것은 고대의 그리스인들이 상대적으로 아주 짧은 시간 동안에 폭발적인 혁신을 이루어냈기 때문입니다. 16 ~ 17세기의 과학혁명을 제외하고는 과학사에서 고대 그리스의 과학적 성취와 비견할 만큼 압축적으로 성장한 시기를 찾기 어렵습니다. 우리에게 그리스 기하학은 낯익으면서도 낯선 수학으로 다가옵니다. 한편으로 그리스의 기하학이 낯익은 까닭은 우리가 배우는 평면과 공간 기하의 시작을 대부분 그리스의 기하학에서 가져왔기 때문입니다. 데카르트의 해석 기하학의 세례를 받은 현대의 우리에게는 각, 점, 선분, 면, 입체마다 그에 상응하는 수들을 대응시켜 왔습니다. 촘촘한 좌표평면 위에서 점에는 좌표가, 선분에는 길이가, 면에는 넓이가, 입체에는 부피를 나타내는 수들이 덧붙여집니다. 그래서 도형에 관한 우리의 탐구는 상당 부분 이미 대수적인 영역으로 전환이 되어 있습니다. 그렇다면 그리스인들은 왜 도형에 관한 논의를 수에 관한 논의로 환원시키지 않았을까요? 어떤 의미에서 이 질문은 고대 그리스 수학에 우리의 기준을 투영시킨다는 점에서 온당한 질문이 아닐 수 있습니다. 그러나 그리스 기하학에 수가 등장하지 않는 이유를 생각해 보면서, 그리스 수학자들이 수학에 어떤 식으로 접근했는지 좀 더 그들의 수학에 가까이 다가가게 됩니다.

고대 그리스의 지성 세계 안에서 수학자들은 다른 철학자, 극작가 혹은 연설가보다 상대적으로 소수의 무리에 속했습니다. 게다가 수학자들은 플라톤의 아카데메이아, 아리스토텔레스의 뤼케이움, 스토아학파처럼 어떤 학파를 이루지도 못했습니다. 비록 알렉산더 이후 헬레니즘 시대에 이르러 알렉산드리아를 중심으로 형성된 네트워크를 통해 서신으로 공부한 결과를 더러 공유하기는 했지만, 대개는 개별적으로 고립되어 수학을 공부하는 경우가 더 많았습니다. 또한 철학에 입문하기 위한 중요한 훈련 중 하나로 수학이 강조되기도 했지만 어떤 사람들은 수학에 대해서 매우 비판적인 입장을 취하기도 했습니다. 에피쿠로스학파가 수학의 대척점에 서 있던 대표적인 그룹이었습니다. 그래서 표현이 거칠기는 하지만 고대 그리스에서 수학을 업으로 삼는다는 것이 다른 선택지들보다 상대적으로 덜 매력적이었을 수 있었겠다는 생각도 듭니다.

① 고대 그리스 기하학이 대수적인 관계로 설명되지 않음을 묻는 일은 옳지 않다.

② 그리스 수학자들에게 중요했던 것은 새로운 사실의 발견 자체가 주는 순수한 학문적 기쁨이다.

③ 그리스가 수학적으로 하팍스인 이유는 소수의 분야임에도 탐구를 지속한 태도에 기인한다.

④ 도형의 문제를 도형으로 설명하는 방식은 당시 그리스 수학자들에게는 어쩔 수 없는 필연적인 선택이었다.

⑤ 그리스인들이 대수적인 방식을 적용하지 않은 이유는 데카르트에 와서 해석 기하학이 설립되었기 때문이다.

04. 다음 제시된 기사의 제목으로 가장 적절한 것은?

전기자동차 시장 규모가 급격하게 확대되고 있다. COVID-19 팬데믹 여파로 자동차 시장이 침체한 상황에서도 전 세계 전기자동차 판매 규모는 전년 대비 45% 급증한 294만 3,172대에 달했다. 이런 가운데 오는 2030년까지 전 세계 약 2,000만 개의 전기자동차 충전시설이 구축될 것으로 전망되며, 이에 따라 구리 수요가 폭발적으로 증가할 것으로 보인다. 최근 우드매킨지(Wood Mackenzie)가 발표한 보고서에 따르면, 전기자동차 생산 확대보다 충전인프라가 늘면서 단기적으로 구리 수요 증가를 이끌 것으로 예상된다.

일반적으로 가솔린 승용차에는 주로 배선으로 약 20kg의 구리가 사용되고, 하이브리드 차에는 40kg, 완전 전기자동차에는 80kg이 사용된다. 차량의 크기가 커질수록 구리 수요량도 증가하는데, 전기 버스 보급이 늘수록 구리 사용량도 증가하게 된다. 우드매킨지는 2040년까지 승객용 전기자동차에 매년 370만 톤 이상의 구리 소비를 유인할 것으로 내다봤다. 반면에 내연기관 차량에는 100만 톤 정도가 필요할 것으로 추산했다. 지금부터 2040년까지의 누적 수요도 내연기관차에 비해 500만 톤 많은 3,540만 톤에 달할 것으로 예상했다.

현재 차량에 사용되는 구리 수요는 가솔린차와 내연기관(ICE) 버스에 비해 전기 승용차와 전기 버스가 차체 및 배터리 크기에 따라 각각 4배, 11 ~ 16배 많은 것으로 알려졌다. 이는 향후 10년 동안 전 세계 구리 수요가 300만 ~ 500만 톤가량 늘어날 것이라는 전망의 배경이기도 하다. 일단 전기자동차가 대중화되면 다른 친환경 기술이 부각되더라도 전기자동차만으로도 상당한 양의 새로운 구리 수요가 발생한다는 것이다. 하지만 차량보다는 충전 인프라용 구리 수요가 훨씬 클 것으로 예상된다. 우드매킨지는 2019년 1%에 불과한 세계 전기자동차 보급률이 2030년에 11%로 높아질 것으로 내다보면서, 전기자동차의 한계인 주행거리의 문제를 극복하기 위해 배터리 성능 개선과 함께 충전인프라 확충이 반드시 동반될 것으로 내다봤다.

이에 따라 공공 및 민간 부문의 적극적인 투자를 전제로 오는 2030년까지 2,000만 개의 전기자동차 충전소가 전 세계에 구축되고 이와 관련한 구리 수요는 2019년에 비해 250% 증가할 것으로 전망했다. 보고서에서는 북미 지역에서만 전기자동차 충전 인프라 구축에 2021년까지 27억 달러, 2030년에는 186억 달러가 소요될 것으로 예상했다. 이에 따라 충전인프라가 확충되면 충전케이블 등에 구리 수요가 급증할 것으로 예상된다. 알루미늄도 충전인프라 확충으로 수요 확대가 기대되지만 증가폭은 제한적일 것으로 예상된다. 지난해 포드가 판매한 전기자동차 충전용 케이블에 화재가 일어나는 문제가 발생했는데, 알루미늄 전선을 사용한 것이 원인으로 밝혀져 이후 구리 전선 케이블로 전량 교체키로 한 바 있다. 차량 충전 시 화재로부터 안전하기 위해서는 전도체 특성이 뛰어난 구리 전선 사용이 늘 수밖에 없다.

한편, BMO리서치 연구보고서에서도 2025년까지 구리 수요 증가의 74%가 재생에너지 발전, 전기자동차 충전, 스마트 그리드 등에서 발생할 것이라고 예상하며 전기자동차 생산 증가보다는 충전인프라 구축에 더 많은 구리 소재가 사용될 것이라고 내다봤다.

① 전기자동차 보급 확대의 배경
② 최근 국제사회의 구리 수요 변동 현황
③ 충전인프라 구축에 전력하는 전기자동차 사업
④ 자동차 산업 발전과 금속 자원 사례 변동 간의 관련 양상
⑤ 전기자동차 충전인프라 확충에 따른 구리 수요 급증 전망

05. 다음 글을 통해 추론할 수 있는 내용으로 적절하지 않은 것은?

달걀은 개체 하나에 하나의 세포로 된 단세포로, 크게 노른자위(난황), 흰자위(난백), 껍질(난각)로 구성되어 있다. 달걀의 대부분을 차지하는 흰자위는 약 90%가 물이고, 나머지 약 10%가 단백질이다. 단백질은 많은 종류의 아미노산이 결합된 거대 분자이며, 물을 싫어하는 소수성 사슬과 물을 좋아하는 친수성 사슬이 혼합되어 있다. 그런데 흰자위는 소량의 단백질이 많은 물에 녹아 있는 액체이다. 그러므로 흰자위 단백질 대부분은 구에 가까운 구조를 하고 있다. 그것은 극성을 띤 물에서 안정하게 녹아 있으려면 단백질의 외부는 친수성 사슬로, 내부는 소수성 사슬로 된 형태가 되고, 표면적을 최소화시켜 소수성 부분의 노출을 최대로 줄이는 구의 형태가 유리하기 때문일 것이다.

흰자위 단백질에서 가장 높은 비중을 차지하는 것은 오발부민으로, 비중은 약 60%다. 오발부민은 모두 385개의 아미노산으로 구성된 단백질로 알려져 있다. 다른 단백질과 마찬가지로 오발부민도 온도, pH 변화에 따라 변성이 된다. 삶을 때 단백질은 열에 의해 변성이 진행된다. 가열되면 구 모양의 단백질 내부로 많은 물 분자들이 강제로 침투하여 더 이상 소수성 사슬끼리 뭉쳐진 구 모양을 유지하기 힘들다.

열 혹은 물의 작용으로 구 단백질은 길게 펴지고, 그것은 근처에 위치한 또 다른 펴진 단백질과 상호작용이 활발해진다. 소수성 사슬들이 물과의 상호작용을 피해서 자기들끼리 서로 결속하기 때문에 단백질은 더욱 잘 뭉쳐져 젤 형태로 변한다. 열이 더 가해지면 젤 상태의 단백질 내부에 물리적으로 갇혀 있던 물 분자마저 빠져나오면서 더욱 단단한 고체로 변한다. 젤 형태의 반 고체만 되어도 반사되는 빛이 많아져 불투명한 상태가 된다. 달걀을 삶은 물이 간혹 흰자위의 찌꺼기로 혼탁한 경우가 있다. 그것은 온도에 의한 변성이 되기 전에 흰자위 단백질이 깨진 껍질의 틈으로 흘러나온 후에 온도의 변성으로 형성된 찌꺼기가 떠돌아 다녀서 그렇게 되는 것이다. 그런 현상은 삶을 때 물에 약간의 소금을 첨가하면 예방이 가능하다. 물과는 달리 소금물에서는 틈으로 빠져 나온 흰자위 단백질이 곧 바로 염에 의해 변성이 되어 그 틈을 재빨리 메울 수 있다. 틈으로 흘러나온 구 단백질 겉면의 친수성 사슬은 나트륨이온 혹은 염소이온으로 인해서 순수한 물에 있을 때보다 더 활발한 상호작용이 일어난다. 그 결과 단백질 사슬이 더 펼쳐지면서 단백질 사슬끼리 소수성 상호작용이 강해져서 뭉쳐지면 틈을 메울 수 있다. 소위 말하는 단백질의 염석이 진행되어 깨진 틈을 막는 것이다. 두부를 만들 때 간수를 첨가하면 콩 단백질이 덩어리가 되는 것과 같은 이치이다.

노른자위는 루테인과 제아잔틴 같은 화학물질 때문에 색이 노랗다. 항 산화작용 능력을 갖춘 이 화학물질은 눈의 망막과 황반에 축적되어 눈을 보호해 준다. 짧은 파장의 가시광선 혹은 자외선 때문에 생성된, 눈 건강을 해치는 활성 산소(자유라디칼)를 없애주는 고마운 물질이다. 또한 노른자위는 약 200밀리그램의 콜레스테롤과 약 5그램의 지방을 포함하고 있다. 아주 위험한 상태의 고지혈증 환자는 주의를 해야 되겠지만, 일주일 1 ~ 2회 달걀을 먹는다고 콜레스테롤 수치에 크게 영향을 줄 것 같지 않다. 왜냐하면 콜레스테롤의 약 80%는 먹은 음식을 원료로 간에서 자체 생산되며, 약 20%는 섭취한 음식에서 보충되기 때문이다. 하루에 간에서 생산되는 콜레스테롤의 양이 약 1,000밀리그램 정도이므로, 달걀에 포함된 양이 그렇게 많다고 볼 수는 없다. 콜레스테롤은 담즙산, 남성 호르몬, 여성 호르몬은 물론 세포막을 형성하고 유지하는 데 필수적인 물질이다. 각종 생리활성물질의 생산에 필요한 원료로 이용되고 있다. 심지어 피부에 햇볕을 쬐어 비타민 D를 형성하는 과정에도 콜레스테롤이 필요하다. 노른자위의 단백질은 흰자위보다 조금 적지만, 지용성 비타민(A, D, E)은 흰자위보다 훨씬 더 많이 녹아 있다. 거의 물로 이루어진 흰자위에는 지용성 물질이 녹아 있기 힘들기 때문이다. 삶은 달걀의 노른자위 색이 검푸르게 변한 것을 간혹 볼 수 있는데, 대개 노른자위와 흰자위의 접점에서 형성된다. 색은 노른자위에 포함된 철 이온과 단백질의 분해로 형성된 황화이온이 반응하여 황화철이 형성되었기 때문이다. 흰자위 단백질에는 황을 포함한 아미노산인 시스테인이 포함되어 있다. 가열 변성된 흰자위의 단백질에서 형성된 황화수소 가스는 점점 내부로 들어간다. 왜냐하면 뜨거워져 이미 압력이 높은 흰자위에서 상대적으로 차가워서 압력이 낮은 노른자위로 가스가 이동하기 때문이다. 그리고 노른자위에 포함된 철 이온과 만나 화학반응이 일어나면서 황화철이 형성된다.

껍질을 벗긴 삶은 달걀의 외형은 날달걀과 같은 타원형이 아니다. 대신 비교적 평평한 면이 보인다. 그것은 달걀 내부에 있던 공기가 삶을 때 빠져 나가지 못하고 흰자가 굳어지며 형성된 모양이다. 달걀을 삶을 때 온도를 급격히 올리면 달걀 내의 공기가 팽창하면서 껍질이 깨진다. 그러나 서서히 가열하면 껍질이 깨지는 것을 예방할 수 있다. 그 이유는 서서히 온도를 올리면 달걀 껍질의 미세한 구멍으로 내부의 공기가 빠져나갈 수 있는 시간이 충분하기 때문이다. 그렇지만 달걀껍질(주성분이 탄산칼슘)의 두께가 균일하지 못한 경우에는 온도 증가에 따라 팽창 정도가 달라지므로 서서히 가열하더라도 껍질이 깨질 수 있다. 냉장고에서 꺼낸 계란을 바로 삶지 말고 실온에 조금 두었다 삶으라고 하는데, 같은 이유다. 날달걀에서 흰자위만을 분리해서 저어 주면 거품이 생긴다. 이것은 물리적인 힘으로 펴진 단백질이 공기를 둘러싸면서 작은 구 모양의 거품이 되기 때문이다. 거품을 만들 때 그릇에 기름이 있으면 거품의 안정성이 깨져 원하는 거품을 만들기 어렵다. 따라서 거품을 잘 만들려면 기름때가 없는 깨끗한 그릇에서 적절하게 젓는 것이 필요하다.

① 흰자위의 소수성 사슬이 결합되면 단백질이 뭉쳐져서 점차 단단한 상태로 변한다.

② 오발부민이 큰 비중을 차지하는 흰자위 단백질은 온도, pH의 변화에 따라 변성된다.

③ 흰자위의 대부분은 물로 이루어져 있기 때문에 비타민 A가 노른자위보다 적게 녹아 있다.

④ 삶은 달걀의 노른자위 색이 푸르게 변하는 것은 철 이온과 황화이온의 반응으로 형성된 황화철 때문이다.

⑤ 달걀을 삶을 때 온도를 급격하게 올리면 달걀껍질의 두께 차이로 인해 팽창이 불균형하게 발생하여 달걀이 깨지게 된다.

06. 다음 글을 이해한 내용으로 적절하지 않은 것은?

유튜브 마니아 문화쯤으로 여겨졌던 ASMR(Autonomous Sensory Meridian Response) 영상이 공중파 뉴스에까지 침투했다. 한국어로는 '자율 감각 쾌감 작용' 정도로 번역되는 ASMR은 오감을 자극해 심리적 안정감을 주는 감각적 경험을 일컫는다. 시각, 청각, 촉각, 미각, 후각 등 모든 분야에 적용되지만 흔히 발견할 수 있는 콘텐츠는 주로 소리에 초점이 맞춰져 있다.

ASMR이 학술적 근거를 갖고 있는 건 아니다. 2000년대 후반부터 생활 속 소음이 심리적 안정에 도움이 된다는 온라인 토론이 이어진 끝에 2010년 제니퍼 앨런이라는 회사원이 ASMR이라는 단어로 개념화한 것이다. 다만, 최근에는 ASMR의 인기가 유튜브를 넘어 대중문화 다방면으로 뻗어나가면서 학계에서도 이를 검증하려는 시도가 하나둘 생기고 있다. 영국 S대의 심리학과 연구팀이 발간한 저널이 하나의 예다. 이에 따르면 ASMR 실험 참가자 90%가 몸의 한 부분에서 저릿함을 느꼈으며 80%는 기분이 긍정적으로 바뀌는 경험을 했다.

이렇게 ASMR이 대중문화 각 분야로 퍼지는 배경엔 안정감에 대한 갈구가 있다는 게 전문가들의 중론이다. 김○○ K대 심리학과 교수는 "복잡한 사회를 살아가는 현대인은 부교감신경을 활성화하는 소리를 더 찾게 된다."고 ASMR 현상을 해석했다. 그의 설명을 이해하기 위해선 일단 교감신경과 부교감신경의 관계에 대해 살펴봐야 한다.

우리 몸에는 자율신경계가 있는데, 이는 생명 유지에 직접 필요한 기능을 무의식적으로 조절하는 체내 컨트롤 타워다. 이 자율신경계는 다시 교감신경계와 부교감신경계로 분류되며 서로 길항작용(생물체 내 상쇄작용)을 한다. 교감신경은 신체가 위기에 처할 때 자극돼 체내 각 조직에 저장된 에너지원(포도당과 산소)을 인체 각 부위로 보내 신체가 민첩하게 대처할 수 있게 만든다. 반대로 부교감신경은 스트레스 상황이 종료된 후 활성화돼 긴장 상태였던 신체를 안정시킨다.

현대 사회는 개인에게 지속적이고도 고도의 집중된 경쟁을 요구하기에, 인간은 교감신경을 만성적인 흥분 상태에 두기 쉽다고 김 교수는 설명한다. 즉, 쉴 때에도 교감신경이 항상 흥분 상태에 놓여 있어 편안한 휴식을 취하지 못하는 상황이 빈번히 발생할 수 있다는 것이다. 불면증 환자의 급증은 이를 보여주는 단면이다. 건강보험심사평가원 질병 통계 데이터를 보면 불면증으로 병원을 찾은 사람은 2012년 40만 4,657명에서 2014년 46만 2,099명으로 늘어났다. 급기야 2015년에는 50만 명을 돌파했고, 2016년에는 54만 2,939명으로 치솟았다. 4년 새 환자 수가 35%나 증가한 셈이다.

김 교수는 "이렇게 교감신경이 지나치게 활성화된 사람에게 인류가 원시시대부터 자연에서 편하게 들었던 소리를 들려주면 부교감신경이 강화될 수 있다."며 "바람 소리, 시냇물 소리, 바스락거리는 소리 등을 들려줬을 때 안정감을 느낄 수 있는 이유"라고 ASMR의 인기 요인을 풀이했다.

유튜브, 인스타그램 등 소셜 네트워크 서비스(SNS) 이용자가 늘어나면서 이용자들의 취향이 파편화, 개별화되는 흐름의 일환으로 해석하는 시각도 있다. 영상을 본다는 것이 메시지를 보내는 것만큼 쉬워지다 보니 과거보다 영상 콘텐츠에 대한 접근성이 크게 높아졌다. 정신적인 피로를 호소하는 사람들이 안정감을 취하기 위해 ASMR 콘텐츠를 찾는 것도 그만큼 편해졌기 때문이다.

향후에는 ASMR 안에서도 장르가 세분화될 것으로 보인다. 특히 실시간 양방형 소통이 가능한 SNS 특성상 시청자의 욕구가 보다 정확히 반영될 것이다. 보다 다양한 감각으로 ASMR이 분화하는 흐름도 보인다. 최근 TV 프로그램들은 소리뿐만 아니라 영상도 편안함을 느낄 수 있도록 연출하는 데 초점을 맞췄다. ASMR이 청각적으로 집중하지 않고 멍한 상태로 쉬는 행위에서 시각적인 행위로 확장되고 있는 것이다. 최근 손으로 만지기 좋은 장난감이 인기를 끌고 있는 것처럼 향후에는 다양한 감각을 활용한 ASMR 파생 콘텐츠가 나올 것으로 전망된다.

① ASMR은 평상시에는 집중하지 않으면 잘 들을 수 없는 자연 속 소리들도 그 대상이 된다.

② 현대인들은 스트레스 상황에 대해 신체가 민첩하게 대처할 수 있게 만드는 소리를 듣는 것을 선호한다.

③ ASMR 실험 참가자의 절반 이상이 해당 실험 진행 중 긍정적인 기분을 겪었다.

④ 불면증 환자에게 바람 소리, 비 소리 등을 들려주면 부교감신경을 강화시켜 안정감을 느끼게 할 수 있다.

⑤ 향후에는 ASMR이 보다 다양한 감각으로 확장될 여지가 있다.

07. 다음 글의 문맥을 고려할 때 (가)~(마)에 들어갈 내용으로 적절하지 않은 것은?

언론의 여러 기능 가운데 하나는 (가) 사용하는 일이다. 표준어를 사용하는 이유, 비속어를 쓰지 않는 이유 모두 국민의 언어생활에 지대한 영향을 미치는 공적 기관으로서 국어를 아름답게 지키기 위함이다. 미디어는 알게 모르게 여러 사람에게 영향을 미친다. 그만큼 국민 언어생활에 미치는 영향은 막대하므로 언론은 언어사용에 각별히 주의를 기울여야 한다.

먼저 언론은 (나)부터 삼가야 한다. 선거나 스포츠 경기 혹은 각종 경쟁 상황을 보도하는 걸 보면 전투 중계를 방불케 한다. 어느 신문에 선거 보도에는 '화약고', '쓰나미' 등 살벌한 전쟁 용어가 등장한다. 같은 시기 다른 신문 기사에도 '쿠데타', '융단폭격', '고공폭격' 같은 용어가 수시로 등장한다. 스포츠 보도는 더 노골적이다. 경기를 치르는 곳은 '결전지', 선수들은 '전사'다. 이기면 '승전보'요, 첫 골을 넣으면 '신고식'이다. 외국 축구 국가대표 명칭은 아예 다 군대 이름이다. '전차부대', '무적함대', '오렌지 군단', '바이킹 군단'식이다. 정치나 스포츠가 아니더라도 '물 폭탄', '세금 폭탄', '입시 전쟁'처럼 군사 언어가 일상화돼 있다. 언론에서부터 일상까지 전투 용어가 일반화된 것은 우리 아픈 역사와 무관하지 않다. '황국신민', '내선일체'를 강조하며 모든 걸 전쟁으로 내몰았던 일제강점기, 그리고 한국전쟁과 군사정권을 거치면서 전쟁이나 군사 용어가 아무렇지 않게 일상 언어까지 지배하게 됐다. 이제 조국은 해방됐고, 군부독재도 끝이 났다. 우리는 평화를 갈구한다. 미디어가 전쟁, 군사 용어를 마구 쓰면 개인의 언어생활에 (다) 소지가 있다. 아이들에게도 좋지 않은 영향을 미칠 수 있다.

두 번째로 언론은 (라)을/를 삼가야 한다. 2019년이면 임시정부 수립 100주년, 즉 건국 100주년을 맞는 대한민국은 명실상부 민주공화국이다. 그런데도 이러한 표현을 정치 · 보도에서 버젓이 쓰고 있다. 대표적인 말이 '대권'이다. '대권 주자', '대권 후보'처럼 대권을 사실상 대통령과 같은 뜻으로 쓰고 있다. 하도 보편화되어서 이제 우리말 사전에도 '대권(大權)'은 '나라의 최고 통치권자인 국가원수가 국토와 국민을 통치하는 헌법상의 권한'이라고 설명한다. 그러나 정작 우리 헌법에는 '대권'이라는 말이 없다. 대권을 헌법에 표현한 것은 오히려 일본이다. 그것도 구헌법으로 '대권'을 '구헌법에서 천황이 행하는 통치권'이라고 설명한다. 현행 일본 헌법에도 나오지 않는다는 뜻이다. 일본의 한 국어사전도 '대권'은 '메이지 헌법에서 볼 때, 넓은 뜻으로는 천황이 국토나 인민을 통치하는 권한', 즉 통치권을 뜻한다고 되어 있다. 또한 '대권'은 과거 왕이 집권하던 시절에 사용되던 단어로 특수하고 예외적인 상황에서 임시적인 정당성을 가지는 행위규범이다. 이러한 왕의 대권은 상황성을 전제로 한 것이기 때문에 일정하고 불변적인 행위규범을 가지지 못하며 그때마다 다른 행위양식으로 나타나는 특성이 있다. 따라서 이 같은 시대착오적인 표현을 언론에서 사용하는 것은 지양해야 한다.

세 번째로 언론은 (　　　마　　　) 언어를 사용해야 한다. 신문이나 방송이 가장 자주 쓰는 '논란'이라는 말의 오남용 문제는 심각하다. 말 자체는 틀린 게 없지만 거의 모든 사안을 논란으로 몰아가는 것은 사실관계만 객관적으로 전해야 하는 언론의 절제 원칙에 맞지 않다. 특히 언론이 자주 쓰는 서술어에 기자 주관이 지나치게 드러나는 경우가 있다. 우리말은 서술어 하나로도 어감이 확 달라지는 경우가 많기 때문에 더 주의를 기울일 필요가 있다.

① (가) : 단어를 올바르게
② (나) : 전투적인 보도 표현
③ (다) : 부정적인 영향을 미칠
④ (라) : 보편화된 언어 사용
⑤ (마) : 단어 선택에 주의하여 객관적인

08. 다음 글을 읽고 딥페이크 기술에 대해 보일 수 있는 반응 중 그 성격이 다른 하나는?

인공지능(AI)을 기반으로 한 이미지 합성 기술인 딥페이크(Deepfake)는 AI의 자체 학습 기술인 딥러닝(Deep Learning)에 가짜(Fake)라는 말을 덧붙여 만든 용어입니다. 본격적으로 쓰이기 시작한 건 2017년 말 해외 커뮤니티에서 딥페이크스(Deepfakes)라는 아이디를 쓰는 유저가 합성 포르노 영상을 게시하면서부터입니다. 이후 'FakeApp'이라는 무료 소프트웨어가 배포되면서 초보자도 쉽게 딥페이크 영상을 만들어 올리기 시작하게 되었습니다. 기술이 고도화되면서 점차 진짜와 구분하기 어려운 수준까지 발전하게 된 것이죠. 이제는 사진을 넘어서서 영상까지 합성이 가능하게 되어 우리는 또 철저히 의심해야 할 사항이 늘어났습니다.

그렇다면, 이 딥페이크 기술의 원리가 무엇인지 궁금하지 않으신가요? 딥페이크의 원리를 이해하기 위해서는 두 가지를 알아야 할 텐데요. 바로 딥러닝과 GAN입니다. 먼저 딥러닝은 심화신경망을 활용해 기계학습을 한 방법론입니다. 즉, 컴퓨터가 사람처럼 생각하고 배우도록 하는 기계학습 기술로서 이미지검색, 음성검색, 기계번역 등 다양한 분야에 활용합니다. 그리고 두 번째는, 딥페이크의 핵심 알고리즘인 GAN입니다. GAN은 생성적 적대 신경망(Generative Adversarial Net)의 약자로, 두 신경망 모델의 경쟁을 통해 학습하고 결과물을 만들어냅니다. 두 모델은 '생성자(Generator)'와 '감별자(Discriminator)'로 불리는데요. 이들은 상반된 목적을 가지고 있습니다. 생성자는 실제 데이터를 학습하고 이를 바탕으로 거짓 데이터를 생성하며 실제에 가까운 거짓 데이터를 생성하는 것이 목적입니다.

이와 다르게 감별자는 생성자가 내놓은 데이터가 실제인지 거짓인지 판별하도록 학습합니다. 진짜 같은 가짜를 생성하는 생성자와 이에 대한 진위를 판별하는 감별자 간의 경쟁을 통해 더욱 고도화된 진짜 같은 가짜 이미지를 만들 수 있는 것입니다. GAN은 이러한 작용을 통해서 사람의 눈으로는 실존 인물인지 가상인물인지 판별하기 어려운 수준의 사진을 제작하며, 과거에는 전문가가 포토샵 등을 이용해 일일이 작업해야 가능했던 일을 더 빠르고 쉽게 작업할 수 있게 하였습니다.

딥페이크 기술은 생산성을 높이고 과거 인물을 복원하는 등 긍정적인 활용도 있지만 현재는 부정적인 활용이 더 많이 나타나고 있다는 것을 부정할 수 없습니다. 딥페이크 기술을 악용하여 성인 영상물을 제작하거나 정치인들의 가짜뉴스를 제작하고, 음성 딥페이크를 통한 사기 행각이 벌어지는 등 피해 사례들이 속출하고 있습니다. 그중에서도 디지털 성범죄에 악용되는 사건이 자주 발생하였습니다. 딥페이크 영상 중 무려 98%가 포르노로 소비되고 있으며, 한국 여성 연예인은 이 중 4분의 1을 차지한다는 충격적인 조사 결과가 있기도 했습니다. 이에 따라 IT업계는 딥페이크의 폐해에서 벗어나기 위해 다양한 노력도 함께하고 있습니다.

① 가짜 뉴스를 제작하여 정치적으로 악용될 우려가 높다.

② 신원 보호가 필요한 사람에게는 안전한 장치로 사용될 수 있다.

③ 최근 딥페이크 기술이 디지털 성범죄에 악용되어 논란이 일기도 했다.

④ 요즘은 여러 웹사이트나 SNS를 통해 인물의 이미지 데이터를 쉽게 모을 수 있어 디지털 범죄의 대상이 유명인에서 일반인에게까지 확장되고 있다.

⑤ 기술의 발달과 동시에 질서가 제대로 정립되지 않는다면 기술의 오남용으로 인한 피해가 심각해질 수 있다.

09. 다음 글에서 설명하는 박쥐에 대한 추론으로 적절한 것은?

신종 코로나바이러스 감염증의 병원체가 박쥐에서 발견된 바이러스와 거의 일치한다는 과학자들의 유전체(게놈) 분석 결과가 나오면서 박쥐에 관심이 쏠리고 있다. 캄캄한 동굴과 어두워진 밤하늘을 좋아하는 동물, 포유류 가운데 날개를 퍼덕여 나는 유일한 동물인 박쥐는 진화 역사가 가장 오랜 포유류 가운데 하나다. 지난 1억 년 동안 극지방을 뺀 세계 곳곳에 퍼져 1,200여 종으로 진화했다. 포유류 종의 약 20%를 차지할 만큼 다양하다. 박쥐는 여러 동물 가운데서도 뛰어난 슈퍼파워를 지니고 있다. 몸집에 견주어 오래 살아 바이러스가 오래 머물 수 있고, 종종 거대한 무리를 이뤄 한 개체에 감염된 바이러스가 쉽사리 다른 개체로 옮아간다. 멕시코꼬리박쥐는 서식지 한 곳에 100만 마리의 큰 무리를 이루곤 하는데, 밀도가 m^2당 300마리에 이른다. 도시의 건물과 시설물에 깃들고 멀리 날 수 있는 능력도 인수공통감염병을 퍼뜨리기 용이한 특징이다.

특히 비행 능력은 박쥐가 세계 구석구석까지 퍼져나가 다양하게 분화한 원동력이지만 동시에 수많은 바이러스를 몸속에 지니면서도 거의 병에 걸리지 않는 비결과 관련 있다고 과학자들은 본다. 토마스 시어 미국 지질조사국 생물학자 등은 2014년 과학저널 '신종 감염병'에 실린 논문에서 '날아가는 박쥐의 높은 체온이 다른 포유류가 감염 때 보이는 발열반응과 비슷하기 때문에 병에 걸리지 않고 다수의 바이러스를 보유할 수 있다'는 가설을 제안했다. 연구자들은 나아가 "박쥐에서 다른 포유류로 흘러넘친 바이러스가 강한 병원성을 나타내는 것도 박쥐의 고온 조건에서 생존하는 능력이 있기 때문"이라고 설명했다.

그러나 최근 과학자들은 단지 체온뿐 아니라 박쥐의 면역체계 자체가 독특하다는 데 주목한다. 비행하려면 많은 에너지를 써야 하고 몸의 신진대사가 빨라져 유해산소도 많이 발생한다. 이런 비행 스트레스 때문에 세포 안에는 손상된 DNA 조각이 생기는데, 보통 포유류라면 이를 외부에서 침입한 병원체로 간주해 염증 등 면역반응을 일으킨다. 그러나 박쥐는 달랐다.

저우 펑 중국 우한 바이러스학 연구소 미생물학자 등 중국 연구자들은 2018년 과학저널 '세포 숙주 및 미생물'에 실린 논문에서 "박쥐는 바이러스에 대항하는 면역력을 병에 걸리지 않을 정도로 약화해 지나치게 강한 면역반응을 피한다."고 밝혔다. 지나친 면역반응은 종종 병으로 이어진다. 박쥐는 면역체계의 과잉반응과 바이러스의 악영향을 동시에 누르는 균형을 절묘하게 잡는다는 것이다.

박쥐의 또 다른 특징은 오래 산다는 것이다. 관박쥐 등은 30년 이상 산다. 이는 일반적으로 몸이 클수록 오래 산다는 포유류의 일반적 경향과 어긋난다. 쥐의 절반 무게이면서 쥐보다 10배 오래 사는 장수의 비결은 무엇일까. 안 마태 등 싱가포르의 한 의대 연구자들은 지난해 '네이처 미생물학'에 실린 논문에서 "박쥐의 면역 억제가 노화를 늦추는 구실을 한다."고 밝혔다. 다시 말해 비행에 따른 감염을 억제하는 쪽으로 진화했는데, 그 과정에서 노화를 막는 효과를 부수적으로 얻었다는 것이다.

신종 감염병의 약 75%는 인수공통감염병이고, 야생동물에서 건너오는 신종 바이러스가 늘어나고 있다. 바이러스의 자연적인 저수지 구실을 하는 박쥐에서 비롯하는 감염병이 늘어날 것이란 전망이 많다. 이번 우한의 신종 코로나바이러스 감염병이 발생하기 전인 지난해 과학저널 '바이러스학'에 낸 리뷰 논문에서 싱가포르 연구자들은 "이제까지 검출된 박쥐 바이러스의 엄청난 다양성과 폭넓은 지리적 분포로 볼 때 이들이 일으키는 세계적 발병사태가 점점 더 늘어날 것은 거의 분명하다."며 "박쥐란 생물에 대한 이해가 이제 시작 단계여서 박쥐와 인간의 평화로운 공존까지는 아직 갈 길이 멀다."고 밝혔다.

박쥐는 신종 인수공통감염병의 원천이기도 하지만 인류에게 꼭 필요한 생태적 기능도 한다. 바나나, 아보카도, 망고 등의 꽃가루받이를 하고 다양한 열대식물의 씨앗을 퍼뜨린다. 훼손된 열대림 복원에 큰 구실을 하며, 많은 양의 농업 해충을 잡아먹기도 한다. 유엔식량농업기구(FAO)는 2011년 발간한 박쥐와 신종 인수공통감염병 관련 편람에서 "생태와 보전, 공중보건의 이해 사이에 균형을 잡아야 한다."고 강조했다.

① 박쥐는 침입한 병원체에 대하여만 강한 면역반응을 일으킨다.
② 박쥐의 비행 능력, 체온, 면역체계는 수명에 영향을 미치지 않는다.
③ 박쥐는 수많은 바이러스를 보유하고 있기 때문에 병에 잘 걸린다.
④ 박쥐가 바이러스를 많이 보유하는 이유에는 무리생활과 더불어 긴 수명도 포함한다.
⑤ 박쥐가 무리를 지어 사는 습성은 박쥐가 병에 걸리지 않는 이유와 관련이 있다.

10. 다음 〈조건〉을 참고할 때, 오늘 현재 시간 이후로 K가 마실 수 있는 인스턴트 커피와 핸드드립 커피의 잔 수로 가능한 경우의 수는 모두 몇 가지인가? (단, 인스턴트 커피 0잔, 핸드드립 커피 0잔을 마시는 경우도 경우의 수에 포함시킨다)

조건

- K는 현재까지 200mg의 카페인을 섭취했다.
- K는 하루에 카페인 섭취량이 400mg 이하가 되도록 커피를 마신다.
- K가 마시는 인스턴트 커피에는 50mg의 카페인이 함유되어 있다.
- K가 마시는 핸드드립 커피에는 75mg의 카페인이 함유되어 있다.

① 9가지 ② 10가지 ③ 11가지
④ 12가지 ⑤ 13가지

11. 다음은 어느 가전제품 회사에서 만든 TV에 관한 정보이다. 이 TV의 가로 길이와 세로 길이의 차이는 몇 cm인가?

- TV의 크기는 40인치이다.
- TV는 가로 길이와 세로 길이의 비가 4 : 3인 직사각형 모양이다.
- TV의 크기는 대각선 길이를 인치(in)로 나타내며, 편의상 1in는 2.5cm로 계산한다.

① 20cm ② 25cm ③ 30cm
④ 35cm ⑤ 40cm

12. 등산 동호회에서 다음과 같이 산을 등반했다고 할 때, A 코스의 거리는 몇 km인가?

- A 코스로 정상까지 올라갔다가 B 코스로 내려왔다.
- A 코스로 산 입구에서 정상까지 올라갈 때는 시속 1.5km로 이동했다.
- B 코스로 정상에서 산 입구까지 내려올 때는 시속 4km로 이동했다.
- 정상에서 30분 동안 휴식했으며, 총 소요 시간은 6시간 30분이었다.
- A 코스와 B 코스의 거리는 총 14km이다.

① 4km ② 5km ③ 6km
④ 8km ⑤ 10km

13. 다음은 어느 기업에 근무하는 직원에 대한 정보이다. 이 기업 직원 중에서 임의로 선택한 직원이 신입 직원이면서 남성일 확률은?

- 전체 직원 중에서 임의로 선택한 직원이 신입 직원이 아닐 확률은 0.8이다.
- 기존 직원 중에서 임의로 선택한 직원이 여성일 확률은 0.6이다.
- 전체 직원 중에서 임의로 선택한 직원이 남성일 확률은 0.4이다.

① 0.08 ② 0.2 ③ 0.32
④ 0.4 ⑤ 0.6

[14 ~ 15] 다음 자료를 바탕으로 이어지는 질문에 답하시오.

〈자료 1〉 방송사별 2021년 통합시청점유율

(단위 : %)

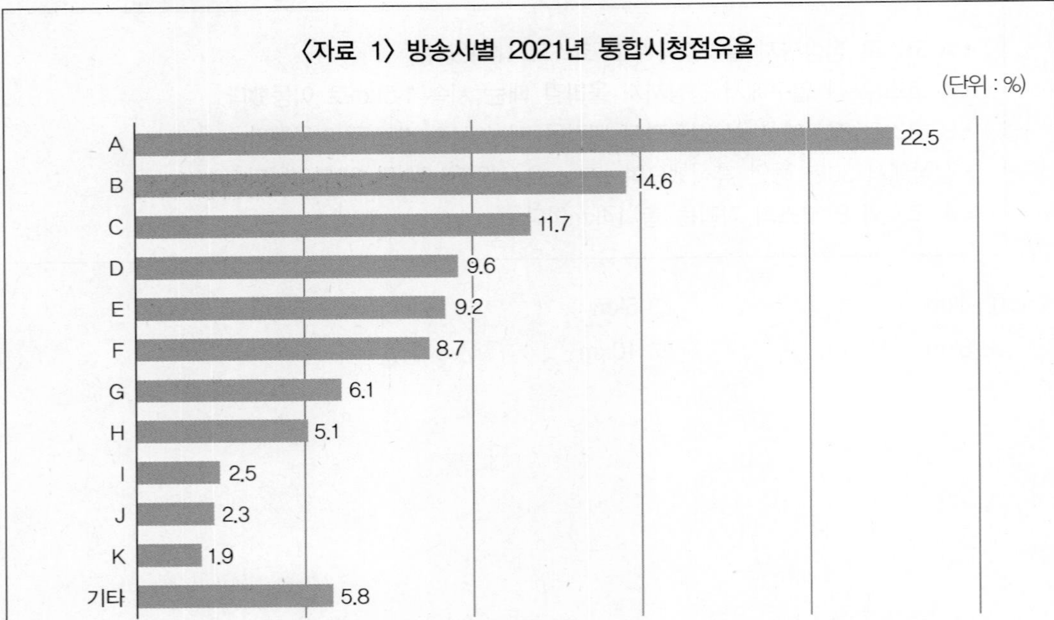

※ 통합시청점유율은 N 스크린(스마트폰, PC, VOD) 시청기록 합산 규정을 적용한 시청점유율을 말하며, 시청점유율은 전체 텔레비전 방송의 총 시청시간 중 특정 채널의 시청시간이 차지하는 비율을 말한다.

〈자료 2〉 2020 ~ 2021년 방송사별 기존시청점유율(N 스크린 미포함) 비교

(단위 : %)

구분	A	B	C	D	E	F	G	H	I	J	K
2020년	25	12.6	12.1	8.4	9	8.5	5.8	5	2.4	2.3	2.2
2021년	25	12.5	11	10	8	8	6	5.2	2.5	2.4	2

14. 다음 중 자료에 대한 설명으로 옳은 것은?

① 2021년 통합시청점유율 상위 3개 방송사가 전체의 50% 이상을 차지한다.
② 기존시청점유율 순위가 2020년 대비 2021년에 상승한 방송사는 2개이다.
③ 2021년 기존시청점유율이 전년 대비 5% 이상 증가한 방송사는 D 방송사뿐이다.
④ 2021년에 기존시청점유율보다 통합시청점유율이 더 높은 방송사는 4개이다.
⑤ 2021년 기존시청점유율이 전년 대비 감소한 방송사는 그 해 통합시청점유율이 기존시청점유율보다 높다.

15. 다음은 N 스크린 시청기록이 미치는 영향을 계산하여 크기순으로 나타낸 그래프이다. (가) ~ (마)에 해당하는 방송사와 수치를 바르게 나열한 것은?

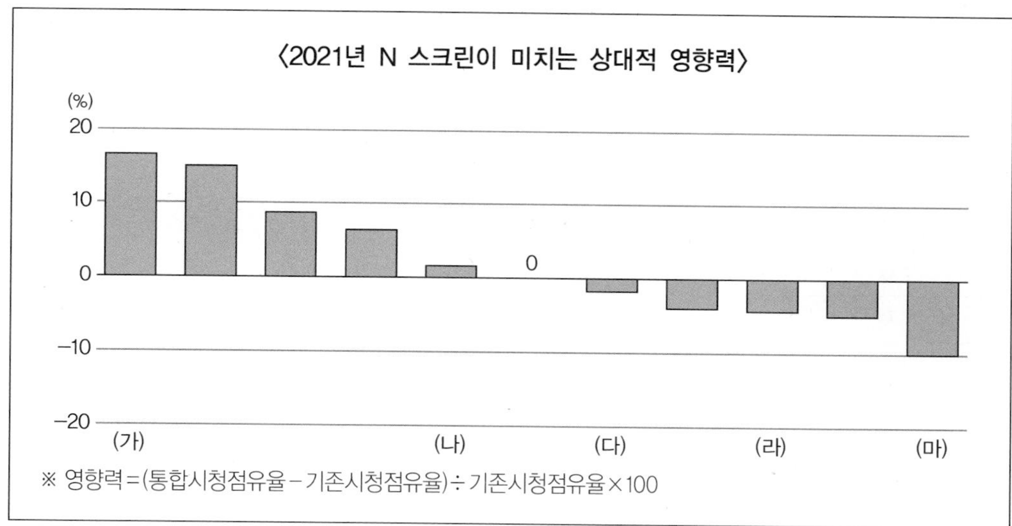

① (가) : B, 16.3%
② (나) : C, 1.5%
③ (다) : H, –1.9%
④ (라) : K, –5%
⑤ (마) : J, –10%

[16 ~ 17] 다음 자료를 바탕으로 이어지는 질문에 답하시오.

〈자료 1〉 기업의 투자유형별 추이

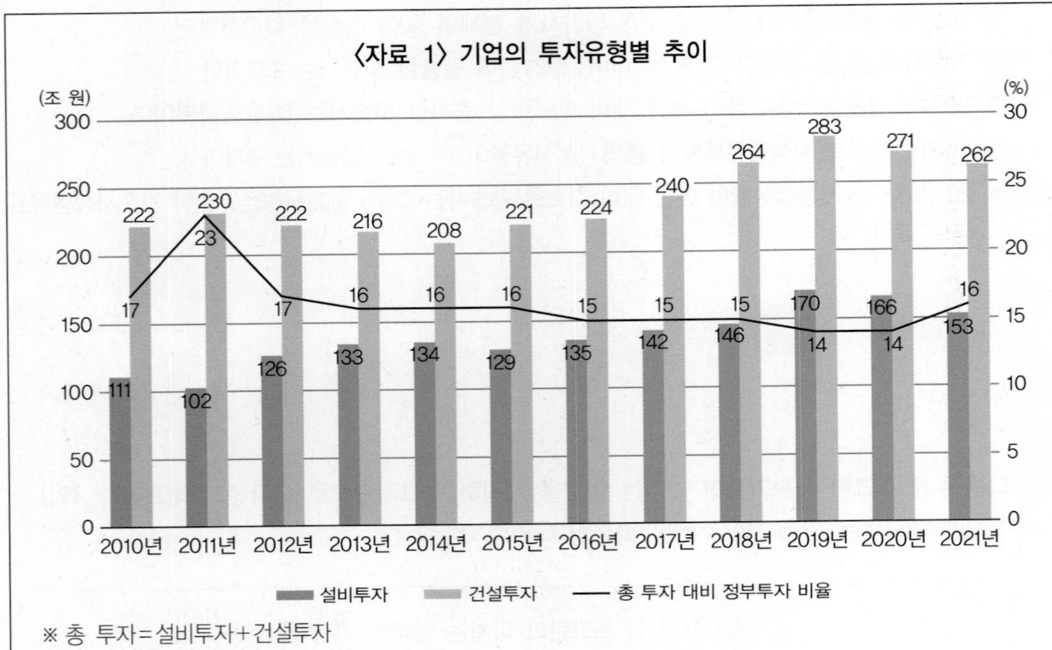

※ 총 투자=설비투자+건설투자

〈자료 2〉 기업의 사내보유 · 설비투자 · 연구개발 금액 추이

(단위 : 조 원)

구분	2003년	2012년	2014년	2016년	2018년	2020년	2021년
사내보유	168	597	573	571	750	808	821
설비투자	76	126	134	135	146	166	153
연구개발	18	46	58	67	73	86	90

16. **다음 중 자료에 대한 설명으로 옳은 것은?**

① 2021년 정부투자 금액은 65조 4,000억 원 미만이다.

② 2003년부터 2021년까지 기업의 연구개발 금액의 연평균 증가량은 4조 원이다.

③ 2019년 이후 설비투자, 건설투자, 총 투자 대비 정부투자 비율은 모두 감소하고 있다.

④ 〈자료 2〉에 제시된 기간 중 2003년을 제외한 모든 연도의 사내보유 금액은 항상 건설투자 금액의 3배 이상이다.

⑤ 〈자료 2〉에 제시된 기간만을 고려할 때, 사내보유 금액의 증감 패턴은 설비투자 금액의 증감 패턴과 반대 양상을 보인다.

17. **다음 중 빈칸 A, B, C에 들어갈 수치의 대소 관계로 옳은 것은?**

- 2019년과 2020년의 사내보유 금액의 전년 대비 증가율이 동일할 경우, 2019년의 사내보유 금액은 (A)조 원이다.
- 2021년 총 투자액은 2011년 총 투자액의 (B)%이다.
- 2003년부터 2010년까지 매년 일정량만큼 설비투자 금액이 증가할 경우, 2006년의 설비투자 금액은 (C)조 원이다.

① A>B>C ② A>C>B ③ B>A>C

④ B>C>A ⑤ C>A>B

18. 다음 자료와 〈원산지 및 가격 확정과 관련된 목표〉의 1, 2를 참고할 때 음식의 원산지 및 가격에 대해 K 한식당 대표가 내릴 수 있는 의사결정으로 적절하지 않은 것을 〈보기〉에서 모두 고르면?

(가) K 한식당 메뉴

불고기 9,000원(수입 소고기, 수입 양파)	김치찌개 8,500원(수입 돼지고기, 수입 김치)
불고기 12,000원(수입 소고기, 국산 양파)	김치찌개 10,000원(수입 돼지고기, 국산 김치)
불고기 16,000원(국산 소고기, 국산 양파)	김치찌개 12,800원(국산 돼지고기, 수입 김치)

(나) 식재료 원산지에 따른 맛 조사 결과

종류	식재료	매우 맛있다	맛있다	보통이다	맛이 없다
김치찌개	국산 돼지고기	31%	30%	28%	11%
	국산 김치	28%	32%	30%	10%
	수입 돼지고기	14%	18%	36%	32%
	수입 김치	13%	20%	30%	37%
불고기	국산 소고기	28%	29%	22%	21%
	국산 양파	27%	22%	40%	11%
	수입 소고기	18%	18%	42%	22%
	수입 양파	13%	22%	30%	35%

※ '매우 맛있다'와 '맛있다'를 더하여 50% 이상이 되지 않으면 해당 식재료는 맛이 있다고 판단하지 않는다.

(다) 식당을 판단하는 기준(고객 응답, 150명)

Q1. 식당을 고를 때 가장 중요한 것을 정해 주세요.

구분	1위	2위	3위
항목	맛	저렴한 가격	많은 양
응답률	48%	33%	19%

Q2. 질문에 '그렇다', '아니다'로 응답해 주세요.

질문	그렇다	아니다
맛이 더 있다면 가격이 인상되어도 괜찮다.	49%	51%
가격이 인상되는 것이 양이 줄어드는 것보다 낫다.	28%	72%
국산 식재료를 사용하는 것이 무엇보다 중요하다.	33%	67%

〈원산지 및 가격 확정과 관련된 목표〉

- 목표 1 : 손님이 더 만족할 만한 음식을 제공하기
- 목표 2 : 저렴한 비용으로 더 많은 이익 창출하기

보기

㉠ 목표 1과 자료 (나)만을 참고한다면, 김치는 국산으로 할 것이다.

㉡ 목표 1과 자료 (나), (다)만을 참고한다면, 소고기는 국산으로 하되 가격 인상 폭은 최소화할 것이다.

㉢ 목표 2와 자료 (가), (다)만을 참고한다면, 식재료의 변동 없이 음식의 가격을 인상하고, 양을 조정하는 방향으로 진행할 것이다.

① ㉡　② ㉢　③ ㉠, ㉡

④ ㉠, ㉢　⑤ ㉡, ㉢

19. 다음 공고문에 제시된 사업의 지원 대상에 해당하는 경우를 〈보기〉에서 모두 고르면?

1. 제도 내용
   아동 · 청소년 의료비 지원사업은 고액의 의료비로 적절한 치료를 받지 못해 어려움을 겪고 있는 만 19세 미만의 아동 · 청소년에게 의료비 지원을 통해 아동은 물론 가족구성원의 건강한 미래를 지원
2. 지원 대상
   1) 의료비 지원이 요구되는 만 19세 미만 저소득층 아동 · 청소년 중 A 지역에 거주 또는 A 지역에 소속된 학교에 다니는 경우
   2) 저소득가정 : 기초생활수급자, 차상위, 기준중위소득 100% 이내, 기타 저소득가정의 아동 · 청소년 중 A 지역에 거주 또는 A 지역에 소속된 학교에 다니는 경우
   3) 수급자가 아니더라도 A 지역에 소속된 청소년 상담 센터에 근무하는 가족이 있는 경우 지원 대상에 해당
3. 지급 내용
   1) 진료비 지원 및 수술비, 치료비, 재활기구 구입비
   2) 신청서에 기재된 계획내용과 동일한 수술 및 치료, 재활기구에 대해서만 지원 가능
   3) 다음과 같은 항목들은 지원에서 제외한다.
      - 단순 검사비 및 외래진료비, 상급병실료, 보호자식대, 제증명료
      - 예방진료로 질병 · 부상의 치료를 직접목적으로 하지 않는 수술비, 검사비, 진료비, 약제비, 치료재료 구입비 등
      - 미용 또는 외모개선 목적의 수술 및 치료
      - 이동 및 보행을 위한 보조기구, 기립 훈련 등 재활 목적의 기구 외 재활기구
4. 지급 방법
   서류 접수 → 서류 심사 → 선정 발표(홈페이지 공고 및 개별 연락) → 병원 방문(요청서 공무원/접수처 제출) → 질병 치료 → 일괄 지급
5. 기타 문의
   ○○대학교 부대사업팀 사회복지사(전화 123－1234)

보기

(가) 저는 A 지역에 살다가 B 지역으로 이사하여 B 지역의 학교에 다니는 중학생입니다. 가정 형편이 좋지 않아 1종 수급자 대상인데요. 진료 지원을 받을 수 있을까요?

(나) 저는 A 지역 청소년 상담 지원 센터 상담원입니다. 요즘 저희 아이가 자해 성향이 있어서 긴급하게 상담과 진료를 요청드립니다. 만 18세의 남자아이입니다.

(다) A 지역 고등학교에 다니는 만 17세 고등학생입니다. 차상위 계층이고요. 어렸을 때 문신을 했는데, 지금은 지워 버리고 공부에 전념하고 싶습니다. 문신 제거술을 지원받을 수 있을까요?

(라) 독감이 유행이라고 하던데 저는 예방 접종을 어릴 때 맞지 않은 것 같습니다. 저는 현재 만 16세이고, A 지역에 거주하고 있습니다.

(마) 저는 A 지역 ○○고등학교에 다니는데요. 부모님 말씀으로는 2종 수급자라고 합니다. 감기 몸살로 인해 너무 힘이 듭니다. 입원해서 좀 몸을 추스를 수 있을까요?

① (가), (나)
② (나), (마)
③ (다), (라)
④ (가), (다), (마)
⑤ (나), (라), (마)

20. K사 기술개발팀 N 사원은 〈필수 참여 세미나 목록〉에 해당되는 세미나에 반드시 참석해야 한다는 지시를 받고 숙박을 고려하여 출장 일정을 계획하고 있다. N 사원이 세미나에 참석하기 위해 필요한 최소 출장 비용은? (단, 아침식사는 숙박 시 반드시 먹는다고 가정한다)

〈열차 신기술 특허 세미나 일정〉

일시	8월 3일	8월 4일	8월 5일	8월 6일	8월 7일
09:00 ~ 12:00	개회식	환경마크 인증 심사	기술개발 실전사례	신기술 시장예측	기업부설 연구소 안내
12:00 ~ 14:00	점심식사				
14:00 ~ 18:00	특허의 이해와 활용	안전 기술	고속열차와 사회문제	특허전략 A to Z	폐회식
18:00 ~ 20:00	환영회	저녁 만찬	와인 파티	저녁 만찬	–

〈K사 정문 출발 – ○○홀행 버스 시간표〉

일자	버스번호	출발시간	도착시간	소요시간	가격(원)	비고
8월 3일	101	07:00	08:00	1시간	40,000	경유 없음
	102	18:00	20:00	2시간	29,000	E시 경유
8월 4일	201	07:00	08:30	1시간 30분	45,000	E시 경유
8월 5일	301	08:30	13:00	4시간 30분	20,000	E, F시 경유
8월 6일	401	06:00	09:10	3시간 10분	30,000	E시 경유
	402	15:00	18:00	3시간	35,000	F시 경유

〈출장 비용 기준〉

1. 점심 및 저녁식사 비용, K사로 돌아오는 교통편은 세미나를 주최하는 기업에서 전액 제공하므로 출장 비용에 포함되지 않는다.
2. 세미나 주최 측의 보안 요청에 의해 한 사람이 동일한 숙소에 2박 이상 체류하는 것을 금지한다.
3. 숙소는 세미나가 개최되는 ○○홀과 가까운 다음 네 곳으로 제한한다.

숙박 장소	조식비(원)	숙박비(원)	○○홀과의 거리(도보)
그랜드 호텔	3,000	32,000	20분
호텔 주성	2,500	29,500	10분
호텔 에어포트	4,000	31,500	15분
포스타 호텔	4,500	35,000	5분

1회 2회 3회 4회 5회 6회 7회 8회 9회 10회 11회 12회 13회 14회 15회 인성검사 면접가이드

〈필수 참여 세미나 목록〉

- 환경마크 인증 심사
- 고속열차와 사회문제
- 특허전략 A to Z or 특허의 이해와 활용 중 택 1

① 96,000원 ② 107,000원 ③ 110,000원
④ 112,000원 ⑤ 124,000원

21. 다음 글을 바탕으로 〈그림〉의 A ~ E에 대하여 이해한 내용으로 적절한 것은?

온돌은 아궁이, 고래, 개자리, 연도, 굴뚝으로 구성되는데, 특히 고래를 어떠한 형태로 만들었는가에 따라 연료의 소비량과 실내 보온에 크게 영향을 미친다. 온돌은 방바닥을 골고루 덥혀 주고, 습기가 차지 않도록 하여 인간이 거주하기에 가장 적합한 환경을 만드는 방바닥 축조법이다. 아궁이와 방, 개자리, 고래의 형태 등에 따라 다음과 같이 분류된다. 먼저, 아궁이와 방의 기능에 따라 분류할 수 있는데, 남부 지방에 많은 '한 아궁이에 한 방 온돌'과 추운 지방에 많은 '한 아궁이 여러 방 온돌', 그리고 아주 추운 북부 지방의 많은 겹집에 보이는 '한 아궁이 여러 방 온돌'이 겹쳐져 있는 '겹집 온돌'을 들 수 있다.

아궁이의 형태에 따른 온돌은 두 가지로 분류되는데, 부넘기와 개자리가 없고 함실에서 직접 열을 공급하는 '함실 온돌'과 개자리와 부넘기가 있고 부뚜막에서 열을 공급하는 '부뚜막 온돌'이 있다. 부뚜막 온돌의 경우 대개 부뚜막에 솥을 건다. 개자리에 의한 분류로는 주로 남부 지방에 많은 '개자리가 없는 구들'과 북부 지방에 많은 '개자리가 있는 구들'을 들 수 있다. 고래의 형태에 따라서는 곧은고래, 굽은고래, 되돈고래 등으로 분류되며, 고래 구조에 따라서는 줄고래, 허튼고래, 부채고래 등으로 구분된다.

온돌의 축조 방식 가운데 가장 대표적인 '곧은고래'의 축조 방법을 살펴보면, 먼저 부엌에 부뚜막을 설치하여 연소실의 역할을 하는 아궁이를 만들고, 부뚜막에는 솥을 걸어 취사와 난방을 겸하였다. 부엌과 고래가 통하게 되어 있어 아궁이에서 불을 지피면 부넘기에서 불길이 넘어가서 불의 열기가 고래를 통하여 사이폰(Siphon, 열기를 빨아들이는 원리) 작용에 의하여 윗목의 구들장까지 덥힐 수 있도록 설계하였다. 고래는 굴뚝에 닿기 전에 개자리를 만들어서 불길의 역풍을 막을 수 있도록 고안하였다.

이러한 온돌의 구조를 보면, 아궁이에서 고래로 들어가면서 급경사를 이루어 높아지다가 다시 약간 낮아지는 부넘기가 있는데, 부넘기는 불길을 잘 넘어가게 하고 불을 거꾸로 내뱉지 않도록 하며, 굴뚝개자리는 역류되는 연기를 바깥으로 내미는 역할을 한다.

아궁이에서 굴뚝 연도(煙道, 연기가 굴뚝으로 빠져 나가는 통로)까지 도랑 모양으로 만들어 그 위에 구들장을 덮어 연기가 흘러나가게 만든 곳을 방고래라 하며, 고래 옆에 쌓아 구들장을 받치는 것을 두둑이라 한다. 부넘기에서 굴뚝이 있는 개자리까지는 안쪽이 높게 약간 경사를 두어 아궁이 쪽이 낮아지게 하는데, 이 때문에 아궁이 쪽을 아랫목이라 하며, 굴뚝 쪽을 윗목이라 부른다. 이렇듯이 온돌은 불길과 연기가 나가는 고랑인 고래와 방고래 위에 놓은 넓고 얇은 돌인 구들장으로 이루어졌다. 고래 한쪽에 만든 아궁이에 불을 지펴서 구들장을 데우고, 구들장의 복사열과 전도열로 실내를 데우는 한국 고유의 난방 장치가 온돌인 것이다. 구들장은 아랫목은 낮고 윗목은 높게 설치하는 반면, 위에 바르는 흙은 아랫목은 두껍고 윗목은 얇게 발라 열 전도성을 좋게 하고, 열이 고르게 퍼지도록 만들었다. 구들은 방바닥 전부가 열의 복사면이 되므로 하루 2차례의 장작불만으로도 열기를 고래로 내류(고래에 머물며 열기가 도는 것)시켜 구들장을 가열하고 축열(畜熱, 구들장에 열을 가두는 것)시켜서, 불을 지피지 않는 시간에도 축열된 열을 방바닥에 퍼지게 하는(방열(放熱)) 고체 축열식 난방 방법이다.

이러한 우리의 온돌은 서양의 벽난로 난방법(열기와 연기가 함께 나오는 구조)과 달리 연기는 걸러내고 열기만을 얻는 '필터링 시스템' 원리를 완벽히 갖추고 있는데, 연기가 나갈 때에도 찬 공기만 나가고 열기는 나가지 않도록 설계되었다. 또한 개자리에는 입체 역학 원리가 있어서 전후좌우로 열기를 전달하고 오래 머무르게 하는 역할을 한다.

그림

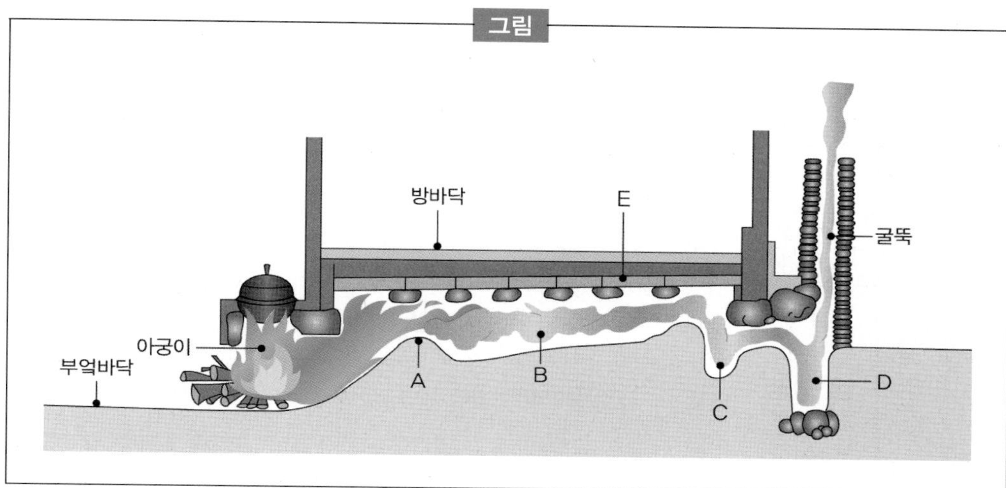

① A에서 열은 사이폰 작용에 의하여 아궁이 방향으로 빨려 들어간다.

② B의 형태에 따라 '함실 온돌'과 '부뚜막 온돌'로 분류된다.

③ C에 열기가 흘러 들어가기 때문에 윗목이 가장 따뜻하다.

④ D는 좌우로 열기를 전달하여 오래 머무르게 한다.

⑤ 열이 고르게 퍼지도록 E는 윗목과 아랫목의 높낮이가 다르게 설치되었다.

[22 ~ 23] 다음 자료를 바탕으로 이어지는 질문에 답하시오.

〈병 · 의원별 본인부담 병원비 산출방식〉

소재지	기관 종류	국적	산출방식
시 · 군 지역	종합병원	내국인	요양급여비용 총액$\times\frac{50}{100}$
		외국인	(요양급여비용 총액−약제비 총액)$\times\frac{50}{100}$+약제비 총액$\times\frac{30}{100}$
읍 · 면 지역		내국인	요양급여비용 총액$\times\frac{45}{100}$
		외국인	(요양급여비용 총액−약제비 총액)$\times\frac{45}{100}$+약제비 총액$\times\frac{30}{100}$
시 · 군 지역	일반병원, 치과병원, 한방병원, 요양병원	내국인	요양급여비용 총액$\times\frac{40}{100}$
		외국인	(요양급여비용 총액−약제비 총액)$\times\frac{40}{100}$+약제비 총액$\times\frac{30}{100}$
읍 · 면 지역		내국인	요양급여비용 총액$\times\frac{35}{100}$
		외국인	(요양급여비용 총액−약제비 총액)$\times\frac{35}{100}$+약제비 총액$\times\frac{30}{100}$

- 외국인의 경우 본인부담 병원비 산출액은 고용보험 가입자를 대상으로 함.
- 일반질환의 경우 위의 산출방식에 의해 본인부담 병원비를 산출하며, 중증질환자의 경우에는 다음과 같이 질환별로 본인부담률을 추가 적용하여 산출함.

〈중증질환별 차등 본인부담률〉

중증질환 대상	본인부담률
당뇨질환자	30%
희귀난치성질환자	15%
고위험임산부	10%

※ 중증질환자의 본인부담 병원비 산출방식 : (병 · 의원별 본인부담 병원비)×(중증질환자 차등 본인부담률)

22. K 공사 총무부에서 일하는 박 대리는 중증질환을 가진 직원에게 전년도 기준 본인부담 병원비의 평균 금액을 복지 포인트로 지급하려고 한다. 박 대리가 당뇨질환자인 일본국적의 A 사원에게 지급할 복지 포인트의 금액으로 적절한 것은? (단, 전년도 기준은 결제일을 기준으로 2020. 01.01. ~ 2020.12.31.이며, A 사원은 2020년도 기준 고용보험에 가입되어 있다)

〈A 사원의 본인부담 병원비 결제 내역〉

병원	소재지	결제일	요양급여비용 총액	약제비 총액
갑 한방병원	G면	2020.02.28.	180,000원	100,000원
을 치과병원	H시	2020.03.04.	150,000원	60,000원
병 종합병원	I군	2020.07.09.	100,000원	50,000원
정 한방병원	J면	2020.12.16.	300,000원	200,000원
무 치과병원	L시	2021.01.01.	160,000원	20,000원

① 12,000원
② 16,200원
③ 18,525원
④ 28,500원
⑤ 61,750원

23. K 공사 총무부에서 일하는 박 대리는 이번 달 총무부 직원들의 본인부담 병원비를 계산하여 그 금액을 지원하려고 한다. 지급해야 할 병원비로 적절하지 않은 것은? (단, 총무부에서 고용보험에 가입되지 않은 직원은 없다)

구분	국적	병원정보	요양급여비용 총액	약제비 총액	중증질환 대상 여부	지원 금액
M 사원	한국	○○시 한방병원	200,000원	100,000원	해당 없음	㉠ 80,000원
N 사원	중국	△△군 종합병원	180,000원	90,000원	고위험임산부	㉡ 45,000원
O 사원	한국	☆☆면 종합병원	100,000원	70,000원	당뇨질환자	㉢ 13,500원
R 사원	미국	●●시 치과병원	120,000원	80,000원	해당 없음	㉣ 40,000원
S 사원	러시아	□□면 일반병원	100,000원	40,000원	희귀난치성질환자	㉤ 4,950원

① ㉠
② ㉡
③ ㉢
④ ㉣
⑤ ㉤

[24 ~ 25] 다음 자료를 바탕으로 이어지는 질문에 답하시오.

〈병원 내 호실 배치〉

101호	102호	105호	106호
복도			
103호	104호	107호	108호

〈의사 K의 회진 대상 환자 및 환자별 회진 불가능 시간*〉

환자	입원 호실	환자별 회진 불가능 시간
A	101호	09:20 ~ 10:20 회진 불가(물리치료 예정)
B	108호	09:50 ~ 10:50 회진 불가(타 과목 전공의 회진 예정)
C	102호	10:00 ~ 10:30 회진 불가(가족 면회 예정)
D	106호	09:00 ~ 10:00 회진 불가(물리치료 예정)
E	105호	11:00 ~ 11:30 회진 불가(타 과목 전공의 회진 예정)
F	101호	11:00 ~ 12:00 회진 불가(물리치료 예정)

* 환자별 회진 불가능한 시간에는 이들의 이동 시간까지 모두 포함되며 기재되어 있는 시간 이외에는 모두 회진이 가능하다.

▶회진시간

- 회진은 09:00 ~ 12:00에 하되 중간에 다른 업무를 보는 일 없이 한 번에 회진하도록 하며 병실 간 이동하는 데 소요되는 시간은 계산하지 않는다.
- 회진 시 환자 한 명당 20분이 소요된다.
- 모든 회진에는 똑같은 시간이 소요되고 총 회진 시간이 적게 걸리는 쪽을 선택한다.

▶회진 동선

- 회진은 반드시 101호실부터 시작하며 같은 호실에 입원한 환자들은 연속해서 회진한다. 즉, 한 호실에 두 번 이상 들어가지 않는다.
- 회진 동선의 효율성을 위해서 바로 옆의 병실이나 바로 앞에 마주 보는 병실로만 이동하고, 대각선으로 이동하거나 병실을 건너뛰고 이동하는 것은 고려하지 않으며, 가능한 경로 중 총 소요동선이 최소화된 경로를 선택한다.
  - 옆으로 배치된 병실 간(예 101호와 102호)에는 1만큼의 동선이 소요된다고 가정한다.
  - 앞에 마주 보고 배치된 병실 간(예 102호와 104호)에는 1.5만큼의 동선이 소요된다고 가정한다.
- 첫 회진을 하기 위해 필요한 동선은 고려하지 않으며, 회진과 회진 사이의 동선만을 고려한다.

24. **제시된 자료를 바탕으로 회진을 할 때, 다음 중 의사 K가 세 번째로 진료를 보게 될 환자는?**

① B ② C ③ D

④ E ⑤ F

25. **위의 조건에 따라 회진을 할 때, 회진에 대한 설명으로 적절한 것은?**

① 의사가 회진을 가장 빠르게 마칠 수 있는 시간은 10:50일 것이다.

② 가장 마지막으로 회진을 받는 환자는 E가 될 것이다.

③ 의사가 모든 회진을 마치는 데에는 4.5만큼의 동선이 소요될 것이다.

④ 가장 빠른 시간에 회진을 끝내기 위해 두 번째 순서로 회진을 받는 환자는 A일 것이다.

⑤ 만약 의사 K가 수술 일정으로 10:30부터 회진이 가능한 경우, 회진을 마치는 시간은 11:30일 것이다.

Memo

미래를 창조하기에 꿈만큼 좋은 것은 없다.
오늘의 유토피아가 내일 현실이 될 수 있다.

There is nothing like dream to create the future.
Utopia today, flesh and blood tomorrow.
빅토르 위고 Victor Hugo

코레일(한국철도공사)

2회 기출예상문제

수험번호	
성 명	

감독관 확인란	

2회 기출예상문제

성명표기란

수험번호

(주민등록앞자리 생년제외) 월일

※ 검사문항 : 1~25

문번	답란	문번	답란
1	① ② ③ ④ ⑤	16	① ② ③ ④ ⑤
2	① ② ③ ④ ⑤	17	① ② ③ ④ ⑤
3	① ② ③ ④ ⑤	18	① ② ③ ④ ⑤
4	① ② ③ ④ ⑤	19	① ② ③ ④ ⑤
5	① ② ③ ④ ⑤	20	① ② ③ ④ ⑤
6	① ② ③ ④ ⑤	21	① ② ③ ④ ⑤
7	① ② ③ ④ ⑤	22	① ② ③ ④ ⑤
8	① ② ③ ④ ⑤	23	① ② ③ ④ ⑤
9	① ② ③ ④ ⑤	24	① ② ③ ④ ⑤
10	① ② ③ ④ ⑤	25	① ② ③ ④ ⑤
11	① ② ③ ④ ⑤		
12	① ② ③ ④ ⑤		
13	① ② ③ ④ ⑤		
14	① ② ③ ④ ⑤		
15	① ② ③ ④ ⑤		

수험생 유의사항

※ 답안은 반드시 컴퓨터용 사인펜으로 보기와 같이 바르게 표기해야 합니다.
〈보기〉 ① ② ③ ❹ ⑤

※ 성명표기란 위 칸에는 성명을 한글로 쓰고 아래 칸에는 성명을 정확하게 표기하십시오. (맨 왼쪽 칸부터 성과 이름은 붙여 씁니다)

※ 수험번호/월일 위 칸에는 아라비아 숫자로 쓰고 아래 칸에는 숫자와 일치하게 표기하십시오.

※ 월일은 반드시 본인 주민등록번호의 생년을 제외한 월 두 자리, 일 두 자리를 표기하십시오.
〈예〉 1994년 1월 12일 → 0112

2회 기출예상문제

▶ 정답과 해설 8쪽

문항 수 | 25 문항

01. 다음 글의 ㉠, ㉡에 들어갈 내용을 바르게 짝지은 것은?

> 마르크스는 1843년에 쓴 『독일 이데올로기 Die Deutsche Ideologie』에서 청년 헤겔주의자들을 '늑대의 탈을 쓴 양'이라고 조롱한다. 청년 헤겔주의자들이 겉으로는 혁명이나 사회의 변혁을 떠들어대고 과격한 구호들을 외치지만 속은 온순한 양에 지나지 않음을 비판한 것이다.
>
> 청년 헤겔주의자들은 변혁을 떠들어대지만 변혁을 위한 현실적 수단을 제시하지는 못했다. 사회비판의 무기로 제시한 헤겔 철학은 관념적일 뿐 그들의 사회비판은 비판을 위한 비판에 지나지 않았다. 헤겔 철학은 현실을 철학적으로 개념화한 것이기 때문에 현실에 대한 비판은 그저 개념이나 철학적 비판에 머물 뿐이었다. 즉, 해결해야 할 현실적인 사회 문제들이 헤겔 철학 안에서는 종교적 또는 철학적 문제로 승화되었다.
>
> 마르크스의 눈에는 엘리트주의에 빠진 청년 헤겔주의자들이 역겨워 보였다. 그래서 그는 헤겔이나 청년 헤겔주의자들이 안주하고 있는 하늘에서 땅으로 내려와야 한다고 주장하였다.
>
> 전통적으로 육체노동이 정신노동보다 열등하다는 편견이 있다. 마르크스는 이때까지 경시되어 왔던 노동의 의미를 규명하고 왜 노동이 철학적으로 경시될 수밖에 없는가를 밝혀낸다. 노동의 이론적 반란이 시작된 것이다. 엄밀히 따져 보면 우리 주변의 어떠한 물건도 노동을 거치지 않은 것이 없다. 노동은 인간이 생물학적으로 존재하는 한 필수불가결한 것이다.
>
> 마르크스는 인간의 노동을 자연(혹은 가동된 대상)과 인간 사이의 단순한 물질대사 관계일 뿐만 아니라 합목적적인 의식적 활동이라고 정의한다. 『자본론』은 인간노동의 본질을 잘 드러내 주고 있다.
>
> 인간노동은 다른 동물들의 활동과 구별된다. 단순히 본능적인 활동이 아니라 대상의 특성을 미리 고려하고 인간이 자신의 행위를 미리 설정한 다음에 그것에 맞게 움직이는 활동이라는 점에서 그 차이가 극명하다. 인간의 노동은 (㉠) 활동이다. 인간의 이러한 활동은 반복을 통하여 지식을 산출하며 얻어진 지식이 다시 인간의 활동을 보다 생산적이게 만든다. 결국 인간의 지성활동은 노동과 분리된 것이 아니다. 지식도 (㉡)이다. 복잡하고 다양한 모든 학문의 기반은 인간이 현실적으로 활동하는 가운데서 획득된 지식이다. 여기까지 봤을 때 노동이 인간사회를 유지하는 근본임은 자명하다. 육체노동이 정신노동에 비해 차별받아야 할 아무런 이유가 없다.
>
> 이때까지 철학은 육체노동에 대한 차별을 정당화시키고, 불평등한 사회구조를 정당화하는 역할을 하였다. 마르크스는 이제껏 억눌려 오던 노동을 복권하고, 차별당하던 계층의 소외를 해소하는 데에 평생을 바쳤다.

① 목적적 · 의식적인, 노동의 결과

② 물리적인 시위, 정신적인 이론

③ 소극적인 저항, 적극적인 저항

④ 감각적 · 자연적인, 인간의 저항

⑤ 본능적 · 저항적인, 노동의 반항

02. 다음 글의 제목으로 적절한 것은?

대체 의학이란 간단히 말해 정통 의학이 아닌 모든 치료법을 말한다. 이러한 치료법을 시술하는 사람들은 자신들의 기술이 효과가 있다는 것을 증명하기 위해 오랫동안 끈질기게 힘겨운 투쟁을 벌여 왔다.

대체 의학이 지닌 문제점 중 하나는 상식에 맞지 않는 치료법에 있다. 대체 의학의 치료법들은 종종 치료하고자 하는 질환과는 아무 상관이 없는 것처럼 보인다. 발바닥을 마사지해 주는 것이 어떻게 두통을 치료할 수 있다는 말인가? 그리고 가느다란 침들을 피부에 꽂는 것으로 어떻게 과민성 대장염을 치료하거나, 최소한 그 증상을 완화시킬 수 있다는 것인가? 이렇듯 대체 의학에서 사용하는 많은 치료법들은 상식적인 이해가 빨리 되지 않는다.

그렇지만 대체 의학의 치료효과를 보았다고 증언하는 사람들은 수도 없이 많다. 그렇다면 왜 이 의문스러운 치료법들은 엄격한 과학적 검증을 거치는 과정을 시도하지 않았는가? 우선 대체 의학은 대개 치료에 목적을 두기보다 예방에 목적을 두고 있다. 예컨대, 영양 및 비타민 요법은 신체를 최적의 건강 상태로 유지하여, 감기나 암을 비롯한 질병이 침투하지 못하게 하는 것을 목표로 삼고 있다. 유명한 대체 의학자인 로버트 애트킨스는 두통 환자에게 무엇을 줄 것이냐는 질문에, '다음번에 다시 두통이 생기지 않도록 하는 처방'이라고 대답하였다. 따라서 엄격한 과학적 검증은 쉬운 일이 아니다.

또한 이러한 요인보다 더 중요한 사실은 대체 의학에서 사용되는 치료법들은 엄격하게 통제된 실험으로 인해 검증이 어렵다는 것이다. 예를 들면, 미국 식품 의약국(FDA ; Food and Drug Administration)의 승인을 얻으려면 이중 맹검법(double blind test)이라는 테스트를 거쳐야 하는데, 이 실험은 다음과 같이 진행된다. 똑같은 환자들로 이루어진 두 집단을 대상으로, 한 집단에는 진짜 약을 주고 다른 집단에는 가짜 약(placebo)을 준다. 모든 선입견을 없애기 위해, 대상 환자들과 실험자들은 연구가 끝날 때까지 어느 집단이 어떤 약을 복용했는지 알지 못한다. 그래서 이중 맹검법이란 이름이 붙었다. 이것은 오랜 시간을 거쳐 유효한 방법으로 증명된 과학적 연구 방법이다.

그렇다면 동종 요법과 같은 치료법의 경우, 어떻게 이 방법으로 검증할 수 있을까? 동종 요법 의사는 맨 처음 환자를 대면했을 때, 환자와 두어 시간 이야기를 나누며 환자의 질환에 관한 상세한 정보를 이끌어 낸다. 그런 다음 그는 환자에게 맞는 독특한 여러 가지 처방들을 선택한다.

이와 같은 이유로 침술이나 척추 지압법과 같은 대부분의 대체 의학 요법들은 맹검법을 실시하기가 곤란하다. 심장 절개 수술 같은 정통의학의 치료법에 대해 맹검법의 실시가 어려운 것과 같은 이유이다. 그러나 대체 의학의 효험에 대한 많은 사람들의 증언은 대체 의학자들의 입지를 충분히 굳혀 준다. 대체 의학자들은 확실한 과학적 증명이 부재한 상황에서 그들이 겪은 특수한 경험들을 신뢰한다. 의료계나 보험회사가 받아들일 수 있는 과학적 증거가 부재함에도 불구하고, 「New England Journal of Medicine」지의 보고에 따르면 1992년에 미국인의 약 6천만 명이 대체 의학자들에게 140억 달러를 지출했다고 한다. 그들은 이 비정통적 치료법들로부터 정통 의학이 제공하지 못하는 어떤 것을 기대했음이 분명하게 느껴지는 수치다.

그렇다면 대체 의학의 주요한 치료법들을 살펴보면서 그들이 제공하는 것이 무엇인지 알아보고자 한다.

① 대체 의학의 의미와 특성

② 대체 의학과 정통 의학 간의 관계

③ 대체 의학의 현실적 한계와 극복

④ 대체 의학의 과학적 한계와 극복

⑤ 대체 의학의 문제점과 해결방안

03. 다음 글을 읽고 알 수 있는 내용으로 적절하지 않은 것은?

4차 산업혁명은 무엇이고, 스마트 시티는 기존의 유 시티와 어떻게 다를까? 4차 산업혁명은 한마디로 산업 전 분야와 정보통신기술(ICT)의 융합으로 생겨난 혁명으로, 핵심기술은 ICBM(IoT · Cloud · BigData · Mobile)이다. ICBM은 사물인터넷, 클라우드, 빅데이터 그리고 모바일이 결합한 기술로 정의하는데, 센서 역할을 하는 사물인터넷이 정보를 모아서 클라우드에 보낸다. 그러면 빅데이터는 이를 분석하고 서비스 형태로 바꾸어 사용자에게 모바일로 제공한다.

얼핏 들으면 기존 인터넷 시대와 다른 점이 없어 보인다. 그러나 두 가지 관점에서 명확히 다르다. 우선 연결 범위가 넓어졌다. 사물인터넷의 등장으로 연결되는 기기 수가 증가하고 있다. 과거 인터넷 시대에는 컴퓨터, 휴대 전화만 연결 대상이었다면, 지금은 자동차, 세탁기 등까지 연결 대상이 되어 가고 있다. 참고로 시장 조사 전문 기관 '스태티스타(Statista)'에 따르면 202X년에는 300억 기기가 인터넷에 연결될 것으로 사물인터넷을 전망하고 있다.

인터넷 시대와 다른 점 또 하나는 정보의 가공 수준이다. 빅데이터는 3V로 정의할 수 있는데 속도(Velocity), 규모(Volume) 그리고 다양성(Variety)이다. 실제로 속도와 규모로 빅데이터 여부를 나누는 것은 애매하므로 중요 부분은 '다양성'이라고 할 수 있는데, 빅데이터는 기계학습을 기반으로 비정형 데이터도 분석할 수 있다는 장점이 있다. 기존 분석 방식은 사람이 입력한 공식에 따라 처리하게 하는 '지식공학'이었다면, 현재 주목받는 기계학습 방식은 데이터를 주면 시스템이 알아서 공식을 만들고 문제를 푸는 방식이다. 이러한 방식은 적용 범위를 넓게 할 뿐만 아니라 분석 수준도 깊게 한다. 예를 들어 고양이를 비교하는 시스템을 개발한다고 해 보자. 사람이 고양이를 정의하는 공식을 만들어 내는 것은 매우 복잡하고 오차 범위가 넓어서 적용이 어렵다. 반면에 시스템에 수많은 고양이 사진을 주고 스스로 고양이에 대한 정의를 내리게 한다면 어떨까?

또, 바둑 천재 이세돌을 이긴 알파고를 예로 들어 보자. 사람이 이세돌을 이길 수 있는 바둑 공식을 짤 수 있을까? 공식 개발자가 이세돌보다 바둑을 더 잘 두지 않는 이상 어려울 것이다. 정리하자면 4차 산업혁명은 '초연결'과 '지능화'라는 특성을 가지고 이러한 특성은 스마트 시티에 그대로 적용되는 것이다.

앞서 언급한 스마트 시티의 특성은 현재 세계 곳곳에서 추진되고 있는 사례에서 찾아볼 수 있다. 두바이는 '세계에서 가장 행복한 도시'를 목표로 스마트 시티를 추진하고 있는데 '스마트두바이' 부서장은 행복 도시를 만들기 위해서는 인공지능 도입이 필수임을 강조한 바 있다. 이에 따라 인공지능 '왓슨'을 보유한 IBM과 함께 스마트 시티를 구축하고 있다.

두바이의 스마트 시티 추진을 보여 주는 대표 사례로 '로봇 경찰'이 있다. 두바이 정부는 2030년까지 경찰 인력의 25%를 로봇으로 대체하는 계획을 발표했다. 175cm에 100kg 무게를 가진 로봇은 바퀴로 이동을 하는데, 중앙센터의 명령에 따라 사건에 바로 투입된다. 그리고 구글과 IBM의 인공지능 기술을 활용해 얼굴 인식뿐 아니라 9개의 언어 인식이 가능하다.

또 다른 사례로 싱가포르의 '자율주행 택시' 도입을 들 수 있다. 싱가포르는 스마트 네이션(Smart Nation)을 목표로 과제를 추진하고 있는데, 자율주행 택시가 그중 하나다. 자율주행 택시 개발은 스타트업 기업인 누토노미(nuTonomy)가 맡았다. 누토노미는 미쓰비시의 전기차 i-MiEV를 개조해 일부 지역에 해당 서비스를 제공하고 있다. 자율주행 택시가 보급되면 집 앞까지 부담 없이 택시를 부를 수 있고 인건비 절감으로 요금도 저렴해진다. 그렇게 되면 자가 차량 이용률을 줄일 수 있어 싱가포르 정부는 90만 대에서 30만 대로 줄 것이라고 예상하고 있다.

스마트 시티 추진을 위해 염두에 둬야 할 점은 반드시 '시민'을 중심으로 이뤄져야 한다는 것이다. 두바이는 스마트 시티의 평가지표로 '행복계량기'를 설치해 시민이 행복 정도를 입력할 수 있도록 했다. 한 발 더 나아가 미국 뉴욕시는 뉴욕시민이 'NYC BIG' 앱을 통해 뉴욕의 문제점을 지적하고 서로 논의할 수 있게 했으며, 싱가포르는 '버추얼 싱가포르(3차원 가상도시 플랫폼)'를 통해 국민들에게 정보를 공유하고 제안할 수 있게 했다.

① 4차 산업혁명은 한마디로 산업 전 분야와 정보통신기술(ICT)의 융합으로 생겨난 혁명이라고 할 수 있다.

② 정보의 가공 수준이 달라졌음을 근거로 인터넷 시대와 4차 산업혁명 시대를 구분할 수 있다.

③ 4차 산업혁명은 '초연결'과 '지능화'라는 특성을 가지며 이러한 특성은 스마트 시티에 그대로 적용될 것이다.

④ 자율주행 택시가 보급되면 집 앞까지 부담 없이 택시를 부를 수 있다는 장점이 있지만 요금이 높아진다는 단점이 있다.

⑤ 스마트 시티의 목적은 단순히 인공지능과의 접목을 통한 기술 향상이 아니라 '시민의 행복'도 염두에 두고 있다.

04. 다음 중 필자의 논지를 이해한 내용으로 적절하지 않은 것은?

일반적으로 교양인들이 알고 있는 사실과는 달리 헉슬리와 오웰은 동일한 미래상을 예언하지 않았다. 오웰은 우리가 외부의 압제에 지배당할 것을 경고했지만 헉슬리의 미래상에 있는 인간에게 자율성과 분별력 그리고 역사를 박탈하기 위한 빅 브라더는 필요 없다. 즉, 사람들은 스스로 압제를 환영하고, 자신들의 사고력을 무력화하는 테크놀로지를 떠받들 것이라고 내다 본 것이다.

오웰은 누군가 서적을 금지시킬까 두려워했고, 헉슬리는 굳이 서적을 금지할 만한 이유가 없어질까 두려워했다. 오웰은 정보통제 상황을 두려워했고, 헉슬리는 정보 과잉으로 인해 우리가 수동적이고 이기적인 존재로 전락할까 봐 두려워했다. 오웰은 진실이 은폐될 것을 두려워했고, 헉슬리는 비현실적 상황에 진실이 압도당할 것을 두려워했다. 오웰은 통제로 인해 문화가 감옥이 될까 두려워했고, 헉슬리는 우리들이 촉각영화나 오르지-포지, 원심력 범블퍼피와 같은 것들에 몰두하느라 하찮은 문화로 전락할까 두려워했다. 한마디로 오웰은 우리가 증오하는 것이 우리를 파멸시킬까 봐 두려워했고, 헉슬리는 우리가 좋아서 집착하는 것이 우리를 파멸시킬까 봐 두려워했다.

(중략)

핵심에 근접한 한 가지 예를 더 들면, 미국의 27대 대통령이자 다중 턱에 몸무게가 150kg에 육박하는 윌리엄 하워드 태프트 같은 사람이 요즘 시대에 대통령 후보로 부상하리라고는 생각하기 어렵다. 만약 모두가 글이나 라디오, 심지어 연기신호를 이용해 자신을 알릴 경우 외모가 그 사람의 지성을 가로막는 일은 없을 것이다. 그러나 텔레비전에서는 보이는 게 전부다. 150kg 가까이 되는 비대한 사람이 연설하는 TV 영상은 언어를 통해 전달되는 논리적이고 정신적인 민감성을 쉽게 압도해 버린다.

진실은 있는 그대로의 모습으로 나타나지 않고 그런 적도 없다. 진실은 반드시 적절한 옷을 입고 나타나며 그렇지 않으면 인정받지 못한다. 따라서 '진실'을 일종의 문화적 편견이라고 말할 수도 있겠다. 사람들은 텔레비전을 통해 온 세상과 교감을 유지하지만, 이는 인격이 사라진 무표정한 방식일 뿐이다. 문제는 텔레비전이 오락물을 전달한다는 점이 아니라 전달되는 모든 내용이 오락적 형태를 띤다는 것이다.

이를테면 "중앙아메리카에 대한 귀하의 정책은 무엇입니까?"라는 질문에 답하는데, 후보마다 5분 남짓의 시간이 주어지고 상대방은 불과 1분 이내에 반론을 마쳐야 한다고 가정해 보자. 이와 같은 상황에서는 복잡한 설명, 증거서류의 활용, 논리적 전개가 불가능하다. 게다가 실제로 어법에 전혀 맞지 않는 경우도 있었지만 별 문제가 되지 않았다. 두 후보는 논쟁을 벌이기보다는 '강한 인상을 심는 데' 더 신경을 쓰려 할 것이고, 결국 이 점이 TV에서 할 수 있는 최선의 한계를 보여 준다.

뉴스 진행자가 "자, 다음은…"이라고 말하는 의미는 "여러분께서는 앞의 문제에 대해서 충분히(대략 45초 동안) 생각하셨습니다. 따라서 더 이상 그 문제에 병적으로 집착하실(대략 90초 정도) 필요가 없습니다. 그러니 이제 다른 뉴스 쪼가리나 광고로 관심을 돌리십시오."와 같다.

간단히 말해, 텔레비전이 진실에 대한 새로운 정의를 제공한다는 것이다. 즉, 화자에 대한 신뢰도의 여부가 어떤 진술의 진실성을 최종적으로 결정한다. 여기서 '신뢰성'이란 가혹한 현실검사에서 살아남은 화자의 과거경력을 뜻하지는 않는다. 이는 단지 뉴스 진행자에게서 풍기는 성실성, 확실성, 취약성, 흡인력과 같은 느낌이나 인상을 뜻한다.

텔레비전 연출자는 어느 정도 볼거리가 되면 그 어떤 사건보다 눈에 띄게 우선적으로 취급하려고 한다. 경찰서로 압송되는 살인용의자, 사기당한 소비자의 화난 얼굴, 나이아가라 폭포로 떠내려가는 드럼통(그 속에는 사람이 있다고 한다), 백악관 잔디밭에 착륙한 헬기에서 내려오는 대통령 등의 장면은 황홀하고 재미있어야 한다는 쇼의 요구조건에 항상 부합한다. 물론 그러한 볼거리가 이야기의 핵심이 아닐지라도 아무 상관이 없으며, 왜 그러한 이미지를 대중에게 노출하는지 설명할 필요도 없다. 텔레비전 연출자라면 누구나 잘 알고 있듯이, 장면 하나하나가 스스로를 정당화할 뿐이다.

① 150kg 가까이 되는 비대한 사람이 연설하는 모습을 담은 시각적 매체는 언어를 통해 전달되는 논리적이고 정신적인 민감성을 압도해 버린다.

② 진실은 반드시 적절한 옷을 입고 나타나며 이때의 '진실'은 일종의 문화적 편견일 수 있다.

③ 현대 사회의 정보 문제는 특정 소수가 중요한 정보를 독점하고 있다는 데에서 시작한다.

④ 현대 사회의 사람들은 텔레비전을 통해 온 세상과 교감을 유지하지만, 이는 인격이 사라진 무표정한 방식일 뿐이다.

⑤ 텔레비전은 '진실'에 대한 새로운 정의를 제공하며 뉴스 진행자에게서 풍기는 성실성, 확실성, 취약성 등과 같은 느낌이나 인상으로 신뢰도의 여부가 최종 결정된다.

05. 다음 글을 읽고 추론한 내용으로 적절하지 않은 것은?

특수한 기능을 가진 옷감은 주로 고분자의 화학적, 물리적 특성을 이용해 만들어진다. 이런 옷감들의 제조에 있어서 섬유를 만드는 고분자 재료의 화학 구조는 물론 물리적 구조 또한 매우 중요하다. 방수-통기성 의복에 사용된 천의 과학적 디자인은 바람, 비, 체열 손실로부터 우리 신체를 보호해 준다. 이런 기능뿐만 아니라 특수복을 입었을 때 느껴지는 편안함도 필수적이다. 방수와 수분 투과성을 동시에 지니는 직물은 크게 세 가지 종류가 있다. 첫 번째는 고밀도 천, 두 번째는 수지 코팅된 천, 마지막이 필름 적층 천이다.

고밀도 천으로 방수와 통기성을 지닌 천을 만들 때는 흔히 면이나 길게 이어진 합성섬유인 장섬유를 사용하며, 능직법(綾織法)을 사용한다. 면은 물에 젖으므로 방수력이 폴리에스테르(폴리에스터)보다는 뒤떨어지지만, 가는 면사를 사용해 능직법으로 짠 천은 물에 젖더라도 면섬유들이 횡축방향으로 팽윤해 천의 세공 크기를 줄여 물이 쉽게 투과하지 못해 방수력이 늘어난다. 고밀도 천으로는 2차 세계대전 중 영국 맨체스터에서 개발된 벤타일(Ventile)이 유명하다. 면과 다른 소수성 합성섬유의 경우에는 실의 굵기와 직조법으로 세공 크기를 조절하여 방수력을 늘린다.

고밀도 천과는 다르게 수지 코팅천은 고분자 물질을 기본 천 표면에 코팅하여 만든다. 코팅하는 막은 미세 동공막 모양을 가지고 있는 소수성 수지나 동공막을 지니지 않는 친수성 막을 사용하는데, 미세 동공의 크기는 수증기 분자는 통과할 수 있으나 아주 작은 물방울은 통과할 수 없을 정도로 조절한다. 주로 사용되는 코팅 재질은 폴리우레탄이다.

마지막으로 적층 방수-통기성 천은 최대 두께10㎛(1㎛$=10^{-6}$m)의 얇은 막층이 천 가운데에 있으며, 이 적층이 방수-통기성을 컨트롤한다. 적층으로 사용하는 막에는 마이크로 세공막과 친수성 막이 널리 사용되고 있다. 마이크로 세공막의 세공 크기는 작은 물방울 크기의 20,000분의 1 정도로 작아 물방울은 통과하지 못하지만, 수증기 분자는 쉽게 통과한다. 마이크로 세공막으로는 폴리테트라플루오로에틸렌과 폴리플루오르화비닐리덴이라는 플루오린(불소, 플루오르)계 합성수지 박막이 주로 사용되며, 대표적 천으로는 널리 알려진 고어-텍스(Gore-Tex)가 있다. 친수성 막으로는 흔히 폴리에스테르나 폴리우레탄 고분자 내부에 친수성이 큰 폴리산화에틸렌을 포함할 수 있도록 화학적으로 변형을 가해 사용한다.

방수-통기성 직물재료 이야기는 일단 여기서 잠깐 중단하고 잠시 직물 내에서 수증기가 어떻게 움직이는지 알아보고자 한다. 수분이 직물을 통해 이동하는 메커니즘은 모세관을 타고 액체기둥이 올라가는 모세관 현상과 같은 원리이다. 모세관의 지름과 내면의 표면에너지에 따라 올라가는 액체기둥의 높이가 결정된다. 지름이 작을수록 액체가 모세관을 따라 잘 올라가는데, 직물에서는 섬유가닥 사이의 작은 공간이 모세관 노릇을 하기 때문에, 미세 섬유일수록 모세관의 크기가 작아 모세관 현상이 잘 일어난다. 모세관 내부 벽의 표면에너지는 화학구조가 결정하며, 친수성 섬유의 표면은 소수성 섬유의 표면보다 표면에너지가 커 수분을 더 쉽게 흡수하지만, 소수성 섬유는 반대로 수분을 흡수하지 않는다.

등산복과 같은 기능성 특수복에서 수분의 제거는 체온을 조절하며 근육의 운동을 돕고, 피로를 지연시키기 때문에 매우 중요하다. 면과 같은 천연섬유는 운동량이 약해 땀이 많이 나지 않을 때는 적합하지만, 운동량이 커 땀이 많이 날 때는 폴리에스테르나 나일론 같은 합성섬유가 더 좋다. 합성섬유가 면보다 흡습성이 낮지만 오히려 모세관 현상으로 운동할 때 생기는 땀이 쉽게 제거되기 때문이다.

요즘은 폴리에스테르의 흡습성을 증가시키기 위해, 섬유 표면이 좀 더 큰 친수성을 띠도록 화학반응을 시키기도 하고, 표면을 친수성으로 코팅하기도 한다. 나일론 섬유는 가볍고 부드러운 촉감을 주며 강도도 커 기본 천 재료로 많이 사용되며, 특히 폴리우레탄 코팅을 해 널리 사용된다.

나일론을 기초 직물로 한 섬유는 폴리에스테르보다 수분에 더 빨리 젖으며, 극세사로 천을 짜면 공기투과성이 낮아 체온보호 성능이 우수하다. 이런 이유 때문에 등산복보다는 수영복, 사이클링복에 많이 쓰인다. 운동 시 생기는 땀을 피부에서 빨리 제거하려면 흡습성이 좋은 면이나 비스코스 레이온 등이 유리해 보이지만, 이들은 수분을 붙들고 있으려는 특성이 강해 잘 마르지 않는다는 단점을 가진다. 이런 이유 때문에 모양이 잘 변하지 않고 빨리 마르는 합성섬유가 기초 직물로 더 넓게 쓰인다.

① 면과 다른 소수성 합성섬유의 경우, 실의 굵기와 직조법으로 세공 크기를 조절하여 방수력을 늘린다.

② 소수성 수지 코팅천은 미세 동공막 모양을 가진 막을 코팅한 천이다.

③ 적층 방수-통기성 천에 있는 마이크로 세공막을 수증기 분자는 쉽게 통과하지만 물방울은 통과하지 못한다.

④ 수분이 직물을 통해 이동하는 메커니즘은 모세관을 타고 액체기둥이 올라가는 모세관 현상과 같다.

⑤ 땀이 많이 나는 운동을 할수록 흡습성이 좋은 면으로 된 운동복을 착용하는 것이 좋다.

06. 다음 글에 대한 설명으로 옳지 않은 것은?

지리적 표시제(Geographical Indication System)는 상품의 특정 품질이나 명성이 본질적으로 그 지역의 지리적 근원에서 비롯된 경우, 그 지역을 원산지로 하는 상품임을 명시하는 제도이다. 지리적 표시제의 보호를 받는 경우, 다른 곳에서 함부로 상표권을 사용할 수 없도록 법적 권리가 부여된다. 우리나라의 경우 2000년부터 전면 실시하고 있으며, 보성 녹차가 지리적 표시제 1호로 등록되었다. 그 밖에도 순창 고추장, 횡성 한우고기, 벌교 꼬막, 상주 곶감, 해남 고구마, 정선 곤드레 등 100여 개의 품목이 등록되어 있다.

이처럼 원산지 표시제, 더 나아가 먹거리에 대한 표시제가 가지는 이점은 무엇일까? 원산지나 지리적 표시제품의 경우, 소비자 입장에서는 더 친근하게 여길 뿐만 아니라 품질에 대한 믿음 역시 강해져 구매로 이어질 가능성이 높아진다. 표시제는 단순한 제도 차원이 아닌 표시제의 실체에 대한 공감이 전제되어야 하며, 그 실체가 해당 품목의 부류를 대표할 수 있는 전형성을 갖추고 있어야 한다. 이러한 제품이 반복적 · 지속적으로 소비자들에게 노출될 경우 자연스럽게 뇌에 각인될 수 있다. 바로 단순노출효과가 나타나기 때문이다.

그런데 특히 먹거리가 그 대상이라면 좀 더 복잡해진다. 먹거리는 생명과 직결될 정도로 품질에 대한 관여가 높고, 사람들마다 그 평가기준이 상이하며, 똑같은 개인일지라도 처해 있는 상황에 따라 그 기준이 달라진다. 그리고 먹거리는 독특하면서도 강력한 고정관념이 존재하는 경우가 많다. 노란색 수프는 파란색 수프보다 더 맛깔나게 느껴지며, 맛있는 초콜릿이라도 '변' 모양으로 만든다면 입맛이 뚝 떨어질 것이다. 또 먹거리는 단순히 시각뿐만 아니라 후각이나 미각 등 공감각적인 감성에 영향을 받는다. 색깔이 먹음직스럽다고 해도 후각적 자극이 약하다면 별로 구미를 당기는 먹거리가 되지 못할 것이다. 후각은 가장 원초적인 감각일 뿐만 아니라 기억을 토대로 즉각적인 호불호의 감정을 나타내도록 해 준다. 즉 소비자들은 여러 가지 고려할 점이 많은 상황 속에서 먹거리를 선택해야만 한다.

이런 상황에 노출된 소비자는 스트레스를 감소시키기 위해 독특한 인지적 노력을 기울이게 된다. 일례로 소비자들은 잘 알려진 명품브랜드나 사용해 본 경험이 있는 상표 혹은 주변사람들로부터 이미 검증된 사례를 접하게 되면, 더 이상 새로운 정보를 탐색하지 않고 즉각적인 의사결정에 이르게 된다. 의사결정과 관련된 인지적 평가를 주로 담당하는 우리 뇌의 전전두엽은 이런 상황에 처하게 되면, 즉 잘 알려진 상표를 보게 되면 다른 대안을 찾아보려는 시도를 즉각적으로 멈춘다. 그리고 곧바로 현재의 대안을 최종 선택할 확률이 높아진다. 왜냐하면 좀 더 나은 대안이 나올 때 느끼게 되는 후회감을 회피하기 위함이다. 대표적인 사례가 바로 '가격할인'에 대한 정보를 접할 때이다. 가격할인이라는 정보를 인지한 순간, 우리들은 더 이상 새로운 정보, 즉 품질이나 디자인 등에 대한 정보탐색을 중지한다. 좀 더 저렴한 가격으로 구매할 때 얻게 된 이득을 놓치고 싶지 않은 것이다.

가격할인 못지않게 우리의 선택을 도와주는 경우가 바로 '원산지 효과'나 '지리적 표시제'다. 원산지 효과는 제조지역이나 식품류의 생산지 혹은 생산자에 대한 신뢰를 바탕으로 특정 제품군의 대표성 이미지를 획득한 경우다. 흔히 '원조할머니 뼈해장국집' 또는 '원조맛집' 간판만 보고 맛에 대한 신뢰가 높아져 손쉬운 선택을 하게 만드는 것과 같은 원리다. 이는 행동

경제학의 창시자인 아모스 트버스키와 다니엘 카너먼 교수가 역설한 '대표성 휴리스틱'의 한 예다. 원조나 대표성을 획득한 브랜드는 소비자의 머릿속에서 최초상기도(Top of Mind)의 맨 위를 점할 가능성이 높아지므로, 구매나 선택상황에서 자발적으로 가장 먼저 떠오를 수 있다. 이에 따라 당연히 매출도 늘게 된다.

특이한 점은 명품브랜드도 원조 혹은 대표성을 갖고 있기 때문에 구매가능성을 높여 주는 것인데, 원산지나 지리적 표시제는 이러한 명품이미지를 구축하는 브랜드 자산 중 하나다. 원산지 효과보다 명품브랜드 효과가 더 포괄적이고 강렬하며, 심지어는 중독현상을 유발시킬 정도다. 명품을 볼 때 우리의 뇌를 기능성 자기공명영상(MRI)으로 촬영하면 측좌핵을 비롯한 쾌감중추를 직접적으로 자극시키는데, 이는 약물이나 게임중독 때 나타나는 정도와 유사하다. 심할 경우에는 독실한 종교인이 종교적 상징물을 볼 때 느끼는 감정의 정도와 유사할 정도라 한다. 명품브랜드의 마력에서 벗어나기가 얼마나 어려운지 보여 주는 사례다. 비록 명품과 달리 원산지나 지리적 표시제가 중독성은 다소 떨어지겠지만 선택을 손쉽게 해 준다는 점에서는 효과가 비슷하다 볼 수 있겠다.

이런 관점에서 볼 때, 소비자들은 원산지나 지리적 표시제를 시행하는 농수산물이 10% 정도 더 비싸더라도 기꺼이 사려고 할 것이다. 특히 먹거리인 경우에는 가시적 품질지표가 부족하기 때문에 손실회피성향이 더 강하게 나타나 이러한 현상이 더 잘 나타난다. 더욱이 먹거리는 사람의 생명이나 가족의 건강과도 직결되는 제품특성으로 인해 품질이나 신뢰에 대한 관여가 높다. 따라서 비록 10% 더 비싼 가격을 치르더라도 혹 있을지 모를 손실을 회피할 수 있는 안전장치로 가시적 표시인 원산지나 지리적 표시제를 선호하게 된다. 뿐만 아니라 소비자는 가격-품질의 연상 인식이 강하게 작용하기 때문에 비싼 만큼 품질 역시 더 좋을 것이라고 쉽게 믿는다. 더 비쌀수록, 널리 유명하거나 대기업이 만든 제품일수록 품질에 대한 신뢰는 상승하게 된다.

① 우리나라의 경우, 지리적 표시제를 2000년부터 전면 실시하고 있으며 지리적 표시제 1호는 보성 녹차이다.

② 지리적 표시제품의 이점은 소비자 입장에서 더 친근하게 여겨질 수 있고 품질에 대한 믿음을 강화할 수 있어 구매 가능성이 높아진다는 것이다.

③ 소비자들은 상품에 대해 이미 검증된 사례를 접하면, 더 이상 새로운 정보를 탐색하지 않고 즉각적인 의사결정에 이르게 된다.

④ 원산지 효과는 명품브랜드보다 더 포괄적이고 강렬하며, 심지어는 중독현상을 유발시킬 정도이다.

⑤ 원산지나 지리적 표시제를 시행하는 농수산물이 기존 가격보다 10% 정도 더 비싸더라도 소비자들은 기꺼이 사려 할 것이다.

07. 다음 글의 주제로 적절한 것은?

부유한 집안환경과 부모의 높은 학력으로 우수한 교육기회와 고소득을 얻게 되었을 때, 이 고소득과 자산에 높은 세금을 부과한다면 이는 불평등한 것일까? 빼어난 미모와 건강에 연고의 힘이 덧붙여져 보통 이상의 지속적인 혜택을 얻게 되는 경우, 정부가 이 소득과 재산의 일부를 세금으로 거두어 이를 저소득층, 장애인, 고령층으로 배분한다면 이는 결과의 불평등일까? 이러한 의문들은 '무엇을 평등으로 볼 것인가'라는 질문으로 요약된다. 즉 결과의 평등인가 아니면 기회의 평등인가에 대한 것이다. 이러한 의문에 대한 논쟁은 '국가가 자원을 어디에서 거두고 어디로 배분해야 하는가'라는 문제와 연결된다.

기회의 평등을 주장하는 이들은 소득은 노동시장에서 생산성에 따라 배분되어야 한다고 본다. 즉 소득은 노동시장에서 근로자들의 생산성에 따라 완전 배분되는 것으로, 이는 근로자들에게 생산의 동기부여를 주어, 생산의 효율과 효과를 높이게 되고 장기적으로 근로자들의 인적자본 투자가 촉진된다는 것이다. 일각에서는 노동자들의 생산성이 그들에게 완전 배분되지 않고, 생산가치와 임금 간의 차이는 잉여가치라는 형태로 남아 초과이윤이 발생한다고 주장하기도 한다. 이러한 우수한 교육기회로 인한 높은 생산성으로 인해 경제가 발전된다면, 증가한 가치는 결과적으로 저소득층에게로 흘러들어간다는 것이다. 그러므로 고소득과 자산에 높은 세금을 부과하는 소득의 재분배는 결과의 평등이며, 이는 근로와 혁신의 유인을 막고 인적자본축적을 방해한다는 것이다. 다시 말해 이들은 결과의 평등 대신 기회의 평등을 강조한다. 특히 교육기회를 강조하여, 저소득층에게 교육의 기회를 제공하게 된다면 경기장에서의 출발선은 어느 정도 같아진다는 것이 이들의 주장이다.

이에 반해, 스스로의 노력을 넘어서는 불로소득에 대해 높은 세금을 부과해야 한다는 주장도 제기된다. 이들은 특권적인 추가소득을 세금으로 환수하여 배분하는 결과의 평등은 분배의 정의에 부합된다고 주장한다. 여기서 결과의 불평등을 초래하는 자원에는 노력과 무관하게 얻게 된 유산과 신체적으로 타고난 지능 · 재능 · 외모 · 건강 등이 포함된다. 심지어 폭 넓게 연고관계, 주거지, 국적 등 지구적인 모든 요소가 해당되기도 한다. 그러므로 각자의 노력을 넘어서는 모든 유증된 자원들을 공유자원으로 본다면 이 공유자원을 각자에게 배분하는 것은 자연스러운 일이다. 예컨대 한국인이 아프리카 어린이들을 후원하는 것은 결코 어색한 행위가 아니다. 또한 장애인, 자립할 수 없는 노령층, 저소득층에게 정부가 거둔 세금을 이전하는 것은 고소득자들의 '따뜻한 배려'라는 주장도 이러한 논리에 비추어 본다면 우월적이고 거만한 태도가 된다.

결과의 평등과 기회의 평등이 이분법으로 나누어져 다투고 있는 가운데, 이 양면을 모두 포용하는 접근이 현실적으로 주장되고 있다. 지난 9일, 국회에서 열린 ○○의원 주최의 '기회평등 촉진에 관한 법률 제정을 위한 입법공청회'에서 K 교수는 "기회의 평등이나 결과의 평등 등 한 쪽만을 일률적으로 적용하기는 힘들다."면서, "어떤 영역에서는 기회의 평등이, 또 다른 영역에서는 결과의 평등이 적용될 수 있다."고 지적하였다. 예를 들어 장애인, 자립이 힘든 고령층, 저소득층에게 정부가 현물과 현금을 제공하는 것은 결과의 평등에 해당된다. 또한 학생들에게 무상급식을 제공하는 것은 교육기회의 평등을 말하게 된다.

◇◇◇대학교 교수도 기회의 평등을 강조한다. ◇◇◇대학교 교수는 그의 저서 《그들이 말하지 않는 23가지》에서 "문제는 모든 사람이 같은 조건에서 경쟁을 하는 것이다. 어떤 아이가 배가 고파서 수업시간에 제대로 집중하지 못한다면, 그 아이가 선천적으로 능력이 떨어지기 때문에 성적이 나쁘다고 말할 수 없다. 공정한 경쟁이 되려면 그 아이도 다른 아이들처럼 배불리 먹을 수 있어야 한다."라고 지적하였다. 또한 지난 영국총선에서 노동당이 내건 정책인 '사전적 분배'도 노동시장에서 생산성에 따라 소득을 분배한다는 논리와 오버랩된다. 그러므로 기회의 평등과 결과의 평등은 상호배타적인 것이 아니라 양립가능하게 된다.

① 기회의 평등과 결과의 평등의 입장 차이 및 양립 가능성
② 기회의 평등과 결과의 평등의 상호배타성 및 이타성
③ 기회의 평등과 결과의 평등의 적용 사례 및 해결방법
④ 기회의 평등과 결과의 평등의 수용 방법 및 결과 분석
⑤ 기회의 평등과 결과의 평등의 원칙 및 적용단계 수립

08. 다음 글에 대한 이해로 적절하지 않은 것은?

말은 발화작용과 관련해 특징을 지닌다. 신체로부터 나오는 육성은 진동과 공명으로 청중들에게 쉽게 공감을 일으킨다. 시의 구술 및 음악의 경우에서 이러한 사실을 쉽게 확인할 수 있다. 그런데 이런 현상은 구술을 특징짓는 힘과 행위에 의해 가능해졌다고 보아야 한다. 즉 구술문화의 사람들에게 말은 사고를 표현하는 단순한 기호가 아니라, 행동의 양식이라는 것이다. 이러한 관점에서 볼 때, 구술문화에서 말에 위대한 실행력이 깃들어 있다는 통념도 결코 놀라운 것은 아니다.

더욱이 행위로서 뿐만 아니라 구술의 힘은 소리를 원천으로 삼고 있다. 그래서 구술은 일종의 소리이지만, 물리적 현상 이상의 속성을 지닌다. 최소한의 의도와 의지적인 노력이 없는 한, 즉 힘을 쓰지 않는 한 음성은 소리로서 울릴 수 없다는 것이다. 이러한 의미에서 입으로 내는 소리는 신체 내부에서 생성되기 때문에 역동적일 수밖에 없다. 아마도 말의 주술적인 힘에 대한 설화들은 이러한 소리의 역동성과 연관된 것으로 볼 수 있다.

이런 맥락에서 말을 포함한 모든 소리는 사물의 내부와 독특한 관련성을 갖는다고 볼 수 있다. 이러한 점은 인간의 몸이 자신의 내부에서 나오는 목소리에 대해 갖는 관계에서 잘 드러난다. 시각이 지각함에 있어서 주로 사물의 표면에 제한되는 반면에, 소리는 사물의 내부를 확인하는 데 요구되는 감각이기 때문이다. 이런 독특성 때문에 구술은 인간 내부로부터 나와 다른 사람의 내부로 쏠려 들어가는 일이 가능한 것이다. 시각은 보는 것과 보이는 것 간의 공간적 분리를 전제하지만, 소리는 내부적 연결 속에서 말하고 듣는 우리를 감싼다. 또한 청각은 소리들을 내부적으로 통합하고 조화를 추구하는 역할을 한다. '인간의 의식과 인간끼리의 커뮤니케이션 자체가 내부적인 것도' 바로 이러한 성격 때문이라 볼 수 있다.

이처럼 말의 성격과 본질에서 소리 및 청각현상을 제외하는 것은 불가능하다. 구술문화에서 우리는 자신을 에워싸고 청각세계의 중심에 놓이게 될 '소리의 중심화 효과'에 지배받는다. 결과적으로 이러한 소리 체계와 구분할 수 없게 결부된 구술적 사고와 표현의 특징이 통합적이고 중심적이고 내면화하는 데 있음은 분명하다.

앞서 보았듯이, 구술문화는 일반적으로 '목소리에 의지하는 문화'라고 부른다. 연설과 구송을 만드는 소리가 화자와 청자 속에서 내면화되고 통합된 세계의 모습으로 구성되기 때문이다. 그래서 객관적 사물을 관찰하듯이 문자를 읽고 분석하는 개인적 고립성과 달리, 구술문화는 인간들의 상호작용에 훨씬 크게 의존한다. 구술문화를 가진 생활양식에서 대화가 중심적 역할을 하는 이유다.

플라톤에 따르면, 글쓰기가 초래하는 침묵의 부작용을 극복할 수 있는 것은 살아 있는 말인 대화라고 하였다. 그는 문자에 의존하는 담론과 말에 의거한 대화라는 커뮤니케이션 형식을 구분하면서, 생산된 정보의 전달에 불과한 담론과 차이를 보이는 대화야말로 새로운 정보를 생산하는 것으로 규정하였다. 매클루언 역시 인쇄문화의 왜곡을 비판하면서 구술문화에서 청각 이외 다른 감각까지 함께 작용하는 원형적 커뮤니케이션이 가능하다고 주장하였다.

이처럼 진정한 소통방식으로서 대화는 구술사회의 유지와 존립을 위한 지식생산과 전달에 있어서 매우 필요한 것이다. 구술문화의 개념화된 지식은 잊지 않도록 반복적으로 구술되어야 하기 때문에, 세대 간의 대화가 우선적이라 볼 수 있다. 이러한 상황에서 지적 경험들은 앞선 세대의 입을 통해 지속적으로 전달되어 차세대들의 교육에 기여하게 된다. 그리고 지식을 전통적이고 보수적으로 수용하는 정신과 표현의 방식에서 지식내용들이 무조건 답습되지 않으며, 청중과의 특별한 교류 속에서 새로운 내용으로 재생산되기도 한다. 문자의 정확성과 명료성이 구술적인 대화 속에서는 원리적으로 불가능하기에, 오히려 이야기가 되풀이되면서 지속적으로 다양한 판본들을 낳게 되는데, 이것도 구술문화를 만드는 새로운 지식의 원천이 되기도 한다.

그런데 지식의 구조화 방식에서 구술문화는 문자적 지식의 추상성과 객관성과는 전혀 다른 특성을 갖는다. 구술된 지식은 항상 당시의 인간적 생활세계와 직접적이고 구체적으로 관련해 언어화된다. 따라서 구술들은 대개 인간행위와 상호관계를 기술하고 설명하는 데 초점이 맞춰져 있다. 그것도 구체적이고 특정한 행동들을 지시하고 언급하는 내용들로 짜여 있게 된다. 그 결과 생활세계와의 밀착성은 고립적이고 내성적인 근대인들과 다르게, 그 구성원들에게 공유적이고 외향적인 문화구조를 가능케 하였다.

뿐만 아니라 이러한 통합적 사회구조가 사람들을 논쟁적 상황에 처하게 만든 것도 사실이다. 거기에는 의사소통 중에 음성의 역동성이 작용하면서 사람의 관계들을 조화롭게 아니면 반목하게 하는 식으로 고양되기 때문이다. 이러한 이유로 수사법의 중요성이 부각되었으며, 목소리에 의지한 문화에서 수사법이 지나치게 사용됐다고 볼 수 있다. 장사의 경우에서도 이러한 점이 분명히 드러난다. 구술사회에서 장사는 가격표시에 따른 경제적인 교환거래가 아니며, 물건을 파는 행위는 흥정과 거래로서 소리를 지르는 방법, 기지의 대결, 구술적 논쟁의 작전과도 같은 것이다. 이런 맥락에서 대화술에 대한 월터 옹의 주장은 설득력이 있다. "구술문화의 특징적인 사고과정과 표현에서의 논쟁적인 역동성은 줄곧 서양문화 발전에 중심이 되어 왔다. 서양 문화 속에서 이 역동성은 수사학의 '기술(art)'과 그것에 관계가 있는 소크라테스와 플라톤의 변증법에 의해서 제도화되었다."

① 말의 주술적인 힘에 대한 설화들은 소리의 역동성과 연관된 것이다.

② 청각과 시각은 소리와 문자를 이용해 내부적으로 통합하고 조화를 추구하는 역할을 한다.

③ 플라톤은 글쓰기가 초래하는 침묵의 부작용을 극복할 수 있는 것은 살아 있는 말인 대화라고 하였다.

④ 플라톤은 생산된 정보의 전달에 불과한 담론과 차이를 보이는 대화야말로 글쓰기가 초래하는 침묵의 부작용을 극복할 수 있게 한다고 하였다.

⑤ 음성의 역동성이 작용하면서 수사법의 중요성이 부각되었으며, 목소리에 의지한 문화에서 수사법이 지나치게 쓰이게 되었다.

09. 다음 글에 대한 설명으로 적절한 것은?

철도종합시험선로는 국내 최초의 시험 및 연구개발을 위한 전용시험선로로 지난 3월 준공 기념행사를 개최했다. 전체 길이는 약 13km로 시속 250km까지 주행 가능하며, 차량, 궤도, 노반, 전차선, 신호 · 통신 등 국내외에서 요구하는 다양한 종류의 성능 시험을 할 수 있다.

그동안 프랑스 · 독일 · 미국 등 해외 철도선진국에서는 시험용 철도선로를 구축 · 운영해 개발품에 대한 성능시험을 안전하고 신속하게 실시할 수 있도록 지원해 온 반면, 우리나라는 개발품에 대한 성능시험을 시험용 철도선로가 아닌 KTX · 전동차 등이 운행하고 있는 영업선로에서 실시함으로써 시험 중 사고의 위험에 노출되어 있고, 충분한 시험시간 확보도 곤란한 문제가 있었다. 이에 따라 ○○부는 20X4년부터 철도종합시험선로 구축사업에 착수하였으며, 20X8년까지 총 2,399억 원을 투입해 충북 청원군 ~ 세종시 전동면 일대에 13km 연장의 시험용 선로를 구축했다.

철도종합시험선로에는 급곡선 · 급구배 및 교량 · 터널 등을 설치해 국내 · 외에서 요구하는 다양한 종류의 성능시험이 모두 가능하도록 하였으며, 특히 1개 교량은 새로운 교량형식 · 공법에 대한 시험이 가능하도록 교량의 교각 · 상부가 자유롭게 변경될 수 있는 구조로 구축했다.

또한 세계 최초로 고속 · 일반철도 차량용 교류전력과 도시철도 전동차용 직류전력을 모두 공급할 수 있도록 하고, 각종 철도신호 · 통신장치를 설치함으로써 KTX · 전동차 등 다양한 철도차량이 주행할 수 있도록 하였다.

철도종합시험선로를 구축하고 본격적으로 운영함에 따라 우리나라 철도기술개발을 촉진하고 기술경쟁력을 제고하는 데 기여할 것으로 기대된다. 개발자는 철도종합시험선로에서 원하는 시간에 신속히 기술을 검증할 수 있고, 철도운영기관은 충분히 검증된 기술을 도입함으로써 기술 결함으로 인한 철도사고 · 장애 등 위험을 최소화할 수 있다.

또한 기존에는 개발자가 해외 수출을 위해 현지에서 실시하던 성능시험을 앞으로는 철도종합시험선로에서 실시함으로써 성능시험에 소요되는 비용과 시간을 절감할 수 있다. 20X9년에는 종합시험선로에서 우리나라 기업이 호주에 수출할 전동차량에 대한 주행시험을 실시할 예정으로, 당초 호주 현지에서 실시하기로 했던 시험을 국내에서 실시함으로써 제품의 완성도를 더욱 높이고, 시험 시간도 단축할 수 있을 것으로 예상된다.

① 오래 전부터 우리나라를 비롯한 해외 철도선진국에서는 시험용 철도선로를 구축 · 운영해 개발품에 대한 성능시험을 실시하였다.

② 철도종합시험선로의 모든 교량은 교각 · 상부가 자유롭게 변경될 수 있도록 구축되었다.

③ 철도종합시험선로에는 세계 최초로 고속 · 일반철도 차량용 교류전력과 도시철도 전동차용 직류전력을 모두 공급할 수 있도록 하였다.

④ 철도종합시험선로에는 디지털화된 각종 철도신호에 대비하여 기존의 통신설비와는 차별화된 장치를 구축하였다.

⑤ 20X9년에 철도종합시험선로에서 주행시험을 실시하기로 되어 있었던 호주 수출용 전동차량은 호주 현지에서 시험을 실시하게 되었다.

10. A의 사무실은 최근 뻐꾸기시계를 구비하였다. 아래 상황을 참고할 때, 다음 중 A가 퇴근한 시간으로 가능한 것은?

> • 뻐꾸기시계는 정시가 되면 시계 안에 있던 뻐꾸기가 소리를 내며 밖으로 나온다.
> • 뻐꾸기는 시침이 가리키는 숫자만큼 "뻐꾹" 소리를 낸 후 시계 안으로 들어간다.
> • A가 오전에 출근하여 오후에 퇴근할 때까지 뻐꾸기는 총 54번 "뻐꾹" 소리를 냈다.

① 오후 4시 30분 ② 오후 5시 40분 ③ 오후 6시 50분
④ 오후 7시 10분 ⑤ 오후 8시 20분

11. 인사부서 직원 A와 부서장 1명을 포함한 부서원 7명은 다음 주에 진행될 신입사원 오리엔테이션 장소로 이동하기 위해 7인승 차량을 준비하였다. 차량 1대로 부서원 7명이 모두 움직인다고 할 때, A가 부서장 옆자리에 앉지 않을 확률은?

> • 운전면허 소지자는 A를 포함하여 3명이다.
> • 부서장은 운전면허가 없으며, 조수석에는 앉지 않는다.
> • 차량의 좌석 배치도는 다음과 같으며, 운전석은 1열에 ★표시가 있는 자리이고 조수석은 그 옆이다.

<table>
<tr><td>3열</td><td colspan="3">○</td><td colspan="3">○</td></tr>
<tr><td>2열</td><td colspan="2">○</td><td colspan="2">○</td><td colspan="2">○</td></tr>
<tr><td>1열</td><td colspan="3">조수석</td><td colspan="3">★</td></tr>
</table>

① 0.09 ② 0.16 ③ 0.45
④ 0.84 ⑤ 0.91

12. 신입사원 A는 바이러스 예방과 관련하여 공적 마스크를 구입하였다. 제시된 정보를 참고할 때, 신입사원 A의 출생연도 끝자리 및 구입 가능한 날짜로 알맞은 것은?

- 3월 9일 월요일부터 공적 마스크는 주 1회 구입 가능하다.
- 신입사원 A가 판매 첫 주 평일에 공적 마스크를 구입하였고, 36일 후에 공적 마스크를 구입했다.
- 공적 마스크 5부제는 출생연도의 끝자리에 따라 구입 가능한 요일이 다르다. 월요일은 1, 6년생, 화요일은 2, 7년생, 수요일은 3, 8년생, 목요일은 4, 9년생, 금요일은 5, 0년생, 토/일은 출생연도 끝자리에 관계없이 주중에 못 산 사람 누구나 구입 가능하다.

①

출생연도 끝자리	구입 가능한 날짜
2	4월 20일

②

출생연도 끝자리	구입 가능한 날짜
3	4월 29일

③

출생연도 끝자리	구입 가능한 날짜
4	5월 7일

④

출생연도 끝자리	구입 가능한 날짜
5	5월 12일

⑤

출생연도 끝자리	구입 가능한 날짜
0	5월 15일

13. 제시된 자료를 참고할 때 아래 〈보기〉 중 틀리게 설명한 사람은 모두 몇 명인가?

〈자료 1〉 성별에 따른 결혼할 의향이 없는 1인 가구의 비율

구분	2019년		2020년	
	남자	여자	남자	여자
20대	8.2%	4.2%	15.1%	15.5%
30대	6.3%	13.9%	18.8%	19.4%
40대	18.6%	29.5%	22.1%	35.5%
50대	24.3%	45.1%	20.8%	44.9%

〈자료 2〉 연도별 향후 1인 생활 지속기간 유지 여부 예상 비율

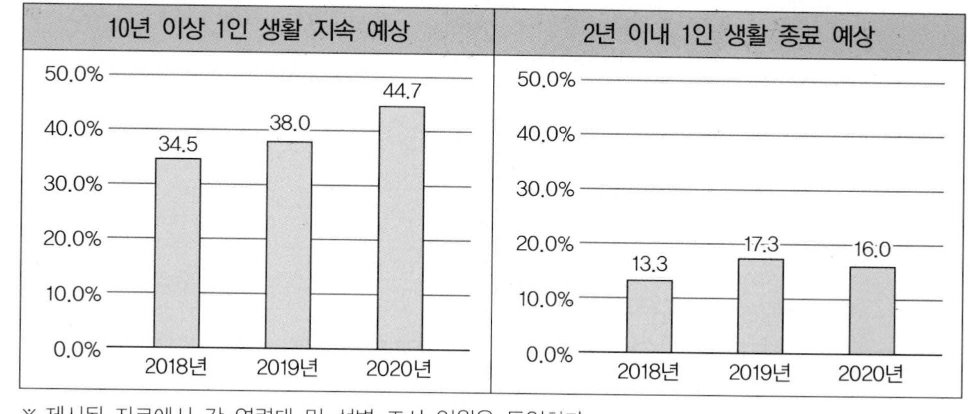

※ 제시된 자료에서 각 연령대 및 성별 조사 인원은 동일하다.

보기

A : 2020년 조사에서 남자 중 앞으로 결혼할 의향이 없는 1인 가구의 비율은 50대가 20대에 비해 45% 이상 많아.

B : 2019년 조사에서 여자는 연령대가 높아질수록 결혼할 의향이 없다는 1인 가구의 비율이 높아져.

C : 2020년 조사에서 2년 이내에 1인 생활 종료가 예상된다고 응답한 사람의 비율은 전년보다 1.3%p 줄어들었네.

D : 제시된 자료에서 1인 생활을 10년 이상 지속할 것이라고 예상하는 사람의 비율은 갈수록 늘어나고 있어.

① 0명　② 1명　③ 2명
④ 3명　⑤ 4명

[14 ~ 15] 다음 자료를 보고 이어지는 질문에 답하시오.

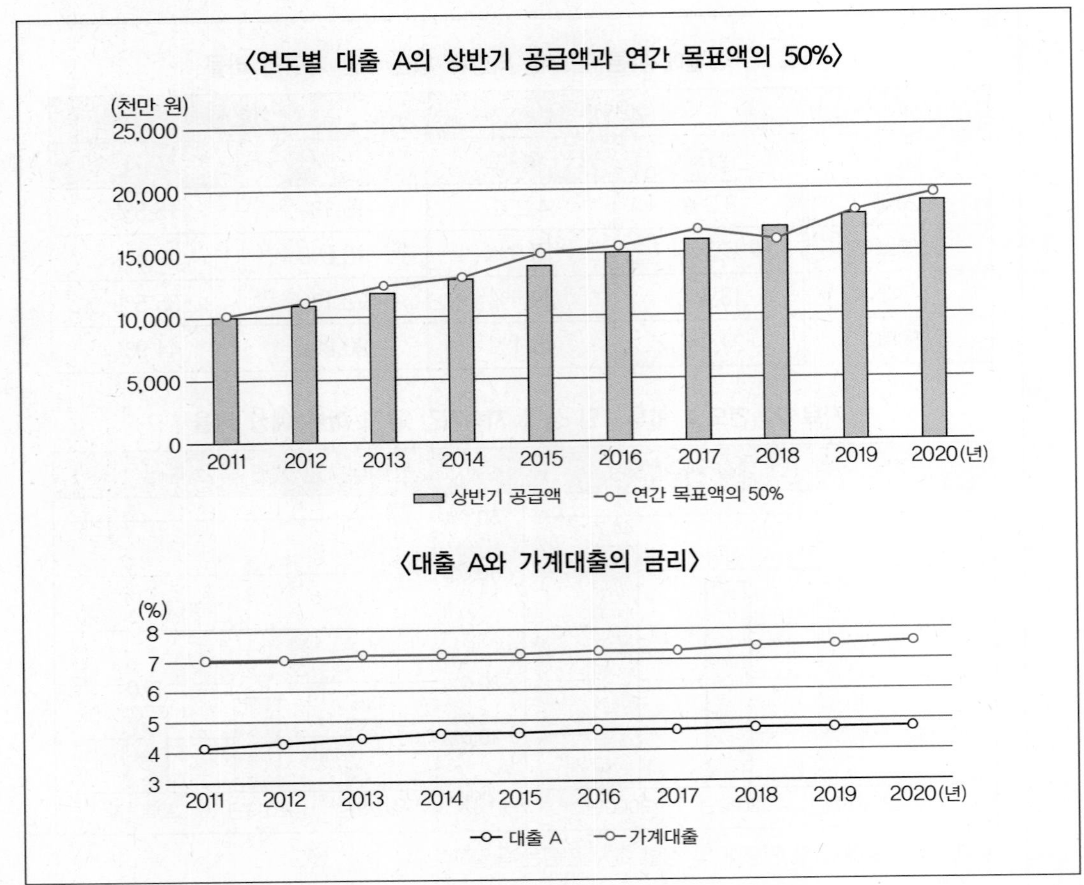

14. 다음 중 자료를 옳게 파악한 사람은?

① 지민 : 대출 A는 2018년에 처음으로 연간 목표액을 초과 달성했어.
② 민영 : 2020년 대출 A의 상반기 공급액은 2012년의 연간 목표액보다 더 높아.
③ 호연 : 2015년 대출 A의 연 목표 대출이자수익은 1,500천만 원 이상이었어.
④ 영호 : 대출 A의 금리는 가계대출 금리와 매년 2%p 이상의 차이를 계속 유지하고 있어.
⑤ 진아 : 2016년에 대출 A 대신 가계대출로 70천만 원을 대출한 채무자가 부담해야 했던 이자지출의 차이는 2.8천만 원 이상이었어.

15. 2014년 대출 A의 상반기 공급액이 13,000천만 원, 2020년 대출 A의 연간 목표액이 39,000천만 원일 때, 아래 대출 A의 목표액 달성률과 하반기 공급액 그래프를 보고 ㉠, ㉡에 들어갈 숫자를 구하면? (단, 소수점 아래 첫째 자리에서 반올림한다)

구분	2011년	2012년	2013년	2014년	2015년	2016년	2017년	2018년	2019년	2020년
달성률 (%)	107	103	106	106	107	112	108	104	107	110

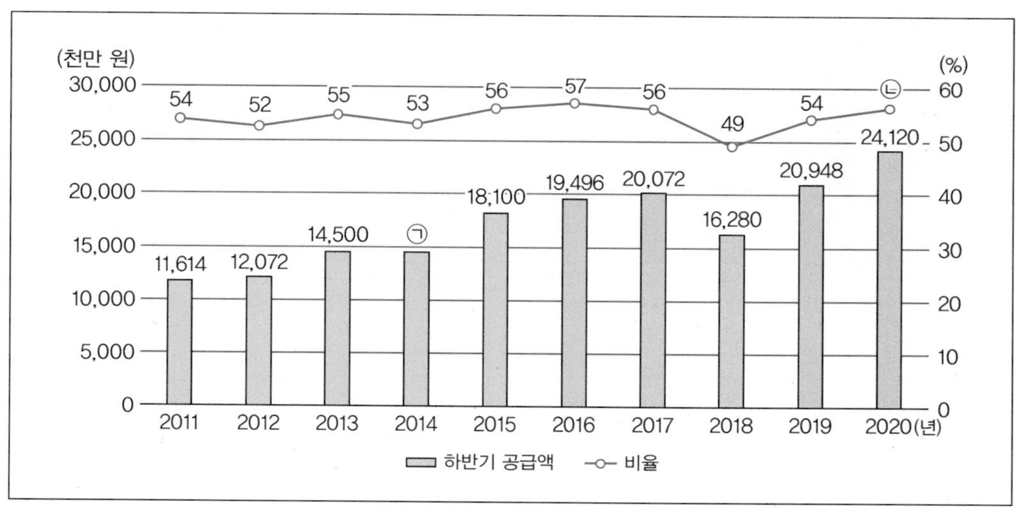

	㉠	㉡
①	14,095	56
②	14,660	56
③	14,975	56
④	14,095	58
⑤	14,660	58

[16 ~ 17] 다음은 어느 기업의 각 연도별 자동차 수출입액을 분기 단위로 산출평균한 자료와 각 연도별 자동차 수출입 대수에 관한 자료이다. 이어지는 질문에 답하시오.

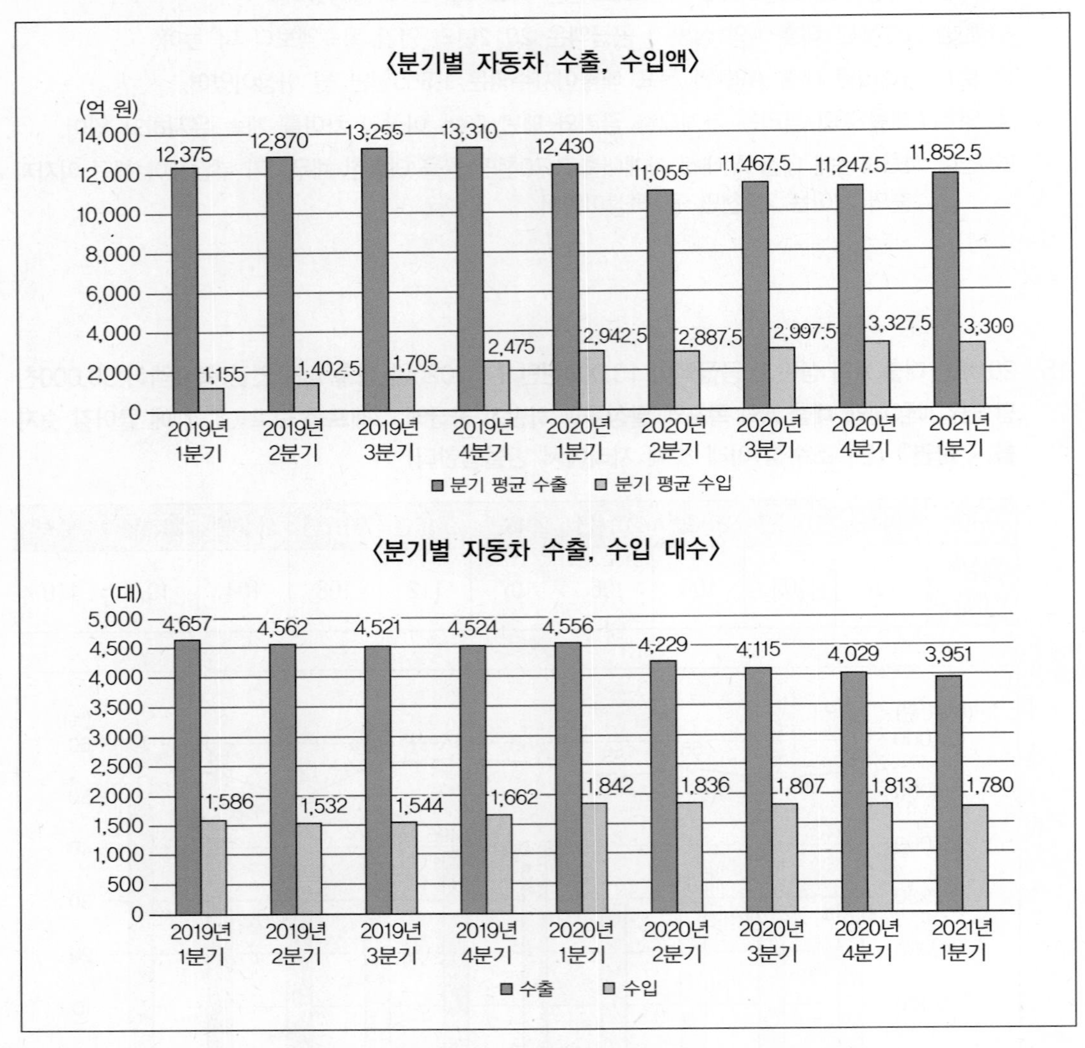

16. 다음 중 자료를 바르게 이해한 사람은?

① 대용 : 2020년 하반기 자동차 수출액은 2조 2천억 원 미만이야.

② 민철 : 2019년 4분기 자동차 수출액은 수입액의 5배 이상이야.

③ 재민 : 자료에서 분기별 수출액과 수입액의 차이가 가장 작을 때에도 그 차이가 8천억 원 이상이 유지됐어.

④ 수창 : 자동차 수입 대수와 수출 대수의 차이가 가장 클 때는 자동차의 수출 대수가 수입 대수의 3배를 넘었었어.

⑤ 태인 : 자동차 수출액이 가장 많았던 분기에 자동차 수출 대수도 가장 많았어.

17. 2021년 자동차의 수입액과 수출액, 수입 대수와 수출 대수가 1분기부터 4분기까지 모두 일정하다고 가정할 때 다음 (A), (B), (C)에 들어갈 값은?

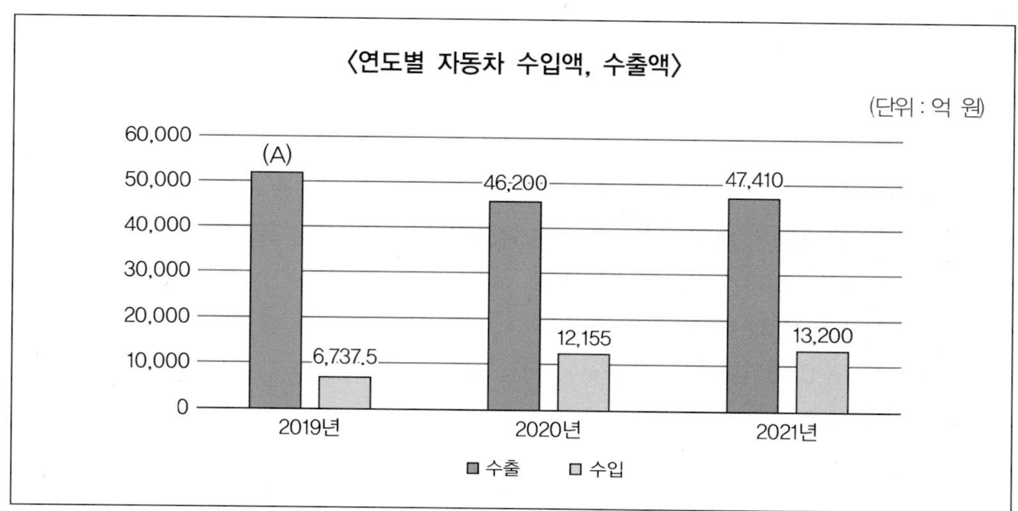

구분	수입 대수(대)	수출 대수(대)
2019년		
2020년		(B)
2021년	(C)	

	(A)	(B)	(C)
①	48,720	18,264	6,324
②	49,570	15,804	7,298
③	51,810	16,929	7,120
④	49,570	18,264	7,120
⑤	51,810	16,929	7,298

18. 다음 박 씨가 복용하는 약의 종류와 복용 조건을 이해한 내용으로 옳은 것은?

구분	복용 횟수	복용 시기	같이 복용하면 안 되는 약	우선순위
A	2회	식후	B, C, E	3
B	4회	식후	A, C	1
C	3회	식전	A, B	2
D	3회	식전	−	5
E	4회	식후	A	4

조건

- 약은 아침, 점심, 저녁의 식전과 식후에 복용한다.
- 한 번에 여러 종류의 약을 함께 복용할 수 있다.
- 같이 복용하면 안 되는 약은 같은 때(끼니) 식전과 식후에 나누어 복용할 수 없다. 예를 들어 C 약을 아침 식전에 복용하였다면, A 약과 B 약을 아침 식후에 복용할 수 없다.
- 모든 약은 복용 횟수를 채워 복용해야 하며, 최대한 우선순위대로 복용해야 하지만 불가능하다면 우선순위를 거를 수 있다.
- 월요일부터 복용하기 시작한다.

① 모든 약을 할당된 복용 횟수에 맞게 복용하기 위해서는 최소 4일이 필요하다.
② B 약 복용을 마치는 날은 수요일이다.
③ 마지막에 복용하는 약은 A 약이다.
④ 한 끼니에 B 약과 E 약만 복용하는 때는 없다.
⑤ 가장 먼저 복용을 마치는 약은 B 약이다.

19. 9시부터 22시까지 영업하는 A 카페의 회전율을 알아보기 위해 하루 동안 손님들의 출입시간 및 시간별 매장 내 남아 있는 손님의 수를 확인하였다. 다음을 참고할 때, 옳지 않은 것은?

〈조건〉

- 카페에는 2인용, 4인용, 6인용 원탁이 하나씩 총 3개 마련되어 있다.
- 함께 온 손님은 같은 원탁에 앉고, 같은 시간에 함께 나간다(단, 원탁이 2개 이상 비어 있다면 이용 가능한 원탁 중 더 작은 원탁에 앉는다).
- 앉을 수 있는 원탁이 없는 경우 그 손님(들)은 커피를 주문하지 않고 나간다.
- 원탁에 앉은 손님(들)은 인원 수만큼 음료를 주문한다.

〈원탁 이용 정보〉

- 2인용 원탁 : 인원이 1명 이상 2명 이하일 경우만 이용 가능
- 4인용 원탁 : 인원이 2명 이상 4명 이하일 경우만 이용 가능
- 6인용 원탁 : 인원이 3명 이상 6명 이하일 경우만 이용 가능

〈방문 손님에 대한 정보〉

새로운 손님(들)이 카페에 온 시간 및 인원 수와 해당 시간에 카페에 남아 있는 손님(들)의 수

시간	신규 손님 인원 수	기존 손님 수	시간	신규 손님 인원 수	기존 손님 수
9 : 20	1명	0명	15 : 50	1명	2명
10 : 15	2명	1명	16 : 50	5명	0명
10 : 50	4명	3명	18 : 10	3명	5명
11 : 30	5명	3명	19 : 00	1명	8명
12 : 40	3명	7명	19 : 40	3명	8명
14 : 10	2명	5명	20 : 50	2명	8명

- 제시된 시간 이외에 새로 방문한 손님(들)은 없었다.
- 음료를 주문한 모든 손님(들)은 최소한 10분 이상 카페에 머물렀다.
- 새로운 손님(들)이 방문할 때 카페에 있던 기존 손님들은 새로운 손님(들)이 방문한 뒤에도 최소한 10분 이상 카페에 머물렀다.

① 10시 55분에 매장 내 손님의 숫자는 7명이다.

② 9시 20분에 온 손님은 카페에 2시간 이상 머물렀다.

③ 영업시간 동안 판매한 음료의 잔 수는 홀수이다.

④ 카페에 방문한 손님 중 주문을 하지 못한 손님은 총 두 팀이다.

⑤ 영업시간 동안 카페에 가장 많은 손님이 앉아 있었던 경우는 10명이다.

[20 ~ 21] 박 대리는 여름휴가로 해외여행을 계획하고 있다. 다음 자료를 보고 이어지는 질문에 답하시오.

〈여름휴가 계획〉

- 해외여행 예정지는 싱가포르, 베트남, 태국 중 한 곳이다.
- 휴가 기간은 7월 15 ~ 19일이다.
- 예산은 800,000원이며 비행기 티켓 구입 시 예산의 50% 이내로만 사용한다.
- 출국 공항과 입국 공항은 모두 인천 공항 국제선으로 한다.
- 반드시 한국 시간 기준 19일까지는 귀국해야 한다.
- 경유할 경우 반드시 중국을 통해 1회 경유하며, 기본 운임료에 20% 할인이 적용된다.
- 경유 시 대기 시간은 모두 2시간이다.

〈비행기 운항표〉

항공명	방향	항공편 날짜(UTC+09:00 기준)	출발	도착	경유 여부	비행 시간	기본 운임료(원)
A301	가는 편	7/15(목) 14:00	인천	싱가포르	직항	6시간 15분	210,000
B402		7/15(목) 15:25	인천	베트남	경유	9시간 25분	165,000
C929		7/15(목) 17:20	인천	태국	직항	5시간	147,000
A212	오는 편	7/19(월) 11:20	싱가포르	인천	경유	8시간	230,000
B311		7/19(월) 13:20	베트남	인천	직항	5시간 15분	200,000
C604		7/19(월) 12:00	태국	인천	경유	11시간	163,000

20. **비행기 운항표 및 박 대리의 계획과 조건을 고려할 때, 다음 설명 중 적절하지 않은 것은?**

① 휴가를 싱가포르로 간다면 지정된 예산 계획에 맞게 비행기 티켓을 구매할 수 없다.
② 휴가를 베트남으로 간다면 계획된 휴가 기간 내에 귀국할 수 있다.
③ 대기 시간을 포함한 총 비행 시간이 가장 긴 계획은 태국이다.
④ 경유할 때 할인이 적용되지 않는다면, 갈 수 있는 국가는 한 곳이다.
⑤ 휴가를 태국으로 간다면 계획한 날짜대로 귀국하지 못한다.

21. **비행기 운항표를 참고할 때, 조건을 모두 충족시키는 항공편 중 가장 저렴한 왕복 항공 운임료는 얼마인가? (단, 유류 할증료는 적용되지 않는다)**

① 310,000원　② 332,000원　③ 357,000원
④ 365,000원　⑤ 384,000원

22. 다음 글을 읽고 추론할 수 있는 내용이 아닌 것은?

도대체 탑이 무엇이길래 이렇게 사찰마다 빠지지 않고 등장하는 것일까. 부처의 사리를 안치하는 장소인 스투파(Stupa)에서 시작된 불교 건축물인 탑파(塔婆)는 사찰이 건립될 때마다 같이 만들어져 사리나 유리구슬, 경전 등 부처를 상징하는 것을 안치하는 기능을 하였다. 2009년 미륵사지 석탑 복원을 위한 서탑 해체 중 심주석 윗면 사리공에서 사리호, 금제사리봉영기 등 다양한 공양품들이 일괄로 출토된 국보급 사리장엄구가 발굴되어 현재 미륵사지유물전시관에 전시되어 있다.

조상들은 탑을 만드는 재료로 돌을 사용하였지만 그 형태는 주로 목탑을 재현하려고 하였다. 따라서 많은 석탑들이 목조 건축물의 느낌이나 특징을 가진 경우가 많다. 6세기 말 백제가 부여로 도읍을 옮기고 세워진 정림사지 5층 석탑에는 탑의 모서리에 배흘림기둥이나 넓은 지붕돌 등으로 목조건축의 구조를 모방한 형태를 지닌다.

우리의 석탑은 삼국 시대에 만들어지기 시작하여 통일 신라 때 그 양식이 완성되었다. 탑과 탑을 둘러싼 건물들이 배치와 구성은 매우 정교한 수치에 의해 구성되어 있다. 탑의 곳곳에 숨어 있는 수리적 원리들이 탑을 더욱 아름다워 보이게 하고, 탑에 뚫은 간단한 홈 하나가 탑의 기능적인 면까지 보완하고 있다.

탑 건립에 있어 가장 중요한 요소는 지대석의 크기이다. 지대석이란 석탑의 가장 아래, 탑의 기단과 재면 사이의 사용된 석재를 말한다. 지대석의 크기에 따라 탑의 높이와 너비가 결정되고, 이것이 사찰을 건립하는 기본 단위로 설정되기로 했다. 황룡사지 탑의 기단을 내접하는 원의 직경은 사찰 동서길이의 1/6배에 해당한다. 불국사는 다보탑과 석가탑의 기단 너비의 세 배가 불국사 전체를 세우는 기본 척도로 사용되었다.

지대석의 크기가 결정되면 지대석 한 변의 길이를 재어 땅과 수직인 가상의 면에 정삼각형을 생각할 수 있다. 그 정삼각형의 꼭지점까지의 높이가 석가탑의 1층 탑신이 되었으며, 1층 탑신은 2층 지붕돌 전체 넓이의 절반으로 설정된다. 1층 탑신의 너비는 금당의 너비와 길이의 1/10에 해당한다. 탑 각 층의 너비와 높이, 사찰의 기본 배치까지 탑의 지대석의 크기에 의해 결정되는 것이다.

탑은 사리나 경전을 안치하는 장소이다 보니 석탑 내부에 습기가 차지 않도록 하는 것이 중요했다. 비가 내릴 때 목탑은 기와지붕 끝에 걸려 물이 수직으로 떨어지지만 석탑은 빗물이 지붕돌 아래의 층급받침을 타고 몸돌까지 흐르게 된다. 이러면 빗물이 탑 안으로 스며들어 안치되어 있는 물품이 습기에 부식될 수 있다. 이 때문에 고안한 것이 지붕 아래의 물끊기홈이다. 석탑의 지붕돌 아래, 처마부분 안쪽에 판 물끊기홈으로 빗물이 수직으로 떨어질 수 있도록 하는 것이다. 단순한 것 같지만 작은 홈 하나가 탑 안의 사리구나 경전을 보존하게 한 것이다.

우리나라 사찰의 문지기인 석탑은 오늘도 대웅전 앞에서 늠름한 모습으로 서 있다. 세월이 흐르면서 관리가 소홀해져 어떤 탑은 자연에 의해, 어떤 탑은 탑의 일부분이 외부로 유출되어 불완전한 모습을 하고 있기도 하다. 강후진의 「와유록」에 따르면 1700년대 미륵사지 서탑이 벼락을 맞아 북쪽이 무너져 농부들이 올라갔다는 기록이 있다. 이후 서탑을 본따 1993년에 복원한 미륵사지 동탑은 상륜부가 피뢰침 역할을 하도록 만들고, 서탑은 2019년 4월에 보수를 마쳤다.

그럼에도 불구하고 대웅전을 지키고 서 있는 탑들의 모습은 쉽사리 그 기품을 잃지 않는 것 같다. 그것은 분명 석탑 자체에 숨어 있는 비례와 조화, 균형의 아름다움과 석탑이 이루고 있는 돌에 깃든 조상들의 정성 때문일 것이다.

① 탑에 안치되어 있는 물품들
② 정림사지 5층 석탑에 배흘림기둥이 있는 이유
③ 석가탑의 지대석과 1층 탑신의 길이 관계
④ 목탑과 석탑에 물끊기홈을 판 이유
⑤ 미륵사지 서탑 일부가 무너진 이유

[23 ~ 24] 다음 ○○택배업체의 택배 업무에 관한 자료를 보고 이어지는 질문에 답하시오.

- A 지역의 모든 택배는 중앙 집하장을 거쳐 배송지에 따라 가 ~ 다 집하장으로 선별되어 이동 후 목적지로 배송된다. 단, 같은 집하장 관할 내에서 이동하는 택배는 중앙 집하장을 거치지 않고 관할 집하장에서 바로 배송된다.
- 다른 지역을 거치지 않고 집하장으로의 택배 운송은 15분 소요되며 각 집하장에서의 택배물 배달은 한 건에 특송택배의 경우 10분, 일반택배는 15분이 소요된다.
- 가 집하장에서 10분 거리에 있는 B 아파트로 들어오는 택배물은 하루 한 번 가 집하장에서 아파트 내 택배보관소로 일괄 배송한다.
- 나 집하장으로부터 25분 거리에 있는 편의점에서는 택배 접수 서비스를 제공한다. 편의점에서 접수한 택배물은 오후 5 ~ 6시 사이에 수거되어 나 집하장을 통해 중앙 집하장으로 운송된다.
- 다 집하장으로부터 20분 거리에는 무인택배함이 있다. 무인택배함에서는 택배물의 접수와 수령이 모두 가능하며, 다 집하장에서 배달사원이 하루 두 번 접수된 택배를 수거하고 배송해야 할 택배물을 고객이 와서 받아갈 수 있도록 둔다.
- 이외의 모든 택배물의 접수는 각 집하장에서 15분 떨어진 곳에 위치한 각 집하장 관할의 택배 접수센터가 담당한다.
- A 지역 이외의 다른 지역으로 이동해야 하는 택배물은 중앙 집하장에서 바로 다른 지역의 중앙 집하장으로 운송된다.

23. 다음 ㄱ ~ ㄹ 중 옳은 것을 모두 고르면?

ㄱ. A 지역 내에서만 이동하는 모든 택배는 중앙 집하장을 거치지 않는다.
ㄴ. A 지역 외에서 들어오는 택배는 중앙 집하장을 거쳐 가 ~ 다 집하장으로 선별되어 이동한다.
ㄷ. 가 집하장이 관할하는 지역의 모든 택배는 택배 접수센터를 통해 접수된다.
ㄹ. 무인택배함으로 접수된 택배는 다 집하장을 거치지 않고 바로 중앙 집하장으로 운송된다.

① ㄱ, ㄴ　　② ㄱ, ㄷ　　③ ㄴ, ㄷ
④ ㄱ, ㄴ, ㄹ　　⑤ ㄴ, ㄷ, ㄹ

24. 다음은 택배 배달사원 P의 작업일정표이다. 이 날 P의 업무가 종료되는 시간은 몇 시인가? (단, 택배물을 차량과 집하장에 적재하는 시간은 고려하지 않는다)

〈P의 작업일정표〉

- 오전 9시 가 집하장 택배 접수센터에서 업무 시작
- 접수된 택배 가 집하장으로 운송
- 가 집하장에서 특송택배 5건 배송
- 가 집하장에서 다 집하장으로 택배 운송
- 다 집하장에서 무인택배함 택배 배송 및 수거 업무 개시
- 다 집하장에서 일반택배 7건 배송
- 1시간 동안 점심 식사
- 다 집하장에서 가 집하장으로 택배 운송
- 가 집하장에서 특송택배 8건 배송
- 가 집하장에서 다 집하장으로 택배 운송
- 다 집하장에서 무인택배함 택배 배송 및 수거 업무 개시
- 나 집하장으로 택배 운송
- 나 집하장에서 일반택배 3건 배송
- 나 집하장에서 편의점에서 접수한 택배 수거 후 나 집하장에 적재, 업무 종료

① 오후 5시 45분 ② 오후 5시 55분 ③ 오후 6시 5분
④ 오후 6시 15분 ⑤ 오후 6시 25분

25. (주)대한은 신 · 재생에너지 설치의무 건축물의 건설에 따라 ○○부에 제출할 설치계획서를 작성하기 위해 담당자에게 문의하고자 한다. 아래 자료를 통해 담당자에게 문의를 하지 않아도 알 수 있는 사실을 고르면?

〈신 · 재생에너지설비 설치계획서 검토 사항〉

- 신재생에너지 의무이용 대상건축물의 해당 여부
- 설치기획서상의 설비가 「신 · 재생에너지설비의 지원 등에 관한 규정」 제2조 제1호에 정의된 '신 · 재생에너지설비'에 해당하는지 여부
- 신 · 재생에너지설비 설치를 위한 건축공사비 산정기준 및 방법 적용의 적정성
- 기타 설치계획서 작성기준의 적정성 등

〈신 · 재생에너지설비 설치계획서 첨부서류〉

서류명	비고
설치계획서(필수)	기관장 직인 필요
건물설계개요(필수)	건물명, 주소, 용도, 연면적, 주차장 면적 등이 표시되어 건축허가용으로 기작성된 설계개요 제출
신 · 재생에너지설비 견적서(필수)	• 설비회사 등에서 제시한 총괄견적서 제출 • 세부적인 견적내용은 추가 요청 시 제출
건축물 부하용량 계산내역(필수)	• 연료 및 열사용량 내역, 전력사용량 내역 • 세부적인 부하용량 계산 근거는 추가 요청 시 제출
연간 신 · 재생에너지 생산량 산출근거(필수)	신 · 재생에너지 연간에너지생산량 계산 근거 및 내용 포함
건축물조감도(필수)	건축허가용으로 작성된 것으로 첨부에 해당하는 도면 제출
신 · 재생에너지설비 위치가 표시된 건축물 배치도(필수)	
신 · 재생에너지설비 장비일람표	
기타(선택)	기타 설비계획 검토에 필요한 설명자료 제출

① 신 · 재생에너지 의무이용 대상건축물의 해당 요건
② 대리인이 설치계획서를 제출할 경우 추가로 요구되는 서류
③ 신 · 재생에너지설비 설치의무에서 면제되는 대상건축물의 해당 요건
④ 신 · 재생에너지 설치를 위한 건축공사비 산정기준 및 방법
⑤ 건물설계개요 내용에 포함되어야 하는 사항

코레일(한국철도공사)

3회 기출예상문제

수험번호	
성 명	

KORAIL

감독관 확인란	

3회 기출예상문제

성명표기란

수험번호

(주민등록앞자리 생년제외) 월일

수험생 유의사항

※ 답안은 반드시 컴퓨터용 사인펜으로 보기와 같이 바르게 표기해야 합니다.
〈보기〉 ① ② ③ ❹ ⑤

※ 성명표기란 위 칸에는 성명을 한글로 쓰고 아래 칸에는 성명을 정확하게 표기하십시오. (맨 왼쪽 칸부터 성과 이름은 붙여 씁니다)

※ 수험번호/월일 위 칸에는 아라비아 숫자로 쓰고 아래 칸에는 숫자와 일치하게 표기하십시오.

※ 월일은 반드시 본인 주민등록번호의 생년을 제외한 월 두 자리, 일 두 자리를 표기하십시오.
〈예〉 1994년 1월 12일 → 0112

※ 검사문항 : 1~25

문번	답란	문번	답란
1	① ② ③ ④ ⑤	16	① ② ③ ④ ⑤
2	① ② ③ ④ ⑤	17	① ② ③ ④ ⑤
3	① ② ③ ④ ⑤	18	① ② ③ ④ ⑤
4	① ② ③ ④ ⑤	19	① ② ③ ④ ⑤
5	① ② ③ ④ ⑤	20	① ② ③ ④ ⑤
6	① ② ③ ④ ⑤	21	① ② ③ ④ ⑤
7	① ② ③ ④ ⑤	22	① ② ③ ④ ⑤
8	① ② ③ ④ ⑤	23	① ② ③ ④ ⑤
9	① ② ③ ④ ⑤	24	① ② ③ ④ ⑤
10	① ② ③ ④ ⑤	25	① ② ③ ④ ⑤
11	① ② ③ ④ ⑤		
12	① ② ③ ④ ⑤		
13	① ② ③ ④ ⑤		
14	① ② ③ ④ ⑤		
15	① ② ③ ④ ⑤		

3회 기출예상문제

▶ 정답과 해설 13쪽

문항 수 | 25 문항

01. 다음 글을 읽고 추론할 수 있는 내용이 아닌 것은?

> 대중매체란 대중을 상대로 대량의 정보와 이슈를 전달하는 매체를 말한다. 대중매체로는 신문, 방송 등 기존의 정보 전달 수단과 인터넷, 사회관계망 서비스(SNS), 스마트폰 등과 같은 이른바 뉴미디어(New Media) 등이 있다. 이 중에서도 특히 뉴 미디어는 기존의 여러 매체에 디지털화된 콘텐츠를 하나로 통합해 상호작용력을 높인 멀티미디어 성격의 매체로 빠르게 발전하고 있다. 이에 따라 최근에는 모바일 기기를 통해 인터넷 정보와 문화적 가치를 손바닥 안에서 누릴 수 있게 되었다.
>
> 대중매체는 대중문화의 생산과 유통을 주도하여 상품화된 문화로 작용한다는 점에서 기능적으로 매우 중요하다. 그럼에도 대중매체는 순기능만이 아니라 역기능을 나타내기도 한다. 순기능의 예로는 사람들이 TV를 통해 외국 드라마를 자신의 안방에서 보거나, 한국 음식이나 드라마와 같은 한류문화를 해외로 전파하여 국가 이미지와 위상을 높이고 있다. 아울러 대중매체의 광범위한 보급으로 보다 많은 사람들이 대중문화를 누리게 되고, 오락 및 여가의 기회가 늘어나 삶의 활력소가 되기도 한다. 반면 TV 등과 같은 영상매체는 동일한 정보를 동시에 전달하므로 사람들의 사고와 취향이 획일화되고 매체문화의 생산자가 의도하는 방향으로 정보가 조작될 수 있다는 점은 역기능에 해당한다. 게다가 상업성 추구로 인해 지나치게 선정적이고 폭력적 장면을 대중에게 보여 줄 우려도 제기된다.
>
> 현대 사회에서 컴퓨터, 인터넷과 같은 미디어는 사회와 개인의 삶에 지대한 영향을 미치고 있다. 따라서 각 매체의 주체는 오늘의 시대적 매체 환경에 대해 보다 깊은 성찰이 있어야 한다. 매체 공급자와 광고주는 상업성을 추구하되, 사회적 책임의 차원에서 공공성과 공익성도 고려해야 한다. 매체 소비자인 수용자는 매체의 성격과 방향에 관심을 두고 여러 매체를 비교 · 평가하여 이를 선별적으로 받아들여야 한다. 나아가 수동적 입장에만 머무르지 말고, 문제의 뿌리가 있는 콘텐츠를 면밀히 도출하여 이를 개선하기 위한 메시지를 제시해야 한다.
>
> 수용자는 매체의 직접적인 소비자이다. 그렇기 때문에 대중매체의 제반 사항에 대해 일정한 힘을 행사할 수 있는 것이다. 그 일환으로 수용자 모니터링(monitoring)이 보다 활성화되어야 한다. 대중매체 생산자의 건전한 양식과 수용자의 비판적 자세가 갖추어질 때 우리 사회가 건강하게 발전하고 삶의 질이 향상될 수 있을 것이다.

① 가짜 뉴스는 최근 매체의 변화에 따른 역기능 중 하나이다.

② 과거 매체는 매체 간 경쟁이 적었기 때문에 경제적 수익 창출에 대한 부담이 없어 공공성을 중시할 수 있었다.

③ 플랫폼 차원의 규제체계를 마련하여 매체 공급자와 수용자가 준수해야 할 콘텐츠 기준이 제시되어야 한다.

④ 최근 매체는 공공성을 고려하기 위해 과거와 다른 방법을 찾아야 한다.

⑤ 대중매체에서 폭력적인 장면을 본 시청자들은 흥미를 느껴 시청률이 상승할 것이다.

02. 다음 글을 읽고 이해한 내용으로 옳지 않은 것은?

자동차가 보급되어 온 지 약 100년의 세월이 되었다. 그동안 차량과 운전자의 수는 상상을 초월할 정도로 증가하였다. 자동차는 우리 일상생활에 없어서는 안 될 문명의 기기로 누구나 편리하게 이용하고 있다. 도로와 주차장이 차량으로 넘쳐날 정도로 차량의 보급은 기하급수적이었다. 발달된 차량의 성능과 도로의 확충은 우리의 생활을 1일 생활권으로 바꾸어 놓은 획기적인 계기가 되었다. 1970년대 경부고속도로의 신설은 우리 생활에 일대 변혁의 계기가 되었으며, 2004년의 고속전철(KTX)은 또다시 우리 생활을 반나절의 생활권으로 탈바꿈시키고 있다.

이러한 문명의 이기들은 우리 생활을 편리하고 경제적으로 바꾸어 놓았으나 이로 인한 피해도 심각한 실정에 있다. 우리는 집에서 나오면 가장 먼저 도로상의 차량과 마주치게 된다. 차량의 성능향상과 운전자의 안전의식 미흡은 우리 개개인을 전쟁에 무방비로 내보내는 것과 다를 바 없다.

도로상에서 차량 및 보행자의 법규위반에 대하여 부과하는 교통범칙금이란 교통법규 위반자에 대하여 경찰관이 직접 위반 장소에서 위반자에게 위반에 따르는 부과금액을 납부할 것을 통고하여 그 금액을 납부하도록 하고 운전을 계속하게 하는 제도를 말한다. 교통범칙금은 통고처분이라는 절차를 통하여 법률의 구성요건에 해당하는 위법 · 유책한 행위를 한 범칙행위자에 대해 부과되는 행정상 금전적 제재이다. 범칙금은 통고처분이라는 절차를 동반하여 부과된다는 점에 그 특징이 있다.

통고처분제도를 둔 이유는 행정범의 성격이 강하기 때문에 행정상 의무이행 확보차원에서 범칙금 납부를 강제하는 것이 본래의 목적을 달성하는 데 효과적이라고 판단하였기 때문이다. 1970년대 자동차의 급증에 따라 교통사범이 증가하자 정부는 1973년에 도로교통법에 범칙행위에 대한 처리특례를 법률 제2591호로 개정 · 채택하여, 대통령령 제7066호에 의해 1974년 2월 15일부터 시행되어 현재에 이르고 있다.

1995년 7월 1일 시행된 개정령은 운전자와 보행자를 나누어 구분하고 있으며 운전자의 범칙행위는 61개 유형으로 구분하고 보행자의 범칙행위도 10개 유형으로 나누어 규정하고 있는데, 이들 범칙금액은 최저 10,000원에서 최고 100,000원을 부과하고 있다.

교통범칙금은 그 법적 성격면에서 보면 제2의 행정제재수단 또는 준사법적 행위라고 보고 있는 것이 일반적인 견해이다. 교통위반자에 대하여 부과하는 범칙금은 행정목적달성을 위한 금전벌로서의 성격을 가지고 있다. 우리는 현재 행정목적 달성을 위하여 위반자에 대하여 범칙금 외에 과태료, 행정형벌 등을 부과하고 있다. 교통위반자는 형사제재조치인 형벌과는 달리 고의성이 결여되어 있다.

교통위반자에 대하여 행정법인 도로교통법에서 범칙금을 부과하는 것은 행정편의주의를 위한 하나의 새로운 제도를 탄생시킨 것으로 그 성격 자체가 명확해야 한다. 우리는 법치주의를 지향하고 있으며, 법은 그 성격이 명확하여야 하며, 국민의 입장에서 수긍할 수 있는 제도가 갖추어져야 할 것이다. 교통위반자에 대하여 범칙금을 부과하는 이유는 재위반을 방지하고 위반에 대항 제재조치로 부과하는 것으로 이는 행정목적달성을 위한 과태료라는 제도를 가지고 있음에도 불구하고 범칙금이라는 성격이 모호한 제도를 두어 시행하는 것은 법의 명확성의 원칙에 반한다.

도로교통법 및 동법 시행령은 운전자의 안전운전을 주지시키기 위하여 규정한 구체적인 법률로 범칙행위의 근거법이 되고 있다. 도로교통법 시행령 별표 2 및 3은 동법의 근거에 의해 각 범칙행위를 세부적으로 구분하여 시행하여 오고 있다. 이러한 범칙행위의 개념은 단속경찰관이나 일반인이 이해하기 어렵게 일반적이고 추상적으로 구분되어 있으며, 또한 근거법인 도로교통법의 조항도 각각의 행위들에 대하여 지나치게 추상적으로 규정되어 불명확성을 가지고 있다. 범칙행위의 근거 중 도로교통법 제48조의 '안전운전의무' 조항은 추상적 규정으로 세부규정이 없이 이루어지고 있어 단속경찰관의 자의적인 해석을 낳을 우려가 높다. 법규는 국민의 기본권을 제한하는 규정으로 구체적이고 명확히 하여야 할 필요가 있으므로 도로교통법상의 위반행위 등에 대하여 법령에서 구체적이고 명확히 하여 집행기관의 자의적인 해석을 배제하여야 할 것이다.

① 차량은 빠르게 보급되었고 차량의 증대에 따라 도로의 확충도 이루어졌다.

② 1970년대 교통사범이 증가함에 따라 통고처분제도를 1973년부터 시행하였다.

③ 통고처분제도를 둔 이유는 형벌에 의해 처벌하기보다는 금전적 제재를 가하는 것이 효과적이라고 판단했기 때문이다.

④ 교통범칙금 제도를 과태료로 전환하여 법의 명확성과 개념의 구체성을 확보할 필요가 있다.

⑤ 행정편의주의보다는 국민편익주의를 고려하여 제정되어야 한다.

03. 다음 글의 문단별 소제목으로 옳은 것은 모두 몇 개인가?

(가) 사람의 몸을 구성하는 각각의 구성요소 중 어느 하나 덜 중요한 게 없겠지만, 피는 그중에서도 특히 중요한 역할을 한다. 피가 중요한 이유는 온몸에서 요구하는 산소를 공급해 주기 때문이다. 산소를 공급해 주는 피가 생명 유지에 중요한 역할을 담당하고 있다는 예를 한 가지만 들어 보자. 교통사고와 같이 특별한 사건에 의해 사람의 몸이 큰 충격을 받아서 생명의 위협을 받게 되었을 때는 응급처치를 받아야 한다. 이때 응급처치 순서를 결정하는 ABC는 호흡을 통해 산소를 공급받을 수 있도록 기도(Airway)를 유지하기, 호흡(Breathing), 혈액순환(Circulation)을 의미한다. 숨을 쉴 때 들어온 산소는 피 속에 포함된 적혈구에 의해 운반된다. 산소가 들어오기 위해서는 통로에 이상이 없어야 하므로 기도유지를 제일 먼저 해결해야 한다. 기도가 열려 있으면 산소가 호흡을 통해 몸 안으로 들어와서 피 속의 적혈구와 결합을 해야 한다. 아무리 산소가 피 속으로 들어와 적혈구에 결합한다 하더라도 피가 몸을 잘 돌아다니지 못하면 산소를 필요로 하는 세포나 조직에 산소를 공급할 수 없다.

(나) 피가 물보다 진한 이유는 물에 들어 있지 않은 성분이 피 속에 들어 있는데, 이 성분의 밀도가 평균적으로 물보다 높기 때문이다. 피에 들어 있는 물질을 크게 세포와 세포가 아닌 것으로 구분할 수 있다. 혈액이란 피를 한자식으로 표기한 것이며, 피 속에 들어 있는 세포를 통틀어 혈구라 하기도 한다. 적혈구, 백혈구, 혈소판 등 세 가지 종류의 세포가 혈구에 해당된다. 피에서 세포 성분을 제외한 나머지를 혈장(plasma)이라고 한다. 혈장은 노란색을 띠는데 그것은 피가 빨간색으로 보이게 하는 적혈구가 제거되었기 때문이다. 혈장에는 다양한 기능을 하는 수많은 물질이 녹아 있고, 이 성분과 세 혈구가 하는 일이 바로 피의 기능이 된다. 혈구는 혈액의 약 45% 정도를 차지하고, 혈장은 약 55%를 차지한다.

(다) 피는 온몸을 돌아다닌다. 따라서 피가 몸 밖으로 흐르기 시작할 때 멈추지 않고 계속 흐르게 되면 이론적으로는 우리 몸의 모든 피가 밖으로 빠져나갈 수도 있으므로 사고가 났을 때 출혈을 막는 것이 무엇보다 시급하다. 피는 몸 밖으로 나오면 응고되어 더는 출혈이 일어나지 않도록 출혈부위를 막는 응고기전이 발달하여 있다. 혈액 응고기전은 아주 복잡하고, 혈액이 응고되기까지 10개 이상의 인자들이 제대로 기능을 해야 한다. 이 인자 중 하나라도 문제가 생기면 몸 밖으로 나온 피가 응고되지 않고 계속 흘러나오게 되는데 이를 혈우병이라 한다. 혈우병은 흔히 남성에게서만 생기고 여성에게서는 생기지 않는다고 알려졌지만 이건 사실이 아니다.

(라) 피가 온몸을 돌아다니다 보니 특정 부위에서 요구하는 특정 물질을 피가 옮겨다 주는 것이 가장 편하므로 피는 운반기능이 아주 발달하여 있다. 산소를 필요로 하는 세포와 조직에 코로 들어온 산소를 운반하는 것도 피가 하는 일이며, 섭취된 음식이 소화되고 나서 작은 창자 벽을 통해 들어온 영양소도 피를 통해 운반되어야 적당한 곳으로 옮겨져 저장될 수 있다. 인체의 내분비샘에서 분비된 호르몬은 혈액으로 들어가야 기능을 하며, 피로 들어온 노폐물은 콩팥의 혈관에 도달해야 걸러져서 소변으로 배출될 수 있다. 이와

1회 2회 3회 4회 5회 6회 7회 8회 9회 10회 11회 12회 13회 14회 15회 인성검사 면접가이드

같은 다양한 물질의 운반기능을 담당하기 위해서 피는 여러 가지 운반기능을 발전시켰다. 산소는 적혈구 내에 존재하는 헤모글로빈의 중심부와 결합하여 운반되고, 철 · 구리 · 레티놀(retinol)과 같은 물질은 이들 각각의 물질과 결합하는 단백질이 별도로 피 속에 존재한다. 피 속에 녹여서 운반하는 것보다는 운반을 담당하는 단백질과 결합하여 운반하는 편이 운송효율이 훨씬 높으므로, 피는 운반능력을 극대화하기 위해 여러 가지 운반 단백질을 포함하고 있는 것이다.

(마) 혈관이 체온조절을 담당한다고 해서 체온조절 중추가 혈관에 있다는 뜻은 결코 아니다. 체온조절기구의 최고기관인 체온조절 중추는 뇌의 시상하부에 있다. 추울 때 운동을 하면 근육의 수축작용에 의해 열이 발생하므로 그냥 있는 것보다 추위를 이겨내기가 쉬워진다. 근육의 수축작용에 의해 발생한 열은 혈액에 의해 흡수되어 몸에서 열을 필요로 하는 조직으로 재분배된다. 변온동물은 그때그때 체온을 변화시켜 가며 생명을 유지할 수 있지만, 사람은 온도가 일정한 정온동물이므로 체온이 잘 유지될 수 있도록 조절을 잘해야 한다. 체온이 낮아질 때 소름이 돋는 것은 피부표면을 통해 방출되는 열을 최소화하기 위해 혈관이 수축함으로써 발생하는 현상이며, 혈액은 뇌를 비롯하여 온도에 민감한 기관에 우선하여 흘러간다. 반대로 체온이 높아지면 피부표면 방향으로 혈액이 몰려가면서 열을 방출함으로써 체온을 떨어뜨려 준다.

〈문단별 소제목〉

(가) 혈액의 중요성과 이유
(나) 혈액의 구성
(다) 혈액의 응고기전
(라) 혈액의 운반
(마) 혈액의 체온 조절

① 5개 ② 4개 ③ 3개
④ 2개 ⑤ 1개

04. 다음 글의 제목으로 적절한 것은?

불면증은 수면에 들어가기 어렵거나 일 2회 이상의 잦은 각성, 원치 않는 시간에 일어나는 경우 등의 증상을 말한다. 불면증은 의식할수록 증상이 더 심해지는 질병이며, 4주 이상 지속하면 만성화되기 때문에 빠른 치료가 중요하다. 이런 심각한 상태가 발생하지 않으려면 불면증의 원인을 바로 알아야 한다. 건강한 사람이라도 정신적 긴장과 불안, 소음, 잠자리 변화, 시차 적응 등으로 일시적 불면을 경험하는 일이 있다. 일시적인 불면증은 수면리듬치료와 약물치료 등으로 빠르게 치료할 수 있지만 그냥 지나치면 자칫 병을 키울 수 있다.

불면증으로 인식하지만 불면증이 아닌 경우도 빈번하다. 대표적인 질환이 하지불안증후군이다. 자기 전 다리가 불편해지면서 수면에 들어가는 것이 어려워지고, 수면 중에도 계속 사지를 움직이게 되면서 숙면이 어려워진다. 이런 증상을 불면증으로 오인하는 경우가 많다. 증상이 계속되면 실제로 불면증으로 발전하기도 한다. 수면무호흡증도 불면증으로 오인된다. 수면 중 호흡이 불편해지면 뇌는 그 상황을 피하기 위해 잠에서 깨는 뇌파를 내보내어 수면을 방해한다. 증상이 계속되면 불면증으로 발전한다. 이 경우 양압기치료를 통해 호흡이 개선되면 불면증도 자연스럽게 극복될 수 있다.

이렇듯 불면증은 원인별로 치료를 달리해야 한다. 기본적으로 수면장애 치료는 질환에 따라 수술적 처치와 양압기치료, 심리치료, 빛치료 등 환자 개개인에게 알맞은 다양한 방법이 있다. 특히 불면증의 경우 심리적인 것인지 아닌지를 감별해야 하고, 수면다원검사를 통해 증상을 정확히 진단해야 한다. 그런 다음에 약물치료, 심리치료, 행동치료 등을 병행할 수 있다. 수면다원검사의 경우, 수면장애의 정확한 원인을 진단할 수 있어 수면장애 치료와 예방에 크게 도움이 된다. 불면증의 원인이 심리적인 것인지, 신체적인 것인지를 구분해 내는 것이다.

심리적인 문제로 인한 불면증 치료에는 인지행동치료가 최선이다. 인지행동치료의 경우 불면증을 유발하는 높은 각성상태를 조절하기 위해 인지치료를 통해 역기능적 사고(수면과 관련한 비합리적 생각들)를 보다 합리적인 사고로 바꾼다.

단기간 수면리듬에 문제가 생긴 경우에는 빛치료가 좋다. 아침에 강한 빛에 노출하게 해 수면리듬을 맞춰 주는 치료법이다. 예를 들어 오후 11시에 잠자기를 바란다면, 오전 8시에 빛에 노출하면 된다. 아침에 2,000룩스(lux) 이상의 강한 빛에 30분 이상 노출되면, 15시간 뒤에 잠자는 호르몬인 멜라토닌이 분비돼 숙면에 도움이 된다.

불면증의 경우 수면제 남용을 조심해야 한다. 수면제는 치료제가 아니다. 단지 잠을 재워 줄 뿐 근본적인 원인을 치료하지 못한다. 잠을 이루지 못하거나 수면의 질이 낮다고 무작정 수면제에 의존하면 또 다른 문제가 발생할 수 있으므로 주의해야 한다. 불면증도 질환이다. 치료하면 나아진다.

① 불면증의 치료법별 장단점
② 수면제 남용의 부작용
③ 불면증 조기 치료의 필요성
④ 불면증 원인에 따른 치료방법
⑤ 불면증으로 오해받는 질병

05. 다음 중 NGO가 민주주의의 가치에 기여하는 바가 아닌 것은?

> NGO(Non-Governmental Organization)의 역할에 관한 논의는 시민사회의 역할강조와 국가의 역할강조에 의해 발달되었다. 시민사회의 NGO에 대한 요구는 시민의 삶과 직결되는 요인이다. 예를 들어 오늘날 환경문제는 먼 훗날의 문제가 아닌 시민사회에 당장 큰 해악을 가져오는 문제이며, 이에 대한 위기의식이 전 세계적으로 팽배해 있어 전 세계적인 연대를 필요로 한다. 그러나 환경문제는 경제문제와 연계되는 부분으로 정부정책의 전략적인 부분이다. 따라서 정부 간의 연대에는 한계가 있으며, 이렇게 정부가 충족해 주지 못하는 시민사회의 급박한 요구가 NGO의 발전을 촉진시키고 있다. 즉, 대의민주주의가 충족시키지 못하는 자신들의 요구를 스스로 만족시키고자 하는 시민들의 욕구가 하나의 촉진요인이라 할 수 있겠다. 정부의 역할을 대체할 대안이 필요하게 되었고, '작은 정부'를 보완할 세력으로 NGO가 부상하게 된 것이다.
>
> NGO의 역할은 첫째, 민주주의의 원리를 강화하고 민주주의를 실천하는 것이라 할 수 있다. NGO 활동에 참여함으로써 주권자로서 의식하고 정책과정에 참여하여 의견 표명의 기회를 갖는다. 또한 사회적 약자에 대한 권익을 대변하는 역할도 한다. 둘째, 자본주의 모순을 완화시키는 역할을 한다. NGO는 자본주의 사회에서 불공정한 거래, 대기업의 독점, 부의 세습, 노동자의 착취, 사회적 삶의 상품화 등을 비판하고 견제한다. 셋째, 사회자원의 축적의 역할을 수행한다. NGO는 시민의 자발적 참여로 결성되어 자원활동을 통하여 각종 사회 문제를 해결하는 단체로서 그 자체로 넓은 의미의 사회자본이라고 할 수 있다. NGO는 개인 자율성과 주체성, 활발한 커뮤니케이션, 상호존중과 관용, 민주적인 의사결정, 협력과 연대의 문화, 도덕성과 정당성, 투명성과 공공성 등 각종 사회자본이 풍부하게 생성되는 곳이다.
>
> 자유민주주의 사회에서도 NGO는 이슈를 제기하고 정책 과정에 참여해 정보를 제공하고 의견을 표명하며 사회적 약자의 목소리를 대변한다. 이러한 NGO 활동을 통해 사상과 표현, 언론, 결사의 자유가 활발하게 구현되는데 이것이 민주주의 발전의 토대가 된다.
>
> 자본주의 사회에서 발생하는 대기업 독점, 부의 세습, 노동자의 착취, 인간의 상품화, 차별, 불평등을 비판하고 견제하면서 물질주의, 소비주의 경향에 대항해 정신적인 가치를 옹호하는 역할을 하는 것도 NGO이다. 이러한 NGO의 역할을 통해 아파트, 마을 등의 공동체에서 주민들이 자발적으로 자원을 동원하여 적극적으로 사회문제를 해결하고, NGO 역시 지역사회의 정부, 기업, 대학, 종교단체 등과 연대하면서 지역의 문제를 해결하기도 한다.

① 힘으로 움직이는 기존 제도를 비판적으로 감시하며 이로 인한 문제 발생을 견제한다.

② 정부와 함께 환경문제, 빈곤문제 등 비가시적인 문제에 대해 효율적인 복지서비스를 제공한다.

③ 거대한 엘리트 집단에 맞서, 사회적 약자나 소수자의 권익을 위해 이들의 목소리를 대변한다.

④ 정부와 정부, 정부와 이익집단 등의 사이에 분쟁이 발생할 때 조정자로 나서 대화통로를 열고 합의를 구축하는 기능을 수행한다.

⑤ 다양한 활동을 통해 다원적 가치, 공동체 정신, 참여민주주의를 학습하고 실천하도록 한다.

06. 다음 글의 빈칸 ㉠에 들어갈 내용으로 적절한 것은?

호감의 형성에 중요한 첫인상의 강력한 힘은 이미 여러 연구에서 밝혀져 왔다. 상대의 인상 파악은 0.1초 정도의 짧은 시간에 이루어진다. 이는 사람에게만 국한되지는 않는다. 사물이나 심지어는 웹사이트에 대한 인상도 0.05초 만에 형성된다고 한다. 그렇다면 우리는 이렇게 짧은 시간 안에 판단에 필요한 모든 정보들을 처리하는 것인가?

인간의 정보 처리 과정을 고려해 볼 때, 이렇게 짧은 시간 내에 모든 정보를 처리하기는 불가능하다. 처음에 제시되는 몇 가지 정보에 기반하여 판단이 이루어지는데, 이를 초두 효과(primacy effect)라고 한다. Asch(1946)는 이를 확인하기 위해 성격을 묘사하는 여러 개의 형용사를 순서만 다르게 제시하였고, 먼저 제시되는 형용사의 영향력이 더 크다는 것을 보여 주었다. 즉, 먼저 접한 특징에 주의를 기울이기 때문에 이후의 정보는 큰 영향을 주지 못하는 것이다. 실제로 모든 정보를 수집해 판단한다는 것은 불가능하고 굳이 그럴 필요도 느끼지 못하기 때문에 짧은 시간에 쉽게 첫인상을 형성한다.

한번 형성된 인상은 쉽게 바뀌지 않는다. 호감의 유지 혹은 비호감의 개선에 앞서 가장 먼저 생각해야 할 부분이 첫 만남에서 좋은 인상을 형성해야 한다는 것이다. 일반적으로 첫인상을 형성하고 나면 상대방에 대한 우리의 판단은 좀처럼 변하지 않는다. 즉, 첫인상에서 형성된 호감이나 비호감이 그대로 유지되는 경우가 많다는 것이다. 심지어 '비호감이야'라는 판단을 내리고 나면 상대방에 대해 더 이상 알아보려고 하지 않는 경우도 많다는 것은 첫 대면에서의 호감 형성의 중요성을 보여 준다. 그렇다면 왜 우리는 첫 대면에서 형성된 인상을 잘 바꾸지 않는 걸까?

먼저 확증편파(confirmation bias)라는 현상을 들 수 있다. 사람들은 자신의 입장을 지지하는 증거에 초점을 맞추고 반대되는 증거는 무시하는 경향을 보인다. 누군가가 믿음직스럽다거나 지적으로 보인다는 등의 판단을 내리고 나면, 자신의 판단과 다른 행동을 했을 때 애써 무시하거나 변명거리를 찾아준다. 이와 같은 선택적 증거 수집 경향으로 인해 첫 인상에서 호감을 형성하지 못하는 경우 이를 회복하기가 쉽지 않다.

두 번째로 감정 지속(affect perseverance)의 법칙을 들 수 있는데, 일반적으로 상대방에 대한 자신의 생각이나 감정에 대한 근거가 사라져도 정서적 판단이 쉽게 바뀌지 않는 경향을 보인다(Sherman & Kim, 2002). 즉, 누군가에게 호감이나 비호감을 형성하고 나면 그 정서적 판단이 비교적 견고하게 유지된다는 것이다.

종합해 보면, (　　　　㉠　　　　)이다. 왜냐하면 상대방에 대한 정서적 판단이 이루어지고 나면 좀처럼 바뀌지 않기 때문이다. 일단 형성된 호감이나 비호감이 그대로 유지될 가능성이 크며, 호감의 유지를 위해 드는 노력에 비해 비호감의 개선이 상대적으로 어려울 가능성이 크다는 것이다.

① 첫인상은 강렬해야 한다는 것
② 사람은 논리보다 감정적으로 판단한다는 것
③ 먼저 호감을 형성하는 것이 상당히 중요하다는 것
④ 상대에게 공감의 말을 건네야 한다는 것
⑤ 호감보다 비호감이라는 판단을 바꾸기 어렵다는 것

07. 다음 글의 ㉠이 가진 성격으로 옳지 않은 것은?

도시 지도를 그릴 때 건물을 검은색으로 칠하고 외부 공간은 흰색으로 남겨 놓은 지도 표현방식을 형상－배경 다이어그램(figure－ground diagram)이라고 한다. 지도에서 건물들을 검은색으로 표시하면 길과 광장, 공원 같은 비어 있는 공간의 구조가 명확하게 드러난다. 이런 방식의 지도 중에서도 1748년 조반니 바티스타 놀리가 그린 로마의 지도가 특별한데, 이 지도는 교회나 관공서같이 공공적인 성격을 갖고 있는 건물들은 검은색 대신 내부 평면을 그려서 공공 공간이 건물 내부로 확장되는 것을 보여 주고 있다.

근대적인 도시계획으로 잘 알려진 오스만 남작의 파리 개조 계획은 1853년에서 1870년 사이에 파리 시내 2천 채 정도의 건물을 철거하고 도심을 가로지르는 도로를 건설하는 것이었다. 오스만은 마차도 들어가기 어려운 좁은 길로 이루어진 파리를 관리가 가능한 근대도시로 바꿔 놓았다. 오스만 남작의 도시계획에서 두드러지는 것은 도시를 관통하는 직선도로의 개설이다. 파리를 가로지르는 이 직선도로들은 주요 공공장소들과 유적, 기념비들을 도시 외부에 노출시킨다. 이 직선도로는 이동에 대한 기능적인 역할뿐 아니라 ㉠<u>근대 공공 공간</u>의 삶이 도시에 도입된다는 것을 의미한다.

귀스타브 카유보트의 1877년 그림 〈파리의 거리, 비오는 날〉은 우산을 쓰고 파리 거리를 걷고 있는 사람들의 모습을 보여 주고 있다. 그림 속 넓은 직선도로의 남자들은 모두 신사복 위에 코트와 모자를 걸친 정장 차림이고, 여자들도 평상복이라기보다는 다소 화려한 차림새를 하고 있다. 그림 속 인물들은 모두 '공공 공간의 복장'을 하고 있다.

1902년, 벨기에의 기술자 에밀 푸코가 큰 크기의 유리판을 산업적으로 생산해 낼 수 있는 기계를 발명해 냈다. 투명한 유리창의 대량생산과 건물 입면의 사용은 외부의 공공 공간과 사적인 건물 내부로 구분되던 도시를 변화시켰다. 이전 시대의 건물에서 발견되는 작은 창문들이 석재를 쌓아서 만드는 구조방식에 더 기인하는 측면이 있었다면, 큰 유리판의 생산은 큰 창문 디자인을 촉발했다.

투명한 유리의 건물 외벽 사용은 '투명성'이라고 정의될 수 있는 새로운 시대의 도시 모습을 상징하기도 한다. 하지만 유리의 사용을 통해서만 현대 도시의 '투명성' 개념을 설명하는 것은 과도한 의미 부여로 보인다. 실질적인 변화를 만들어 내는 것은 새로운 공공건물들의 탄생이다. 이전 시대의 도시에서 거리와 광장이 갖고 있던 역할이 아케이드, 백화점, 쇼핑센터, 경기장 등 새로운 종류의 공간들로 확대되었다. 이제 개인의 사적인 공간도 외부세계와 연결되는 공간이다.

① 도시의 긴 역사는 근대 공공 공간이 확대되는 과정이라고도 말할 수 있다.

② 형상－배경 다이어그램은 근대 공공 공간의 변화를 명확하게 보여 준다.

③ 근대 공공 공간은 건물 외벽의 투명성을 기반으로 한다.

④ 근대 공공 공간의 확대는 개인의 사적 공간과 공공 공간의 경계를 허물고 있다.

⑤ 카유보트의 그림은 넓은 직선도로가 도시에 준 변화, 공공 공간에 대한 자각을 보여 주고 있다.

08. 다음 글의 논지 전개 방식으로 옳지 않은 것은?

인터넷 쇼핑몰에서 주문한 물건을 그 자리에서 만들어 받는 날이 다가오고 있다. 사진이나 악보를 구입해 프린터로 인쇄하듯이 자전거나 그릇, 신발, 장난감, 의자 같은 상품의 설계도를 내려 받아 3차원으로 인쇄하는 것이다. 바로 3차원 프린터다.

지금까지 우리가 알고 있는 프린터란 모니터에 나타난 글자와 그림을 종이에 그리는 기계였다. 글이나 사진 파일을 펴 놓고 '인쇄' 버튼을 누르면 종이에 똑같이 그려 내듯이, 3차원 프린터는 특정 소프트웨어로 그린 3차원 설계도를 보고 입체적인 물건을 인쇄한다.

놀랍게도 이 진기한 기계는 이미 서른 살이 훨씬 넘었다. 1980년대 초반, 미국 3D시스템즈사는 플라스틱 액체를 굳혀 물건을 만드는 프린터를 세계 최초로 개발했다. 원래 3차원 프린터를 만든 목적은 상품을 내놓기 전 시제품을 만들기 위해서였다. 값싸고 성형하기 쉬운 재료로 똑같이 생긴 시제품을 만들면 실제 상품에 어떤 문제점이 있는지 알 수 있다. 볼펜 공장을 떠올려 보자. 상품화 전에 제품의 문제점을 발견하면 이것을 수정하고, 문제점이 해결됐는지 다시 평가해야 한다. 그런데 평가할 때마다 실제 볼펜을 만들면 돈과 시간이 많이 든다. 볼펜과 똑같이 생긴 시제품을 직접 쥐고 버튼을 누르고 종이에 그어 보면서 잡기 편한지, 심이 제대로 나오는지, 잉크는 제대로 나오는지 알 수 있다. 그래서 예전부터 대기업과 공장에서는 3차원 프린터를 사용했다.

특히 건설업계나 자동차 제조 공장에서는 처음부터 3차원 설계를 하기 때문에 시제품을 인쇄하는 것이 어렵지 않았다. 일반 기계는 동일한 물건을 여러 번 찍어내지만, 3차원 프린터는 매번 색다른 디자인의 물건을 인쇄한다. 버튼을 한 번 누를 때마다 세상에 하나밖에 없는 물건이 태어난다. 영국 워릭대에서 3차원 프린터를 연구하고 있는 크리스 라이얼 교수는 "3차원 프린터는 한 마디로 산타클로스 머신"이라며 "지금의 프린터처럼 집집마다 1대씩 갖게 되는 날이 머지 않았다."고 말했다.

3차원 프린터는 어떤 원리로 물건을 인쇄할까? 3차원 프린터는 입체적으로 그려진 물건을 마치 미분하듯이 가로로 1만 개 이상 잘게 분석한다. 그리고 아주 얇은 막(레이어)을 한 층씩 쌓아 물건의 바닥부터 꼭대기까지 완성한다(쾌속조형 방식).

잉크젯프린터가 빨강, 파랑, 노랑 세 가지 잉크를 조합해 다양한 색상을 만드는 것처럼 3차원 프린터는 설계에 따라 레이어를 넓거나 좁게, 위치를 조절해 쌓아 올린다. 지금까지 개발된 3차원 프린터는 1시간당 높이 2.8cm를 쌓아 올린다. 레이어의 두께는 약 0.01 ~ 0.08mm로 종이 한 장보다도 얇다. 쾌속조형 방식으로 인쇄한 물건은 맨눈에는 곡선처럼 보이는 부분도 현미경으로 보면 계단처럼 들쭉날쭉하다. 그래서 레이어가 얇으면 얇을수록 물건이 더 정교해진다.

3차원 프린터에 들어가는 재료는 주로 가루(파우더)와 액체, 실의 형태다. 가루와 액체 그리고 녹인 실은 아주 미세한 한 겹(레이어)으로 굳힌다. 이 겹들을 무수히 쌓아 올려 물건을 만드는 방식이다. 예를 들어 빨주노초파남보 무지개 빛깔의 컵을 만들려면 먼저 보라색 레이어를 여러 겹 쌓아 둥근 바닥을 완성하고 남색부터 빨간색까지 벽을 쌓아 올린다.

이 과정을 좀 더 자세히 알아보면, 나일론이나 석회를 미세하게 빻은 가루를 용기에 가득 채운 뒤 그 위에 프린터 헤드가 지나가면서 접착제를 뿌리는 것이다. 가루가 엉겨 붙어 굳으면 레이어 한 층이 된다. 레이어는 가루 속에 묻히면서 표면이 가루로 얇게 덮인다. 다시 프린터 헤드는 그 위로 접착제를 뿌려 두 번째 레이어를 만든다. 설계도에 따라 이 동작을 무수히 반복하면 레이어 수만 층이 쌓여 물건이 완성된다. 인쇄가 끝나면 프린터는 가루에 묻혀 있는 완성품을 꺼내 경화제에 담갔다가 5 ~ 10분 정도 말린다.

액체 재료로 인쇄하는 방식도 비슷하다. 3차원 프린터에 들어가는 액체 재료는 빛을 받으면 고체로 굳어지는 플라스틱이다(광경화성 플라스틱). 액체 재료가 담긴 용기 위에 프린터 헤드는 설계도에 따라 빛(자외선)으로 원하는 모양을 그린다.

빛을 받으면 액체 표면이 굳어 레이어가 된다. 첫 번째 레이어는 액체 속에 살짝 잠기고 그 위로 다시 프린터 헤드가 지나가면서 두 번째 레이어를 만든다. 액체에 잠기는 과정에서 망가질 수 있기 때문에 레이어마다 지지대를 달아준다. 마지막에는 완성품을 액체에서 꺼내면 된다. 3차원 프린터에 들어가는 실은 플라스틱을 길게 뽑아낸 것이다. 실타래처럼 둘둘 말아놨다가 한 줄을 뽑아 프린터 헤드에 달린 노즐로 내보낸다. 이때 순간적으로 강한 열(700 ~ 800℃)을 가해 플라스틱 실을 녹인다. 프린터 헤드가 실을 녹이면서 그림을 그리면 상온에서 굳어 레이어가 된다.

① 제품의 작동 원리를 제시하고 있다.
② 자문자답식으로 구성하여 독자를 집중하게 하고 있다.
③ 기준을 가지고 제품을 분류하고 사전적 정의를 나열하고 있다.
④ 제품의 생산 과정을 구체적으로 기술하고 있다.
⑤ 예시를 들어 어려운 개념을 쉽게 설명하고 있다.

09. 다음 중 인류세에 대한 추론으로 옳지 않은 것은?

생태발자국이란 인간이 지구에서 삶을 영위하는 데 필요한 의식주 등을 제공하기 위한 자원의 생산과 폐기에 드는 비용을 토지로 환산한 지수로, 인간이 자연에 남긴 영향을 발자국으로 표현하였다. 생태발자국은 1996년 캐나다 경제학자 마티스 웨커네이걸과 윌리엄 리스가 개발한 개념이다. 지구가 기본적으로 감당해 낼 수 있는 면적 기준은 1인당 1.8ha이고 면적이 넓을수록 환경문제가 심각하다는 의미가 된다. 선진국으로 갈수록 이 면적이 넓은 것으로 나타났으며, 선진국에 살고 있는 사람들 가운데 20%가 세계 자원의 86%를 소비하고 있다. 대한민국은 1995년을 기준으로 이 기준점을 넘기 시작했고, 2005년에는 3.0ha에 이르렀다. 생태발자국을 줄이기 위해서는 가지고 있는 자원의 낭비를 최대한 줄이고, 대체 에너지를 개발하여 환경오염의 가속화와 자원의 고갈을 막아야 한다. 녹색연합이 2004년 조사한 바에 따르면 한국인의 생태발자국은 4.05ha로 이 방식대로 생활한다면 지구가 2.26개 있어야 한다고 밝혔다.

최근 '인류세'라는 낯선 용어가 점점 더 여기저기서 들려오고 있다. 원래는 지질학적 세기를 뜻하는 전문 학술용어였지만 이제 학계의 논의대상을 넘어 환경오염이 가속화됨에 따라 인문학과 문화 전반에서 거론되며 일반인들한테까지 관심을 끌고 있다. 인류세는 노벨상 수상자인 화학자 파울 크루첸(Paul Crutzen)이 2000년 국제 지권–생물권 프로그램(the International Geosphere–Bioshpere Program)에서 "우리는 인류세에 살고 있다."라고 선언하면서 본격적인 관심과 논의의 대상으로 떠올랐다.

인류세는 인류를 뜻하는 안트로포스(anthropos)와 세(–cene)를 합쳐서 만든 용어이다. 지질학적 시대는 –대, –기, –세로 구분되는데, 이때 기준이 되는 것은 지각변화와 생물종의 변화이다. 우리가 살고 있는 시대는 홀로세(holocene)로, 대략 만 2천 년 전 마지막 빙하기가 끝나면서 시작된 간빙기이다. 간빙기의 따뜻하고 안정적인 기후 덕분에 인류는 정착 생활과 농업을 시작하면서 문명을 발전시킬 수 있었다.

그러나 인류세를 주장하는 학자들은 홀로세의 기후 안정성이 점점 사라져 가고 있으며, 이것이 인류세라는 새로운 시대로 들어선 증거라고 말한다. 홀로세에서 인류세라는 새로운 시대로 접어들었다는 주장의 주요한 근거 중 하나는 인간이 화석 연료를 사용하면서 대기 중 탄소량이 급증하였고, 이로 인하여 대기의 화학적 조성과 지구의 환경 조건이 돌이킬 수 없이 변화했다는 것이다. 크루첸은 인류세의 근거로 인구 및 에너지 사용의 증가, 온실가스 배출 급증, 삼림 파괴, 수산물 고갈 등을 든다.

인류세의 문제들은 국지적으로 어느 한 지점이나 한 요소에 일어난 변화로 축소하거나 한정지어 이야기할 수 없고, 지구 시스템 과학의 관점에 따라 전체 계 안에서 수많은 다른 요소들과 복잡하게 상호 영향을 주고받는 현상으로 이해해야 한다. 인류세 논의의 변천 과정은 인류세를 연구하는 데 이러한 관점의 전환과 확대가 필수적이었음을 보여 준다. 인류세 연구를 가장 좁고 정확한 의미에서 정의한다면 지층에 남겨진 흔적을 추적함으로써 인간이 일으킨 변화의 증거를 찾아내는 층서학과 지질학에 국한된다.

그러나 앞서 말했듯이 인간 활동이 일으키는 변화는 어느 한 영역에만 국한될 수 있는 것이 아니기에, 암석층의 변화만이 아닌 지구 시스템 전반에 일어난 변화에 대한 종합적인 연구로 확장되었다. 하지만 이것만으로도 인류세를 올바르게 파악하기에는 충분치 않다. 인류세 연구는 지질학이 되었건 지구 시스템 과학이 되었건 자연과학의 주제로 한정되지 않고, 학문 분과의 벽을 넘어 사회과학과 인문학의 영역까지 포괄해야 한다. '인간이 지질학적 힘'이 되었다는 말은 인간의 역사와 자연의 역사를 더는 분리해서 이야기할 수 없게 되었다는 의미이다.

① 생태발자국은 자연 자본에 대한 인간의 수요를 의미하며 자연자산에 인간경제가 의존하는 정도를 나타낸다.

② 인류세에 대한 관심은 최근 환경오염이 급격하게 심화됨에 따라 증가하고 있으며 파울 크루첸에 의해 주목되었다.

③ 파울 크루첸은 지질학적 시대를 구분하는 데 있어 인간을 수동적인 존재로 전제하였다.

④ 지질학적 연대는 지질학적 사건을 중심으로 연대를 결정해 왔지만, 인류세는 이와 달라 아직 그 기간이 명확히 정해지지 않았다.

⑤ 인류세의 가장 큰 특징은 인류에 의한 자연환경 파괴라고 할 수 있다.

10. A는 인터넷 사이트에서 사진을 인화하였다. 다음 〈조건〉을 참고할 때, 5×7 사이즈는 최대 몇 장 인화 가능한가?

조건

- 사진 한 장당 인화 가격은 4×6 사이즈는 150원, 5×7 사이즈는 300원, 8×10 사이즈는 1,000원이다.
- A는 사진을 인화하는 데 총 21,000원을 지불하였고, 배송비는 없다.
- A는 사이즈별로 적어도 1장씩은 인화하였다.

① 20장　② 34장　③ 49장
④ 59장　⑤ 61장

11. **다음은 회사 앞 사거리 교차로의 신호에 관한 정보이다. 오전 8시 정각에 좌회전 신호에서 직진 신호로 바뀌었다면 오전 9시의 상황은?**

- 1분 10초 동안 빨간불이 들어온다.
- 빨간불 다음 20초 동안 좌회전 신호가 들어온다.
- 좌회전 신호 다음 1분 40초 동안 직진 신호가 들어온다.
- 위 과정이 반복된다.

① 좌회전 신호가 들어와 있는 상태이다.
② 직진 신호가 들어와 있는 상태이다.
③ 빨간불이 들어와 있는 상태이다.
④ 좌회전 신호에서 직진 신호로 바뀌는 상태이다.
⑤ 직진 신호에서 빨간불로 바뀌는 상태이다.

12. **다음은 A, B, C 부서의 근무만족도를 조사한 결과이다. 이에 대한 설명으로 옳지 않은 것은?**

- A 부서의 근무만족도 평균은 80점이다.
- B 부서의 근무만족도 평균은 90점이다.
- C 부서의 근무만족도 평균은 40점이다.
- A, B 부서의 근무만족도 평균은 88점이다.
- B, C 부서의 근무만족도 평균은 70점이다.

① A 부서의 사원수가 가장 적다.
② B 부서의 사원수는 12의 배수이다.
③ C 부서의 사원수는 짝수이다.
④ C 부서의 사원수는 A 부서 사원수의 3배 초과이다.
⑤ A, B, C 부서의 근무만족도 평균은 70점을 초과한다.

13. 다음은 국내 종합건설업 국내건설공사 수주액에 관한 자료이다. 이에 대한 설명으로 옳지 않은 것은?

〈연도별 수주액, 업체 수, 업체당 평균수주액〉

(단위 : 억 원, 개사, 억 원)

구분	수주액	업체 수	업체당 평균수주액
20X0년	913,069	10,921	83.6
20X1년	1,074,664	10,972	97.9
20X2년	1,579,836	11,220	140.8
20X3년	1,648,757	11,579	142.4
20X4년	1,605,282	12,028	133.5
20X5년	1,545,277	12,651	122.1
20X6년	1,660,352	13,036	127.4

〈연도별, 발주부문별 수주액〉

(단위 : 억 원)

구분	공공	민간	합계
20X0년	361,702	551,367	913,069
20X1년	407,306	667,361	1,074,664
20X2년	447,329	1,132,507	1,579,836
20X3년	474,106	1,174,651	1,648,757
20X4년	472,037	1,133,246	1,605,282
20X5년	423,447	1,121,832	1,545,277
20X6년	480,692	1,179,661	1,660,352
20X7년 1 ~ 3월	101,083	262,242	363,324

① 수주에 참여한 종합건설업 업체 수는 20X0년 이후 지속적으로 증가하고 있다.

② 공공부문과 민간부문 모두 20X4년부터 20X5년까지 전년 대비 수주액이 감소했다.

③ 20X1년 공공부문과 민간부문의 수주액 비는 35 : 65이다.

④ 20X1 ~ 20X6년 중 공공부문 수주액의 전년 대비 증가율이 가장 큰 해는 20X6년이다.

⑤ 20X7년 1 ~ 3월의 월평균 수주액이 연말까지 동일하다면, 20X7년 수주액은 20X6년보다 적을 것이다.

[14 ~ 15] 다음 자료를 보고 이어지는 질문에 답하시오.

〈자료 1〉 연도별 유실 · 유기 동물 조치

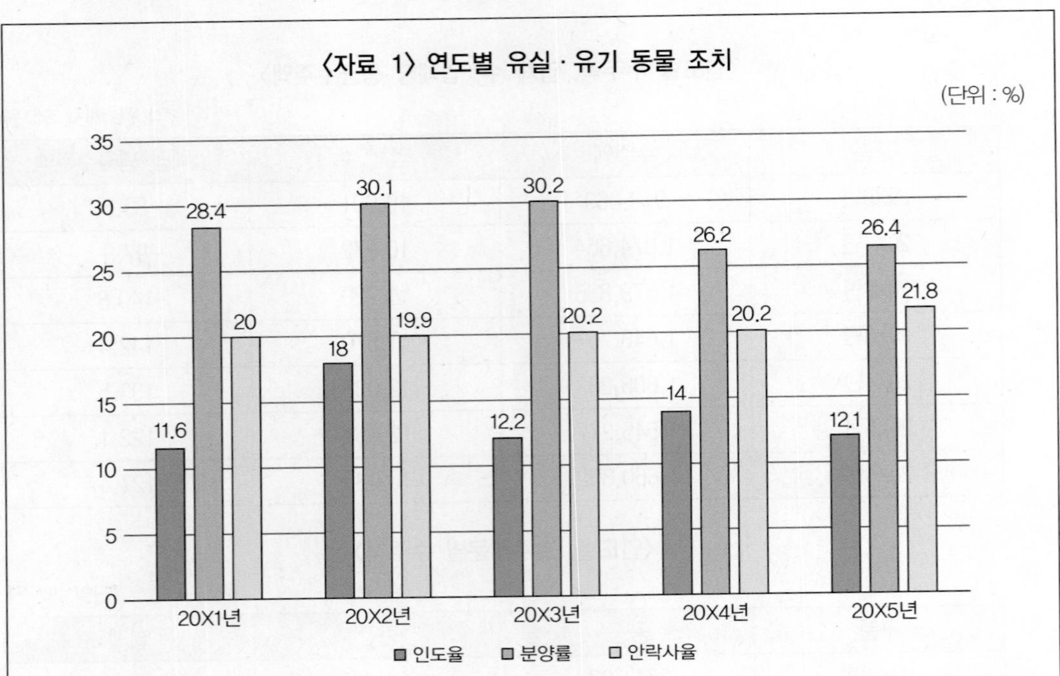

〈자료 2〉 유실 · 유기 동물 및 동물보호센터 현황

구분		20X0년	20X1년	20X2년	20X3년	20X4년	20X5년
동물등록 현황 누계(마리)		887,966	979,198	1,070,707	1,175,516	1,304,077	2,092,163
	신규등록 현황(마리)	192,274	91,232	91,509	104,809	146,617	797,081
	동물등록기관(개소)	3,239	3,602	3,450	3,483	3,498	4,161
유실 · 유기 동물 현황(마리)		81,147	82,082	89,732	102,593	121,077	135,791
	인도율(%)	13.0	11.6	18.0	12.2	14.0	12.1
	분양률(%)	31.4	28.4	30.1	30.2	26.2	26.4
	안락사율(%)	22.7	20.0	19.9	20.2	20.2	21.8
동물보호센터 현황(개소)		368	307	281	293	298	284
	시군 운영(개소)	25	28	31	40	43	53
	위탁보호(개소)	343	279	250	253	255	231
	운영비용(백만 원)	10,439	9,745	11,477	15,551	20,039	23,197

14. 다음 중 위 자료에 대한 설명으로 옳은 것은?

① 동물보호센터의 개수는 매년 감소하고 있다.

② 유실 · 유기 동물 수의 전년 대비 증가량은 매년 증가하고 있다.

③ 20X2년에는 동물등록기관 1개소당 평균 27마리 이상 신규 등록하였다.

④ 동물보호센터의 개수와 운영비용의 전년 대비 증감 추이가 동일하다.

⑤ 20X2년 유실 · 유기 동물 중 안락사된 동물의 수는 전년 대비 증가하였다.

15. 〈자료 1〉을 바탕으로 인도, 분양, 안락사로 조치되는 유실 · 유기 동물 중에서 인도 및 분양되는 비율을 구하여 〈자료 3〉과 같이 나타냈다. A에 해당하는 연도와 B에 해당하는 비율을 순서대로 바르게 나열한 것은? (단, 비율은 소수점 아래 첫째 자리에서 반올림한 값이다)

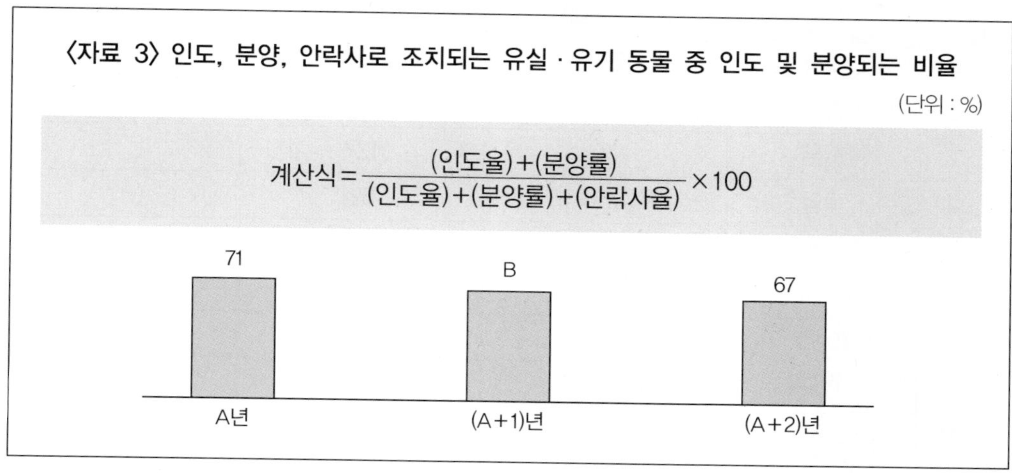

① 20X1년, 67% ② 20X1년, 70% ③ 20X2년, 68%

④ 20X2년, 69% ⑤ 20X3년, 70%

[16 ~ 17] 다음 자료를 보고 이어지는 질문에 답하시오.

〈자료 1〉 국내 자동차 등록대수

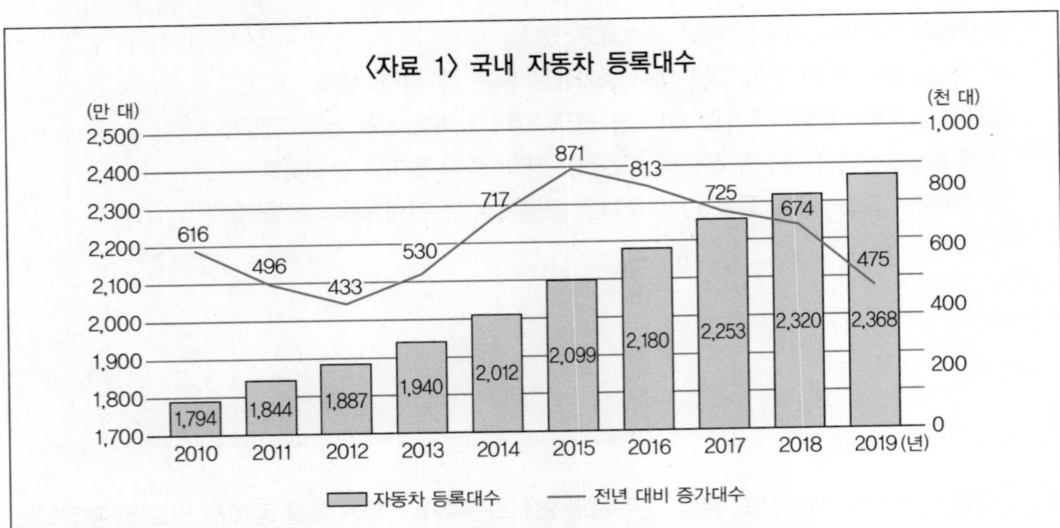

〈자료 2〉 주요국 자동차 등록대수(2010년 기준)

순위	국가	자동차 등록대수 (백만 대)	인구수 (백만 명)	자동차 1대당 인구수 (명)
1	미국	239	315	1.3
2	중국	78	1,346	17.3
3	일본	75	127	(　)
4	독일	45	82	(　)
5	이탈리아	42	60	(　)
6	러시아	41	141	(　)
7	프랑스	38	62	(　)
8	영국	35	62	(　)
9	브라질	32	194	(　)
10	멕시코	30	110	3.7
11	스페인	28	45	(　)
12	캐나다	21	34	(　)
13	인도	21	1,198	(　)
14	폴란드	20	38	(　)
15	인도네시아	19	230	(　)
16	한국	18	49	2.7

16. 위 자료에 대한 설명으로 옳은 것을 〈보기〉에서 모두 고르면?

보기

㉠ 2010년 이후 국내 자동차 등록대수는 지속적으로 증가하고 있다.
㉡ 2009년 대비 2018년 국내 자동차 등록대수는 38% 이상 증가하였다.
㉢ 2010년 주요국 16개국 중 자동차 1대당 인구수가 가장 많은 국가는 중국이다.
㉣ 2010년 주요국 16개국 중 자동차 1대당 인구수가 한국보다 적은 국가는 8개이다.

① ㉠ ② ㉡ ③ ㉠, ㉡
④ ㉠, ㉢ ⑤ ㉢, ㉣

17. 다음 중 국내 자동차 등록대수의 전년 대비 증가율이 가장 작은 연도는?

① 2011년 ② 2012년 ③ 2013년
④ 2018년 ⑤ 2019년

18. □□대학교에서는 중앙집행위원회 임원을 다음과 같이 임명하고자 한다. 제시된 조직도와 정보 및 유의사항을 참고하였을 때 적절하지 않은 것은?

〈중앙집행위원회 조직도〉

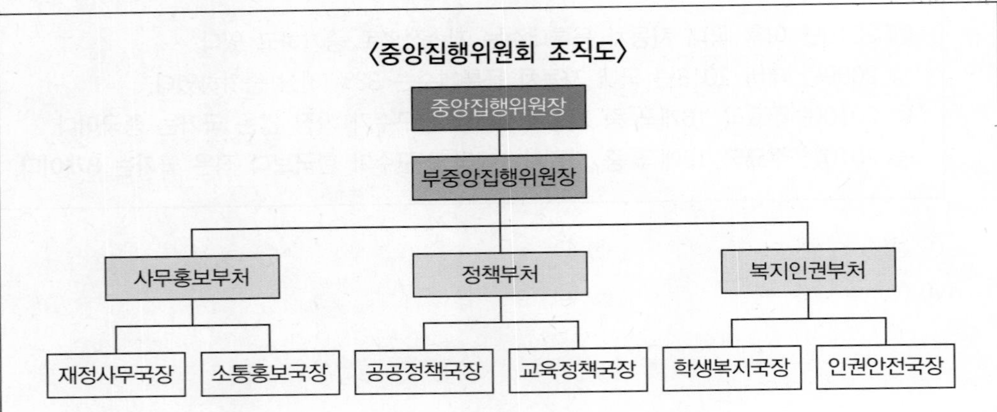

〈중앙집행위원회 임원 임명 관련 정보 및 유의사항〉

- 임명할 임원은 중앙집행위원장, 부중앙집행위원장, 재정사무국장, 소통홍보국장, 공공정책국장, 교육정책국장, 학생복지국장, 인권안전국장 이상 8명이며, 중앙집행위원장과 부중앙집행위원장은 간부임원이라 부른다.
- 임명할 임원은 모두 재학생에서 임명한다.
- 임명 대상자는 A(언론홍보학과), B(언론홍보학과), C(언론홍보학과), D(교육학과), E(교육학과), F(사회복지학과), G(사회복지학과), H(사회복지학과) 총 8명이다.
- 사무홍보부처에 소속된 두 임원은 모두 언론홍보학과 재학생, 교육정책국장은 교육학과 재학생, 학생복지국장은 사회복지학과 재학생 중에서 임명된다.
- B, D는 같은 부처에 소속되어야 한다.
- F, H는 같은 부처에 소속되어서는 안 된다.

① 부중앙집행위원장에 임명될 수 있는 사람은 총 4명이다.

② 언론홍보학과 재학생들은 모두 국장으로 임명될 것이다.

③ 제시된 정보만으로 임명될 모든 임원 자리를 정확히 알 수 없다.

④ F가 학생복지국장에 임명되는 경우 H는 반드시 간부임원에 임명될 것이다.

⑤ F가 학생복지국장에 임명되는 경우 G는 반드시 인권안전국장으로 임명될 것이다.

19. 다음 〈구매 목록과 영수증 내역〉과 가격에 대한 정보를 바탕으로 했을 때, 옳지 않은 것은?

〈구매 목록과 영수증 내역〉

제품명	1박스당 수량	금액
1회용 알코올 솜	50개	( )
1회용 멸균주사기	10개	( )
1,000개들이 종이컵	6개	( )
양면 청진기	2개	( )
500ml 손소독제	3개	( )
구매총액		275,000원

※ 제품의 금액은 1박스를 기준으로 한다.

〈구매 물품 가격에 대한 정보〉

- 양면 청진기 1박스의 가격은 1,000개들이 종이컵 1박스 가격의 2배이다.
- 1,000개들이 종이컵 1박스의 가격은 1회용 알코올 솜 1박스 가격보다 1,000원 더 비싸다.
- 1,000개들이 종이컵 1박스의 가격은 1회용 멸균주사기 1박스의 가격에서 500ml 손소독제 1박스의 가격을 뺀 것과 같다.
- 1회용 알코올 솜 한 개의 가격은 100원이다.
- 1회용 멸균주사기, 양면 청진기, 500ml 손소독제는 같은 양(박스 기준)을 주문했고, 1,000개들이 종이컵은 1회용 멸균주사기 주문 양(박스 기준)의 절반이다.
- 1회용 알코올 솜은 7박스를 주문하였다.
- 1,000개들이 종이컵과 양면 청진기를 구매한 가격은 청진기 10박스를 구매한 가격과 같다.
- 모든 물품 가격을 합한 총 구매금액은 275,000원이다.

① 양면 청진기 1개의 가격은 500ml 손소독제 3개의 가격보다 비싸다.

② 1,000개들이 종이컵 1박스의 가격은 500ml 손소독제 4개의 가격보다 비싸다.

③ 구매총액으로 양면 청진기만 구매했다면 45개를 초과해 구매하지 못한다.

④ 구매총액으로 1회용 멸균주사기만 구매했다면 26박스를 구매할 수 있다.

⑤ 〈구매 목록과 영수증 내역〉에서 지출 금액을 산출했을 때 사용 금액이 가장 큰 제품과 가장 작은 제품의 차는 500ml 손소독제를 두 배 구매한 금액과 같다.

20. ○○기업은 직원들의 내년 근무지를 재배치하지 위해 각 직원들의 희망 근무지를 2지망까지 확인하였다. 다음을 참고하였을 때 직원들의 배치 결과로 옳지 않은 것은? (단, 올해부터 근무지 배치를 시작하였다)

〈희망 근무지 배치 규칙〉

1. 한 근무지에 한 명씩 배치되며, 현재 근무지에서 연장 근무를 할 수 없다.
2. 1지망 근무지를 우선하여 배치하되, 희망 인원을 초과할 경우 평가점수가 우수한 직원을 우선 배치한다.
3. 1지망 근무지에 배치되지 못한 경우 2지망 근무지에 배치되며, 2지망 근무지에도 배치되지 못할 경우 희망 인원이 미달인 근무지에 임의로 배치된다.
4. 근무지 배치가 처음인 직원은 1지망에 최우선으로 배치한다.

직원	현재 근무지			내년 근무 희망지역		올해 평가점수
	1지망	2지망	근무지	1지망	2지망	
A	–	–	–	종로	여의도	없음.
B	춘천 경춘로	대전 유성구	춘천 경춘로	종로	여의도	98
C	여의도	종로	대전 유성구	춘천 경춘로	종로	100
D	여의도	김포공항	여의도	김포공항	대전 유성구	98
E	종로	대전 유성구	종로	춘천 경춘로	여의도	99

① A의 1지망 지점에 B가 배치될 것이므로 A는 여의도에 배치될 것이다.
② D는 본인 외에는 아무도 1지망으로 지망하지 않은 김포공항점에 배치될 것이다.
③ B는 1지망, 2지망 모두 다른 직원에게 우선권을 빼앗겨 임의로 배치될 것이다.
④ C는 올해 평가점수가 100점이므로 1지망 근무지인 춘천 경춘로점에 배치될 것이다.
⑤ E는 춘천 경춘로점을 희망했지만 평가점수가 더 높은 C에 밀려 여의도점에 배치될 것이다.

21. 다음 〈출장 여비 규정〉을 읽고 판단할 수 있는 내용으로 적절한 것은?

〈출장 여비 규정〉

제1조(목적) 이 규정은 임직원이 업무수행을 위하여 국내외로 출장 또는 부임하는 경우 그 여비지급과 관련된 사항을 정하는 것을 목적으로 한다.

제2조(여비의 구분) 여비는 국내여비, 해외여비, 전임여비로 구분한다.

1. 국내여비라 함은 국내에 당일 또는 2일 이상의 출장에 의한 비용을 말한다.
2. 해외여비라 함은 국외 출장에 대한 비용을 말한다.
3. 전임여비라 함은 전임 도는 근무지 변경에 의한 비용을 말한다.

제3조(여비의 종류) 여비는 다음 각호의 항목으로 규정한다.

1. 일비라 함은 출장지 내에서 발생하는 교통비, 제잡비 등의 경비를 말한다.
2. 식비라 함은 출장기간 중 식사에 사용된 비용을 말한다.
3. 숙박비라 함은 숙박료 및 숙박에 필요한 이하 부대비용을 포함한다.
4. 교통비라 함은 출장 출발지점부터 도착지점까지, 출장지 간 이동에 필요한 철도운임, 항공운임, 선박운임 또는 자동차운임과 주유비 등을 말한다.

제8조(휴일 출장일 경우의 여비) 휴일당일 출장 또는 출장기간 중에 휴일이 포함되어 있는 때에는 휴일근무수당을 별도로 지급한다.

제12조(항공운임의 지급)

③ 공무원이 공무상 여행으로 적립한 항공마일리지(항공사가 항공기 이용 실적에 따라 적립하는 점수를 말하며, 이하 "공적 항공마일리지"라 한다)를 활용하여 항공권을 확보하거나, 항공기 좌석 등급을 상향 조정할 수 있는 경우에는 인사혁신처장이 정하는 바에 따라 공적 항공마일리지를 우선적으로 사용하여야 한다. 다만, 공적 항공마일리지만으로 부족한 때에는 인사혁신처장이 정하는 바에 따라 사적 항공마일리지(공무원이 사적으로 적립한 항공마일리지를 말한다. 이하 같다)를 합산하여 사용할 수 있다.

① 이 문서만으로는 출장 여비에 포함되는 모든 종류의 여비를 파악하기 어렵다.

② 숙박비에는 교통비가 포함된다.

③ A 주임이 비행기를 타고 출장지로 이동하기 위해 집에서 출발하여 택시를 타고 공항에 도착하였다면 택시비는 여비 중 교통비에 포함된다.

④ 출장기간 중에 휴일이 포함되어 있어 휴일에 업무를 진행하였더라도 출장 여비만 지급받을 수 있다.

⑤ 항공마일리지 사용 시 사적으로 적립한 마일리지는 사용할 수 없다.

22. 다음은 벨라 바레니에 의해 등장한 크럼플존에 대한 글이다. 이를 읽고 제시된 그림에 대해 추론한 내용으로 적절하지 않은 것은?

> 1950년대까지만 해도 사람들은 자동차가 튼튼해야 안전하다고 믿었습니다. 그러나 메르세데스 벤츠의 엔지니어였던 벨라 바레니가 충돌은 흡수할수록 운전자와 승객이 안전해진다고 주장하면서 '크럼플존(Crumple Zone)' 이론이 등장하게 됩니다.
>
> 바레니는 1954년 실제 자동차 충돌 실험을 통해 크럼플존의 효과를 입증합니다. 이후 자동차의 앞과 뒤는 충격을 잘 흡수하도록 만들고, 운전자와 승객이 탑승하는 가운데 부분은 단단하게 제작하는 설계법이 일반화됩니다. 바레니는 크럼플존 개념의 도입 외에도 접이식 스티어링 칼럼, 탈부착식 하드탑 등 2,000여개가 넘는 자동차 관련 특허를 보유해 에디슨을 능가하는 천재라고도 불립니다.
>
> 세단형 자동차를 예로 들면, 보닛과 앞타이어 부분, 뒷 트렁크와 뒷 타이어 부분은 크럼플존에 해당하고, 운전석과 뒷좌석이 위치한 가운데 부분은 '패신저셀(Passenger Cell, 세이프티존)'이라고 할 수 있습니다. 크럼플존이란, 구겨지다는 뜻의 단어 그대로 외부에서 일정한 충격이 가해졌을 때 탑승자에게 전해지는 충격을 줄이기 위해 충돌시간을 늘려 주는 역할을 하는 구역입니다. 크럼플존이 구겨지며 시간을 버는 만큼 탑승자에게 전해지는 충격이 줄어들게 됩니다. 반면, 세이프티존(패신저셀)은 어떤 경우에도 구겨지거나 찌그러져서는 안 되는 구역입니다. 그래서 자동차 제조사들은 크럼플존과 세이프티존에는 서로 다른 소재를 사용합니다. 어느 부분에는 구겨지는 알루미늄을 사용했고, 어느 부분에는 매우 단단한 초고장력 강판을 사용했다는 등등의 광고를 하는 것도 이 때문입니다.
>
> 크럼플존과 세이프티존 사이에는 '필러(Pillar)'가 기둥 역할을 합니다. 필러는 세단을 기준으로 A, B, C 세 종류가 있는데 보통 앞 크럼플존과 세이프티존 사이의 기둥을 A 필러, 중간을 B 필러, 뒷 크럼플존과 세이프티존 사이의 C 필러로 구분합니다. 차제 전면의 양 유리 옆에 있는 기둥인 A 필러는 전방 충돌 때 크럼플존이 일정 영역 이상으로 찌그러지는 것을 막고 차량 내부로 밀려드는 대시보드나 타이어 휠 등이 운전자를 덮치지 않도록 보호하는 역할을 합니다. B 필러는 측면에서 오는 충격과 전복 사고로부터 탑승자를 보호합니다. C 필러는 차 뒷부분에서 트렁크와 천장을 이어 주는 기둥으로 후방 충격을 탑승자들에게 최소화시켜 주는 기능을 합니다.
>
> 그런데 우리나라에서 충돌 때 찌그러지는 것이 탑승자를 안전하게 하기 위한 자동차 설계라는 개념을 인식하게 된 지는 얼마 되지 않았습니다. 독일의 자동차 회사는 1950년대 중반부터 크럼플존을 설계에 반영하였지만, 자동차 구경도 쉽지 않았던 우리 상황에서는 크럼플존보다 생산기술 습득이 우선이었습니다. 당연히 크럼플존과 세이프티존의 중요성은 뒷전이었고, 이론적으로 알고 있었더라도 기술적으로 이를 구현할 능력이 뒤따라 주지 못했습니다. 또, 1980년대까지도 충돌했을 때 구겨지지 않는 튼튼한 차가 좋은 차라는 인식이 만연했기 때문에 국내 자동차 제조사는 이러한 사실을 고객들에게도 알리지 않았습니다.

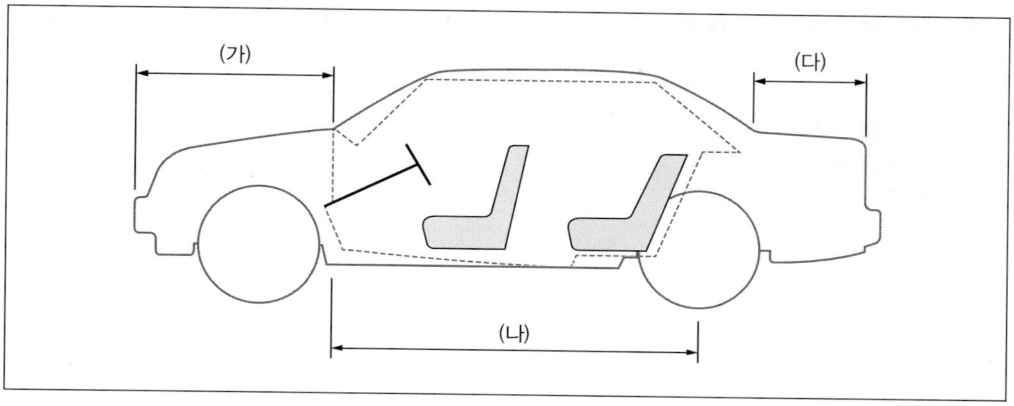

(가) (다) (나)

① B 필러는 측면에서 오는 충격과 전복 사고 시 탑승자를 보호하는 역할을 한다.

② A 필러가 중요한 것은 부서진 파편이 (나) 영역으로 전해지지 않도록 단단히 막아 주기 때문이다.

③ 벨라 바레니가 충돌 실험을 통해서 입증하고자 한 것은 (나) 영역이 자동차 안전에 특히 중요하다는 점이다.

④ 만약 자동차를 만드는 데 알루미늄과 초고장력 강판을 활용했다면 (가), (다) 영역에는 알루미늄, (나) 영역에는 초고장력 강판이 사용되었을 것이다.

⑤ 1980년대에 후방 추돌을 당했을 경우 한국 자동차의 (다) 영역이 구겨지는 시간보다 독일 자동차의 (다) 영역이 구겨지는 시간이 더 길었을 것이다.

[23 ~ 24] 다음 제시된 5개 공항의 노선과 이용객 수를 보고 이어지는 질문에 답하시오.

〈5개 공항 노선 간 출발, 도착 요일 및 이착륙 시간〉

출발 / 도착	A 공항	B 공항	C 공항	D 공항	E 공항
A 공항		월, 수 오전 11시			
B 공항			화, 목 오후 3시		화, 수, 금 오전 9시
C 공항	월, 수, 금 오전 9시			수, 토 오후 2시	
D 공항	토, 일 오후 3시				
E 공항			목, 금 오후 4시		

※ 제시된 시간은 출발시간이며 노선 간 이동시간은 2시간이다.

〈공항별 이용객 수〉

(단위 : 명)

구분	도착	출발	합계
A 공항	820,086	768,830	(　　　)
B 공항	781,279	732,883	(　　　)
C 공항	864,677	869,677	(　　　)
D 공항	865,454	847,024	(　　　)
E 공항	902,339	902,043	(　　　)

23. 공항에서 비행기가 출발, 도착하는 시간을 추론한 것으로 적절하지 않은 것은?

① 월요일 오전 9시에 A 공항에서 출발하는 비행기는 C 공항에 도착한다.
② 수요일 오전에 B 공항에 도착하는 비행기는 E 공항에서 출발한다.
③ 목요일 오후에 B, E 공항에 도착하는 비행기는 C 공항에서 출발한다.
④ 금요일 오전에 C 공항에 도착하는 비행기는 A 공항에서 출발한다.
⑤ 토요일 오후에 D 공항에서 출발하는 비행기는 오후 3시 이전에 도착한다.

24. 각 공항을 이용하는 이용객의 수가 적은 것부터 나열한 것은?

① B − A − D − C − E
② B − C − A − D − E
③ C − D − A − B − E
④ E − C − D − A − B
⑤ E − C − D − B − A

25. 다음은 ○○연구소 연구원 공개채용 공고문이다. 이를 바탕으로 추론할 수 있는 내용으로 적절하지 않은 것은?

〈○○연구소 연구원 채용 공고〉

• 모집분야 및 업무

모집분야	담당 업무	
바이오 분석(0명)	• 바이오 분석 실험	• 차세대 염기서열분석 등 분자기반 분석
의약품 개발(0명)	• 세포주 개발	• 첨단바이오의약품 개발 및 제조

• 접수기간 및 접수 방법

1) 접수기간 : 20XX년 9월 26일 ~ 20XX년 10월 10일 18 : 00 마감

2) 접수방법 : 온라인 접수

– 홈페이지 '채용공지' 내 20XX년도 ○○연구소 하반기 연구기실지원 및 하단 바로가기 주소 이용, 서류심사 이후 제출서류는 전자우편 이용

• 지원조건 및 우대사항

1) 생명공학/과학, 생물학, 화학 등 관련 전공 석사 이상 학위 소지자 또는 취득 예정자(3개월 이내), 최근 3년 이내 SCIE 논문 제1저자 1편 이상 게재(승인) 실적이 있는 자

2) 신입 또는 2년 이상 경력 보유자(해당 분야 실험실 근무 및 분석기기 유경험자)

3) 영어 커뮤니케이션(문서 작성, 회화 등) 가능자

4) 기타 외국어(독일어, 일본어 등) 능통자

5) 병역필 또는 면제자로서 국가공무원법 제33조에 해당되지 아니한 자

6) 연구소 규정(인사규정 제10조)의 임용 결격사유(국가공무원법 제33조 제1항 각호의 하나에 해당하는 자, 법률에 의하여 공민권이 정지 또는 박탈된 자, 신체검사 결과 채용실격으로 판정된 자, 병역의무를 기피한 사실이 있는 자, 부패행위로 당연 퇴직, 파면, 해임된 자 등)가 없는 자

7) 「국가유공자 등 예우 및 지원에 관한 법률」, 「장애인고용촉진 및 직업재활법」 등 개별법에서 보장하는 취업지원 대상자

8) 4대 폭력(성폭력, 성희롱, 성매매, 가정폭력) 범죄행위가 적발되어 법적 · 행정적 처분 또는 당시 근무 기관에서 징계처분을 받지 아니한 자

① ○○연구소에서는 바이오 분석과 의약품 개발 분야에서 연구원을 채용하고자 한다.

② 해당 연구소는 온라인으로 접수를 받고 있다.

③ 지원 가능한 전공에는 생명공학, 생물학, 화학 등이 있다.

④ 3개월 이내에 학사 학위 취득 예정자라면 해당 채용 공고에 지원할 수 있다.

⑤ 기본적인 지원조건 외에도 영어 문서 작성과 회화에 능통하다면 채용될 확률이 더 높다.

코레일(한국철도공사)

4회 기출예상문제

수험번호	
성 명	

감독관 확인란	

4회 기출예상문제

성명표기란

수험번호

(주민등록앞자리 생년제외) 월일

※ 검사문항 : 1~25

문번	답란	문번	답란
1	① ② ③ ④ ⑤	16	① ② ③ ④ ⑤
2	① ② ③ ④ ⑤	17	① ② ③ ④ ⑤
3	① ② ③ ④ ⑤	18	① ② ③ ④ ⑤
4	① ② ③ ④ ⑤	19	① ② ③ ④ ⑤
5	① ② ③ ④ ⑤	20	① ② ③ ④ ⑤
6	① ② ③ ④ ⑤	21	① ② ③ ④ ⑤
7	① ② ③ ④ ⑤	22	① ② ③ ④ ⑤
8	① ② ③ ④ ⑤	23	① ② ③ ④ ⑤
9	① ② ③ ④ ⑤	24	① ② ③ ④ ⑤
10	① ② ③ ④ ⑤	25	① ② ③ ④ ⑤
11	① ② ③ ④ ⑤		
12	① ② ③ ④ ⑤		
13	① ② ③ ④ ⑤		
14	① ② ③ ④ ⑤		
15	① ② ③ ④ ⑤		

수험생 유의사항

※ 답안은 반드시 컴퓨터용 사인펜으로 보기와 같이 바르게 표기해야 합니다.
〈보기〉 ① ② ③ ❹ ⑤

※ 성명표기란 위 칸에는 성명을 한글로 쓰고 아래 칸에는 성명을 정확하게 표기하십시오. (맨 왼쪽 칸부터 성과 이름은 붙여 씁니다)

※ 수험번호/월일 위 칸에는 아라비아 숫자로 쓰고 아래 칸에는 숫자와 일치하게 표기하십시오.

※ 월일은 반드시 본인 주민등록번호의 생년을 제외한 월 두 자리, 일 두 자리를 표기하십시오.
〈예〉 1994년 1월 12일 → 0112

4회 기출예상문제

▶ 정답과 해설 19쪽

문항 수 | 25 문항

01. 다음 글에서 '열차의 안전도'를 강조하기 위한 방법으로 글쓴이가 사용한 서술 방식은?

> 열차는 한 번에 많은 승객을 수송하지만 사고가 날 경우에는 큰 피해가 발생할 수도 있다. 따라서 사고를 예방하기 위한 여러 기술적 노력이 이루어졌고 그 결과 열차는 지상 교통수단 중 가장 높은 안전도를 확보하게 되었다. 열차는 사고 방지 면에서 자동차와 어떤 점이 다르고 얼마나 안전한 것일까?
>
> 'Fail-safe'는 '고장 시 안전 확보'라고 하는 개념으로 고장이 발생해도 다른 차량에 미치는 영향을 최소화하고 재해로까지 이어지지 않도록 하는 것이다. 자동차와 열차의 제동장치를 비교해 보면 'Fail-safe'를 쉽게 이해할 수 있다. 운행 중 제동장치가 고장 난 자동차는 크고 작은 사고를 유발할 수밖에 없다. 하지만 KTX는 46개의 제동장치를 가지고 있어 몇 개의 제동장치가 고장나도 제동성능에 큰 영향을 주지 않는다. 열차는 동일한 선로 위를 주행하므로 안전거리 확보가 필수적이다. 만약 열차 운행 중 고장이 발생하거나 앞차와의 간격유지를 위해 서행 운전하는 경우 후속열차에 의한 충돌이 발생할 수도 있기 때문이다. 운전자가 안전거리를 조절하는 자동차와는 달리 열차는 24시간 운영되는 종합 관제실에서 열차 위치를 실시간으로 파악하고 선로를 신호등처럼 이용해 후속열차의 속도를 제어한다. 이 과정은 자동화 시스템을 통해 이루어지며 설사 비상상황이 발생하여 기관사가 정지명령을 내리지 못했다 하더라도(Fail) 열차에 설치된 자동 열차제어장치가 강제로 제동장치를 작동시켜 열차 사이의 안전거리를 유지한다. 2006년부터 2010년까지 국내 여객수송 분담률과 사망자 누계를 토대로 도출된 상대적 사망률을 비교해 보면 열차 사망률을 1이라 가정할 때 도로 사망률은 열차 사망률의 25.3배, 안전하다고 알려진 항공사고 사망률도 열차 사망률의 10.4배에 달한다. 국제적으로 비교해도 한국 열차는 매우 안전하여 2012년 ERA(유럽 철도국) 통계 기준 1억 km당 열차사고 발생건수가 프랑스 5.0건, 독일 3.4건인데 비해 우리나라는 2.7건에 불과하다. 열차는 대량수송 교통수단이라는 특성을 고려하여 고장과 사고는 물론 열차 간 충돌에 대비한 안전 확보 시스템을 2중, 3중으로 갖추고 있다. 간혹 예상하지 못한 정전, 자동차에 의한 선로침범사고, 갑작스러운 고장, 앞차와의 간격 유지를 위해 열차가 정지하게 되는 상황이 생기기도 하지만 승객의 안전에는 문제가 없다.

① 정의를 내리고 분석하며 대상의 구조를 설명하였다.
② 대비되는 것과 비교하는 방법을 사용하였다.
③ 예시를 통하여 공통점을 강조하였다.
④ 모든 소주제를 외국의 사례와 비교하여 강조하였다.
⑤ 비유를 통하여 간접적으로 주제를 암시하였다.

02. 다음 글의 내용을 함축적으로 표현한 제목으로 적절한 것은?

도시철도 차량은 높은 수송력을 가지고 정시성 및 높은 수준의 주행 안전성을 확보하여 승객을 운송하는 대표적인 대중교통 시스템으로서, 인구가 밀집한 도시는 물론 외곽지역과도 연결시켜 주는 중요한 교통수단이 되어 국민의 편익에 많은 기여를 하고 있다. 그러나 최근에는 열차의 탈선 및 충돌 등 국내외 대규모 철도차량 사고가 증가하고 있으며, 사고의 파급력도 어떤 교통수단보다도 크게 나타나고 있다.

사고발생 시 일어나는 인적 · 물적 피해는 안전관리기준 강화 및 이용자의 안전 욕구 수준을 크게 증가시켰다. 따라서 철도차량 제작 시 불안전한 요인들이 운영자 및 이용자(고객)들에게 노출되지 않도록 안전에 대한 내용들을 사전 예측 · 판단하여 위험요소를 제거하거나 허용범위 안에서 관리되어야 할 필요성이 대두되었다. 이러한 이유로 도시철도 차량 제작은 성능 기반 제작에서 안전 기반 제작으로 전환되고 있다.

안전 기반 도시철도 차량시스템의 설계 및 제작은 기본적으로 안전 요구조건의 선정과 단계별 분석을 통해 위험원 선정 및 저감 방안 수립, 검증 및 확인, 마지막으로 폐기 단계를 거치게 된다. 위험원의 식별은 설계 및 제작, 시운전 단계까지의 모든 단계에서 진행되며, 시스템 상세 설계 전 사전위험분석을 통해 안전 설계의 기본 방향을 설정한다. 사전위험분석은 시스템 안전 프로그램에서 정의하는 안전 관련 항목과 잠재적 사고 위험을 내재한 설비나 기능을 위주로 평가를 진행한다.

본 연구에서는 영향, 감전, 실족, 유독 물질, 질식, 열 소모, 폭발, 탈선, 화상, 고립, 상처의 11가지 고수준 위험원 리스트를 식별하여 사전위험분석을 실시하였다. 사전위험분석을 위한 대상 시스템은 표준규격의 대형 전동차를 적용하였으며, 가장 많이 운행되고 있는 DC 1,500V 전동차를 대상으로 진행하였다. 위험도 평가기준은 준정량적 방법으로 설치하였으며, 발생빈도를 동종 시스템의 운행 경험을 통해 운행주기별 고장 발생 빈도로 별도 정의하였으며, 심각도는 가장 많이 적용하고 있는 항목을 적용하여 위험도 매트릭스를 작성하였다.

도시철도 차량시스템에 적용되는 사전위험분석을 실시한 결과, 차량분야 109개의 위험원이 도출되었으며, 이 중 31개는 허용 불가능한 위험원으로 분류하였다. 정리된 위험원은 경감 및 사고대책을 실시하여 위험도를 관리범위 내로 낮추었으며, 몇 개 위험원의 경우는 세부설계과정에서 분석되는 시스템 위험 분석(SHA ; System Hazard Analysis)에서도 같은 종류의 위험원으로 구분하여 관리토록 하였다.

이러한 연구 활동을 통하여 표준규격 전동차의 안전 요구사항을 도출하고 상세 설계 전 위험원을 제거할 수 있었다. 잔존하는 위험원은 상세 설계 단계에서 추적 관리를 통해 위험원 경감대책을 다시 적용하여 경감할 필요가 있다. 본 연구에서 수행된 일반론적 접근 방법은 시스템 위험분석(SHA ; System Hazard Analysis), 하부 시스템 위험분석(SSHA ; Sub System Hazard Analysis), 인터페이스 위험분석(IHA ; Interface Hazard Analysis)의 분석을 위한 기반이 될 것이다.

도시철도에 적용되는 차량시스템은 짧은 역 간 거리 및 운영기관의 운영조건(운행시격, 예비차 확보율, 이용승객수 등) 등에 따라 각종 부품의 동일한 동작 패턴이 무수히 반복되고 있고 이로 인해 취부된 부품들의 피로도가 빠른 시간 내에 증가될 수밖에 없는 열악한 조건에서 운용되고 있다. 따라서 고장 없이 장기간 사용할 수 있는 높은 신뢰성이 요구되고 열차의 정시성 확보가 필요하며 높은 수송능력 보유 및 수요가 집중되는 출퇴근 시간대에도 수용 가능한 열차의 최대 수용량 확보 등의 성능을 확보해야 한다. 특히 25년 이상 내구수명을 갖고 있는 특성상 장기간 성능이 안전하게 확보되는 차량시스템이 필요하다.

도시철도 차량은 발주과정에서 전동차시스템의 안전성을 확보하기 위해서 발주기관 측면에서 높은 안전성이 요구되는 사항들을 제시하고 제작사는 발주기관에서 요구하는 안전성 기준에 맞추기 위해 사전에 정리된 전동차 제작 사양, 전동차 유지보수 및 운영 경험, 국내외의 관련기관에서 사용되고 있는 시스템의 위험데이터를 기초로 전동차 시스템상 발생 가능한 위험요소를 찾아 위험의 발생원인 및 사고로 인해 발생하는 현상 및 결과 등을 분석해 철도차량의 운용과정에서 발생할 수 있는 위험도를 제거하거나 허용 가능한 수준으로 경감시키는 데 목적이 있다.

① 도시철도 사고 방지를 위한 차량시스템 개선 방안
② 도시철도 차량시스템의 사전위험분석에 관한 연구
③ 도시철도 차량시스템의 성능 기반 제작에 관한 연구
④ 도시철도 차량의 주행 안정성 강화에 관한 연구
⑤ 도시철도 안전성 확보를 위한 사전위험분석의 결과

03. 다음 글을 통해 추론한 내용으로 적절하지 않은 것은?

인격체는 인간이나 유인원과 같은 동물처럼 자기의식을 지닌 합리적 존재인데, 이들은 자율적 판단능력을 가지고 있고 자신의 삶이 미래에도 지속될 것을 인식할 수 있다. 반면에 그러한 인격적 특성을 지니고 있지 않은 물고기와 같은 동물은 비인격체로서 자기의식이 없으며 단지 고통과 쾌락을 느낄 수 있는 감각적 능력만을 갖고 있다. 그렇다면 인격체를 죽이는 것이 비인격체를 죽이는 것보다 더 심각한 문제가 되는 이유는 무엇인가?

사람을 죽이는 행위를 나쁘다고 간주하는 이유들 중의 하나는 그것이 살해당하는 사람에게 고통을 주기 때문이다. 그런데 그 사람에게 전혀 고통을 주지 않고 그 사람을 죽이는 경우라고 해도 이를 나쁘다고 볼 수 있는 근거는 무엇인가? '고전적 공리주의'는 어떤 행위가 불러일으키는 쾌락과 고통의 양을 기준으로 그 행위에 대해 가치 평가를 내린다. 이 관점을 따를 경우에 그러한 살인은 그 사람에게 고통을 주지도 않고 고통과 쾌락을 느낄 주체 자체를 아예 없애기 때문에 이를 나쁘다고 볼 근거는 없다. 따라서 피살자가 겪게 되는 고통의 증가라는 '직접적 이유'를 내세워 그러한 형태의 살인을 비판하기는 어렵다.

고전적 공리주의의 관점에서는 피살자가 아니라 다른 사람들이 겪게 되는 고통의 증가라는 '간접적 이유'를 내세워 인격체에 대한 살생을 나쁘다고 비판할 수 있다. 살인 사건이 주변 사람들에게 알려지면 이를 알게 된 사람들은 비인격체와는 달리 자신도 언젠가 살해를 당할 수 있다는 불안과 공포를 느끼게 되고 이로 인해 고통이 증가하는 결과가 발생하므로 살인이 나쁘다는 것이다.

이에 비해 '선호 공리주의'는 인격체의 특성과 관련하여 그러한 살인을 나쁘다고 보는 직접적 이유를 제시한다. 이 관점은 어떤 행위에 의해 영향을 받는 선호들의 충족이나 좌절을 기준으로 그 행위에 대해 가치 평가를 내린다. 따라서 고통 없이 죽이는 경우라고 해도 계속 살기를 원하는 사람을 죽이는 것은 살려고 하는 선호를 좌절시켰다는 점에서 나쁜 것으로 볼 수 있다. 특히 인격체는 비인격체에 비해 대단히 미래 지향적이다. 그러므로 인격체를 죽이는 행위는 단지 하나의 선호를 좌절시키는 것이 아니라 그가 미래에 하려고 했던 여러 일들까지 좌절시키는 것이므로 비인격체를 죽이는 행위보다 더 나쁘다.

'자율성론'은 공리주의와는 다른 방식으로 이 문제에 접근하여 살인을 나쁘다고 비판하는 직접적 이유를 제시한다. 이 입장은 어떤 행위가 자율성을 침해하는지 그렇지 않은지를 기준으로 그 행위에 대해 가치 평가를 내린다. 인격체는 비인격체와는 달리 여러 가능성을 고려하면서 스스로 선택하고, 그 선택에 따라 행동하는 능력을 지닌 자율적 존재이며, 그러한 인격체의 자율성은 존중되어야 한다. 인격체는 삶과 죽음의 의미를 파악하여 그중 하나를 스스로 선택할 수 있다. 이러한 선택은 가장 근본적인 선택인데, 죽지 않기를 선택한 사람을 죽이는 행위는 가장 심각한 자율성의 침해가 된다. 이와 관련하여 공리주의는 자율성의 존중 그 자체를 독립적인 가치나 근본적인 도덕 원칙으로 받아들이지는 않지만 자율성의 존중이 대체로 더 좋은 결과를 가져온다는 점에서 통상적으로 그것을 옹호할 가능성이 높다.

인격체의 살생과 관련된 이러한 논변들은 인간뿐만 아니라 유인원과 같은 동물에게도 적용되어야 한다. 다만 고전적 공리주의의 논변은 유인원과 같은 동물에게 적용하는 데 조금 어려움이 있을 수도 있다. 왜냐하면 인간에 비해 그런 동물은 멀리서 발생한 동료의 살생에 대해 알기 어렵기 때문이다. 여러 실험과 관찰을 통해 확인할 수 있듯이 침팬지와 같은 유인원은 자기의식을 지닌 합리적 존재로서 선호와 자율성을 지니고 있다. 따라서 이러한 인격적 특성을 지닌 존재를 단지 종이 다르다고 해서 차별적으로 대하는 것은 옳지 않으며, 그런 존재를 죽이는 것은 인간을 죽이는 것과 마찬가지로 나쁜 일이다. 인격체로서의 인간이 특별한 생명의 가치를 가진다면 인격체인 유인원과 같은 동물도 그러한 특별한 생명의 가치를 인정받아야 한다.

① 어떠한 선호도 가지지 않는 존재를 죽이는 행위가 다른 존재에게 아무런 영향도 주지 않는다면, 선호 공리주의는 그 행위를 나쁘다고 비판하기 어렵다.

② 아무도 모르게 고통을 주지 않고 살인을 하는 경우라면 고전적 공리주의는 '간접적 이유'를 근거로 이를 비판하기 어렵다.

③ 아무런 고통을 느낄 수 없는 존재를 죽이는 경우라면 고전적 공리주의는 '직접적 이유'를 근거로 이를 비판하기 어렵다.

④ 인격체 살생에 대한 찬반을 펼치는 토론에서 공리주의와 자율성론은 서로 상반되는 입장을 취할 가능성이 높다.

⑤ 자율성론에서는 불치병에 걸린 환자가 죽기를 원하는 경우에 안락사가 허용될 수 있다.

04. 다음 글을 통해 알 수 있는 내용으로 적절한 것은?

우리는 가끔 '무작위적'이라는 표현을 쓴다. 흔히 '일부러 꾸미거나 어떠한 의도를 가지고서 한 것이 아닌'이란 뜻으로 쓰이지만, 통계의 표본 추출에서는 '일어날 수 있는 모든 일이 동등하게 같은 확률로 발생'한다는 의미로 쓰인다. 오늘날 수학적 무작위성은 우리의 생활과 밀접한 것이 되었다. 온라인상에서 일어나는 모든 거래에는 컴퓨터를 이용한 무작위 숫자, 즉 난수를 발생시키는 컴퓨터의 역할이 숨어 있다.

대부분의 컴퓨터 게임 프로그램 역시 컴퓨터의 무작위적 행동을 필요로 한다. 이것은 말처럼 그렇게 쉬운 일이 아니다. 모든 컴퓨터는 주어진 규칙과 공식에 따라 결과를 산출하도록 만들어질 수밖에 없기 때문이다. 즉, 사람처럼 무의식적인 선택 혹은 우연에 의한 선택을 할 수 없기 때문이다. 전문용어로는 결정적 유한 오토마타(Deterministic Finite Automata)라고 한다.

비록 현재의 컴퓨터는 완전히 무작위적으로 수들을 골라내지는 못하지만, 무작위적인 것처럼 보이는 수들을 산출하는 수학 공식 프로그램을 내장하고 있다. 즉, 일련의 정확한 계산 결과로 만든 것이지만, 무작위적인 것처럼 보이는 수열을 만들어 낸다. 그러한 일련의 수들을 만들어 내는 방법은 수백 가지이지만, 모두 처음에 시작할 시작수의 입력이 필수적이다. 이 시작수는 사용자가 직접 입력할 수도 있고, 컴퓨터에 내장된 시계에서 얻을 수도 있다. 예컨대, 자판을 두드리는 순간 측정된 초의 수치를 시작수로 삼는 것이다.

즉, 우리가 흔히 보는 무작위는 정말로 임의의 값이 아니고 특정한 방법으로 계산하거나 몇 밀리초(ms) 단위로 시시각각 변하는 값을 초기의 값으로 잡은 다음 여러 계산 과정을 거쳐 사람이 볼 때에는 마치 임의의 값인 것처럼 보이게 한 결과물이라는 것이다. 이를 의사난수(Pseudo-Random)라고 한다.

흔히 난수를 만들기 위해서 난수표를 쓰는데, 난수표가 정해진 이상 결국 같은 순서로 같은 숫자가 나오게 된다. 게임을 할 때, 맨 처음 플레이할 때 나왔던 1탄의 벽돌들이 대체로 일정하게 배열된다는 점을 떠올리면 어느 정도 이해를 할 수 있을 것이다. 비슷한 예로 예전의 테트리스는 나오는 블록의 순서가 모두 똑같았던 적이 있었다.

이를 해결하기 위한 방법은 난수표를 여러 개 만들어 놓고 매번 다른 난수표를 읽도록 하는 것이다. 이러한 난수표를 선택하는 것을 시드라고 한다. 그런데 시드값이 똑같으면 선택되는 난수표도 똑같기 때문에 시드값 역시 난수여야 한다. 즉, 난수를 만들려면 난수가 필요하다는 문제가 발생하게 되는 것이다.

문제는 이렇게 만들어 낸 수열이 얼마나 완전히 무작위적인 수열에 가까운가이다. 완전히 무작위적인 수열이 되기 위해서는 다음의 두 가지 기준을 모두 통과해야 한다. 첫째, 모든 수가 다른 수들과 거의 같은 횟수만큼 나와야 한다. 둘째, 그 수열은 인간의 능력으로 예측이 가능한 어떤 패턴도 나타내지 않아야 한다. 수열 1, 2, 3, 4, 5, 6, 7, 8, 9, 0은 첫 번째 조건에 부합하지만 두 번째 조건에는 상충한다. 수열 5, 8, 3, 1, 4, 5, 9, 4, 3, 7, 0은 얼핏 두 번째 조건에 부합하는 것처럼 보이지만 그렇지 않다. 곰곰이 생각해 보면 0 다음의 수가 무엇이 될 것인지를 예측할 수 있기 때문이다. 앞의 두 수를 합한 값의 일의 자리 수인 7이 올 것이다.

현재의 컴퓨터가 내놓는 수열들이 이 두 가지 기준 모두를 통과하는 것은 아니다. 즉, 완전히 무작위적인 수열을 아직 만들어 내지 못하고 있는 것이다. 그리고 컴퓨터의 작동 원리를 생각하면, 이는 앞으로도 불가능할 수밖에 없다.

① 인간은 완전히 무작위적인 규칙과 공식들을 컴퓨터에 입력할 수 있다.

② 완전히 무작위적인 수열이라면 같은 수가 5번 이상 연속으로 나올 수 없다.

③ 사용자가 시작수를 직접 입력하지 않았다면 컴퓨터는 어떤 수열도 만들어 낼 수 없다.

④ 컴퓨터가 만들어 내는 수열 중에는 인간의 능력으로 그 수열의 규칙을 예측할 수 없는 것처럼 보이는 경우도 있다.

⑤ 어떤 수열의 패턴이 인간의 능력으로 예측 가능하다면 그 수열에는 모든 수가 거의 같은 횟수만큼 들어가 있을 수밖에 없다.

05. 다음 글의 ㉠~㉣에 들어갈 내용이 적절하게 짝지어진 것은?

많은 심리적인 현상들을 실험을 통해 입증할 수 있지만 실제로 측정이 가능한 것은 거의 없다. 그러나 닻 내림 효과(Anchoring Effect)는 예외이다. 이 효과는 측정이 가능하여 인상적이라고 할 만큼 그 영향력이 크다. 이런 실험은 상당히 드물기 때문에 사람들의 흥미를 유발한다. 샌프란시스코 과학관의 방문객들은 다음과 같은 두 가지 질문을 받은 적이 있었다.

질문 1 : 세상에서 가장 높은 삼나무의 높이는 1,200피트를 넘을까, 넘지 않을까?
질문 2 : 세상에서 가장 높은 삼나무의 높이는 500피트를 넘을까, 넘지 않을까?

질문 1에 답한 대다수 방문객들은 1,200피트보다는 짧으며 높이는 약 1,000피트일 거라고 대답했고, 반면 질문 2에 답한 대다수의 방문객들은 500피트보다 길며 높이는 약 600피트 안팎일 거라고 대답했다. 1,200과 500이 높은 닻과 낮은 닻의 역할을 하여 이 숫자를 약간 높이거나 낮춘 대답이 1,000과 600이라는 격차로 나타난 것이다.

이처럼 제시된 숫자가 아무 의미 없다 해도 어떤 것에 대한 최종적인 판단은 그 숫자에서 크게 벗어나지 않는다. 즉 처음 입력된 정보가 정신적인 닻으로 작용해 이후 판단에 계속 영향을 미치게 되는데, 이런 현상을 배가 닻을 내리면 움직이지 못하는 것과 같다 하여 닻 내림 효과라고 한다.

이 과학관에서는 다음과 같은 안내문을 통해 기부금을 받고 있었다.

태평양 연안에서 서식하는 50,000마리의 바닷새를 구하기 위해 당신은 매년 기부금을 낼 의향이 있습니까?
[기준] 매년 (　)달러를 기부하시겠습니까?
[응답] 매년 (　)달러를 기부하겠습니다.

아무 닻(기준)이 없었을 때 과학관 방문객들은 평균 64달러를 기부하였으나, 닻이 (㉠)달러였을 때 방문객들이 기부하겠다고 말한 금액은 평균 (㉡)달러였다가, 닻이 (㉢)달러였을 때 방문객들이 기부하겠다고 말한 금액은 평균 (㉣)달러였다.

미국 애리조나 대학의 어느 교수가 1987년에 경영대학원생과 부동산 전문가를 대상으로 실험을 했는데, 한 부동산의 적정가격을 감정하는 것이 요지였다. 같은 부동산이지만 서로 다른 매도호가가 적힌 전단지를 보여 주었다. 대학원생 그룹에는 65,900달러로 적혀 있었고, 부동산 전문가 그룹에는 83,900달러로 적혀 있었다. 나름대로 감정을 마친 두 그룹의 실험자들은 과연 얼마의 감정가를 내놓았을까? 그 부동산의 적정가격으로 경영대학원생 그룹은 평균 67,811달러를, 부동산 전문가 그룹은 평균 75,190달러를 제시하였다. 같은 부동산에 대해 각 그룹 사이에서도 10% 이상 차이가 난 셈이다.

실험한 결과를 두고 경영대학원생들은 전단지의 숫자에 영향을 받았다고 인정했지만, 부동산 전문가들은 아무런 영향을 받지 않았다고 주장했다. 그러나 닻 내림 효과는 부동산 전문가에게 41%, 부동산 거래 경험이 전혀 없는 경영대학원생에게 48%로 비슷하게 나타났다.

이 실험으로 인해 부동산에 관한 식견이 풍부한 전문가라도 닻의 영향권에서 자유롭지 못함을 알 수 있었다.

주식시장도 닻 내림 효과를 연구하기 좋은 공간이다. 투자자들은 특정 주식을 매입하기 전에 해당 주식의 매입가격이 적당한 수준인지를 결정해야 한다. 미국 오하이오 주립대학 핼 아르케스(Hal Arkes) 교수가 2008년 발표한 논문에 따르면, 사람들은 주식 매입을 결정할 때 주로 현재 주가 수준, 고점 시의 주가, 이전 형성 가격 등을 기준으로 결정한다는 사실을 확인하였다. 이러한 연구 결과는 전 고점 대비 하락폭이 큰 주식의 경우, 가격이 낮아졌다고 판단하여 매수할 가능성이 높아지는 현상을 설명해 준다. 해당 주식이 고점에 이르렀을 때의 회사 상황과 지금의 회사 상황이 전혀 달라졌을 경우, 전 고점은 아무런 의미가 없는 수치일 수 있음에도 불구하고 많은 투자자들이 이를 기준으로 삼아 비합리적인 투자를 수행할 수 있다는 사실을 제시한 것이다.

소비자의 선택에서 나타나는 닻 내림 효과는 소비자의 기준선에 따라 달라진다. 예를 들어 판매가격표가 8,000원인 홍삼드링크는 소비자 누구나 다른 드링크에 비해 비싸다고 느낀다. 그렇지만 소비자 가격표에 12,000원으로 되어 있으면서 8,000원에 판다면 싸다고 여긴다. 명품업체가 매장에 최고가격의 상품을 가격표가 잘 보이게 진열하는 목적도 이보다 값이 낮은 다른 상품들이 비싸지 않다고 착각하게 만들기 위한 마케팅 전략이다.

대학에서 교수가 어느 학생의 과거 성적을 알고 있다면 그 성적이 그 학생의 새로운 리포트를 평가할 때에 적잖은 영향을 끼치는 것도 한 예이다. 대형마트는 품목별로 20%, 30% 등의 할인을 해 주거나 '1+1' 행사와 덤 증정 같은 이벤트를 한다. 기존 가격을 아는 상태에서 할인된 가격으로 물건을 구입하면 구매자는 합리적인 소비를 했다고 생각하기 때문이다. 비즈니스 협상에서도 먼저 제시한 협상 가격이 기준이 되기 쉬우므로 일부러 더 높은 가격을 제시하고 상대방은 이것을 기준으로 깎아서 가격을 결정하는 방향으로 진행되는 경우가 흔하다.

	㉠	㉡	㉢	㉣
①	다소 높은 400	20	불과 5	143
②	불과 400	143	다소 높은 5	20
③	다소 높은 5	143	불과 400	20
④	불과 5	20	다소 높은 400	143
⑤	불과 5	20	불과 400	143

06. 다음 글을 이해한 내용으로 적절하지 않은 것은?

언론은 오늘날 신문, TV 등 기존의 언론매체 이외에 인터넷 등 새로운 매체의 등장으로 과거보다 더욱 영향력이 커져 기능과 역할에 있어서 우리 사회에 중대한 영향을 미치고 있다.

범죄 사건을 다루는 언론 보도의 대부분은 수사기관으로부터 얻은 정보에 근거하고 있고, 공소제기 전인 수사 단계에 집중되어 있다. 따라서 언론의 범죄 관련 보도는 범죄 사실이 인정되는지 여부를 백지상태에서 판단하여야 할 법관이나 배심원들에게 유죄의 예단을 심어 줄 우려가 있다. 이는 헌법상 적법절차 보장에 근거하여 공정한 형사재판을 받을 피고인의 권리를 침해할 위험이 있어 이를 제한할 필요성이 제기된다. 실제로 피의자의 자백이나 전과, 거짓말탐지기 검사 결과 등에 관한 언론보도는 유죄판단에 큰 영향을 미친다는 실증적 연구도 있다. 하지만 보도 제한은 헌법에 보장된 표현의 자유에 대한 침해가 된다는 반론도 만만치 않다.

미국 연방대법원은 어빈 사건[1] 판결에서 지나치게 편향적이고 피의자를 유죄로 취급하는 언론 보도가 예단을 형성시켜 실제로 재판에 영향을 주었다는 사실이 입증되면, 법관이나 배심원이 피고인을 유죄라고 확신하더라도 그 유죄판결을 파기하여야 한다고 했다. 이 판결은 이른바 '현실적 예단'의 법리를 형성시켰다. 이후 리도 사건[2]에 와서는 일반적으로 보도의 내용이나 행태 등에서 예단을 유발할 수 있다고 인정이 되면, 개개의 배심원이 실제로 예단을 가졌는지의 입증 여부를 따지지 않고 적법 절차의 위반을 들어 유죄판결을 파기할 수 있다는 '일반적 예단'의 법리로 나아갔다. 셰퍼드 사건[3] 판결에서는 유죄 판결을 파기하면서 '침해 예방'이라는 관점을 제시하였다. 즉, 배심원 선정 절차에서 상세한 질문을 통하여 예단을 가진 후보자를 배제하고 배심원이나 증인을 격리하며, 재판을 연기하거나 관할을 변경하는 등의 수단을 언급하였다. 그런데 법원이 보도기관에 내린 '공판 전 보도금지명령'에 대하여 기자협회가 연방대법원에 상고한 네브래스카 기자협회 사건 판결에서는 침해의 위험이 명백하지 않은데도 가장 강력한 사전 예방 수단을 쓰는 것은 위헌이라고 판단하였다.

이러한 판결들을 거치면서 미국에서는 언론의 자유와 공정한 형사절차를 조화시키면서 범죄 보도를 제한할 수 있는 방법을 모색하였다. 그리하여 셰퍼드 사건에서 제시된 수단과 함께 형사재판의 비공개, 형사소송 관계인의 언론에 대한 정보제공금지 등이 시행되었다. 하지만 예단 방지 수단들의 실효성을 의심하는 견해가 있고, 여전히 표현의 자유와 알 권리에 대한 제한의 우려도 있어 이 수단들은 매우 제한적으로 시행되고 있다.

그런데 언론 보도의 자유와 공정한 재판이 꼭 상충된다고만 볼 것은 아니며, 피고인 측의 표현의 자유를 존중하는 것이 공정한 재판에 도움이 된다는 입장에서 네브래스카 기자협회 사건 판결의 의미를 새기는 견해도 있다. 이 견해는 수사기관으로부터 얻은 정보에 근거한 범죄 보도로 인해 피고인을 유죄로 추정하는 구조에 대항하기 위하여, 변호인이 적극적으로 피고인 측의 주장을 보도기관에 전하여 보도가 일방적으로 편향되는 것을 방지할 필요가 있다고 한다. 일반적으로 변호인이 피고인을 위하여 사건에 대해 발언하는 것은 범죄 보도의 경우보다 적법절차를 침해할 위험성이 크지 않은데도 제한을 받는 것은 적절하지 않다고 보며, 반면에 수사기관으로부터 얻은 정보를 기반으로 하는 언론 보도는 예단 형성의 위험성이 큰데도 헌법상 보호를 두텁게 받는다고 비판한다.

미국과 우리나라의 헌법상 변호인의 조력을 받을 권리는 변호인의 실질적 조력을 받을 권리를 의미한다. 실질적 조력에는 법정 밖의 적극적 변호 활동도 포함된다. 따라서 형사절차에서 피고인 측에게 유리한 정보를 언론에 제공할 기회나 반론권을 제약하지 말고, 언론이 검사 측 못지않게 피고인 측에게도 대등한 보도를 할 수 있도록 해야 한다. 이를 위해 우리나라도 미국과 같이 '법원–수사기관–변호사회–보도기관'의 자율 협정을 체결할 필요가 있다.

1) Irvin v. Dowd, 366 U.S. 726–728(1961). 어빈 사건은 현실적 예단의 기준에 입각하여 공정한 재판침해를 인정하고 유죄판결을 파기한 최초의 사례이다. 현실적 예단 기준은 범죄보도가 실제로 법관이나 배심원에게 준 영향에 근거하기 때문에 적정절차침해의 판단에 있어서 배심원 등이 예단 때문에 실제로 공정한 판결을 할 수 없었다는 것을 피고인이 입증해야 하며, 또한 법원이 예단적 보도로 오염된 곳에서 관할을 변경하려고 했는지, 범죄보도로부터 공판 간의 시간적 간격이 얼마나 되는지, 예단을 가진 배심원 후보자의 실제 차지하는 비율은 어느 정도인지 하는 것이 중요하게 되었다.

2) Rideau v. Louisiana, 373 U.S. 723(1963). 구치소에 감금된 리도와 보안관의 면담 장면이 촬영되고, 그것이 TV에 3번이나 방영되었다. 그 장면에는 리도가 보안관에게 은행강도와 살인죄를 범했다고 자백하는 장면이 포함되어 있었다. 변호인은 관할의 변경을 신청했지만 기각되었고 루이지나 주 대법원은 유죄판결을 내렸다.

3) Sheppard v. Maxwell, 384 U.S. 333(1966). 클리블랜드에서 신경외과 의사로 성업 중이던 셰퍼드가 임신한 아내를 구타해 숨지게 했다는 혐의로 1심에서 유죄판결을 받고 10년을 복역한 뒤 풀려난 사건이다.

① 범죄 관련 언론 보도를 접한 사람들은 피의자를 범죄자라고 생각하기 쉽다.

② 언론에 제공된 변호인의 발언은 공정한 형사재판을 침해할 우려가 상대적으로 적다.

③ 공판 전 보도금지명령은 공정한 형사재판을 위한 최소한의 사전 예단 방지 수단이다.

④ 언론의 범죄에 관한 보도가 재판에 영향을 미칠 가능성은 법관 재판의 경우에도 존재한다.

⑤ 소송 당사자 양측에게 보도 기관에 대한 정보 제공 기회를 대등하게 주어 피고인이 공정한 형사재판을 받을 권리를 보장하여야 한다.

07. 다음 글을 통해 알 수 있는 내용으로 적절한 것은?

화폐란 교환경제사회에서 상품의 교환과 유통을 원활하게 하기 위한 일반적 교환수단 내지는 유통수단으로 정의된다. 실제로 경제생활에 있어서 화폐의 매개작용에 의하여 비로소 원하는 상품을 얻을 수 있다는 것만큼은 틀림이 없는 사실이다. 그렇다면 이러한 화폐가 가진 변천사와 역사는 어떨까?

중국에서는 기원전 8 ~ 7세기 이후 주나라에서부터 청동전이 유통되었다. 이후 진시황이 중국을 통일하면서 화폐를 통일해 가운데 네모난 구멍이 뚫린 원형 청동 엽전이 등장했고, 이후 중국 통화의 주축으로 자리 잡았다. 하지만 엽전은 가치가 낮고 금화와 은화는 아직 주조되지 않았기 때문에 고액거래를 위해서는 지폐가 필요했다. 결국 11세기경 송나라에서 최초의 법정 지폐인 교자(交子)가 발행되었다. 13세기 원나라에서는 강력한 국가 권력을 통해 엽전을 억제하고 교초(交鈔)라는 지폐를 유일한 공식 통화로 삼아 재정 문제를 해결했다.

원나라의 뒤를 이은 명나라도 지폐를 발행했다. 1374년부터 대명통행보초라고 불린 지폐를 발행했는데, 이 지폐는 가로 33.8cm, 세로 22cm로 지금까지 지구상에서 발행된 지폐 중에서 가장 큰 지폐이다. 이 지폐의 단위는 '관(貫)'이었는데, 1관은 1냥짜리 주화 1,000개 또는 은 1냥에 해당했다. 또한 이 지폐의 하단에는 누구든 지폐를 위조하면 처벌을 받는다는 경고 문구가 새겨져 있었다.

아시아와 유럽에서 지폐의 등장과 발달 과정은 달랐다. 우선 유럽에서는 금화가 비교적 자유롭게 사용되어 대중들 사이에서 널리 유통되었다. 반면에 아시아의 통치자들은 금의 아름다움과 금이 상징하는 권력을 즐겼다는 점에서는 서구인들과 같았지만, 비천한 사람들이 화폐로 사용하기에는 금이 너무 소중하다고 여겼다. 대중들 사이에서 유통되도록 금을 방출하면 권력이 약화된다고 본 것이다. 대신에 일찍부터 지폐가 널리 통용되었다.

마르코 폴로는 쿠빌라이 칸이 모든 거래를 지폐로 이루어지게 하는 것을 보고 깊은 인상을 받았다. "지폐가 너무 오래 유통돼서 찢어지거나 닳게 되면 조폐소에서 3퍼센트 할인해 새 지폐로 교환해 준다. 만약 접시나 허리띠 등의 사치품을 만들기 위해 금이나 은이 필요하다면, 왕립 조폐소에 찾아가 이들 지폐를 내고 조폐소장에게 금이나 은을 받아오면 되는 것이다. 왕의 군대도 모두 이런 종류의 돈을 지불받았다." 마르코 폴로의 '동방견문록'은 13세기 중국인들이 지폐를 사용하는 모습을 이렇게 묘사하고 있다. 이탈리아 베네치아의 상인이었던 마르코 폴로는 아버지, 숙부와 함께 동방으로 여행을 떠나 17년 동안 중국에 머물며 관직에 오르기도 했는데, 금화나 은화 등 주화에만 익숙했던 마르코 폴로의 눈에 원나라의 지폐는 신기한 마법의 종이처럼 보였을 것이다.

사실상 종잇조각에 불과한 지폐가 그렇게 널리 통용되었던 이유는 무엇 때문일까? 칸이 만든 지폐에 찍힌 그의 도장은 금이나 은과 같은 권위가 있었다. 이것은 지폐의 가치를 확립하고 유지하는 데 국가 권력이 핵심 요소라는 사실을 보여 준다.

유럽의 지폐는 그 초기 형태가 민간에서 발행한 어음이었으나, 아시아의 지폐는 처음부터 국가가 발행권을 갖고 있었다. 금속 주화와는 달리 내재적 가치가 없는 지폐가 화폐로 받아들여지고 사용되기 위해서는 신뢰가 필수적이다. 중국은 강력한 왕권이 이 신뢰를 담보할 수 있었지만, 유럽에서 지폐가 사람들의 신뢰를 얻기까지는 그보다 오랜 시간과 성숙된 환경이 필요했다.

유럽의 왕들은 종이에 마음대로 숫자를 적어 놓고 화폐로 사용하라고 강제할 수 없었다. 그래서 서로 잘 아는 일부 동업자들끼리 신뢰를 바탕으로 자체 지폐를 만들어 사용해야 했다. 하지만 민간에서 발행한 지폐는 신뢰 확보가 쉽지 않아 주기적으로 금융 위기를 초래했다. 정부가 나서기까지는 오랜 시간이 걸렸고, 17 ~ 18세기에 지폐의 법정화와 중앙은행의 설립이 이루어졌다. 중앙은행은 금을 보관하고 이를 바탕으로 금 태환(兌換)을 보장하는 증서를 발행해 화폐로 사용하기 시작했고 그것이 오늘날의 지폐로 이어졌다.

① 유럽에서 금화의 대중적 확산은 지폐가 널리 통용되는 결정적인 계기가 되었다.
② 유럽에서는 민간 거래의 신뢰를 기반으로 지폐가 중국에 비해 일찍부터 통용되었다.
③ 중국에서 청동으로 만든 최초의 화폐는 네모난 구멍이 뚫린 원형 엽전의 형태였다.
④ 중국에서 지폐 거래가 신뢰를 확보할 수 있었던 것은 강력한 국가 권력이 있었기 때문이다.
⑤ 아시아와 유럽에서는 금화의 사용을 권력의 상징으로 여겨 금화의 유통이 이루어졌다.

08. 다음은 코레일의 '지속가능경영보고서'의 일부이다. (가) ~ (마) 문단의 요지로 적절하지 않은 것은?

> 코레일의 지속가능경영보고서는 한 해를 달려온 코레일의 노력과 성과를 여러분과 공유하는 소통 공간입니다. 코레일은 117년 동안 국가 대동맥이자 국민의 동반자였던 한국철도의 전통과 저력을 이어받아 공사로 전환된 지난 11년 동안 눈부신 성과를 이루어왔습니다. 특히 지난 2015년에는 경부 · 호남 KTX의 안정적인 운영으로 명실상부한 전국 90분대 생활권을 완성하였으며 세계적인 경제 불황과 대내외 환경변화 속에서도 영업흑자와 당기순이익을 실현하며 지속발전이 가능한 경영기반을 마련하였습니다. 올해 발간되는 지속가능경영보고서에는 지난 한 해 글로벌 경쟁력을 갖추고 국민에게 사랑받는 한국철도를 만들기 위해 노력해 온 코레일의 경영활동을 보다 밀도 있게 담았습니다.
>
> (가) 코레일은 노사화합이야말로 기업의 존립과 지속적인 성장을 위한 필수 조건임을 인식하고 끊임없는 대화와 소통을 이어 가고 있습니다. 그 결과 오랜 적폐였던 근속승진제를 폐지하고 2년 연속 임금 및 단체협약 무쟁의 타결을 이끌어 낼 수 있었습니다. 임금피크제 도입 시에는 전 직원 의견을 반영한 합리적 제도설계와 노사공동 토론회 개최로 신뢰를 확보하기도 했습니다. 앞으로도 코레일은 다양한 채널을 통해 현장과의 소통을 강화하고 정책 공감대를 형성하여 전 임직원이 함께 코레일의 전성시대를 열어 가겠습니다.
>
> (나) 코레일의 사명은 철도로 국민을 행복하게 하는 일입니다. 코레일은 모바일 앱 개선, 열차 정시율 제고 등 국민 편의 향상을 위해 끊임없이 노력해 왔습니다. 그 결과 2015년 공공기관 고객만족도 조사에서 역대 최고점인 96.4점을 기록하였습니다. 앞으로 코레일은 사회적 약자에 특화된 서비스를 확대하고 접점 고객서비스를 전면적으로 개편하겠습니다. 또한, 역사의 명품화와 철도문화 콘텐츠 확대를 실현하여 늘 국민 곁에서 잊지 못할 추억을 선사하는 코레일만의 감동 서비스를 만들어 나가겠습니다.
>
> (다) 지난해 코레일은 핵심기능 위주로의 사업구조 개편과 열차운행체계 강화 등 강도 높은 혁신을 단행하였습니다. 그 결과 2년 연속 1,000억 원대 영업 흑자를 달성하고 지속적인 부채 감축의 전환점을 확보할 수 있었습니다. 이제는 흑자경영의 기반을 토대로 재무구조가 튼튼한 기업으로 성장해 나가려고 합니다. 코레일은 철도노선 중심의 허브 시스템 구축과 열차 운행체계 최적화를 통한 신규수요 창출, 공격적인 마케팅과 사업운영체계의 효율화 등으로 영업이익을 확대하고 지속발전이 가능한 경영 구조를 완성하겠습니다.
>
> (라) 코레일에서 안전은 최우선 경영목표이자 핵심가치입니다. 안전이 담보되지 않은 열차의 속도 향상과 서비스는 아무런 의미가 없습니다. 코레일은 국민 눈높이에 맞는 철도안전 구현을 위해 철도운영 노하우와 과학적 분석기법을 도입한 선제적 관리시스템을 구축하였으며, 그 결과 공사 출범 당시보다 안전운행서비스(장애사고율)를 61.6%로 개선하는 등 역대 최고 수준의 안전성을 확보하였습니다. 이제는 안전혁신본부를 사장 직속으로 운영하여 안전취약개소를 보다 신속히 발굴 · 개선하고 IT 기술을 활용해 안전시스템을 고도화하여 세계 최고 수준의 철도안전을 실현하겠습니다.

(마) 지난해 코레일은 철도 5대 관광벨트의 완성과 대륙 철도 진출 기반 확보 등으로 새로운 철도 발전의 토대를 닦았습니다. 이제는 세계 최고의 철도운영 기업으로 거듭나는 데 역량을 집중하고자 합니다. 철도경쟁체제라는 낯선 환경과 다가오는 대륙철도 시대에 대비한 국내외적인 경쟁력 확보에도 더욱 박차를 가하겠습니다. 각 분야 전문가들의 혁신아이디어 발굴 · 실현을 위한 협업체계를 구축하고 차세대 정보화시스템을 도입하는 것도 그 일환입니다. 코레일은 우리의 생각과 아이디어로 세계 철도 시장을 선도해 나가는 그날까지 최선을 다하겠습니다.

코레일은 유엔 글로벌콤팩트(UNGC) 회원사로서 인권, 노동, 환경, 반부패 10대 원칙을 지지하고, ISO 26000 7대원칙을 주요 경영활동에 적용하는 등 공기업의 역할을 다하고자 노력하고 있습니다. 코레일의 지속가능경영활동은 이해관계자 여러분의 관심과 협조가 뒷받침될 때 더욱 발전해 나갈 수 있습니다. 항상 코레일의 지속가능경영활동에 많은 관심과 협조를 보내 주시는 여러분께 다시 한 번 감사드립니다. 앞으로도 코레일은 이해관계자 여러분의 목소리에 더욱 귀 기울이고 철도 산업의 해외진출과 기술개발도 활발히 지원하면서 세계 최고의 철도운영 기업으로 더 크게 도약해 나가겠습니다.

① (가) – 생산적인 노사협력 관계를 정립하겠습니다.
② (나) – 코레일만의 국민 감동 서비스를 제공하겠습니다.
③ (다) – 신사업 발굴로 수익구조 다변화 및 이익률 제고를 꾀하겠습니다.
④ (라) – 세계 최고 수준의 철도안전을 구현하겠습니다.
⑤ (마) – 글로벌 경쟁력 확보로 세계 철도 시장을 선도하겠습니다.

09. 다음 글의 논지로 적절한 것은?

인간은 옛날부터 자신들이 살고 있는 자연에 대하여 많은 의문을 품어 왔다. 만물의 시작과 자연 현상의 원인을 풀이하기 위하여 누군가는 종교에 의존하고 누군가는 철학에 의존하기도 했다. 그중 한 서양의 철학자, 아리스토텔레스는 이러한 질문들에 대한 답을 꽤 그럴듯하고 구체적으로 만들어 냈다. 그의 논리에 따르면, 움직이는 물체에 아무런 힘이 작용하지 않는다면 그 물체는 결국 정지하고 만다. 또한, 더욱 완전한 영역인 천체들은 영구적인 원운동이 정상적이며 이러한 운동을 하는 데 아무런 힘이 필요하지 않다는 것이다. 그 당시에는 마찰력과 공기저항의 존재를 몰랐으므로 존재할 수 있었던 해석이었지만, 그의 발언은 나름대로 논리적이다.

갈릴레오와 데카르트를 거쳐 결국 아이작 뉴턴이 등장한다. 그는 지상에 흩어져 있는 물리학 지식의 파편들을 모아 세 가지 법칙을 만들었고, 물체의 초기 조건을 아는 경우 그 후 물체가 어떻게 운동할 것인지를 알아낼 수 있게 되었다. 물리학은 이렇게 시작되었다.

물리학은 전기, 열, 에너지, 힘, 중력, 공간, 시간 등 자연의 모든 물질에서 나타나는 보편적인 법칙을 연구하는 자연과학이다. 물리학자들은 자연의 법칙을 찾아내어 기존에 알려진 현상을 논리적으로 설명하거나 알려지지 않은 현상을 예측한다. 보통은 물리학이라 하면 나무도막이나 구슬과 같은 장치들이 서로 충돌하고 공중에서 떨어지는 이미지를 떠올리거나 전기회로나 자석을 통해 실험하는 학문이라는 인식을 가진다.

물리학이라는 단어는 한자로 하면 物理學인데, 이 단어를 해석하면 글자 그대로 만물의 이치를 탐구한다는 것이다. 서양 과학이 도입되던 청 말기의 중국에서는 물리학을 '격치학'이나 '격물학'이라고 불렀다고 한다. 성리학의 '세상의 이치를 꼼꼼하게 따져 알아낸다'는 '격물치지(格物致知)'에서 비롯된 말이다. 하지만 이런 물리학에도 문제점은 존재한다.

물리학의 근본 법칙들은 실재 세계의 사실들을 정확하게 기술하는가? 이 질문에 확신을 가지고 그렇다고 대답할 사람은 많지 않을 것이다. 사실 다양한 물리 현상들을 설명하는 데 사용되는 물리학의 근본 법칙들은 모두 이상적인 상황만을 다루고 있는 것 같다. 정말로 물리학의 근본 법칙들이 이상적인 상황만을 다루고 있다면 이 법칙들이 실재 세계의 사실들을 정확히 기술한다는 생각에는 문제가 있는 듯하다. 만약 어떤 물체가 질량뿐만이 아니라 전하를 가지고 있다면 그 물체들 사이에 작용하는 힘은 중력의 법칙만으로 계산된 것과 다를 것이다. 즉, 위의 중력의 법칙은 전하를 가지고 있는 물체의 운동을 설명하지 못한다.

물론, 사실을 정확하게 기술하는 형태로 중력의 법칙을 제시할 수 있다. 가령, 중력의 법칙은 "중력 이외의 다른 어떤 힘도 없다면, 두 개의 물체가 그들 사이의 거리의 제곱에 반비례하고 그 둘의 질량의 곱에 비례하는 힘으로 서로 당긴다."로 수정될 수 있다. 여기서 '중력 이외의 다른 어떤 힘도 없다면'이라는 구절이 추가된 것에 주목하자. 일단, 이렇게 바뀐 중력의 법칙이 참된 사실을 표현한다는 것은 분명해 보인다.

그러나 이렇게 바꾸면 한 가지 중요한 문제가 발생한다. 어떤 물리 법칙이 유용한 것은 물체에 작용하는 힘들을 통해 다양하고 복잡한 현상을 설명할 수 있기 때문이다. 물리 법칙은 어떤 특정한 방식으로 단순한 현상만을 설명하는 것을 목표로 하지 않는다. 중력의 법칙 역시

> 마찬가지다. 그것이 우리가 사는 세계를 지배하는 근본적인 법칙이라면 중력이 작용하는 다양한 현상들을 설명할 수 있어야 한다.
>
> 하지만 '중력 이외의 다른 어떤 힘도 없다면'이라는 구절이 삽입되었을 때 중력의 법칙이 설명할 수 있는 영역은 무척 협소해진다. 즉, 그것은 오로지 중력만이 작용하는 아주 특수한 상황만을 설명할 수 있을 뿐이다. 결과적으로 참된 사실들을 진술하기 위해 삽입된 구절은 설명력을 현저히 감소시킨다. 이 문제는 거의 모든 물리학의 근본 법칙들이 가지고 있다.

① 물리학의 근본 법칙은 그 영역을 점점 확대하는 방식으로 발전해 지금은 완벽에 가까운 상태가 되었다.

② 물리적 자연현상이 점점 복잡하고 다양해짐에 따라 물리학의 근본 법칙도 점점 복잡해진다.

③ 더 많은 실재 세계의 사실들을 기술하는 물리학의 법칙이 그렇지 않은 법칙보다 뛰어난 설명력을 가진다.

④ 물리학의 근본 법칙들은 현실적인 상황을 다루고 있어 실재 세계의 사실들을 정확하게 기술하는 데 어려움이 없다.

⑤ 참된 사실을 정확하게 기술하려고 물리 법칙에 조건을 추가하면 설명 범위가 줄어 다양한 물리 현상을 설명하기 어려워진다.

10. **다음 〈조건〉에 따를 때, A가 B 대학의 편입 시험에 합격할 확률은?**

조건

- A는 총 3명이 편입할 수 있는 B 대학의 편입 시험에 응시하여 5등의 성적을 받았다.
- B 대학으로부터 합격 통보를 받은 학생이 실제로 등록할 확률은 $\frac{2}{3}$이다.
- 성적 상위 3명에게 합격이 통보되며, 합격을 통보받고 등록을 하지 않을 경우 다음 순위 학생에게 합격이 통보된다.

① $\frac{8}{27}$　② $\frac{1}{3}$　③ $\frac{10}{27}$

④ $\frac{11}{27}$　⑤ $\frac{4}{9}$

11. 다음 〈조건〉을 참고할 때, $4a+b$의 결과로 불가능한 것은?

조건

- P와 Q는 계산의 결과를 항상 소수점 아래 첫째 자리에서 반올림하여 정수로 나타내는 계산기를 가지고 있다.
- P가 b를 소수점 아래 첫째 자리에서 반올림한 값에서 a를 소수점 아래 첫째 자리에서 반올림한 값을 뺐더니 3이 나왔다.
- Q가 계산기에 $a+3$을 입력하였더니 5, $5-b$를 입력하였더니 1이 나왔다.

① 10 ② 11 ③ 12
④ 13 ⑤ 14

12. A는 집의 시계를 실제 시각보다 빠르게 맞추어 놓고 다음과 같이 출퇴근했다. A가 맞추어 놓은 집의 시계는 실제보다 몇 분 빠른가?

- A는 집의 시계가 7시 40분일 때 집에서 출발하여 회사 시계가 7시 55분일 때 회사에 출근했다.
- A는 회사 시계가 18시 30분일 때 퇴근하여 집의 시계가 19시 5분일 때 집에 도착했다.
- A는 동일한 속력으로 출퇴근하며 회사 시계는 실제 시각과 동일하게 맞춰져 있다.

① 5분 ② 10분 ③ 15분
④ 20분 ⑤ 25분

13. 다음은 연도별 에너지 소비현황 자료이다. 이에 대한 설명으로 옳은 것을 〈보기〉에서 모두 고르면?

(단위 : 천 톤, %)

구분	20X1년		20X2년		20X3년		20X4년		20X5년	
	공급량	비율	공급량	비율	공급량	비율	공급량	비율	공급량	비율
석탄	33,544	16.3	31,964	15.4	32,679	15.5	35,412	16.6	34,921	15.9
석유	101,976	49.5	101,710	48.9	101,809	48.4	102,957	48.1	107,322	49.0
LNG	801	0.4	717	0.3	467	0.2	354	0.2	850	0.4
도시가스	22,871	11.1	24,728	11.9	24,878	11.8	23,041	10.8	21,678	9.9
전력	39,136	19.0	40,127	19.3	40,837	19.4	41,073	19.2	41,594	19.0
열에너지	1,702	0.8	1,751	0.8	1,695	0.8	1,567	0.7	1,550	0.7
신재생	5,834	2.8	7,124	3.4	7,883	3.7	9,466	4.4	11,096	5.1
합계	205,864	100	208,121	100	210,248	100	213,870	100	219,011	100

※ 공급량=1인 공급량×표준사용량

※ 표준사용량 $=\dfrac{\text{에너지 평균 사용량}}{\text{에너지 사용량 총합}}$

〈표준사용량 산출기준〉

(단위 : 톤)

구분	에너지 평균 사용량	에너지 사용량 총합	구분	에너지 평균 사용량	에너지 사용량 총합
석탄	2,250	4,500	전력	885	3,450
석유	1,340	4,020	열에너지	1,020	2,040
LNG	850		신재생	1,180	3,540
도시가스	1,520				

※ 표준사용량 산출기준은 모든 해에 대하여 동일하다.

보기

㉠ 신재생 에너지의 공급량은 20X1년 이후 점차 줄어들고 있다.
㉡ 20X5년 도시가스의 1인 공급량이 3,000톤이라면 표준사용량은 7,226톤이다.
㉢ 20X1년 열에너지의 1인 공급량은 3,404,000톤이다.
㉣ 20X5년 LNG의 1인 공급량이 1,400톤이라면 에너지 사용량 총합은 2,800톤이다.

① ㉠, ㉡　② ㉠, ㉣　③ ㉡, ㉢
④ ㉡, ㉣　⑤ ㉢, ㉣

[14 ~ 15] 다음 자료를 보고 이어지는 질문에 답하시오.

〈20X0 ~ 20X9년 인적재난 발생 현황〉

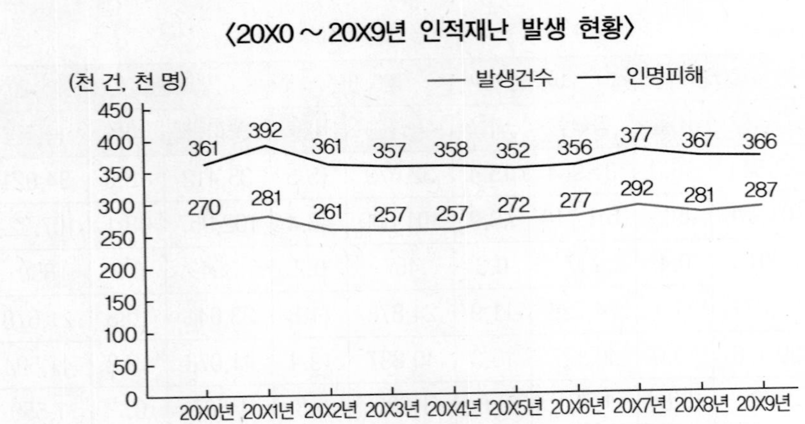

〈20X9년 주요 유형별 인적재난 발생 현황〉

(단위 : 건, 명)

구분	발생건수	인명피해	사망
교통사고	221,711	346,620	5,229
화재	43,875	1,862	263
등산	4,243	3,802	90
물놀이, 익사 등	2,393	1,322	489
해양	1,750	219	38
추락	2,699	2,383	189
농기계	918	925	90
자전거	4,188	3,865	36
전기(감전)	581	581	46
열차	277	275	124
환경오염	4,216	4,093	115
전체	286,851	365,947	6,709

1회 2회 3회 4회 5회 6회 7회 8회 9회 10회 11회 12회 13회 14회 15회 인성검사 면접가이드

14. 다음 중 자료에 대한 설명으로 옳지 않은 것은?

① 인적재난 발생건수는 20X3년에서 20X4년까지 최저 수준을 기록하였다.

② 20X7년 인적재난 발생건수는 전년 대비 약 7% 증가하였다.

③ 20X7년 인적재난 인명피해는 전년 대비 약 5.9% 증가하였다.

④ 20X9년 전체 인적재난 중 사망자가 가장 많은 유형의 비율은 두 번째로 많은 유형보다 70%p 이상 많다.

⑤ 20X9년 화재 발생건수는 전체 인적재난 발생건수의 15% 이상을 차지한다.

15. 20X9년 전체 인적재난 중 교통사고의 발생 비율과 인명피해 비율은? (단, 소수점 아래 둘째 자리에서 반올림한다)

	발생 비율	인명피해 비율		발생 비율	인명피해 비율
①	77.3%	94.7%	②	77.3%	91.7%
③	75.3%	98.7%	④	75.3%	94.7%
⑤	73.3%	91.7%			

[16 ~ 17] 다음 자료를 보고 이어지는 질문에 답하시오.

〈자료 1〉 연령별 인구

(단위 : 천 명, %)

구분		1970년	1980년	1990년	2000년	2010년	2020년
인구수	0 ~ 14세	13,709	12,951	10,974	9,911	7,979	6,751
	15 ~ 64세	17,540	23,717	29,701	33,702	36,209	37,620
	65세 이상	991	1,456	2,195	3,395	5,366	7,076
구성비	0 ~ 14세	42.5	34	25.6	21.1	16.1	
	15 ~ 64세	54.4	62.2	69.3		73.1	
	65세 이상	3.1	3.8	5.1		10.8	

〈자료 2〉 인구 정보 관련 용어

구분	내용	계산
유소년 인구	0 ~ 14세 인구	–
생산 가능 인구	15 ~ 64세 인구	–
고령 인구	65세 이상 인구	–
노령화 지수	유소년 인구(0 ~ 14세)에 대한 고령 인구(65세 이상)의 비	$\frac{\text{고령 인구}}{\text{유소년 인구}} \times 100$
유소년 부양비	생산 가능 인구(15 ~ 64세)에 대한 유소년 인구(0 ~ 14세)의 비	$\frac{\text{유소년 인구}}{\text{생산 가능 인구}} \times 100$
노년 부양비	생산 가능 인구(15 ~ 64세)에 대한 고령 인구(65세 이상)의 비	$\frac{\text{고령 인구}}{\text{생산 가능 인구}} \times 100$
총 부양비	유소년 부양비와 노년 부양비의 합	$\frac{\text{유소년 인구}+\text{고령 인구}}{\text{생산 가능 인구}} \times 100$

16. 다음 중 위의 자료에 관한 설명으로 틀린 것은?

① 노령화 지수는 1970년 이후 지속적으로 증가하고 있다.
② 10년 전 대비 유소년 인구의 감소율이 가장 큰 해는 1990년이다.
③ 2000년 생산 가능 인구는 동일 연도 고령 인구의 9배 이상이다.
④ 2010년까지 생산 가능 인구는 점차 증가하나 10년 전 대비 그 증가율은 점차 감소하고 있다.
⑤ 2020년 전체 인구수 대비 고령 인구의 비율은 13% 이상으로 조사 기간 중 가장 높다.

17. 다음은 위의 자료를 바탕으로 작성한 보고서 내용의 일부이다. ㉠과 ㉡에 해당하는 수치를 바르게 짝지은 것은? (단, 모든 계산은 소수점 아래 첫째 자리에서 반올림한다)

> 총 부양비는 생산 가능 인구에 대한 유소년 인구와 고령 인구 합의 백분비로 인구의 연령 구조를 나타내는 지표이다. (중략) 2020년 노년 부양비는 ___㉠___이고, 총 부양비는 ___㉡___를 나타냈다.

	㉠	㉡
①	13%	19%
②	18%	35%
③	18%	37%
④	19%	35%
⑤	19%	37%

18. 다음은 ○○공사 홈페이지에 게재된 정전 발생 시 행동요령이다. 이를 읽고 보인 반응으로 적절하지 않은 것은?

〈예고정전 대응 요령〉

• 예비 발전기
예비 발전기를 소유한 고객은 발전기의 전류가 한전선로로 역류되지 않도록 차단장치 등을 설치해야 합니다. 그렇지 않으면 고장복구를 위해 선로에서 일하고 있는 작업자의 생명을 위험하게 합니다. 양식장, 식물재배 등에 종사하는 고객은 예비전원을 확보해야 합니다.

• 라디오 및 플래시
– 모든 가정은 배터리를 사용하는 라디오, 플래시, 랜턴 등을 준비하여 두는 것이 좋습니다.
– 콘센트에 꽂아 놓으면 정전과 동시에 자동으로 불이 들어오는 전등(Owl Light 등)을 준비하는 것이 좋습니다.

• 가전기기 보호
– 정전이 되면 전열기, 전기스토브, 세탁기, 건조기, TV, 전자레인지, 컴퓨터, 냉장고 등의 플러그를 뽑아 놓거나 스위치를 꺼야 합니다.
– 전기가 들어온 것을 알 수 있도록 램프 하나는 꽂아 놓습니다.
– 만약 집의 일부분이 정전될 경우, 배전반의 차단기(누전차단기 등) 또는 퓨즈를 확인해야 합니다. 차단기나 퓨즈가 정상상태이면 정전 시 주의사항을 따르면 됩니다.

• 정전복구사업
– 전기공급설비의 잠재적 문제로 인하여 정전이 발생할 경우가 있어 이를 최소화하기 위해 자재 및 시공품질 향상은 물론, 문제점을 신속 · 정확하게 찾아 복구하기 위한 시스템을 개발 중에 있습니다. 또한 장비의 현대화로 작업정전을 최소화하고 있습니다.
– 고객과 직원의 안전을 최우선시하여 병원, 경찰서, 공공기관, 산업시설 등을 먼저 복구하고, 아울러 부러지거나 기울어진 전주, 떨어진 전선 등의 모든 위험요소들을 안전하게 조치합니다. ○○공사의 직원은 고객 주변지역에서 복구하는 인력이 보이지 않더라도 변전소, 송전선 등의 더욱 중요한 전력설비의 복구에 투입되어 있다는 사실을 양지하시기 바랍니다.
– 공급신뢰도를 향상시키기 위해 노력하고 있음에도 불구하고, 만약 정전이 된다면 위의 내용이 고객의 불편을 감소하고 안전을 지켜줄 것으로 믿으며, 이 정보를 친구나 가족들과 항상 공유하시기 바랍니다.

〈불시정전 대응 요령〉

• 우리 집만 정전되었을 경우
– 옥내 배전반의 누전차단기 또는 개폐기 퓨즈의 이상 유무를 확인합시다.

– 옥내설비에 이상이 있을 경우에는 전기공사업체에 의뢰하여 수리하시고 옥내설비에 이상이 없을 때에는 ○○공사에 연락하십시오.

• 이웃과 같이 정전되었을 경우
– 대부분 선로 고장인 경우이며, 이때는 즉시 복구작업에 임하게 되므로 잠시 기다려 주십시오.
– 이때 여러 고객이 동시에 전화를 하게 되면 통화체증이 발생하게 되어 통화를 할 수 없게 됩니다.
– 선로 고장에 의한 정전은 대부분 신속히 복구되나, 사고의 유형에 따라 다소 시간이 소요되는 경우도 있습니다.

• 순간정전 대비요령
– 전동기를 많이 사용하는 공장에서는 지연석방형 전자개폐기를 부설하는 것이 좋습니다.
– 지연석방형 전자개폐기는 선로에 정전이 발생할 경우 1 ~ 5초 동안 부하회로 차단을 지연시키는 기능을 갖고 있어 순간정전에 대한 피해를 어느 정도 줄일 수 있습니다.

• 불시정전 대비사항
– 전력설비는 자연재해 등 예기치 못한 고장이 발생할 수 있으므로 비닐하우스(특용작물 재배), 양계장, 양어장, 농 · 수 · 축산물 저장 등 정전 시 피해가 예상되는 고객은 비상용 발전기 등 정전으로 인한 피해를 줄일 수 있는 시설을 갖추어야 합니다.
– 컴퓨터 등 정밀기기를 사용하는 곳에서는 무정전 전원장치(U.P.S)를 설치하면 피해를 예방할 수 있습니다.
– 경보기 등 정전을 감지할 수 있는 시설을 갖추는 것이 좋습니다.
– 천재지변이나 전기 고장으로 인한 정전 피해에 대하여는 배상을 하지 않으니 피해가 발생하지 않도록 사전 점검이 필요합니다.

① 양식장 주인 A 씨 : 우리 양식장에 예비 발전기를 설치하려고 하는데 전류가 역류할 수도 있으니 반드시 차단장치도 함께 설치해야겠군.

② 주민 B 씨 : 우리 집만 불시에 정전된 걸 보니 누전차단기나 개폐기 퓨즈를 확인해야겠구나. 확인 결과 특별한 이상이 없으면 ○○공사에 연락해야겠군.

③ 주민 C 씨 : 우리 옆집도 같이 정전된 걸 보니 선로 고장이겠구나. 조금 기다리면 복구가 될 것 같으니 굳이 ○○공사에 전화하지 않고 차분히 기다려야겠어.

④ 창고 주인 D 씨 : 어젯밤 비바람이 심하게 치더니 정전으로 1시간 동안 냉장 시설이 멈춰 버렸어. 자연재해로 손실이 발생했다는 사실만 입증하면 ○○공사로부터 배상을 받을 수 있겠군.

⑤ 공장 주인 E 씨 : 우리 사업장은 컴퓨터를 많이 사용하니 지연석방형 전자개폐기와 함께 U.P.S를 설치하는 게 좋겠군.

19. 다음은 축산물이력제 시행 기관 담당자와 관련 유통업자 간의 '묻고 답하기' 내용이다. 이를 읽고 〈묶음번호 구성내역서〉에 대한 설명으로 옳지 않은 것은?

Q. 귀표가 없는 소인데 도축 신청이 들어왔습니다. 어떻게 해야 하나요?

A. 우선 소속 축산물품질평가사에게 신고하여 개체식별번호 및 농장식별번호를 확인하고 농림축산식품부 이력지원실로 개체식별번호 발급요청을 하셔야 합니다. 이력지원실에서 부여받은 개체식별번호를 도체에 부착하여 처리하시기 바랍니다.

Q. 귀표는 부착되어 있으나 확인해 보니 이력제에 등록 안 된 개체로 확인됩니다. 도축해도 될까요?

A. 안 됩니다. 모든 소에 대해서는 축산물이력제 등록 여부, 농장경영자정보의 일치 여부 등을 확인 후 도축을 해야 하므로 등록되지 않은 개체인 경우 도축이 불가합니다. 이러한 경우 소의 소유자는 관할 위탁기관에 소의 출생 등에 관한 신고서를 제출하고 위탁기관은 전산 등록 등의 조치를 하여야 하며 이러한 과정을 마친 소는 질병 등의 특별한 사유가 없는 한 도축이 가능합니다.

Q. 도축 신청이 들어왔는데 실제 소의 종류, 성별, 개월령(출생일자) 등의 정보와 이력 시스템에 등록되어 있는 소의 정보가 서로 다릅니다. 어떻게 해야 하나요?

A. 가축 및 축산물 식별대장의 등록 정보와 비교하여 정보가 불일치하는 소의 도축이 의뢰되면 해당 개체의 도축을 잠시 보류하고 경영자가 가축 및 축산물 식별대장의 등록정보 수정 등을 위해 관할 위탁기관에 변경 신고하는 등의 조치를 취하도록 하여, 이력시스템의 등록 정보가 변경된 후 도축해야 합니다.
참고로 도축 이후 위생검사관이 도축검사 결과를 입력할 때 실제 올바른 종류 및 성별로 입력하면, 가축 및 축산물 식별대장의 정보가 최종 입력한 값으로 변경되니 처리 가능 여부에 대해서는 도축장 측으로 직접 문의해 보시길 바랍니다.

Q. 이력제 사용 중인 포장처리업소입니다. 2018년도에는 종업원이 5인 이상인 포장처리업소였으나 2019년에 종업원이 3인으로 줄었습니다. 도축장에 연접한 영업장도 아닌데, 2020년부터는 포장처리실적을 전산에 등록하지 않아도 되나요?

A. 전산신고 의무 대상으로 지정되는 식육포장처리업소의 기준은 도축장 연접 및 영업장의 전년도 연간 평균 종업원 수 5인 이상입니다. 따라서 2020년 전년인 2019년도 연간 평균 종업원 수가 5인 이상이 되지 않기 때문에 전산신고를 하지 않아도 됩니다. 이런 경우, 전산신고 의무 대상 지정 취소 후 포장처리 실적 및 거래내역을 장부로 관리하면 됩니다.

Q. 묶음번호가 무엇인가요?

A. 묶음번호란 다수의 이력번호(개체식별번호)를 이력번호 외의 번호 또는 이를 새로운 기호로 대체해 표시하는 것을 말합니다. 여러 개의 다른 이력번호를 한 개로 포장처리 · 판매할 경우 이력번호를 전부 표시하거나 〈묶음번호 구성내역서〉를 기록한 후 묶음번호를 사용할 수 있습니다.

Q. 묶음번호 표시의 형식이 정해져 있나요?

A. 묶음번호는 총 15자리[묶음고정코드(1)+구분코드(1)+묶음날짜코드(6)+영업자코드(4)+일련번호(3)]로 구성됩니다.

묶음고정코드는 묶음을 나타내는 LOT의 약자인 L로 고정된 값입니다. 구분코드는 축종에 따라 소는 0, 돼지는 1로 표시하며, 묶음날짜코드는 묶음을 구성한 날짜를 연월일 6자리로 표시하시면 됩니다. 영업자코드 4자리는 전산신고 의무대상이면 전산상에서 따로 부여해 드리며 비의무대상인 경우 업장의 사업자번호 10자리의 마지막 5자리 중 끝에 한 자리를 제외한 4자리의 숫자로 표시하시면 됩니다. 마지막 일련번호 3자리는 묶음구성일별로 중복되지 않도록 영업자가 자체적으로 부여하시면 됩니다.

㉮ 전산신고 비의무대상 업체(412－81－12345)에서 2020년 3월 27일 가공한 소고기의 묶음번호 : L 0 200327 1234 001

〈묶음번호 구성내역서〉

묶음번호	이력번호
L02106151234001	002001773786
	002002753787
	002003773789
L12107234321003	110053800007
	120053800007
	130053800007

① 소고기와 돼지고기가 포장처리된 날짜는 동일하지 않다.

② 소고기와 돼지고기가 각각 3개 개체씩 포장처리되었다.

③ 동일한 포장처리업소에서 6개의 이력번호를 가진 개체에 대한 포장처리를 실시하였다.

④ 묶음번호에서 변하지 않는 숫자 또는 기호는 1자리의 숫자 또는 기호뿐이다.

⑤ 묶음번호의 마지막 3자리는 구분을 위해 영업자가 임의로 표기하였다.

20. H 자동차 생산업체의 경영기획팀 K 대리는 C국 내 자동차 수출 및 판매 전략 회의를 위하여 다음과 같이 수출 전략 회의 자료를 정리하고 있다. K 대리가 작성한 자료를 근거로 팀원들이 제시할 수 있는 전략으로 적절하지 않은 것은?

〈경영기획팀 수출 전략 회의 자료〉

1. 20XX년 6월 주요 자동차 업체들의 C국 대상 판매 실적

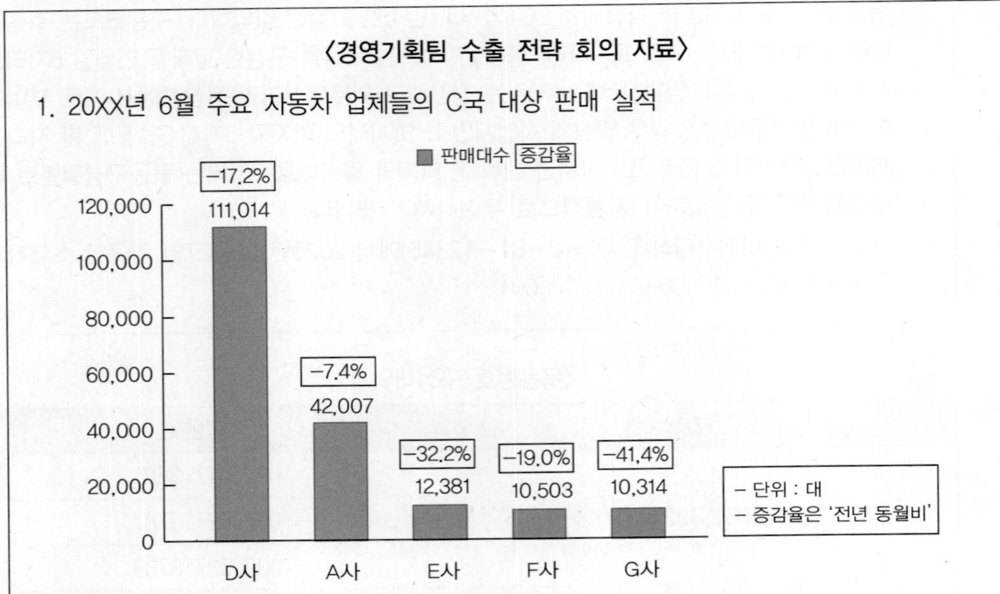

2. C국 자동차제조협회에 따르면, 지난 6월 자동차 판매량(상용차 제외)은 22만 5,732대로 전년 동기 대비 17.5% 줄었다. 세계 3위 자동차 시장으로 도약할 것이라는 전망이 나올 정도로 급성장하던 C국 자동차 시장이 8개월 연속 감소세를 보인 것이다. 올 2분기 판매율도 지난해보다 18.0% 감소하며, 전년도 4분기 이후 최대 낙폭을 기록했다.

3. C국 정부는 자국 내 모든 전기차에 대한 상품서비스세(GST)를 기존 12%에서 5%로 낮췄고, 충전요금 관련 세금도 기존 18%에서 5%로 하향 조정하였다. 또한 C국은 전기차 인센티브를 제공한다고 밝혔다. 지난 4월 1일 국가개조위원회 회장의 주재로 열린 부처 간 운영위원회에서는 앞으로 자동차 제조사들이 전기차 촉진 정책인 'FAME－II'의 인센티브 혜택을 수령하거나 정부가 발주하는 각종 사업에 참여하기 위해 최소 50%의 부품 로컬 소싱 비율을 충족해야 할 것으로 결정하였다.

4. D 자동차 제조사의 C국 현지공장은 연간 30만 대의 생산능력을 보유하고 있다. D사는 2년 안에 생산능력을 70만 대로 늘리고 생산 차량 종류를 확대할 계획이었으나 단기간에 한 생산라인에서 여러 차종을 함께 생산하는 데에는 기술적인 한계가 있었다. 따라서 현재 이곳에서는 차량 1종만 생산 중이며 생산시설의 상당부분은 활용되지 못하고 있다.

5. C국 정부가 추진 중인 관용 전기차 사업을 위해 C국에 본사를 두고 있는 자동차 생산 기업인 J사와 L사가 개발한 전기차가 성능 문제에 부딪쳤다. C국 정부 관계자는 J사와 L사의 전기차 모델이 모두 배터리 용량과 주행거리에서 국제 기준에 미달하는 등의 품질

문제가 있다고 전했다. 또한 전기차에 들어가는 배터리 기술의 전력 효율이 아직까지 화석 연료 기반 차량에 비해 경제성이 떨어진다는 평가를 받고 있다.

6. C국 정부는 전기차 촉진 정책인 'FAME-Ⅱ'의 일환으로 대중교통의 전기차화를 본격적으로 추진할 것을 밝혔다. 리튬-이온 혹은 신규 배터리 기술을 장착한 7천 대의 전기차 버스를 추가로 확보하고, 2030년까지 C국 내 자가용 및 대중교통차량의 40%를 전기차로 대체할 것을 목표하고 있다. 이를 위해 100만 명 이상 대도시와 주요 고속도로에 전기차 충전소를 구축하는 등 최소 2,700여 개의 충전시설을 건설하는 계획도 함께 추진 중에 있다.

① C국을 대상으로 한 주요 자동차 업체들의 판매 대수가 전년 동월 대비 감소하긴 했지만, 그 감소폭은 줄고 있네요. 여기에는 여러 이유가 있을 테니 추가 조사가 필요해 보입니다.

② 주요 자동차 업체들의 판매 점유율 변화를 확인하기 힘들어요. 최근 5년간의 판매 대수 및 점유율에 대한 자료를 추가하면 전략 수립에 도움이 될 거예요.

③ 전기차 수출량을 더 늘리기 위해서 C국 정부의 세제혜택을 반영하여 판매가격을 인하하면 가격적인 측면에서 우위를 점할 수 있겠군요.

④ C국의 전기차 인센티브를 수령하려면 우리나라 공장에서 생산하여 현지 공장으로 보내는 부품이 전체의 과반을 넘어서는 안 되겠어요.

⑤ D 자동차는 현지공장에 현재 활용하지 않는 생산시설을 보유하고 있고 C국의 자동차 시장 침체가 이어지고 있으니, 당분간 우리 회사의 제품을 위탁 생산하면 시장 진출의 위험 부담을 줄일 수 있을 거예요.

21. H 건설회사는 다음 공고를 읽고 입찰을 신청하기 위한 준비 회의를 하려고 한다. 아래 대화에서 공고문을 제대로 이해하지 못한 직원은 모두 몇 명인가?

〈고등학교 강당 석면해체 공사 수의계약 안내 공고〉

공사명	○○고등학교 강당 석면해체 공사		
추정금액	금172,000,000원(추정가격+부가가치세+도급자설치관급자재)		
기초금액	금172,000,000원(추정가격+부가가치세)	추정가격	금154,800,000원
견적서 제출기간	20XX. 1. 31. 14 : 00 ~ 20XX. 2. 9. 10 : 00	개찰일시	20XX. 2. 9. 11 : 00

1. 참가자격

(가) 「지방자치단체를 당사자로 하는 계약에 관한 법률 시행령」 제13조의 규정에 따른 요건을 갖춘 자로서 「건설안전기본법」에 의한 '금속구조물 창호공사업' 등록업체로서 안내공고일 전일부터 견적일(낙찰자는 계약체결일)까지 법인등기부상 본점 소재지(개인사업자인 경우에는 사업자등록증 또는 관련법령에 따른 허가 · 인가 · 면허 · 등록 · 신고 등에 관련된 서류에 기재된 사업장의 소재지)를 계속 ○○지역 내에 소재하고 있는 업체이어야 합니다.

(나) 견적참가자격으로 공고된 업종에 대하여 전자견적 제출 마감일 전일(공휴일, 휴무일인 경우 그 전일 조달청 근무시간)까지 조달청 입찰참가등록업체로서 전자입찰 이용자 등록을 필한 업체이어야 합니다.

※ 견적서 제출 마감일에 전자입찰시스템에 등록한 업체는 「국가종합전자조달시스템 전자입찰특별유의서」에 따라 무효 처리됩니다.

(다) 본 견적은 「지문인식 신원확인 입찰」이 적용되므로 개인인증서를 보유한 대표자 또는 입찰대리인은 「국가종합전자조달시스템 전자입찰특별유의서」 제7조 제1항 제5호에 따라 미리 지문정보를 등록하여야 전자견적서 제출이 가능합니다.

(라) 본 견적제출은 지문인식 신원확인 입찰이 적용됩니다. 다만, 지문인식 신원확인 견적이 곤란한 자는 「국가종합전자시스템 전자입찰특별유의서」 제7조 제1항 제6호 및 제7호의 절차에 따라 예외적으로 개인인증서와 사업자인증서에 의한 전자견적 제출이 가능합니다.

2. 참가신청 및 입찰보증금

(가) 견적참가신청 : 본 견적은 전자견적제출로서 별도의 견적참가 신청을 하지 않아도 되며, 조달청 입찰참가자격등록증상의 내용에 따라 견적 제출에 참가하는 것으로 합니다.

(나) 입찰보증금 납부 : 본 수의견적은 입찰이 아니므로 입찰보증금은 납부받지 않습니다.

(다) 본 견적은 전자입찰방식으로만 집행하며, 한번 제출한 견적서는 취소하거나 수정할 수 없습니다. 다만 견적서의 중요부분에 오류가 있을 경우에는 개찰 일시 이전까지 「전자조달의 이용 및 촉진에 관한 법률 규칙」 제4조의 규정에 의거 「전자입찰 취소신청서」를 제출하여야 하며, 취소의사를 표시한 자는 당해 견적에 참가할 수 없습니다.

3. 계약 상대자(낙찰자) 결정 방법

(가) 추정가격 이하로 견적을 제출한 자 중 추정가격의 87% 이상 최저가격으로 견적 제출한 자로서 「지방자치단체 입찰 및 계약집행기준」 제5장 수의계약 운영요청의 배제사유가 없는 자를 적격심사 없이 계약상대자로 결정합니다.

20XX. 1. 31. ○○교육청

직원 A : 우리 회사가 금속구조물 창호공사업으로 등록되어 있긴 하지만 ○○지역에 법인 등기가 되어 있는지는 한번 더 확인해 봐야겠어.

직원 B : 신청 시에는 전자견적제출만 하면 되고, 특별히 견적참가 신청을 따로 할 필요는 없다고 하니 두 번 제출할 필요는 없겠네.

직원 C : 전자입찰 이용자 등록은 2월 7일에 해도 될 것 같네. 아직 시간적 여유가 있겠어.

직원 D : 모든 입찰 참가자는 개인인증서와 사업자인증서를 준비한 뒤 전자견적을 제출하여야만 한다고 하니, 미리 준비해야겠어.

직원 E : 이번 신청에는 입찰보증금이 필요 없으니 준비할 필요는 없겠네.

① 0명 ② 1명 ③ 2명
④ 3명 ⑤ 4명

22. 우체국에서 근무하는 P는 다음 자료를 토대로 A, B, C 온라인 쇼핑몰의 배송비 할인금액을 검토하고 있다. 세 쇼핑몰 모두 익일에 배달되는 등기소포를 이용하고 있을 때 한 달을 기준으로 할인금액이 높은 온라인 쇼핑몰부터 순서대로 나열한 것은? (단, 물품은 3.75kg으로 동일하며, 모두 동일지역으로 배송한다)

〈표 1〉 소포우편 가격(창구 접수)

(단위 : 원)

구분		~2kg	~5kg	~10kg	~20kg	~30kg
등기소포 (익일배달)	동일지역	3,500	4,000	5,500	7,000	8,500
	타지역	4,000	4,500	6,000	7,500	9,500
	제주	5,500	7,000	8,500	10,000	12,000
	제주(D+2일)	4,000	4,500	6,000	7,500	9,500
일반소포 (등기취급 안함, D+3일 배달)	동일지역	2,200	2,700	4,200	5,700	7,200
	타지역	2,700	3,200	4,700	6,200	8,200
	제주	2,700	3,200	4,700	6,200	8,200

※ 중량 기준을 초과하면 다음 단계의 요금을 적용한다.

〈표 2〉 우체국택배 가격(방문 접수)

(단위 : 원)

구분		~2kg	~5kg	~10kg	~20kg	~30kg
등기소포 (익일배달)	동일지역	4,000	5,000	6,500	8,000	9,500
	타지역	5,000	6,000	7,500	9,000	10,500
	제주	6,500	8,000	9,500	11,000	13,000
	제주(D+2일)	5,000	6,000	7,500	9,000	10,500

※ 중량 기준을 초과하면 다음 단계의 요금을 적용한다.

〈표 3〉 부가 이용 수수료

(등기소포를 전제로 취급지역에 한함/단위 : 원)

구분	당일특급	지정일 배달	착불 소포	안심소포
개당 요금(원)	2,000 [KTX · 항공운송 구간 (제주 제외) : 5,000원]	1,000	500	1,000원 손해배상 한도액 (50만 원 초과~300만 원까지) 초과 시 10만 원마다 500원

〈표 4〉 소포 할인율

구분		5%	10%	15%
창구 접수	요금 즉납	1회 2 ~ 9개	1회 10 ~ 49개	1회 50개 이상
	요금 후납	1회 50 ~ 249개	1회 250 ~ 499개	1회 500개 이상
방문 접수	요금 즉납	–	1회 10 ~ 49개	1회 50개 이상

〈표 5〉 A, B, C 온라인 쇼핑몰 배송

구분	배송 빈도	한 번에 보내는 소포 개수	요금 납부	접수 방법
A 쇼핑몰	한 달에 10번	25개	즉납	창구 접수
B 쇼핑몰	한 달에 한 번	300개	후납	
C 쇼핑몰	한 달에 6번	52개	즉납	방문 접수

① A－C－B ② B－C－A ③ C－A－B
④ C－B－A ⑤ A－B－C

[23 ~ 24] 다음 K 기업의 제품별 수익체계표와 발주 일정을 참고하여 이어지는 질문에 답하시오.

〈제품별 수익체계표〉

(단위 : 만 원)

구분	A 제품	B 제품	C 제품	D 제품	E 제품
생산비용	2,000	4,000	1,500	6,500	8,200
1일당 수익	800	1,200	1,000	1,400	1,600

※ 표에 나타난 수익 이외의 수익은 고려하지 않는다.

※ 표의 수치는 발주 당일 발생하는 발주 1회당 생산비용과 발주 다음 날부터 다음 발주 전날까지 얻을 수 있는 1일당 수익을 의미한다(단, 토요일, 일요일 및 공휴일에는 수익이 발생하지 않는다). 예를 들어 8월 1일부터 4일 간격으로 발주를 한다고 하면 해당 발주에 따른 수익은 8월 2일부터 4일까지의 수익의 합이 된다.

※ 제품 생산에 따른 이익은 수익에서 생산비용을 뺀 값으로 한다.

〈발주 일정〉

- 제품 발주 간격은 A 제품은 5일, B 제품은 6일, C 제품은 4일, D 제품은 7일, E 제품은 9일이다.
- 8월 1일에는 A ~ E 제품 모두 발주가 있었다.
- 발주 일정은 토요일, 일요일 및 공휴일을 제외하고 고려한다. 예를 들어 9월 12일에 발주했고 발주 간격이 5일이면, 다음 발주일은 9월 22일이다.
- 9월 이후에도 계속 제품을 생산하므로 8 ~ 9월의 순이익이 음(−)이 되더라도 발주 간격대로 발주한다.

〈8월 달력〉

일	월	화	수	목	금	토
	1	2	3	4	5	6
7	8	9	10	11	12	13
14	15	16	17	18	19	20
21	22	23	24	25	26	27
28	29	30	31			

〈9월 달력〉

일	월	화	수	목	금	토
				1	2	3
4	5	6	7	8	9	10
11	12	13	14	15	16	17
18	19	20	21	22	23	24
25	26	27	28	29	30	

※ 8월 15일은 광복절, 9월 14 ~ 16일은 추석 연휴이다.

23. K 기업은 8 ~ 9월 동안 한 제품만을 선택하여 생산하려고 한다. 다음 중 8 ~ 9월 동안 가장 많은 이익을 낼 수 있는 제품은?

① A 제품 ② B 제품 ③ C 제품
④ D 제품 ⑤ E 제품

24. A 제품과 D 제품의 발주 간격이 8일, 6일로 변경되었다. 8월 한 달간 발생하는 A와 D 제품의 순이익의 합은 얼마인가? (단, 발주 즉시 해당 발주 건의 수익금을 모두 일시금으로 수령하며 마지막 발주 건도 수익금을 첫날 받는다)

① 1억 8백만 원 ② 1억 1천4백만 원 ③ 1억 2천8백만 원
④ 1억 4천3백만 원 ⑤ 1억 7천8백만 원

25. 다음 그림의 괄호 안 숫자는 경상남도의 해당 자치단체들이 시행하고 있는 문화예술교육 지원사업의 일부인 문화사업의 수이다. 〈조건〉을 고려할 때, 김해시에서 시행하는 문화사업은 몇 개인가? (단, 중복되는 문화사업은 없다)

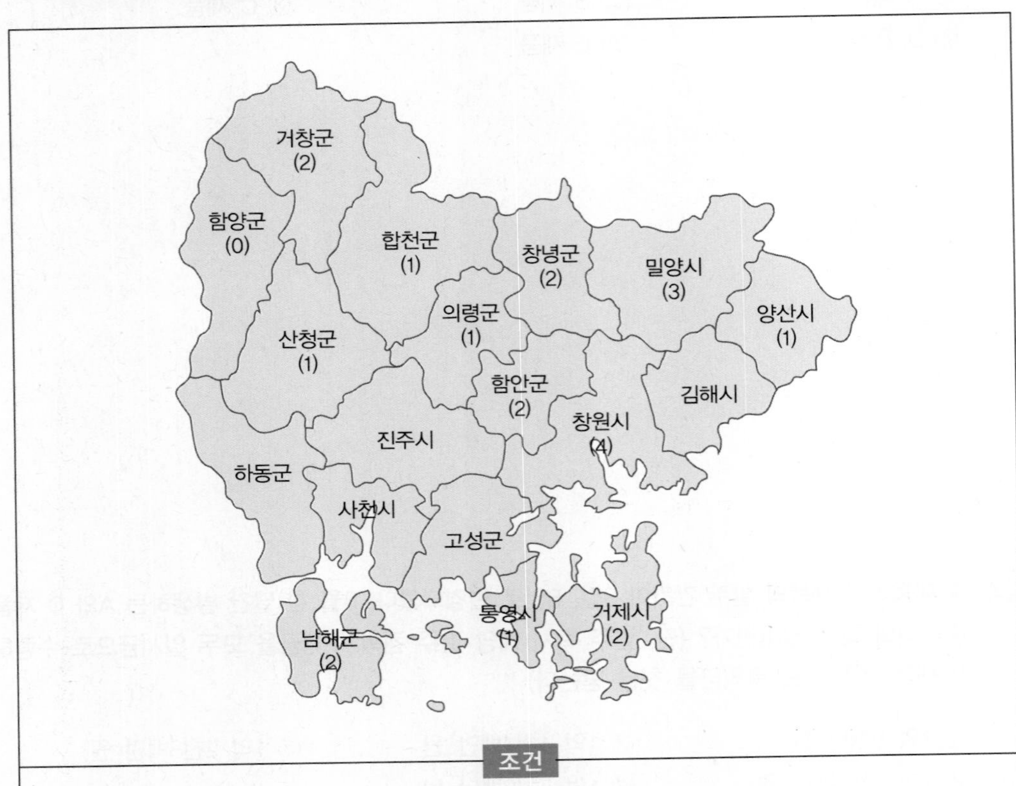

조건

(가) 진주, 사천, 하동, 김해, 고성에서 진행되는 문화사업을 합하면 총 20개이다.
(나) 진주와 사천에서 진행되는 문화사업의 수는 동일하다.
(다) 하동은 진주보다 진행되는 문화사업의 수가 한 개 적다.
(라) 사천은 고성보다 두 배 많은 문화사업을 진행하고 있다.
(마) 하동과 진주에서 진행되는 문화사업 수의 합은 김해에서 진행되는 문화사업 수와 같다.

① 4개 ② 5개 ③ 6개
④ 7개 ⑤ 8개

코레일(한국철도공사)

5회 기출예상문제

수험번호	
성 명	

감독관 확인란	

5회 기출예상문제

성명표기란

ㄱ ㄴ ㄷ ㄹ ㅁ ㅂ ㅅ ㅇ ㅈ ㅊ ㅋ ㅌ ㅍ ㅎ

ㅏ ㅑ ㅓ ㅕ ㅗ ㅛ ㅜ ㅠ ㅡ ㅣ ㅐ ㅒ ㅔ ㅖ ㅘ ㅙ ㅚ ㅝ ㅞ ㅟ ㅢ

ㄱ ㄴ ㄷ ㄹ ㅁ ㅂ ㅅ ㅇ ㅈ ㅊ ㅋ ㅌ ㅍ ㅎ ㄲ ㄸ ㅃ ㅆ ㅉ ㄺ ㄻ

수험번호

⓪	⓪	⓪	⓪	⓪	⓪
①	①	①	①	①	①
②	②	②	②	②	②
③	③	③	③	③	③
④	④	④	④	④	④
⑤	⑤	⑤	⑤	⑤	⑤
⑥	⑥	⑥	⑥	⑥	⑥
⑦	⑦	⑦	⑦	⑦	⑦
⑧	⑧	⑧	⑧	⑧	⑧
⑨	⑨	⑨	⑨	⑨	⑨

(주민등록앞자리 생년제외) 월일

⓪	⓪	⓪	⓪
①	①	①	①
②	②	②	②
③	③	③	③
④	④	④	④
⑤	⑤	⑤	⑤
⑥	⑥	⑥	⑥
⑦	⑦	⑦	⑦
⑧	⑧	⑧	⑧
⑨	⑨	⑨	⑨

수험생 유의사항

※ 답안은 반드시 컴퓨터용 사인펜으로 보기와 같이 바르게 표기해야 합니다.
〈보기〉 ① ② ③ ❹ ⑤

※ 성명표기란 위 칸에는 성명을 한글로 쓰고 아래 칸에는 성명을 정확하게 표기하십시오. (맨 왼쪽 칸부터 성과 이름은 붙여 씁니다)

※ 수험번호/월일 위 칸에는 아라비아 숫자로 쓰고 아래 칸에는 숫자와 일치하게 표기하십시오.

※ 월일은 반드시 본인 주민등록번호의 생년을 제외한 월 두 자리, 일 두 자리를 표기하십시오.
〈예〉 1994년 1월 12일 → 0112

※ 검사문항 : 1~25

문번	답란	문번	답란
1	① ② ③ ④ ⑤	16	① ② ③ ④ ⑤
2	① ② ③ ④ ⑤	17	① ② ③ ④ ⑤
3	① ② ③ ④ ⑤	18	① ② ③ ④ ⑤
4	① ② ③ ④ ⑤	19	① ② ③ ④ ⑤
5	① ② ③ ④ ⑤	20	① ② ③ ④ ⑤
6	① ② ③ ④ ⑤	21	① ② ③ ④ ⑤
7	① ② ③ ④ ⑤	22	① ② ③ ④ ⑤
8	① ② ③ ④ ⑤	23	① ② ③ ④ ⑤
9	① ② ③ ④ ⑤	24	① ② ③ ④ ⑤
10	① ② ③ ④ ⑤	25	① ② ③ ④ ⑤
11	① ② ③ ④ ⑤		
12	① ② ③ ④ ⑤		
13	① ② ③ ④ ⑤		
14	① ② ③ ④ ⑤		
15	① ② ③ ④ ⑤		

01. 다음의 신문 기사를 읽고 ㉠, ㉡, ㉢에 들어갈 말을 적절하게 나열한 것은?

은행의 대출 문턱은 여전히 높다. 개인 대출자에겐 유독 엄격하다. 신용도가 떨어진 경험이 있기라도 하면 대출은 언감생심이다. 때론 자존심 상하는 경험도 감수해야 한다. '어쩌다 내가 이렇게 비루해졌을까' 무력감에 빠져들곤 한다. 돈은 필요한데 막상 달려갈 만한 곳도 없다. 그러다 결국 사채로 빠져들게 되고 신용불량자의 나락으로 빠지게 된다.

대출은 문턱만 높은 게 아니다. 제출해야 할 서류는 한 뭉텅이다. 신용을 확인하기 위한 과정이라지만 그 번거로움에 반차도 불사해야 한다. 재직증명서, 소득세원천징수확인서, 4대 보험확인서, 혼인증명서 등 몇 차례 '서류 전쟁'을 거쳐야 가까스로 최종 대출에 다다를 수 있다. 대출 심사를 통과할 수 있을지 기다리는 가슴졸임은 덤이다.

편리하면서도 자존심 상하지 않는 대출 방식 없을까? 은행에서 대출을 받아 본 이라면 한 번쯤은 던져 봤음직한 질문이다. 과거 은행 거래 이력이나 현재 근무하는 직장 규모가 아니라 갚으려는 의지를 평가해 줬으면 하는 바람도 덧붙는다.

금융은 IT 기술이 빠르게 접목되는 산업 분야다. 하지만 특이하게도 파생상품 구성에 동원되는 금융기술은 날로 진화하지만 정작 금융 소비자와 관련된 기술은 더디다. 돈 굴리는 기술에는 투자하지만 소비자의 편리한 금융 이용 기술엔 그리 관심이 높지 않다. 핀테크라는 단어에 금융 소비자가 더 반가워하는 이유이기도 하다.

신용평가 기술의 혁신과 사회적 약자

알다시피 핀테크의 영역은 송금 · 결제에 한정되지 않는다. 대출과 신용평가 시스템에도 IT 기술이 빠른 속도로 유입되고 있다. 은행의 높은 대출 문턱을 깎아내려는 시도로 요약할 수 있다. 수많은 관련 서류를 제출해야 하는 번거로움, 죄 지은 듯 대출 창구에서 고개를 숙여야 하는 비굴함에 작별 인사를 건넬 날도 머지않았다.

비주얼DNA : 퀴즈로 신용도 측정한다

비주얼DNA는 신용평가 전문 스타트업이다. 이들은 은행처럼 대출에 직접 관여하지 않지만 대출의 기초 데이터가 되는 신용평가 등급을 제공한다. 금융기관은 비주얼DNA의 신용평가 등급 결과를 받아 대출을 집행한다.

비주얼DNA가 개인의 신용을 평가하는 기법은 독특하다. 전통적인 신용평가 방식을 깡그리 무시한다. 빅데이터 분석과 퀴즈만 있으면 끝이다. 그럼에도 기존 평가 방식보다 신뢰도는 더 높다. 디지털 시대, 신용평가기관의 미래를 떠올리게 한다.

이들이 개인의 신용을 평가하는 방식은 간단하다. 대출을 받고자 하는 소비자는 퀴즈만 풀면 된다. 성격을 평가하는 심리 테스트다. 답변을 완료하는 데 5분을 넘지 않도록 하는 것이 원칙이다. 물론 모든 절차는 온라인에서 이뤄진다.

비주얼DNA가 활용하는 기술을 일명 '심리기술(PsychTech)'이라고 한다. '고작 퀴즈로 신용을 평가한다고?'라고 생각하면 큰코다친다. 이들의 심리기술에는 행동경제학, 결정이론 등 고도의 이론적, 통계적 노하우가 응축돼 있다. 여기에 '5가지 성격 특성 요소'라는 심리학의 성격이론과 빅데이터 분석이 결합된다. 다시 말해 심리기술로 성격 특성을 파악한 뒤 대출 요청자의 상환 의지를 측정하게 된다.

이 기술의 장점은 (　　　　　　㉠　　　　　　)는 사실이다. 한 보고서에 따르면 금융 거래 이력이 없는 인구가 전 세계 25억 명에 이른다. 기존 신용평가 방식대로라면 이들은 대출과 같은 금융 서비스를 받는 데 어려움을 겪을 수밖에 없다.

성격 퀴즈만으로 대출을 집행하면 리스크가 높지 않을까. 뜻밖에도 사고율은 오히려 더 낮다. 마스터카드의 2014년 자문 보고서를 보면, 비주얼DNA의 평가 등급으로 대출을 집행했을 때 연체율(default rate)은 23%가 감소한 것으로 나타났다. 금융 정보 부족 고객에 대한 대출 집행도 50%나 증가했다.

이런 장점 덕에 비주얼DNA는 핀테크 신용평가 스타트업으로는 상대적으로 많은 고객을 확보하는 데 성공했다. 러시아, 터키, 멕시코, 말레이시아, 남아프리카 등의 은행이나 신용카드사에서 활용되고 있다. 주로 금융 거래 정보가 거의 없는 사회적 약자에게 유익한 시스템이다.

(　　　　　　㉡　　　　　　)

불과 2 ~ 3년 전까지만 하더라도 국내 신용평가 산업은 불합리의 대명사였다. 대출 경험이 없거나 신용카드를 사용한 흔적이 없으면 신용등급은 낮게 책정됐다. 예금 잔액이 아무리 많아도 상황은 달라지지 않았다. 이처럼 금융거래 정보가 부족한 금융 취약 계층을 '신 파일(Thin File)'이라 부른다. 신 파일 계층은 신규 대출이 거절되거나 높은 이자를 울며 겨자먹기로 받아들여야만 했다.

이런 관행은 좀처럼 나아지지 않고 있다. 금융 거래 이외의 데이터로 개인의 신용 위험을 측정할 수 있는 기술 개발 노력은 지금도 지지부진하다. 최근 나이스신용정보가 '본인 제출 비금융정보'를 개인 신용평가에 반영하겠다고 공표했지만, 혁신과는 아직 거리가 멀어 보인다. 2014년에서야 체크카드 이용정보가 개인 신용평가에 반영된 정도다. 빅데이터, 심리기술 등이 어우러진 새로운 형태의 신용평가기관 출현은 아직 난망해 보인다.

남○○ 국민대 교수 등은 지난 2011년 발표한 논문에서 우리나라의 개인 신용평가 체계는 "부정적 정보 활용 비중이 너무 높다."고 지적했다. 대출이나 카드 연체와 같은 부정적 정보에 의존해 신용평점을 매기고 있다는 비판이었다. 그 대안으로 남 교수 등은 비금융정보를 활용할 필요가 있다고 주장했다. 예를 들면 전기요금 납부 내역이다.

당장 전기요금 납부 내역만 신용평가에 반영해도 금융 소외층이 고이율의 대부업체에 내몰리지 않아도 된다. 남 교수 등은 "전기요금을 활용한 스코어 모형을 사용하면 1% 미만의 불량률 수준에서 금융기관의 대출승인율을 높이는 효과가 있다."고 했다. 여기에 비주얼DNA, EFL 같은 심리기술 기반의 신용평가 모델이 도입된다면 금융 약자에게 더 큰 혜택으로 돌아올 가능성이 높다.

신용평가 핀테크 기술은 (㉢)는 점에서 의의가 있다. 당장 신용카드를 사용하지 않는 대학생, 금융 거래 정보가 부족한 노년층이 직접적 혜택을 받을 수 있다. 비주얼DNA나 EFL이 아프리카나 동남아, 남미 지역에 확산되는 흐름이 이를 증명해 준다. 금융 약자를 돕는 핀테크, 굳이 마다할 이유가 있을까.

	㉠	㉡	㉢
①	금융권 거래 이력이 없는 이에게도 대출과 같은 금융 혜택을 제공할 수 있다	데이터 넘치는 시대, 아직 금융정보만 의존?	금융 소외층을 향하고 있다
②	금융권 거래 이력이 없는 이에게도 대출과 같은 금융 혜택을 제공할 수 있다	넘치는 금융데이터로 대출 문턱이 더욱 낮아져	금융 혜택층을 더욱 두텁게 보호한다
③	금융거래의 리스크를 낮출 수 있다	데이터 넘치는 시대, 아직 금융정보만 의존?	금융 소외층을 향하고 있다
④	금융거래의 리스크를 낮출 수 있다	넘치는 금융데이터로 대출 문턱이 더욱 낮아져	금융 혜택층을 더욱 두텁게 보호한다
⑤	금융권 거래 이력이 없는 이에게도 대출과 같은 금융 혜택을 제공할 수 있다	넘치는 금융데이터로 대출 문턱이 더욱 낮아져	금융 소외층을 향하고 있다

02. 다음 글의 제목으로 적절한 것은?

유럽사법재판소가 역사상 처음으로 '잊힐 권리(Right To Be Forgotten)'를 인정하는 판결을 내리면서 이슈로 부각되고 있다. 잊힐 권리란 시간이 지나 현재로서는 부적절해졌지만 여전히 온라인상에 게시돼 있는 자신에 대한 정보를 삭제해 달라고 요구할 수 있는 권리를 말한다. 명예훼손이나 저작권 침해성 자료는 오래 전부터 게시 자체가 불법인데 포털이나 SNS와 같은 인터넷 업체는 피해자의 요구에 대응해 즉각적인 삭제 의무를 갖는다. 그러나 잊힐 권리는 기록 자체의 적법성 여부와 상관없이, 인터넷상에서 자신과 관련돼 원치 않는 정보가 발견된다면 이를 지워 달라고 요청할 수 있는 권리이다. 잊힐 권리를 포함한 개인정보 보호 문제는 직접적으로 해당 업계뿐만 아니라 인터넷을 사용하는 모든 사람들이 이해당사자가 되는 사안이라는 점에서 사회 전체적으로 논의가 가열되고 있다.

사이버 공간은 인식을 위해 복제를 속성으로 한다. 개인은 PC를 통해 입력하고 모니터를 통해 확인할 뿐이지만 기호화된 디지털 신호들이 모니터에 투영되어 인식되기까지 신호처리와 전송되는 과정에서 로그 기록을 남기고 여러 번의 복제가 이루어진다. 더구나 이같이 생성된 자료가 복사나 퍼가기를 통해 무한 확산돼 본인이 삭제했더라도 그 자료가 어디에 남아 있는지 파악할 수 없게 된다. 즉 인터넷 기억은 망각되지도 지워지지도 않는다. 이와 같은 디지털 정보의 속성은 망각을 통해 과거에 얽매이지 않고 새 출발을 하고픈 인간의 본성과 배치되기 때문에 잊힐 권리문제가 발생한다. 따라서 잊힐 권리를 자유권 · 평등권과 같은 기본적인 인권이라는 시각에서 '인터넷상의 자신 관련 각종 정보의 삭제를 요구하여 해당 자료로부터 자유로워질 수 있는 권리'로 정의하기도 한다.

문제는 정보의 생성 주체와 관리 주체가 분리돼 있고 비대칭적이라는 점에서 보다 심화된다. 나와 관련된 정보 혹은 내가 작성한 것이지만 저장 · 유통을 포함한 관리는 인터넷기업이 담당하기 때문에 정작 본인은 온라인상에 산재한 이 자료를 통제하기 어렵다. 반면 이들 기업 및 정보 브로커들은 개인정보들을 파악하고 수집해 상업적 목적에 이용할 수 있다. 따라서 정보의 통제권 측면에서는 '정보의 생성 · 저장 · 유통의 과정에서 개인의 자기 결정권을 보호하기 위해 개인과 관련된 정보의 유통기한을 정하고 삭제 · 수정 · 영구적인 파기를 요청할 수 있도록 하는 권리'로 잊힐 권리를 파악하기도 한다. 이러한 점에서 잊힐 권리는 프라이버시와 개인정보 보호라는 관점에서 정보 주체의 자기정보 결정권을 강화하는 진일보된 개념이다.

반면에 국민의 알 권리와 표현의 자유, 그리고 정보 개방성을 강조하는 견해에서는 검열의 위험성을 제기하고 있다. 정보삭제 요청에 대해 구글 같은 인터넷업체는 삭제 여부를 판단해야 하고 일부분을 편집할 수도 있다. 이는 사실상 사적 검열을 야기할 수 있고, 삭제 대상이나 범위에 대해 행정당국과 협의해야 하기 때문에 공적 검열의 우려도 낳는다. 또한 많은 사람들이 자유롭게 공유하는 정보에 대해 인위적인 조작이 가해져 알 권리를 침해할 가능성도 존재한다. 유력인사가 과거의 부적절한 언행을 지울 수 있다면 사회적 공익과 배치되는 결과를 낳을 수 있기 때문이다.

이처럼 잊힐 권리는 개인정보보호 진영과 알 권리 중시 진영 간의 첨예한 대립점에 있기 때문에 이를 인정한 판결은 규제의 방향을 가늠할 수 있는 상징적인 사건이다. 특히 주요 경제권에서 정보주체의 자기정보 결정권을 강화하는 추세에서 나왔다는 점에서 파장이 클 것으로 보인다. 즉, 잊힐 권리 인정은 각국에서 도입 여부와 상관없이 관련 규제가 늘어나는 등 각종 사안에서 개인정보 보호 수준이 전반적으로 높아지는 계기로 작용할 것으로 예상된다. 교역 증진과 인터넷 발전을 고려해 미국 기준으로 소비자 정보보호 수준을 완화하려는 아시아 국가들에도 정보주권의 문제가 환기될 것으로 보인다.

이러한 잊힐 권리의 인정, 또한 이를 포함한 개인정보 보호 강화는 경제 및 산업에 다양한 경로로 긍정적 또는 부정적 영향을 미친다. 우선 기업들은 사용자의 잊힐 권리 행사나 자기정보 통제에 대응하기 위한 시스템 개발의 고정비용 외에 데이터 처리의 가변비용 같은 직접 비용을 감수해야 한다. 개인정보 삭제신청 사이트를 개설한 구글은 삭제요청이 쇄도하고 있지만 어려운 선택에 놓여 있다. 한 건씩 처리하면 비용 급증이 불가피하고, 반대로 논란거리가 검색되지 않도록 필터를 일괄 수정하면 검색엔진의 정확성이 떨어져 시장점유율이 하락할 수 있기 때문이다.

페이스북(Facebook)과 같은 SNS 업체들도 기술적으로 잊힐 권리를 구현하는 시스템 개발에 나서고 있다. 작성 후 또는 상대방 확인 후 일정시간이 지나면 글이나 사진이 자동적으로 없어지는, 즉 정보의 유통기한(소멸시한)이 도입된 서비스가 확산되고 있다. 그러나 이러한 서비스를 표방했던 스냅챗(Snapchat)이 약속과 달리 정보를 보관하고 있던 것이 드러나는 등 분쟁의 불씨는 항상 남아 있다. 또한 이미 제3자에게 판매된 개인정보에 대해 삭제요청이 들어올 경우 판매기업과 정보브로커 회사, 매입 기업 간에 책임소재를 두고 법적 분쟁이 예상되는 만큼 새로운 업계 관행이 정착될 때까지 정보브로커 부문의 위축이 불가피하다. 무엇보다 부상하고 있는 빅 데이터 산업은 정보비용 증가, 정보거래 감소, 특히 분석 대상인 인터넷 정보의 변형으로 새로운 환경이 예상된다. 부분부분 지워진 자료는 데이터로서의 가치가 떨어지고, 이를 분석하기 위해서는 보다 고난도 처리기법이 필요하다.

① 잊힐 권리를 바라보는 시각과 사회적 파급효과

② 잊힐 권리를 둘러싼 찬반 논란과 그 대안

③ 잊힐 권리에 대한 다양한 개념적 정의

④ 잊힐 권리와 개인정보보호법의 관련성

⑤ 사회 · 경제적 변화로 인한 잊힐 권리의 중요성 대두

03. 다음 글에 나타난 '작업'과 '고역'의 의미를 비교할 때, 적절하지 않은 것은?

어느 때, 어느 사회에서고 일은 언제나 찬양되고 격려되어 왔다. 그러나 일은 반드시 노력을 요구한다. 노력은 필연적으로 일종의 고통을 의미한다. 고통을 피하려는 것은 모든 생물의 근본적 이치이다. 그러므로 일이 아무리 미화되더라도 그것은 모든 인간이 기피하고자 하는 것임에는 틀림이 없다. 모든 사회에서 일이 도덕적, 윤리적으로 찬미되고 때로는 성화되기까지도 하는 근본적 이유는 일의 위와 같은 성질 때문인지도 모른다.

아닌 게 아니라 20세기에 하나의 철학적 기둥으로 알려졌고, 사회 · 문화 비평가이기도 한 러셀(Russell)은 일을 성화하려는 숨은 동기를 폭로하고 일의 내재적 가치를 적극적으로 부정한다. 일은 찬미되어야 할 것으로 여겨진다. 그런데 그에 의하면 역사적으로 모든 사회에서 일의 미덕은 남들의 피땀 흘린 일의 열매만을 놀면서 즐기는 사회의 지배자들이 자신들의 특권을 유지하기 위해 고안한 속임수라는 것이다. 일은 한 인간이 생존하기 위해 견뎌야 할 필요악에 불과하다는 것이다. 러셀은 일의 미화를 소수의 지배층, 특히 경제적 지배층이 피지배층, 특히 노동력을 제공하는 근로 대중에게 적용한 일종의 세뇌 수단으로 보고 있다.

일의 고귀성은 고사하고 일의 내재적 가치, 즉 그 자체로서 갖고 있는 일의 가치를 적극적으로 부정하는 러셀의 견해는 옳은가, 아니면 일을 격려하고 일의 고귀성과 성스러움까지를 강조하는 기존의 일에 관한 주장이 옳은가. 양립하는 두 관점 가운데 어느 하나를 택하려면, 즉 위와 같은 두 개의 물음에 대답을 찾아 주려면 우선 '일'이라는 말의 의미를 좀 더 주의 깊게 검토해야 한다.

정치 철학자로 알려진 아렌트(Arendt) 여사는 우리가 보통 '일'이라 부르는 활동을 '작업(作業, work)'과 '고역(苦役, labor)'으로 구분한다. 이 두 가지 모두 인간의 노력, 땀과 인내를 수반하는 활동이며, 어떤 결과를 목적으로 하는 활동이다. 그러나 전자가 자의적인 활동인 데 반해서 후자는 타의에 의해 강요된 활동이다. 전자의 활동을 창조적이라 한다면 후자의 활동은 기계적이다. 창조적 활동의 목적이 작품 창작에 있다면, 후자의 활동 목적은 상품 생산에만 있다. 전자, 즉 '작업'이 인간적으로 수용될 수 있는 물리적 혹은 정신적 조건하에서 이루어지는 '일'이라면 '고역'은 그 정반대의 조건에서 이루어지는 '일'이라는 것이다.

인간은 언제 어느 곳에서든지 '일'이라고 불리는 활동에 땀을 흘리며 노력해 왔고, 현재도 그렇고 아마도 앞으로도 영원히 그럴 것이다. 구체적으로 어떤 종류의 일이 '작업'으로 불릴 수 있고 어떤 일이 '고역'으로 분류될 수 있느냐는 그리 쉬운 문제가 아니다. 그러나 일을 작업과 고역으로 구별하고 그것들을 위와 같이 정의할 때 고역으로서의 일의 가치는 러셀의 말대로 부정되어야 하지만 작업으로서 일은 전통적으로 종교 혹은 철학을 통해서 모든 사회가 늘 강조해 온 대로 오히려 찬미되고, 격려되며 인간으로부터 빼앗아 가서는 안 될 귀중한 가치라고 봐야 한다.

'작업'으로서의 일의 내재적 가치와 존엄성은 이런 뜻으로서 일과 인간의 인간됨과 뗄 수 없는 필연적 관계를 갖고 있다는 사실에서 생긴다. 분명히 일은 노력과 아픔을 필요로 하고, 생존을 위해 물질적으로는 물론 정신적으로도 풍요한 생활을 위한 도구적 기능을 담당한다.

작업으로서의 일과 고역으로서의 일의 구별은 단순히 지적 노고와 육체적 노고의 차이에 의해서 결정되지 않는다. 한 학자가 하는 지적인 일도 경우에 따라 고역의 가장 나쁜 예가 될 수 있다. 반대로 육체적으로 극히 어려운 일도 경우에 따라 작업의 가장 좋은 예가 될 수 있다. 작업으로서의 일과 고역으로서의 일을 구별하는 근본적 기준은 그것이 근본적인 인간의 존엄성을 높이는 것이냐, 아니면 타락시키냐에 있다. 인간의 존엄성은 인간의 자율성에 있다. 그런데 똑같은 일, 똑같이 고통스러운 육체적 혹은 정신적 노력의 집중도 일하는 당사자의 주체적 사고방식에 따라 자율적이거나 타율적일 수 있다. 그러나 태도나 사고방식은 무턱대고 주관적이어서는 안 된다. 그것은 특히 자기 자신을 포함한 여러 가지 삶의 객관적 여건에 대한 올바른 인식에 근거를 가져야 한다.

	작업	고역
①	어떤 결과를 목적으로 자율적 의지가 수반된 활동	어떤 결과를 목적으로 타인의 강요에 의한 활동
②	작품 창작에 목적이 있는 창조적 활동	상품 생산에만 목적을 두는 기계적 활동
③	인간적으로 수용될 수 있는 물리적 · 정신적 조건하에서 이루어지는 일	인간적으로 수용할 수 없는 물리적 · 정신적 조건하에서 이루어지는 일
④	인간의 존엄성을 높이는 일	인간의 존엄성을 타락시키는 일
⑤	땀과 인내를 수반한 정신적 노동	결과를 목적으로 하는 육체적 노동

04. 다음 중 글의 내용과 일치하는 것은?

한국에서 가상화폐 혹은 암호화폐 시장에 뛰어든 사람이 150만 명에 이른다고 한다. 그러나 암호화폐를 단순한 투자 또는 투기 대상으로만 여길 뿐 어떤 체계로 운영되는지, 어떻게 활용되는지에 대해선 잘 모르는 경우가 많다. 암호화폐에 대한 접근 방식은 크게 세 가지로 나뉘는데 기술적 접근과 산업적 접근, 제도적 접근이다.

기술적 접근은 암호화폐의 근간인 블록체인 기술의 발전과 활용 방안을 넓혀 나가는 것이다. 블록체인은 어떤 정보를 '블록'이라는 일정 구획에 저장하고, 정보가 추가 또는 변경됐을 때 또 다른 블록을 만들어 기존 블록에 이어붙이는 기술을 말한다. 블록체인에 든 정보는 네트워크에 있는 모든 참여자가 공유한다. 블록체인은 '연결과 분산의 기술'이며 한 번 기록된 데이터는 위조나 변조가 어려운 특성이 있다. 그동안 블록체인 기술은 국제 송금, 소액 결제 등 주로 금융 분야에 쓰였다. 이제는 의료 데이터, 정부 행정서비스, 사물인터넷(IoT) 등으로 활용 범위를 넓히고 있다. 블록체인을 한층 더 보완 · 발전시킨 기술도 등장하고 있다. 블록체인의 기본 기능에 스마트계약 기능을 추가하거나 익명성을 한층 더 강화한 기술 등이다. 블록체인 기술은 4차 산업혁명 시대를 주도할 첨단 기술로 주목받고 있다. 경제협력개발기구(OECD)나 세계경제포럼(WEF)도 인정한다. 세계 초일류 기업과 선진국도 관심과 투자를 늘리고 있다.

산업적 접근은 암호화폐를 하나의 산업으로 인식해 관련 분야의 부가가치를 키워 나가는 방식이다. 건전한 투자 대상으로 활용 방안을 강구하는 것도 여기에 해당한다. 이를 위해 무엇보다 가상화폐공개(ICO)를 발전시킬 방법을 찾아야 한다. 투자자 보호라는 명분에 집착해 ICO를 금지하는 것은 새로운 투자 기법을 외면하는 우를 범할 수 있다. 암호화폐 거래소도 건전하게 육성해야 한다. 일부 종목에 한정된 거래 대상을 넓혀 다양한 암호화폐가 거래되도록 해야 한다. 암호화폐를 기반으로 '암호경제(crypto economy)'란 개념도 나타나고 있다. 암호경제, 즉 크립토 이코노미라고도 불리는 이 용어는 암호화폐 사용이 활성화된 경제 시스템을 가리키는 말이다. 암호화폐의 존재감이 커지고 투자 자금이 밀려들면서 등장한 용어다. 이러한 경제 체제에서는 비트코인과 주요 암호화폐를 바라봄에 있어 과거 거래소를 통해 매매 시세의 차익을 추구했던 수단을 넘어 하나의 결제 수단으로 인정하는 모습을 확인할 수 있다. 즉, 콘텐츠, 빅데이터, 기술, 자원, 상품, 서비스 등 모든 것을 비트코인과 이더리움 등 암호화폐를 기준으로 가치를 매기고 거래하는 새로운 경제 패러다임인 것이다.

제도적 접근은 기존 법정화폐와의 관계를 재정립하는 한편 투자자 보호 장치를 보다 정교하게 만드는 과정이다. 암호화폐는 이를 규율하는 법적 · 제도적 장치가 미흡하다. 과세 대상이 아니라는 점에 착안해 탈세 수단으로 이용하거나 익명성을 악용해 자금세탁 수단으로 쓰는 사례가 적지 않다. 더욱이 한국은 암호화폐를 금융의 한 분야가 아닌 통신판매업으로 분류해 취급한다. 그러다보니 투자자 피해와 손실이 여기저기서 터져 나오고 있다.

발권력과 통화신용정책을 수행하는 중앙은행은 암호화폐를 인정하기 어려울 것이다. 암호화폐는 개인 대 개인(P2P) 네트워크와 블록체인 기술을 통해 탈(脫)중앙화라는 기치를 내걸고, 중앙은행 본연의 기능을 부정하고 있기 때문이다. 하지만 중앙은행이 이를 무시하기엔 암호화폐의 존재가 너무 커진 상황이다. 법정화폐와 암호화폐는 상호 보완 관계를 구축해 서로 도움이 될 방법을 찾아야 한다. 암호화폐가 법정화폐의 보완재 역할을 하며 상호 건전한 발전을 해 나가고, 블록체인 등 암호화폐가 선보인 새로운 기술이 인류의 미래를 한층 더 밝고 풍요롭게 만드는 데 기여할 수 있기를 희망한다.

① 가상화폐는 법정화폐의 보완재 역할을 하고 있으므로 상호 건전한 발전을 할 수 있다.

② 암호화폐가 탈세나 자금세탁 수단이 되지 않도록 통신판매업으로 분류하는 법적 · 제도적 장치를 마련하여야 한다.

③ 암호경제(crypto economy)란 콘텐츠, 빅데이터, 기술, 자원, 상품, 서비스 등 모든 것을 암호화폐 기준으로 가치를 매기고 거래하는 새로운 경제 패러다임이다.

④ ICO를 금지하는 것은 새로운 투자 기법을 외면하는 우를 범할 수 있기 때문에 일부 종목을 한정하여 암호화폐 거래소를 건전하게 육성해야 한다.

⑤ 블록체인에 든 정보는 네트워크에 있는 모든 참여자가 공유하기 때문에 기록된 데이터가 위조나 변조될 우려가 있다.

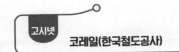

05. 다음 글을 읽고 추론한 내용으로 적절하지 않은 것은?

클래식에서는 사람의 상상력을 제한하지 않고 음악 자체의 아름다움을 중요하게 생각하기 때문에 굳이 특정한 제목을 붙이지 않았습니다. 이런 음악을 '절대음악(Absolute Music)'이라 하여, 후에 낭만주의 시대에 유행한 문학작품이나 그림에 영향을 받아 음악으로 표현한 '표제음악(Program Music)'과는 다르게 분류합니다.

예를 들면 '베토벤 피아노 소나타 Op.2 No.1 f minor'는 베토벤의 피아노 소나타 중에서 첫 번째(No.1) 곡이고 베토벤이 작곡한 후에 출판한 작품 중에서는 두 번째(Op.2) 곡이며, 조성은 바 단조(f minor)라는 것을 나타냅니다. 'No'는 흔히 쓰이는 번호의 약자로 장르의 일련번호이며, 'Op'는 라틴어로 작품을 뜻하는 'Opus'의 약자로 작곡가가 악보를 출판한 순서로 붙이는 것입니다. 궁정이나 귀족의 소속 없이 자신의 악보를 출판하는 것으로 생활을 한 최초의 작곡가라고 할 수 있는 베토벤에 의해 처음으로 사용되었습니다. 베토벤은 Op.1(작품번호 1번)로 묶어서 피아노 3중주 3개를, Op.2(작품번호 2번)로 묶어서 피아노 소나타 3개를 (No.1, No.2, No.3) 출판하는데, 이렇게 한 작품번호에 몇 개씩 작품이 있는 경우에는 Op.1-1, Op.1-2로 쓰기도 했습니다.

음악의 아버지 바흐의 사망 200년 후인 1950년, 독일의 음악학자 볼프강 슈미더가 바흐의 작품들을 장르별로 정리해서 독일어로 바흐 작품 목록이라는 뜻의 'Bach Werke Verzeichnis'의 앞 글자를 따서 BWV 번호를 붙였습니다. 그 후에 헨델의 작품은 헨델 작품 목록이라는 뜻의 독일어 약자인 HWV를 붙이게 됩니다. 바흐, 헨델과 함께 바로크 시대 작곡가이자 '사계'로 유명한 비발디는 P, F, R 등의 번호가 쓰이는데 가장 많이 쓰이는 번호는 프랑스의 음악학자 피터 리옹이 정리한 R(리옹 번호)입니다.

하이든의 작품번호는 Hob.로 표기하는데 이것은 네덜란드의 음악학자이자 유명 작곡가들의 자필 악보를 사진으로 남겨 방대한 자료실을 운영했던 안토니 판 호보켄에 의해 정리되어 호보켄(Hoboken)의 이름을 딴 번호를 사용하고 있는 것입니다. 호보켄은 바로 숫자로 나열하지 않고, 먼저 장르별로 작품을 나누고 장르별 로마숫자(Ⅰ, Ⅱ, Ⅲ)를 붙인 후 그 뒤에 연대

순으로 아라비아 숫자를 붙였습니다.

모차르트의 작품번호는 K.로 나타내는데 이것은 식물학자이자 광물학자이면서 모차르트의 열렬한 팬이던 오스트리아의 루트비히 폰 쾨헬의 이름을 따서 붙인 것으로 쾨헬은 모차르트의 작품을 연구하여 모든 작품을 연대순으로 정리해 붙였다고 합니다.

가곡의 왕이라고 불리는 슈베르트는 베토벤보다 뒤 세대의 작곡가라 출판된 작품번호가 있을 거 같지만, 워낙 어렵게 살면서 소심했던 슈베르트는 제때 작품을 출판하지 못해서 작품번호 있는 경우가 몇 되지 않는다고 합니다. 그나마 작품번호가 있는 몇 개의 작품마저도 작곡 순서와 일치하지 않는 경우가 많습니다. 오스트리아의 음악 문헌학자이자 유명 작곡가들의 전기작가인 오토 에리히 도이치는 슈베르트 작품의 이러한 문제점을 해결하고자 998곡에 달하는 슈베르트 작품을 작곡한 순서에 따라 정리하여 자신의 이름을 딴 D.(Deutsch) 번호를 사용하고 있습니다.

최초의 작품번호를 썼던 베토벤은 WoO. 번호를 쓰기도 하는데, 이것은 독일어로 '작품번호가 없는 작품(Werks ohne Opuszahl)'의 약자로, 말 그대로 작곡가가 생전에 작품번호를 매기지 않은 작품을 모아 따로 분류해 놓은 것입니다.

① 베토벤 뒤 세대의 작곡가들은 자신의 작품에 작품번호를 붙이기 시작했을 것이다.

② 하이든, 모차르트, 슈베르트의 작품번호는 창작한 사람의 이름을 따서 작품번호를 매겼다.

③ 헨델 작품의 경우, 독일어 약자인 HWV를 붙여서 표현했을 것이다.

④ 작품번호에 Hob.이 들어간다면 하이든의 작품일 것이다.

⑤ D.520의 경우, 520번째로 작곡한 슈베르트의 작품일 것이다.

06. AA 제조업체 교육팀 B 대리는 벤치마킹하고자 하는 ○○기업의 최근 성공사례 자료를 읽고 사내 교육에서 이를 교육자료로 전달하려고 한다. 사내 교육에서 강조할 내용으로 적절하지 않은 것은?

○○기업의 주력 제품은 스마트폰 카메라에 들어가는 초소형 플라스틱 비구면 렌즈이며, 해당 시장에서 약 32.9%의 점유율로 세계 1위를 차지하고 있다. 그러나 TV, 디스플레이 시장의 경우 세계 1위 기업도 10% 이하의 영업이익률을 기록하고 있는 것처럼 시장 점유율 1위라는 것만으로 초고수익을 설명할 수는 없다. 그렇다고 ○○기업이 경쟁 기업은 만들 수 없는 차별적 성능의 렌즈를 만드는 것도 아니다. 주요 업체들의 제품 간 성능 차이는 미미하다는 것이 업계의 중론이다. 그럼에도 불구하고 경쟁 기업들과 30 ~ 40%p 이상의 영업이익률 차이를 보이는 이유는 높은 원가경쟁력에서 찾을 수 있다.

○○기업의 초고수익 창출은 차별적으로 높은 수율 때문이라고 할 수 있다. 스마트폰 카메라에는 일반적으로 5 ~ 6개의 초소형 렌즈가 들어간다. 예를 들어 △△폰 12메가 픽셀 카메라의 경우, 총 6가지의 렌즈를 5mm 이하의 두께로 쌓고, 6가지 렌즈의 모든 축이 ±0.002mm 이내로 정확히 정렬되어야 한다. 렌즈의 크기가 매우 작기 때문에 각 렌즈의 생산 수율을 높이는 것도 어려운 일이지만, 각 렌즈의 생산 수율을 90%까지 올렸다 해도 최종 제품 안의 6개 축이 모두 일치할 확률은 약 50%까지 떨어지게 된다. 그러나 ○○기업은 생산기술에 대한 집중적인 투자를 통해 각 렌즈의 생산 수율을 100%에 가깝게 올리고 최종 제품의 생산 수율은 90% 이상으로 올렸다. 경쟁 기업의 수율이 최대 70%에 불과한 것을 감안하면 매우 큰 격차라고 할 수 있다. 수율의 차이는 매출 총이익률(Gross Margin)의 차이로 나타났으며, 영업이익률의 차이로 이어지게 되었다.

○○기업의 CEO 아담 린이 "특허는 단순히 제품 개발 과정 중 하나의 요소에 불과하다. 그보다 생산 시스템의 혁신이 렌즈 산업의 중요한 경쟁력이다."라고 언급한 바와 같이, ○○기업은 차별적인 수율 향상을 위해 제조 공정과 방법, 즉 생산기술에 대해 집중적으로 투자하고 있다. 공정 설계 및 최적화부터 금형 제작, 생산 설비의 개발 및 제작까지 생산과 관련된 모든 기술을 내부적으로 연구하고 있을 뿐만 아니라, 최근에는 조직적으로도 R&D 부서, 그중에서도 생산기술 관련 R&D 부서의 위상을 대폭 향상시키고 있다.

2008년까지는 5개의 R&D 부서 중 생산기술 관련 부서가 제정설비부 하나에 불과했지만, 2009년에 가공기술부, 제품기술부, 제정설비부의 3개 부서로 확대 개편되었고, 2014년에는 성형 기술을 개발하는 연구개발 3부, 금형 및 공구 기술을 담당하는 연구개발 5부, 신제품 평가 및 생산기술 혁신을 주도하는 연구개발 6부, 자동화 장비 개발을 담당하는 연구개발 7부, 코팅 및 진공 관련 공정 기술을 개발하는 연구개발 8부, 기타 제조 공정상의 장비를 개발하는 연구개발 9부 등 총 6개 부서로 확대되었다. 2015년에는 연구개발 3부와 같이 성형 기술 개발을 담당하는 연구개발 10부가 추가되어, 현재 생산기술 개발 조직은 총 7개 부서로 운영되고 있다. 재무 총 책임자(CFO), 생산 총 책임자(COO) 등과 동등한 위상의 부서장 7명이 생산기술 개발에 배치된 것이다.

일반적인 기업 관점에서는 매우 파격적인 경영시스템이라 할 수 있다. 그러나 ○○기업은 생산 시스템의 혁신을 경영의 최우선 과제로 삼았기 때문에, 그에 특화된 경영구조로 과감히 전환한 것이다. 이를 통해 2009년 40% 초반까지 떨어진 매출 총이익률을 2016년 67%까지 끌어올릴 수 있었으며, 영업이익률도 50% 이상으로 회복시킬 수 있었다.

뿐만 아니라 ○○기업은 생산 시스템의 혁신을 경영시스템 전반에 유기적으로 연결시키고 있다. 예를 들어, 경쟁 기업과의 생산 수율 격차를 유지하기 위해서 생산기술의 블랙박스화가 필수적이라 할 수 있는데, 이를 위해 ○○기업은 핵심 생산기술의 분리 개발과 도제식 교육을 고집하는 것으로 유명하다. 또한 주요 정보에 대한 접근 권한을 소수에 국한시키고, 각 부서를 독립적으로 만들어 상호 정보에 대한 접근을 엄격히 통제했다. 회사 시설 내에서는 스마트폰 사용을 허용하지 않으며, 회사 외부로 메일을 발송할 수 있는 직원도 소수로 제한하는 등 내부 통제도 강화했다.

일반적으로 R&D의 효율성을 극대화하기 위해서는 최대한 공용화할 수 있는 업무는 통합하고, 담당자가 바뀌어도 쉽게 적응할 수 있도록 업무를 표준화/문서화하며, 다양한 창의적 아이디어가 도출될 수 있도록 폭넓은 정보 공유를 실시하는 것이 적합할 수 있다.

① 영업이익률을 높이기 위해서는 무엇보다도 가장 먼저 원가경쟁력을 높여야 합니다.

② 원가경쟁력을 확보하고 나면 경쟁사와의 성능 차이와 관계없이 높은 시장 점유율을 유지할 수 있습니다.

③ 제조업체로서 생산기술을 확보하는 것이 원가경쟁력을 높일 수 있는 최선의 방안입니다.

④ 차별화된 제조공정과 생산기술을 보유하기 위해서는 회사 내부적인 자체 투자와 관리가 중요합니다.

⑤ R&D가 우리 회사의 중요한 기능인 만큼 가용할 수 있는 많은 인적 자원을 배치하여야 합니다.

07. 다음 중 글의 내용과 일치하지 않는 것은?

> 유비 논증은 두 대상이 몇 가지 점에서 유사하다는 사실이 확인된 상태에서 어떤 대상이 추가적 특성을 갖고 있음이 알려졌을 때 다른 대상도 그 추가적 특성을 가지고 있다고 추론하는 논증이다. 유비 논증은 이미 알고 있는 전제에서 새로운 정보를 결론으로 도출하게 된다는 점에서 유익하기 때문에 일상생활과 과학에서 흔하게 쓰인다. 특히 의학적인 목적에서 포유류를 대상으로 행해지는 동물 실험이 유효하다는 주장과 그에 대한 비판은 유비 논증을 잘 이해할 수 있게 해 준다.
>
> 유비 논증을 활용해 동물 실험의 유효성을 주장하는 쪽은 인간과 실험동물이 유사성을 보유하고 있기 때문에 신약이나 독성 물질에 대한 실험동물의 반응 결과를 인간에게 안전하게 적용할 수 있다고 추론한다. 이를 바탕으로 이들은 동물 실험이 인간에게 명백하고 중요한 이익을 준다고 주장한다.
>
> 도출한 새로운 정보가 참일 가능성을 유비 논증의 개연성이라 한다. 개연성이 높기 위해서는 비교 대상 간의 유사성이 커야 하는데 이 유사성은 단순히 비슷하다는 점에서의 유사성이 아니고 새로운 정보와 관련 있는 유사성이어야 한다. 예를 들어 동물 실험의 유효성을 주장하는 쪽은 실험동물로 많이 쓰이는 포유류가 인간과 공유하는 유사성, 가령 비슷한 방식으로 피가 순환하며 허파로 호흡을 한다는 유사성은 실험 결과와 관련이 있다고 보기 때문에 자신들의 유비 논증은 개연성이 높다고 주장한다. 반면에 인간과 꼬리가 있는 실험동물은 꼬리의 유무에서 유사성을 갖지 않지만 그것은 실험과 관련이 없는 특성이므로 무시해도 된다고 본다.
>
> 그러나 동물 실험을 반대하는 쪽은 유효성을 주장하는 쪽을 유비 논증과 관련하여 두 가지 측면에서 비판한다. 첫째, 인간과 실험동물 사이에는 위와 같은 유사성이 있다고 말하지만 그것은 기능적 차원에서의 유사성일 뿐이라는 것이다. 둘째, 기능적 유사성에만 주목하면서도 막상 인간과 동물이 고통을 느낀다는 기능적 유사성에는 주목하지 않는다는 것이다.
>
> 요컨대 첫째 비판은 동물 실험의 유효성을 주장하는 유비 논증의 개연성이 낮다고 지적하는 반면 둘째 비판은 동물도 고통을 느낀다는 점에서 동물 실험의 윤리적 문제를 제기하는 것이다. 인간과 동물 모두 고통을 느끼는데 인간에게 고통을 끼치는 실험은 해서는 안 되고 동물에게 고통을 끼치는 실험은 해도 된다고 생각하는 것은 공평하지 않다고 생각하기 때문이다. 결국 윤리성의 문제도 일관되지 않게 쓰인 유비 논증에서 비롯된 것이다.

① 유비 논증은 비교 대상이 특정한 부분에서만 유사성을 지니고 있더라도 활용할 수 있다.

② 인간과 동물이 느끼는 고통이 유사하다는 점을 근거로 활용하는 측은 동물 실험을 반대한다.

③ 확인되지 않은 주장에 대해 유비 논증을 통해 타당성의 근거를 제시할 수 있다.

④ 유비 논증을 활용해 오랑우탄을 대상으로 하는 항암제의 안전성 실험이 타당하다고 주장하는 측은 오랑우탄이 포유류 중 인간과 외모가 가장 유사하다는 점을 근거로 들지 않을 것이다.

⑤ 동물 실험을 비판하는 입장은 인간과 실험동물 간 유사한 성질이 인정되지 않는다는 점을 근거로 유비 논증의 개연성이 낮다고 주장한다.

08. 다음 글의 논지 전개 방식으로 적절한 것을 〈보기〉에서 모두 고르면?

생명은 탄생과 죽음으로 하나의 단위를 형성한다. 우리의 관심은 '잘 사는 것'과 '잘 죽는 것'으로 표현할 수 있다. 죽음은 인간의 총체를 형성하는 결정적인 요소이다. 이러한 요소 때문에 탄생보다는 죽음에 대한 철학적이고 문화적인 이해가 훨씬 더 많이 발달할 수밖에 없었다. 게다가 죽음이란 한 존재의 사멸, 부정의 의미이므로 여러 가지 인격을 갖고 살아가고 있는 현대인의 어떤 정체성을 부정하거나 사멸시키는 하나의 행위로서 은유적으로 사용되기도 한다. 이것은 죽음이 철학적 사변의 대상이 될 뿐만 아니라 어느 시대나 그 시대를 살아가는 문화적 관습의 근거가 되기도 하며 더 나아가 예술의 핵심을 형성하고 있다는 말이 된다. 그러한 물음을 모아 보면 다음과 같은 것들을 꼽을 수 있다. 모든 인간 하나하나는 자신이 죽는다는 사실을 확실하게 아는가? 죽는다는 사실은 나쁜 것인가?

많은 심리학자들은 죽음에 대한 이해는 인간이 타고나면서 저절로 알게 되는 것이 아니라고 한다. 그보다는 이 세상을 살아가면서 배워서 아는 것이라고 한다. 말하자면 어린이들은 죽음에 대한 개념이 없다가 점차 주변의 죽음을 이해하고 죽음에 대한 가르침을 통해서 죽음이란 무엇인가를 배운다는 것이다.

생명의 출발로부터 시작해서 죽음에 이르는 긴 시간의 과정이 바로 삶의 전체이다. 하지만 생명의 출발에 대한 이해도 여러 가지의 국면으로 나누어 이해할 수 있다. 나 자신의 물질적인 근거, 생물학적인 존재로서 나의 출발이다. 수정되어 태아 상태를 거쳐 하나의 성체가 되기까지의 나의 존재의 기원을 물질주의적으로 생물학적으로 묻는다.

또 하나는 철학적, 목적적으로 묻는 일이다. 즉 나는 이 세상에 왜 태어났는가 하는 것이다. 개개인에게 이 세상에서 살아야 하는 목적을 묻는다면 필연적으로 그것은 철학적, 윤리적, 가치론적 입장에서 답해야 한다. 인간 종의 기원에 대한 물음도 물질주의적 생물학적인 근거를 추적하는 일과 존재론적인, 목적론적인 원인을 추적하는 일로 나누어 생각해 볼 수 있다. 그래서 인간의 기원을 외부로부터 들어온 유기물이 원시 지구의 환경 속에서 성장한 것이라고 생각할 수도 있겠지만, 두루미나 호박벌이 가져온 골칫거리라고 생각할 수도 있다. '어느 것이 더 믿을 만하냐'라고 묻더라도 어떤 종류의 믿음을 말하느냐에 따라 달라진다.

이처럼 인간이라는 한 존재의 기원과 소멸까지는 단순히 하나의 분과 학문으로서만 이해할 수 있는 성질의 것은 아니다. 여러 학문, 특히 과학 기술적 접근과 인문주의적 접근이 동시에 이루어짐으로써 그것에 대하여 보다 풍성한 이해를 유도할 수 있다.

보기

㉠ 핵심 단어에 대한 정의를 찾아 가며 논점을 전개하고 있다.
㉡ 드러난 상식으로부터 새로운 가치를 도출하려는 시도를 하려고 한다.
㉢ 특정 현상을 다양한 각도에서 조명해 보고자 한다.
㉣ 일반적인 통념에 대한 심도 있는 고찰 방법을 제시하고 있다.

① ㉠, ㉡　② ㉡, ㉣　③ ㉢, ㉣　④ ㉠, ㉢, ㉣　⑤ ㉡, ㉢, ㉣

09. 다음 (가) ~ (마) 중 내용상 성격이 나머지와 다른 하나는?

(가) 2013년 말부터 2014년 2월까지 지역별 인적자원개발위원회는 첫 번째 지역별 훈련 조사를 실시하였으며, 이후 매년 7 ~ 10월 지역별 훈련수요의 정기조사를 실시하고 있다. 이러한 결과를 기반으로 지역 · 산업맞춤형 훈련을 실시하여 훈련의 충실도와 만족도를 높여 가는 한편 중소기업의 직업능력개발 참여 기반 확대를 위하여 기업 규모에 따라 훈련비용을 차등 지원하고 직접 홍보방식을 활용, 사업에 대한 이해도와 참여도를 제고하였다. 2014년 29개 공동훈련센터 운영을 시작으로 2015년에는 51개, 2016년 62개로 확대되어 지역별로 2 ~ 9개의 훈련센터를 운영하였다. 본 사업을 통한 훈련인원은 2014년 3만 4,405명, 2015년 5만 3,850명, 2016년 5만 8,866명으로 증가하였으며, 지역 중소기업의 취업인원 또한 2014년 3,648명, 2015년 5,284명, 2016년 5,963명으로 중소기업 인력난 해소에 대한 기여도가 증가하였다.

(나) 2014년 5월 「국가기술자격법」 제10조 개정 신설을 통해 과정평가형자격제도 도입을 위한 법적 근거가 마련된 이후, 기계설계산업기사 등 15종목을 과정평가형자격 신청 대상 종목으로 선정하는 등 과정평가형자격 운영을 위한 인프라를 구축하였다. 이후 2015년 미용사(일반) 등 15종목과 2016년 기계설계기사 등 31종목을 각각 추가 선정하여 과정평가형자격의 확산 기반을 마련하였다.

(다) 외국인 근로자 체류지원 사업은 입국 초기 모니터링, 사업장 애로 해소 지원, 사업주 외국인고용관리교육, 재직자 직업훈련 등이 있다. 입국 초기 모니터링은 2012년까지 일부를 대상으로 사업장 적응을 확인하는 수준이었으나, 2013년을 기점으로 당해 연도 입국한 외국인 근로자 전체를 대상으로 확대하여 2016년 5만 7,010명의 입국 초기 사업장 적응을 지원하는 등 현재에까지 이르고 있다. 동시에 사업주 외국인고용관리교육도 2013년을 기점으로 확대하여, 입국초기 단계에서 사업주와 근로자 모두를 지원하는 방향으로 발전하였다. 또한 2010년부터 외국인근로자 설문조사를 기반으로 선호 직무능력에 대한 재직자 직업훈련(중장비운전, 자동차정비, CO2용접 등)을 실시하여 2만 4,166명의 수료자를 배출하였다.

(라) 2017년부터 2022년까지의 중장기 경영목표 체계에서 공단의 미션은 '인적자원 개발 · 평가 · 활용을 통한 능력 중심사회의 구현'이고, 비전은 '사람과 일터의 가치를 높여 주는 인적자원 개발 · 평가 · 활용 지원 중심기관'이다. 공단의 미션과 비전의 중심인 '인적자원 개발 · 평가 · 활용'은 공단 사업의 다양성을 보여 주고 있다. 능력개발사업은 인적자원 개발, 능력평가사업은 인적자원 평가, 외국인력고용지원과 청년해외취업은 인적자원 활용과 관련이 있다. 한국폴리텍대학, 한국기술교육대학교, 한국고용정보원, 한국직업능력개발원, 직업능력심사평가원, 한국기술자격검정원 등이 공단의 일부 기능을 이관받아 설립된 조직들이고 현재에도 직업능력개발 분야뿐만 아니라 고용 관련 다양한 분야에서

사업을 하는 공단은 창립 제○주년을 맞아 향후 고용 및 인적자원 분야의 허브기관으로서의 역할과 정체성 확립도 함께 고민하여야 한다.

(마) 통합 정보 제공을 위한 플랫폼인 월드잡플러스 역시 주요한 인프라 확대이다. 2015년 이전 해외진출 정보는 각 부처별로 산재되어 있었으나, 2015년 월드잡플러스를 구축하여 해외진출에 대한 모든 정보를 집중하였다. 포털에는 해외취업뿐만 아니라 인턴, 봉사, 창업 등에 관한 정보가 모두 제공되고 있으며, 사이트의 기능을 모두 담고 있는 모바일 앱을 개발, 배포하여 접근성을 높였다. 통합 이후 일 평균 방문자 수, 회원 수 등이 빠르게 증가하여 2016년에는 신규 가입자 수가 전년 대비 10배 이상 증가하여 55만 6,384명, 일 평균 방문자 수가 7,333명에 이르렀고 누적 회원 수는 100만 명을 돌파하였다.

① (가) ② (나) ③ (다)
④ (라) ⑤ (마)

10. A 씨는 다음과 같은 B 주차장에 주차를 하려고 한다. 150대째로 주차를 했다면, 주차 공간의 번호는 무엇인가?

> • B 주차장은 150대의 자동차를 주차할 수 있다.
> • B 주차장은 3과 4를 제외한 0 ~ 8까지의 숫자를 이용하여 주차 공간의 번호를 매긴다.
> • 1대째 주차 공간을 1번, 2대째의 주차 공간을 2번으로 한다.

① 215번　② 256번　③ 505번
④ 576번　⑤ 628번

11. B사는 사무실 이전 계획에 따라 사무용 비품과 서류들을 박스에 넣어 차량 1대로 운반하기로 하였다. 운반조건이 다음과 같을 때, 비품 박스와 서류 박스를 각각 몇 개씩 사용하여야 하는가? (단, 모든 박스에는 비품과 서류를 혼합하여 포장하지 않는 것으로 한다)

> • 가로, 세로, 높이가 각각 50cm인 박스만을 사용하여야 하고 비품만을 넣었을 경우에는 7kg, 서류만을 넣었을 경우에는 8kg의 무게가 나간다.
> • 운반용 차량은 최대 부피 7CBM(Cubic Meter), 최대 적재 무게 500kg만 탑재할 수 있다.
> • 차량 1대에 서류 박스를 비품 박스 2배의 수량으로 가능한 많이 실어 빈 공간을 최소화하여야 한다.

① 17개, 34개　② 18개, 36개　③ 19개, 38개
④ 20개, 40개　⑤ 21개, 42개

12. 어떤 회사의 영업1팀 팀장이 영업2팀 팀장에게 다음과 같은 〈제안〉을 했다. 〈조건〉을 고려할 때 영업2팀 팀장이 영업1팀 팀장의 제안을 받아들이는 경우는 어떤 상황일 때이겠는가?

제안

다음 달 영업실적이 더 낮은 팀이 더 높은 영업실적을 올린 팀에게 명절 상여금의 10%를 준다.

조건

1. 다음 달 영업2팀의 영업실적이 영업1팀보다 높을 확률은 40%이다.
2. 영업2팀이 얻게 될 금액의 기대치가 0 이상이면 영업2팀 팀장은 영업1팀 팀장의 제안을 받아들인다.

① 영업1팀의 명절 상여금이 영업2팀의 명절 상여금의 1.5배 이상이어야 한다.
② 영업2팀의 명절 상여금이 영업1팀의 명절 상여금의 1.5배 이상이어야 한다.
③ 영업1팀의 명절 상여금이 영업2팀의 명절 상여금의 1.5배 이하여야 한다.
④ 영업1팀의 평균 영업실적이 영업2팀보다 20% 낮아야 한다.
⑤ 영업2팀의 평균 영업실적이 영업1팀보다 20% 높아야 한다.

13. 다음은 신재생에너지 생산량에 관한 자료이다. 이에 대한 설명으로 옳은 것을 〈보기〉에서 모두 고르면?

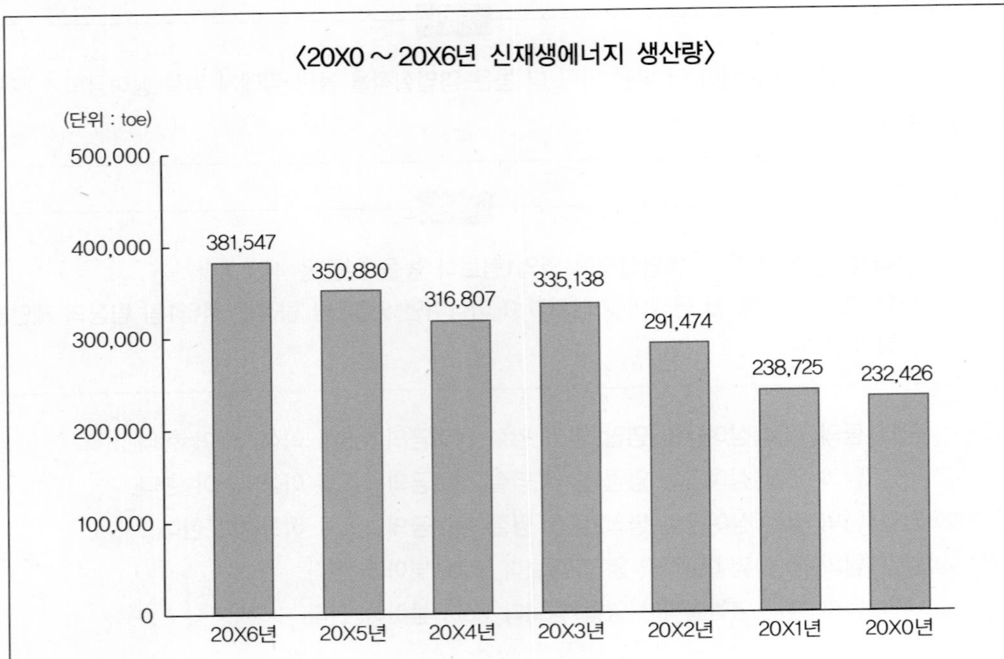

〈20X3 ~ 20X6년 에너지원별 신재생에너지 생산량〉

(단위 : toe)

구분	20X3년	20X4년	20X5년	20X6년
폐기물	177,290	168,614	168,115	172,088
바이오	94,097	79,517	77,003	97,562
연료전지	36,965	38,137	69,689	68,432
태양광	16,676	19,355	23,663	29,072
지열	8,790	9,906	11,270	13,334
태양열	976	920	836	775
수력	301	315	258	236
풍력	43	43	46	48
합계	335,138	316,807	350,880	381,547

보기

ㄱ. 20X4 ~ 20X6년 동안 매년 5개 이상의 에너지원에서 전년 대비 신재생에너지의 생산량이 증가하였다.

ㄴ. 20X4 ~ 20X6년 동안 전체 신재생에너지 생산량 중 풍력에너지 생산량의 비율은 근소하게 감소하였다.

ㄷ. 20X3 ~ 20X6년 동안 매년 전체 신재생에너지 생산량 중 생산량 상위 4개의 신재생에너지가 차지하는 비율은 95% 이상이다.

ㄹ. 20X3년 대비 20X5년 연료전지와 태양광의 생산량은 각각 60% 이상 증가하였다.

① ㄱ, ㄷ
② ㄴ, ㄷ
③ ㄴ, ㄹ
④ ㄱ, ㄷ, ㄹ
⑤ ㄴ, ㄷ, ㄹ

[14 ~ 15] 다음은 우리나라의 연도별 · 시도별 학급당 학생 수 자료이다. 이어지는 질문에 답하시오.

〈연도별 학급당 학생 수〉

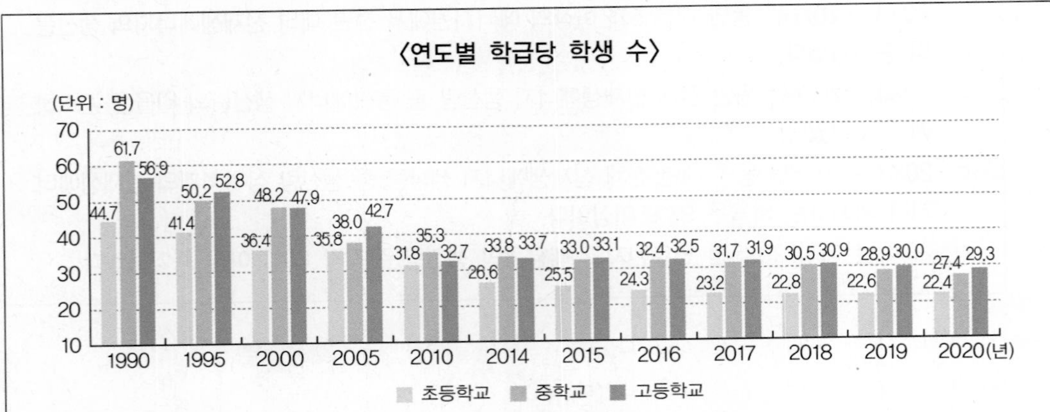

〈시도별 학급당 학생 수(2020년)〉

(단위 : 명)

구분		초등학교	중학교	고등학교
전체		22.4	27.4	29.3
지역규모	대도시	22.9	27.2	29.6
	중소도시	25.0	29.8	30.2
	읍 · 면 지역	17.8	23.0	26.6
	도서 · 벽지	8.8	15.6	22.4
지역	서울	23.4	26.6	29.7
	부산	22.0	26.9	27.4
	대구	22.6	26.4	30.2
	인천	23.0	28.7	28.4
	광주	22.4	27.8	33.0
	대전	21.7	28.6	30.8
	울산	22.8	27.1	30.6
	세종	21.6	22.5	23.3

14. 다음 보고서의 ㉠～㉤ 중 위 도표의 내용과 일치하지 않는 것은?

> 초 · 중등학교의 교육 여건의 개선과 함께 학급당 학생 수는 지속적으로 감소하여 왔다. 초등학교의 경우 ㉠ 1990년 44.7명이었던 학급당 학생 수는 이후 지속적으로 감소하여 2020년에는 22.4명을 나타내고 있다. 중학교의 경우, 1990년 61.7명에서 2020년 27.4명을 나타내고 있으며, ㉡ 고등학교는 1990년 56.9명에서 2020년 29.3명을 나타내고 있다. 학급당 학생 수는 지역별로 다소 차이를 보인다. 지역규모별로는 ㉢ 중소도시의 학급당 학생 수가 다른 지역에 비해 높게 나타난다. 2020년 중소도시의 학급당 학생 수는 초등학교는 25.0명, 중학교는 29.8명, 고등학교는 30.2명으로 대도시가 각각 22.9명, 27.2명, 29.6명을 나타낸 것에 비해 높게 나타난다. 반면, 읍 · 면 지역은 초등학교가 17.8명, 중학교가 23.0명, 고등학교가 26.6명으로 나타났으며, 도서 · 벽지는 각각 8.8명, 15.6명, 22.4명이었다.
>
> 또한 ㉣ 초등학교에서 학급당 학생 수가 가장 많은 지역은 서울이었으며, 고등학교에서는 광주가 33.0명으로 가장 높게 나타났다. 규모가 작은 세종은 초등학교, 중학교, 고등학교 모두에서 가장 적은 학급당 학생 수를 나타내고 있으며, 반면 ㉤ 울산은 모든 학교급에서 학급당 학생 수가 우리나라 평균보다 높게 나타났다.

① ㉠　　② ㉡　　③ ㉢
④ ㉣　　⑤ ㉤

15. 2020년 8개 비교 대상 지역의 초 · 중 · 고등학교 학급당 평균 학생 수를 순서대로 올바르게 나열한 것은? (단, 소수점 아래 둘째 자리에서 반올림하고, 시도별 학급 수는 동일하다고 가정한다)

	초등학교	중학교	고등학교
①	26.8명	22.4명	23.5명
②	22.4명	26.8명	29.2명
③	23.2명	26.8명	28.5명
④	22.4명	29.2명	27.5명
⑤	27.5명	22.4명	29.2명

[16 ~ 17] 다음 자료를 보고 이어지는 질문에 답하시오.

〈논벼(쌀) 생산비〉

(단위 : 원, kg, %)

구분		20X8년	20X9년	전년 대비	
				증감량	증감률
10a당 논벼 생산비		674,340	691,374	17,034	2.5
	직접생산비	440,821	447,776	6,955	1.6
	간접생산비	233,519	243,598	10,079	4.3
20kg당 쌀 생산비		24,025	25,322	1,297	5.4
10a당 쌀 생산량		539	527	−12	−2.2

〈연도별 논벼(쌀) 생산비 추이〉

(단위 : 천 원, kg)

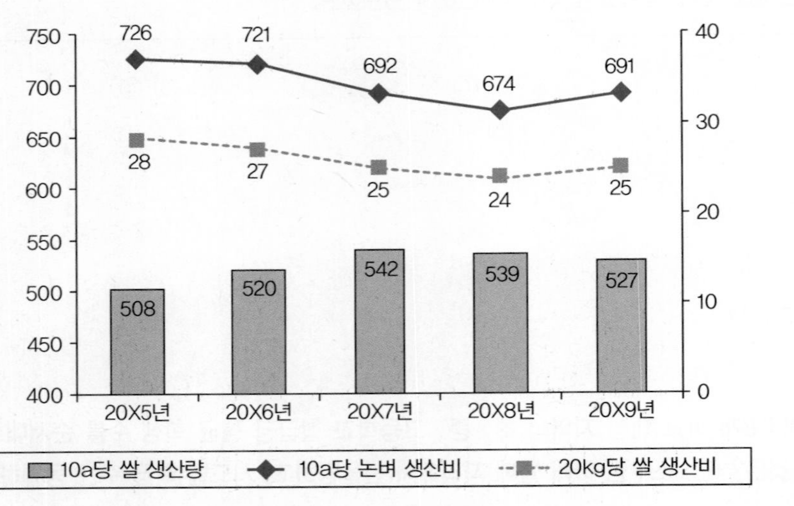

16. 위 자료에 대한 보고서의 내용으로 적절하지 않은 것은?

- ① 20X9년의 10a당 논벼 생산비는 69만 1,374원으로 전년 대비 2.5%(1만 7,034원) 증가하였으며, 이는 직접생산비의 노동비, 간접생산비의 토지용역비 등의 증가에 기인한 것으로 파악되었다.
  - 노동비 : (20X8) 161,636원 → (20X9) 167,910원(6,274원, 3.9%)
  - 토지용역비 : (20X8) 224,534원 → (20X9) 235,411원(10,877원, 4.8%)
- ② 20X9년의 20kg당 쌀 생산비는 2만 5,322원으로 전년 대비 5.4%(1,297원) 증가하였으며, 이는 10a당 논벼 생산비 증가(2.5%) 및 10a당 쌀 생산량 감소(−2.2%)에 기인한 것으로 파악되었다.
  - 재배면적 감소 및 모내기 시기의 가뭄, 잦은 강수 등 기상의 영향
- 한편, ③ 10a당 논벼 생산비와 20kg당 쌀 생산비는 20X5년부터 20X9년까지 매년 점차 감소하는 추이를 나타내는 것으로 파악되었다. 그러나 ④ 10a당 쌀 생산량은 20X7년을 정점으로 조금씩 감소하여 대책이 필요한 것으로 보고되었다.
- 그러나 ⑤ 20X5년 대비 20X9년의 쌀 생산비와 생산량은 저비용과 고효율을 이루어 낸 성과를 보이고 있다.

17. 논벼의 수익성을 다음 표와 같이 나타낼 때 (A), (B)에 들어갈 수치는 차례대로 각각 얼마인가?

(단위 : 원, %, %p)

구분	20X8년	20X9년	전년 대비	
			증감량	증감률
총수입(a)	856,165	974,553	118,388	13.8
생산비(b)	674,340	691,374	17,034	2.5
경영비(c)	426,619	(A)	6,484	1.5
순수익(a−b)	181,825	283,179	101,354	55.7
순수익률*	21.2	29.1	7.9	
소득(a−c)	429,546	541,450	111,904	26.1
소득률*	(B)	55.6	5.4	

* 순수익률(%) = $\frac{\text{순수익}}{\text{총수입}} \times 100$　　* 소득률(%) = $\frac{\text{소득}}{\text{총수입}} \times 100$

① 433,103, 45.2　② 433,103, 50.2　③ 423,605, 45.2
④ 423,605, 50.2　⑤ 433,103, 55.3

18. 다음은 주요 ESS(에너지저장장치) 기술의 형태별 특징을 나타낸 자료이다. ESS 기술을 물리적인 방식과 화학적인 방식으로 구분할 때, 물리적인 방식끼리 짝지어진 것은?

〈ESS(에너지저장장치) 기술의 형태별 특징〉

- NaS(나트륨 유황 전지) : 300 ~ 350℃의 온도에서 용융상태의 나트륨(Na) 이온이 베타알루미나 고체전해질을 이동하면서 전기화학에너지를 저장한다. 에너지밀도가 높고 비용은 저렴하고 대용량화가 용이하지만, 에너지효율이 낮고(저출력), 고온의 시스템이 필요하여 실제 저장용량이 30MW로 제한적이다.

- 양수발전 : 물의 위치에너지를 전기에너지로 바꾸는 방식으로, 펌프를 이용해 하부 저수지 물을 상부로 양수하고 필요시 하부로 방류하여 발전한다. 1일 1회 방전 시 양수발전기를 약 30 ~ 50년 이상 사용이 가능할 정도로 내구성이 길지만, 지형지물을 이용하기 때문에 지리적 제약이 많다.

- Flywheel : 전기에너지를 회전하는 운동에너지로 저장하였다가 다시 전기에너지로 변환하여 사용한다. 에너지효율이 높아서(고출력) UPS, 전력망 안정화용으로 적용 가능하고 수명이 길지만(20년), 초기 구축비용 과다, 에너지밀도가 작음, 장기간 사용 시 동력 효율 저하 등의 단점이 있다.

- VRB : 전해질 용액을 순환시켜 작동시키는 Flow Battery의 일종으로 전해액 내 이온들의 전위차를 이용하여 전기에너지를 충 · 방전하는 원리를 이용한다. 저비용이며 대용량화가 용이하고 장시간 사용이 가능하지만, 반응속도가 낮고 에너지밀도 및 에너지효율이 낮다는 단점이 있다.

- LiB(리튬이온 전지) : 리튬이온이 양극과 음극을 오가면서 전위차가 발생하는 원리를 이용한다. 에너지밀도가 높고 에너지효율이 높아서(고출력) 적용범위가 가장 넓다. 반면 낮은 안전성과 고비용, 수명 미검증과 저장용량이 3kW ~ 3MW로 500MW 이상 대용량 용도에서는 불리하다는 단점이 있다.

- CAES(공기 압축식) : 잉여전력으로 공기를 동굴이나 지하에 압축하고, 압축된 공기를 가열하여 터빈을 돌리는 방식이다. 대규모 저장이 가능하며(100MW 이상), 발전단가가 낮지만 초기 구축비용이 과다하고 지하 굴착 등으로 지리적 제약이 많다.

① CAES, LiB　② 양수발전, VRB　③ 양수발전, CAES
④ NaS, CAES　⑤ NaS, LiB

19. 다음은 로직트리를 사용하여 제품개발 지연 문제의 원인과 해결방안을 도출한 것이다. ㉠ ~ ㉥ 중 옳지 않은 것을 모두 고르면?

> 로직트리(Logic Tree)는 논리(Logic)과 나무(Tree)의 합성어로, 하나의 문제를 나무가 큰 줄기에서 잔가지와 나뭇잎으로 뻗어 가는 것과 같이 세분화하는 방식으로 논리를 전개하여 문제의 해결법을 찾거나, 반대로 잔가지와 나뭇잎에서 큰 줄기를 찾아 가는 것처럼 여러 결과를 종합하여 문제의 원인을 규명해 내는 문제해결기법이다. '내용의 중복이 없고, 각각의 합이 전체를 포함할 것(MECE)'이라는 원칙으로 복잡한 사건의 구조를 체계적으로, 그리고 시각적으로 정리하면서 점차 해결책으로 접근해 나갈 수 있다는 것이 로직트리의 이점이다.
>
> 다음은 어느 기업에서 신제품 개발이 늦어지는 이유가 무엇인가를 찾기 위해 로직트리를 활용한 예시이다. 이처럼 신제품의 개발이 늦어지는 원인을 개발역량 부족, 시장 상황의 변동, 기타 이유로 분해하고, 이를 다시 각각의 이유로 분해하여 원인들을 도출하고, 이에 대한 각각의 해결책을 제시해 나간다.

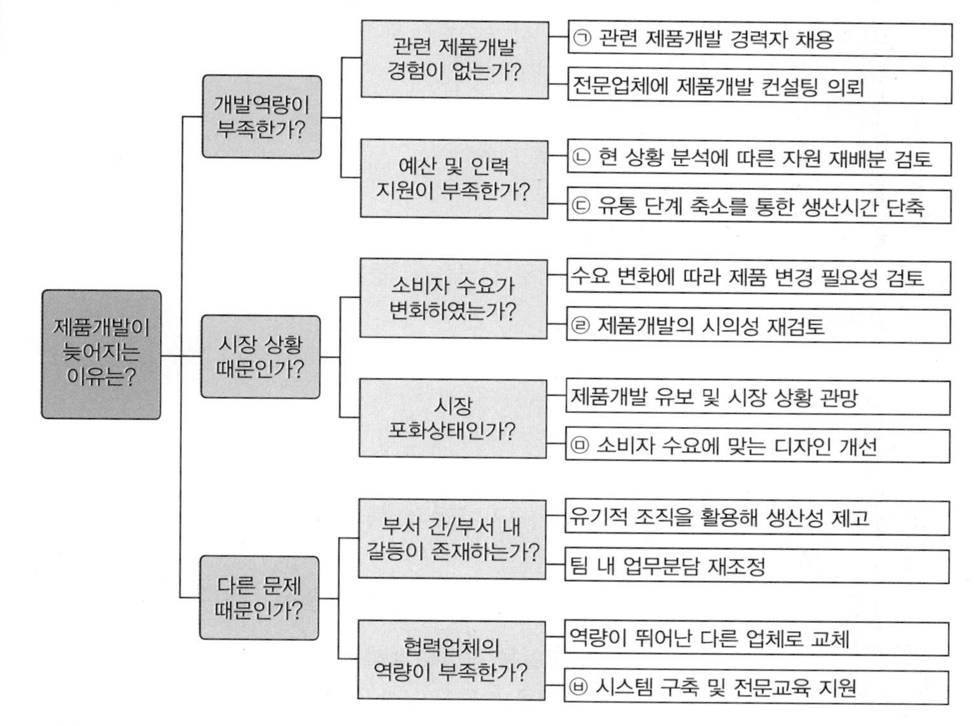

① ㉠, ㉢　　② ㉠, ㉥　　③ ㉡, ㉣

④ ㉢, ㉤　　⑤ ㉣, ㉥

20. 다음은 재활용 쓰레기 배출방법과 관련하여 ○○공사 관사 건물에 내려온 지침이다. 다음의 지침에 따라 쓰레기를 올바르게 배출한 직원은 누구인가?

〈재활용 쓰레기 배출방법〉

- 유리병 : 병 뚜껑 제거 후 내용을 비우고 배출
- 형광등, 건전지 : 별도 수거함 배출
- 플라스틱류 : 내용물을 비우고 부착상표 제거 후 압착하여 배출
- 스티로폼류 : 이물질 제거 후 배출. 컵라면, 생선받침용 색깔 스티로폼은 종량제 봉투에 담아 배출
- 비닐류 : 이물질 씻어서 봉투에 담아서 배출
- 캔, 고철류 : 내용물을 비우고 압축 후 배출

※ 단, 부탄가스, 살충제 용기는 구멍을 뚫은 후 배출

〈폐가전 배출 방법〉

- 2020년 1월 1일부터 폐가전 배출 시 수수료가 부과되어 배출번호 기재 또는 폐기물 스티커를 부착하여 배출하여 주시기 바랍니다.
- 대형폐기물 배출신청방법
  ① ○○시청 홈페이지 대형폐기물 배출신청
  ② 읍, 면, 동 주민센터 방문 신청
  ③ 수수료스티커 구입 후 전화 접수(1899－1769)
- 폐가전제품 무상수거를 원하실 경우 한국전자제품자원순환공제조합의 무상수거서비스를 이용해 주시기 바랍니다.
  ① 전화(1599－0903) 혹은 홈페이지(www.15990903.or.kr)에서 접수
  ② 수거 품목
    • 대형 가전 : TV, 냉장고, 에어컨, 세탁기, 전자레인지, 공기청정기, 식기건조기, 냉온정수기 등 완제품
    • 소형 가전 : 노트북, 오디오, 가습기, 프린터, 휴대폰, 다리미, 청소기 등 5개 이상 동시 배출

  ※ 수거불가 품목 : 원형 훼손 제품, 주방기구, 러닝머신을 제외한 운동기구 등

〈재활용 종이류 배출안내〉

- 종이류 배출 시 협잡물(폐지 외 다른 이물질이 섞이거나 묻은 제품)은 재활용이 불가능한 품목으로 수거 거부가 예상되고 있으니 재활용품 배출 시 각별히 신경 써 분리 배출하여 주시기 바랍니다.
- 배출금지 협잡물은 종량제봉투에 버려 주세요(도배지, 스티커, 화장지, 물티슈, 코팅종이, 영수증, 테이프 붙은 종이 등).

- 골판지상자 등 골판지류는 비닐 코팅된 부분, 상자에 붙은 테이프, 철핀, 알루미늄박 등을 제거한 후, 다른 종이류와 섞이지 않게 접어서 배출하여 주시기 바랍니다.
- 종이팩은 내용물을 비우고 물로 헹구는 등 이물질을 제거하고 말린 후 배출해 주세요. 특히 빨대나 비닐 등 종이팩과 다른 물질이 붙어 있는 경우에는 이를 제거하여 분리 배출하여 주시기 바랍니다.
- 종이컵은 내용물을 비우고 물로 헹군 후 압착하여 봉투에 넣거나 묶어서 배출하여 주시기 바랍니다.
- 비닐 코팅된 종이나 공책의 스프링, 비닐 포장지 등은 제거 후 배출하여 주시기 바랍니다.
- 그 외의 종이류들은 물에 젖지 않도록 크기별로 묶어서 배출하여 주시기 바랍니다.

〈분리수거 시간〉

분리수거는 일요일 7시부터 15시 30분까지 가능합니다(단, 전날 18시 이후로 쓰레기를 문 앞에 내놓는 행위는 가능).

① 주영 : 다 사용한 부탄가스를 압축한 후 그대로 배출하였어.

② 선호 : 냉장고를 무상으로 버리기 위해 1899－1769에 전화해서 무상수거를 신청했어.

③ 지영 : 영수증은 재활용 종이니까 종이 분리수거에 함께 버렸어.

④ 다솜 : 토요일 밤 10시에 배출할 쓰레기를 문 앞에 내놓았다가 일요일 오후 3시에 배출하였어.

⑤ 지호 : 노트북, 오디오, 가습기, 휴대폰, 덤벨을 동시에 배출하기 위해 www.15990903.or.kr에 신청하였어.

21. 다음은 ○○공단의 출장 규정 중 일부이다. 다음 중 이를 적용한 내용으로 적절하지 않은 것은?

제2장 국내출장

제12조(국내출장신청) 국내출장 시에는 출장신청서를 작성하여 출장승인권자의 승인을 얻은 후 부득이한 경우를 제외하고, 출발 24시간 전까지 출장담당부서에 제출해야 한다.

제13조(국내여비) ① 철도여행에는 철도운임, 수로여행에는 선박운임, 항공여행에는 항공운임, 철도 이외의 육로여행에는 자동차운임을 지급하며, 운임의 지급은 별도 규정에 의한다. 다만, 전철구간에 있어서 철도운임 외에 전철요금이 따로 책정되어 있는 때에는 철도운임에 갈음하여 전철요금을 지급할 수 있다.

② 공단 소유의 교통수단을 이용하거나 요금지불이 필요 없는 경우에는 교통비를 지급하지 아니한다. 이 경우 유류대, 도로사용료, 주차료 등은 귀임 후 정산할 수 있다.

③ 직원의 항공여행은 일정 등을 고려하여 필요하다고 인정되는 경우로 부득이 항공편을 이용하여야 할 경우에는 출장신청 시 항공여행 사유를 명시하고 출장결과 보고서에 영수증을 첨부하여야 하며, 기상악화 등으로 항공편 이용이 불가한 경우 사후 그 사유를 명시하여야 한다.

④ 국내출장자의 일비 및 식비는 별도 규정에서 정하는 바에 따라 정액 지급하고(사후 실비 정산 가능) 숙박비는 상한액 범위 내에서 실비로 지급한다. 다만, 업무형편, 그 밖에 부득이한 사유로 인하여 숙박비를 초과하여 지출한 때에는 숙박비 상한액의 10분의 3을 넘지 아니하는 범위에서 추가로 지급할 수 있다.

⑤ 일비는 출장일수에 따라 지급하되, 공용차량 또는 공용차량에 준하는 별도의 차량을 이용하거나 차량을 임차하여 사용하는 경우에는 일비의 2분의 1을 지급한다.

⑥ 친지 집 등에 숙박하거나 2인 이상이 공동으로 숙박하는 경우 출장자가 출장 이행 후 숙박비에 대한 정산을 신청하면 회계담당자는 숙박비를 지출하지 않은 인원에 대해 1일 숙박당 20,000원을 지급할 수 있다. 단, 출장자의 출장에 대한 증빙은 첨부해야 한다.

⑦ 워크숍 또는 세미나 등에 참석하기 위해 출장을 가는 경우 해당 주관기관에서 시행한 공문 등에서 숙박비 금액을 명시한 때에는 별도 지급표에 따른 숙박비 범위 내에서 그 금액을 선지급 하고 주관기관에서 시행한 참석확인 공문 등을 정산자료로 인정할 수 있다. 만약 주관기관의 참석요청 공문 등에서 숙박비 금액을 명시하지 않은 경우에는 주관기관에 유선 등으로 숙박비를 확인하여 출장 전에 지급하고 출장 후 주관기관에 숙박비가 명시된 공문 시행을 요청하는 등의 방법으로 정산할 수 있다.

숙박비를 지출하지 않은 인원수(계산식) = 총 출장인원 − (총 숙박비 ÷ 5만 원)
(단, 소수점 이하는 올림)

제14조(장기체재) ① 동일지역에 장기간 체재하는 경우에 일비는 도착 다음 날로부터 기산하여 15일 초과 시는 그 초과일수에 대하여 1할을, 30일 초과 시는 그 초과 일수에 대하여 2할을, 60일 초과 시는 그 초과일수에 대하여 3할을 각각 감액한다.

② 제1항의 경우에 장기체재기간 중 일시 다른 지역에 출장하는 경우에는 장기체재 계획서에 출장 내역을 포함시켜야 하며, 그 출장기간을 공제하고 그 체재기간을 계산한다.

제15조(국내파견자의 여비) 업무수행을 목적으로 공단 및 공단 사무소 외 지역 또는 유관기관에 파견근무 하는 직원의 여비는 파견승인 시 승인권자의 결재를 받아 지급할 수 있다. 다만, 유관기관에서 여비조로 실비를 지급하거나 숙박시설을 제공하는 경우에는 이에 상당하는 금액을 차감 지급한다.

제20조(이전비 등) ① 직원이 전보 등의 사유로 다른 지역으로 근무지를 변경하여 부임한 경우 출장승인권자는 당해 직원에 대하여 전출입 등 민원업무 처리에 소요되는 기간 동안 부임 거리 및 소요 일수를 고려하여 출장을 명하되, 그 기간은 3일을 초과할 수 없다.

② 공단의 장은 필요한 경우 근무지 이외의 지역에서 부임하는 신규 채용자에 대하여 제1항에 의한 이전비를 지급할 수 있다.

③ 직원의 부임전후의 근무지가 국내인 경우에는 국내이전비를, 근무지가 국내에서 국외로 또는 국외에서 국내로 변경되어 가족(배우자 · 미혼자녀 및 생활능력이 없는 부모에 한한다)을 동반하는 국외이전의 경우에는 공무원여비규정을 준용하여 이전비를 지급한다.

① 70,000원의 일비를 기준으로 도착 다음 날부터 20일간 동일한 출장지에서 체재하며 그 기간 중 2일간 타 지역 출장이 이루어진 경우, 지급받는 총 일비는 1,239,000원이다.

② 철도요금 8,500원이 책정되어 있는 국내출장 구간을 전철요금 3,500원으로 이동할 경우 지급되는 여비는 3,500원이 된다.

③ 숙박비 상한액인 50,000원보다 적은 30,000원의 숙박비를 지급받아 출장을 갔는데 현지 사정으로 80,000원의 숙박비가 지출되었다면, 복귀 후 회사로부터 추가로 지급받을 숙박비는 35,000원이다.

④ 국내출장 복귀 시 사전 지급받은 항공요금을 기상악화로 인해 사용하지 못한 경우에는 복귀 후 미사용 사유를 보고서 등에 명시하여야 한다.

⑤ 5인의 국내출장 시 객실당 30,000원의 숙박료를 지급하고 객실 3개에 나누어 숙박한 경우, 회사는 숙박비를 지출하지 않은 인원에 대한 숙박비로 총 40,000원을 지급하게 된다.

[22 ~ 23] 다음 글을 읽고 이어지는 질문에 답하시오.

'에너지 하베스팅'은 자연에서 발생되는 에너지를 전기 에너지로 변환하는 것뿐만 아니라 일상에서 발생하는 진동, 실내 조명광, 자동차에서 발생하는 열, 방송 전파 등 우리 주변에 쉽게 버려지는 에너지까지 전기 에너지로 변환하여 사용할 수 있도록 하는 기술을 말한다. 즉 우리가 아침에 일어나서 다시 잠들기까지 발생하는 모든 일상생활 속 에너지를 다시 활용하는 친환경 기술이다. 이런 에너지 하베스팅의 종류로는 신체 에너지 하베스팅, 열 에너지 하베스팅, 위치 에너지 하베스팅, 전자파 에너지 하베스팅, 진동 에너지 하베스팅이 있는데, 이 중에서 진동 에너지 하베스팅은 비교적 발전 효율이 높고 응용 범위도 넓기 때문에 향후 실용 에너지로 전망이 밝다.

진동 에너지 하베스팅의 활용은 다양한 곳에서 확인할 수 있다. 버튼을 누르는 운동 에너지를 전력으로 바꿔 건전지가 필요 없는 TV 리모컨, 아이들이 축구장을 뛰어다닐 때 발생하는 진동 에너지를 조명전력으로 전환하여 사용하는 것 등이 그 예이다. 그리고 이스라엘에서는 도로, 철도, 공항 활주로에 진동 에너지 하베스팅을 적용하여 1km의 도로에서 시간당 200kWh의 전력을 생산하고 있다. 이렇게 진동과 압력을 통해서 전기 에너지를 얻으려면 압전소자가 필요한데, 압전소자란 무엇일까?

압전소자는 압력을 가하면 전기를 생산하는 성질을 가진 것을 말하며 대표적으로 수정, 전기석, 로셸염 등이 있다. 압전소자를 이용하면 일상 생활에서 잡거나 누르고 걸을 때마다 전기 에너지를 만들 수 있다. 압전소자를 물리적인 힘으로 누르면 양전하와 음전하가 나뉘는 '유전분극'이 발생하고 이러한 전하 밀도의 변화로 인해 전기가 흐르는 '압전효과'가 발생한다. 이렇게 압전효과로 압력에 변화를 줄 때마다 전기를 생산하는 압전소자는 라이터, 발광 신발, 밟을 때마다 소리가 나는 계단 등 다양한 곳에서 다른 에너지를 전기 에너지로 재생시키는 것이다. 그런데 친환경적으로 전기를 생산하는 압전소자를 만들기 위해서는 납이나 바륨과 같이 인체에 나쁜 영향을 미칠 수 있는 화학물질이 사용되는 문제점이 있다.

그러나 이미 이러한 압전소자의 문제점을 해결한 나노 압전소자를 개발했다. 나노 압전소자는 천연 소재인 양파 껍질을 이용하여 생분해성, 생체적 합성이나 물질 합성 측면에서도 발전 가능성이 큰 것이 특징이다. 흔한 양파 껍질이 친환경 압전소자가 될 수 있었던 이유는 양파 껍질에 들어 있는 셀룰로오스 섬유질 때문인데, 유리판을 쌓은 모양으로 되어 있는 셀룰로오스 섬유질의 층 내부에는 같은 수의 양전하와 음전하가 배열되어 있고 이러한 양파 껍질에 물리적 힘이 전해지면 나란히 배열되어 있던 양전하와 음전하가 이동하면서 전기가 발생하는 원리이다. 양파 껍질은 아주 약한 바람이나 작은 힘에도 전기를 생산할 수 있을 만큼 민감하고 효과적인 압전소자라 더욱 각광받고 있다.

양파 껍질처럼 아주 민감한 반응에도 전기를 생산할 수 있는 압전소자 기술을 신체나 기기에 부착한다면 걸어 다닐 때 발바닥에 발생하는 압력이나 기침과 같은 사람의 일상적인 움직임을 전기 에너지로 바꿀 수 있다. 또 도로에 압전소자를 적용하여 자동차나 사람이 지나가면서 누르는 압력으로 전기를 생산하고 주위 시설에 전기를 제공할 것으로 전망된다. 그러나 그러기 위해서는 연구와 개발을 통해 압전소자의 내구성 개선과 전기발전 효율의 향상이 더 필요하다. 버려지는 에너지를 또 다른 에너지로 발전시키는 에너지 하베스팅 기술은 압전소자뿐만 아니라 다양한 방식으로 계속 발전하게 될 것이며, 우리에게 더욱 편리한 생활을 제공하고 화학 연료로 환경오염 문제를 해결하는 데에도 도움을 줄 것으로 기대된다.

22. 다음 중 윗글을 근거로 추론한 내용으로 옳지 않은 것은?

① 에너지 하베스팅이 실생활에 상용화되면 낭비되는 에너지를 모아 효율적으로 사용할 수 있다.
② 압전 에너지 하베스팅은 내구성과 효율성 등 아직 해결되지 못한 문제가 남아 있다.
③ 기존의 압전소자는 인체에 유해한 화학물질이 사용되었다.
④ 압전소자는 진동 에너지 하베스팅은 물론 열이나 전자파 에너지에도 다양하게 활용할 수 있다.
⑤ 에너지 하베스팅은 편리함을 제공할 뿐만 아니라 환경오염도 줄여 줄 것이다.

23. 다음 자료를 참고하여 압전 에너지 하베스팅을 바르게 이해한 것을 〈보기〉에서 모두 고르면?

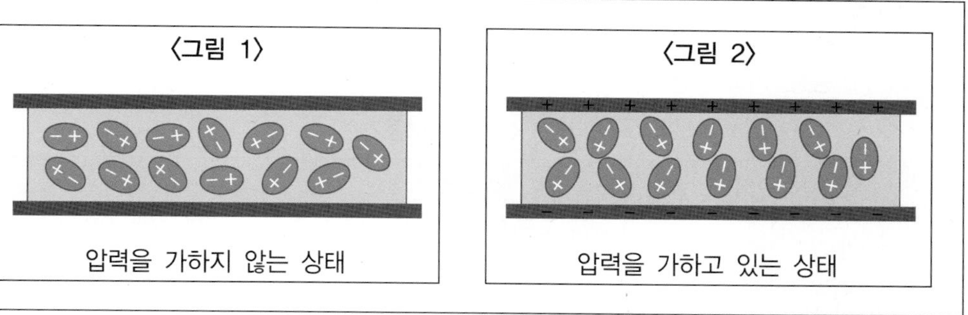

보기

㉠ 〈그림 1〉은 전기를 생산하는 상태, 〈그림 2〉는 전기를 생산하지 않는 상태를 나타내는구나.
㉡ 압력을 가하면 〈그림 1〉에서 〈그림 2〉의 상태로 바뀌고, 이에 다른 전해질로의 변화를 쉽게 일으켜 전기가 발생하는 것이지.
㉢ 〈그림 2〉처럼 양전하와 음전하가 분리된 현상을 유전분극이라 하는구나.
㉣ 양파를 활용할 수 있는 것은 양파 껍질의 셀룰로오스 섬유질 내부에서 양전하와 음전하가 쉽게 이동할 수 있기 때문이야.

① ㉠, ㉡ ② ㉡, ㉢ ③ ㉢, ㉣
④ ㉠, ㉡, ㉢ ⑤ ㉡, ㉢, ㉣

[24 ~ 25] 다음은 ○○전자의 제품 및 부품의 보증기간 산정기준 및 유 · 무상 수리기준이다. 이어지는 질문에 답하시오.

■ 제품의 보증기간

1. 제품 보증기간이라 함은 제조사 또는 제품 판매자가 소비자에게 정상적인 상태에서 자연발생한 품질, 성능, 기능 하자에 대하여 무상수리를 약속한 기간을 말한다.
2. 제품의 보증기간은 구입일자를 기준으로 산정하며, 구입일자의 확인은 제품 보증서(구입 영수증 포함)에 의해서 한다. 단, 보증서가 없는 경우는 동 제품의 생산 당시 회사가 발행한 보증서 내용에 준하여 보증 조건을 결정하며, 생산연월에 유통기한 3개월을 감안하여 구입일자를 적용, 보증기간을 산정한다.
3. 다음의 경우는 보증기간이 정상적인 경우의 절반$\left(\frac{1}{2}\right)$으로 단축 적용한다.
   ① 영업용도나 영업장에서 사용할 경우(단, 영업용 제품은 제외)
   예 비디오(비디오 대여점), 세탁기(세탁소)
   ② 정상적인 환경이 아닌 곳에서 사용할 경우
   예 차량, 선박 등
   ③ 제품사용 빈도가 극히 많은 공공장소에 설치, 사용할 경우
   예 공장, 기숙사 등
   ④ 기타 생산 활동 등 가정용 이외의 용도로 사용할 경우
   예 공장, 기숙사 등

〈품목별 보증기간〉

구분	보증기간	관련 제품	참고
일반제품	1년	전 제품 공통(단, 복사기는 6개월 또는 1년 적용)	복사기는 인쇄 매수에 따라 단축될 수 있음.
계절성 제품	2년	에어컨, 선풍기, 온풍기, 로터리히터, 팬히터	

〈핵심부품 무상기간〉

구분	보증기간	관련제품	참고
핵심부품	2년	• PDP 패널(PDP, DID) • LCD 패널(LTV, LCD 모니터, DID, 일체형PC) • 메인보드(PC)	단, 노트북 LCD 패널은 제외
	3년	• 콤프레셔(냉장고, 김칫독) • 일반모터(세탁기), 헤드드럼(VTR/CAM), 버너(로터리/팬히터), 마그네트론(전자레인지)	

4. 중고품(전파상 구입, 모조품)의 보증기간은 적용되지 않으며, 수리불가의 경우 피해 보상의 책임을 지지 않는다.
5. 당사와 별도 계약에 한하여 납품되는 제품의 보증은 그 계약내용을 기준으로 한다.
   ※ 예외사항
   ① 영업용의 경우 보증기간의 $\frac{1}{2}$ 적용
   ② 잉크, 토너, 현상기, 드럼 등의 경우, 중량 및 권장 인쇄량 등을 확인하여 보증서의 품질 보증기간과 기준을 적용
   ③ 휴대폰 소모성 액세서리(이어폰, 유선충전기, USB케이블)는 유상수리 후 2개월 품질보증

■ 부품의 보증기간

1. 부품보증이라 함은 제품을 구성하는 각 부품에 대한 품질 보증을 말하며 그 기간은 다음과 같다.
2. 유상으로 수리한 경우, 수리한 날부터 1년 이내에 정상적으로 제품을 사용하는 과정에서 종전과 동일한 부품 고장이 재발한 경우 무상수리(일반적 소비자분쟁해결 기준 및 내규)가 가능하다.

〈품목별 품질보증기간 및 부품 보유기간과 내용연수〉

구분	품질보증기간	부품 보유기간		내용연수	
		2016.10.25. 이전 구입	2016.10.26. 이후 구입	2016.10.25. 이전 구입	2016.10.26. 이후 구입
TV, 냉장고	1년	8년	9년	7년	사업자가 품질 보증서에 표시한 부품 보유기간으로 함.
에어컨, 시스템 에어컨	2년	7년	8년	7년	
세탁기, 전자레인지, 정수기, 가습기, 전기청소기	1년	6년	7년	5년	
비디오플레이어, DVD플레이어, 전기(가스)오븐, 전기압력밥솥, 가스레인지, 유·무선전화기, 믹서기, 전기온수기, 냉온수기, 캠코더, 홈시어터, 비데	1년	6년	6년	6년	
내비게이션, 카메라	1년	5년	5년	5년	
컴퓨터, 프린터, 모니터, 태블릿, 휴대용 음향기기(MP3, 카세트, CD플레이어)	1년	4년	4년	3년	
스마트폰, 휴대폰	*1년	4년	4년	3년	
전기면도기, 전기조리기기(멀티쿠커, 전기냄비, 전기프라이팬, 전기토스터, 튀김기, 다용도 식품조리기 등)	1년	3년	3년	3년	
복사기	6개월	5년	5년	5년	

* 스마트폰/휴대폰의 품질보증기간은 2020년 1월 1일 이후 구입제품부터 2년을 적용함(이전 구입 제품은 1년 적용).

■ 유 · 무상 수리기준

1. 무상수리

① 품질보증 기간 이내에 정상적인 사용 상태에서 발생한 성능, 기능상의 고장인 경우

② CS프로(엔지니어)가 수리 후 정상적으로 제품을 사용하는 과정에서 12개월 이내에 동일한 부품이 재고장 발생 시
단, 무상수리 기간이 기본적으로 연장 적용되는 핵심부품은 제외(제품 구입기준 핵심부품의 무상수리 기간 종료시 유상수리 적용)

2. 유상수리

① 타사 제품(소프트웨어 포함)으로 인한 고장 시

② 사용설명서 내의 주의사항을 지키지 않아 발생한 고장의 경우

③ 당사에서 지정하지 않은 소모품이나 옵션품으로 발생한 고장의 경우

④ 서비스센터 CS프로(엔지니어)가 아닌 사람이 수리하고 고장이 발생한 경우

⑤ 외부 충격이나 떨어뜨림 등에 의한 고장, 손상 발생 시

⑥ 소모성 부품의 수명이 다한 경우(배터리, 형광등, 헤드, 필터류, 램프류, 토너, 잉크 등)

⑦ 보증기간이 경과한 제품 및 인터넷, 안테나, 유선신호 등 외부환경 문제 시

⑧ 구입제품의 초기 설치 이후, 추가로 제품을 연결하거나 재연결을 하는 경우

⑨ 홈쇼핑, 인터넷 등에서 제품 구입 후 설치를 추가 요청하는 경우

⑩ 제품의 이동, 이사 등으로 인한 설치 변경 시

24. 제품 구매 고객으로부터의 다음 문의사항에 대한 답변으로 옳은 것은?

○○전자의 TV를 4개월 전 인터넷으로 구매하여 사용하고 있습니다. 한 달 전 고장이 발생해서 급하게 동네에 있는 일반 전파상에서 이를 수리하였습니다. 그런데 수리한 지 한 달도 되지 않아 다시 같은 고장이 발생해 화면이 나오지 않습니다. 어떻게 조치를 취할 수 있을까요?
－LED 액정 교체 및 수리비용 : 16만 원　　－부품 보유 수 : 4개

① 수리 후 12개월 내에 동일한 고장이 발생하였으므로 바로 환불조치 해 드리겠습니다.

② 모니터의 품질 보증기간은 1년으로 기간 내에 해당한다면 무상수리가 가능합니다.

③ 한 달 전 고장에 대해 당사 서비스센터 CS프로를 통한 수리가 이루어지지 않아 유상수리를 하셔야 합니다.

④ 제품을 수리받으신 후 1년이 지나지 않아 동일한 고장이 발생했기 때문에 무상으로 수리가 가능합니다.

⑤ 가정에서 사용하신 경우만 무상수리가 가능합니다. 모니터를 영업용으로 사용하셨다면 무상수리가 불가능합니다.

25. A 씨는 ○○냉장고에 하자가 생겨 수리를 맡겼는데, 부품 보유기간 내에 해당하지만 부품이 없어 수리받지 못했다. 다음 자료에 따라 A 씨가 받을 수 있는 보상금액은? (단, 제품 수리를 맡긴 날짜는 2020년 3월 2일이고, 제품의 구입가는 160만 원이다)

○○정수기

〈보증기간〉

- 보증기간 : 12개월
- 핵심부품 보증기간 : 36개월

〈부품 보유기간과 제품의 내용연수〉

- 2016. 10. 25. 이전 구입제품 : 84개월
- 2016. 10. 26. 이후 구입제품 : 96개월

〈제품별 부품 보유기간〉

제품의 잔존가치 산출 시 사용되며, "개정" 내용은 2016. 10. 26.부터 적용된다.

1. 품질보증서에 표시된 부품 보유기간을 내용연수로 적용하며, 부품 보유기간이 소비자분쟁해결 기준보다 짧거나 미기재한 경우 소비자분쟁해결 기준의 부품 보유기간을 적용한다.
2. 부품 보유기간 기산 시점 명시 : 해당 제품의 제조일자(제조연도 또는 제조연월만 기재된 경우 제조연도 또는 제조월의 말일을 제조일자로 봄)를 기산점으로 한다.
3. 부품 보유기간 내에 부품이 없어 제품수리가 불가능한 경우의 보상금액은 다음과 같이 산정한다(2018. 2. 27.까지 구매건 : 15% 가산, 2018. 2. 28. 이후 구매건 : 10% 가산).

보상금액 = 잔존가치 + 해당 제품 구입가의 10% 혹은 15%

※ 감가상각방법은 정액법에 의하되 내용연수는 '품목별 품질보증기간 및 부품 보유기간과 내용연수' 표를 적용(월할 계산)

※ 감가상각비 = $\frac{\text{사용연수}}{\text{내용연수}}$ × 구입가

※ 잔존가치 = 구입가 − 감가상각비

〈제품보증서〉

- 제품명 : ○○냉장고
- 보증기간 : 1년
- 판매자 : ○○전자 X 지점
- 생산일자 : 2016년 3월 1일
- 모델명 : SE1049TQ
- 구입일자 : 2018년 3월 2일
- 제조자 : ○○전자

① 960,000원 ② 1,180,000원 ③ 1,360,000원
④ 1,440,000원 ⑤ 1,570,000원

Memo

미래를 창조하기에 꿈만큼 좋은 것은 없다.
오늘의 유토피아가 내일 현실이 될 수 있다.

There is nothing like dream to create the future.
Utopia today, flesh and blood tomorrow.
빅토르 위고 Victor Hugo

코레일(한국철도공사)

6회 기출예상문제

수험번호	
성 명	

감독관 확인란	

6회 기출예상문제

성명 표기란

ㄱ ㄴ ㄷ ㄹ ㅁ ㅂ ㅅ ㅇ ㅈ ㅊ ㅋ ㅌ ㅍ ㅎ ㄲ ㄸ ㅃ ㅆ ㅉ ㄺ ㄻ

ㅏ ㅑ ㅓ ㅕ ㅗ ㅛ ㅜ ㅠ ㅡ ㅣ ㅐ ㅒ ㅔ ㅖ ㅘ ㅙ ㅚ ㅝ ㅞ ㅟ ㅢ

수험번호

⓪ ① ② ③ ④ ⑤ ⑥ ⑦ ⑧ ⑨

(주민등록앞자리 생년제외) 월일

⓪ ① ② ③ ④ ⑤ ⑥ ⑦ ⑧ ⑨

※ 검사문항 : 1~25

문번	답란	문번	답란
1	① ② ③ ④ ⑤	16	① ② ③ ④ ⑤
2	① ② ③ ④ ⑤	17	① ② ③ ④ ⑤
3	① ② ③ ④ ⑤	18	① ② ③ ④ ⑤
4	① ② ③ ④ ⑤	19	① ② ③ ④ ⑤
5	① ② ③ ④ ⑤	20	① ② ③ ④ ⑤
6	① ② ③ ④ ⑤	21	① ② ③ ④ ⑤
7	① ② ③ ④ ⑤	22	① ② ③ ④ ⑤
8	① ② ③ ④ ⑤	23	① ② ③ ④ ⑤
9	① ② ③ ④ ⑤	24	① ② ③ ④ ⑤
10	① ② ③ ④ ⑤	25	① ② ③ ④ ⑤
11	① ② ③ ④ ⑤		
12	① ② ③ ④ ⑤		
13	① ② ③ ④ ⑤		
14	① ② ③ ④ ⑤		
15	① ② ③ ④ ⑤		

수험생 유의사항

※ 답안은 반드시 컴퓨터용 사인펜으로 보기와 같이 바르게 표기해야 합니다.
〈보기〉 ① ② ③ ❹ ⑤

※ 성명표기란 위 칸에는 성명을 한글로 쓰고 아래 칸에는 성명을 정확하게 표기하십시오. (맨 왼쪽 칸부터 성과 이름은 붙여 씁니다)

※ 수험번호/월일 위 칸에는 아라비아 숫자로 쓰고 아래 칸에는 숫자와 일치하게 표기하십시오.

※ 월일은 반드시 본인 주민등록번호의 생년을 제외한 월 두 자리, 일 두 자리를 표기하십시오.
〈예〉 1994년 1월 12일 → 0112

6회 기출예상문제

▶ 정답과 해설 31쪽

문항 수 | 25 문항

01. 다음 글을 적절하게 분석하지 못한 사람은?

> 금융위원회는 주가지수 하락세가 지속하면서 주식시장에 공매도가 큰 폭으로 증가하고 있고, 전 세계적인 투매 현상이 우리나라로 파급될 것을 우려해 시장안정조치로서 6개월간 코스피 · 코스닥 · 코넥스 시장 전체 상장 종목에 대한 공매도를 금지했다.
>
> 공매도는 주식을 보유하지 않은 거래자가 주식보유자에게 주식을 빌려 대신 팔고 차후에 이를 되갚는 거래형식을 의미한다. 우리나라에서는 1969년 신용융자제도가 도입되면서 공매도가 가능해졌고, 이후 1996년 상장 종목에 대한 금융기관 간 유가증권 대차제도가 허용되면서 활발해졌다. 공매도에는 긍정적 · 부정적인 측면이 모두 존재한다. 주식시장에 대한 공매도의 순기능을 보면, 공매도는 주식의 기대가치보다 주가가 낮을 때 투자자들의 기대는 매수를 통해 반영될 수 있고, 반대로 주식의 기대가치보다 주가가 높을 때는 주식을 보유하지 않은 투자자들은 공매도를 통해 기대를 실현시켜 주식시장에서 투자자들의 의견을 효율적으로 반영하는 데 도움이 된다. 이러한 점에서 공매도는 적정한 가치에서 벗어난 종목에 대한 거래를 원활하게 해 주는 등 유동성을 높여 주는 순기능이 있다. 또한 투자자들에게 선택의 폭을 늘려 주어 투자의 위험성을 분산시키는 장점도 존재한다. 부정적인 측면으로는 주식이 하락했을 때 수익이 발생하기 때문에 공매도가 늘어나면 주식가격이 내려간다는 투자자들의 심리에 부정적인 영향을 미치게 되어 주가지수가 지속적으로 하락하는 악순환을 들 수 있다. 또한 손실의 하한이 존재하지 않기 때문에 위험성이 매우 높은 거래방식이고 기관이나 외국인에 비해 개인이 거래하는 방식이 제한돼 있기 때문에 개인투자자에게 불공정한 측면도 있다.
>
> 최근 국내 주식시장의 하락세와 더불어 공매도 거래대금이 지난해 일평균 3천180억 원에서 지난달 11일과 12일에는 각각 일평균 6천633억 원, 8천722억 원으로 과도하게 증가했다. 정부가 주식시장의 불안을 잠재우고 금융시장의 투매를 방지하는 차원에서 일시적인 공매도 금지를 취한 것은 필요한 조치로 보인다. 하지만 이번 코로나19 상황이 진정되고 주식시장이 안정화되면 공매도 금지조치에 대해서 논의해 봐야 할 것이다. 코스피시장에서 공매도 거래대금이 전체 거래대금에서 차지하는 비중은 주요국에 비해 낮은 수준으로 공매도의 순기능을 취하면서 부정적인 측면을 보완한다면 공매도 거래는 국내 주식시장의 발전에 도움이 될 것이다.

① A : 기업의 실제가치가 달라지지 않더라도 공매도가 증가하면 개인의 심리 때문에 주가가 급변할 수 있어요.

② B : 최근 금융위원회의 공매도 금지 조치는 금융시장의 불안정성 증대를 방지하기 위한 취지라 볼 수 있어요.

③ C : 예상과 달리 주가가 상승한다면 공매도를 했던 측은 큰 손해를 볼 수 있겠어요.

④ D : 지난달 11일, 12일에는 평소보다 미래 주가가 하락할 것으로 보는 의견이 우세했을 거예요.

⑤ E : 공매도가 단점만 있는 것은 아니에요. 주식의 기대가치와 주가의 차이를 늘려 주식거래의 효율성을 높이죠.

02. 다음 글에 나타난 내용 전개방식 및 표현상의 특징으로 적절하지 않은 것은?

최근 우리 사회에서 외국인의 수가 급증하고 있다. 법무부에 등록된 6개월 이상 국내에 체류 중인 외국인의 수는 지난 20년간 꾸준히 상승하여 2009년 말엔 90만 명에 이르렀다. 정확한 규모는 알 수 없지만 최소 20만 명으로 추산되는 불법 체류 외국인까지 고려하면, 2010년 기준으로 약 110만 명의 외국인이 우리나라에 살고 있는 것이다. 이는 약 4천9백만 명인 우리나라 인구의 약 2.2%에 해당한다.

국내에 체류하는 외국인의 수가 늘어남에 따라 여러 가지 사회 문제도 야기되고 있다. 특히 불법 체류자에 의한 범죄가 언론에 보도되면서 이들에 대한 사회적 반감이 적지 않은 것도 사실이다. 그러나 노동 시장의 국제화, 저출산과 고령화로 말미암은 국내의 노동 인구 감소, 농촌 지역의 국제결혼 희망자 증가 등으로 외국인이 우리나라에 들어오는 것은 막을 수 없는 흐름이 되어 버렸다.

그렇다면 증가하는 외국인의 국내 체류가 사회적으로 문제화되지 않고 서로에게 혜택이 될 수 있게 하기 위해서는 어떠한 준비가 필요한가? 가장 먼저 필요한 것은 외국인에 대해서 우리 사회가 어떠한 관점을 보일 것인지를 명확하게 정하는 일이다. 이 관점에 따라서 앞으로 만들어질 제도와 규정 그리고 문화를 포함하는 제반 환경들의 방향이 설정될 것이기 때문이다. 예컨대 외국인들을 기본적으로 외집단으로 규정하면 그들의 경제 활동 이외에 국내에서의 다른 활동들을 규제하는 방향으로 제도와 환경이 마련될 것이다.

국제적으로 외국인을 바라보는 관점은 크게 두 가지로 나뉜다. 하나는 외국인들이 이주 혹은 이민을 선택했기 때문에 그들이 이주한 나라의 제도와 언어 그리고 문화에 스스로 동화하여야 한다는 관점이고, 다른 하나는 외국인들이 본래 지니고 있는 문화적 전통을 간직한 채 이주한 사회와 융화할 수 있도록 외국인보다는 이들이 이주한 사회가 이들에게 적응하고 이들을 포용해야 한다는 관점이다.

사실 외국인 이민자들에 대한 관점은 전자가 더욱 지배적이었다. 한때 미국을 인종과 문화의 용광로라고 부르기도 하였다. 이 말은 모든 이민자와 그들이 지니고 있었던 전통과 문화가 모두 용해되어 미국화된다는 뜻으로 이는 첫 번째 관점의 전형적인 예라 할 수 있다. 이러한 관점에서 볼 때 이주민 혹은 이민자는 모두 개인들이고, 개인 스스로 새로운 사회에 적응하고 동화되어야 한다. 이 경우 외국인 범죄도 이들이 적응하고 동화하지 못했을 때 발생하는 것으로 보기 때문에 다른 구성원들은 이러한 사건에 혐오감을 가지게 된다.

한편 후자인 포용의 관점은 외국인을 개인으로 보지 않고 사회의 다양한 인구 집단 가운데 하나로 여긴다. 이 관점은 주로 아프리카와 중동으로부터의 외국인 유입이 많은 유럽을 중심으로 발전하였는데, 이민자들이 자신의 문화적 배경을 유지한 채 이주한 나라의 다른 모든 사람들과 마찬가지로 그 사회의 법과 제도를 준수하는 것을 기본적인 내용으로 하고 있다. 우리가 최근 외국인이 포함된 가정에 대해 '다문화 가정'이라고 부르기 시작하였는데, 이 용어가 바로 포용의 관점에 기반을 두고 있다. 이와 같은 포용의 관점을 취하면 외국인에 대한 편견과 차별이 줄어들고 갈등을 해소하여 외국인 범죄 예방에도 도움이 될 것이다.

머지않은 장래에 우리나라도 외국인들을 이민자로 받아들이기 위한 법과 제도가 만들어질 것이다. 이를 위해서도 우리나라의 외국인에 대한 관점이 선택되어야 하고 이는 국민적인 합의를 통해서 이루어져야 한다. 현재 외국인에 대한 우리나라의 관점은 위 두 가지가 모두 존재하는 것으로 보인다. 물론 바람직한 것은 전자의 관점보다는 후자의 관점이다. 하지만 우리 대부분은 하나의 민족이 하나의 언어를 가지고 수천 년을 한반도에서만 살아온 것을 자랑스러운 사실로 배우고 자라났기 때문에 후자의 관점을 그대로 수용하는 것은 쉽지 않은 일이다. 그래서 외국인에 대해 부정적인 감정을 가지고 있는 사람들을 무조건 잘못했다고 비판할 수도 없다. 그나마 다행인 것은 다문화라는 표현이 사회적으로 점차 익숙해져 가고 있고, 정부에서도 다문화주의를 외국인 정책의 기조로 삼고 다문화 가정과 국내 체류 외국인들을 위해 정책적으로 지원 계획을 마련하고 있다는 것이다.

우리가 다른 나라에 이주해 갔을 때를 가정해 보자. 이주한 나라 사람들의 제도와 언어를 배우고 그 사회에 적응하기 위해 노력은 하겠지만 본래 지니고 있는 문화적 전통과 가치관을 버리고 그들의 문화와 전통에 완벽하게 동화하지 않을 것이다. 또 그들이 우리를 배타적으로 대하거나 사회적 기회를 주는 데 자국민과 차별하는 것을 바라지 않을 것이다. 이처럼 우리나라에 들어오는 외국인도 우리에게 동화되거나 흡수되기보다는 각자의 전통과 가치관을 유지한 채 함께 더불어 사는 것을 원하는 것이다. 이것이 가능할 때 외국인 증가는 사회 문제가 아니라 우리 사회의 가능성을 배가(倍加)시켜 주는 훌륭한 자원으로서 기능할 것이다. 이는 탈산업화, 저출산과 고령화 시대인 우리 사회의 발전을 위해 선택이 아닌 필수 요건이다.

① 구체적인 수치를 제시하여 화제를 소개하였다.

② 질문하는 형식을 통해 독자의 호기심을 불러일으키고 있다.

③ 전문가의 말을 인용하여 설득의 효과를 높였다.

④ 외국인을 바라보는 상반된 관점을 제시하며 관점의 차이를 부각시키고 있다.

⑤ 특정 관점을 지향하는 국가 정책에 대해 긍정적인 평가를 제시하였다.

03. 다음 글에 나타난 필자의 견해로 적절하지 않은 것은?

요즘 멧돼지 같은 야생 동물들의 도심 출몰이 잦아지고 있다. 이 정도야 인간에게는 별로 위협적인 일이 아니라고 생각하겠지만 그것은 착각이다. 그들은 이제 과거의 방식을 고수하지 않고 있다. 인간을 향한 그들의 공격은 진화하고 있다. 바로 동물 개체 자체가 아닌 그들이 가진 유전자나 바이러스를 통해 인간을 공격하는 것이다. 그 대표적인 사례가 바로 구제역이나 조류독감, 메르스 등이다. 멧돼지의 도심 출몰은 하나의 징후로 자신들의 영역을 무한히 확장하여 다른 동물의 영역을 무자비하게 침범하는 인간에게 더 이상 당하고만 있지는 않겠다는 동물들의 경고인 셈이다.

결국 다시 말해 우리는 인간이 아닌 생물들과 일종의 서식지 경쟁을 하는 존재가 된 것이다. 앞으로 우리 사회에서 이런 일은 지속적으로 발생할 것이다. 그렇다면 우리는 어떤 선택을 해야 할까? 그들이 도심에 출몰하고 인간의 영역을 침범할 때마다 그에 대한 죄를 물어 총과 칼로 응징해야 할까?

최근 공동체 논의가 활발하다. 지역 공동체, 민족 공동체, 국가 공동체, 신앙 공동체 등 공동체의 영역이 다양하게 확장되었다. 공동체는 흔히 공동으로 삶을 영위하는 집단을 가리키는 말로 집단 구성원의 구심점을 이루는 요인에 따라 여러 가지 범주로 설정될 수 있다. 이러한 공동체의 특징 가운데 사회적 응집이나 행위의 협동적 완성, 일체감 등과 같은 의미들도 포함될 수 있다. 그리고 이것은 주된 생활 활동을 함께해 나가는 협력 집단, 소속감과 연대감의 의미를 지니는 집단 등을 포함한다고도 말할 수 있다.

하지만 전통적인 의미에서의 공동체 논의는 '인간' 혹은 '인간적 영역'에 국한되어 왔다. 다시 말하면 공통된 삶을 영위하는 집단이든 집단 구성원의 구심점이든 사회적 응집성이나 협동 혹은 단합이든, 이러한 논의들은 '인간'이나 '인간적 영역' 등의 수식을 받을 때에만 유의미한 것으로 인정되었다. 그러나 공동체의 범주가 반드시 이렇게 제한적일 필요는 없다. 인간의 범주나 인간적 영역의 범주를 제한할 수 없듯이 공동체 역시 제한할 필요는 없을 것이다.

이러한 공동체의 영역이 어디까지 확장될 수 있느냐 하는 것은 상황에 따라 다를 수밖에 없다. 인간이 어떤 상황에서 어떠한 존재들과 삶을 영위하느냐에 따라 공동체의 영역은 달라질 것이기 때문이다. 하지만 분명한 사실은 인간만이 공동체 구성원의 자격을 가진 것은 아니라는 것이다. 다른 존재들, 특히 동물들은 인간과 더불어 얼마든지 공동체를 형성할 수 있는 존재들일 것이다. 분명한 것은 인간이 그들을 도구나 수단으로서의 사용 가치를 지닌 존재가 아닌 이해와 협력을 통해 공존하는 존재로 인식해야 한다는 점이다.

다른 동물들과 같이 21세기를 살아가고 있는 인간이 자초한 환경 파괴로 발생한 엄청난 재앙을 벗어나고자 안간힘을 쓰고 있다. 지역, 민족, 국가를 막론하고 다양한 단체를 결성하여 대처 방안을 논의하고 있다. 그런데 전 지구적인 차원에서 진행되는 수많은 논의의 결론 가운데 공통된 것이 있는데 그것은 바로 동물이 살지 못하는 생태적 환경에서는 인간도 살 수 없다는 단순한 문제이다.

동물들은 환경에 의존하면서 살아간다. 인간 역시 마찬가지이다. 인간은 부분적으로 독립적이지만 그것은 어디까지나 제한적이며 유한적일 수밖에 없다. 그러므로 우리는 환경에 따른 운명 공동체라 할 수 있다. 필자는 바로 이 지점에서 서로 다른 동물들에 관한 종간 공동체에 대한 논의를 제안하고자 한다. 즉 공동체에 대한 논의를 종간으로 확장해야 하며 이를 바탕으로 '종간 공동체론'을 심도 있게 살펴보는 것이다.

종간 공동체라는 것은 쉽게 말하면 생태계이다. 자연적인 흐름에 순응하는 생태계 속에는 동물인 인간도, 멧돼지도 또한 식물인 여러 가지 풀들도 함께 공존하고 있다는 것이다. 종간 공동체의 중요한 개념으로 '니치(niche)'라는 것이 있다. 예를 들어 인간의 니치라고 함은 생태계 내에서 인간이 살 수 있는 지점을 뜻한다. 즉, 동물의 니치와 인간의 니치가 겹치지 않거나 겹치더라도 공생할 수 있는 환경이 바로 종간 공동체인 셈이다.

① 멧돼지의 도심 출몰은 자신들의 영역을 무한히 확장하여 다른 동물의 영역을 무자비하게 침범했던 인간들에 대한 동물들의 경고라고 볼 수 있다.

② 공동으로 삶을 영위하는 공동체는 집단 구성원의 구심점을 이루는 요인에 따라 여러 가지 범주로 설정할 수 있으며, 공동체의 특징으로 사회적 응집, 행위의 협동적 완성, 일체감 등과 같은 의미들을 포함한다.

③ 전통적인 의미에서 공동체를 '인간' 혹은 '인간적 영역'에 국한하여 논의하였지만 이제는 영역을 확장하여 다른 존재들과의 공동체를 형성할 수 있다는 전제하에 논의가 이루어져야 할 것이다.

④ 다른 동물들과 공동체를 이루며 살아갈 수 있다는 인식과 동물들을 사육하여 인간에게 필요한 존재로 만들 수 있다는 인식이 서로 공존해야 하며, 이 두 가지 생각이 적절히 조화되어야 그들을 수단적 존재로 인정할 수 있다.

⑤ 인간을 포함한 다른 동물들은 환경에 의존하며 살아가기 때문에 우리 모두 운명 공동체라고 할 수 있으며, 이러한 인식을 가지고 환경 파괴 문제에 대해 논의하여야 한다.

04. 다음 강연 내용에 따라 글을 바르게 나열한 것은?

(가) 17세기 러시아 황제 표트르 1세는 유럽 국가에 비해 상대적으로 뒤떨어진 러시아의 발전을 도모하기 위해 귀족들의 긴 턱수염을 자르게 만들고 싶었습니다. 그러나 귀족과 교회의 반대로 쉽지가 않았죠. 이때 표트르 1세가 선택한 방법이 있습니다. 무엇일까요? 앞에서 사람들이 왜 일조권을 포기했었죠? 맞습니다. 세금을 부여했습니다. 열심히 들으셨군요. 수염을 기르는 사람에게 1년에 100루블씩 수염세를 내도록 정하자 고작 7년 만에 러시아에서 턱수염이 자취를 감추었다고 합니다. 납세자들이 세금 납부를 얼마나 싫어하는지 알 수 있는 사례입니다.

(나) 지난 1학기 수업에서 '조세'에 대해 배운 것 기억하시나요? 네, 좋습니다. 오늘은 조세의 원칙 중에 하나인 '근거 과세의 원칙'에 대해 배워 보도록 하겠습니다. '근거 과세의 원칙'이란 조세를 부여할 때 명확한 근거 자료를 기준으로 과세해야 한다는 원칙입니다. 조세의 근거가 적절하지 않으면 납세자가 조세 부과의 근거를 축소 내지 은폐할 수 있습니다. 또한 근거 자체가 잘못되었을 경우 적합한 납세자에게 적절한 수준의 조세를 부과하지 못하게 됩니다. 이러한 문제를 보여 주는 대표적 사례가 바로 창문세(Window Tax)입니다.

(다) 그렇다면 납세의무자가 세법에 따라 장부를 갖추어 기록하고 있는 경우에는 어떨까요? 네, 맞습니다. 해당 국세 과세표준의 조사와 결정은 그 장부와 이에 관계되는 증거자료에 의해야 한다는 '실질조사결정'이 바로 원칙적인 결정 방법입니다. 국세를 조사하고 결정할 때 만약 장부의 기록 내용이 사실과 다르거나 누락된 것이 있을 때에는 '그 부분에 대해서만' 정부가 조사한 사실에 따라 결정할 수 있습니다.

(라) 납세자들이 세금 납부를 싫어한다고 해도 국가나 지방자치단체를 운영하기 위해서는 조세가 필요합니다. 중요한 것은 적절하고 합리적인 과세 근거를 가지고 조세를 부과하느냐의 문제입니다. 그러므로 납세자들이 당연한 의무로 받아들일 수 있도록 '근거 과세의 원칙'을 세우는 것이 중요하다고 할 수 있습니다. 근거 과세의 원칙이란 장부 등 직접적인 자료에 입각하여 납세의무를 확정하여야 한다는 원칙으로 근거가 불충분한 과세를 방지하여 납세자의 재산권이 부당히 침해되지 않도록 하기 위한 원칙입니다.

(마) 창문세는 납세자가 소유한 집의 창문 수에 근거해 국가에서 부과했던 세금을 말합니다. 어떻게 보면 얼토당토않은 이야기로 들리겠지만 당시 기준으로는 창문은 일종의 사치품에 속했기 때문에 부자일수록 많은 창문을 가지고 있었습니다. 창문 재료인 유리가 고가였기 때문에 당시에는 창문이 없는 집에 사는 사람도 많았습니다. 조세가 납세자의 경제적 능력에 부합하는 형태로 부과되어야 한다는 점에서 창문세는 나름의 합리성을 가지고 있는 것이었습니다.

(바) 하지만 다음 사진을 보시죠. 창문이 절반 이상 사라졌습니다. 창문세를 피하려던 납세자들이 창문을 막아 집 안이 어두컴컴해졌고 바람도 통하지 않게 되었습니다. 이게 납세자들만의 잘못일까요? 아니라고 봅니다. 정부가 과세의 근거를 잘못 설정하여 납세자들이 인간의 기본권이라 할 수 있는 일조권을 포기한 안타까운 사례라고 말할 수 있습니다.

(사) 정부는 이처럼 장부의 기록 내용과 다른 사실 또는 장부 기록에 누락된 것을 조사하여 결정했을 때, 정부가 조사한 사실과 결정의 근거를 결정서에 적어야 하는데요. 행정기관의 장은 해당 납세의무자 또는 그 대리인이 요구를 할 시 결정서를 열람 또는 복사할 수 있게 하거나 그 등본 또는 초본이 원본과 일치함을 확인해야 할 의무를 가집니다. 아, 이 경우에 대한 요구는 구술로 가능합니다만, 해당 행정기관의 장이 필요하다고 인정할 때에는 열람하거나 복사한 사람의 서명을 요구할 수 있습니다.

① (나)－(마)－(바)－(가)－(라)－(다)－(사)

② (나)－(가)－(바)－(사)－(마)－(다)－(라)

③ (다)－(사)－(나)－(가)－(마)－(바)－(라)

④ (마)－(가)－(나)－(다)－(사)－(라)－(바)

⑤ (마)－(라)－(다)－(사)－(가)－(나)－(바)

05. 다음 글에서 알 수 있는 제4차 산업혁명으로 인한 변화의 특징으로 적절하지 않은 것은?

'일자리의 미래(The Future of Jobs)' 보고서를 발표한 세계경제포럼의 클라우스 슈밥(Klaus Schwab) 회장은 제4차 산업혁명은 이전 혁명과 달리 그 발전 속도, 영향 범위, 사회 전체 시스템에 커다란 충격을 준다는 점에서 우리의 삶과 사회, 경제, 문화 전반에 변화를 일으킬 것이라고 말한다. 제4차 산업혁명은 인공지능을 중심으로 자동화와 연결성을 더욱 극대화한 모습이다.

제4차 산업혁명은 2010년대 이후 인공지능(AI)과 사물인터넷(IoT) 기술을 통해 현실세계와 가상세계가 융합되는 새로운 기술 혁신을 말한다. 이 용어는 클라우스 슈밥이 2016년, 다보스포럼에서 처음 사용했다. 기술이 사회와 심지어는 인간의 신체에도 내장되는 새로운 방식을 대표하는 디지털 혁명 위에 구축되고 있음을 나타내는 것이었다. 4번째 산업혁명, 즉 제4차 산업혁명은 기술 발전에 의해 특징지어졌던 이전의 3가지 혁명과 근본적으로 다른 점이 존재한다. 제4차 산업혁명의 기술은 수십억 명의 사람들을 계속에서 웹에 연결하고 비즈니스 및 조직의 효율성을 획기적으로 향상시키며 더 나은 자산 관리를 통해 자연환경을 재생산할 수 있는 커다란 잠재력을 가지고 있다는 것이다.

제4차 산업혁명은 생산과 소비가 결합되며 공급이 수요를 창출하는 경험경제, 즉 생산 소비 혁명으로 발전 중이다. 더 이상 소비자가 수동적이지 않으며 획일화된 제품과 서비스에는 흥미를 느끼지 않는다. 소비자가 직접 자신이 구매할 제품 생산과 판매에 관여하는 '프로슈머(prosumer)', 산업현장에서 필요에 따라 사람을 구해 임시로 계약을 맺고 일을 맡기는 형태의 '긱 경제(gig economy)', 필요한 물건을 직접 만드는 'D.I.Y.(Do It Yourself)' 등 새로운 소비 방식을 대표한다. 제4차 산업혁명이 가져다주는 경제적 특징은 다음과 같다.

첫째, 제4차 산업혁명은 전통경제에서 O2O 초융합경제로 진화한다. O2O(Online to Offline)는 단어 그대로 온라인이 오프라인으로 옮겨 온다는 것이다. 정보 유통 비용이 저렴한 온라인과 실제 소비가 일어나는 오프라인의 장점을 접목해 새로운 시장을 만들어 보자는 데서 나왔다. O2O 초융합경제에서는 물건과 서비스 공급자가 대량생산을 추구한 대기업만 될 수 있는 게 아니다. 거대한 자본을 바탕으로 한 대기업의 진입 장벽이 허물어지고 누구나 아이디어만 있으면 상품 혹은 서비스 공급자이자 플랫폼 사업자로 참여할 수 있다. 온라인 혹은 오프라인에서 상품을 선택하고, 오프라인으로 거래를 하는 형태로 카카오 택시, 배달의 민족, 쏘카와 같은 브랜드가 있다. 그러나 점차 대형 플랫폼, 유통 사업자들이 진입하고 모바일 시대가 열리면서 애플리케이션을 통해 실시간으로 소비자 수요에 대응하는 서비스 형태가 발전하게 된다.

둘째, 제4차 산업혁명은 전통경제에서 공유경제로 진화한다. 공유경제는 상품을 소유하는 것이 아니라 인터넷과 모바일 등 IT 기술을 기반으로 소비자들이 서로 빌려 쓰는 개념을 말한다. 대량생산, 대량소비와 대비되는 의미로 생산된 제품을 여러 명이 공유해 쓰는 협력적 소비 경제를 뜻한다. 기업이 소유하고 있는 자산이 아닌 개인이 가지고 있는 놀고 있는 유휴자산을 활용한다는 점에서 대기업과 다르다. 재고나 물류에 드는 비용이 저렴한 온라인에서는 비인기 상품의 진열이 가능하게 되면서 높은 이익을 창출하는 새로운 비즈니스 모델이 가능해질 수 있게 되는 것이다.

셋째, 제4차 산업혁명은 프로슈머 시대를 탄생시킨다. 기업들은 이제 소비자들의 이야기에 귀를 기울이지 않으면 도태된다. 소비자들 또한 정보에 대한 접근성이 높아지면서 전문가 못지않은 전문성을 발휘하며 직접 생산과 판매에도 관여, 제품 생산단계부터 유통에 이르기까지 소비자의 권리를 행사한다. 미래학자 앨빈 토플러(Alvin Toffler)는 '제3의 물결'에서 21세기에는 생산자와 소비자의 경계가 허물어질 것이라고 주장하며 프로슈머의 시대가 다가왔음을 예견했다.

넷째, 제4차 산업혁명은 경험경제, 개인 맞춤형 소비가 중요해진다. 고객은 상품을 구매하는 것이 아니라 체험을 구매한다. 소비자들은 이성적인 소비보다는 감성적인 소비를 하기 시작했다. 편리함보다는 자기 자신의 감정을 가장 중요시하면서 개인 맞춤형 경험을 추구한다.

① 생산과 소비가 결합되며 공급자와 수요자 간의 경계가 허물어지고 소비자들이 직접 공급자 역할에 참여할 수 있게 되었다.

② 20%의 성과가 80%를 좌우한다는 파레토 법칙이 통하게 될 것이므로, 온라인 매장에서는 잘 팔리는 20%의 물건을 선별하여 진열해야 한다.

③ O2O 초융합경제에서는 아이디어만 있으면 누구나 상품 혹은 서비스 공급자로 참여할 수 있으며, 온라인 혹은 오프라인에서 상품을 선택하고 오프라인으로 거래를 하는 형태인 카카오 택시, 배달의 민족, 쏘카와 같은 브랜드가 생겨났다.

④ 상품을 '나만의 것'으로 소유하기보다는 쓰지 않는 자산을 온라인을 통해 소비자들끼리 빌려 쓰는 공유경제가 성장했으며, 그 예로는 에어비앤비와 우버 등이 있다.

⑤ 개인 맞춤형 소비가 중요해짐에 따라 차별화된 서비스 경험을 제공할 수 있는 능력이 요구되고 이로 인해 공급자에서 소비자 위주로, 생산력에서 사용자 욕구 중심의 서비스 위주로 이동하였다.

06. 다음 글의 주제로 적절한 것은?

기업 리스크는 조직의 전략적, 업무적 또는 재무적 목표를 달성하는 데 영향을 줄 수 있는 불확실한 미래의 사건들로 정의된다. 기업 리스크는 발생의 원인이 되는 대상, 즉 리스크의 발생 주체에 따라 시장 리스크, 신용 리스크, 운영 리스크로 분류할 수 있다.

시장 리스크는 통제가 불가능한 시장의 불확실성에 따라 기업을 둘러싼 전 · 후방에서 제품 또는 서비스 가격의 변동으로 인해 발생하게 될 미래의 잠재적 손실이라 정의할 수 있다. 신용 리스크는 기업 활동에서의 고객 · 소비자 · 공급자가 각자의 책임을 이행하지 못함으로써 발생 가능한 미래의 잠재적 손실이다. 마지막으로 운영 리스크는 자사의 사람 프로세스 · 시스템 등이 정상적으로 작동하지 못함으로써 발생 가능한 미래의 잠재적 손실로 정의한다.

기업의 최고경영자라면 누구나 기업의 복잡성을 관리하고 언제 다가올지 모르는 치명적인 리스크에 미리 대비하기를 원할 것이다. 하지만 실제로 리스크 관리가 무엇인가 그리고 리스크를 막기 위해 무엇을 준비하고 있는가에 대해 질문을 하면 매번 다른 답을 듣게 된다. 즉, 많은 기업들이 리스크 관리를 제대로 하지 못하고 기회와 가치 창출을 위해 지혜롭게 대처하지 못한다는 뜻이다.

전통적으로 리스크 관리라 하면 위험을 피하면서 기존 자산을 보전하는 데 중점이 맞춰져 있었다. 그러나 2000년대에 진입한 후 발생한 외환위기 · 글로벌 금융 위기 · 서브프라임 위기 속에서 수많은 기업들이 이러한 리스크 관리에 실패를 겪었다. 이는 글로벌화된 경영환경에 내재된 수많은 리스크들을 실질적으로 기업을 운영하고 있는 한 회피할 수 없음에도 불구하고, 리스크를 피할 수 있다고 쉽게 생각했기 때문이다.

그 대표적인 예들 중 하나로 A사를 들 수 있다. 2008년 미국의 경제 전문잡지인 'F지'에서 선정한 '세계 2,000대 기업 순위'에서 무려 18위에 오를 정도로 글로벌 기업의 대표 주자였던 A사는 같은 해인 2008년, R사의 파산과 M사의 합병 등 미국발 금융위기의 연쇄작용으로 함께 무너지고 말았다. A사가 순식간에 부실로 무너진 이유는 바로 과도한 파생상품 거래로 기초자산이 부실해진 상태였다는 것이다. 즉, 재무 리스크를 제대로 관리하지 못한 대표적인 사례였다.

프레드릭 펀스턴(Fredrick Funston)은 그의 저서 '리스크 인텔리전스(Risk Intelligence)'에서 리스크는 회피의 대상이 아니라 활용해야 하는 기회이기 때문에 기존의 모든 리스크 관리는 실패라고 주장한다. 그는 전통적인 리스크 관리가 단편적이고 세분화되어 있어 전사적(全社的)인 전략과 실행 및 운용 전반에 걸친 통합이 결여되었다고 평가하며, 불확실성과 혼돈의 시대에 생존과 번영을 위해서는 리스크를 기회로 인식하고 기업의 경영활동과 상호 연결해야 한다고 강조한다.

대기업처럼 어느 정도 규모가 있는 회사는 우리가 상상하는 것보다 훨씬 복잡하게 업무가 진행된다. 더욱이 이런 높은 수준의 복잡성은 불확실성으로 인해 더욱 커지고, 이 때문에 어떤 일이 일어나기 전에는 그것이 긍정적인 영향을 줄지, 부정적인 영향을 줄지 예상하기 힘들다. 물론 기업이 영향받을 수 있는 상황을 미리 파악하기 위해 리스크 맵(Risk Map)을 활용할 수도 있지만 그 또한 완벽하지는 않다. 리스크는 역동적으로 분석해야 하는 상호의존적인 변수들로 구성되어 있기 때문이다. 따라서 리스크를 관리할 때에는 하나의 사건에 집중하기보다 여러 리스크 간의 상호작용을 고려해야 한다.

미국 최대의 글로벌 화학기업인 듀폰(DuPont)은 2004년에 당시 매출의 25%를 차지하고 있던 섬유사업을 과감히 접고 바이오 · 대체에너지 사업에 집중 투자하게 된다. 2009년 금융위기로 인해 직원의 15%를 줄이는 구조조정을 단행하기도 했지만 이때에도 새로운 사업투자에 대한 리스크를 줄이지는 않았다. 이렇게 회사의 운명이 걸린 행보가 가능했던 이유는 리스크 인텔리전스 경영이 있었기 때문이다. 듀폰사의 리스크 관리 특징은 모든 임직원이 리스크 관리에 책임을 진다는 것이고, 기업의 가치를 안전성 · 환경보호 · 인간존중 등 지속가능성에 두었다는 것이다. 또한 리스크 맵을 통해 기업이 받을 수 있는 영향을 최대한 파악하여 기업의 운영과 리스크를 연계했으며, 여러 경험을 통해 얻은 리스크의 복잡성과 불확실성을 철저히 학습했다는 것이다.

시시각각 변화하는 불확실한 환경 속에서 기업이 언제나 올바른 방향으로 판단을 한다는 것은 결코 쉬운 일이 아니다. 다만 리스크 인텔리전스 경영을 실천하다 보면 위기 상황에서보다 나은 판단으로 경쟁 우위와 기회를 확보할 수 있다. 특히 경제적으로 어수선한 지금이 리스크에 대한 적극적인 대응을 통하여 기업의 기존 가치를 보존하면서 새로운 가치를 창출할 적기라고 판단된다.

① 리스크 관리에 대한 인식의 변화
② 전통적 리스크 관리의 폐해
③ 글로벌 기업의 리스크 관리 유형
④ 유용한 리스크 관리 방안
⑤ 혁신적 리스크 관리의 필수 조건

07. 다음 글의 ㉠에 대한 ㉡과 ㉢의 공통된 문제 제기로 적절한 것은?

윤리학에서는 선(善, good), 즉 좋음과 관련하여 여러 쟁점이 있다. 선이란 무엇인가? 선을 쾌락이라고 간주해도 되는가? 선은 도덕적으로 옳음 또는 정의와 어떤 관계에 있는가? 이러한 쟁점 중의 하나가 바로 "선은 객관적으로 존재하는가?"의 문제이다.

플라톤은 우리가 감각으로 지각하는 현실 세계는 가변적이고 불완전하지만, 우리가 이성으로 인식할 수 있는 이데아의 세계는 불변하고 완전하다고 보았다. 그에 따르면, 현실 세계는 이데아 세계를 모방한 것이기에 현실 세계에서 이루어지는 인간들의 행위도 불완전할 수밖에 없다. 이데아 세계에는 선과 미와 같은 여러 이데아가 존재한다. 그중에서 최고의 이데아는 선의 이데아이며, 인간 이성의 최고 목표는 선의 이데아를 인식하는 것이다. 선은 말로 표현할 수 없고, 신성하며, 독립적이고, 오랜 교육을 받은 후에만 알 수 있는 것이다. 우리는 선을 그것이 선이기 때문에 욕구한다. 이렇게 인간의 관심 여부와는 상관없이 선이 독립적으로 존재한다고 보는 입장을 선에 대한 ㉠'고전적 객관주의'라고 한다.

이러한 플라톤적 전통을 계승한 무어도 선과 같은 가치가 객관적으로 실재한다고 주장한다. 그에 따르면 선이란 노란색처럼 단순하고 분석 불가능한 것이기에, 선이 무엇인지에 대해 정의를 내릴 수 없으며 그것은 오직 직관을 통해서만 인식될 수 있다. 노란색이 무엇이냐는 질문에 노란색이라고 답할 수밖에 없듯이 선이 무엇이냐는 질문에 "선은 선이다."라고 답할 수밖에 없다는 것이다. 무어는 선한 세계와 악한 세계가 있을 때 각각의 세계 안에 욕구를 지닌 존재가 있는지 없는지와 관계없이 전자가 후자보다 더 가치 있다고 믿었다. 선은 인간의 욕구와는 상관없이 그 자체로 존재하며 그것은 본래부터 가치가 있다는 것이다. 그는 선을 최대로 산출하는 행동이 도덕적으로 옳은 행동이라고 보았다.

반면에 ㉡'주관주의'는 선을 의식적 욕구의 산물에 불과한 것으로 간주한다. 페리는 선이란 욕구와 관심에 의해 창조된다고 주장한다. 그에 따르면 가치는 관심에 의존하고 있으며, 어떤 것에 관심이 주어졌을 때 그것은 비로소 가치를 얻게 된다. 대상에 가치를 부여하는 것은 관심이며, 인간이 관심을 가지는 대상은 무엇이든지 가치의 대상이 된다. 누가 어떤 것을 욕구하든지 간에 그것은 선으로서 가치를 지니게 된다. 페리는 어떤 대상에 대한 관심이 깊으면 깊을수록 그것은 그만큼 더 가치가 있게 되며, 그 대상에 관심을 표명하는 사람의 수가 많을수록 그것의 가치는 더 커진다고 말한다. 이러한 주장에 대해 고전적 객관주의자는 우리가 욕구하는 것과 선을 구분해야 한다고 비판한다. 만약 쾌락을 느끼는 신경 세포를 자극하여 매우 강력한 쾌락을 제공하는 쾌락 기계가 있다고 해 보자. 그런데 누군가가 쾌락 기계 속으로 들어가서 평생 살기를 욕구한다면, 우리는 그것이 선이 아니라고 말할 수 있다. 쾌락 기계에 들어가는 사람이 어떤 불만도 경험하지 못한다고 하더라도, 그것은 누가 보든지 간에 나쁘다는 것이다.

이러한 논쟁과 관련하여 두 입장을 절충한 입장도 존재한다. ⓒ '온건한 객관주의'는 선을 창발적인 속성으로서, 인간의 욕구와 사물의 객관적 속성이 결합하여 생기는 것이라고 본다. 이 입장에 따르면 물의 축축함이 H_2O 분자들 안에 있는 것이 아니라 그 분자들과 우리의 신경 체계 간의 상호 작용을 통해 형성되듯이, 선도 인간의 욕구와 객관적인 속성 간의 관계 속에서 상호 통합적으로 형성된다. 따라서 이 입장은 욕구를 가진 존재가 없다면 선은 존재하지 않을 것이라고 본다. 일단 그러한 존재가 있다면 쾌락, 우정, 건강 등이 가진 속성은 그의 욕구와 결합하여 선이 될 수 있을 것이다. 하지만 이러한 입장에서는 우리의 모든 욕구가 객관적 속성과 결합하여 선이 되는 것은 아니기에 적절한 욕구가 중시된다. 결국 여기서는 적절한 욕구가 어떤 것인지를 구분할 기준을 제시해야 하는 문제가 발생한다.

이와 같은 객관주의와 주관주의의 논쟁을 해결하기 위한 한 가지 방법은 불편부당하며 모든 행위의 결과들을 알 수 있는 '이상적 욕구자'를 상정하는 것이다. 그는 편견이나 무지로 인한 잘못된 욕구를 갖고 있지 않기에 그가 선택하는 것은 선이 될 것이고, 그가 선택하지 않는 것은 악이 될 것이기 때문이다.

① 사람들이 선호한다고 그것이 항상 선이라고 할 수 있는가?
② 선은 욕구하는 주관에 전적으로 의존하여 형성되지 않는가?
③ 선과 악을 구분할 수 없다면 어떤 행위라도 옳다는 것인가?
④ 사람들이 선을 인식할 수 없다고 보는 것은 과연 타당한가?
⑤ 선을 향유하는 존재가 없다면 그것이 무슨 가치가 있겠는가?

08. 다음 글에 대한 이해로 적절하지 않은 것은?

옛날에 마취제가 없던 시절의 외과수술은 참으로 끔찍한 일이었을 것이다. 환자의 고통은 말할 것도 없고, 그것을 무릅쓰고 수술하지 않으면 안 되는 의사나, 환자가 요동을 치지 않도록 곁에서 억세게 붙잡는 역할을 하던 힘 좋은 남자 간호사들에게도 여간 힘든 일이 아니었을 것이다. 대마나 아편과 같은 자연산 마약이 고통을 덜기 위하여 쓰였고, 알코올 함량이 높은 독한 술을 마셔서 정신을 못 차리게 만드는 방법도 있기는 하였으나 그다지 우수한 마취제 구실을 하지는 못하였다. 수술 도중 환자가 고통을 이기지 못하고 쇼크로 죽는 경우도 많았고, 수술을 하기도 전에 "저런 고통을 당할 바에야 차라리 죽어 버리는 게 낫겠다."는 식의 생각을 하는 사람도 적지 않았다. 그러나 마취제다운 마취제는 19세기에 이르기까지도 개발되지 않았다.

영국의 과학자 험프리 데이비는 여러 기체의 특성에 관해 연구하던 중, 웃음가스로 알려진 아산화질소에 관심을 갖게 되었다. 스스로 이 기체를 마셔 본 결과, 기분이 좋아지고 술에 취한 듯 몽롱해지고 일시적으로 의식을 잃는 경우도 있다는 사실을 발견하고 이를 학회에 발표하였다.

다른 학자가 어느 젊은 부인에게 그것을 마셔 보도록 시험한 결과, 품위 있고 점잖기만 하던 부인이 갑자기 콧노래를 흥얼거리며 집 밖으로 뛰쳐나가 길가를 뛰어다니는 등, 평소와는 너무 다른 행동을 서슴지 않아서 주위 사람들을 놀라게 하였다. 그 후 웃음가스는 의료용이 아니라 오락용으로 자주 이용되었다. 마치 가면무도회를 즐기는 것과 마찬가지로 파티에 손님들을 모아 놓고 장난삼아서 웃음가스를 함께 마시는 일이 많았던 것이다.

다만 다들 기분이 유쾌해지는 것까지는 좋았으나 장난이 지나쳐서 불상사가 생기는 경우도 더러 있었다고 한다. 미국 코네티컷 주에서 치과의사로 일하던 웰즈는 여러 사람들과 함께 웃음가스 아산화질소를 마시는 장난을 하였는데, 한 청년이 들떠서 소란을 피우다가 넘어지는 바람에 다리에 부상을 입게 되었다. 그런데 그 청년은 상당한 피를 흘렸음에도 불구하고 통증을 느끼지 못하다가, 웃음가스의 효과가 다한 후에야 비로소 통증을 느끼는 것 같았다. 이것을 본 웰즈는 치과의사답게 발치(拔齒) 시에 이 기체를 이용하면 통증 없이 쉽게 할 수 있지 않을까 생각하게 되었고, 자신의 충치를 통증 없이 뽑은 웰즈는 한 종합병원에서 이 실험을 공개적으로 실시하기로 하였다. 이 실험에서 그는 어느 충치환자의 이빨을 뽑았는데, 웃음가스의 양이 적었는지 아니면 너무 서두른 탓에 마취효과가 돌기 전에 발치했기 때문이었는지 그 환자는 고통을 호소하며 아우성쳤다. 이로 이하여 웰즈는 도리어 사기꾼으로 몰리고 치과 일마저 그만두게 되었다.

하지만 그 실험을 지켜본 다른 치과의사 모튼은 마취제를 이용하여 발치하는 연구를 계속하기로 하였고, 친구의 조언을 듣고 아산화질소 대신 에테르를 마취제로 이용하기로 하였다. 1846년 9월 30일, 모튼은 에테르를 이용하여 환자에게 통증을 느끼게 하지 않고 발치하는 데에 성공하였고, 목의 종양을 제거하는 수술에도 에테르로 마취하는 실험을 하여 공개적으로 검증을 받았다. 그 후 에테르는 우수한 마취제로 소문이 나서 큰 외과수술을 할 경우에도 널리 이용되었다.

에테르를 이용한 수술법은 영국에도 전파되었는데, 외과 의사였던 심프슨은 에테르를 이용하여 여성들이 고통 없이 분만할 수 있는 방법을 연구해 보기로 하였다. 그러나 에테르에는 적지 않은 부작용이 있었기 때문에 그는 부작용이 덜하면서도 우수한 효과를 지닌 다른 마취용 물질을 찾게 되었는데, 여러 물질들을 시험해 본 결과, 클로로포름이 좋은 마취효과가 있다는 사실을 발견하게 되었다.

심프슨은 왕립병원에서 이를 시험하여 클로로포름으로 마취하는 수술을 성공리에 마쳤고, 이것을 발전시켜서 클로로포름을 이용한 무통분만법을 제시하였다. 심프슨의 무통분만법은 종교적인 이유 등으로 다른 사람들의 비판을 받기도 하였으나, 그는 지지 않고 마취제 사용의 정당성을 역설하고 그 보급에 힘썼다. 나중에는 영국의 빅토리아 여왕도 분만 시에 클로로포름을 쓰기에 이르렀다. 그러나 클로로포름에도 부작용과 위험성 등이 발견되면서 오늘날에는 마취제로는 잘 쓰이지 않고, 살충제나 곰팡이 제거제, 공업용 용제 등 다른 용도로 더 많이 쓰이고 있다.

처음에는 파티의 흥을 돋우어 주는 엉뚱한 장난으로 이용하였던 마취작용 물질들이 수술 시에 통증을 없애 주는 귀중한 물품으로 자리 잡게 되었다. 마취제의 이용과 더불어 의학기술 역시 큰 발전을 이루게 되었고, 마취제는 인류의 은인으로서 오늘날에도 크고 작은 수술에 널리 이용되고 있다.

① 아산화질소는 의사가 아닌 과학자에 의해 마취제의 시초가 되었다.

② 에테르는 마취 효과가 뛰어났지만 부작용이 심하다는 단점이 있었다.

③ 아산화질소는 데이비와 웰즈에 의해 연구되었다.

④ 웃음가스는 처음부터 의료에 쓰일 목적으로 학자들 사이에서 연구되기 시작하였다.

⑤ 마취제로 쓰인 물질은 아산화질소－에테르－클로로포름의 순으로 바뀌어 왔다.

09. 다음 중 복사 냉난방 패널 시스템에 대한 설명으로 옳은 것은?

복사 냉난방 시스템은 실내 공간과 그 공간에 설치되어 있는 말단 기기 사이에 열 교환이 있을 때 그 열 교환량 중 50% 이상이 복사에 의해서 이루어지는 시스템이다. 라디에이터나 적외선 히터, 온수 온돌 등이 이에 속하는데, 최근 친환경 냉난방 설비에 대한 관심이 급증하면서 복사 냉난방 패널 시스템이 주목받고 있다. 이는 열매체로서 특정 온도의 물을 순환시킬 수 있는 회로를 바닥, 벽, 천장에 매립하거나 부착하여 그 표면 온도를 조절함으로써 실내를 냉난방하는 시스템을 말한다.

복사 냉난방 패널 시스템은 열원, 분배기, 패널, 제어기로 구성된다. 우선 열원은 실내에 난방 시 열을 공급하고 냉방 시 열을 제거하는 열매체를 생산해 내는 기기로, 보일러와 냉동기가 있다. 각 건물에 맞는 용량의 개별 열원을 설치하는 경우도 있고, 지역의 대규모 시설에서 필요한 만큼의 열매체를 공급받아 사용하는 지역 냉난방 열원도 있다.

분배기는 열원에서 만들어진 냉온수를 압력 손실 없이 실별로 분배한 뒤 환수하는 장치이다. 이 장치를 통해 온도와 유량을 조절하고 냉온수 공급 상태를 확인하며 냉온수가 순환되는 성능을 개선하는 일이 수행될 수 있어야 한다. 그동안 우리나라에서 주로 사용된 분배기는 난방용 온수 분배기이다. 하지만 복사 냉난방 패널 시스템의 분배기는 난방용뿐만 아니라 냉방용으로도 사용된다.

패널은 각 방의 바닥, 벽, 천장 표면에 설치되며 열매체를 순환시킬 수 있는 배관 회로를 포함한다. 분배기를 통해 배관 회로로 냉온수가 공급되면 패널의 표면 온도가 조절되면서 냉난방 부하가 제어되어 실내 공간을 쾌적한 상태로 유지할 수 있게 된다. 이처럼 패널은 거주자가 머무르는 실내 공간과 직접적으로 열 교환을 하여 냉난방의 핵심 역할을 담당하고 있으므로 열 교환이 필요한 양만큼 필요한 시점에 효율적으로 이루어질 수 있도록 설계, 시공되는 것이 중요하다.

열원, 분배기, 패널이 복사 냉난방 패널 시스템의 하드웨어라면 제어기는 이들 하드웨어의 작동을 특정 알고리즘을 통해 조절하는 소프트웨어라고 할 수 있다. 각 실별로 설치된 온도조절기가 냉난방 필요 여부를 판단하여 해당 실의 온도 조절 밸브를 구동하고, 열원의 동작을 제어함으로써 냉난방이 이루어지게 된다. 냉방의 경우는 거주자가 쾌적할 수 있도록 실내 온도를 조절하는 것 이외에 너무 낮은 온도로 인해 바닥이나 벽, 천장에 이슬이 맺히지 않도록 제어해야 한다.

복사 냉난방 패널 시스템은 다른 냉난방 설비보다 낮은 온도의 열매체로 난방이 가능하고 높은 온도의 열매체로 냉방이 가능하여 에너지 절약 성능이 우수할 뿐만 아니라 쾌적한 실내 온열 환경 조성에도 탁월한 기능을 발휘한다. 또한 차가운 바닥에 설치하여 난방을 하는 경우와 천장에 설치하여 냉방을 하는 경우에 다리 쪽이 따뜻하고 머리 쪽이 시원하도록 하여 거주자에게 이상적인 실내 공기 온도를 제공할 수 있다.

복사 냉난방 시스템에도 문제점은 존재한다. 첫 번째로는 결로 문제이다. 대부분 복사 난방에 대해서는 이미 잘 알고 있고, 복사 냉방에 대해서도 잘 알려져 있지만 복사 냉방을 사용하기 어렵다고 인식하는 이유가 바로 이 결로 문제이다. 하지만 이러한 문제는 중앙제어시스템을 이용한 결로 방지와 제습장치의 채용으로 해결할 수 있다.

두 번째는 공급 단위열량의 부족 문제이다. 천장 패널과 바닥에 모두 복사 냉방 시설을 설치하고 냉수를 공급하여도 공급 단위열량은 많이 부족한 실정이다. 그래서 많은 사람들이 복사 냉방으로는 수요의 부하를 감당할 수 없어서 잘 사용하지 못한다. 하지만 최근 에너지절약형 건물에 대한 제도의 필요성을 느끼고 그 수요가 점차 많아짐에 따라 냉방 수요 부하는 낮아질 것으로 기대된다.

세 번째는 부하 반응시간 지연 문제이다. 대류 냉방 시스템은 공기를 불어넣는 방법이고, 냉열을 축열하여 사용하는 시스템이 아니므로 장치의 급냉 가동에 의한 시원한 바람을 공급하여야 한다. 하지만 복사 냉방 시스템은 건물 자체에 축열된 열로 복사에 의한 열 전달방식이므로 급냉이 필요하지 않고 축열된 냉열로도 충분히 시원한 기분을 느낄 수 있을 것이다.

네 번째는 환기 문제다. 복사 냉방 시스템에서 결로 방지와 제습 관리를 하기 위해서 환기 시스템은 반드시 필요하다. 기존 대류 냉방 시스템과 같이 큰 용량의 공조 시스템은 필요하지 않을지라도 최소한의 실내 환기를 위한 시스템이 필요하다는 것이다.

① 복사 냉난방 패널 시스템의 분배기는 냉방으로 사용이 가능하다.
② 열원은 냉온수의 공급 상태를 확인하여 냉온수가 순환되는 성능을 개선하는 일을 수행한다.
③ 패널은 실내에 난방 시 열을 공급하고 냉방 시 열을 제거하는 열매체를 생산해 내는 기기이다.
④ 분배기는 실내 공간과 직접적으로 열 교환을 하여 냉난방의 핵심 역할을 담당하고 있다.
⑤ 복사 냉난방 패널 시스템은 다른 냉난방 설비보다 높은 온도의 열매체로 난방이 가능하다.

10. 제시된 정보를 참고할 때, 연극 티켓을 판매하기 시작한 시점에 매표소 앞에 이미 줄을 서 있었던 사람들은 몇 명인가?

- 연극 티켓을 판매하기 시작했을 때 매표소 앞에는 티켓을 사기 위해 줄을 서 있던 사람들이 있었다.
- 1분마다 20명의 사람이 줄을 선다.
- 매표소의 창구가 1개일 때는 1시간 만에 모든 줄이 사라진다.
- 매표소의 창구가 5개일 때는 6분 만에 모든 줄이 사라진다.
- 모든 창구에서 1분간 판매하는 티켓의 장수는 동일하며, 창구가 여러 개여도 줄은 하나로 선다.

① 920명 ② 960명 ③ 1,000명
④ 1,040명 ⑤ 1,080명

11. 3형제가 퀴즈쇼에 나가 상금 1억 4천만 원을 받았다. 나이에 비례해서 상금을 나눴더니 첫째가 6천만 원을 가지게 되었다. 10년 후인 현재, 3형제가 다시 퀴즈쇼에 나가 상금 1억 4천만 원을 받았다. 이번에도 나이에 비례해서 상금을 나눈 후 첫째와 셋째가 금액을 바꾸었다. 그 결과 셋째가 5천6백만 원을 받았다면 현재 첫째의 나이는 몇 세인가?

① 40세 ② 41세 ③ 42세
④ 43세 ⑤ 44세

12. 다음 〈조건〉을 참고할 때, 당첨금을 가져갈 확률이 속하는 구간은?

조건

- 다섯 개의 방이 있고, 각 방에는 상자가 4개씩 있다.
- 첫 번째 방에는 1,000원권 지폐 1장이 들은 상자 1개, 500원짜리 동전 1개가 들은 상자 1개, 빈 상자 2개가 있다.
- 두 번째 방에는 5,000원권 지폐 1장이 들은 상자 1개, 1,000원권 지폐 1장이 들은 상자 1개, 빈 상자 2개가 있다.
- 세 번째 방에는 5,000원권 지폐 1장이 들은 상자 1개, 빈 상자 3개가 있다.
- 네 번째 방에는 500원짜리 동전 1개가 들은 상자 1개, 빈 상자 3개가 있다.
- 다섯 번째 방에는 1,000원권 지폐 1장이 들은 상자 1개, 빈 상자 3개가 있다.
- 각 방에서 상자를 1개씩 선택하였을 때 지폐의 합이 10,000원인 경우 당첨금을 가져갈 수 있다.

① 2.0 ~ 2.5% ② 2.5 ~ 3.0% ③ 3.0 ~ 3.5%
④ 3.5 ~ 4.0% ⑤ 4.0 ~ 4.5%

[13 ~ 14] 다음은 우리나라의 원유 관련 산업의 수출입 현황에 대한 자료이다. 이어지는 질문에 답하시오.

〈2020년 주요국 수출 순위〉

순위	국가	수출액 (억 불)	전년 대비 증가율 (%)	전년 순위
1	중국	22,633	7.9	1
2	미국	15,468	6.6	2
3	독일	14,485	8.3	3
4	일본	6,982	8.3	4
5	네덜란드	6,525	14.2	5
6	한국	5,737	15.8	8
7	홍콩	5,503	6.5	6
8	프랑스	5,350	6.7	7
9	이탈리아	5,063	9.7	9
10	영국	4,450	8.6	10

〈2020년 주요국 무역 순위〉

순위	국가	무역액 (억 불)	전년 대비 증가율 (%)	전년 순위
1	중국	41,052	11.4	2
2	미국	39,562	6.9	1
3	독일	26,155	9.3	3
4	일본	13,694	9.3	4
5	네덜란드	12,257	13.9	5
6	프랑스	11,589	7.9	6
7	홍콩	11,402	7.2	7
8	영국	10,891	4.1	8
9	한국	10,522	16.7	9
10	이탈리아	9,585	10.6	10

〈우리나라의 연도별 세계 수출시장 점유율〉

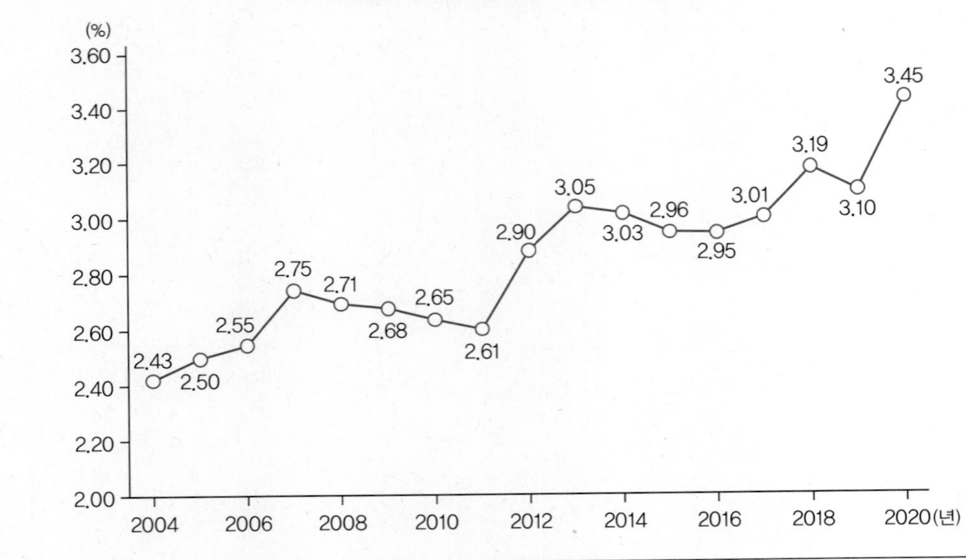

13. 다음 중 위 자료에 대한 설명으로 옳지 않은 것은?

① 2020년 세계 수출시장 규모는 약 166,290억 불이다.

② 1 ~ 10위 국가 중 2020년의 순위가 2019년보다 상승한 국가는 수출액과 무역액에서 각각 2개국이다.

③ 2004 ~ 2020년 기간 동안 우리나라의 세계 수출시장 점유율은 세 번의 감소시기를 거쳐 약 42%의 증가율을 보이고 있다.

④ 2020년 수출액 상위 10개국의 수출액은 세계 수출시장의 50%가 넘는다.

⑤ 2019년 네덜란드와 한국의 수출액 차이는 1,000억 불보다 적다.

14. '무역액=수출액+수입액'일 때, 주어진 10개국 중 2020년의 수출액, 수입액, 무역액 순위가 모두 동일한 국가는 몇 개인가?

① 3개 ② 4개 ③ 5개

④ 6개 ⑤ 7개

[15 ~ 16] 다음 자료를 보고 이어지는 질문에 답하시오.

〈자료 1〉 우리나라 학력별 임금 격차(임금지수)

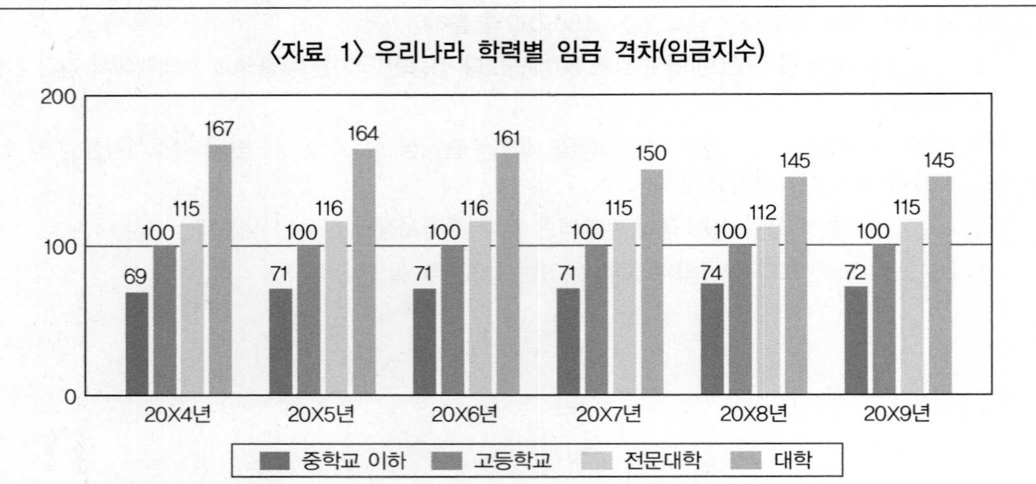

* 임금지수는 고등학교 졸업자의 평균 임금을 100으로 하여 환산(25 ~ 64세 성인인구)
* 수치 간 차이가 클수록 학력별 임금 격차가 심한 것으로 볼 수 있음.

〈자료 2〉 20X9년 주요국 학력별 임금 격차(임금지수)

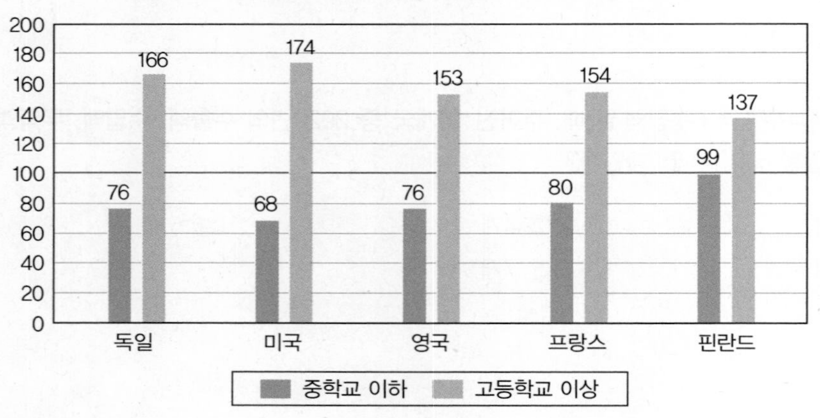

〈자료 3〉 주요국 고등교육 이상 졸업자의 임금수준 변화 추이(임금지수)

구분	한국	미국	영국	뉴질랜드	스위스
20X5년	147	177	157	118	155
20X6년	147	174	156	123	158
20X7년	145	176	151	139	156
20X8년	138	168	148	146	143
20X9년	141	174	153	154	151

* 고등교육 이상은 전문대학, 대학을 포함한 전체 고등교육기관을 의미함.

15. 다음 중 위 자료를 올바르게 해석한 것은?

① 20X9년 한국, 미국, 영국, 뉴질랜드의 고등교육 이상 졸업자 임금지수는 20X5년보다 감소하였다.

② 20X9년 한국의 중학교 이하 졸업자와 고등교육 이상 졸업자의 임금지수 차이는 68이다.

③ 20X4년부터 20X9년까지 한국의 중학교 이하 졸업자와 대학 졸업자의 임금 격차는 지속적으로 감소하고 있다.

④ 20X9년 독일과 프랑스의 고등학교 졸업자 평균 임금이 동일하다고 가정했을 때, 두 나라 간 고등교육 이상 졸업자의 임금지수 차이는 10 이상이다.

⑤ 조사기간 동안 스위스의 고등교육 이상 졸업자의 임금지수는 계속하여 증가하고 있다.

16. 20X8년 한국의 전문대학 졸업자 평균 임금이 180만 원이라면 20X8년 한국의 대학 졸업자 평균 임금은? (단, 소수점 아래 첫째 자리에서 반올림한다)

① 225만 원 ② 233만 원 ③ 238만 원
④ 241만 원 ⑤ 255만 원

17. 다음은 A ~ F 지역에서 발생한 교통사고에 대한 자료이다. 〈조건〉에 따를 때 A, C에 해당하는 지역이 바르게 연결된 것은?

〈교통사고 발생 현황〉

(단위 : 건)

구분	A	B	C	D	E	F
20X9년	37,219	63,360	44,006	45,555	53,692	219,966
20X8년	36,330	61,017	40,698	44,304	51,784	217,598
20X7년	34,794	57,837	37,766	40,510	52,055	204,313
20X6년	34,934	57,816	36,333	40,017	48,031	203,197

〈교통사고 사망자 수〉

(단위 : 명)

구분	A	B	C	D	E	F
20X9년	185	354	77	238	308	250
20X8년	197	409	93	246	354	304
20X7년	236	425	86	307	351	343
20X6년	219	495	99	284	388	368

〈교통사고 부상자 수〉

(단위 : 명)

구분	A	B	C	D	E	F
20X9년	64,851	100,425	70,908	75,377	92,635	321,675
20X8년	63,242	96,775	64,612	70,737	88,928	318,192
20X7년	20,982	91,447	59,579	66,704	91,852	297,364
20X6년	63,032	94,882	57,920	67,922	85,282	296,073

조건

- 교통사고 발생 건수가 매년 증가하는 지역은 경북, 대전, 전북, 서울이다.
- 교통사고 발생 건수와 교통사고 사망자 수가 반비례하는 지역은 강원, 경북, 충남, 서울이다.
- 교통사고 사망자 수와 부상자 수가 반비례하는 지역은 강원, 전북, 충남, 서울이다.
- 20X7년 교통사고 사망자 수는 전년 대비 증가했지만, 교통사고 부상자 수는 전년 대비 감소한 지역은 강원, 전북이다.

	A	C
①	서울	강원
②	충남	대전
③	강원	대전
④	경북	충남
⑤	경북	서울

1회 2회 3회 4회 5회 6회 7회 8회 9회 10회 11회 12회 13회 14회 15회 인성검사 면접가이드

18. 다음은 □□공사 일부 직원들의 명단과 직원들에 대한 설명이다. 이를 바탕으로 추론한 내용으로 적절하지 않은 것은?

경영지원팀(5)		연구팀(10)		홍보기획팀(7)		전산팀(3)	
이름(직급)	사원번호	이름(직급)	사원번호	이름(직급)	사원번호	이름(직급)	사원번호
임○○(팀장)	C0901001	오○○(팀장)	C0902001	박○○(팀장)	N1203001	정○○(팀장)	C1004001
이○○(대리)	C1401002	박○○(대리)	C1302002	손○○(대리)	N1303002	최○○(사원)	N1504002
최○○(사원)	N1801003	김○○(사원)	C1302003	윤○○(사원)	N1503003	황○○(사원)	N1904003
이○○(사원)	N1801004	김○○(사원)	N1602004	김○○(사원)	N1803004		

- 연구팀 팀장과 경영지원팀 팀장은 입사동기이다.
- 홍보기획팀 직원들은 모두 신입직으로 입사했다.
- 전산팀 황○○ 사원은 회사 내에서 제일 최근에 입사한 사원이다.
- 직급은 '사원－대리－팀장' 순으로 높아진다.

① 전산팀 직원은 모두 3명이다.
② 2018년에 입사한 직원은 최소 3명이다.
③ 2013년에는 경력직 채용만 진행되었다.
④ 사원번호가 N1602005인 노 사원은 연구팀 소속이다.
⑤ 팀 내의 사원번호가 직급 순으로 순차 생성된다면 홍보기획팀의 직급이 사원인 사람은 5명이다.

19. 다음은 A 공원 개발사업과 관련하여 입찰을 실시한 H 업체의 사업성 평가 지침에 대한 내용이다. 다음 사업의 입찰을 준비하는 직원들 중 사업성 평가 지침을 올바르게 이해한 사람끼리 짝지어진 것은?

■ 사업성 평가(만점 250점)

가. 사업성(150점)

구분	배점	평가방법
공원의 면적	50점	• 비공원 시설의 면적을 최소화하여 기존의 공원 규모를 유지할 수 있는지를 판단 • 공원시설의 법적 기준인 70%에 미달할 경우 '0점' 처리 • 제안자 간 상대평가를 통해 최대 제안자에게 50점 부여, 비율에 따라 감점 적용 • 가장 큰 공원면적 제안자를 기준공원면적으로 하여 아래 산식으로 계산 • 평가점수 = 50점(만점) − 50점 × $\left(1-\frac{\text{평가대상자공원면적}}{\text{기준공원면적}}\right)\times 2$
개발 연면적	50점	• 제안자가 실제 비공원 시설을 이용, 사업수익이 발생하는 부분을 평가 • 비공원시설의 면적은 작더라도 고밀도(높은 용적률)로 개발할 경우 개발 연면적이 커지게 되어 있음 • 개발 연면적 = 비공원시설의 용지 용적률 • 제안자 간 상대평가를 통해 최소 제안자에게 50점 부여, 비율에 따라 감점 적용 • 가장 개발 연면적이 작은 제안자를 기준연면적으로 하여 아래 산식 적용 • 평가점수 = 50점(만점) − 50점 × $\left(\frac{\text{평가대상자개발연면적}}{\text{기준연면적}}-1\right)\times 2$
사업이익	50점	• 제안자가 적정 사업이익을 계획하였는지를 판단 • 적정이윤(5 ~ 6%)을 기준으로 절대 평가 • 적정이윤 5.5% 미만 50점, 5.5% 이상 ~ 7% 미만 40점, 7% 이상 ~ 8.5% 미만 30점, 8.5% 이상 ~ 10% 이하 20점, 기타 0점 ※ 이윤판단의 기준은 제안자의 판단기준이 아닌 별도의 기준을 준용

나. 지역사회 기여

<table>
<tr><th colspan="2">구분</th><th colspan="2">배점</th><th>평가방법</th></tr>
<tr><td rowspan="2">이익
환원</td><td>공원
조성</td><td rowspan="2">50점</td><td>25점</td><td>• 공원구역 내 조성사업비 배치에 따라 인센티브 부여
• 공원 내 시설물 외 시설의 설치 금액에 따라 절대 평가</td></tr>
<tr><td>특화
시설
설치</td><td>25점</td><td>• 공원구역 및 구역 외 추가 시설 설치에 따라 인센티브 부여
• 공원 시설 외 추가 시설의 설치 금액에 따라 절대 평가
• 추가 시설의 금액을 200억 원/50점 만점 기준으로 2억 원당 1점씩 차감하여 점수 부여(100억 원 미만 시 0점 부여)</td></tr>
<tr><td colspan="2">지역경제
활성화</td><td colspan="2">25점</td><td>• 지역 업체 활용계획서(확약서) 제출 시 가점 부여
• 시공참여사(컨소시엄 중 시공담당 업체)의 확약서 제출 시 25점, 미제출 시 0점</td></tr>
<tr><td colspan="2">제안자
소재지</td><td colspan="2">25점</td><td>• 대표 제안자 소재지가 관내 업체일 경우 인센티브 부여
• 공모공고일 현재 관내 소재 업체일 경우 25점, 기타 0점</td></tr>
</table>

박 사원 : 공원의 면적은 클수록, 개발 연면적은 작을수록 높은 점수를 받게 되는 것 같습니다.

최 대리 : 그렇지만 공원 면적이 작아도 용적률을 활용하여 개발 밀도를 높이기만 하면 공원의 면적이 작은 것은 얼마든지 만회할 수가 있겠는데요? 법적 기준만 넘긴다면 말입니다.

오 과장 : 이번 입찰은 어떻게든 우리가 반드시 낙찰자로 선정되어야 하니까, 적정 이윤을 7% 대로 예상했었는데 5% 수준으로 낮춰서 수정 계획을 짜봐야겠군.

남 대리 : 공원구역 외의 추가 시설물 설치는 비용이 추가될 테니 아예 입찰 가격 산정 시 고려하지 말아야 하겠어요.

① 박 사원, 최 대리 ② 박 사원, 오 과장 ③ 최 대리, 남 대리
④ 오 과장, 남 대리 ⑤ 박 사원, 남 대리

20. 다음은 ○○물류센터의 창고의 위치와 관리 시스템에 대한 자료이다. 제시된 〈조건〉에서 빨간 버튼을 13번, 파란 버튼을 7번 눌렀다고 할 때, 등급은?

〈○○물류센터 A ~ D 창고의 위치〉

A	B
C	D

〈○○물류센터 관리 시스템〉

구분	세부 사항
저장용량 한도	– 창고의 저장용량 한도를 나타낸다. – 왼쪽부터 A 창고, B 창고, C 창고, D 창고의 저장용량 한도이다.
초기재고상태	– 창고에 있는 상품 수를 나타낸다. – 왼쪽부터 A 창고, B 창고, C 창고, D 창고의 상품 수이다.
산출식	[산출식 X] 초기재고상태와 이동 후 재고상태의 차이의 절댓값이 가장 큰 창고와 가장 작은 창고의 이동 후 보관량의 합을 산출한다. [산출식 Y] 각 창고의 이동 후 재고상태를 기준으로 잉여 저장용량이 가장 적은 창고와 가장 많은 창고의 이동 후 보관량의 합을 산출한다. ※ 단, 조건에 맞는 창고가 2개 이상인 경우, 알파벳 순서가 빠른 창고를 산출한다. 또한 한 개의 창고가 조건을 충족하는 경우, 중복 선정될 수 있다.

빨간 버튼	창고에 있는 상품들을 모두 시계 방향을 기준으로 옆 창고로 한 칸씩 옮긴다. 버튼을 누른 횟수만큼 옮긴다.
파란 버튼	창고에 있는 상품들을 모두 반시계 방향을 기준으로 옆 창고로 한 칸씩 옮긴다. 버튼을 누른 횟수만큼 옮긴다.

등급 기준		
이동 결과, 저장용량 한도를 초과한 창고가 없는 경우 산출식 결과에 따른 등급 결정	5 미만	1등급
	5 이상 ~ 10 미만	2등급
	10 이상 ~ 15 미만	3등급
	15 이상	4등급
이동 결과, 한 창고라도 저장용량 한도를 초과하는 경우		5등급

〈등급 산출 과정 예시〉

물류센터 창고 현황이 다음과 같은 상황에서 빨간 버튼을 2번 누를 때, 출력되는 등급은?

〈○○물류센터 창고 현황〉

- 저장용량 한도 : (5, 8, 7, 3)
- 초기재고상태 : (2, 3, 4, 1)
- 산출식 Y를 적용한다.

1. 초기재고상태는 A, B, C, D 창고가 각각 2, 3, 4, 1이고 시계 방향으로 2칸 이동하면 A, B, C, D 창고에 각각 1, 4, 3, 2가 된다.
2. 이동 결과, 저장용량을 초과하는 창고는 없다. 저장용량 한도에 가장 가까운 창고는 D 창고이고, A, B, C 창고는 잉여 저장용량이 동일하게 4 남았으므로 알파벳 순서가 빠른 A 창고가 선정된다. 따라서 두 창고의 이동 후 보관량의 합은 3이다.
3. 등급 기준에 따라 '1등급'이 출력된다.

조건

〈○○물류센터 창고 현황〉

- 저장용량 한도 : (3, 9, 7, 6)
- 초기재고상태 : (1, 4, 6, 3)
- 산출식 X를 적용한다.

① 1등급　② 2등급　③ 3등급

④ 4등급　⑤ 5등급

[21 ~ 22] 다음 자료는 K사의 취업규칙이다. 이를 보고 이어지는 질문에 답하시오.

제3절 출근과 결근

제21조(출근) 직원은 업무개시 10분 전까지 출근하여 업무준비를 하여야 한다.

제22조(퇴근)

① 직원이 결근하고자 할 경우에는 사전에 결근계를 제출하여 상사의 허가를 얻어야 한다. 다만, 긴급 또는 부득이한 사유로 인하여 사전에 허가를 받지 못한 경우에는 결근 당일에 사유를 명확히 하여 사후에 승인을 받아야 한다.

② 상해나 질병 등 또는 부득이한 사유로 인하여 5일 이상 계속 결근하는 경우에는 의사의 진단서 또는 결근 사유를 증명할 수 있는 서류를 결근계에 첨부하여 제출하여야 한다.

③ 정당한 사유 없이 제1항 및 제2항의 절차를 이행하지 아니하거나 허가를 받지 못한 경우에는 무단결근으로 본다.

제23조(지각, 조퇴)

① 직원이 상병, 기타 사유로 지각하였을 때에는 지체 없이 상사에게 알리고 즉시 지각계를 제출하여야 한다.

② 직원이 상병, 기타 사유로 퇴근 시간 이전에 퇴근하고자 할 경우에는 조퇴계를 제출하여 상사의 허락을 받아야 한다.

③ 직원이 1월에 3회에 걸쳐 지각이나 조퇴를 할 때에는 결근 1일로 본다.

제4절 휴일 및 휴가

제36조(시간 외, 야간 및 휴일 근무)

① 직원은 업무상 필요한 경우 근로기준법이 정하는 바에 따라 시간 외 근무, 야간 근무 및 휴일 근무를 할 수 있다.

② 제1항의 근무에 대하여는 보수규정이 정하는 바에 따라 시간 외 근무수당, 야간근무수당 및 휴일근무수당을 지급한다.

제37조(휴가의 구분) 휴가는 법정휴가, 인정휴가, 청원휴가, 명령휴가, 보상휴가 및 특별휴가로 구분한다.

제38조(연차휴가)

① 직원으로서 1년간 80% 이상 출근자에게는 매년 1월 1일(이하 "휴가부여일"이라고 한다) 15일의 유급휴가를 부여한다.

② 제1항에 의한 휴가에 매년 다음 각호와 같이 유급휴가를 가산한다. 이 경우 가산한 유급휴가를 포함하여 총 휴가일수는 25일을 한도로 한다.

1. 3년 이상 근속한 자 : 최초 1년을 초과하는 근로 연수에 매 2년에 대하여 1일을 가산
2. 휴가부여일을 기준으로 하여 직전 1년 동안, 결근, 휴직, 감봉 이상의 징계 및 직위 해제된 사실이 없고 병가를 사용하지 않은 직원 1일
3. 특정직무 수행을 위한 경력을 인정받아 경력직으로 입사한 직원 : 2일

제39조(인정휴가) 회사는 다음 각호의 1에 해당하는 경우에 소정기간의 인정휴가를 준다.

1. 축하휴가
   가. 본인결혼 5일
   나. 자녀결혼 1일
   다. 본인 및 배우자 형제자매 결혼 1일
   라. 부모, 배우자부모, 조부모 회갑 1일
   마. 자녀출산 2일
   사. 부모 및 배우자부모 칠순 1일

2. 기복(忌服) 휴가
   가. 부모, 배우자부모, 배우자상 5일
   나. 자녀 및 형제자매상 3일
   다. 자녀 및 형제자매의 배우자상 3일
   라. 조부모, 외조부모, 백숙부모상 3일

21. 위 취업규칙의 이행과 관련하여 옳지 않은 것은?

① 경력직으로 입사한 A 대리는 총 17일의 유급휴가를 부여받았다.
② 올해 입사한 지 5년차인 B 대리는 작년에 총 16일의 유급 휴가를 부여받았다.
③ 2주 전 장모상을 당한 C 부장은 장례를 위해 5일의 경조사 휴가를 받았다.
④ D 과장은 지난주 긴급한 업무로 휴일근무를 하고 휴일근무수당을 받았다.
⑤ 지하철 고장으로 지각을 하게 된 E 사원은 전화로 미리 알리고 퇴근 시 지각계를 제출하였다.

22. 김새롬 사원은 지난주 수요일과 목요일 정규 근로시간 후 각각 2시간과 3시간 연장 근로를 하였다. 김새롬 사원의 통상임금과 시간 외 근로수당 지급규정이 다음과 같을 때, 지난주 연장근로수당으로 지급받게 될 금액은 얼마인가? (단, 정규 근로시간은 09 : 00 ~ 18 : 00이며, 총 8시간 근로한다)

- 김새롬 사원의 통상임금(일급)은 94,560원이다.
- 〈시간 외 근로수당 지급규정〉에 따라 연장근로 임금은 통상임금에 대해 50% 가산한다.

① 47,280원　② 63,230원　③ 70,920원
④ 88,650원　⑤ 94,560원

[23 ~ 24] 다음 자료를 보고 이어지는 질문에 답하시오.

안녕하십니까? 이번 어린이날을 맞아 ○○시에서는 5월 동안 잔디 광장을 개방하여 행사를 진행하려 합니다. 이번 행사는 다음과 같이 다섯 개의 구역으로 나누어져 진행될 예정입니다.

테마	최대 수용 인원(시)	행사 진행 날짜	자원 봉사자 수 (행사 진행 시)
무협	50명	5월 내내	5명
로봇	25명	5월 14, 20일	2명
마법	50명	5월 19, 29일	5명
숲속의 친구	30명	5월 18, 30일	3명
곰돌이	35명	5월 23, 28일	5명

- 모든 행사의 경우, 학생 10명당 최소 1명의 인솔자가 필요합니다(자원 봉사자들은 모두 인솔 자격을 가지고 있습니다).
- 행사는 09 : 00 ~ 17 : 00까지 진행됩니다.
- 로봇 테마와 마법 테마의 경우 사진 촬영이 금지됩니다.
- 구내식당이 있으며, 인당 3,000원에 점심 식권을 구매하실 수 있습니다(식당 정원은 200명입니다).
- 문의사항은 ○○시청(339－9999)으로 연락주시기 바랍니다.

〈5월 달력〉

일	월	화	수	목	금	토
1	2	3	4	5	6	7
8	9	10	11	12	13	14
15	16	17	18	19	20	21
22	23	24	25	26	27	28
29	30	31				

23. ○○초등학교의 A 선생님은 위의 자료를 보고 ○○시 행사에 참여하고자 한다. A 선생님의 발언으로 적절하지 않은 것은?

① 로봇 테마와 마법 테마의 경우 사진 촬영이 금지되므로 아이들에게 사전에 교육해야겠어.
② 우리 학교의 행사 참가자는 총 380명이니, 모든 학생들이 구내식당을 이용한다면 교대로 점심 식사를 해야 되겠군.
③ 자원봉사자 수가 모자란 테마가 한 곳 있으니, 다른 선생님이 인솔자로 참여하면 되겠어.
④ 문의사항이 있을 때는 339-9999로 전화하면 되겠군.
⑤ 우리 반 학생 33명이 모두 다 들어갈 수 있는 테마는 두 개겠구나.

24. 다음 ○○초등학교의 학사 일정표를 참조하여 계획을 짤 때, 옳지 않은 것은? (단, ○○시 어린이날 행사의 모든 테마에 참여해야 하지만 주말에는 행사에 참여할 수 없으며, 학사 일정표에 따른 학교 행사 동안에는 학생들이 학교를 비워 ○○시의 어린이날 행사에 참여할 수 없다)

일정	행사 이름
5월 5일~6일	어린이날 행사
5월 8일	어버이날 행사
5월 15일~16일	스승의 날 행사
5월 30일	가정의 달 행사

① 5월 첫째 주에 아이들이 학교에 있는 날은 3일뿐이겠어.
② 5월 중 아이들이 학교에 있는 날이 가장 많을 수 있는 주는 둘째 주야.
③ 로봇 테마에 아이들을 데리고 갈 수 있는 날은 하루뿐이야.
④ 5월 셋째 주에는 최대 네 개의 테마를 견학시킬 수 있겠군.
⑤ 5월 마지막 주에는 무협 테마가 아닌 견학 일정도 잡을 수 있겠어.

25. □□공사 홍보실은 202X년 상반기 대학생을 대상으로 대학생 발명품 공모전을 개최하고자 다음과 같이 공고를 올렸다. 홍보실 L 사원은 공모전에 관한 문의 메일을 받고 이에 답변하고자 한다. 다음 중 ㉠에 들어갈 내용으로 가장 적절하지 않은 것은?

〈□□공사 국제발명특허대전 대학생 발명품 공모〉

• 출품요건

구분	내용
출품주제	전기, 에너지, ICT, 친환경에너지 분야 – 출품자 명의로 출원 또는 등록된 특허 · 실용신안을 이용한 발명품 – 특허 · 실용신안 출원이 되지 않았더라도 아이디어를 구체화한 발명품
출품규격	가로 100cm, 폭 70cm, 높이 100cm, 무게 30kg 이내 – 전시 부스 크기에 따라 변경될 수 있으며, 규격 초과 시에는 사전 협의 필요 – 실제크기가 아닌 모형도 출품 가능
출품자격	• 국내 대학 재학생 또는 휴학생 개인 또는 팀(3명 이내)으로 신청 가능 • 1차 서류심사를 통과한 15개 내외의 출품작은 전시되어 관람객에게 선보일 예정

• 수상혜택

구분	내용
서류전형 우대	□□공사 공채 지원 시 서류전형 우대 –금상 수상자 : 서류 전형 면제 –은상 · 동상 수상자 : 서류전형 10% 가점 부여
상금 수여	금상(1명) : 500만 원 / 은상(2명) : 200만 원 / 동상(3명) : 50만 원

• 출품신청
– 접수기간 : ~ 202X. 5. 28.
– 신청방법 : □□공사 홈페이지를 통해 신청 접수
– 접수문의 : □□공사 홍보실(chulpum@bdbd.co.kr)

• 출품제한
– 출품자가 직접 창안 · 제작하지 않은 작품
– 국내 · 외 발명대회에 수상한 동일 · 유사 작품
– 국내 · 외에서 이미 공개, 발표되었거나 상용화된 작품
※ 표절작, 대리작 등 기타 정당하지 못한 작품을 출품한 자는 행사기간 중 혹은 행사 이후 이러한 사실이 밝혀질 경우 수상이 취소됨.

• 유의사항
  – 출품작 공모와 관련하여 제출한 서류는 일체 반환하지 않음.
  – 출품작과 관련된 지식재산권, 아이디어에 대한 권리는 출품자에게 있음.
  – 아이디어를 구체화하여 출품하는 자는 아이디어에 대한 지식재산권을 출원, 등록하는 것이 바람직함.
  – □□공사는 심사, 홍보 등을 위하여 전시품에 대한 내용을 전시 전, 후에 브로슈어를 통하여 제3자에게 공개할 수 있음.

[문의 메일]

안녕하세요. 이번 대학생 발명품 공모전과 관련하여 문의 드립니다. 이번 공모전에 대학 동기 2명, 졸업한 선배 1명과 함께 팀을 이루어 발명품을 출품하고자 합니다. 만들 예정인 작품이 태양열에너지 기술을 적용하여 가로 120cm, 폭 65cm, 높이 80cm으로 제작될 것 같은데, 규격에 맞지 않아 반드시 줄여야 한다는 이야기를 들었습니다. 신청은 홍보실 메일인 chulpum@bdbd.co.kr으로 보내면 되는 것으로 알고 있습니다. 만약 저희 팀이 상을 받지 못하는 경우라면 작품이 공개되지 않았으면 합니다. 공모전 관련해서 제가 이해한 내용이 맞는지요? 답변 부탁드립니다.

[답변]

□□공사 홍보실에 문의해 주셔서 감사드립니다. 문의하신 내용과 관련하여 잘못 이해하고 계신 부분이 있어 다음과 같이 정정해 드립니다.

(㉠)

① 메일이 아닌 □□공사 홈페이지를 통해 신청 접수가 가능합니다.

② 제작하시려는 작품의 주제가 저희 공모전과 부합하지 않으므로 주제를 수정해 주셔야 합니다.

③ 출품 규격을 초과한 작품의 경우라도 사전 협의한다면 출품 가능할 수 있습니다.

④ 심사 등을 위하여 전시품을 전시 전, 후에 브로슈어를 통하여 제3자에게 공개될 수 있습니다.

⑤ 팀을 이루어 신청하시는 경우 모든 팀원이 대학 재학 또는 휴학 중인 상태여야 하며 팀원은 총 3명 이내여야 합니다.

Memo

미래를 창조하기에 꿈만큼 좋은 것은 없다.
오늘의 유토피아가 내일 현실이 될 수 있다.

There is nothing like dream to create the future.
Utopia today, flesh and blood tomorrow.
빅토르 위고 Victor Hugo

코레일(한국철도공사)

7회 기출예상문제

수험번호	
성 명	

감독관 확인란	

7회 기출예상문제

성명표기란

수험번호

⓪	⓪	⓪	⓪	⓪	⓪
①	①	①	①	①	①
②	②	②	②	②	②
③	③	③	③	③	③
④	④	④	④	④	④
⑤	⑤	⑤	⑤	⑤	⑤
⑥	⑥	⑥	⑥	⑥	⑥
⑦	⑦	⑦	⑦	⑦	⑦
⑧	⑧	⑧	⑧	⑧	⑧
⑨	⑨	⑨	⑨	⑨	⑨

(주민등록앞자리 생년제외) 월일

수험생 유의사항

※ 답안은 반드시 컴퓨터용 사인펜으로 보기와 같이 바르게 표기해야 합니다.
〈보기〉 ① ② ③ ❹ ⑤

※ 성명표기란 위 칸에는 성명을 한글로 쓰고 아래 칸에는 성명을 정확하게 표기하십시오. (맨 왼쪽 칸부터 성과 이름은 붙여 씁니다)

※ 수험번호/월일 위 칸에는 아라비아 숫자로 쓰고 아래 칸에는 숫자와 일치하게 표기하십시오.

※ 월일은 반드시 본인 주민등록번호의 생년을 제외한 월 두 자리, 일 두 자리를 표기하십시오.
〈예〉 1994년 1월 12일 → 0112

※ 검사문항 : 1~25

문번	답란	문번	답란
1	① ② ③ ④ ⑤	16	① ② ③ ④ ⑤
2	① ② ③ ④ ⑤	17	① ② ③ ④ ⑤
3	① ② ③ ④ ⑤	18	① ② ③ ④ ⑤
4	① ② ③ ④ ⑤	19	① ② ③ ④ ⑤
5	① ② ③ ④ ⑤	20	① ② ③ ④ ⑤
6	① ② ③ ④ ⑤	21	① ② ③ ④ ⑤
7	① ② ③ ④ ⑤	22	① ② ③ ④ ⑤
8	① ② ③ ④ ⑤	23	① ② ③ ④ ⑤
9	① ② ③ ④ ⑤	24	① ② ③ ④ ⑤
10	① ② ③ ④ ⑤	25	① ② ③ ④ ⑤
11	① ② ③ ④ ⑤		
12	① ② ③ ④ ⑤		
13	① ② ③ ④ ⑤		
14	① ② ③ ④ ⑤		
15	① ② ③ ④ ⑤		

7회 기출예상문제

▶ 정답과 해설 37쪽

문항 수 | 25 문항

01. 다음 '철학의 여인'의 논지를 따를 때 ㉮로 적절한 것을 〈보기〉에서 모두 고르면?

> 다음은 철학의 여인이 비탄에 잠긴 보에티우스에게 건네는 말이다.
>
> "나는 이제 네 병의 원인을 알겠구나. 이제 네 병의 원인을 알게 되었으니 ㉮ 너의 건강을 회복할 수 있는 방법을 찾을 수 있게 되었다. 그 방법은 병의 원인이 되는 잘못된 생각을 바로잡아 주는 것이다.
>
> 너는 너의 모든 소유물을 박탈당했다고, 사악한 자들이 행복을 누리게 되었다고, 네 운명의 결과가 불의하게도 제멋대로 바뀌었다는 생각으로 비탄에 빠져 있다. 그런데 그런 생각은 잘못된 전제에서 비롯된 것이다. 네가 눈물을 흘리며 너 자신이 추방당하고 너의 모든 소유물들을 박탈당했다고 생각하는 것은 행운이 네게서 떠났다고 슬퍼하는 것과 다름없는데, 그것은 네가 운명의 본모습을 모르기 때문이다. 그리고 사악한 자들이 행복을 가졌다고 생각하는 것이나 사악한 자가 선한 자보다 더 행복을 누린다고 한탄하는 것은 네가 실로 만물의 목적이 무엇인지 모르고 있기 때문이다. 다시 말해 만물의 궁극적인 목적이 선을 지향하는 데 있다는 것을 모르고 있기 때문이다. 또한 너는 세상이 어떤 통치원리에 의해 다스려지는지 잊어버렸기 때문에 제멋대로 흘러가는 것이라고 믿고 있다. 그러나 만물의 목적에 따르면 악은 결코 선을 이길 수 없으며 사악한 자들이 행복할 수는 없다. 따라서 세상은 결국에는 불의가 아닌 정의에 의해 다스려지게 된다. 그럼에도 불구하고 너는 세상의 통치원리가 정의와는 거리가 멀다고 믿고 있다. 이는 그저 병의 원인일 뿐 아니라 죽음에 이르는 원인이 되기도 한다. 그러나 다행스럽게도 자연은 너를 완전히 버리지는 않았다. 이제 너의 건강을 회복할 수 있는 작은 불씨가 생명의 불길로 타올랐으니 너는 조금도 두려워할 필요가 없다."

보기

㉠ 만물의 궁극적인 목적이 선을 지향하는 데 있다는 것을 아는 것
㉡ 세상이 제멋대로 흘러가는 것이 아니라 정의에 의해 다스려진다는 것을 깨닫는 것
㉢ 자신이 박탈당했다고 여기는 모든 것들, 즉 재산, 품위, 권좌, 명성 등을 되찾을 방도를 아는 것

① ㉠ ② ㉡ ③ ㉠, ㉡
④ ㉡, ㉢ ⑤ ㉠, ㉡, ㉢

02. 다음은 '겨울철 블랙아이스 사고 특성과 대책 발표'에 대한 기사이다. 제시된 내용과 일치하는 것은?

○○교통안전문화연구소는 며칠 전 '겨울철 블랙아이스(빙판/서리) 교통사고 특성과 대책' 결과를 발표했다. 최근 5년(20X4년 1월 ~ 20X8년 12월) 동안 경찰에 신고 · 접수된 겨울철 빙판길 사고와 기상관측자료를 분석한 결과 최저기온이 0℃ 이하이면서 일교차가 9℃를 초과하는 일수가 1일 증가할 때마다 하루 평균 약 59건의 사고가 증가했다. 치사율도 전체 교통사고 평균보다 1.6배 높게 나타났다. 이것은 교통사고 100건당 사망자 수를 백분율로 환산한 것이다. 지역별 결빙교통사고율은 충남(3.9%), 강원(3.8%) 순으로 높았다. 치사율(전체 사고 대비 결빙사고 사망자 비율)도 충북(7.0%), 강원(5.3%) 등 중부내륙지역이 높은 것으로 분석됐다. 이러한 겨울철 빙판길 사고예방을 위해서 사고위험도로를 중심으로 자동염수분사장치, 노면열선, 가변속도표지 등 맞춤형 대책이 시급한 것으로 확인됐다.

○○교통안전문화연구소가 발표한 기상자료 연계 '겨울철 블랙아이스(빙판/서리) 교통사고 특성과 대책'의 주요 내용을 살펴보면 최근 5년 동안 도로결빙사고 사망자 199명 발생, 사고 100건당 사망자 수는 전체 교통사고 평균 대비 1.6배 높았다. 또 경찰에 신고 · 접수된 도로결빙/서리로 발생한 교통사고건수, 사망자 수는 최근 5년간 각각 6,548건(연평균 1,310건), 199명(연평균 40명)이며 사고 100건당 사망자 수는 3.0명으로 전체 교통사고 평균 1.9명보다 1.6배 높아 큰 사고가 많은 것으로 나타났다.

또한 연도별 사고 건수는 20X4년 1,826건, 20X5년 859건, 20X8년 1,358건으로 해에 따라 최대 2배 이상 차이가 나는 것으로 분석됐다. 기상관측자료와 교통사고자료를 분석한 결과 겨울철 최저기온이 0℃ 이하이며 일교차가 9℃를 초과하는 일수와 결빙교통사고는 상관관계가 높은 것으로 나타났다. 최근 5년 동안 위 조건에 맞는 날은 평균 51.5일이었으며 해당 관측일이 1일 증가하면 결빙교통사고는 하루에 약 59건이 증가했다.

이어 노면 결빙사고 취약지역은 중부내륙(강원, 충남/북)에 집중됐다. '최저기온 0℃ 이하, 일교차 9℃ 초과' 관측일을 기준으로 최근 5년간 발생한 결빙교통사고율은 전체 교통사고의 2.4%였다. 지역별로는 통과 교통량이 많고 통행속도가 높은 충남(3.9%), 충북(3.8%), 강원(3.7%)의 결빙교통사고율이 다른 지자체 평균보다 2.6배 높았다. 특별/광역시의 경우 광역시(3.1%)가 평균보다 높은 것으로 나타났다.

사고 심도를 나타내는 치사율(전체 대비 결빙사고 사망률)은 '최저기온 0℃ 이하&일교차 9℃ 초과' 관측일에서 평균 3.2%였다. 특히 매년 감소하고 있는 가운데(20X4년 3.9% → 20X6년 2.9% → 20X8년 2.2%), 충북(7.0%), 강원(5.3%), 전북(4.3%), 경북(3.8%)은 전국 평균보다 1.4 ~ 2.2배 높았다. 이는 해당 지역을 운전할 때 더욱 안전운전을 실천해야 한다는 것을 의미한다.

블랙아이스는 온도가 급격히 떨어질 때 노면 습기가 얼어붙어 생성되기 때문에 기상변화와 함께 주변 환경(바닷가, 저수지 등), 도로 환경(교량, 고가도로, 터널입구 등)을 고려한 맞춤형 관리를 해야 하는 것으로 분석된다. 결빙교통사고는 노면 상태를 운전자가 육안으로 확인하지 못하거나 과속하는 경우에 발생하기 때문에 결빙교통사고 위험구간 지정확대, 도로순찰 강화 등의 대책이 요구된다. 결빙구간을 조기에 발견해 운전자에게 정보를 제공해 줄 수 있는 시스템(내비게이션, 도로전광판) 확대도 시급하다.

○○교통안전문화연구소 김△△ 수석연구원은 "겨울철 급격한 일교차 변화에 따른 노면 결빙(블랙아이스)은 도로 환경, 지역과 입지여건 등에 따라 대형사고로 이어질 위험성이 크다."며 "이에 지역별로 사고 위험이 높은 지역에 적극적인 제설 활동, 자동염수분사장치 및 도로열선 설치 확대, 가변속도표지 설치, 구간속도단속 등의 조치가 필요하다."고 강조했다. 또한 "운전자들도 블랙아이스 사고가 많은 겨울철 새벽에는 노면 결빙에 주의해 안전운전해야 한다."고 덧붙이며 "시설 정비와 시스템 강화도 중요하지만 개개인 운전자들의 주의도 사고예방에 큰 도움이 되므로 운전 습관을 점검해 보는 것이 좋겠다."는 의견도 제시하였다.

① 지역별 결빙교통사고율과 치사율 모두 강원 지역에서 가장 높게 나타났다.

② 최근 5년 동안 도로결빙사고 사망자가 199명 발생하였는데, 사고 100건당 사망자 수는 전체 교통사고 평균에 비해 약 3배 정도 높은 수치이다.

③ 노면 결빙사고 취약지역은 중부내륙(강원, 충남/북)에 집중되었으며 충남/북, 강원의 결빙교통사고율이 다른 지자체 평균보다 2.6배 높았다.

④ 블랙아이스는 온도가 급격히 떨어질 때 노면 습기가 얼어붙어 생성되기 때문에 운전자의 육안으로 식별이 가능하므로 결빙교통사고 위험구간을 지정할 필요는 없다.

⑤ 겨울철에는 기온변화가 급격하지 않으므로 도로 환경이나 입지여건 등을 이유로 결빙이 발생한다는 점을 고려하여 대비해야 한다.

03. 다음 글의 내용과 일치하는 것은?

세금의 종류를 나눌 수 있는 방법은 크게 세 가지가 있다. 첫 번째로는 과세권에 따라 국세와 지방세로 분류한다. 부가가치세, 법인세, 소득세는 국세에 해당하고 지방소득세, 재산세는 지방세에 해당한다. 두 번째로는 통관절차에 따라 내국세와 관세로 분류한다. 소득세, 법인세, 부가가치세는 내국세에 해당하며 관세는 관세에 해당한다. 마지막으로는 사용용도에 따른 분류로, 보통세와 목적세로 분류한다. 보통세에는 소득세, 법인세, 부가가치세가 해당한다. 보통세는 세금의 사용용도가 정해져 있지 않아, 일반적인 재정수요를 충족하기 위해 부과하는 세금이다. 목적세에는 교육세가 해당하고, 이는 특정 목적에 사용하기 위함이다.

정부는 조세를 부과함으로써 재정 사업을 위한 재원을 마련한다. 그런데 조세 정책의 원칙 중 하나가 공평 과세, 즉 조세 부담의 공평한 분배이기 때문에 누구에게 얼마의 조세를 부과할 것인가는 매우 중요하다. 정부는 특정 조세에 대한 납부자를 결정하게 되면 조세법을 통해 납부 의무를 지운다. 그러나 실제로는 납부자의 조세 부담이 타인에게 전가되는 현상이 흔히 발생하는데, 이를 '조세전가(租稅轉嫁)'라고 한다.

정부가 볼펜에 자루당 100원의 물품세를 생산자에게 부과한다고 하자. 세금 부과 전에 자루당 1,500원에 100만 자루가 거래되고 있었다면 생산자는 총 1억 원의 세금을 납부해야 할 것이다. 이로 인해 손실을 입게 될 생산자는 1,500원이라는 가격에 불만을 갖게 되므로 가격을 100원 더 올리려고 한다. 생산자가 불만을 갖게 되면 가격이 상승하기 시작한다. 그러나 가격이 한없이 올라가는 것은 아니다. 가격 상승으로 생산자의 불만이 누그러지지만 반대로 소비자의 불만이 증가하기 때문이다. 결국 시장의 가격 조정 과정을 통해 양측의 상반된 힘이 균형을 이루는 지점에 이르게 되며, 1,500 ~ 1,600원 사이에서 새로운 가격이 형성된다. 즉 생산자는 법적 납부자로서 모든 세금을 납부하겠지만 가격이 상승하기 때문에 자루당 실제 부담하는 세금을 그만큼 줄이게 되는 셈이다. 반면에 소비자는 더 높은 가격을 지불하게 되므로 가격이 상승한 만큼 세금을 부담하는 셈이 된다.

또 다른 예시를 들어 보자면 다음과 같다. 소비자가 커피전문점에서 아메리카노 커피를 3,300원에 사면 3,000원은 커피의 판매가격에 해당하고, 판매가격의 10%인 300원은 부가가치세에 해당한다. 소비자가 300원의 부가가치세를 부담하기는 하지만, 실제로 세금을 세무서에 납부하는 납세의 의무자는 소비자가 아닌 커피전문점을 경영하는 사업자가 될 것이다. 이 경우, 커피전문점 사업자가 세무서에 납부하는 부가가치세 300원은 소비자에게 전가되는 것이다. 납세의무자와 담세자가 같은 경우에는 직접세라 부르고, 납세의무자와 담세자가 다른 경우, 즉 전가가 되는 경우는 간접세라 부른다.

한편, 조세전가가 같은 방향으로만 발생하는 것은 아니다. 동일한 세금을 소비자에게 부과한다고 하자. 소비자는 한 자루당 1,500원을 생산자에게 지불해야 하므로 실제로는 1,600원을 지출해야 한다. 이에 대해 소비자는 불만을 가질 수밖에 없다. 소비자의 불만이 시장에 반영되면 시장의 가격 조정 기능이 작동하여 가격이 하락하게 되며, 최종적으로 소비자는 가격 하락 폭만큼 세금 부담을 덜 수 있게 된다. 즉 정부가 소비자에게 세금을 부과한다 해도 생산자에게 조세가 전가된다.

그렇다면 양측의 실제 부담 비중은 어떻게 결정될까? 이는 소비자나 생산자가 제품 가격의 변화에 어떤 반응을 보이는가에 따라 달라진다. 예를 들어 가격 변화에도 불구하고 소비자가 구입량을 크게 바꾸지 못하는 경우, 어느 측에 세금을 부과하든 소비자가 더 많은 세금을 부담하게 된다. 생산자에게 세금을 부과할 때는 가격 상승 요구가 더욱 강하게 반영되어 새로운 가격은 원래보다 훨씬 높은 수준에서 형성될 것이다. 즉 생산자의 세금이 소비자에게 많이 전가된다. 그러나 소비자에게 세금을 부과할 때에는 가격 하락 요구가 잘 반영되지 않아 가격이 크게 떨어지지 않는다. 그로 인해 소비자가 대부분의 세금을 부담하게 된다. 한편, 가격 변화에도 불구하고 생산자가 생산량을 크게 바꾸지 못하는 경우에는 누구에게 세금이 부과되든 생산자가 더 많은 세금을 부담하게 될 것이다. 이러한 조세전가 현상으로 인해 정부는 누가 진정한 조세 부담자인지를 파악하는 데 어려움을 겪을 수밖에 없다.

① 바뀐 유행에 따라 재료를 급히 처분해야 하는 의류생산자는 소비자에게 조세전가를 많이 하기 어려우므로 더 많은 세금을 부담하게 될 가능성이 높다.

② 정부는 조세부과 시 조세전가를 정확히 예측할 수 있다.

③ 정부가 소비자에게 세금을 부과하는 경우 소비자는 마지막 단계에 있으므로 조세전가를 할 방법이 없다.

④ 조세전가는 항상 생산자에게서 소비자에게 전가되는 방향으로 발생한다.

⑤ 세금을 세무서에 납부하는 사람과 부담하는 사람이 같다면 간접세에 해당한다.

04. 각 문단의 중심 내용으로 적절하지 않은 것은?

(가) 기술문명이 고도로 발달하면 사회가 테크놀로지 중심으로 재편되고 인간이 기술에 의존하게 될 가능성이 점점 높아진다. 하지만 조금 다른 관점에서 보면 4차 산업혁명이 가속화되고 기술문명이 발전할수록 콘텐츠나 문화예술은 더 많은 기회를 갖게 될 것이다. 왜 그럴까? 우선 문화예술은 창의성, 감성의 영역이라 4차 산업혁명으로 인한 자동화의 위험이 상대적으로 적기 때문이다. 직업세계의 변화 예측을 보더라도 전문가들이 인공지능이나 기계로 대체될 위험이 적고 미래에 유망할 것으로 꼽는 직업은 화가 및 조각가, 사진작가, 지휘자 및 연주자, 만화가, 가수, 패션디자이너 등 문화예술 관련 분야이거나 창의성, 감성, 사회적 소통과 협력 등을 필요로 하는 일자리다. 둘째, 기술문명이 발전하면 인간은 변화로 인한 문화의 충격을 겪게 되고, 인간 자신을 돌아보게 되므로 인간적 영역인 문화에 더 큰 관심을 갖게 된다. 셋째, 4차 산업혁명은 특정 기술이 이끄는 변화가 아니라 여러 첨단기술들이 융합돼 일으키는 혁신적 변화이며, 여기에서 나타나는 변화의 트렌드는 창의 융합이다.

(나) 문화 콘텐츠는 콘텐츠와 기술, 문화와 기술, 하드웨어와 소프트웨어의 융합으로 이루어지므로 가장 창의적이고 융합적인 영역이라고 할 수 있다. 자율주행자동차의 예를 들어보자. 가령 사람이 운전하지 않아도 되는 자율주행자동차가 상용화되면 차 안에서 사람이 할 수 있는 일은 아마도 영화, 게임, 영상 등 콘텐츠의 소비가 될 것이므로 콘텐츠의 수요는 늘어날 수밖에 없다. 미래에는 노동시간은 줄어들고 여가시간이 점점 늘어날 것이다. 여가시간의 증가 역시 콘텐츠 수요의 증가를 뜻한다.

(다) 4차 산업혁명은 문화라는 관점에서 보면 콘텐츠 혁명이 될 것이다. 디지털 빅데이터, 인공지능 기반으로 만들어지는 콘텐츠는 기존의 아날로그 콘텐츠와는 양적, 질적으로 차원이 다를 것이며, VR · AR로 만들어지는 콘텐츠는 사용자 경험의 신세계를 맛보게 해줄 것이다. 4차 산업혁명시대는 콘텐츠가 부가가치의 원천이 되는 콘텐츠노믹스 시대이자, 재미있는 스토리, 독창적인 아이디어, 정교한 알고리즘, 창의적인 소프트웨어 등 문화 콘텐츠가 성장엔진이 되는 소프트파워시대이다. 전통적 인쇄 매체인 신문에 종사하는 사람들은 좋은 신문을 만들기 위해서는 윤전기와 기자, 둘만 있으면 된다고 말한다. 윤전기는 기계나 기술을 가리키고 기자는 기사를 생성하는 주체다. 뭐니 뭐니 해도 저널리즘의 주체는 기자다. 콘텐츠 제작도 마찬가지다. 콘텐츠기술, 문화기술 등 테크놀로지가 매우 중요하겠지만 본질적인 것은 콘텐츠 창작자다. 아무리 첨단기술과 최신 사양의 도구를 갖추고 있어도 결국 콘텐츠의 질을 좌우하는 것은 사람이기 때문이다. 4차 산업혁명시대의 콘텐츠 혁명을 이끄는 것은 기술이 아니라 사람이다. 항상 사람이 먼저이며 창의적 인재를 길러내는 것이 우선이다. 첨단기술도 사람이 만드는 것이고 기발한 콘텐츠도 사람이 만든다.

(라) 리처드 플로리다 교수의 저서 '도시는 왜 불평등한가'에서는 창의적인 도시의 3요소로 3T를 언급한다. 3T란 기술(Technology), 관용(Tolerance) 그리고 인재(Talent)다. 창조적인 도시를 보면 예외 없이 하이테크 기술이 모이고 창의인재들이 몰려들고 또한 다름을 인정하며 공존하는 관용의 문화가 있다. 첨단기술과 다양성의 문화를 바탕으로 창의적인 결과물을 만들어 내는 것은 다름 아닌 창의인재다. 플로리다는 이들을 창조계급(Creative class)이라 명명했다. 산업화시대의 주역이 부르주아 계급이었다면 21세기의 주역은 창조계급이 될 거라고 주장했는데, 플로리다는 창조계급의 핵심으로 컴퓨터와 수학 관련 직업, 건축과 공학 관련 직업, 생명과학, 물리, 사회과학 관련 직업, 교육 · 훈련 관련 직업, 미술 · 디자인 · 연예 · 오락 · 스포츠 · 미디어 관련 직업 등을 꼽았다. 미래변화를 주도하는 창조계급에 속하는 직업은 미래학자들이 기계화, 자동화에도 불구하고 유망한 직업군으로 꼽는 직업과 대부분 일치한다. 요컨대 미래에 유망할 일자리는 고도의 전문성, 판단력, 직관력과 감성, 창의성을 필요로 하는 직업들이라고 할 수 있다. 이런 직업 변화의 전망이라는 관점에서 보면 미래 인재상과 인재양성을 위한 교육방법론에도 큰 변화가 필요할 것으로 보인다.

(마) 창조계급을 길러내기 위해서는 전통적인 교육시스템의 파괴적 혁신이 필요하다. 잠재력을 발굴하고 비범한 아이디어를 장려하는 방식의 교육으로 변화해야 하며, 사회적으로도 줄 세우기 식의 경쟁이 아니라 협업하고 소통하는 문화를 확산해야 한다. 또한 실패를 용인하고 도전을 장려하는 사회분위기 조성도 필요하다. 미래사회 국가경쟁력의 핵심은 결국 첨단과학기술개발과 창의적 인재 양성 두 가지이다. 첨단과학기술개발 역시 사람이 하는 일이기에 창의적 인재양성의 중요성은 아무리 강조해도 지나치지 않다. 콘텐츠 산업을 진흥하고 창의적 콘텐츠를 발굴 · 개발하는 정책은 시대변화를 이끌어갈 창의 인력의 전주기적 양성 시스템의 구축과 함께 추진돼야 한다.

① (가) – 4차 산업혁명의 특징과 문화예술의 가능성

② (나) – 문화 콘텐츠의 특성과 향후 수요 전망

③ (다) – 4차 산업혁명에 있어 문화 콘텐츠의 본질과 그 중요성

④ (라) – 창의적인 도시 건설을 위한 다문화 창조계급의 탄생

⑤ (마) – 창의 인재 중심의 사회를 위한 시스템 구축의 필요성

05. 다음 빈칸 ㉠~㉤ 중 문맥상 나머지와 다른 단어가 쓰이는 곳은?

늘 그래 온 것처럼 사람이 동물 생태계를 바꿔 놓고 있다. 사람들의 거주지가 늘어나면서 야생동물이 살 곳을 잃고 있으며, 이로 인해 (㉠) 동물들의 개체 수가 줄어들고 있다는 연구 결과가 속속 발표되고 있다. 인간 거주지 주변에 살고 있는 동물들의 삶이 자연생태계 속에 살고 있는 동물들과 비교해 1.36배 더 야행성화한 것으로 나타났다. 버클리대 케이틀린 게이너(Kaitlyn Gaynor) 박사는 "이런 변화가 전 세계에 걸쳐 일어나고 있다."고 말했다.

게이너 박사는 "일반적으로 낮과 밤의 활동량이 비슷했던 포유류 중 야간 활동을 68%까지 늘린 사례가 발견되고 있다."고 말했다. 또한 "(㉡) 동물들이 심각하게 야행성화 되어 인간과의 관계를 단절시키고 있었다."고 말했다. 이런 변화는 고양이 등 포식 동물에서부터 사슴과 같은 유순한 동물에 이르기까지 광범위하게 일어나고 있었다. 그는 "특히 사슴의 경우 자신들이 사냥을 당하고 있지 않음에도 불구하고 사람들의 하이킹을 피해 숲으로 숨어들고 있으며 낮 활동을 줄여나가고 있었다."면서 "이런 변화가 인간의 도시 개발과 밀접한 관계가 있다."고 말했다. 특히 21세기 들어 도시 개발이 늘어나고 동물들의 자연 생태계가 급속히 파괴되면서 동물들 역시 생존을 위해 삶의 패턴을 (㉢)화하고 있다는 것이다.

주머니쥐에서 코끼리에 이르기까지 6대주에 살고 있는 62종의 야생동물을 대상으로 실시한 이번 연구에는 GPS 위치추적기, 고성능의 적외선 동영상 카메라 등 동물들의 삶을 추적할 수 있는 첨단 기술이 대거 동원되었다. 이번 연구를 외부에서 도운 호주 디킨 대학의 야생동물 생태학자 유안 리치 교수는 "게이너 박사의 노력을 통해 지구 전역에 걸쳐 동물들의 삶 자체가 변화하고 있다는 놀라운 사실을 알게 되었다."고 말했다.

또한 교수는 "그러나 지금까지 밝혀진 사실은 빙산의 일각에 불과하다."며, "무분별한 도시 개발이 동물 생태계를 어떻게 바꿔 놓고 있는지, 새로 등장하고 있는 야행성 포식동물들, 새로 형성되고 있는 먹이사슬 등에 대한 추가 연구가 진행되어야 한다."고 주장하기도 했다. 연구팀은 논문을 통해 인구가 급속히 늘어나면서 동물들이 살 수 있는 환경 역시 급속히 줄어들고 있다고 말했다. 이로 인해 야생동물 생태가 변화하고 있는 가운데 보이지 않는 곳에서 동물의 야간 활동이 급격히 늘어나고 있다고 말했다. 이번 연구는 야생동물들의 주 · 야간 활동을 분석하는 데 집중되었다고 밝혔다.

게이너 박사는 "이런 변화가 자연환경을 파괴하는 도시 및 도로 개발 등으로 인한 것"이라며, 향후 생태계 파괴가 더욱 심각해질 수 있음을 우려했다. "앞으로 이런 현상이 더 가속화할 수 있다며 생태계 보존을 위해 인간과 동물이 공존하는 방안을 모색해야 한다."고 주장했다. 애니메이션 '라이온킹(Lion King)'에서 왕 무파사는 "우리들이 모두 거대한 삶의 사이클 안에 연결돼 살고 있다."고 말했다. 사자가 그들의 사냥 습관을 바꾼다면 그들의 왕국 질서 역시 와해될 위험이 있음을 우려하고 있는 것이다.

생태학자들 역시 지금의 야생동물 야행성화에 대해 크게 우려하고 있는 중이다. 이로 인해 야생의 먹이사슬 구조가 변화하고, 생존경쟁에서 일부 종이 소멸되는 등 세계적으로 동물 생태계 보존에 빨간 불이 켜질 수 있다는 것이다. 실제로 미국 캘리포니아 주 산타크루즈 산맥에 살고 있는 코요테의 경우 급속한 야행성화가 진행되고 있는데 이런 변화가 일어나고 있는 가장 큰 원인은 주변에 있는 사람들의 하이킹 코스 때문인 것으로 밝혀졌다. 게이너 박사는 "산을 오르내리는 사람들이 코요테의 식사 시간을 변화시켰고, 그 결과 많은 코요테들이 밤 사냥을 하고 있다."고 말했다. "이에 따라 낮에는 다람쥐, 새 등의 약한 동물들의 활동이 활발해지면서 산맥 생태계 전체에 변화가 일어나고 있다."고 말했다.

호주산 들개인 딩고(dingoes)도 유사한 사례다. 사람을 피해 숲으로 들어가면서 사람 거주지 주변에 딩고의 천적이었던 야생 동물들의 수가 급격히 늘기 시작했다. 야행성인 이 동물들은 인간 거주지 주변에서 약한 동물을 공격하면서 생태계를 파괴하고 있는 중이다. 연구팀은 이런 현상을 과거 공룡이 포유류를 (㉣)화한 사례와 비교하고 있다. "당시 포유류는 낮 동안의 공룡 위협을 피하기 위해 야행성 능력을 발전시켰다."며, "지금의 포유류 역시 인간의 위협을 피해 더욱 (㉤)화하고 있다."고 말했다. 게이너 박사는 "동물들의 입장에서 보았을 때 지금 인간들의 행동은 매우 위협적"이라고 말했다. "언제 어디서 어떤 일이 일어날지 예측이 불가능할 만큼 동물들이 큰 위협을 느끼고 있다."며 생태계 보존을 위한 대책을 마련해 줄 것을 촉구했다.

① ㉠　② ㉡　③ ㉢
④ ㉣　⑤ ㉤

06. 다음 글을 읽고 추론한 내용으로 적절하지 않은 것은?

디젤 엔진(diesel engine) 또는 디젤 기관은 독일의 기술자 루돌프 디젤(Rudolf Diesel)이 1892년에 발명한 내연기관이다. 열 효율이 높아 주로 대형자동차, 철도차량, 건설기계, 농업용기계, 선박 등의 엔진에 이용된다. 같은 내연 기관인 가솔린 기관이 전기와 점화플러그를 이용하여 연료를 점화하는 반면, 디젤 기관은 압축점화기관형태로, 실린더 안에 공기를 압축해서 온도를 높인 후 연료를 실린더 안에 분출하면서 스스로 점화되도록 하는 장치이다. 연료가 연소하면서 화학에너지가 열에너지로 바뀔 때, 각 실린더 안의 온도가 2,480℃ 정도까지 올라가고, 실린더 내부에 약 100kg/cm^{2}의 압력이 나온다. 이 압력이 실린더 안의 피스톤을 하사점까지 밀어내고, 피스톤에 연결된 크랭크축을 회전시켜서 동력을 만든다. 실린더 안에 압축된 공기가 연료를 점화하기 위해서는 실린더 안의 온도가 일정 온도 이상이 되어야 한다. 연료 점화에 필요한 압축비가 높을수록 온도가 높아진다. 압축비는 압축 전과 후의 공기의 체적비로 측정하는데, 대형 실린더에는 압축비가 약 13 : 1, 중형은 약 14.3 : 1, 소형은 약 20 : 1 정도이다. 디젤 기관에 이용되는 연료는 열효율이 높으면서 휘발유보다 저렴한 연료를 사용하며, 주로 경유 계통을 사용한다.

디젤 엔진을 구분할 때 일반적으로 2행정 기관과 4행정 기관으로 나눈다. 대개의 경우는 4행정 기관이며 디젤 엔진 트럭과 같은 대형 기관의 경우 2행정 기관을 쓴다. 4행정 기관은 각 피스톤이 아래–위–아래–위의 순으로 한 사이클을 완료한다. 첫 번째의 하강행정에서 공기를 실린더로 흡입하고, 상승행정에서 공기를 압축한다. 두 번째의 하강행정에서 연료를 분사하여 폭발시킨 후, 상승행정에서 연소된 배기가스를 밖으로 내보낸다. 2행정 기관은 각 피스톤이 아래–위의 순으로 한 사이클을 완료한다. 하강행정에서 실린더가 열리면서 배기가스를 내보내는 동시에 신선한 공기를 흡입한다. 이 과정에서 슈퍼차저와 터보차저를 통해 공기를 순식간에 빨아내고, 동시에 연소된 가스는 배기 밸브를 통해 순식간에 빠져나간다. 상승행정은 압축행정으로 한 번만 일어난다.

오늘날 대부분의 디젤 엔진은 엔진의 크랭크 샤프트에 의해 구동되는 단일 기계적 플런저 고압 연료 펌프를 사용한다. 각각의 엔진 실린더에는, 연료 펌프 수단에 대응하는 플런저가 정확한 양의 연료를 분사하고, 각 분사의 타이밍을 정한다. 이 엔진에 쓰이는 분사기는 특정 연료 압력에 따라 여닫는 매우 정밀한 스프링이 장착된 밸브를 사용한다. 별도의 고압 연료는 각각의 실린더로 연료 펌프를 연결한다. 각각의 단일 연소용 연료량은 약간의 회전으로 압력이 해제되거나 기계식 조속기에서 제어되는 플런저의 경사면 홈에 제어되고, 스프링 레버에 의해 엔진 속도가 제한되어 회전 가중치가 구성된다. 분사기는 연료 압력에 의해 분사된다. 고속 엔진에서 플린저 펌프는 하나의 유닛으로 묶여있다. 각 분사기의 펌프로부터 연료 라인까지의 길이는 동일 압력의 지연을 얻기 위해 보통 각각의 실린더에 대해 동일하다.

간접 분사 방식은 실린더 내에 분사하여 연소하는 대신 프리챔버(prechamber)에 분사여여 연소시키고 이를 주 실린더 내로 전파하는 방식이다. 80년대와 90년대에 포드와 쉐보레가 이러한 방식의 엔진을 생산하였다. 이러한 방식은 직접 분사 방식에 비해 효율이 떨어지는 것으로 알려지고 있다.

대부분의 디젤 엔진은 다음 중 한 가지 방식의 직접 분사 방식을 사용한다. 첫 번째는 배전기 펌프 직접 분사다. 맨 처음 등장한 직접 분사 방식은 로터리 펌프를 사용하여 마치 간접분사 방식과 흡사하였다. 어쨌든 분사기는 실린더 위에 장착되었고 간접 분사 방식과 같은 별도의 챔버도 없었다. 또한 이러한 방식은 소음이 매우 컸고 매연도 많았다. 다만 간접 분사 방식보다 연료가 15 ~ 20% 가량 적게 소모하는 것이 큰 장점이었다. 이러한 방식은 전자적으로 분사 펌프를 조절하게 되면서 성능향상을 꾀하게 된다. 분사 압력은 여전히 300바에 머물렀지만 분사 타이밍, 연료양, 배기가스 재순환 등 모든 것이 전자적으로 제어하게 된다. 성능향상에 따라 이 방식은 경제적이면서도 힘이 좋아져 당시의 간접 분사 방식보다 우수하였고 시장에서 인정받아 시장의 주류로 자리 잡는다.

두 번째는 커먼레일 직접 분사다. 고압펌프를 사용하여 연료를 연료 레일에 고압으로 압축하여 두었다가 분사 시기에 맞추어 인젝터를 통해 각각의 실린더에 연료를 직접 분사한다. 커먼레일이란 용어는 모든 실린더의 인젝터가 하나의 연료레일에 연결되어 레일을 공유한다(Common Rail)는 의미에서 유래되었다고 알려져 있다.

① 디젤 엔진 내부에는 점화플러그가 존재하지 않는다.

② 실린더의 크기와 공기의 압축비는 반비례한다.

③ 경유는 휘발유에 비해 열효율이 낮으나 가격이 저렴하다는 장점을 지닌다.

④ 25톤 대형 디젤 엔진 트럭은 2행정 기관을 사용할 것이다.

⑤ 단일 기계적 플런저 고압 연료 펌프를 사용하는 디젤 엔진에서의 플런저는 정확한 양의 연료를 분사하고 각 분사의 타이밍을 정한다.

1회 2회 3회 4회 5회 6회 7회 8회 9회 10회 11회 12회 13회 14회 15회 인성검사 면접가이드

07. 다음 글의 내용과 일치하는 것은?

내가 하는 '노는 이야기'는 그저 재미있는 이야기가 절대 아니다. 한국의 미래가 걸린 정말 중요한 이야기다. 독일에서 머리가 한 움큼씩 빠지도록 13년간 심리학을 공부한 내가 '노는 이야기'나 하고 다니는 데는 그러한 이유가 있다. 한국 사회의 근본적인 문제는 왜곡된 여가 문화에서 출발하기 때문이다.

심리학적으로 창의력과 재미는 동의어이다. 사는 게 전혀 재미없는 사람이 창의적일 수 없는 일이다. 성실하기만 한 사람은 21세기에 절대 살아남을 수 없다. 세상에 가장 갑갑한 사람이 근면 성실하기만 한 사람이다. 물론 21세기에도 근면 성실은 필수 불가결한 덕목이다. 그러나 그것만 가지고는 어림 반 푼어치도 없다. 재미를 되찾아야 한다. 그러나 길거리에서 걸어 다니는 사람들의 표정을 한번 잘 살펴보라. 행복한 사람이 얼마나 되나. 모두 죽지 못해 산다는 표정이다. 어른들만 그런 것이 아니다. 21세기 한국 사회를 이끌어 갈 청소년들의 사는 표정은 더 심각하다.

우리는 경제가 어려운데 노는 이야기나 한다고 혀를 차는 이들의 걱정을 따라 하다가는 영원히 행복할 수 없다. 왜냐하면 그들에게 우리나라 경제가 좋았던 적은 단 한 번도 없었기 때문이다. 또 앞으로도 없을 것이다. 새해에 한 해 나라의 경제를 예측하는 경제학자들의 입에서 낙관적인 전망을 들어 본 적이 있는가? 경제학자들이 예상하는 경제는 항상 나쁘다. 그럴 수밖에 없다. 경제가 좋다고 전망했다가 '사이비'로 찍히는 것처럼 억울한 일은 없기 때문이다. 반대로 나쁘다고 했다가 좋아지면 애초에 나쁜 예상에도 불구하고 좋아진 이유를 찾아서 분석하면 된다. 좋아진 이유는 아무래도 좋기 때문이다. 이유가 장황할수록 '전문가'로 여겨진다. 사람들은 나쁘다고 했다가 좋아지는 것은 별로 상관하지 않는다. 그러나 좋을 것이라고 했다가 나빠지면 절대 못 참는다. 이 원리를 아는 영리한 경제학자들의 한 해 예상은 항상 부정적이다.

경제가 어려운데 무슨 노는 이야기냐고 혀를 차는 이들이 퍼뜨리는 불안감은 사스나 조류독감보다도 더 빠르게 전염된다. 그들은 21세기 국가경쟁력이 도대체 어디서 나오는지 전혀 아는 바가 없다. 그저 불안할 뿐이다. 그들의 여가문화에 대한 이해 또한 무지하기 짝이 없다. 그들에게 노는 것이란 그저 폭탄주와 노래방뿐이다. 그러나 경제가 어려울 때 폭탄주에 젖어 '오바이트'나 할 수는 없는 일이라고 생각하는 것이다. 만약 그들의 생각대로 폭탄주와 노래방이 노는 것의 전부라면 경제가 어려울 때 놀아서는 절대 안 된다. 그렇게 천박한 놀이 문화라면 아무리 경제가 좋아도 한순간에 모두 잃어버릴 수 있기 때문이다.

우리는 모두 잘 먹고 잘 살고 싶어 한다. 그러나 우리는 못마땅하면 이렇게 욕한다. "에이, 잘 먹고 잘 살아라." 우리는 모두 재미있게 놀려고 열심히 일한다. 그러나 우리는 못마땅한 그들에게 또 이렇게 욕한다. "놀고 있네!" 잘못된 사회다. 잘못되어도 한참 잘못되었다. 이런 사회에서는 잘 먹고 잘 살고 잘 노는 사람은 없게 되어 있다. 행복하고 재미있으면 욕먹기 때문이다. 아무리 재미있는 일이 있어도 웃는 표정, 행복한 표정을 지어서는 안 된다. TV 뉴스에 나오는 수많은 정치가, 한국의 대표적 CEO의 표정에서 도대체 웃고 행복해 하는 모습을 본 적이 있는가?

요즘 한국 사회가 위기라고 누구나 소리 높여 이야기 한다. 모두 위기의 원인으로 한국 사회의 후진적 정치문화를 이야기한다. 또 일본을 좇아가지 못하고 중국에 쫓기는 경제구조를 이야기하기도 한다. 틀렸다. 한국 사회의 진정한 위기는 정치 · 경제적 요인으로 일어나는 것이 아니다. 행복한 사람을 찾기 힘든 한국 사회의 문화심리학적 구조 때문이다. 사는 게 재미없는 사람이 너무 많은 것이 우리 사회의 근본적인 문제라는 이야기다. 인내하며 견디는 방식으로 21세기를 앞서 나갈 수 없다. 사는 게 재미있는 창의적 인재들이 이 나라를 이끌어 가야 한다. 그런데 우리 사회는 현재 분노와 증오로만 치닫는다.

오늘날 한국 사회가 뭔가 꼬이는 느낌을 주는 것은 바로 우리 세대가 이 사회의 주류로 등장했기 때문이다. 우리 세대는 행복하고 재미있게 살면 끊임없이 죄의식을 느끼도록 '의식화'되었다. 그러다 보니 삶의 재미와 행복에 대해서는 아주 가증스러운 이중적 태도를 취할 수밖에 없다. 재미와 행복은 내 삶의 본질과는 전혀 다른 세계의 일이어야 한다는 무의식적 억압이 짓누른다. 그러나 이러한 이중적 태도로 인해 룸살롱이나 폭탄주와 같은 사이비 재미 앞에서 지금까지 자신의 삶을 짓눌러 온 평등과 도덕이 한순간에 무너져 버린다. 이런 세대의 재미와 행복의 이중적 태도는 어느덧 한국 사회의 지배적 문화가 되어 버렸다.

자유, 민주, 평등은 수단적 가치이지만 행복과 재미는 궁극적 가치이다. 그런데 우리가 모두 행복해지기에는 장애물이 너무 많다. 이 장애물들은 일단 자유, 민주, 평등을 획득함으로써 극복할 수 있을 것이다. 그러나 그것으로 끝이 아니다. 재미와 행복이라는 궁극적 가치를 추구하는 법을 끊임없이 학습해야 한다. 정작 행복하게 즐겁고 재미있게 살 수 있게 되었는데, 어떻게 해야 행복하고 즐겁고 재미있는지를 몰라 허둥대는 것처럼 절망적인 상황은 없기 때문이다.

요즘 휴식과 여유를 이야기한다면서 깊은 산 속에 들어가 도를 닦는 선승이나 가능한 명상과 같은 자기 수련 기술을 늘어놓는 책들이 많다. 솔직히 나는 그런 종류의 책들이 가장 싫다. 자기가 하고 싶은 것들을 모두 포기해야 하고 도저히 따라 하기 힘든 '자기 비우기'를 강조하는 글들은 우리를 더욱 좌절하게 만들기 때문이다. 이런 좌절이 계속되다 보면 자포자기의 심정으로 더욱 통속적인 재미에 빠지게 된다. 재미있게 살고 싶어 하는 이들이 '놀면 불안해지는 병', '재미있으면 왠지 양심의 가책이 느껴지는 몹쓸 병'에서 벗어날 수 있어야 한다.

① 21세기에는 근면한 사람은 성공할 수 없다.

② 한국 사회의 위기는 정치 · 경제적 요인에 의한 것이 아니다.

③ 재미와 행복을 획득해야 자유 · 민주 · 평등이라는 가치를 얻을 수 있다.

④ 경제학자들은 일반인들의 생각이나 수준은 고려하지 않고 경제 전망을 한다.

⑤ 휴식과 여유, 즉 자기 비우기는 통속적 재미 그 이상의 가치를 얻는 방법이다.

08. 다음 밑줄 친 ㉠～㉤ 중 내용상의 의미가 나머지와 다른 하나는?

ICT의 발달로 금융시장이 빠르게 변화하고 있다. 동전이 사라지고 현금을 대체할 가상통화의 시장이 커지고 있는 것이다. 현재 가상화폐 비트코인의 시가총액이 27조 원을 넘었다. 코인마켓캡에 따르면 지난해 말 13조 원에서 4개월 만에 두 배 이상 뛴 결과라고 한다. 비트코인의 시세도 사상 최대로 오른 1,428달러를 기록했다. 이 날 뉴욕상품거래소 국제 금값은 1온스당 1,255달러였다. 말도 안 되는 '거품'이라는 비난 속에서도 비트코인은 성장해 왔다. 이러한 비트코인의 성장에 기대 또 다른 가상화폐, 알트코인(Alternative cryptocurrency)이 비트코인의 뒤를 추격하고 있다. 알트코인은 비트코인을 제외한 700여 개의 또 다른 가상화폐를 뜻한다. 이들은 저마다 비트코인의 단점을 극복했다며 자신들의 화폐를 내세우고 있다. 과연 미래사회는 실체가 보이지도 만져지지도 않는 전자화폐 시장으로 진입할 수 있을까?

비트코인의 가상통화 시장점유율은 초기 95.7%에서 87%로, 지금은 59.9%로 떨어진 상태이다. 그만큼 알트코인의 점유율이 커지고 있다. 알트코인은 비트코인의 대체통화로 개발되어 유통되고 있다. 가상통화는 ㉠ <u>전 세계 인구의 소수만 사용하고 있기 때문에 유동성 측면에서도 통화의 기능을 다하지 못한다</u>는 지적이 있음에도 불구하고 지속적으로 성장세를 이어가고 있다.

비트코인은 블록체인으로 대표되는 전자화폐이다. 블록체인은 공공거래장부이다. 모든 사용자에게 거래 내역을 보내 주며 거래 시마다 이를 대조해 거래할 때 발생할 수 있는 데이터 위조를 막아 준다. 비트코인도 블록체인 기술을 활용해 거래정보가 그대로 기록되어 여러 컴퓨터에 복제되어 보관된다. 이는 위조, 변조의 위험성이 없다는 장점은 있지만 정보보호가 필요한 데이터에 대해서 취약하다는 단점이 있다.

알트코인은 공개된 비트코인의 알고리즘과 소스 등을 이용해 만들어지고 있는데, 최근에 개발되고 있는 알트코인들은 비트코인의 단점을 보완한 암호화폐라고 설명하고 있다. 가장 대표적인 알트코인은 비트코인 뒤를 잇고 있는 이더리움(Ethereum)이다. 이더리움은 기본적으로 비트코인의 송금 기능에 계약기능인 스마트 컨트렉트 기능을 담았다. 대시(Dash)는 비트코인에는 없는 익명 거래와 실시간 이체 확인 기능을 추가했다. 리플(Ripple)은 대량의 통화를 빠르게 처리한다. 비트코인은 ㉡ <u>대량의 통화 환전 시 속도가 문제시되어 왔다</u>. 이 밖에도 라이트코인(Litecoin), 어거(Augur) 등 많은 알트코인들이 비트코인에 도전장을 내민 상태이다. 국내에서는 블록체인 OS가 개발한 알트코인 보스코인(BOScoin)이 국내 최초로 출시된다. 보스코인은 이더리움의 스마트 컨트랙트 기능을 보완한 '트러스트 컨트랙트' 기능을 추가했다. 계약서의 문맥을 컴퓨터가 이해하게 하는 핵심 소프트웨어인 추론 엔진(inference engine)이 보스코인의 핵심기능이다.

한편 비트코인 및 알트코인이 만들어 내는 가상화폐 시장은 커져 가고 있지만 신뢰성에 대한 의문은 여전히 남아 있는 상태이다. 지난 2016년 이더리움 투자펀드인 다오(DAO)는 해킹 사건으로 인해 약 5,500만 달러의 손실을 입었다. 국내외 가상화폐 거래소들에도 계속

해킹 피해가 잇따랐다. 지난해 홍콩 비트코인 거래소 '비트피넥스'는 6천500만 달러 상당을 해킹당했다. 2014년 일본 비트코인 거래소 '마운트곡스'의 해킹 사건은 비트코인 자체의 안정성 문제로 논란이 확장되면서 한때 200달러(1BTC)까지 급락했다. 국내에서도 지난달 비트코인 거래소 '야피존'이 해킹으로 인해 약 55억 원 가량의 손실을 입은 바 있다.

전문가들은 이는 거래소 서버의 안정성 문제이지 블록체인 기술의 문제는 아니라는 입장을 보이고 있다. 하지만 대중들은 이러한 사고들로 인해 가상화폐를 꺼리게 된다. 또한 ㉢ 실시간으로 환율이 변동되기 때문에 결제하는 시기에 따라 결제금액이 달라진다는 점도 불편함으로 제기된다. 가장 큰 문제는 비밀번호를 잊어버렸을 때 발생한다. 비밀번호를 잊어버리면 다시 이메일 비밀번호로 전송받을 수 있지만 이때 ㉣ 이메일 비밀번호도 잊어버리면 되면 영영 돈을 찾을 수 없게 된다. 또 최근에는 ㉤ 실체가 없는 가짜 가상통화로 투자자들을 모집해 돈을 갈취하는 사기도 기승을 부리고 있어 유의해야 한다. 그럼에도 불구하고 가상화폐 시장은 블록체인 기술이 4차 산업혁명의 핵심기술로 자리잡게 됨에 따라 지속 성장할 것으로 전망된다. 새로운 개선 기능과 대책이 보완되어 시장에 나오고 있는 알트코인들이 새로운 미래사회의 화폐로 자리매김하게 될지 지켜볼 일이다.

① ㉠　　② ㉡　　③ ㉢

④ ㉣　　⑤ ㉤

09. 다음 글의 제목과 부제로 적절한 것은?

블록체인 기술로 실시간 정산, 투명한 거래가 가능해지면서 에너지 시장도 본격 개방될 날이 머지않아 보인다. IT업계에 따르면 세계 각국에서 신재생 에너지 사업에 블록체인 기술을 도입하는 사례가 등장하고 있다.

현재 호주는 주 단위의 소유 기업에 의해 발전, 송전, 배전이 수직 통합된 독점 체제로 운영되고 있어 전기요금이 비싸다. 가격 경쟁이 없다 보니 수시로 전기요금을 올렸기 때문이다. 이에 호주에서는 P2P 태양열 에너지 거래 플랫폼인 '파워렛저(PowerLedger)'가 등장해 지붕 위 태양광 등으로 전기를 생산하고 남는 전기를 개인 간에 거래할 수 있게 하였다. 파워렛저는 블록체인을 통해 에너지 거래 네트워크를 형성하고, P2P 에너지 거래를 싸고 쉽게 할 수 있는 코인을 발급해 태양열 에너지 사용을 활성화시켜 지역사회에 전력 서비스를 지원하는 것을 목표로 한다.

특히 에너지 생산 · 소비 · 판매 절차에 블록체인을 적용해 투명성을 보장하고, P2P 에너지 거래 시장을 활성화시켜 전기요금의 안정화를 추구한다. 파워렛저는 2016년 8월 호주 서부의 버셀턴(Busselton)에서 호주 최초로 P2P 에너지 거래 네트워크를 개발하고 시연했다. 이후 Vector NZ, Western Power WA 등 호주의 전력회사와 파트너십을 체결했으며, P2P 블록체인을 지원하는 에너지 거래 플랫폼으로 발전했다.

이 같은 P2P 에너지 거래 플랫폼은 독일, 싱가포르뿐 아니라 우리나라에서도 진행되고 있다. 독일에서는 2016년 10월부터 블록체인 기반의 P2P 에너지 거래 시범 사업을 진행하고 있으며, 싱가포르에는 에너지 소비의 투명성과 보안 문제를 해결하는 P2P 전력거래 플랫폼인 '일렉트리파이(Electrify)'가 있다.

우리나라에서는 과학기술정보통신부와 ○○공사가 '블록체인 기반 이웃 간 전력거래 및 전기차 충전 서비스'를 구축했다. 2016년부터 전력거래가 가능한 기준을 마련하고 실증사업을 추진 중이다. 우리 정부가 구축한 블록체인 기반 전력거래 플랫폼은 실시간으로 최적의 프로슈머(지붕 위 태양광 등을 통해 전기를 생산하고 소비하는 사람)와 소비자를 매칭하고 '에너지포인트'로 즉시 거래할 수 있게 한다. 보유한 '에너지포인트'는 전기요금 납부 외에도 현금으로 환급받거나, 전기차 충전소에서 지급결제수단으로 활용할 수 있다. 우리 정부는 지난해 12월부터 ○○공사의 인재개발원 내 9개 건물과 서울 소재 2개 아파트 단지를 대상으로 시범 서비스를 운영하고 있으며 관련 성과를 바탕으로 실증 지역을 점차 확대할 계획이다.

우리나라 기업 중에선 K사가 블록체인과 인공지능(AI) 기술을 결집한 '전력중개사업 시스템' 개발을 완료하고, 소규모 전력중개사업 진출을 앞두고 있다. 전력중개사업은 중개사업자가 1MW 이하의 신재생에너지, 에너지저장장치, 전기차 등에서 생산하거나 저장한 전기를 모아 전력시장에서 거래를 대행하는 사업이다. K사는 2016년 전력중개 시범사업자로 선정됐다. K사가 자체 개발한 블록체인 기술을 활용해 고객사와 발전량을 투명하게 공유하고, 수익을 실시간으로 정산할 수 있다. 기존에는 발전사업자와 중개사업자 각자가 저장한 발전량 장부를 대조하는 방식으로 정산액을 산출했기 때문에 일주일 또는 한 달 단위로 정산할 수밖에 없었다.

또한 만약 서로의 장부가 일치하지 않을 경우 어느 쪽의 데이터가 옳은지를 밝혀내기도 쉽지 않았다. 하지만 K사는 발전량, 발전시간, 전력가격(SMP ; System Marginal Price) 등 정산에 필요한 정보들을 블록체인화 해 고객사와 공유하기 때문에 실시간으로 정산이 가능하다. 게다가 위 · 변조가 사실상 불가능하기 때문에 복잡하고 반복적인 정산, 검증 없이 스마트 컨트랙트만으로 정산을 진행할 수 있다. K사는 소규모 전력중개사업을 시작으로 향후 수요반응(DR) 등 다양한 스마트 에너지 상용 서비스에 블록체인 기술을 적용할 예정이다.

이 시스템의 개발을 주도한 K사의 L 상무는 "블록체인 기술은 다자간의 거래를 효율화하는 데 적합한 기술이다. 해외에서도 신재생 에너지 사업에 블록체인을 도입하는 사례가 많다."며 "전력중개사업이라는 새로운 사업 진출을 블록체인이라는 최적의 신기술 활용 관점에서 접근했기 때문에 지금까지 생각하지 못한 형태의 비즈니스 탄생 및 향후 개인 간의 거래 등 보다 개방화된 에너지 시장도 곧 열릴 것"이라고 전망했다.

① 아직도 갈 길 먼 '블록체인'－위험성과 신뢰성이 검토되어야
② 세계 각국의 '블록체인' 활용법－호주와 독일 사례를 중심으로
③ '블록체인' 에너지 시장 개방－'전기' 개인 간 거래 가능해져
④ '블록체인'으로 구현한 에너지 거래－정부 주도의 사업 선보여
⑤ 4차 산업혁명과 그 기술－새로운 신재생 에너지를 꿈꾸며

10. **A 씨는 주기적으로 그림의 종류와 위치를 바꾸고, 유리창의 커튼을 바꿔 거실 인테리어를 바꾸고 있다. 거실의 구조와 현재 보유한 그림과 커튼의 수가 다음과 같을 때, 가능한 인테리어는 모두 몇 가지인가?**

- 커튼은 모두 3종, 그림은 모두 7종을 보유한다.
- 거실 네 면 중 한 면은 전체가 유리이므로 커튼만 달 수 있다.
- 거실 네 면 중 세 면은 콘크리트 벽으로 그림만 한 개씩 건다.
- 콘크리트 벽 세 면에는 서로 다른 그림을 건다.
- 같은 그림이라도 콘크리트 벽이 바뀌어 걸리면 인테리어가 바뀐 것으로 본다.

① 16가지　② 36가지　③ 105가지
④ 210가지　⑤ 630가지

11. 한 회사가 6,000만 원의 운영비를 A, B, C 세 개의 부서에 나누어 배정하려고 한다. 운영비는 최소 100만 원 단위로 배정할 수 있으며, 세 부서가 받을 금액은 모두 다르다. 또한, 나머지 두 부서의 운영비 합은 최고액을 받는 부서의 금액을 초과하지 못한다. B 부서가 셋 중 가장 적은 운영비를 배정받고 C 부서가 1,900만 원을 배정받는다고 할 때, A 부서가 받을 수 있는 최고액과 최저액의 차는 얼마인가?

① 3,000만 원　② 1,000만 원　③ 900만 원
④ 700만 원　⑤ 500만 원

12. ○○회사 영업팀 최 사원은 A, B, C 역에 내려 업무를 수행하고 다시 회사로 돌아와야 한다. A ~ C 역은 다음과 같이 일직선상에 위치한다고 할 때, 버스 운임은 총 얼마인가?

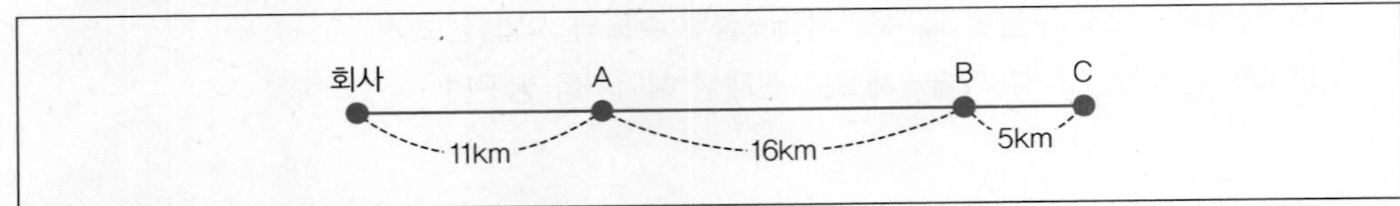

조건

- 버스 기본요금은 1,250원이다.
- 거리비례요금 : 기본구간(10km) 내 기본요금이 부과되며, 10km 초과 시 40km까지 매 5km마다 100원씩, 40km 초과구간은 100원만 추가된다.
- 환승요금 : 기본구간(10km) 내 기본요금이 부과되며, 10km 초과 시 매 5km마다 100원이 추가된다.
- 회사에서 출발하여 A, B, C 역을 순서대로 방문하여 업무를 수행한다. 이때는 환승요금을 적용받지 못한다.
- 회사로 돌아갈 때는 C 역에서 출발해 B, A 역에서 버스를 환승한다.

① 5,800원　② 5,900원　③ 6,000원
④ 6,100원　⑤ 6,200원

13. 다음은 수출입 동향에 관한 자료이다. 이에 대한 설명으로 옳지 않은 것을 〈보기〉에서 모두 고르면?

〈수출입 동향〉

(단위 : 억 불, %)

구분	수출액	전년 대비 증감률	수입액	전년 대비 증감률	무역수지
2011년	3,635	−13.9	3,231	−25.8	404
2012년	4,664	28.3	4,252	31.6	412
2013년	5,552	19.0	5,244	23.3	308
2014년	5,479	−1.3	5,196	−0.9	283
2015년	5,596	2.1	5,156	−0.8	440
2016년	5,727	2.3	5,255	1.9	472
2017년	5,268	−8.0	4,365	−16.9	903
2018년	4,954	−6.0	4,062	−6.9	892
2019년	5,737	15.8	4,785	17.8	952
2020년	6,049	5.4	5,352	11.8	697

보기

(가) 무역수지는 수출액에서 수입액을 뺀 값으로, 2011년부터 2016년까지는 500억 불 미만이었으나 2017년부터는 600억 불 이상을 나타내고 있다.

(나) 2010년의 수출액은 약 4,140억 불, 수입액은 약 4,065억 불로 2011년에는 수출액이 전년 대비 13.9% 감소했고 수입액이 전년 대비 25.8% 감소했다.

(다) 전년 대비 수출액이 증가한 해에는 수입액도 증가하였다.

(라) 2020년의 무역수지는 2011년 무역수지의 약 1.7배이다.

(마) 2021년의 수출액이 전년 대비 10.2% 감소하였다면 2021년의 수출액은 약 5,432억 불이다.

① (가), (다)　② (가), (라)　③ (나), (다)

④ (나), (마)　⑤ (라), (마)

[14 ~ 15] 다음 자료를 바탕으로 이어지는 질문에 답하시오.

○○회사 마케팅 부서 A 씨는 신제품 출시를 앞두고 TV 광고 효과에 대해 조사하였다.

〈저녁 시간대별 시청률〉

(단위 : %)

구분	프로그램 시청률		광고 시청률	
	지상파	공중파	지상파	공중파
6시	4.8	0.4	3.6	0.2
7시	5.6	0.6	4.9	0.4
8시	8.4	0.8	7.2	0.32
9시	10.5	1.4	10	0.7
10시	12.1	1.8	11	1.2
11시	10.8	2.1	9.6	1.5

〈저녁 시간대별 평균 광고 비용〉

(단위 : 억 원)

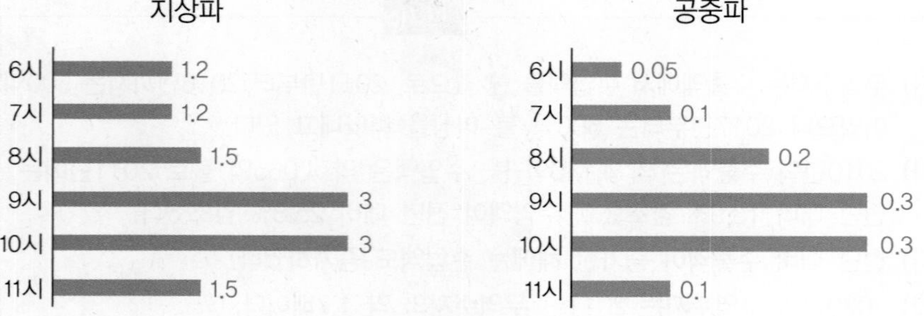

〈광고 투자 관련 자료〉

광고 투자에 따른 수익을 추정하는 것은 매우 어려운 일이지만, 대부분 광고 제품군과 해당 채널의 시청률을 바탕으로 대략적인 수치를 파악할 수 있다. 특정 시간대의 광고 수익은 해당 광고 제품군의 시청률 1%p당 평균 수익과 해당 시간대의 광고 시청률을 곱하여 추정한다. 일반적으로 시청률 0.1%p당 5백만 원의 광고 수익을 올리는 것으로 알려져 있다.

14. A 씨는 보고서에 다음과 같은 표를 추가하려고 한다. 계산된 값이 적절하지 않은 것은? (단, 소수점 아래 셋째 자리에서 반올림한다)

〈저녁 시간대별 프로그램 시청률 대비 광고 시청률〉

(단위 : 배)

구분	6시	7시	8시	9시	10시	11시
지상파	0.75	0.88	0.86	0.95	③ 0.91	0.89
공중파	0.5	① 0.64	0.4	② 0.5	④ 0.67	⑤ 0.71

15. A 씨는 자료를 바탕으로 시간대별 광고 수익을 산정하였다. 다음 중 옳은 것을 모두 고르면? (단, '광고 순이익=광고 수익－광고 비용'이다)

> ㉠ 지상파의 광고 수익이 가장 높은 시간대는 11시이다.
> ㉡ 공중파의 광고 수익이 가장 높은 시간대는 11시이며, 그 다음은 10시이다.
> ㉢ 지상파의 광고 순이익이 가장 낮은 시간대는 광고 수익이 가장 낮은 시간대와 일치한다.
> ㉣ 공중파의 광고 순이익이 가장 낮은 시간대는 광고 수익이 가장 낮은 시간대와 일치한다.
> ㉤ 지상파와 공중파 모두 광고 순이익이 높은 시간대 순서와 광고 수익이 높은 시간대 순서가 일치하지 않는다.

① ㉠, ㉡, ㉢　　② ㉠, ㉢, ㉣　　③ ㉡, ㉢, ㉤
④ ㉡, ㉣, ㉤　　⑤ ㉢, ㉣, ㉤

[16 ~ 17] 다음 자료를 보고 이어지는 질문에 답하시오.

〈자료 1〉 지방 적정섭취 인구분율

(단위 : %)

구분	2010년			2015년			2020년		
	AMDR 미만	AMDR 이내	AMDR 초과	AMDR 미만	AMDR 이내	AMDR 초과	AMDR 미만	AMDR 이내	AMDR 초과
전체	30.6	47.0	22.4	(B)	44.0	20.4	(C)	43.6	27.7
남성	27.1	(A)	24.6	30.3	47.2	22.5	25.7	(D)	29.9
여성	34.1	45.7	20.2	40.8	40.8	18.4	31.7	42.8	(E)

〈자료 2〉 연령별 지방 적정섭취 인구분율

(단위 : %)

구분	2010년			2015년			2020년		
	AMDR 미만	AMDR 이내	AMDR 초과	AMDR 미만	AMDR 이내	AMDR 초과	AMDR 미만	AMDR 이내	AMDR 초과
1 ~ 2세	27.8	56.2	16.0	46.1	47.4	6.5	37.0	54.9	8.1
3 ~ 5세	13.8	65.6	20.6	17.8	69.2	13.0	13.7	78.6	7.7
6 ~ 11세	13.6	68.6	17.8	19.2	70.3	10.5	9.8	67.1	23.1
12 ~ 18세	11.4	68.6	20.0	11.6	66.4	22.0	10.2	63.4	26.4
19 ~ 29세	19.4	43.0	37.6	16.6	42.0	41.4	13.3	34.1	52.6
30 ~ 49세	29.2	45.4	25.4	31.0	45.3	23.7	20.5	44.0	35.5
50 ~ 64세	51.1	35.3	13.6	54.9	32.9	12.2	42.1	40.4	17.5
65세 이상	66.7	27.1	6.2	77.5	18.8	3.7	65.1	28.3	6.6

* AMDR(Acceptable Macronutrient Distribution Range) : 에너지책정비율

ㅁ지표의 의의 및 활용ㅁ

- 에너지 필요추정량 초과섭취 인구분율은 에너지 섭취량이 성별, 연령별 필요추정량보다 높은 사람의 분율을 의미하며 에너지 필요추정량이란 적정 체격과 활동량을 가진 건강한 사람이 에너지 평형을 유지하는 데 필요한 에너지 양
- 지방 적정섭취 인구분율은 지방으로부터 섭취하는 에너지량이 전체 섭취 에너지량 대비 적정 범위 내에 속하는 경우를 뜻하며 지방 섭취가 적정섭취범위 미만 또는 이상인 경우 만성질환 발병 위험이 상대적으로 높은 경향
- 에너지 필요추정량 초과섭취 인구분율은 해당 지표 자체로는 낮을수록 양호하나 초과섭취 인구분율이 낮은 경우 상대적으로 부족 위험이 있는지에 대해서도 관찰이 필요
- 지방 적정섭취 인구분율은 적정 범위 이내 인구 비율이 높을수록 양호하며 미만 또는 초과 인구 비율을 함께 제시하고 있으므로 영양 문제가 어느 방향으로 치우쳐있는지도 함께 점검하는 것이 필요

16. 다음 중 성별에 따른 지방 적정섭취(AMDR) 인구분율과 관련된 설명으로 옳은 것은?

① 2010년 지방 AMDR 이내 여성 인구분율은 남성에 비해 3.6%p 적다.
② 2020년 지방 AMDR 이내 남성 인구분율은 5년 전에 비해 증가하였다.
③ 2020년 지방 AMDR 초과 여성 인구는 5년 전에 비해 약 39% 증가하였다.
④ 2015년 전체 인구가 1,800만 명이라고 가정하면, 지방 AMDR 미만 인구는 600만 명 이상이다.
⑤ 조사기간 동안 지방 AMDR 미만인 여성 인구분율은 항상 동일 조건의 남성 인구분율에 비해 더 적다.

17. 다음 중 연령별 지방 적정섭취 인구분율 추이에 관한 해석으로 옳지 않은 것은?

① 2020년 지방 AMDR 이내에 속하는 인구분율이 가장 높은 연령대는 3 ~ 5세이다.
② 2020년의 지방 AMDR 미만의 인구분율은 3세 미만을 제외한 모든 연령대에서 10년 전보다 감소하였다.
③ 조사기간 동안 30 ~ 49세, 50 ~ 64세 두 연령대의 지방 AMDR 초과 인구분율은 동일한 증감 패턴을 보인다.
④ 지방 AMDR을 초과하는 인구분율과 비만발생률이 비례한다고 가정할 때, 비만발생 가능성이 가장 높은 연령대는 30 ~ 40대이다.
⑤ 조사기간 동안 65세 이상의 지방 AMDR 미만 인구분율은 항상 60% 이상으로 해당 연령대 인구의 과반수가 적정 수준의 지방을 섭취하지 않음을 알 수 있다.

18. 다음은 침수 피해 발생 시의 행동 요령에 대한 지침이다. 〈보기〉에서 이를 올바르게 파악하고 있는 사람을 모두 고르면?

건물 내부의 지하층으로 물이 유입될 우려가 있는 계단 등의 출입구의 경우 차수문 등에 의하여 차단할 수 있도록 자동 또는 수동식 차수문이 사전에 설치되어야 한다. 또한 지하층으로 내려가기 위한 엘리베이터 승강구의 경우 물의 유입구가 될 수 있다. 때문에 승강구를 통하여 물이 지하로 유입하는 것을 막기 위하여 방수판 등을 승강구에 설치할 필요가 있다.

지하다층 건물의 경우 외부로의 탈출로가 한정되어 있기 때문에 적절한 조명을 갖춘 대피경로를 확보하여야 하며, 지하공간의 조명과 대피로의 폭 등이 충분히 보장되어야 하고, 대피처는 사전에 숙지가 이루질 수 있도록 준비하여야 한다. 뿐만 아니라 침수상황 발생 시 즉각적인 경보방송과 함께 대피로에 대한 안내방송이 가능하도록 시설을 설치하여야 한다.

조명은 벽면 비상등의 경우 전원공급이 끊겼을 경우에도 대피를 시도하는 사람에게 적정한 밝기를 공급할 수 있는 것이어야 하며, 바닥면 비상등의 경우 대피경로를 인지할 수 있는 형태로, 그리고 지하구조물의 주 전원과 별도의 전원을 가지고 있는 비상등을 설치해야 한다. 대피처는 지하공간에서 탈출이 힘든 노약자, 장애자, 대피시기를 놓친 사람들을 위해 해당지역의 유동인구에 비례한 규모의 인원이 일정 시간 동안 대피할 수 있는 구조물로 각 층마다 설치되어야 한다.

지하공간이 침수되는 경우 지상과의 연락이나 지상에서 지하공간에 있는 인원에게 대피를 유도하기 위하여 경보방송시설을 설치할 필요가 있다. 지하공간이 넓은 경우 지하공간 내 원활한 전달을 위하여 필요한 시청각 장비를 사전에 장치하여야 하며, 지하공간의 면적이 적은 경우 방송장비를 생략하거나 옥외방송을 청취할 수 있는 방안을 강구한다. 경보방송시설은 침수 시에도 활용이 가능하도록 가능한 한 지상에서 통제가 가능하도록 하며, 경보방송시설이 설치된 사무실에서는 홍수정보 등을 수신할 수 있는 장치를 설치하고, 지하공간의 상황을 파악하기 위한 CCTV 설치 등 지하공간의 상황변동을 감안한 조치도 병행해야 한다.

또한, 지하공간 내 침수 피해를 최소화하기 위해서 배수펌프의 이용은 매우 중요하다. 출입구 하단 및 방수판 또는 모래주머니 뒤쪽에서 유입되는 물을 밖으로 배수하거나 지하로 유입된 물을 효과적으로 배수하는 것은 매우 중요하다. 배수펌프의 설치에 앞서서 선행되어야 할 사항은 예상 침수높이의 설정이다. 침수높이에 따라 지하공간 유입량이 결정되고 펌프 용량이 결정되기 때문이다. 지하공간 시설물에 설치된 배수펌프 외에도 빗물 배수펌프장의 배수펌프 용량에 대한 점검도 필요하다. 배수펌프장의 용량이 적어서 또는 과부하로 인하여 작동을 멈추게 되면 지상의 침수높이가 높아져서 하수관거를 통한 역류나 출입구를 통한 유입으로 지하공간의 침수 피해가 커지기 때문에 배수펌프의 용량은 지하공간 내 유입되는 유량을 감안하여 결정하여야 한다.

지하수 배출을 위한 배수펌프 설비를 두는 경우에는 집수정을 두는 것이 바람직하다. 또 집수정에 침사조를 설치하고 침수상황을 고려하여 배수펌프는 수중형을 표준으로 한다. 지하공간으로 유입하는 강우 및 지하수 등의 자연배수가 거의 불가능하기 때문에 배수시설로 배수한다.

지상으로부터 물이 유입하는 상황을 대비하여 침수높이에 따라 펌프의 대수와 용량을 고려하여야 하는데 지하 시설물의 경우 큰 양정의 펌프가 필요하다. 따라서 흡입성능이 우수하고 양정의 범위가 큰 원심력 펌프나 사류펌프를 사용하는 것이 바람직하다. 배수펌프는 지하공간 내에서도 낮은 부분에 설치되므로 수중형을 사용한다.

배수펌프 및 집수정을 설치할 때 고려해야 할 주요 사항으로는 배수계통에 따른 설치 장소 및 방법, 유입 유량에 의한 지하공간의 침수높이 파악, 집수정의 크기 확인 등이 있다.

보기

A : 사람이 오가는 계단 등은 차수문을 설치하기에 적당한 장소가 아니라는 사실을 몰랐었네.
B : 지하공간에 배수펌프를 설치할 때는 수중형을 사용하는 것이 바람직하겠구나.
C : 뿐만 아니라 배수펌프는 가급적 낮은 곳에 설치를 해야 하는 것도 중요한 사항이야.
D : 기계 오작동으로 인한 2차 피해가 우려될 수 있으니, 배수펌프와 집수정 설치 시 가장 중요한 사항은 유입되는 물의 수질 파악이구나.
E : 경보방송시설은 지하에서 상황을 직접 파악하고 통제할 수 있도록 가급적 지하에 설치하는 것이 좋겠어.

① A, E ② B, C ③ B, D
④ C, D ⑤ C, E

19. 다음 광역전철역의 업무분담 기준과 시설 현황을 참고할 때 역별 업무량 산출 기준에 따라 추가 인원이 2명 이상 필요한 역은 몇 개인가?

〈광역전철역 업무분담(위탁) 분류기준〉

가. 분류기준

등급	분류기준	비고
A	관리장소 2개 이상 * 관리장소 3개 이상인 역	10명 이상(위탁역장 1, 조장 3, 직원 6) * 관리장소 1개소 추가 시 일근 1명 추가
B	업무량 산출 7명 이상	7명 이상(위탁역장 1, 조장 3, 직원 3)
C	업무량 산출 6.5명 이상	6명 이상(위탁역장 1, 조장 2, 직원 3)
D	업무량 산출 6.5명 미만	6명(조장 3, 직원 3)

* D 등급 역 중 승하차 인원 및 시설여건상 업무량이 상대적으로 낮은 경우 5명 이하로 운영할 수 있다.

1) 역별 업무량 산출 기준

산정기준	산정내용	추가인원(역별 전체)	비고
㉠ 관리장소	추가 장소별	3명	3개부터 일근 1명 배치
㉡ 승하차 인원	3천 명당 0.3명	0.3명	15천 명 초과부터 적용
㉢ 리프트 설치	장애인 시설	0.3명	엘리베이터 미설치역
㉣ 지하역사	지하 2층 이상	0.3명	화재 등 이례사항 발생 감안
㉤ 출입구 수	출입구 수 8개 이상 또는 에스컬레이터 16개 이상	0.3명	관리장소 증가에 따른 업무량 감안
㉥ 역사면적	면적 1만 m^2 이상	0.3명	순회점검 등 관리범위가 넓음.

2) ㉠ 관리장소는 2개 이상인 경우부터 해당 기준을 적용한다.
3) 일간 승강인원 25,000명 이하인 역은 역별 특성을 반영하여 업무 분담역으로 지정·운영할 수 있다.
4) ㉣ 지하역사의 경우 지하 2층 이상인 역 중 고객지원실, 편의시설 등의 이격거리를 고려하여 승강장으로부터 고객지원실 등의 이격거리가 2층 이상인 역에 한해 반영한다.
5) 등급별 근무인원은 영업환경 변화에 따라 상호협의로 적절히 조정할 수 있다.
6) '관리장소'란 해당 장소를 운영하는 데 이용 인원 등을 고려하여 직원이 상시 근무하여 고객안내 및 역사관리가 필요한 곳이다.

나. 등급별 업무분담역은 매 계약 시마다 역세권 변화 등을 종합적으로 고려하여 계약서에 별도로 분명하게 적고, 여건에 따라 조정할 수 있다.

〈광역전철역 주요 시설 현황〉

산정기준 \ 전철역	가	나	다	라
관리장소	1개	1개	2개	1개
승하차 인원	31천 명	18천 명	52천 명	15천 명
엘리베이터	보유	보유	보유	미보유
장애인 리프트	보유	미보유	보유	보유
지하역사	지하 3층	지하 2층	지하 4층	지하 2층
이격거리	2층	1층	3층	2층
출입구	9개	7개	10개	8개
에스컬레이터	15개	14개	24개	12개
역사면적	1만 8천 m^2	1만 m^2	2만 3천 m^2	9천 m^2

① 0개
② 1개
③ 2개
④ 3개
⑤ 4개

20. 다음 글을 읽고 아래 〈상황〉을 이해한 내용으로 옳은 것은?

대부분의 사람들은 자연 현상이나 사회 현상에 인과 관계가 존재한다고 생각한다. 인과적 사고는 이와 같이 어떤 일이 발생하면 거기에는 원인이 있을 것이라는 생각에서 비롯되었다. 이러한 맥락에서 원인을 찾아내는 방법을 밝혀내고자 한 사람으로 19세기 중엽 영국의 철학자 존 스튜어트 밀이 있다. 그는 원인을 찾아내는 몇 가지 방법을 제안하였는데, 그 가운데 대표적인 것이 일치법, 차이법, 일치차이병용법이다.

㉠ 일치법은 어떤 결과가 발생한 여러 경우들에 공통적으로 선행하는 요소를 찾아 그것을 원인으로 간주하는 방법이다. 가령 출장을 갔던 A사의 사원 5명이 장염을 호소하였다고 하자. 관할 보건소에서 이 사원들을 불러서 먹은 음식이 무엇인지 조사해 보았다. 5명의 사원들이 제출한 자료를 본 조사관은 이 사원들이 공통적으로 먹은 유일한 음식이 돼지고기라는 사실을 알게 되었다. 이때 조사관이 돼지고기가 장염의 원인이라고 결론을 내리는 것이 바로 일치법을 적용한 예이다.

㉡ 차이법은 결과가 나타난 사례와 나타나지 않은 사례를 비교하여 선행하는 요소들 사이의 유일한 차이를 찾아 그것을 원인으로 추론하는 방법이다. 인도네시아의 연구소에 근무하던 에이크만은 사람의 각기병과 유사한 증상을 보이는 닭의 질병을 연구하고 있었다. 어느 날, 그는 병에 걸린 닭들 중에서 병이 호전된 1마리의 닭을 발견하고는 호전의 원인이 무엇인지를 찾아보고자 하였다. 그 결과 병이 호전된 닭과 호전되지 않은 닭들의 모이에서 나머지는 모두 같았으나 유일한 차이가 현미에 있음을 알게 되었다. 즉, 병이 호전되지 않은 닭들은 채소로 만든 모이를 먹었으나 병이 호전된 닭은 추가로 현미를 먹었던 것이다. 이렇게 모이의 차이를 이용해 닭의 병이 호전된 원인을 현미에서 찾은 에이크만의 사례는 바로 차이법을 적용한 예이다.

㉢ 일치차이병용법은 일치법과 차이법을 결합한 것으로, 일치법이나 차이법보다는 조금 더 정교해 보인다. 예를 들어, 출장을 갔던 A사의 사원 6명 중 3명이 장염을 호소하였다고 하자. 장염에 걸린 3명은 프렌치프라이를 먹었고, 장염에 걸리지 않은 3명은 프렌치프라이를 먹지 않았을 때, 장염에 걸린 3명이 공통적으로 먹은 프렌치프라이를 장염의 원인으로 간주하는 것이 일치차이병용법의 예이다. 이 방법은 통상적으로 일치법이나 차이법만을 사용하는 것보다 신뢰할 만하다고 할 수 있다. 왜냐하면 단순히 프렌치프라이를 먹은 사람들이 장염에 걸렸다고 말하는 것보다, 프렌치프라이를 먹은 사람들은 장염에 걸렸고, 그것을 먹지 않은 사람들은 장염에 걸리지 않았다고 말하는 것이 훨씬 더 정확해 보이기 때문이다.

일치법과 차이법은 우리가 일상적으로 많이 사용하는 원인 식별 방법이지만, 이 방법에는 몇 가지 주의사항이 있다. 일치법과 차이법을 사용하기 위해서는 우선행하는 요소들은 충분히 검토하였는지, 밝혀진 요소 이외에 드러나지 않은 다른 요소가 없는지, 누락된 요소 또는 인식하지 못해 누락시킨 요소가 없는지를 세심하게 검토해야 한다.

그리고 우연히 선후 관계로 일어난 현상을 인과 관계로 오해하거나, 하나의 원인이 야기한 두 가지 현상을 각각 원인과 결과로 오판하지 않도록 하여야 한다. 단순히 선후 관계로 인과 관계를 추측하면 북극의 오로라 발생 빈도는 한국의 부동산 물가 상승에 영향을 미친다와 같이 극히 개연성이 낮은 결론이 도출될 수도 있는 것이다.

상황

기획팀 팀원 A ~ D가 함께 점심을 먹은 후 팀원 C, D가 식중독에 걸려 그 원인을 찾기 위해 팀원들이 먹은 점심 메뉴를 확인하였다. 팀원들은 점심 메뉴로 샌드위치, 쿠키, 우유, 아이스크림 이외의 음식은 섭취하지 않았다.

(ㄱ) A는 샌드위치, 우유, 아이스크림은 먹지 않고 쿠키만 먹었는데 식중독에 걸리지 않았다.
(ㄴ) B는 샌드위치와 쿠키는 먹었고 우유와 아이스크림은 먹지 않았는데 식중독에 걸리지 않았다.
(ㄷ) C는 샌드위치, 쿠키, 우유, 아이스크림을 먹고 식중독에 걸렸다.
(ㄹ) D는 샌드위치, 우유, 아이스크림을 먹었고 쿠키는 먹지 않았는데 식중독에 걸렸다.

① (ㄱ), (ㄷ)의 경우만 고려한다면 우유가 식중독의 원인이고, 이는 ⓒ을 적용한 추론이다.
② (ㄱ), (ㄴ), (ㄷ)의 경우만 고려한다면 우유나 아이스크림 혹은 둘 모두가 식중독의 원인이고, 이는 ⓛ을 적용한 추론이다.
③ (ㄱ), (ㄴ), (ㄹ)의 경우만 고려한다면 우유나 아이스크림 혹은 둘 모두가 식중독의 원인이고, 이는 ⓒ을 적용한 추론이다.
④ (ㄴ), (ㄷ), (ㄹ)의 경우만 고려한다면 쿠키가 식중독의 원인이고, 이는 ㉠을 적용한 추론이다.
⑤ (ㄱ), (ㄴ), (ㄷ), (ㄹ) 모두를 고려한다면 샌드위치가 식중독의 원인이고, 이는 ㉠을 적용한 추론이다.

21. ○○기업 김 사원은 사내 복지제도에 대한 다음 설문조사 결과를 토대로 이 팀장과 회의를 진행했다. ㉠에 들어갈 복지제도로 적절한 것은?

〈○○기업 사내 복지제도에 대한 사원들의 생각〉

※ 조사시기 : 20X9. 04. 15. ~ 04. 25.

※ 조사대상 : ○○기업 사원 453명

질문	응답	인원(명)	비율(%)
귀하는 현재 직장 내 복지제도에 만족하십니까?	그렇다	91	20.1
	아니다	362	79.9
귀하가 원하는 사내 복지제도는 무엇입니까? (복수응답 가능)	자녀교육비 지원	126	34.8
	의료비 지원	124	34.3
	보육시설	52	12.4
	휴식공간	137	37.8
	여가활동 지원	250	69.1
	사내 동호회 지원	84	23.2
	휴가비 지원	192	53.0
	편의시설	121	33.4
	기타	30	8.3
현재 가장 부족하다고 생각하는 사내 복지제도는 무엇입니까?	자녀교육비 지원	45	12.4
	의료비 지원	17	4.7
	보육시설	16	4.4
	휴식공간	41	11.3
	여가활동 지원	122	33.7
	사내 동호회 지원	2	0.4
	휴가비 지원	81	22.4
	편의시설	26	7.2
	기타	12	3.3

사내 복지제도가 미흡한 이유는 무엇이라 생각하십니까?	기업 내 예산 부족	95	26.2
	정부의 지원 미비	19	5.3
	사내 복지제도에 대한 CEO의 의식 미흡	200	55.2
	조직원들의 복지제도 개선 노력 부족	41	11.2
	기타	7	2.0
사내 복지제도가 좋은 기업이라면 현재보다 연봉이 다소 적더라도 이직할 의향이 있습니까?	그렇다	311	68.7
	아니다	142	31.3

이 팀장 : 설문조사 결과가 나왔는데 어떻게 분석하셨나요?
김 사원 : 전반적으로 예상한 결과가 나온 것 같습니다.
이 팀장 : 사원들이 원하는 복지제도와 부족하다고 느끼는 복지제도의 종류가 비슷하네요.
김 사원 : 맞습니다. 그 두 문항에서 가장 수요가 크게 나타났던 '여가활동 지원'은 단기간에 개선하기 힘든 특성이 있기 때문에 그 다음으로 수요가 많은 (　㉠　)을/를 먼저 개선하는 방향으로 계획했습니다.

① 여가활동 지원
② 휴가비 지원
③ 자녀 교육비 지원
④ 의료비 지원
⑤ 편의시설 확충

1회 2회 3회 4회 5회 6회 7회 8회 9회 10회 11회 12회 13회 14회 15회 인성검사 면접가이드

22. 다음 A 호텔의 요금과 할인 규정을 참고하여, 아래 P 대학 물리학과 일행이 A 호텔에 방문할 경우, 일행이 지불해야 할 최소 요금은? (단, 모든 객실은 혼자 사용한다)

〈객실별 요금〉

(단위 : 원)

등급	객실명	숙박일	요금
스위트	로얄 스위트	1박	2,100,000
		2박	3,500,000
	프리미엄 스위트	1박	561,000
		2박	935,000
	이코노미 스위트	1박	462,000
		2박	770,000
디럭스		1박	294,000
		2박	490,000
슈페리어		1박	252,000
		2박	420,000
스탠다드		1박	222,000
		2박	370,000

〈할인 규정〉

구분	할인율	내용
영아 할인	100%(무상)	성인 1명당 1명에 한해 무료(만 2세 미만)
어린이 할인	50%	2세 이상 ~ 12세 미만
학생 할인	20%	초등학교, 중학교, 고등학교, 만 30세 미만 대학생(대학원생 제외)
장애인 할인	20%	• 1 ~ 3급 : 동반 보호자 1인 동급 할인 • 4 ~ 6급 : 동반 보호자 할인 안 됨.
경로 할인	20%	만 65세 이상
일반 단체 할인	10% / 15% / 20%	15인 이상(10%), 40인 이상(15%), 80인 이상(20%)

※ 중복 할인은 불가하며, 할인율이 높은 것을 선택하실 수 있습니다. 단, 일반 단체 할인의 경우 개별 할인이 적용된 후 단체에 중복으로 적용될 수 있습니다.

※ 학생, 장애인 할인의 경우 학생증, 장애인 수첩 등 입실 당일 신분을 증명할 수 있는 증빙서류가 필요하며, 반드시 지참하셔야 할인 혜택을 받으실 수 있습니다.

P 대학 물리학과 학생들과 교수들은 타 지역 학술발표회 방문을 위해 호텔에 숙박하기로 하였다. 일행은 각각 64세, 60세, 58세인 교수 3명, 1학년 학생 3명, 2학년 학생 5명, 3학년 학생 10명, 4학년 학생 5명, 대학원생 조교 2명으로 모두 28명이다. 학생증을 아직 발급받지 못한 1학년 학생들을 제외하고는 모두 학생증을 갖고 있으며 3학년 중 1명은 3급 장애인 수첩을 지참하고 있고 조교 중 한 명이 보호자로 동행한다. 학부생 중 만 30세 이상인 학생은 없다.

64세 교수는 로얄 스위트 객실을 사용하며, 60세 이하 교수 2명은 프리미엄 스위트 객실을 사용한다. 조교 1명과 장애인 학생은 이코노미 스위트 객실을 사용한다. 또 다른 조교 1명과 4학년 학생 5명은 슈페리어 객실을, 나머지 인원은 모두 스탠다드 객실을 사용하기로 하였으며 전원 2박으로 요금을 지불할 계획이다.

① 12,560,400원
② 12,890,200원
③ 13,956,000원
④ 15,956,000원
⑤ 18,700,000원

[23 ~ 24] 다음 글을 읽고 이어지는 질문에 답하시오.

지난주 정부가 발표한 '디지털 미디어 생태계 발전 방안'을 보자마자 케이콘텐츠뱅크가 떠올랐다. 2016년 미래창조과학부가 한국형 유튜브를 표방해 만든 온라인 비투비(B2B) 유통시스템으로 우리 방송 콘텐츠의 해외 마케팅, 관리, 유통 서비스를 원스톱으로 제공한다는 취지의 정책이었다. 그러나 유튜브 독식을 방어하고자 했던 이 플랫폼은 한류 콘텐츠의 곳간은 되지 못했다. 이유는 자명하다. 완성물 저작권을 일방적으로 보유한 방송사와 저작권이 없는 콘텐츠 창작자의 '상생' 조건으로서 파트너십 원칙이 없었다. 해외 유통을 희망하는 영상이 밀려들기는커녕 창작자는 저작권이 없어서 진입이 어려웠고, 방송사업자는 굳이 이 플랫폼에서 상생할 이유가 없었다. 저작권자, 창작자, 콘텐츠 이용자 연결 관계에 대한 이해 없이 정책을 추진한 결과 플랫폼은 활성화되지 못했다. 현재 케이콘텐츠뱅크에는 주로 과학기술정보통신부 제작지원 프로그램과 엠시엔(MCN, 다중채널네트워크) 영상이 올라와 있는데, 다년간 운영관리비와 제작지원비 예산을 투입할 만큼 제 기능을 하고 있는지 잘 모르겠다. 유튜브 방어가 정책 전략이었는데, 가령 지원금 수혜자가 유튜버로 왕성한 활동을 할 경우 이를 성과로 봐야 할지도 모호하다.

이번 '발전 방안'에서도 이런 맥락의 모순이 발견된다. 특히 '글로벌 플랫폼 기업 최소 5개를 목표로 지원'한다는 대목과 '플랫폼 차별화, 대형화 지원'에서 아연실색했다. 플랫폼은 이용자의 관심과 선택의 크기에 의해 규모가 결정되는 것이지 대형화의 결과로 플랫폼 연결 능력이 생기는 것은 아니다. 대형화라는 규모의 관점에서 정책을 펼칠 경우, 소규모 스타트업이나 도전적인 벤처 플랫폼은 소외될 수밖에 없다. 과거 우리에겐 엠엔캐스트, 판도라티브이, 엠군 등 유튜브와 비슷한 시기에 등장한 선도적 동영상 플랫폼이 여럿 존재했었다. 초고속 인터넷, 사용자가 직접 제작한 콘텐츠를 매개로 큰 인기를 누렸던 이들은 왜 글로벌 플랫폼으로 성장하지 못했을까. IT 칼럼니스트 김○○ 씨는 "기하급수적으로 늘어나는 인터넷 망 사용료로 인해 '캐즘(chasm)'을 넘어서지 못했기 때문"이라고 분석한다. 시장 개척을 막 시작한 벤처 기업은 범용 서비스 개발 전까지 대형화 사업비용을 최소화해야 안정적 수익모델을 창출할 수 있는데, 이들은 사업 초기 매출이익의 대부분을 망 사용료로 지불해야 했다. 비용 감당이 안 되자 P2P 전송을 택했고, 그 결과 '이용자 만족'이라는 핵심 가치를 크게 훼손했다. 컴퓨터 속도가 느려지고 에러가 빈번히 발생하자 이용자들은 유튜브 같은 편의성 높은 플랫폼으로 이동한 것이다.

또한 "젊은 창작자와 1인 미디어를 집중 지원"하겠다는 계획도 의아하다. 가뜩이나 디지털 격차에 대한 우려가 큰데, 젊은 세대와 1인에 한정해 지원하는 이유는 무엇일까. 게다가 1인 제작자보다 소규모 협업 제작이 실질적으로 더 많다. '개인 미디어'라고 칭해야 정책 적용에 혼선이 없지 않을까.

코로나19로 유튜브와 넷플릭스의 국내 이용자가 많이 증가했다고 한다. 당연한 결과이다. 두 플랫폼은 대형화된 지금도 이용자 편의성과 연결성에 공을 들여 수익모델을 개선해 가고 있다. 이들과의 경쟁에서 이기려는 규모 중심의 대항마 프레임으로 접근하기보다 플랫폼과 콘텐츠 이용자 관점에서 정책이 재검토되길 바라는 건 너무 늦은 것인가.

23. 다음 〈보기〉에서 윗글의 내용을 올바르게 이해한 사람을 모두 고른 것은?

보기

A : 필자는 디지털 미디어 생태계 발전 방안에 대하여 불만이 많군.
B : 필자는 케이콘텐츠뱅크의 문제점도 함께 지적하고 있군.
C : 대규모 벤처 플랫폼이 꼭 필요하다는 것이 필자의 입장이네.
D : 필자는 적어도 2 ~ 3명 이상의 제작자가 참여하는 플랫폼이 더 낫다는 의견이군.
E : 케이콘텐츠뱅크는 기하급수적으로 증가하는 망 사용료에 의한 수익성 문제에 직면하고 있군.

① A, B　② B, E　③ C, D
④ A, B, D　⑤ B, C, E

24. 다음 중 윗글에 대한 반박논리로 가장 적절한 것은?

① 대형 규모가 갖춰진 플랫폼이 성공확률이 높고 이용자 유치에도 더 용이하다면 필자의 주장은 맞지 않아.
② 과거 동영상 플랫폼에 업로드 되던 동영상들의 품질이 더욱 좋았다면 그들은 글로벌 플랫폼으로 성장했겠네.
③ 필자의 말대로라면 코로나가 아니었으면 유튜브와 넷플릭스는 사라졌을 수도 있겠군.
④ 필자는 미디어 제작자로 여성과 고연령층을 더 선호하는군.
⑤ P2P 전송속도가 빨랐다면 인터넷 망 사용료가 더 비싸졌겠군.

25. 다음은 ○○공사의 자녀 장학금 지원 제도에 관한 안내이다. 제시된 기준에 따라 A ~ F 중 장학금을 받게 될 4명은? (단, 총점 상위 4명이 장학금을 받게 된다)

평가항목	배점	100%	80%	60%	40%	20%	비고
재직기간	20	12년 이상	10년 이상	8년 이상	5년 이상	2년 이상	기준월별
업무기여도	20	탑 또는 1만 점 이상	골드 또는 4천 점 이상	레드 또는 2천 점 이상	그린 또는 1천 점 이상	500점 이상	기준월별
학업성적	20	4.2 이상	4.0 이상	3.8 이상	3.5 이상	3.0 이상	전년도 1년간 평균성적
이용고배당 점수	20	400% 이상	300% 이상	200% 이상	100% 이상	30% 이상	전년일
납입출자금	20	5백만 원 이상	4백만 원 이상	3백만 원 이상	2백만 원 이상	1백만 원 이상	기준월별 평균잔고
연체채무 및 신용불량 등록여부	최근 1년 이내 1개월 이상 연체 및 신용불량등록이 있을 경우 : -5						접수 마감일

〈자녀 장학금 신청자 정보〉

구분	A	B	C	D	E	F
재직기간	15년	11년	12년	4년	7년	3년
업무기여도	골드	레드	그린	레드	탑	탑
학업성적	4.1	3.95	3.92	3.75	4.01	4.23
이용고배당 점수	230%	250%	300%	260%	230%	420%
납입출자금	750만 원	460만 원	340만 원	540만 원	320만 원	650만 원
연체채무 및 신용불량 등록여부	Y	N	Y	Y	N	N

① A, B, C, D ② A, B, E, F ③ A, C, E, F
④ B, C, E, F ⑤ C, D, E, F

코레일(한국철도공사)

8회 기출예상문제

수험번호	
성 명	

KORAIL

감독관 확인란	

8회 기출예상문제

성명 표기란

수험번호

0 1 2 3 4 5 6 7 8 9

(주민등록앞자리 생년제외) 월일

0 1 2 3 4 5 6 7 8 9

수험생 유의사항

※ 답안은 반드시 컴퓨터용 사인펜으로 보기와 같이 바르게 표기해야 합니다.
〈보기〉 ① ② ③ ❹ ⑤

※ 성명표기란 위 칸에는 성명을 한글로 쓰고 아래 칸에는 성명을 정확하게 표기하십시오. (맨 왼쪽 칸부터 성과 이름은 붙여 씁니다)

※ 수험번호/월일 위 칸에는 아라비아 숫자로 쓰고 아래 칸에는 숫자와 일치하게 표기하십시오.

※ 월일은 반드시 본인 주민등록번호의 생년을 제외한 월 두 자리, 일 두 자리를 표기하십시오.
〈예〉 1994년 1월 12일 → 0112

※ 검사문항 : 1~25

문번	답란	문번	답란
1	① ② ③ ④ ⑤	16	① ② ③ ④ ⑤
2	① ② ③ ④ ⑤	17	① ② ③ ④ ⑤
3	① ② ③ ④ ⑤	18	① ② ③ ④ ⑤
4	① ② ③ ④ ⑤	19	① ② ③ ④ ⑤
5	① ② ③ ④ ⑤	20	① ② ③ ④ ⑤
6	① ② ③ ④ ⑤	21	① ② ③ ④ ⑤
7	① ② ③ ④ ⑤	22	① ② ③ ④ ⑤
8	① ② ③ ④ ⑤	23	① ② ③ ④ ⑤
9	① ② ③ ④ ⑤	24	① ② ③ ④ ⑤
10	① ② ③ ④ ⑤	25	① ② ③ ④ ⑤
11	① ② ③ ④ ⑤		
12	① ② ③ ④ ⑤		
13	① ② ③ ④ ⑤		
14	① ② ③ ④ ⑤		
15	① ② ③ ④ ⑤		

8회 기출예상문제

▶ 정답과 해설 42쪽

문항 수 25 문항

01. 다음 글을 읽고 유추한 내용으로 적절하지 않은 것은?

> 모든 부모가 자녀에게 바라는 건 학교생활을 원만하게 하고, 좋은 성적을 받고, 사회적으로 성취하며 행복하게 사는 것이 아닐까. 이를 위해서 필요한 능력은 무엇일까. 최근 지적능력이나 소통능력이 아닌 감정을 다루는 능력이 이러한 생활의 결정적 요인이라는 연구결과가 나왔다. 학교폭력을 예방하는 핵심 요인으로 학교적응과 학업성취에 중요한 영향을 미치는 감정 조절과 대인관계 능력을 꼽고 있다. 학교 현장에서는 여러 방법으로 '사회정서교육'을 추진하고 있다. 사회성에 영향을 미치는 핵심 요인이 정서성이라는 점에서, 감정을 다루는 능력이 모든 것에 결정적 요인인 셈이다.
>
> 감정은 생존과 적응에 필요한 정보를 주는 역할을 한다. 우리는 그 정보를 파악하여 처한 상황에서 적절히 대처함으로써 원하는 관계, 성취 등을 이루며 잘 살아갈 수 있다. 그런데 여러 감정 중에서도 부정적 감정은 쉽게 사라지지 않고 충분히 표현하여 해소되기를 요구한다. 참고 억누르면 부정적인 감정에 에너지를 빼앗겨 주의집중력과 기억력이 떨어지고, 두통, 복통, 불면 등이 나타나 학교생활이 어려워지게 되는 것이다. 학교폭력의 핵심은 여러 감정 중에서도 부정적인 감정인 '화'에 있다. '화'는 남을 헐뜯는 말이나 욕설, 간접적인 괴롭힘에서 직접적인 폭력 등의 공격까지 이어질 수 있다. 때로는 상관없는 친구에게 화풀이 방식으로 풀기도 한다. 그럼 무엇이 자녀를 화나게 한 것일까? '화'는 '나'라는 경계가 허락 없이 침범당했을 때 느끼는 감정으로, 신체적 접촉뿐 아니라 조언이나 지적 등의 언어적 침범 또한 '화'를 유발한다. 때로는 부모, 형제자매, 교사, 친구 등의 관계 속에서 타인의 조언이나 침범으로 인해 자녀들은 화가 나고 심술이 날 수 있다. 자녀가 '화'를 어떻게 조절하느냐에 따라 학교폭력이 발생할 수도 있고 그렇지 않을 수도 있다.
>
> 그러므로 부모는 자녀에게 쌓인 '화'를 안전하게 해소하도록 도와주어야 한다. 감정은 노폐물과 같아서, 발생한 부정적인 감정은 몸 밖으로 안전하게 배출되어야 한다. 먼저 부정적인 감정을 해소할 수 있는 안전한 대상이나 상황을 확보하도록 한다. 이때 '화가 나', '짜증 나'와 같이 감정 단어를 명명해야 감정 해소가 시작된다. 감정단어를 부정적인 감정이 해소될 때까지 말, 글, 몸으로 계속 표현하도록 한다. 부정적인 감정에 집중해서 해소될 때까지 무한 반복한다. 선해소 후이해의 원칙에 따라, 자녀가 부정적인 감정을 해소한 후에는 감정경험을 이야기하여 곰곰이 생각할 수 있는 기회를 준다.

① 감정을 어떻게 다스리느냐에 따라 인간관계가 달라진다.

② 부정적인 감정 조절을 잘하는 사람일수록 행복한 사람일 확률이 높다.

③ 긍정적 감정보다 부정적 감정에 더 많은 에너지가 소모된다.

④ 화가 났을 때 화가 난 원인을 찾는 것보다 일단 격한 감정을 없애는 것이 먼저다.

⑤ 상대의 화를 풀기 위한 해결책을 제시하는 행동은 오히려 악영향을 초래할 수 있다.

02. 다음 연구 학술지의 제목으로 적절한 것은?

국공유지라는 용어는 소유권을 기반으로 만들어진 것으로 국가 및 지방자치단체가 소유하고 있는 국공유재산 중 토지에 해당하는 재산으로 요약할 수 있으나 하나의 개념으로 정해지기 어려운 복합적인 요소로 구성된다. 도로나 공원 같은 유형적 공공시설의 부지를 지칭할 수도 있으며, 행정 청사나 병원처럼 공용건물의 부지를 가리킬 수도 있으며, 도시자연공원 및 국립공원 내의 광활한 국공유림 형태로 존재할 수도 있다.

국공유지는 그 활용도, 즉 중앙정부 및 지방자치단체에서 활용하고 있는 행정목적의 사용 여부에 따라 행정재산과 일반재산으로 구분된다. 행정재산은 행정 작용에 사용되며, 그 관리처분에 대해 특별한 규정이 있는 재산으로 공용재산, 공공용재산, 기업용 재산, 보존용 재산이 있다. 일반재산은 행정목적으로 사용되지 않거나 활용할 계획이 없는 행정재산을 제외한 모든 국공유지로 행정상의 용도나 목적을 갖지 않는 재산을 말한다. 이 중 행정재산은 공공목적 달성을 위한 공유물로서 매각이 금지되며 교환이나 양여도 제한적으로 허용되어지며, 일반재산은 시효취득의 대상이 될 뿐만 아니라 사권설정 또는 대물변제도 가능하며 대부와 매각이 상대적으로 수월하다.

국가통계포털의 지적통계연보(2019)에 따르면 우리나라 토지 중 국가 및 지방자치단체 소유의 수량은 10,734,439필지 33,395km^{3}로 집계되어 국토면적의 33.2%를 점유하고 있다. 이러한 국공유지의 경제적 가치를 2020년 전국 평균 공시지가로 환산하여 보면 약 2,186조원의 규모로 전체 국공유 재산 가액의 47.9%를 차지하고 있다. 이처럼 국공유지는 중앙정부 및 지방정부 자산의 중요한 근간이며, 현 세대와 미래 세대가 함께 공유해야 할 공공재인 동시에 국민 모두의 삶과 생산 그리고 활동을 위한 생활터전이다. 우리나라 헌법은 효율적이고 균형 있는 국토의 이용 · 개발 · 보존을 위한 국가의 책무까지 정하고 있다. 하지만 이러한 국공유지에 대한 관리의 중요성에도 불구하고 이에 대한 심층적이며 체계적인 연구는 다소 부족한 실정이다. 진행된 일부 연구마저도 구체적인 현황분석이 수반된 실증이나 정책적으로 직접 적용가능성 있는 대안의 제시보다는 재산관리부서 중심의 단편적인 제도개선 등에 집중되어 있다.

이러한 배경에서 국공유지 관리의 효율화를 위한 정책적 수단으로 토지이동에 주목하여 해결방안을 찾고자 한다. 그중에서도 토지이동측량을 수반하는 합병(合併)에서 찾아보고자 한다. 그간 국공유지 관리를 위해 각 재산관리관은 「국유재산법」과 「공유재산 및 물품관리법」 등에 따라 주기적으로 국공유지의 양태(樣態)에 대해 실태조사를 하여 왔으며, 그 조사결과에 따라 합병을 통하여 국공유지 관리의 효율화를 도모하여 왔다. 그러나 국공유지가 등록되어 있는 지적공부의 축척이 동일하지 않거나 서로 다른 유형의 지적 공도에 등록되어 있는 경우에는 합병이 불가능하거나 매우 복잡하여 국공유지 관리의 한계로 나타나고 있다. 즉, 공원이나 도로 내지는 병원처럼 동일한 목적으로 활용되고 있는 국공유지가 1필지가 아닌 다량의 군소필지 형태로 관리되고 있어 국공유지 관리의 효율화 장애요인으로 작용하고 있다. 따라서 현실에 맞지 않는 지목이 상당하고 불필요하게 국공유지가 세분화되어 있어, 필지 수의 다소(多少)에 따라 행정비용 부담이 추가되는 등 효율적인 국공유지 관리를 위한 실효성 있는 행정력의 도모(圖謀)에는 한계가 있는 실정이다. 즉, 국공유지 관리대장정보와 실제 이용현황 정보와의 불일치로 인한 국회 또는 지방의회(광역 및 기초 의회)의 문제제기, 국공유지 재산 통계의 부정확성, 불균형한 개별공시지가 산정으로 인하여 경제적 가치의 하락, 국공유지 관리 실무종사자 업무과중 등의 모습으로 국공유지 관리 저효율화 요인이 발생되고 있다.

생활공간 속에서 큰 비중을 차지하고 있는 국공유지 중에서 하나의 행정목적으로 사용되고 있으나 1필지가 아닌 다수의 군소필지로 세분화되어 합병되지 못한 상태로 지속되어 국공유지 관리 효율화의 문제점으로 작용할 뿐만 아니라 점점 고착화되는 장애요인을 해소할 수 있는 대안을 모색하고자 한다. 국토의 효율적인 관리 및 토지등록공시를 위해 비치하고 있는 공적장부인 지적공부의 양태에 따라 국공유지 관리의 효율화 장애요인이 개선되지 못하고 지속적으로 고착화되어 가는 문제점을 해소할 수 있는 방안을 측량을 수반하는 합병으로 제시하고, 실증하여 그 효과를 분석하여 봄으로써 정책적 수단으로의 적용 가능성을 보고자 한다.

① 국공유지 관리 효율화를 위한 합병측량 도입의 실증 연구
② 현행 국공유지 관리의 효율화 문제점 연구
③ 지적업무 활용을 통한 국공유지 관리실태상황 연구
④ 지역경제 활성화를 위한 국공유지 활용방안 연구
⑤ 우리나라 합병측량 실증 사례 지역 탐구

03. 다음 글을 참고할 때 과학사회학의 시대별 관점 변화로 적절하지 않은 것은?

산업혁명과 과학혁명을 거치면서 과학기술이 사회에서 차지하는 영향과 비중은 점점 더 커졌고, 중세의 신 중심주의가 과학으로 대체되면서 학자들은 과학과 사회의 긴밀성에 대해 관심을 갖기 시작했다.

1930년대부터 과학 발전에 대한 사회학적 연구를 개척하여 1960년대에 이르러 과학사회학을 최초로 학문적 · 제도적으로 정립한 이는 미국의 기능주의 사회학자 로버트 머튼이다. 그는 과학을 합리적인 규범이 지배하는 과학자 공동체의 산물로 파악하였다. 그는 과학자들의 행위를 규제하는 네 가지 기본 규범으로서 보편주의, 공유주의, 탈이해관계, 조직적 회의주의를 들고 이러한 규범의 준수가 사회적 이해관계의 개입을 차단하여 객관적인 과학 지식의 생산을 보장해 준다고 주장하였다. 따라서 과학 지식의 내용 자체는 사회학적 분석의 대상이 될 수 없다고 간주하였던 것이다.

사실 지식이나 사상 일반이 그렇듯이 이러한 과학사회학 이론이 호응받을 수 있었던 것은 시대적 배경과 무관하지 않다. 2차 대전 후 1960년대 초까지는 서구가 장기 호황을 누리면서 과학과 사회 진보에 대해 낙관론이 팽배하던 시기였다. 2차 대전 중 맨해튼 프로젝트의 성공은 전후 서구 과학 정책의 모태가 되었으며, 구체적으로 이는 미국의 과학자 바네바 부시가 제안한 국가와 과학자 공동체 간의 일종의 사회 계약과 그 결실인 미국립과학재단(NSF)의 모델이 되었다. 이 사회 계약에 따르면 국가는 과학에 대해 지원하고 과학은 기술 진보로서 국가에 기여하는 것으로 간주되었는데, 이렇게 되기 위해서는 과학의 관리를 철저히 과학자 공동체의 자율적 내부 통제에 맡겨야 한다는 것이었다. 낙관론이 지배하던 시대적 분위기에서 이러한 모델은 국가와 과학자 공동체 그리고 일반 사회에 의해서 이의 없이 받아들여졌고, 과학과 과학 정책은 황금기를 구가할 수 있었다.

그러나 1960년대 후반에 접어들면서 과학에 대한 낙관론은 서구 사회에서 급격히 무너져 내렸다. 레이첼 카슨의 『침묵의 봄』을 통해 알게 된 산업화 과정에서 누적된 환경오염의 심각성에 대한 우려, 미국의 베트남전 참전에 대한 저항 운동과 전쟁에서 사용된 대량 살상 무기에 대한 반대 등이 한꺼번에 터져 나와 과학기술에 대한 강한 비판 의식이 대중과 지식인, 학생 사이에서 팽배해져 갔다. 이들에게 과학기술은 사회를 윤택하게 하고 인간을 편리하게 해 주는 것이 아니라 억압적인 국가 권력과 자본의 손에 쥐어진 지배 수단으로 인식되었다. 또한 현대 과학기술의 근본적 가치를 문제 삼는 '급진 과학 운동'이 확산되었다. 이에 따라 과학기술과 사회와의 관계에 대한 근본적인 재검토와 분석이 필요하다는 자각이 학계에서 생겨났다. 바로 이런 배경 아래 1960년대 말부터 대학의 학제적인 새로운 교과과정으로서 다양한 '과학기술과 사회(STS)' 프로그램들이 미국과 유럽에서 속속 생겨났던 것이다. 이러한 대학의 제도적 변화는 과학기술에 대한 전혀 새로운 관점들이 성장할 수 있는 비옥한 토양이 되어 주었다.

마침내 1970년대 중반에 이르자 로버트 머튼의 기능주의적 과학사회학은 영국을 필두로 한 유럽의 과학사회학자들의 공격을 받았으며 이를 대체하는 새로운 이론이 대두되었다. 영국의 에든버러 대학의 반스와 블루어 등은 토마스 쿤의 저서『과학혁명의 구조』로 대표되는 과학철학의 상대주의에 영향을 받아 기존의 사회학적 전통과는 달리 과학 지식의 형성도 사회적 요인으로 설명되어야 한다는 지식 사회학의 '스트롱 프로그램'을 제창하였다. 이들은 자연 법칙의 충실한 재현을 보증해 주는 합리성의 보편적 원칙이란 존재하지 않으며, 과학 지식의 선택은 과학자들이 지닌 사회적 · 정치적 · 전문적 혹은 개인적 이해관계에 의해 주로 결정된다고 보았다. 따라서 사회로부터 자율적인 순수한 과학이란 허구이며 모든 과학 지식은 그 진위 평가와 무관하게 동등한 사회학적 설명이 가해져야 한다고 보는 이른바 '과학지식사회학'이 탄생되었던 것이다.

① 기능주의적 과학에서 과학사회학 지식은 객관적이며 합리적이므로 사회적 요인을 받지 않는다고 보았다.

② 1960년대 초에 과학사회학 이론이 호응받을 수 있었던 것은 서구가 장기 호황을 누리면서 과학과 사회 진보에 대해 낙관론이 팽배했기 때문이다.

③ 과학과 사회 진보에 대한 낙관론은 1970년대까지 이어졌으며 이는 현대과학 기술의 근본적 가치에 관한 '급진 과학 운동'이 확산되는 계기가 되었다.

④ 1960년대 말부터 미국과 영국 대학교들은 새로운 교과과정으로 '과학기술과 사회(STS)' 프로그램들을 넣었다.

⑤ 1970년대 중반에 이르러 기존의 사회학적 전통과는 달리 과학 지식의 형성도 사회적 요인으로 설명되어야 한다는 이론이 제기되었다.

04. 다음 글의 ㉠에 들어갈 속담으로 적절한 것은?

스마트팜(지능형 농장)이란 정보통신기술(ICT)을 활용해 시간과 공간의 제약 없이 원격으로 또는 자동으로 작물의 생육환경을 관측하고 최적의 상태로 관리하는 과학 기반의 농업방식이다. 농산물의 생산량 증가는 물론, 노동시간 감소를 통해 농업 환경을 획기적으로 개선한다. 빅데이터 기술과 결합해 최적화된 생산 · 관리의 의사결정이 가능하다. 최적화된 생육환경을 제공해 수확 시기와 수확량 예측뿐만 아니라 품질과 생산량을 한층 더 높일 수 있다.

유럽, 미국 등은 적극적인 정부 지원과 함께, 자체 개발 시스템을 적용해 생산성 향상과 경비 절감에 초점을 맞춰 스마트팜 시장을 선도하고 있다. 유럽연합(EU)은 정밀농업분야에 대한 연구역량과 회원국 간의 연구협력네트워크를 강화하고, 농업과 정보통신기술(ICT) 융합 연구개발의 효율성 높이기 위해 국제공동 연구 프로젝트(EU ICT-AGRI 프로젝트)를 2009년부터 2017년까지 진행했다. 그 중, 세계 원예산업을 주도하고 있는 네덜란드는 원예산업 산학협력지구를 조성해 기업, 연구기관, 정부가 산 · 학 · 연 협업을 이루며 기술혁신을 추진하고 물류를 비롯한 기반시설을 제공했다. 한편, 미국의 경우, 90년대부터 장기적으로 지속 가능한 농업 및 환경 촉진을 주요 전략으로 설정했다. 그 영향으로 미국 농업은 영농규모가 크고 첨단기계의 사용이 활발해졌고, 농산물 생산량과 교역량 측면에서 세계적으로 높은 비중을 차지하고 있다. 농무부를 중심으로 농업-ICT융합 연구개발 정책을 추진하고 있고, 주로 장기적이고 고위험 · 고수익(Hish Risk, High Return) 과제를 추진하고 있다.

한국형 스마트팜은 이미 실체를 가지고 있다. 일본형 스마트팜과 네덜란드형 스마트팜이라는 단계별 과정이 설정되어 있고, 일부 세부목표는 이미 달성했거나 근접하게 이루었다. 그런데 같은 과정을 보면서도 보는 시각에는 차이가 있다. 혹자는 몇몇 가시화된 성과를 한국형 스마트팜의 본격 등장 또는 실험으로 보기도 하고 다른 누군가는 아직 최종목표 달성까지는 먼 이야기라고 말한다. 스마트팜 연구 전문가인 김○○ 센터장은 '한국형 스마트팜의 현안'에 관해 이렇게 이야기했다. "산업계에서는 농업을 가장 기초적인 산업이자 끊임없이 변화하는 첨단산업이라고 합니다. 저희 연구자들은 농업을 응용학문이 결합된 융합 학문으로 봅니다. 농업을 1차 산업으로 보던 시대는 지났습니다. 요즘에는 농업은 1, 2, 3차 산업을 복합해 농가에 높은 부가가치를 발생시키는 산업인 6차 산업이라고 합니다. 4차 산업이라는 용어로 스마트팜을 이야기하기는 어렵지만 복합적인 성격을 띠고 있다는 점에는 틀림없습니다. 스마트팜은 큰 틀에서 봐야 합니다. 한국형 스마트팜은 구체적인 목표이자 더 큰 미래로 가는 과정입니다. 논의가 본격화된 지 고작 2 ~ 3년에 불과한 만큼, 스마트팜은 궁극적으로 실현될 수 있는 구체적인 청사진인 동시에 빠른 변화로 인해 예측하기 힘든 미래 농업의 스케치가 되어야 한다는 실정입니다."

'(㉠)'라는 말이 있다. 이 말은 한국형 스마트팜의 추진과정에 있어 가장 경계해야 할 대상이다. "한국형 스마트팜이라는 명칭의 등장이 최근일 뿐 관련 기술은 오래 전부터 축적되었다고 말씀드린 바 있습니다. 한국형 스마트팜의 기반이 탄탄하다는 말입니다. 그런데 새로운 용어가 등장하면서 비교적 최근의 신기술이나 등장하지 않는 미래기술 위주로 주목받고 있습니다. 이는 허상을 부풀리고 알맹이를 부실하게 만드는 결과를 낳게 합니다. 기존의 기술을 접목하면 첨단기술 못지않은 한국형 스마트팜의 알맹이가 되어 줄 겁니다." 김 센터장은 한국형 유망 산업이 '스마트 붐'에 동반해서 잠깐 주목을 받고 말아서는 안 된다고 말한다. 긴 농업의 역사에 있어서 강렬한 하나의 변곡점으로 존재해야 한다고도 부연한다. 농업은 역사와 함께해 왔고 인류가 존속하는 한 유지되어야 하기 때문이다. "한국은 세계적으로도 앞선 IT, ICT 기술을 가지고 있습니다. 덕분에 스마트팜에 접목할 수 있는 기술에 부족함이 없습니다. 문제는 정보의 양과 스마트팜을 운영할 수 있는 인프라, 인식의 변화에 있습니다." 스마트팜은 주로 원예시설과 축산시설을 확산 대상으로 삼고 있다. 당장에 예측하기 어려운 환경을 크게 고려할 필요는 없다는 말이다. 하지만 온전히 제어할 수 있는 환경을 만들어 내는 데에는 차이가 있다. 생산하는 품목 자체가 생물이다 보니 그렇다. 연구자 입장에서는 최소한 데이터가 있어야 하는데, 대표적인 원예시설인 온실마저도 도입된 지 20여 년에 불과하다. 이런 안목으로 노지 작물에 적용한다고 가정하면 기온, 강수량, 풍속까지도 정보 수집의 대상이 되어야 하므로 정보량은 폭발적으로 늘어난다. 당장 가시적인 성과를 기대하기보다는 최소 5년 또는 10년은 기다린다 생각해야 새로운 산업의 주역으로서 제대로 된 힘이 나오기 시작할 것이라는 전망이다.

① 소 잃고 외양간 고친다.
② 가지 많은 나무에 바람 잘 날 없다.
③ 돌다리도 두들겨 보고 건너라.
④ 천 리 길도 한 걸음부터
⑤ 새 술은 새 부대에 담아야 한다.

05. 다음 글을 읽고 추론할 수 없는 것은?

전자레인지는 음식을 데울 때 불이 아닌 전자기파의 한 영역인 마이크로파를 이용한다. 즉 전자레인지는 고주파로 가열하는 조리기구이다. 고주파 대역의 분자가 심하게 진동하여 발열하는 것을 이용하며 빠른 시간에 고르게 가열할 수 있다. 전자레인지라는 이름은 일본에서 만들어 붙인 일본식 조어로 정확한 명칭은 극초단파 오븐 또는 마이크로웨이브 오븐(microwave oven)이다. 최근에는 '전자 오븐', '광파 오븐' 등의 명칭으로 나오는 제품도 있다.

보통 물질을 가열하기 위해서는 뜨거운 물이나 뜨거운 바람, 증기, 전기히터, 가스버너 등을 이용하는데, 전자레인지를 사용하여 조리하는 경우 조리시간이 짧으며 삶는 요리나 찜요리의 경우에는 냄비를 쓰지 않고도 손쉽게 조리할 수 있다. 또한 비타민이 물에 녹아 흘러나가지 않는다는 장점도 있다. 극초단파는 사람 눈에 보이지 않으며 대부분의 공기나 유리, 종이와 같은 물질을 그냥 통과한다. 그러나 자신의 진동수에 의해 공명을 일으키는 물질을 만나면 그 물질에 흡수되면서 분자를 진동시킨다. 대표적인 물질이 바로 물이며 그 다음은 지방, 탄수화물, 단백질의 순이다. 따라서 수분, 습기가 많이 포함된 부분이 먼저 뜨거워져 그 열이 다른 부분으로 전도되는 것이라 할 수 있다.

전자레인지는 가정용으로 쓰는 경우가 대부분이지만 화학 실험용으로 사용되기도 한다. 화학 실험실에서는 화학 시료의 온도를 빠르게 높이기 위해 사용되며, 매우 작은 크기의 시료용기에 정확하게 전자파를 맞추기 위해 고안된 특수한 전자레인지를 사용한다.

극히 파장이 짧은 전파는 식품의 내부에 침투하고 물 분자 회전에 의해 열이 발생하므로 단시간에 깊은 부분에까지 고르게 가열할 수 있다. 전파에 의한 음식물의 가열 원리를 유전가열(dielectric heating)방식이라 부른다. 물 분자는 수소와 산소 원자로 이루어져 있는데, 수소 원자 쪽이 양전하를 띠고 있고 산소 원자 쪽이 음전하를 띠고 있는 극성 분자이다. 음식물에 마이크로파를 쪼이면 이와 같은 극성 분자는 전자기파의 전기장이 양과 음으로 진동할 때 분자가 양과 음의 방향을 바꾸며 매우 빠르게 회전하여 전자기장을 따라 정렬한다. 분자의 회전에 의해 분자들이 서로 밀고 당기거나 충돌하는데 이러한 운동에너지가 음식물의 온도를 높이게 된다.

전자레인지에서 만들어지는 전자기파의 주파수는 물 분자의 고유 진동수에 가까워 물 분자는 매우 강하게 회전한다. 물 분자가 가장 흡수를 잘하는 주파수는 9,000MHz대이지만 이 주파수에서는 표면의 물 분자가 모두 흡수하여 겉만 타게 된다. 따라서 음식 속에 있는 물 분자까지 전자파가 전달되도록 하기 위하여 전자레인지의 전파의 주파수를 2,400 ~ 2,500MHz로 맞춘다. 이러한 단파장의 전파를 일으키기 위해 마그네트론을 사용하는데, 이 마그네트론은 소비전력이 크다. 가정용은 소비전력이 700W 또는 1kW이며 1.2kW 정도의 고주파 출력이 발생한다.

전자레인지로 음식물을 조리할 때는 도자기나 유리 등 전자파를 통과시킬 수 있는 전용 용기에 담아야 한다. 금속 용기는 전자파를 반사하여 음식물을 전혀 가열시키지 못하며 조리실 내의 금속과 접촉에 의한 마찰 부위에서 전자기파의 간섭이 일어나 스파크나 화재가 발생할 수 있으므로 사용해선 안 된다. 플라스틱 용기의 경우 열에 의해 녹거나 불에 붙을 염려가 있으므로 마찬가지로 사용할 수 없으나, 전자레인지에서 사용 가능하도록 처리가 된 용기는 사용할 수 있다. 플라스틱을 비롯하여 유기용제와 같은 인공화합물로 된 용기와 포장도 전자레인지로 직접 돌릴 경우 환경호르몬이 배출되는 위험이 있으므로 피해야 한다. 음식물을 데울 때 수분이 증발되어 건조되는 것을 막기 위해 비닐랩을 씌우기도 한다. 비닐랩으로 완전히 밀폐시킬 경우 부풀어 터질 위험이 있으므로 약간 구멍을 낸 후 조리한다.

① 물이 많은 식품일수록 더 빨리 데워질 것이다.

② 전자레인지로 인해 뜨거워진 음식은 극초단파를 흡수하였을 것이다.

③ 전자레인지의 주파수는 물이 가장 흡수를 잘하는 주파수 영역대보다 낮게 설정되어 있다.

④ 전자레인지는 물체의 겉은 빨리 데우지만 속까지 데우지 못한다는 단점을 지닌다.

⑤ 물 분자 속에는 양전하를 띠는 원자가 음전하를 띠는 원자보다 많다.

06. 다음은 상사의 의사소통 스타일이 직무몰입에 미치는 영향에 대한 글이다. 이에 대한 설명으로 옳은 것은?

현대인은 직장에서 대부분의 시간을 보내며 성공적 조직 생활은 조직의 성과뿐만 아니라 개개인의 삶의 질에 절대적인 영향을 주고 있다. 자율적으로 참여하는 즐거운 직장 분위기는 조직원들의 사기를 높이고 창의적 업무태도를 촉진하여 조직성과로 이어진다. 이런 좋은 직장(GWP ; Great Work Place) 분위기를 위해서는 조직 내 의사소통 활성화와 구성원 간 신뢰가 필수적이다. 최근 조직에 관한 많은 연구결과는 개인과 조직의 유효성을 유지하기 위하여 조직원 간 신뢰 관계의 중요성을 반영하고 있으며 신뢰 구축을 위한 의사소통의 역할도 널리 언급되고 있으나, 이를 공공부문 조직 연구에서 직접적인 연구주제로 다루는 연구는 거의 진행이 되지 않았다. 이에 본 연구에서는 ○○지역의 공무원을 대상으로 조직 내에서의 상사의 의사소통 유형과 상사에 대한 신뢰가 직무만족과 조직몰입에 미치는 영향을 실증적으로 파악하고자 한다. 따라서 이를 통하여 공무원 조직 구성원들 사이에 존재하는 의사소통과 상사 신뢰가 직무만족과 조직 몰입에 미치는 영향을 확인함으로써 조직성과와 조직 경쟁력을 높일 수 있는 방안에 대한 시사점을 얻고자 한다.

본 연구에 있어서 연구모형은 세 가지 변수를 선정하였는데 독립변수로 상사의 의사소통 스타일을, 종속변수로서 직무만족과 조직몰입을 그리고 매개변수로 상사 신뢰를 선정하였다. 연구를 위한 자료는 ○○지역 도청에 근무하고 있는 5급 이하의 직원을 연구대상으로 수집하였다. 회수된 설문서 180부 중 기재사항이 누락되거나 부실한 35부는 폐기하고 145부를 본 연구의 분석 자료로 사용하였다. 자료의 분석은 사회과학을 위한 통계 패키지(SPSS WIN)를 이용하여 신뢰성 분석, 요인분석, 상관분석, 회귀분석 등을 수행하였다.

본 연구의 결과는 상사의 의사소통 스타일과 상사 신뢰가 부하의 직무만족과 조직몰입에 얼마나, 어떻게 영향을 미치는가를 보여 주는 중요한 계기가 되었다. 첫째, 독립변수인 의사소통 스타일은 종속변수인 직무만족과 조직몰입에 통계적으로 유의한 영향을 미치는 것으로 나타났다. 즉, 지원적 의사소통 스타일은 직무만족과 조직몰입에 정(+)의 영향을, 그리고 방어적 의사소통 스타일은 부(−)의 영향을 미치는 것이다. 둘째, 독립변수인 의사소통 스타일은 매개변수인 상사 신뢰에 통계적으로 유의한 영향을 미치는 것으로 나타났다. 즉, 지원적 의사소통 스타일은 상사 신뢰에 정(+)의 영향을, 그리고 방어적 의사소통 스타일은 부(−)의 영향을 미치는 것이다. 셋째, 의사소통 스타일과 직무만족의 관계에서 상사 신뢰는 부분매개효과가 있는 것으로 나타났다. 즉, 의사소통 스타일은 직무만족에 직접적으로 영향을 미치는 동시에 상사 신뢰를 통해 간접적으로도 영향을 미치는 것이다. 넷째, 의사소통 스타일과 조직몰입의 관계에서 상사 신뢰는 완전매개효과가 있는 것으로 나타났다. 즉, 상사의 의사소통 스타일은 상사 신뢰를 통해서만 간접적으로 조직몰입에 영향을 미치는 것이다.

따라서 조직효과성 증대를 위해서는 상사의 의사소통능력 제고(지원적 의사소통 확대와 방어적 의사소통 억제)와 상사 신뢰 구축을 위한 방안들이 강구되어야 할 것이다. 또한 조직 내 의사결정 시 구성원들의 참여를 통한 능동적 행정이 구현되어야 하며, 업무수행 시 조직 구성원이 공유하고 있는 정보의 원활한 의사소통이 이루어질 수 있도록 다양한 통신매체의 개발과 더불어 구성원들의 불만이나 불평을 자유롭게 표현할 수 있는 개방적 조직분위기가 마련되어야 할 것이다. 자율적 기반하의 창의적이고 상호 존중하는 조직문화가 이루어질 때 국민서비스와 조직성과는 향상될 것이다.

① 즐거운 직장 분위기는 조직원들의 사기를 높이고 창의적 업무태도를 촉진하는데, 이러한 분위기를 위해서는 구성원 간 신뢰보다도 조직 내 의사소통 활성화가 더욱 중요하다.

② 제시된 연구모형은 독립변수로 상사의 의사소통 스타일을, 종속변수로 직무만족과 상사의 신뢰를 선정하였다.

③ 직무만족과 조직몰입에 방어적 의사소통 스타일이 정(+)의 영향을, 지원적 의사소통 스타일이 부(−)의 영향을 미치는 것으로 나타났다.

④ 의사소통 스타일과 직무만족의 관계에서 상사 신뢰는 부분매개효과가 있는 것으로 나타났다. 즉, 의사소통 스타일은 직무만족에 직접적으로 영향을 미친다고 볼 수 있다.

⑤ 의사소통 스타일과 조직몰입의 관계에서도 상사 신뢰는 부분매개효과가 있는 것으로 나타났다. 즉, 상사의 의사소통 스타일은 상사 신뢰를 통해서만 간접적으로 조직몰입에 영향을 미친다고 볼 수 있다.

07. 필자가 다음 글에서 정보나 주장을 전달하기 위해서 사용한 방법이 아닌 것은?

샐러던트(Saladent)라는 네 음절이 회자되고 있다. 급여생활자인 샐러리맨(Salaried man)과 학생인 스튜던트(Student)가 합성된 이 신조어는 '공부하는 직장인'을 일컫는다. 직장인이 하는 공부는 크게 업무 역량 강화를 위한 공부와 자기계발 및 개인적인 목표를 위한 공부로 나눌 수 있다. 회사 업무를 위해 필요한 공부로는 업무 전문성을 높이기 위한 공부가 대표적이다. 이는 연령별로 조금 차이가 있다. 20 ~ 30대의 젊은 직장인은 주로 승진이나 이직에 유리한 어학 공부와 업무 전문성을 높이기 위한 공부에 매진한다. 또한 실무와 관련된 공부로는 경제 · 경영학이 주를 이룬다. 한국표준협회에 따르면 지난해 서적이나 인터넷 동영상 강좌를 통해 경제 · 경영 분야를 공부한 직장인은 2016년에 비해 무려 300% 가까이 증가했다. 중년층 직장인의 경우 조직을 이끄는 부서장인 경우가 많다. 넓은 식견과 통찰력이 요구되는 이들은 프로젝트를 성공적으로 수행하기 위해 변화하는 사회, 경제, 문화 전반의 트렌드에 민감하게 반응한다. 회사 내에 마련된 교육 프로그램을 통해 새로운 정보들을 흡수하고, 부족한 부분은 외부 강연을 통해 보충한다. 또 사고의 폭을 넓히고 효과적인 조직 관리를 위해 인문학 서적과 자기계발서를 탐독하는 이들도 많다.

자기계발과 개인적인 목표를 위한 공부로는 여가와 취미, 재테크, 노후 대비 등을 들 수 있다. 이들 분야는 배우는 내용이나 학습 목표는 다르지만 '더 나은 삶, 더 즐거운 삶'이라는 공통분모를 가지고 있다. 중년층이 가장 관심 갖는 공부는 자격증 취득 공부다. 전직, 고용 불안으로 인한 실직이나 은퇴 후를 대비한 '제2의 직업', '평생직장'을 얻기 위한 것으로, 주로 공인중개사, 사회복지사, 사회조사 분석사, 주택관리사, 직업상담사 자격증 등이 있다. 젊은 층의 관심 분야는 좀 더 폭이 넓다. 자격증 시험은 물론 영어나 중국어 같은 외국어 공부, 재테크 공부에도 시간을 투자한다. 이들이 공부하는 방법은 주로 '독학'이다. 한 취업포털 사이트가 20 ~ 30대 직장인 708명을 대상으로 한 설문 조사에 따르면 '독학'으로 공부하는 직장인이 43.3%로 가장 많았다. 그 다음을 '인터넷 강의(29.9%)'가 차지했고, 대학원 및 사이버대학 등에 '진학'을 한다는 직장인은 10.7%였다. 이어 '학원 수강(7.9%)', '스터디 그룹 활동(3.1%)', '개인 과외(2.7%)' 등의 순이었다.

공부하는 직장인이 늘면서 재미있는 현상도 나타난다. 예를 들면 피아노나 그림처럼 어렸을 때 경험한 예체능 활동을 다시 시작하는 경우다. 이는 어린 시절의 향수를 그리워하는 키덜트 문화가 자기계발 분야로 확대된 것으로, 교육부에 따르면 성인 대상 예능(미술 · 음악 · 무용 등) 학원 수강자는 2013년 4만 2,462명에서 2016년 19만 3,258명으로 급증했다. 이에 맞춰 예체능 학원들은 직장인 맞춤형 수업을 잇따라 내놓고 있다.

퇴근시간에 맞춰 일대일 개인 수업을 열거나 하루 동안 미리 수업을 받아 보는 체험 수업을 진행한다. 학습지 교사가 집으로 방문하는 방문 학습지를 이용하는 직장인도 증가했다. 학원에 다닐 시간 여유가 없는 경우도 있지만, 교사가 집으로 방문해 수업 내용을 지도해 주는 옛날 방식이 효과적이라고 생각해 신청하는 경우다. 주로 외국어를 배우며 일주일에 한두 번 교사가 방문하면 수업 내용을 체크하고, 이해되지 않는 내용을 골라 설명해 주는 방식으로 진행된다. 백화점 문화센터를 찾는 경우도 있다. 전문성을 띠는 학원보다 좀 더 편하게 배울 수 있다는 이유에서다. 백화점 문화센터는 '주부들의 놀이터'로 여겨졌지만 최근 20 ~ 30대 직장인이 늘면서 악기 연주, 요가, 홈트레이닝 같은 다양한 수업을 진행하고 있다. '쿡방'과 '집밥'이 큰 인기를 끌면서 요리를 본격적으로 배우려는 직장인도 크게 늘었다. 특히 일만큼이나 가정을 중시하는 문화가 정착되고, 매주 한 번 가족과 시간을 보낼 수 있는 '패밀리데이'를 시행하는 기업이 늘면서 남성 직장인들의 요리수업 참여도가 눈에 띄게 늘었다. 남성들의 교육 참여가 증가한 곳이 또 있다. 바로 육아교육이다. 육아휴직의 확대와 동등한 육아 분담에 대한 사회 분위기가 무르익으면서 남성들이 육아 교육 프로그램을 찾고 있다. 이들은 교육을 통해 출산 직후의 육아는 물론 아이의 성장과정을 함께 돌보는 양육 교육에까지 관심을 보이고 있다.

회사 생활과 공부를 병행하기는 그리 녹록하지 않다. 효과적이고 성공적인 공부를 위해 전문가들은 두 가지를 강조한다. 하나는 일주일 동안 공부할 총 시간을 미리 정해 놓고 이를 맞추려고 노력하는 것이다. 불규칙한 퇴근시간으로 하루 공부량을 채우지 못했다면 밀린 공부는 주말을 이용해야 한다. 다른 하나는 자투리 시간을 최대한 활용하는 것이다. 하루에 점심시간을 30분만 아껴도 일 년에 무려 130시간이라는 계산이 나온다. 짧은 시간 동안 집중력을 끌어올려 학습 효과를 극대화할 수 있는 자투리 시간을 활용하는 것이 좋은 방법이다. 공부는 책상 위에서 하는 것만을 가리키지 않는다. 앞서 살펴본 것처럼 다양한 취미 활동 역시 내 삶을 풍요롭게 만드는 공부다. '최고의 능력자는 공부하는 자'라는 괴테의 말처럼 더 나은 삶, 더 즐거운 삶을 위한 자양분은 공부에서 비롯한다.

① 새로운 사회변화를 설명하였다.

② 미래지향적인 방향을 제안하였다.

③ 수치를 이용해 정보를 전달하였다.

④ 권위자의 주장을 근거로 제시하였다.

⑤ 대상에 대한 다양한 접근방법을 제시하였다.

08. 다음 글에 대한 이해로 적절하지 않은 것은?

밤에 잠을 못 이루는 불면증은 현대인들만의 문제는 아니다. 고대인들 역시 불면증으로 고생을 했다. 잠이 오지 않을 때의 해결책으로 다량의 알코올을 섭취했다는 고대의 기록이 있다. 알코올은 신경계를 억제해 진정 작용을 하는 감마아미노부티르산(GABA) 수용체에 결합한다. 때문에 의식이 흐릿해지면서 잠이 들 수 있다. 하지만 개운하게 숙면을 취하지는 못한다. 의식은 흐려지지만 수면의 각 단계를 충분한 시간만큼 거치지 못하기 때문이다. 의식을 흐릿하게 만드는 각종 약초도 불면증의 치료제로 사용되었다. 하지만 지금은 잘 알려져 있다시피 약물을 함부로 사용했다간 의존증이 생겨 약물 없이는 잠을 못 이루는 지경이 될 수도 있다. 그보다 더 무서운 건 환각증세를 비롯한 수많은 부작용이고 말이다.

우리가 통상적으로 떠올리는 현대적인 의미의 수면제는 언제 등장했을까? 19세기에 화학이 발달함에 따라 수면제도 등장한 것으로 보인다. 이 시기에 외과 수술을 위한 마취제로 에테르가 이용되었는데, 이 약물이 종종 불면증을 치료하는 용도로 처방되었다고 한다. 현대사회에서 불면증을 치료하기 위해 복용하는 약물들은 단순히 의식을 흐릿하게 만드는 것이 아니라 정말로 뇌와 몸을 잠든 상태로 변화시킨다. 이를 위해 이용되는 약물들은 크게 수면제와 수면유도제로 구분해 볼 수 있다. 수면제는 전문의약품으로 의사의 처방 없이는 구입할 수 없다. 반면에 수면유도제는 일반의약품으로 분류되어 약사의 복약 지도만 있으면 의사의 처방 없이도 약국에서 구입하는 것이 가능하다. 두 가지 모두 불면증을 치료하는 데 쓰이는 약물이지만, 약효나 성분 등의 특성에 차이가 있다. 보통 수면유도제의 효과가 지속되는 시간은 두세 시간 정도이고, 수면제의 경우 적게는 네 시간에서 길게는 열두 시간까지 효과가 지속된다.

수면제는 수면진정제(Sedative-Hypnotics)라고도 부른다. 이름 그대로 수면 효과뿐 아니라 진정 작용을 하는 효과도 가지기 때문이다. 수면제는 불면증의 치료제로만 쓰이는 약물이 아니다. 수술 시에 마취 보조제로도 쓰인다. 수면내시경 검사 같이 비교적 간단한 시술을 할 때 주사제로 쓰이는 약물이 사실은 수면제로 처방되는 약물과 동일한 성분을 공유하고 있는 것이다. 이를 보면 수 세기 전의 사람들이 마취제를 수면제로 쓸 생각을 했다는 사실이 이해가 된다.

가장 많이 쓰이는 수면제는 '벤조디아제핀(Benzodiazepine)' 계열의 약물이다. 벤조디아제핀계 약물은 과거에 많이 사용되었다가 부작용과 단점이 많이 드러남에 따라 점차 그 사용량이 줄어들고 있는 추세이다.

두 번째로는 바비튜레이트(바비탈)계 약물이 있다. 이 약물은 작용을 완화시킬 해독제가 없고, 복용했을 때 생명을 위협할 수 있는 용량인 '치사량'이 작아 매우 위험하다. 이는 바비튜레이트계 약물이 전반적인 중추신경계의 작용, 그중에서도 특히 호흡을 억제하는 역할을 하기 때문이다. 바비튜레이트계 약물은 과거에 마취 보조제나 항경련제로 이용되었으나 요즘은 이 같은 위험 때문에 거의 쓰이지 않는다.

세 번째로 비(非)벤조디아제핀계 약물을 들 수 있다. 여기에도 몇 가지 세부 종류가 있는데, 졸피뎀이라는 약물도 이에 포함된다. 비벤조디아제핀계 약물은 의존성이 낮다. 즉, 몇 번 먹는다고 해서 그 약 없인 잠을 이룰 수 없다거나 하는 문제가 쉽게 생기지 않는다. 하지만 이 약물 역시 부작용이 있다. 함부로 복용할 경우 기억에 혼란이 생길 수 있고 환각작용이 일어날 수도 있다. 우울증 치료를 목적으로 개발된 항우울제를 수면제 대신 쓰기도 한다. 일부 항우울제는 만성 통증의 치료제로 사용되기도 한다. 만성 통증 환자의 경우 통증 때문에 잠을 못 이루는 경우가 있어 이같은 항우울제를 통해 잠드는 데 도움을 얻을 수도 있다.

이러한 약물들은 단기적으로 불면증을 치료하는 데 효과적일 수 있다. 그런데 일시적인 수면장애를 불면증이라 부를 수 있는지는 애매한 면이 있다. 수면제를 처방받아 일정 기간 복용할 경우, 함부로 복용을 중단하는 것도 위험할 수 있다. 현재 수면제로 쓰이고 있는 약물들은 뇌신경계의 작용을 안정시킴으로써 잠을 유도하거나, 한번 잠이 들고 나면 각성상태로 쉽게 돌아오지 않게 함으로써 잠든 상태를 오래 유지시킨다. 단기적으로 한두 번 잠이 너무 오지 않을 때, 또는 불면증으로 인해 일상생활에 지장을 받을 정도로 상황이 심각할 때는 전문가의 조언을 통해 수면제의 도움을 받을 수도 있다. 하지만 수면제는 사실상 불면증을 직접적으로 치료해 주는 것이 아니다. 모든 수면제들은 간접적으로 신경 작용을 조절하여 잠이 오기 쉬운 상황을 만들어 줄 뿐이다. 수면제는 일시적인 효과를 주지만 약물이기 때문에 의존성, 중독, 내성, 금단증상을 비롯해 심하면 합병증을 일으키거나 근본적인 질병을 감출 수 있다. 가장 중요한 것은 불면증이 일어난 근본적인 원인을 파악하고 평소 올바른 수면습관을 가지도록 노력하는 것이다.

① 만성 통증으로 인한 불면증을 겪고 있는 사람은 항우울제 처방을 통해 증상의 완화를 기대할 수 있다.

② 불면증을 없애기 위해서 알코올을 복용하면 잠이 들 수는 있으나 숙면을 취하기는 어렵다.

③ 수면제로 자주 쓰이는 약물은 부작용을 잘 알아보고 용도에 맞게 사용하여야 한다.

④ 졸피뎀은 치사량이 작고 해독약이 없어 부작용이 발생할 때는 매우 위험하다.

⑤ 비벤조디아제핀계의 약품은 의존성이 낮아 중독 위험은 적은 편이다.

09. 다음 글의 ⓐ와 관련한 설명으로 적절하지 않은 것은?

과거에 일어난 금융 위기의 원인에 대해 의견이 모아지지 않는 경우가 대부분이다. 이것은 금융 위기가 여러 차원의 현상이 복잡하게 얽혀 발생하는 문제이기도 하지만, 사람들의 행동이나 금융 시스템의 작동 방식을 이해하는 시각이 다양하기 때문이기도 하다. 은행 위기를 중심으로 금융 위기에 관한 주요 시각을 다음과 같은 네 가지로 분류할 수 있다.

은행의 지불 능력이 취약하다고 많은 예금주들이 예상하게 되면 실제로 은행의 지불 능력이 취약해지는 현상, 즉 '자기실현적 예상'이라 불리는 현상을 강조하는 시각이 있다. 예금주들이 예금을 인출하려는 요구에 대응하기 위해 은행이 예금의 일부만을 지급 준비금으로 보유하는 부분 준비 제도는 현대 은행 시스템의 본질적 측면이다. 이 제도에서는 은행의 지불 능력이 변화하지 않더라도 예금주들의 예상이 바뀌면 예금인출이 쇄도하는 사태가 일어날 수 있다. 예금은 만기가 없고 선착순으로 지급하는 독특한 성격의 채무이기 때문에, 지불 능력이 취약해져서 은행이 예금을 지급하지 못할 것이라고 예상하게 된 사람이라면 남보다 먼저 예금을 인출하는 것이 합리적이기 때문이다. 이처럼 예금 인출이 쇄도하는 상황에서 예금 인출 요구를 충족시키려면 은행들은 현금 보유량을 늘려야 한다. 이를 위해 은행들이 앞다투어 채권이나 주식, 부동산과 같은 자산을 매각하려고 하면 자산 가격이 하락하게 되므로 은행들의 지불 능력이 실제로 낮아진다.

둘째, 은행의 과도한 위험 추구를 강조하는 시각이 있다. 주식회사에서 주주들은 회사의 모든 부채를 상환하고 남은 자산의 가치에 대한 청구권을 갖는 존재이고 통상적으로 유한책임을 진다. 따라서 회사의 자산 가치가 부채액보다 더 커질수록 주주에게 돌아올 이익도 커지지만, 회사가 파산할 경우에 주주의 손실은 그 회사의 주식에 투자한 금액으로 제한된다. 이러한 ⓐ <u>비대칭적인 이익 구조</u>로 인해 수익에 대해서는 민감하지만 위험에 대해서는 둔감하게 된 주주들은 고위험 고수익 사업을 선호하게 된다. 결과적으로 주주들이 더 높은 수익을 얻기 위해 감수해야 하는 위험을 채권자에게 전가하는 것인데, 자기자본비율이 낮을수록 이러한 동기는 더욱 강해진다. 은행과 같은 금융 중개 기관들은 대부분 부채 비율이 매우 높은 주식회사 형태를 띤다.

셋째, 은행가의 은행 약탈을 강조하는 시각이 있다. 최근에는 은행가들에 의한 은행 약탈의 결과로 은행이 부실해진다는 인식이 강해지고 있다. 과도한 위험 추구는 은행의 수익률을 높이려는 목적으로 은행의 재무 상태를 악화시킬 위험이 큰 행위를 은행가가 선택하는 것이다. 이에 비해 은행 약탈은 은행가가 자신에게 돌아올 이익을 추구하여 은행에 손실을 초래하는 행위를 선택하는 것이다. 예를 들어 은행가들이 자신이 지배하는 은행으로부터 남보다 유리한 조건으로 대출을 받는다거나, 장기적으로 은행에 손실을 초래할 것을 알면서도 자신의 성과급을 높이기 위해 단기적인 성과만을 추구하는 행위 등은 지배 주주나 고위 경영자의 지위를 가진 은행가가 은행에 대한 지배력을 사적인 이익을 위해 사용한다는 의미에서 약탈이라고 할 수 있다.

넷째, 이상 과열을 강조하는 시각이 있다. 위의 세 가지 시각과 달리 이 시각은 경제 주체의 행동이 항상 합리적으로 이루어지는 것은 아니라는 관찰에 기초하고 있다. 예컨대 많은 사람들이 자산 가격이 일정 기간 상승하면 앞으로도 계속 상승할 것이라 예상하고, 일정 기간 하락하면 앞으로도 계속 하락할 것이라 예상하는 경향을 보인다. 이 경우 자산 가격 상승은 부채의 증가를 낳고 이는 다시 자산 가격의 더 큰 상승을 낳는다. 이러한 상승 작용으로 인해 거품이 커지는 과정은 경제 주체들의 부채가 과도하게 늘어나 금융 시스템을 취약하게 만들게 되므로, 거품이 사라져 금융 시스템이 붕괴하고 금융 위기가 일어날 현실적 조건을 강화시킨다.

① 파산한 회사의 자산 가치가 부채액에 못 미칠 경우, 주주들이 져야 할 책임은 한정되어 있다.
② 회사의 자산 가치에서 부채액을 뺀 값이 0보다 클 경우, 그 값은 원칙적으로 주주의 몫이 된다.
③ 회사가 자산을 다 팔아도 부채를 다 갚지 못할 경우, 얼마나 갚지 못하는지의 여부는 주주들의 이해와 무관하다.
④ 주주들이 선호하는 고위험 · 고수익 사업은 성공한다면 회사가 큰 수익을 얻지만, 실패한다면 회사가 큰 손실을 입을 가능성이 높다.
⑤ 주주들이 고위험 · 고수익 사업을 선호하는 것은 이런 사업이 회사의 자산 가치와 부채액 사이의 차이가 줄어들 가능성을 높이기 때문이다.

10. 청소년 X명과 어른 $(X+2)$명이 총 30,000원의 입장료를 내고 놀이공원에 갔다. 이 놀이공원은 청소년이 2명 이하면 어른과 동일한 입장료를 받고, 청소년이 3명 이상이면 어른 입장료보다 5,000원 적은 금액을 받는다고 한다. 청소년의 입장료가 7,500원일 때 X의 값을 a, 청소년의 입장료가 무료일 때 X의 값을 b라고 하면 $a+b$의 값은?

① 2 ② 3 ③ 4
④ 5 ⑤ 6

11. 1부터 1,000까지의 숫자가 적힌 카드 1,000장이 있다. 다음 〈조건〉을 참고할 때, 1,000이 적힌 카드가 들어 있는 주머니에는 총 몇 장의 카드가 들어 있는가?

조건

- 첫 번째 주머니에는 1이 적힌 카드 1장을 넣는다.
- 두 번째 주머니에는 2, 3이 적힌 카드 2장을 넣는다.
- 세 번째 주머니에는 4, 5, 6이 적힌 카드 3장을 넣는다.
- 이와 같은 방법으로 주머니에 카드를 한 장씩 늘려 가며 넣는다.

① 10장 ② 11장 ③ 12장
④ 13장 ⑤ 14장

12. 현재 채용을 진행 중인 G 회사는 아직 합격자 수를 확정짓지 못하였다. 다음 〈조건〉을 참고할 때, G 회사 신입사원이 각 팀에 배정되는 경우의 수는 몇 가지인가?

조건

- 현재 진행 중인 채용을 통해 입사한 신입사원들은 인사팀, 총무팀, 마케팅팀에 배정된다.
- 입사하는 신입사원의 수는 3명 이상 10명 이하이다.
- 각 팀에는 적어도 1명의 신입사원이 배정된다.
- 경우의 수를 계산할 때 신입사원 간 구분은 하지 않으며, 각 팀에 배정되는 인원수만 고려한다.

① 120가지 ② 144가지 ③ 160가지
④ 192가지 ⑤ 210가지

13. 다음 자료에 대한 설명으로 옳지 않은 것은?

〈자료 1〉 20X0년 지역별 연구원

(단위 : 명, 만 원)

구분	서울	부산	대구	인천	광주	대전	울산	세종
연구원 수	110,080	14,683	11,453	18,435	8,485	34,509	7,372	3,562
1인당 연구개발비	9,524	8,457	10,441	12,962	9,844	21,079	10,872	13,154

구분	경기	강원	충북	충남	전북	전남	경북	경남
연구원 수	166,737	5,886	11,505	17,362	9,172	4,199	17,873	17,722
1인당 연구개발비	19,822	6,662	18,300	17,165	9,815	12,380	13,527	12,378

〈자료 2〉 20X1년 지역별 연구원

(단위 : 명, 만 원)

구분	서울	부산	대구	인천	광주	대전	울산	세종
연구원 수	118,541	14,371	11,781	19,635	7,722	35,745	7,807	4,109
1인당 연구개발비	11,110	9,765	10,508	12,978	10,273	21,537	9,349	11,772

구분	경기	강원	충북	충남	전북	전남	경북	경남
연구원 수	172,583	6,668	12,324	17,139	9,126	4,493	19,335	19,584
1인당 연구개발비	22,286	6,753	17,956	14,945	11,311	12,221	14,724	12,529

① 20X0년과 20X1년 두 해 모두 연구원 수가 가장 많은 지역은 경기이다.

② 인천, 대전, 세종 중 20X1년에 전년보다 연구원 수가 가장 많이 증가한 지역은 대전이다.

③ 20X1년에 전년보다 연구원 수가 감소한 지역은 4개이다.

④ 20X0년 세종의 총 연구개발비는 4,500억 원을 넘지 않는다.

⑤ 20X0년과 20X1년을 통틀어 총 연구개발비가 가장 적은 지역은 20X0년도에 있다.

[14 ~ 15] 다음 자료를 보고 이어지는 질문에 답하시오.

〈자료 1〉 한국 고령자 경제활동 동향

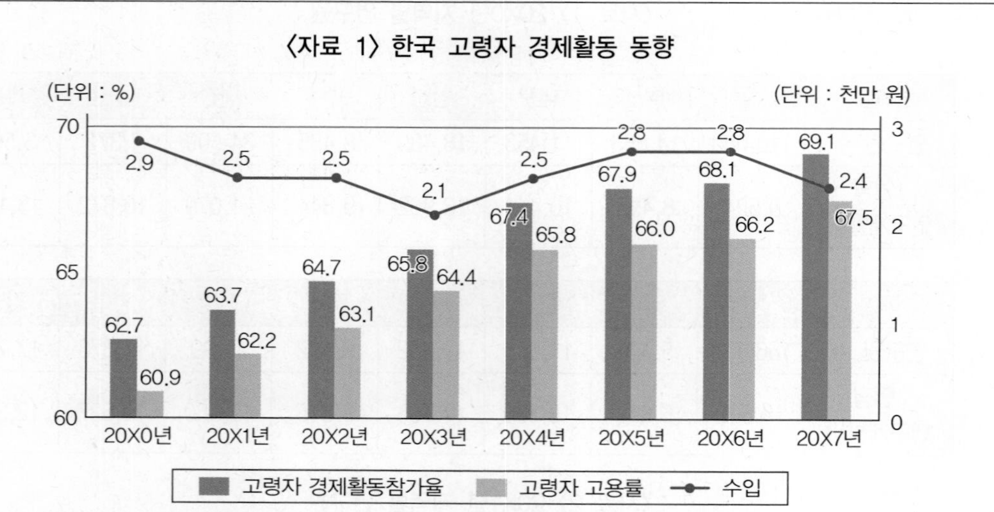

* 고령자는 55 ~ 64세를 의미함.

〈자료 2〉 한국 생산가능인구 및 고령생산가능인구 비율

(단위 : 천 명, %)

구분	20X0년	20X1년	20X2년	20X3년	20X4년	20X5년	20X6년	20X7년
생산가능인구 (15 ~ 64세)	40,825	41,387	41,857	42,304	42,795	43,239	43,606	43,931
고령생산가능 인구 비율	12.3	12.9	13.4	14.0	14.6	15.4	16.3	16.8

* 고령생산가능인구 비율은 15세 이상 생산가능인구 중 고령생산가능인구(55 ~ 64세)가 차지하는 비율을 의미함.

〈자료 3〉 20X6년 고령자 경제활동 동향 국제비교

(단위 : %)

구분	미국	영국	독일	일본	프랑스	스웨덴	OECD 평균
고령자 경제활동참가율	64.1	66.0	71.3	73.6	53.7	79.8	62.1
고령자 고용률	61.8	63.6	68.6	71.4	49.9	75.6	58.4
고령자 실업률	3.6	3.6	3.9	2.9	7.1	5.3	5.7

* 경제활동참가율 = 경제활동인구 ÷ 생산가능인구 × 100
* 고용률 = 취업자 ÷ 생산가능인구 × 100
* 취업률 = 취업자 ÷ 경제활동인구 × 100
* 실업률 = 실업자 ÷ 경제활동인구 × 100
* 경제활동인구 = 취업자 + 실업자
* 취업자는 수입목적으로 주당 1시간 이상 일한 자 또는 주당 18시간 이상 일한 무급가족종사자를 의미함.

14. 다음은 위 자료를 바탕으로 작성한 보고서 내용의 일부이다. ㉠~㉤ 중 위 자료의 내용과 일치하는 것의 개수는?

> 한국 고령자의 경제활동참가율은 매년 지속적으로 증가하고 있다. ㉠ 고령자 고용률과 수입도 지속적으로 증가하고 있으며, 특히 ㉡ 20X7년 고령자 고용률은 전년보다 1.0%p 증가한 것으로 나타났다. ㉢ 고령자 실업률은 20X3년부터 20X5년까지 증가하는 모습을 보였으나, 20X6년 이후로 다시 감소하는 모습을 보였다. 20X6년 고령자 경제활동 동향을 나라별로 살펴보면, ㉣ 미국, 영국, 독일, 일본, 프랑스, 스웨덴 중 OECD 평균보다 고령자 고용률이 낮은 나라는 프랑스와 미국이며, 프랑스는 고령자 실업률도 다른 나라와 반대로 OECD 평균보다 높다. ㉤ 반면, 20X6년 고령자 고용률이 가장 높은 나라는 스웨덴으로 두 번째로 고령자 고용률이 높은 일본에 비해 4.9%p 더 높다.

① 0개　② 1개　③ 2개　④ 3개　⑤ 4개

15. 위 자료를 바탕으로 ㉠, ㉡에 들어갈 숫자를 바르게 짝지은 것은? (단, 소수점 아래 첫째 자리에서 반올림한다)

> 20X7년 한국의 고령생산가능인구는 ___㉠___ 천 명으로, 전년 대비 ___㉡___ % 증가했다.

	㉠	㉡
①	7,380	4
②	7,380	5
③	8,786	3
④	8,786	4
⑤	8,786	5

[16 ~ 17] 다음 자료를 보고 이어지는 질문에 답하시오.

〈자료 1〉 우리나라 온실가스 배출원별 배출량

(단위 : 100만 톤 CO_2eq, 톤 CO_2eq/10억 원, 톤 CO_2eq/명)

구분	1995년	2000년	2005년	2010년	2015년	2020년
온실가스 총배출량	292.9	437.3	500.9	558.8	656.2	690.2
에너지	241.4	354.2	410.6	466.6	564.9	601.0
산업공장	19.8	44.1	49.9	54.7	54.0	52.2
농업	21.3	23.2	21.6	20.8	22.2	20.6
폐기물	10.4	15.8	18.8	16.7	15.1	16.4
GDP 대비 온실가스 배출량	698.2	695.7	610.2	540.3	518.6	470.6
1인당 온실가스 배출량	6.8	9.2	10.7	11.6	13.2	13.5

〈자료 2〉 주요국의 1인당 온실가스 배출량

(단위 : 톤 CO_2eq/명)

구분	1995년	2000년	2005년	2010년	2015년
인도	1.6	1.8	1.8	1.9	2.3
프랑스	9.2	8.9	8.8	8.6	7.9
이탈리아	9.0	9.1	9.5	9.7	8.2
중국	3.3	4.1	4.2	6.3	8.0
영국	13.4	12.3	11.8	11.2	9.4
독일	15.6	13.6	12.4	11.8	11.5
일본	10.2	10.6	10.6	10.7	10.1
브라질	4.3	4.8	5.0	5.3	5.5
미국	23.9	23.9	24.4	23.2	21.0
호주	26.1	25.6	27.9	29.1	26.5

16. **다음 중 〈자료 1〉에 대한 설명으로 옳지 않은 것은?**

① 온실가스 배출원 중 주된 배출원은 에너지 부문이다.

② 2020년 1인당 온실가스 배출량은 1995년에 비해 약 2배 증가하였다.

③ 2005년 온실가스 총배출량 중 에너지 부문을 제외한 나머지 부문이 차지하는 비율은 16%이다.

④ 온실가스 총배출량은 계속해서 증가하고 있고, 2020년 온실가스 총배출량은 1995년의 2배 이상이다.

⑤ GDP 대비 온실가스 배출량이 감소한 것은 온실가스 배출량의 증가 속도보다 GDP 증가 속도가 상대적으로 더 빨랐기 때문이다.

17. **다음 중 〈자료 1〉과 〈자료 2〉의 1인당 온실가스 배출량에 대한 설명으로 옳은 것은?**

① 11개국 중 프랑스는 다른 국가들에 비해 1인당 온실가스 배출량의 변화폭이 가장 작다.

② 11개국 중 인도를 제외한 모든 국가들이 2005년 이후 1인당 온실가스 배출량이 감소하고 있다.

③ 11개국의 2015년 1인당 온실가스 배출량 평균은 우리나라 1인당 온실가스 배출량에 비해 높은 수준이다.

④ 11개국 중 1995년에서 2005년 사이 1인당 온실가스 배출량이 가장 큰 폭으로 증가한 나라는 호주이다.

⑤ 11개국 중 호주는 2010년 대비 2015년 1인당 온실가스 배출량이 가장 많이 감소하였지만 1인당 온실가스 배출량은 다른 국가들보다 높다.

18. 다음은 C 교수에게 배부된 〈온라인 시험 진행 유의사항〉이다. 이해한 내용으로 옳지 않은 것은?

〈온라인 시험 진행 유의사항〉

1. 온라인 시험도 시험 감독이 필요합니다. 따라서 해당 시간에 직접 시험 감독(모니터링)을 실시해야 합니다.
   - 스마트캠퍼스 온라인 시험 기능은 시험 중 발생하는 모든 장애에 대비할 수 없습니다. 따라서 수강생의 신속한 민원 해결을 위해 담당 교수님이 모니터링을 실시하는 것이 좋습니다.
   - 시험 재응시 부여 방식은 사전에 숙지하는 것이 좋습니다(온라인 시험 설정 매뉴얼 10 ~ 15p 참조).
2. 교수님께서 직접 시험 중 재응시 기회 부여가 불가능할 경우, 교육혁신원 재택(온라인) 수업 민원실(콜센터)에 그 권한을 위임 후 다음과 같이 공지해 주세요.

   〈공지사항 예시〉

   본 교과목 온라인 시험 장애 시 재택(온라인) 수업 민원실(콜센터)에 전화하여 재응시 기회 또는 필요한 조치를 받으시기 바랍니다.
   - ▸콜센터 전화번호 : 02-987-6543(4321)
   - ▸콜센터 운영 시간 : (평일) 09 : 00 ~ 18 : 00, (토/일요일) 09 : 00 ~ 15 : 00

   - 민원실(콜센터)의 온라인 시험 감독 범위는 아래와 같습니다.
     - 재택(온라인) 수업 민원실 업무 시간 중에만 감독(모니터링) 진행
     - 시험 시간 중 발생한 장애에 대해서만 처리
     - 퀴즈 진행 시간에만 재응시 기회 부여
3. 본 시험 전 간단한 테스트 퀴즈를 진행하여 학생들이 사전에 본인의 응시환경을 테스트할 수 있도록 조치해 주세요.
4. 시험 중 인터넷이 끊길 경우 데이터 소실을 최소화하기 위해 반드시 1페이지에 1문제씩 설정해 주세요.
5. 특정시간에 시험 응시 인원이 많을 경우, 시간 변경 요청을 진행할 수 있습니다. 이 경우 협조하여 주시기 바랍니다.
6. 과목별 공지사항에 〈온라인 시험 응시 학습자 매뉴얼 안내〉를 게시하여 학생들이 이를 충분히 숙지할 수 있도록 안내하여 주세요.

① 온라인 시험일지라도 교수님이 직접 시험 감독하는 것을 권장한다.

② 재응시 부여 방식은 별도로 배부된 온라인 시험 설정 매뉴얼에서 찾을 수 있다.

③ 재응시 기회 부여가 곤란할 경우 C 교수는 어느 시간이든 02-987-4321로 전화를 걸면 된다.

④ 시험을 실시하기 전에 미리 응시환경을 점검할 수 있도록 해야 한다.

⑤ 특정시간에 응시 인원이 많을 경우 시험시간 변경 요청을 받을 수도 있다.

19. 다음 자료를 참고할 때, 전기요금과 수도요금이 가장 많이 나온 가구를 바르게 짝지은 것은?

〈전기요금 계산방법〉

㉮ 기본요금(원 단위 미만 절사)	㉱ 부가가치세(원 단위 미만 반올림)=㉰×10%
㉯ 사용량 요금(원 단위 미만 절사)	㉲ 전력산업기반기금(10원 미만 내림)=㉰×3.7%
㉰ 전기요금계=㉮+㉯−복지 할인	㉳ 청구요금 합계(10원 미만 내림)=㉰+㉱+㉲

〈업종별 수도요금 계산방법〉

업종	사용량(톤)	요금(원/톤)	업종	사용량(톤)	요금(원/톤)
가정용	0 ~ 20	430	업무용	0 ~ 100	980
	21 ~ 30	570		101 ~ 300	1,100
	31 이상	840		301 이상	1,200
영업용	0 ~ 30	830	대중목욕탕	0 ~ 500	590
	31 ~ 50	900		501 ~ 1,000	780
	51 ~ 100	1,010		1,001 ~ 2,000	860
	101 이상	1,220		2,001 이상	940

〈가구별 전기, 수도 사용량〉

구분	전기 사용량 요금/복지 할인	수도 사용량
A 가구	23,500원/1,200원	가정용 100톤
B 가구	32,000원/1,000원	업무용 70톤
C 가구	22,000원/1,200원	영업용 80톤
D 가구	35,000원/4,200원	대중목욕탕 120톤
E 가구	30,000원/1,500원	가정용 30톤, 영업용 60톤

※ 모든 가구의 전기 사용 기본요금은 720원으로 가정함.
모든 가구의 수도요금은 구간별 사용량에 따라 계산함.

	전기요금	수도요금
①	B 가구	C 가구
②	B 가구	E 가구
③	D 가구	A 가구
④	D 가구	A 가구
⑤	E 가구	C 가구

20. 신입 및 경력사원 채용면접시험 담당자인 박 대리에게 상사가 다음 사항을 적용하여 면접시험 일정을 변경하도록 지시하였다. 변경사항에 대한 설명으로 옳은 것은?

〈10월〉

일	월	화	수	목	금	토
	1	2	3 개천절	4	5	6
7	8	9 한글날	10	11	12	13
14	15	16	17	18	19	20
21	22	23	24	25	26	27
28	29	30	31			

※ 근무일은 월요일 ~ 금요일이다.

〈각 부서별 선발 인원 정보〉

- 사원을 채용하고자 하는 부서는 인사팀, 재무팀, 법무팀, 기획팀, 홍보팀, 기술지원팀, 교육팀이다.
- 교육팀과 기술지원팀에서는 신입사원 6명, 경력사원 6명씩 선발한다.
- 인사팀의 신입 및 경력사원 선발인원은 교육팀의 $\frac{1}{2}$이고, 법무팀의 총 선발인원은 인사팀 총 선발인원보다 4명 더 많다.
- 기획팀은 경력사원만 7명 선발한다.
- 재무팀은 신입사원 6명, 경력사원 3명을 선발하고, 홍보팀은 신입사원만 6명 선발한다.
- 신입 / 경력 선발인원에 대한 구분이 없는 경우에는 50:50의 비율로 선발한다.

〈면접 정보〉

- 채용면접은 10월 첫째 주 ~ 둘째 주 근무일에만 진행되며, 공휴일에는 면접이 진행되지 않는다.
- 각 부서별 면접 인원은 선발인원의 6배수이다.
- 면접은 하루에 한 부서씩 진행하며 기술지원팀은 가장 먼저 면접을 실시하고, 연달아 법무팀 면접이 이루어진다.
- 교육팀은 홍보팀 면접 다음 날 면접을 실시하며, 두 팀은 기획팀보다 뒤에 면접을 실시한다.

• 재무팀의 면접 순서는 가장 마지막이다.
• 인사팀 면접은 10월 5일에 진행된다.

상사 : 선발 인원이 가장 적은 2개 부서의 면접시험을 같은 날 동시에 진행하고, 이 2개 부서의 면접시험일은 원래 면접시험일 중 더 빠른 날로 정합시다. 그리고 다른 부서들은 앞의 일정이 비는 날이 있다면 면접 일정을 하루씩 앞당겨 최대한 빨리 면접시험이 마무리되도록 하세요.

① 같은 날 면접시험을 진행하는 2개 부서는 인사팀과 기획팀이다.
② 같은 날 면접시험을 진행하는 2개 부서는 신입사원만 선발한다.
③ 기술지원팀, 법무팀, 홍보팀의 면접시험은 같은 주에 이루어진다.
④ 상사의 변경 지시 전과 후의 일정이 똑같은 부서는 법무팀 뿐이다.
⑤ 마지막으로 면접시험을 진행하는 부서는 재무팀이며, 12일에 모든 일정이 끝난다.

21. ○○공사는 직원들의 역량 강화를 위한 정기 해외 파견근무 대상자를 선정하고자 한다. 다음 내용을 참고할 때, 2021년 10월 해외 파견근무에 선발될 직원은?

〈선발 조건〉

1) 지원자 중 3명을 선발하고 파견 기간은 1년이며 변경되지 않는다.
2) 업무능력이 80점 이상인 경우만 선발하고 업무능력 우수자가 반드시 1명 이상 선발되어야 한다. (80점 미만－미흡, 80점 이상 90점 미만－보통, 90점 이상－우수)
3) 총무부 직원은 1명 이상 선발한다.
4) 동일 부서에 근무하는 2명 이상의 팀장을 선발할 수 없다.
5) 과장을 선발하는 경우 동일 부서에 근무하는 직원을 1명 이상 함께 선발한다.
6) 직전 해외 파견근무가 종료된 이후 2년이 경과하지 않은 직원은 선발할 수 없다.

〈지원자 현황〉

직원	근무부서	업무능력	직전 해외 파견근무 종료 시점
A 과장	총무	보통	2018년 3월
B 과장	기획	미흡	2019년 8월
C 팀장	총무	보통	2019년 11월
D 팀장	영업	우수	2018년 8월
E 팀장	영업	보통	2019년 5월
F 사원	총무	보통	2019년 5월
G 사원	기획	미흡	2018년 7월

① A 과장, B 과장, D 팀장
② A 과장, E 팀장, G 사원
③ A 과장, D 팀장, F 사원
④ B 과장, D 팀장, G 사원
⑤ D 팀장, F 사원, G 사원

22. M 교육연수원 전산팀은 사이트 구조에 대한 요청사항을 모두 반영하여 사이트 맵을 개편했다. 다음 중 요청사항으로 볼 수 없는 것은?

〈기존 사이트 맵〉

연수원 소개	연수 안내 및 신청	알림마당
• 원훈 및 연혁 • 연수원 시설 • 수영장 안내 • 셔틀버스 안내 • 찾아오시는 길	• 연수 운영계획 • 연수 신청	• 공지사항 • 강사풀 • 홍보 자료실 • 특수분야연수 • 개인정보처리현황 • 분실물 안내
정보마당	**참여마당**	**나의 학습방**
• 연수 자료실 • 행정 자료실 • 과거 이수증 발급(2020년 이전)	• FAQ • Q&A • 강사 추천 • 정보공개	• 수강과정 • 연수 도움방 • 이수증 발급(2020년 이후) • 영수증 출력

〈사이트 맵 개편안〉

소개마당	안내마당	알림마당

• 원훈 및 연혁
• 연수원 시설
  – 수영장 안내
• 찾아오시는 길
  – 셔틀버스 안내
	• 연수 운영 계획
	• 연수 신청
	  – 집합연수
	  – 원격연수
	  – 특수분야연수
		• 공지사항
		• 개인정보처리현황
		• 분실물 안내

정보마당	**참여마당**	**학습마당**

• 연수 자료실
• 행정 자료실
• 홍보 자료실
• 강사 관련 자료실
  – 강사 추천
  – 우수 강사 인력풀
	• 자주 묻는 질문
	• 질의응답
	• 민원처리 절차 및 소요시간
	• 정보공개
		• 수강과정
		• 연수 도움방
		• 이수증 발급
		  – 2020년 이전
		  – 2020년 이후
		• 영수증 출력

① 카테고리 제목에 전체적으로 통일감이 있으면 좋겠어요.
② 2020년 이전과 이후의 이수증 발급을 한 카테고리 안에서 찾을 수 있게 해 주세요.
③ 영문으로 되어 있는 메뉴를 한글로 풀어 쓰면 어떤 메뉴인지 더 잘 알 수 있을 거 같아요.
④ 각 메뉴별로 흩어져 있는 자료실 항목을 '정보마당'에서 모두 확인할 수 있으면 좋겠어요.
⑤ 연수 자료실과 연수 도움방을 한 카테고리에서 확인할 수 있으면 좋겠어요.

23. 다음 설명을 참고할 때, 〈보기〉 중 반드시 임대인이 비용을 부담해야 하는 경우를 모두 고르면?

주택이나 상가의 임대차 기간 중 목적물이 파손되거나 하자가 발생한 경우 임대인과 임차인 중 누가 수선을 해야 하는지 분쟁이 발생하는 경우가 많다. 우리 민법 제623조는 “임대인은 목적물을 임차인에게 인도하고 계약 존속 중 그 사용, 수익에 필요한 상태를 유지하게 할 의무를 부담한다.”고 규정하며 임대인에게 수선의무를 지우고 있다. 이에 대응하여 임차인에게는 제634조에서 “임차물의 수리를 요하거나 임차물에 대하여 권리를 주장하는 자가 있는 때에는 임차인은 지체 없이 임대인에게 이를 통지하여야 한다. 그러나 임대인이 이미 이를 안 때에는 그러하지 아니하다.”고 규정하여 통지의무를 부여하고 있다.

임대차 목적물의 하자에 대한 임대인의 수선의무의 범위에 관하여 대법원은 “임대차 계약에서 임대인은 목적물을 계약 존속 중 사용, 수익에 필요한 상태를 유지할 의무를 부담하므로, 목적물에 파손 또는 장해가 생긴 경우 그것이 임차인이 별비용을 들이지 아니하고도 손쉽게 고칠 수 있을 정도의 사소한 것이어서 임차인의 사용, 수익을 방해할 정도의 것이 아니라면 임대인은 수선의무를 부담하지 않지만, 그것을 수선하지 아니하면 임차인이 계약에 의하여 정해진 목적에 따라 사용, 수익할 수 없는 상태로 될 정도의 것이라면 임대인이 수선의무를 부담한다.”고 판시한 바 있고, 또한 “임대인의 수선의무를 발생시키는 사용, 수익의 방해에 해당하는지 여부는 구체적인 사안에 따라 목적물의 종류 및 용도, 파손 또는 장해의 규모와 부위, 이로 인하여 목적물의 사용, 수익에 미치는 영향의 정도, 그 수선이 용이한지 여부와 이에 소요되는 비용, 임대차계약 당시 목적물의 상태와 차임의 액수 등 제반 사정을 참작하여 사회통념에 의하여 판단하여야 할 것”이라고 하였다.

이러한 임대인의 수선의무는 특약에 의하여 이를 면제하거나 임차인의 부담으로 돌리는 것도 가능하다. 하지만 판례는 특약에서 수선의무의 범위를 명시하고 있는 등의 특별한 사정이 없는 한 그러한 특약에 의하여 임대인이 수선의무를 면하거나 임차인이 그 수선의무를 부담하게 되는 것은 통상 생길 수 있는 파손의 수선 등 소규모의 수선에 한한다 할 것이고, 대파손의 수리, 건물의 주요 구성부분에 대한 대수선, 기본적 설비부분의 교체 등과 같은 대규모의 수선은 이에 포함되지 아니하고 여전히 임대인이 그 수선의무를 부담한다 하여야 한다는 입장이다.

형광등이나 변기의 사소한 수리와 같은 임차인이 별다른 비용을 들이지 아니하고도 손쉽게 고칠 수 있는 것이어서 임차인의 사용, 수익을 방해할 정도의 것이 아니라면 임차인이 수리하여야 한다. 그러나 기본적 설비 부분의 교체 등 대규모의 수선(예를 들어 벽 균열 발생, 누수, 보일러 고장 등)이 필요할 때에는 임대인의 수선의무가 면제되지 아니하므로 임대인이 비용을 부담하여야 한다. 만일 임대인이 수선의무를 이행하지 않는다면 임차인은 차임지급을 일부 또는 전부 거절할 수도 있고, 계약을 해지할 수도 있다. 또한 임차인의 비용으로 일단 수리를 받은 다음 그 비용을 청구하거나 지급할 차임에서 공제할 수도 있다.

1회 2회 3회 4회 5회 6회 7회 8회 9회 10회 11회 12회 13회 14회 15회 인성검사 면접가이드

보기

㉠ 어린 아이들이 거실에서 뛰어 놀다가 거실 바닥에 균열이 생겨 바닥재가 무너진 경우
㉡ 임차료를 낮춰 주는 대신 누수 시 임차인이 비용을 부담하기로 특약을 맺은 후 수도관에서 누수가 발생한 경우
㉢ 겨울철에 아무런 이유 없이 보일러가 작동하지 않아 당장 수리를 해야 하는 경우
㉣ 벽에 균열이 생긴 것을 오래도록 임대인에게 통보하지 않고 있다가 균열이 커져 결국 벽 전체에 대한 대규모 공사를 요하게 된 경우
㉤ 임대인이 최초 설치하여 목적물에 포함하여 임대하였으나, 임차인이 전혀 사용하지 않던 붙박이장 내부가 썩고 악취가 진동하여 해체가 필요한 경우

① ㉠, ㉡
② ㉠, ㉢, ㉤
③ ㉡, ㉣, ㉤
④ ㉠, ㉡, ㉢, ㉣
⑤ ㉡, ㉢, ㉣, ㉤

24. 대학생 이 씨는 ○○배 대학생 모의투자대회에 참가하였으며 대회는 다음과 같이 실시되었다. 자료와 〈보기〉를 참고한 〈대회 결과 추론〉 중 옳은 것을 모두 고르면?

제△△회 ○○배 대학생 모의투자대회

▷ 신청기간 : 202X년 2월 1일 ~ 2월 20일
▷ 대회기간 : 202X년 3월 11일 ~ 4월 10일
▷ 참가대상 : 대학(원)생 및 휴학생

▷ 대회상세 :

기초자산	5,000만 원	
미수 사용	불가(증거금률 100%)	
수상요건	매매금액	대회기간 내 2.5억 원 이상
	매매 종목 수	대회기간 내 5종목 이상(체결 기준)
	수익률	대회 기간의 시장수익률 이상
	매매일수	대회기간 내 5영업일 이상

▷ 성적순위별 상금내역

부문	1위	2위	3위	4위	5위	6위	7위
상금(만 원)	300	250	200	150	100	70	70

▷ 부문별 상금내역(특별상)

부문	수	우	미	양
상금(만 원)	100	50	30	30

▷ 수상자별 총 상금내역

수상자	가	나	다	라	마	바	사
상금(만 원)	350	350	(　)	(　)	100	70	70

보기

- 가, 나, 다, 라, 마, 바, 사 7명이 상금수상자에 올랐다.
- 순위에 따라 상금이 지급되며 공동순위는 없다.
- 순위별 상금수상자 7명 중 주최사가 구분한 부문별로 한 명씩 특별상을 수상하였다. 단, 수상자가 선정되지 않거나 한 명이 여러 부문에 선정될 수 있다.
- 가 ~ 사 7명에게 지급된 상금은 총 1,320만 원이었다.

〈대회 결과 추론〉	
(a)	성적순위 2위는 가 또는 나에 있다.
(b)	성적순위 5위는 마이고, 7위는 사이다.
(c)	다가 성적순위에서 4위를 했을 가능성은 없다.
(d)	가는 반드시 성적순위 1위를 기록하였다.
(e)	'우' 부문을 받은 사람이 다른 특별상을 중복하여 수상한 경우가 있다.

① (a) ② (e) ③ (b), (e)
④ (d), (e) ⑤ (a), (b), (c)

25. 다음은 경남의 4월 축제 목록이다. 각 축제에는 축제를 처음부터 끝까지 총괄할 관리자가 한 명씩 무조건 상주해야 할 때, 4월 축제 기간 동안 필요한 최소 관리 인력은 몇 명인가?

시군명	축제명	기간	주요내용
창원시	진해군항제	04. 01. ~ 04. 10. (10일)	• 개막행사, 추모행사 • 테마행사, 예술행사 • 특별행사 등
	미더덕축제	04. 17. ~ 04. 19. (3일)	• 미더덕가요제 • 축하공연 • 미더덕나눔행사 등
	기업사랑 시민축제	04. 01. ~ 04. 05.(5일)	• 기념식, 부대행사 등
김해시	가야문화축제	04. 29. ~ 05. 03. (5일)	• 수로왕행사 • 허왕후선발대회 • 가야토기체험장 • 수로왕/허왕후의 뱃길체험 • 축제 포토존 설치 • 사랑의 테마길 등
의령군	의병제전	04. 21. ~ 04. 25. (5일)	• 전국민속소싸움대회 • 청소년 한마음 축제 • 읍면농악경연대회 • 의병큰판장기대회 • 다문화가족전통음식축제 • 각종 문화행사 및 체험 등
함안군	군민의 날 아라제	04. 17. ~ 04. 19. (3일)	• 처녀뱃사공전국가요제 • 수박축제 • 각종 민속, 문화 체험행사 등
창녕군	창녕낙동강유채축제	04. 17. ~ 04. 21. (5일)	• 낙동강 용왕대제 • 다문화 가정전통혼례식 • 유채꽃길따라 건강걷기대회 등
	부곡온천축제	04. 03. ~ 04. 05. (3일)	• 산신제, 온정제, 개막식 • 온천체험 및 참여행사 등

① 2명 ② 3명 ③ 4명
④ 5명 ⑤ 6명

코레일(한국철도공사)

9회 기출예상문제

수험번호	
성 명	

KORAIL

감독관 확인란	

9회 기출예상문제

성명표기란

수험번호

⓪	⓪	⓪	⓪	⓪	⓪
①	①	①	①	①	①
②	②	②	②	②	②
③	③	③	③	③	③
④	④	④	④	④	④
⑤	⑤	⑤	⑤	⑤	⑤
⑥	⑥	⑥	⑥	⑥	⑥
⑦	⑦	⑦	⑦	⑦	⑦
⑧	⑧	⑧	⑧	⑧	⑧
⑨	⑨	⑨	⑨	⑨	⑨

(주민등록앞자리 생년제외) 월일

⓪	⓪	⓪	⓪
①	①	①	①
②	②	②	②
③	③	③	③
④	④	④	④
⑤	⑤	⑤	⑤
⑥	⑥	⑥	⑥
⑦	⑦	⑦	⑦
⑧	⑧	⑧	⑧
⑨	⑨	⑨	⑨

수험생 유의사항

※ 답안은 반드시 컴퓨터용 사인펜으로 보기와 같이 바르게 표기해야 합니다.
〈보기〉 ① ② ③ ❹ ⑤

※ 성명표기란 위 칸에는 성명을 한글로 쓰고 아래 칸에는 성명을 정확하게 표기하십시오. (맨 왼쪽 칸부터 성과 이름은 붙여 씁니다)

※ 수험번호/월일 위 칸에는 아라비아 숫자로 쓰고 아래 칸에는 숫자와 일치하게 표기하십시오.

※ 월일은 반드시 본인 주민등록번호의 생년을 제외한 월 두 자리, 일 두 자리를 표기하십시오.
〈예〉 1994년 1월 12일 → 0112

※ 검사문항 : 1~25

문번	답란	문번	답란
1	① ② ③ ④ ⑤	16	① ② ③ ④ ⑤
2	① ② ③ ④ ⑤	17	① ② ③ ④ ⑤
3	① ② ③ ④ ⑤	18	① ② ③ ④ ⑤
4	① ② ③ ④ ⑤	19	① ② ③ ④ ⑤
5	① ② ③ ④ ⑤	20	① ② ③ ④ ⑤
6	① ② ③ ④ ⑤	21	① ② ③ ④ ⑤
7	① ② ③ ④ ⑤	22	① ② ③ ④ ⑤
8	① ② ③ ④ ⑤	23	① ② ③ ④ ⑤
9	① ② ③ ④ ⑤	24	① ② ③ ④ ⑤
10	① ② ③ ④ ⑤	25	① ② ③ ④ ⑤
11	① ② ③ ④ ⑤		
12	① ② ③ ④ ⑤		
13	① ② ③ ④ ⑤		
14	① ② ③ ④ ⑤		
15	① ② ③ ④ ⑤		

9회 기출예상문제

▶ 정답과 해설 49쪽

문항 수 | 25 문항

01. 다음 글에 나타난 서술 방식으로 적절한 것은?

피아제는 아동이 단계별 인지발달 과정에 따라 조직화와 적응을 통해 능동적으로 지식을 구성하는 어린 과학자와 같다고 보았다. 피아제가 정리한 인지발달의 단계는 0 ~ 2세까지의 감각운동기, 2 ~ 7세까지의 전조작기, 7 ~ 12세까지의 구체적 조작기, 12세부터의 형식적 조작기로 나뉜다.

우선 감각운동기에서 영아는 행동도식으로 세상과 상호작용한다. 이 시기에 영아는 순환반응, 대상 영속성, 표상적 사고 능력을 획득하고 지연 모방을 할 수 있게 된다. 전조작기에서 유아는 상징적 사고를 할 수 있게 되어 가상놀이를 통해 세상과 상호작용한다. 이 시기의 사고는 아직 직관적 사고에 머물며 물활론적 및 자아 중심적 사고의 특징을 띤다. 피아제는 혼잣말을 이 자기 중심적 사고의 대표적 사례로 보았다. 이 시기 유아는 성인과 같은 가역적 사고, 추론, 보존 개념, 유목 포함 개념의 학습을 할 수 없다. 구체적 조작기에 들어서면 이러한 사고 능력들이 발달되지만 여전히 구체적인 대상이나 익숙한 상황에 한해 사고가 가능하다. 형식적 조작기에서 청소년은 가장 높은 수준의 사고가 가능해져 가설적, 조건적, 조합적 사고를 할 수 있고 변인의 구분과 통제도 가능하다.

반면, 비고츠키는 사회문화적 환경에 의해 의미와 인지적 도구가 사회적 상호작용인 내면화를 통해 아동에게 전수되는 과정에서 인지발달이 이루어진다고 보았다. 그는 아동이 비형식적인 대화나 정규 교육을 통해 사회 · 문화에 따른 언어나 상징, 개념 및 공식 등의 인지적 도구를 내면화하는 문화 전수자와 같다고 생각했다. 또한 그는 언어와 사고가 생애 초기에는 분리되어 있지만 나이가 들면서 점차 상호의존하게 된다고 주장하였다. 그에 따르면 언어는 사고에 필요한 개념과 범주를 제공하는 의미의 표상이며 아동은 성장하면서 비개념적 언어와 비언어적 사고로 언어와 사고가 별개의 독립적인 기능을 수행하던 시기를 벗어나고 이 둘이 만나는 언어적 사고를 시작하게 된다고 하였다. 이때 앞서 피아제가 주장했던 것과는 달리 비고츠키는 아동이 사고의 도구로서 혼잣말을 사용한다고 보았다.

이어서 그는 아동의 인지발달은 도전적인 과제, 즉 근접발달영역 과제의 수행을 통해 이루어진다고 주장하였다. 이 근접발달영역 과제를 수행하기 위해서는 성인이나 유능한 또래의 도움인 비계설정이 있는데 학습 초기에는 많은 도움을 제공하다가 숙달 정도에 따라 도움을 줄여 가며 최종적으로는 혼자 수행을 마칠 수 있도록 돕는 것을 말한다.

① 구체적인 사례와 사례별 대상의 적용 방식을 차례대로 열거하고 있다.
② 하나의 대상을 두고 이루어진 다른 두 개의 실험 과정 및 결과를 제시하고 있다.
③ 하나의 주제에 대해 서로 다른 주장을 펼친 두 이론가의 이론을 제시하고 있다.
④ 하나의 주제에 대해 여러 이론가들이 서로 다른 주장과 반박을 내세우고 있다.
⑤ 하나의 주제에 대한 상세한 설명을 위해 추상적인 예시를 활용하고 있다.

02. 다음 글을 이해한 내용으로 적절하지 않은 것은?

오늘은 당신이 가르쳐 준 태백산맥 속의 소광리 소나무 숲에서 이 엽서를 띄웁니다. 아침 햇살에 빛나는 소나무 숲에 들어서니 당신이 사람보다 나무를 더 사랑하는 까닭을 알 것 같습니다. 200년, 300년, 더러는 500년의 풍상(風霜)을 겪은 소나무들이 골짜기에 가득합니다. 그 긴 세월을 온전히 바위 위에서 버티어 온 것에 이르러서는 차라리 경이였습니다. 바쁘게 뛰어 다니는 우리들과는 달리 오직 '신발 한 켤레의 토지'에 서서 이처럼 우람할 수 있다는 것이 충격이고 경이였습니다. 생각하면 소나무보다 훨씬 더 많은 것을 소비하면서도 무엇 하나 변변히 이루어 내지 못하고 있는 나에게 소광리의 솔숲은 마치 회초리를 들고 기다리는 엄한 스승 같았습니다.

어젯밤 별 한 개를 쳐다볼 때마다 100원씩 내라던 당신의 말이 생각납니다. 오늘은 소나무 한 그루 만져볼 때마다 돈을 내야겠지요. 사실 서울에서는 그보다 못한 것을 그보다 비싼 값을 치르며 살아가고 있다는 생각이 듭니다. 언젠가 경복궁 복원 공사 현장에 가 본 적이 있습니다. 일제가 파괴하고 변형시킨 조선 정궁의 기본 궁제를 되찾는 일이 당연하다고 생각하였습니다. 그러나 막상 오늘 이곳 소광리 소나무 숲에 와서는 그러한 생각을 반성하게 됩니다. 경복궁 복원에 소요되는 나무가 원목으로 200만 재, 11톤 트럭으로 500대라는 엄청난 양이라고 합니다. 소나무가 없어져 가고 있는 지금에 와서도 기어이 소나무로 복원한다는 것이 무리한 고집이라고 생각됩니다. 수많은 소나무들이 베어져 눕혀진 광경이라니 감히 상상할 수가 없습니다. 그것은 이를테면 고난에 찬 몇 백만 년의 세월을 잘라 내는 것이나 마찬가지입니다.

우리가 생각 없이 잘라내고 있는 것이 어찌 소나무만이겠습니까. 없어도 되는 물건을 만들기 위하여 없어서는 안 될 것들을 마구 잘라내고 있는가 하면 아예 사람을 잘라내는 일마저 서슴지 않는 것이 우리의 현실이기 때문입니다. 우리가 살고 있는 이 지구 위의 유일한 생산자는 식물이라던 당신의 말이 생각납니다. 동물은 완벽한 소비자입니다. 그중에서도 최대 소비자가 바로 사람입니다. 사람들의 생산이란 고작 식물이 만들어 놓은 것이나 땅속에 묻힌 것을 파내어 소비하는 것에 지나지 않습니다. 쌀로 밥을 짓는 일을 두고 밥의 생산이라고 할 수 없는 것이나 마찬가지입니다. 생산의 주체가 아니라 소비의 주체이며 급기야는 소비의 객체로 전락되고 있는 것이 바로 사람입니다. 자연을 오로지 생산 요소로 규정하는 경제학의 폭력성이 이 소광리에서만큼 분명하게 부각되는 곳이 달리 없을 듯합니다.

산판(山坂)일을 하는 사람들은 큰 나무를 베어낸 그루터기에 올라서지 않는 것이 불문율로 되어 있다고 합니다. 잘린 부분에서 올라오는 나무의 노기(怒氣)가 사람을 해치기 때문입니다. 어찌 노하는 것이 소나무뿐이겠습니까. 온 산천의 아우성이 들리는 듯합니다. 당신의 말처럼 소나무는 우리의 삶과 가장 가까운 자리에서 우리와 함께 풍상을 겪어온 혈육 같은 나무입니다. 사람이 태어나면 금줄에 솔가지를 꽂아 부정을 물리고 사람이 죽으면 소나무 관 속에 누워 솔밭에 묻히는 것이 우리의 일생이라 했습니다. 그리고 그 무덤 속의 한을 달래주는 것이 바로 은은한 솔바람입니다. 솔바람뿐만이 아니라 솔빛, 솔향 등 어느 것 하나 우리의 정서 깊숙이 들어와 있지 않은 것이 없습니다. 더구나 소나무는 고절(高節)의 상징으로 우리의 정신을 지탱하는 기둥이 되고 있습니다. 금강송의 곧은 둥치에서뿐만 아니라 암석지의 굽고 뒤틀린 나무에서도 우리는 곧은 지조를 읽어낼 줄 압니다. 오늘날의 상품미학과는 전혀 다른 미학을 우리는 일찍부터 가꾸어 놓고 있습니다.

① 글쓴이는 소광리의 솔숲을 마치 회초리를 들고 기다리는 엄한 스승에 비유하고 있다.

② 소나무를 단순한 대상이나 사물이 아니라 나를 이해하고, 인간을 이해하는 척도로 활용하였다.

③ 글쓴이는 수많은 소나무를 베는 것은 마치 고난에 찬 몇 백만 년의 세월을 잘라 내는 것이나 마찬가지라고 생각하고 있다.

④ 경어체와 서간체 형식을 통해 독자인 '당신'이 가지고 있는 견해를 반박하고 독자와의 거리감을 부각시키고 있다.

⑤ 무차별적인 소비와 무한 경쟁의 논리가 지배하는 현대 사회에 대한 비판과 '소나무'처럼 살아가는 삶의 자세의 필요성에 대해 말하고 있다.

03. 다음 글의 내용과 일치하지 않는 것은?

대량 주식매수를 통해 특정 기업의 주요 주주 지위를 확보한 후 적극적인 경영 관여를 통해 기업 가치 증대를 추구하는 투자자를 '행동주의 투자자'라고 한다. 여기서 말하는 기업 가치는 투자자에 따라 단기적일 수도 있고 중장기적일 수도 있다. 그러나 통상적으로 최소 1 ~ 2년 정도의 기간을 들여 경영에 참여하고 기업 가치 제고를 위해 활동한다고 볼 수 있다. 경우에 따라서는 이보다 더 긴 기간을 가져가는 경우도 있다.

행동주의 투자자들이 기업을 선택할 때 가장 많이 고려하는 부분은 해당 기업이 드러나 있는 문제점들이나 이슈를 해결했을 경우 기업의 성과가 가시적으로 향상될 수 있을지에 대한 가능성 여부다.

산업 내 경쟁 피어(Peer) 그룹과의 비교에 있어서 저성과가 두드러질 때 행동주의 투자자의 관심을 집중시켜 공격이 일어날 가능성이 높아진다. 그리고 저성과는 주가와도 연동된다고 봤을 경우, 주주 이익 관점에서 피어(Peer) 그룹 대비 열위에 처했을 때 행동주의 투자자의 접근이 언제라도 일어날 수 있다. 관건은 항상 경쟁 그룹 내에서 피어(Peer) 대비 성과가 저조하다는 시그널을 보내고 있는지의 여부에 달려 있다고 볼 수 있다.

행동주의 투자자의 기본적인 동인은 타깃으로 삼은 기업의 투자 자본 배분 방식, 수면 위로 부각되고 있는 경영 리스크에 대한 대처 방식, 현재 기업 경영 실적 수준의 적정성에 대한 의문으로부터 시작된다고 볼 수 있다. 그리고 추가적으로 과도한 현금흐름, 낮은 배당 성향, 비즈니스 모델의 주요 변화가 예상되는 사업 등이 포착되는 경우 행동주의 투자자들의 타깃이 될 가능성이 커진다.

그러나 행동주의 투자자들이라고 해서 무조건 단독으로 특정 기업에 변화를 이끌어 내기에는 역부족이다. 물론 두 자릿수 비중을 보유하고 있는 대주주라면 얘기가 달라지겠지만 그렇게 대규모로 투자를 하기에는 분명 한계가 있다. 행동주의 투자자들은 결국 다른 주주들 및 주요 이해관계자들을 아군으로 만들었을 때 특정 기업으로부터 의도한 변화를 이끌어 낼 수 있는 것이다. 그리고 많은 경우 행동주의 투자자들이 1 ~ 2%의 지분만 보유하였음에도 이러한 연합을 통해 이사회 의석 확보 등을 이루어낼 수 있었다.

월스트리트저널에 의하면 뮤추얼 펀드 매니저 대상 설문에서 절반에 달하는 응답자들이 행동주의 투자자로부터 지지 요청 제안을 받은 적이 있으며, 이들 중 무려 45%가 지지 의사를 표명한 것으로 나타났다. 실로 큰 비중이 아닐 수 없다. 행동주의 투자자들이 소량의 지분만으로도 공격 대상 기업을 흔들 수 있다는 반증이다.

그리고 이러한 대결에서 많은 경우 위임장 대결을 진행하게 된다는 것이 하나의 특징이다. 실제 위임장 대결로 귀결되는 행동주의 활동의 경우 그 비용 또한 상당하다. 보도된 바에 의하면 그 비용은 평균적으로 약 1천만 달러에 달하며 이는 변호사 비용, 리서치 전문가 비용, 주주 서한 발송 관련 비용 등을 포괄한다고 한다.

물론 모든 행동주의 투자자들의 공격이 호전적인 것은 아니다. 언론에 노출시키지 않으면서 기업의 경영진과 투자자 간 대화를 통해 자본 배분, 시장 기회 극대화를 통한 가치증대 등을 논의하는 경우도 많이 있는 것으로 알려져 있다. 컬럼비아 경영대학원에서는 지난 10년간 진행된 약 2,000여 개의 행동주의 활동 분석을 통해 평균적으로 행동주의 투자자들이 2년이 조금 넘는 기간 동안 해당 기업의 주주로 활동한다는 사실을 밝혀냈다. 그리고 미디어를 활용하면서 공격적으로 활동을 진행하는 행동주의 투자자도 분명 존재하지만 실제로 많은 경우 수면 아래에서 우호적으로 조용히 최고 경영진과 협의해 나간다고 한다. 반대로 공격적인 활동들은 많은 경우 이사회 멤버 교체, 기업의 전략적 방향성 변화 등을 목적으로 공개적인 위임장 대결로 이어지게 된다.

① 기업 전체 지분의 100분의 1만 보유한 경우라도 행동주의 투자자로 분류될 수 있다.

② 뮤추얼 펀드 매니저들의 45%가 행동주의 투자자들의 제안에 동참해 지지 의사를 표명하였다는 설문조사 결과가 있다.

③ 수면 아래에서 조용히 최고 경영권과 협의해 나가는 경우도 행동주의 투자자라고 할 수 있다.

④ 적극적인 경영 관여를 통해 기업가치 증대를 추구하는 투자자가 단독으로 영향력을 행사해 특정 기업의 변화를 유발하는 경우가 있다.

⑤ 활동 양상이 외부에서 관찰 가능한지 여부는 행동주의 투자자의 활동 사례로 볼 수 있는지에 영향을 미치지 않는다.

04. 다음 글의 서론과 결론을 읽고 본론의 (가) ~ (마) 문단을 문맥에 맞게 나열한 것은?

[서론]

우리나라 온실가스 배출량은 2006년 기준 5억 9,950만 CO_2환산톤으로 2005년(5억 9,440만 CO_2환산톤)에 비해 0.9% 증가한 것으로 나타났다. 선진국 온실가스 의무감축 기준년인 1990년 배출량(2억 9,810만 CO_2환산톤)에 비해서는 101.1% 늘어났다. 연평균 증가율 4.5%로 OECD 국가 중 가장 높은 비율로 증가하고 있다. 1인당 온실가스 배출량은 1990년 6.95CO_2환산톤에서 2006년 12.41CO_2환산톤으로 두 배 가까이 증가했다.

부문별 온실가스 배출량을 살펴보면 에너지가 5억 540만 CO_2환산톤으로 84.3%를 차지하고, 산업공정이 6,370만 CO_2환산톤(10.6%), 폐기물이 1,540만 CO_2환산톤(2.6%), 농업이 1,510만 CO_2환산톤(2.5%)으로 나타났다. 에너지 부문에서는 전력생산이 가장 많은 35.5%, 산업 부문 소비가 31.3%, 수송이 19.8%, 가정 · 상업이 11.3%, 공공 · 기타가 0.9% 순으로 나타났다. 통계상으로 전력생산, 수송, 산업 부문 에너지 소비로 인한 온실가스 배출량이 점점 증가하고 있다.

[본론]

(가) 자동차도 절반만 타야 하고, 공장도 지금 이용하는 에너지의 절반을 가지고 물건을 생산해야 한다. 경제와 사회 전반에 엄청난 충격 여파가 미치는 것이다. 그렇기 때문에 정부가 적극적인 감축 목표를 설정하고 저감행동에 돌입할 수 있도록 미리 준비하는 것이 시급하다. 한국은 현재 기후변화협약에서 의무감축이 설정되지 않은 비부속서 1 국가이지만 경제규모로 볼 때 온실가스 감축 의무를 계속해서 회피할 수 없다. 2008년 G8 확대정상회담에서 이명박 대통령은 '얼리무버(Early Mover)'를 선언했고, 온실가스 감축 목표를 설정하겠노라고 세계에 공언했다.

(나) 실제로 정부는 2009년 11월 17일, 중기 온실가스 감축 목표(2020)를 2005년 대비 4% 감축(BAU 대비 30% 감축)하는 것으로 결정했다. 그러나 정부의 감축 목표는 한국이 지구온난화에 대해 져야 할 책임과 감당할 수 있는 능력의 수준에 비춰 볼 때 미흡하다. 한국의 현재 이산화탄소 배출량은 세계 9위이며, 누적배출량도 세계 22위이다. 현 교토의정서 체제에서 41개국이 온실가스 의무감축 대상이라는 것을 감안하면 누적배출량을 고려해 한국의 몫에 걸맞은 온실가스 감축 목표를 설정해야 한다.

(다) 의무감축 국가들은 우선 2012년까지 1990년의 온실가스 배출 수준으로 돌아가야 한다. 그럼 우리나라는 지금 배출하는 온실가스의 절반 이상을 줄여서 2억 9,810만 CO_2환산톤 수준으로 줄여야 하는 것이다. 그러고도 5.2%를 더 줄여야 한다. 온실가스 발생량을 줄이려면 당장 에너지 사용량을 줄여야 한다. 우리가 지금 사용하는 에너지의 절반만 사용해야 하는 것이다. 가전제품의 절반을 이용하지 않고, 난방이든 냉방이든 지금 수준의 절반으로 줄여야 한다.

(라) 한국이 이렇게 낮은 온실가스 감축 목표를 설정한 것은 BAU를 선정하는 과정에서 배출량은 과다 산정하고, 감축여력은 최소로 잡았기 때문이다. 한국의 산업계는 2005년 대비 4%를 줄이는 감축 목표도 달성할 수 없다며 온실가스 감축이 경제의 발목을 잡을 것이라고 반발하기도 했다. 환경 NGO들은 한국이 능력과 책임을 고려한다면 2020년까지 2005년 대비 25% 감축을 목표로 해야 한다고 제시하기도 했다.

(마) 온실가스 중에서 가장 많이 차지하는 것이 이산화탄소로 88.8%를 차지하고 있고, 다음은 메탄 4.2%, 육불화황 3%, 아산화질소 2.6%, 수소불화탄소 1%, 과불화탄소 0.5% 순이다. 교토의정서상 부속서 1 국가들은 2012년까지 1990년 대비 평균 5.2%의 온실가스를 줄여야 한다. 이렇게 수치로만 돼 있으니 얼마를 줄여야 할지 감을 잡기 힘들다. 만약에 우리나라가 온실가스 의무감축 국가라고 가정해 보자.

[결론]

한국 정부의 에너지 부문 기후변화 대응 방안은 원자력발전을 확대하는 것이다. 정부는 4차 전력수급기본계획을 통해 2022년까지 원자력발전소 12기를 추가로 건설하기로 했다. 계획대로 추진된다면 2022년 원자력 발전소의 설비 비중은 33%, 발전량 비중은 48%로 확대된다. 이렇게 원자력을 중심으로 한 에너지 공급 위주의 정책은 기후변화 시대에 적합한 에너지 계획이 아니다. 따라서 '기후변화 대응=원자력 발전'이라는 결정을 내리기 전에 기후변화를 막기 위한 다른 대안을 먼저 선택해야 한다.

① (마)－(가)－(다)－(나)－(라)
② (마)－(가)－(다)－(라)－(나)
③ (마)－(나)－(가)－(다)－(라)
④ (마)－(다)－(가)－(나)－(라)
⑤ (마)－(다)－(가)－(라)－(나)

05. 다음 (가) ~ (마) 문단별 주제로 적절하지 않은 것은?

(가) 우리나라의 산업은 1960년대부터 본격적인 산업화를 시작한 이후 눈부시게 성장하였다. 산업의 외형적인 성장뿐 아니라 의류, 신발 등 노동집약적 가공산업에서 철강, 조선, 석유화학, 반도체, 통신 단말기, 디스플레이 등의 기술집약형 산업까지 산업 구조를 고도화하여 질적으로 성장하였다. 우리 정부와 국민은 혁신 능력을 꾸준히 추적하여 이렇게 주력 산업을 교체해 가면서 양적으로나 질적으로 경제를 성장시킬 수 있었다. 선진국에서 기술을 도입하여 재빨리 습득하고 개발하여 공정의 생산성을 높이거나 더 나아가 차별화된 제품을 개발하는 능력은 우리나라의 산업화를 성공으로 이끈 핵심 역량이었다. 그러나 선진국으로 도약을 해야 할 지금은 추격자의 시절과 역할에 적합했던 우리나라 혁신시스템의 강점과 약점을 식별하고 재정비할 필요가 있다.

(나) 기술혁신이 경제성장과 발전에 중요하다는 것이 재확인되고 한층 부각되면서 그것이 잘 일어나는 국가나 지역의 혁신시스템에 관한 관심과 연구가 증가하였다. 특히 국가혁신시스템(NIS ; National Innovation System)은 국가 경제와 기업 경영의 긍정적인 변화를 유도하는 새로운 아이디어와 지식의 창출, 확산, 활용(즉 기술혁신)에 관련된 민간과 공공분야의 조직과 제도들로 구성된다. 구체적으로는 첫째, 기업과 아이디어와 지식의 창출이 업무인 대학과 연구기관들로서 기술혁신의 주체들과 그것들 간의 상호작용, 둘째, 이 혁신 주체들을 직간접으로 지원하는 정부의 정책 혹은 기술혁신을 하기 위한 친화적인 환경을 조성하여 기술혁신 성과에 영향을 미치는 교육과 금융 등 여러 제도적인 요인이다.

(다) 추격 단계에서 벗어나 도약을 해야 하는 우리나라에서 국가혁신시스템을 정비하는 일은 이러한 요소들과 그것들의 상호작용 방식이 함께 변화해야 하므로 정부의 정책만으로는 할 수 없다. 기술 변화의 궤적과 그에 조응하는 혁신시스템은 국가마다 산업화의 시작을 전후로 정착된 사회경제적인 제도 환경의 영향을 받기 때문이다. 예를 들어 Hall and Soskice 등과 같은 자본주의 변이론을 주장하는 경제학자들에 따르면 기업은 다양한 조정 문제들에 직면하게 된다. 조정문제는 기업이 필요한 자원(자금, 자재, 부품, 노동력 등)을 확보하고 동원하여 비즈니스를 하는 데 다른 기업, 기관, 노동자 등과 관계를 맺는 과정에서 직면하는 것들이다. 이러한 학자들은 이 문제들을 미국이나 영국과 같이 시장기제를 위주로 해결하는 자유시장경제(LMA ; Liberal Market Economy)와 일본, 독일과 같이 비시장적 제도를 중심으로 해결하는 조절시장경제(CME ; Coordinated Market Economy)로 분류하였다. 그리고 사회경제적 유형과 혁신시스템 간에는 제도적 정합성이 있다고 주장하였다. 미국 방식은 양질의 고등교육을 기반으로 한 급격한 혁신인데 반해 독일 방식인 조절시장경제는 강력한 직업훈련 시스템을 기반으로 점진적 혁신이 중요한 자동차와 같은 제조업에서 강점을 갖는다는 것이다.

(라) 과거의 주력 산업과 이질적인 특성을 갖는 정보기술 산업이 우리나라에서 경쟁력을 확보하고 기존 주력 산업과 공존하는 현상을 설명할 수 있는 두 가지 접근방법이 있다. 첫째, 사회경제적 제도와 조응하는 산업의 원리와 기술 특성이 비교적 일관되게 작동하는 기존 주력 산업과 달리 정보기술은 그러한 원리와 특성을 적용할 수 있는 산업이 아닐 수 있다. 둘째, 우리나라의 혁신시스템과 관련 제도들이 변화하고 있으므로 자본주의 유형론에서 보면 이질적인 산업들이 경쟁우위를 갖고 공존할 수 있다.

(마) 이와 같은 논리는 실증적으로 검증되지 않았고 또 다분히 편의적인 관점에서 서술된 것이다. 다만 기술적 도약을 위한 혁신시스템의 재정비라는 관점에서 이러한 설명이 갖는 정책적 함의가 중요하다. 과거의 사회경제적 제도는 여전히 작동하고 있고 강력하며 그러한 제도에 조응하는 혁신시스템이 제4차 산업혁명이 도래하는 지금에도 유효한 것이라면 미세조정이나 고도화가 필요하다. 혹은 제4차 산업혁명에 대비하는 차원에서 사회경제적 제도의 변화에 맞춰 혁신시스템을 적극적으로 재구축해야 한다. 이처럼 혁신의 성격과 방향 그리고 사회경제적 제도 간의 정합성이라는 점에서 우리나라가 처한 현실을 더 천착해야 할 것이다. 그래야만 4차 산업혁명에서 거론되는 다양한 기술혁신을 모두 달성하는 것보다 우리의 제도 여건에서 유리하고 효과적인 목표가 어떤 것이며, 혁신시스템을 어떻게 정비하고 운영해야 할 것인지를 성찰할 수 있을 것이다.

① (가) : 과거 우리나라 산업의 성장 이유와 혁신시스템 재정비의 필요성

② (나) : 국가혁신시스템의 구성요인

③ (다) : 사회경제적 제도와 혁신시스템의 제도적 정합성

④ (라) : 자본주의 변이론의 한계

⑤ (마) : 4차 산업혁명에 대비하는 혁신시스템의 정비와 운영

06. 다음 글을 통해 추론할 수 없는 것은?

비타민 A는 자연계에서 비타민 A 자체로 존재하든지 비타민 A의 전구체로 존재하며 시각 기능에 관여하고, 성장 인자로 작용한다. 비타민 A는 눈의 망막에서 대사산물인 흡광 분자 레티날(retinal)의 형태로 작용하는데, 레티날은 박명시(어두운 환경에서 물체를 보는 능력)와 색조감각에 절대적으로 필요하다. 비타민 A는 또한 레티놀(retinol)이 비가역적으로 산화된 형태인 레티노산의 형태로 상피 세포 등에서 호르몬과 같이 중요한 성장 인자로서 기능을 한다.

비타민 A는 동물성 식품에만 함유되어 있으며, 녹황색의 식물성 식품에는 카로티노이드라고 하는 색소물질들이 들어 있는데 이들은 신체 세포에 의하여 비타민 A로 전환될 수 있는 비타민 A의 전구체들이다. 동물성 음식에 들어 있는 비타민 A는 대부분 레티닐 팔미테이트(retinyl palmitate)와 같은 에스터 형태로 존재하며, 음식으로 섭취된 뒤 작은 창자에서 알코올의 일종인 레티놀로 변환된다. 인체는 비타민 A를 레티놀 형태로 저장하고 있다가 필요할 때마다 시각계에서 작용하는 알데히드인 레티날로 변환하여 사용한다. 비타민 A에서 비가역적으로 합성되는 대사산물인 레티노산은 비타민 A로서 부분적인 기능만 하며, 망막의 시각회로(visual cycle)에서는 아무런 기능도 하지 못한다.

모든 형태의 비타민 A는 레티닐 군이라 불리는 이소프렌이 부착된 이오논(ionone) 고리가 있다. 이 두 가지 구조적 특징은 비타민 효과(vitamin activity)에 필수적이다. 당근에 함유되어 있는 황색 색소체인 베타 카로틴은 두 개의 레티닐 군이 결합한 것으로, 그 두 개의 레티닐 군이 체내 비타민 A 농도에 기여한다. 알파 카로틴과 감마 카로틴은 레티닐 군이 하나씩 있고, 이것이 비타민 효과를 나타낸다.

비타민 A는 음식에서 두 가지의 주요한 형태로 발견되는데, 레티놀은 동물성 음식을 먹을 때 흡수되는 비타민 A의 형태로 황색을 띄며 지용성 물질이다. 순수한 알코올 형태는 불안정하기 때문에 비타민은 세포 조직에서 레티닐에스터 형태로 발견된다. 레티놀은 레티닐 아세테이트 또는 레티닐 팔미테이트와 같은 에스터 형태로 상업적으로 제조되고 투약된다.

카로틴(알파 카로틴, 베타 카로틴, 감마 카로틴) 그리고 잔토필(베타 크립토잔틴)은 이 물질들을 레티날로 변환하는 데에 필요한 효소를 가지고 있는 초식동물과 잡식동물에서는 비타민 A로서 작용한다. 단, 다른 카르티노이드는 제외된다. 일반적으로 육식동물은 이오논을 포함한 카르티노이드를 잘 변환하지 못하고, 고양이와 흰족제비와 같은 순수한 육식동물은 어떤 카르티노이드도 레티날로 변환하지 못한다. 따라서 이러한 동물은 카르티노이드를 비타민 A의 형태로 만들지 못한다.

비타민 A의 결핍이 대략적으로 전 세계 5세 미만의 아동의 3분의 1에게 해당되는 것으로 예상된다. 비타민 A의 부족 때문에 개발도상국에서 매년 대략 250,000 ~ 500,000명의 어린이가 시력을 잃는다고 한다. 비타민 A 결핍은 일차적인 결핍증과 이차적인 결핍증을 유발할 수 있다. 일차적인 비타민 A 결핍증은 과일과 채소 또는 동물성 식품과 유제품의 비타민 A를 통해 적정 섭취량의 프로비타민 A 카르티노이드를 섭취하지 못한 아이와 어른에게서 발생한다. 이른 젖떼기도 비타민 A 결핍의 위험을 증가시킨다.

이차적인 비타민 A 결핍은 만성 지질 흡수 불량, 담즙 생성 및 분비 불량, 담배 연기와 같은 산화제에의 만성적인 노출, 만성적인 알코올 중독과 관련이 있다. 비타민 A는 지용성이고 소장에서의 흡수되는 정도는 미셀의 용해도에 의존하므로, 저지방 식단이 비타민 A 부족을 일으킬 수 있다. 비타민 A 전달 단백질 합성과 레티놀-레티날 변환의 보조인자로서 아연이 필수적이기 때문에, 아연 결핍도 비타민 A의 흡수, 전달, 대사 불량을 일으킬 수 있다. 영양결핍인 사람들에게는 보통 비타민 A와 아연의 섭취량이 적으면, 비타민 A 결핍증이 심해지고 생리적인 징후와 결핍증의 증상이 나타난다.

레티날의 시각 색소포로서의 기능 때문에, 비타민 A 결핍의 가장 빠르고 구체적인 징후 중에 하나는 시각 손상으로, 특히 박명시가 약화된다(야맹증). 지속적인 결핍은 일련의 변화를 일으키는데, 가장 끔찍한 변화는 눈에서 일어난다. 또 다른 눈의 변화는 안구건조증이다. 첫째로 정상적인 눈물샘과 점액을 분비하는 상피조직이 각화성 상피조직으로 대체됨에 따라 결막의 건조가 발생한다. 다른 변화로는 면역 불량(귀의 감염과 요로의 감염 가능성이 증가된다. 수막구균성 질환), 과각화증(모낭의 백색 덩어리), 모공 각화증 그리고 편평 상피화생이 있다. 치과에 관련되는 것으로는, 비타민 A 결핍이 에나멜 저형성을 일으킨다.

과도하지 않은 적절한 비타민 A의 공급은 정상적인 태아의 성장을 위해 임산부와 수유 중인 여성에게 특히 중요하다. 결핍증은 생후의 비타민 보충으로 보상되지 않는다. 대개 비타민 보충제의 과도한 복용으로 인한 과도한 비타민 A 섭취는 선천적 결손증을 유발할 수 있고 따라서 일일 권장량을 초과하지 않도록 해야 한다.

① 어두운 곳에서 물체를 볼 때 레티놀은 레티날로 변환될 것이다.

② 알약 형태로 투약되는 비타민 A는 레티닐 아세테이트 또는 레티닐 팔미테이트와 같은 형태일 것이다.

③ 레티놀이 비가역적으로 산화되면 어두운 환경에서 물체를 볼 때 주요한 역할을 수행한다.

④ 당근을 먹으면 우리 몸에서 베타 카로틴을 레티날로 변환하는 과정을 거쳐야 비로소 비타민 A로서 기능하게 된다.

⑤ 육류 등의 섭취를 통해 얻어진 비타민 A는 본래의 형태에서 변화한 형태로 우리 몸속에 저장된다.

07. 다음 글을 읽은 뒤의 반응으로 적절하지 않은 것은?

미국 금리인상과 달러화 강세, 고유가, 미 · 중 무역분쟁의 여파 등으로 신흥국 주가와 통화 가치가 지난 5월부터 급락세를 보이고 있다. 신흥국을 둘러싼 악화된 외부여건이 당분간 개선되기 어려워 내부 취약성이 높은 신흥국의 위기 리스크가 점차 커질 전망이다.

경제규모가 큰 26개 신흥국을 대상으로 외환건전성, 자본유출 가능성, 성장의 지속 가능성 등 여러 지표들을 고려하여 위기 취약도에 따라 고위험국, 중위험국, 저위험국으로 분류했다. 지난 5월 IMF 구제금융을 받은 아르헨티나에 뒤이어 외환 및 경제위기에 직면할 가능성이 높은 고위험국에는 터키와 파키스탄, 남아공, 이집트가 꼽힌다. 통화가치 급락 및 자산시장 붕괴, 경기침체와 은행부실 확대 등 금융부실과 실물경제 침체의 악순환이 우려되는 국가들이다.

외환위기에 대한 중위험 국가로는 브라질, 콜롬비아, 멕시코, 나이지리아, 러시아가 해당된다. 동유럽에서는 루마니아, 헝가리, 폴란드, 체코, 아시아에서는 인도네시아, 말레이시아, 인도, 방글라데시, 필리핀 등이 중위험 국가로 지적될 수 있다. 단기간 내 외환부족에 직면할 정도는 아니지만, 미국 금리인상이나 대외충격 발생 시 큰 폭의 외자이탈과 통화가치 하락을 경험할 수 있는 국가들이다. 통화가치 하락에 따른 물가상승을 우려하여 성장세 하락을 감수하고 금리인상에 나서야 하는 국가들도 적지 않다.

외환위기 저위험 국가로는 우리나라와 함께 페루, 베트남, 칠레, 중국, 태국, 대만 등이 속한다. 외환보유액이 충분하고 단기외채 비율이 낮은 등 외환건전성이 높아 외부충격에 대한 내성을 갖추고 있는 국가들이다. 저위험 국가들 역시 외부충격이 발생할 시 정도의 문제일 뿐 외국인 자금 이탈과 주가 및 통화 가치 하락을 경험할 수밖에 없다. 다만 대외충격이 가라앉고 나면 외국인 투자자금이 빠르게 재유입되면서 금융시장이 안정을 되찾을 수 있는 국가들이다.

미국 정책금리가 3% 수준으로 오르고 미국 및 글로벌 경제의 성장세가 점차 둔화되는 내년이 신흥국의 어려움이 가장 커지는 시기로 예상된다. 그 이전에라도 달러화 강세 정도와 미 · 중 무역분쟁의 확대 여부에 따라 위기에 취약한 신흥국이 드러날 것으로 보인다. 정치 불안 및 반시장적인 정책으로 외국인 투자자의 신뢰를 급속히 상실하는 경우 빠르게 위기에 휩싸이는 국가가 생겨날 수도 있다. 과거에 비해 신흥국으로 유입된 포트폴리오 자금이 많아 대내외 충격 발생 시 자금 유출이 빠르게 이루어지면서 신흥국 금융 불안이 빈발할 수 있는 상황이다.

우리나라는 충분한 외환보유액과 경상수지 흑자, 민간 보유의 대외자산, 해외 중앙은행과의 통화스왑 등의 외환방어막으로 인해 외환부족 위기를 맞을 가능성은 거의 없다. 외환건전성을 바탕으로 통화정책 면에서 자율성도 확보하고 있다. 자본유출 우려 때문에 미국을 따라 금리를 올려야 하는 많은 신흥국과는 다른 점이다.

그러나 대외충격 발생 시 일시적인 자본유출로 금융시장이 불안해지는 현상은 앞으로도 쉽게 개선되기 어려워 보인다. 외국인 투자 중에서 단기 유출 가능한 주식 및 채권자금이 차지하는 비중이 64%에 달하는 데다, 높은 유동성과 개방성으로 위험자산 기피 현상이 확산될 때 외국인이 투자자금을 회수하기 용이한 시장이기 때문이다.

① 외환건전성이 높고 경상수지 흑자, 해외 중앙은행과의 통화스왑이 가능하다면 위기리스크가 낮아진다.

② 대외충격 발생 시 외자이탈과 통화가치 하락을 경험하는 국가의 경우 금융시장의 안정을 위해 금리를 인상해야 한다.

③ 미국 정책 금리가 인상되면 자본유출을 방지하기 위해 함께 금리를 인상해야 하는 국가들이 존재한다.

④ 금융시장의 유동성과 개방성이 높은 경우, 대외충격 발생 시 자본유출로 인한 여파가 크다고 볼 수 있다.

⑤ 금융시장, 실물시장의 상황뿐 아니라 각국의 정치적 상황으로부터 발생되는 금융위기도 존재할 수 있다.

08. 다음 중 ㉠에 들어갈 내용으로 적절하지 않은 것은?

몇 해 전부터 4차 산업혁명이 화두다. 4차 산업혁명의 핵심 기술로는 사물인터넷(IoT), 인공지능(AI), 빅데이터(Big Data), 초연결(Hyper Connectivity) 기술 등이 거론된다. 이러한 4차 산업혁명의 핵심기술들과 홀로그램을 접목한다면 이전에는 상상으로만 가능했던 기술들을 실현할 수 있다. 홀로그램 기술이라 하면 흔히들 영화 스타워즈를 떠올린다. 무엇보다도 우리들이 익숙한 2차원 평면 디스플레이가 아닌 3차원 공간상에 콘텐츠가 표시되기 때문이다. 홀로그래피(Holography)는 물체로부터 반사되거나 투과되어 나오는 빛의 위상변화, 즉 물체의 전방위상을 기록하는 사진술을 의미한다. 반면 홀로그램은 '완전한'이라는 의미의 'Holos'와 '정보, 메시지'라는 의미의 'Gramma'의 합성어로, 빛의 위상변화 정보가 저장된 매체를 의미한다. 우리가 흔히 알고 있는 포토그래피(Photography)와 필름에 비유된다. 궁극적으로는 자연스러운 입체감을 보여 줌으로써 현장감과 몰입감을 제공할 수 있다. 하지만 영화에서 보여주는 수준의 홀로그램 서비스는 아직 먼 미래의 일이다. 그만큼 홀로그램 기술은 상용화 과정에서 높은 기술적 장벽을 가지고 있기 때문이다. 그 사이를 메꿔 주는 기술이 유사 홀로그램 또는 플로팅 홀로그램(Floating Hologram)기술이다.

스마트폰 및 인터넷 발달로 기존 TV 방송 문화가 1인 방송 문화로 옮겨 가고 있는 시점에서 홀로그램 기술은 1인 미디어 콘텐츠가 2차원 화면 안에 머무르지 않고 밖으로 뛰쳐나와 시청자의 3차원 공간상에서 입체적으로 표시될 수 있어 향후 그 활용 가능성이 매우 기대된다. 사물인터넷(Internet of Things)은 각종 사물에 센서와 통신 기능을 내장하여 인터넷에 연결하는 기술 즉, 무선 통신을 통해 각종 사물을 상호 연결하는 기술을 의미한다. 사물인터넷 기술을 활용하면 특정 사물에 청각, 미각, 후각, 촉각, 시각 등의 정보를 획득할 수 있는 능력을 부여하고 이를 통해 주변 환경의 변화를 측정할 수 있는데, 특히 시각은 홀로그래피 기술과 연관시킬 수 있다. 홀로그램을 현장에서 바로 획득하고 사물인터넷을 통해 원격으로 전송할 수 있다면 미래형 통신기술인 텔레프레즌스(Telepresence, 가상 화상회의 시스템)를 구현할 수 있다. 이처럼 홀로그램을 획득할 수 있는 사물인터넷 단말이 인터넷에 연결되는 원격 통신기능을 갖춘 드론이나 비행체 등에 장착된다면 영화 〈아바타〉에서 볼 수 있었던 홀로그램 지도도 만들어질 수 있다. 또한 문화예술 측면에서 본다면 건축물이나 문화재 더 나아가 거대 역사 도시를 입체적으로 재현할 수 있다.

인공지능 기술 역시 홀로그램 기술에 접목되어 활용될 수 있는데, 이는 크게 두 가지로 분류될 수 있다. 하나는 인공지능 기술을 활용하여 인간이 지닌 지적 능력의 일부 또는 전체를 인공적으로 구현한 것으로, 홀로그램으로 완성된 특정 인물이나 캐릭터에 여러 가지 관련된 데이터를 학습시켜 실제 그 인물이나 캐릭터가 가질 수 있는 말, 행동, 사고 등의 기능을 불어 넣을 수 있다. 애완동물을 예로 들자면 애완동물에 여러 방대한 정보를 학습시켜 실제 자기가 거주하는 공간에서 홀로그램 애완동물이 같이 뛰어놀게 하는 것이다. 이와 같은 기능을 실제와 매우 가깝게 구현할 수 있다면 고령화 사회에 맞는 실버산업에도 활용될 수 있다. 또 다른 하나는 인공지능 기술이 홀로그램 콘텐츠를 가공하는 과정에서 사용될 수 있다는 점이다. 이를 통해 기존에는 불가능했던 홀로그램 복원 기술이 가능하게 됨으로써 보다 완성도가 높고 폭넓은 홀로그램 콘텐츠의 재현이 가능하게 된다.

기존 데이터베이스 관리 도구의 능력을 넘어서는 대량의 정형 또는 비정형의 데이터로부터 가치를 추출하고 결과를 분석하는 기술인 빅데이터 또한 4차 산업혁명 시기를 이끄는 기술 중 하나다. 문화예술 관점에서 빅데이터는 한 예술가의 작품을 새로운 방식으로 해석하고 시각화하는 데 이용될 수 있다. 예컨대 어떤 예술가의 일생을 통해 그가 처한 환경, 시대적 배경, 저작물 등 활용할 수 있는 모든 데이터로 그가 추구했던 예술성 또는 예술적 가치를 추출하고 작품에 대한 새로운 해석과 재현을 하는 것이다. 그리고 더 나아가 홀로그램을 이용한 시각화 작업을 통해 보다 생동감 있고 입체감 있는 작품세계로 그려내는 것이다. 다른 4차 산업 핵심 기술에 비해 홀로그램 기술과 연관성은 약하지만 데이터 추출과 분석된 결과를 시각화하는 작업을 통해 직관적인 공간정보로 제공하는 의미가 있다.

초연결사회(Hyper-connected Society)에서는 네트워크로 연결된 조직과 사회에서 다양한 방법의 융합을 통해 인간과 인간의 상호 소통이 다차원적으로 확장된다. 즉, 4차 산업혁명 시대에서는 기술 융합이 사회 융합으로 연결되는 것이다. 소통의 어원은 라틴어의 '나누다'를 의미하는 'Communicare'로 '뜻이 서로 통해 오해가 없음' 또는 '막히지 아니하여 잘 통함'을 의미한다. 앞으로 다가올 미래사회는 (㉠) 사회가 될 것이다. 초기에는 단순히 물체 위주의 홀로그램 기술이 구현되겠지만, 기술 발달과 더불어 주변 환경까지 포함한 완전한(Holos) 정보(Gramma)를 제공하는 홀로그램으로 대체될 것으로 기대된다. 홀로그램은 더 나은 소통 방법을 제공할 것이다. 그리고 여기에 4차 산업혁명의 융합기술이 더해지면 공간의 차원을 넘어 '공감'을 이끌어 내는 진정한 의미의 사회 융합이 이루어질 것으로 예상된다.

① 인공지능 기술을 활용한 다양한 서비스가 제공되는
② 다차원의 정보가 3차원 공간에서 공유되는
③ 모든 종류의 감각 정보를 재현할 수 있는
④ 데이터 추출과 분석 과정에서 새로운 가치가 창출되는
⑤ 기술적 융합을 넘어 진정한 상호 소통을 추구하는

09. 다음 글에 대한 설명으로 적절하지 않은 것은?

디지털 트윈(Digital Twins)은 정보 모델링 구축을 넘어 빠르게 발전하고 자산 중심 조직이 엔지니어링, 운영 및 정보 기술을 통합하여 몰입형 시각화 및 분석 가시성을 제공할 수 있도록 한다. 디지털 트윈은 물리적 자산, 프로세스 또는 시스템의 디지털 표현이며 성능을 이해하고 모델링할 수 있는 엔지니어링 정보이다. 일반적으로 디지털 트윈은 센서 및 연속 측량을 포함한 여러 소스에서 지속적으로 업데이트하여 거의 실시간 상태, 작업 조건 또는 위치를 나타낸다. 디지털 트윈을 통해 사용자는 자산을 시각화하고 상태를 확인하며 분석을 수행하고 통찰력을 생성하여 자산 성과를 예측 및 최적화할 수 있다.

에너지 부문에서 디지털 트윈은 물리적 자산, 시스템 및 생산 프로세스의 운영 및 유지관리를 최적화하는 데 사용된다. 이미 많은 조직에서 가치를 입증하기 위해 프로젝트에서 디지털 트윈을 사용하고 있다. 쉘 케미칼이 펜실베니아의 한 대규모 건설 프로젝트에서 디지털 트윈을 사용하는 것이 그 좋은 예가 된다.

에너지 부문은 디지털 기술을 활용하기에 적합하다. 회전식 기계에 진동 센서를 추가하든 전체 플랜트의 풀 디지털 트윈을 생성하든 상관없이 디지털 트윈 기술은 비용을 줄이고 유지보수 및 운영 프로세스를 간소화할 수 있다.

디지털 트윈은 화제가 되고 있으며, 많은 에너지 조직은 자신의 사용으로 가장 큰 혜택을 얻을 수 있는 방법을 찾기 위해 노력하고 있다. 대부분의 회사는 어디서부터 시작해야 하는지 조언을 찾고 있다. 우리의 조언은 이미 보유하고 있는 좋은 자산 데이터로 시작하여 공유할 수 있는 위치로 가져와 거기서 성장하는 것이다. 종종 좋은 데이터는 필요한 사람들이 접근할 수 없는 시스템에 묻혀 있다. 디지털 트윈 기술의 가장 큰 장점 중 하나는 신뢰할 수 있는 최신 정보를 보다 널리 이용할 수 있다는 것이다.

에너지 부문은 항상 혁신을 받아들이고 있으며 디지털 기술이 이미 상당한 비즈니스 이점을 제공하고 있음을 보여 주는 몇 가지 예가 있다. 예를 들어 오만(Oman) 가스는 B사의 애셋와이즈(AssetWise) 신뢰성 솔루션이 제공하는 디지털화된 자동화 프레임 워크를 기반으로 신뢰성 및 무결성 프로그램을 개발했다. 응용 프로그램은 인적 개입을 줄이고 자원 효율성을 향상시킨다. 또 다른 예는 인도의 케언 오일 및 가스이다. 이 조직은 B사의 자산 성과 소프트웨어를 사용하여 800개가 넘는 해양 우물에서 생산을 최적화한다. 이 회사는 스마트 우물 무결성 및 흐름 보증 관리 시스템을 구현하여 무결성 위험을 관리하고 주식을 관리했다. B사의 애셋와이즈는 회사의 기존 시스템과 상호 작용하고 여러 소스의 데이터를 통합하는 연결된 데이터 환경을 제공한다.

러시아에서는 볼고그라데네프프로트(Volgogradnefteproekt)가 카스피해의 필라노보스키(Filanovsky) 필드 개발을 위해 루코일(Lukoil)과 함께 디지털화하는 데 중추적인 역할을 하고 있다. 볼고그라데네프프로트는 카스피해의 모든 루코일 프로젝트에 대한 전반적인 프로젝트 관리 책임을 가지며 다양한 계약 업체의 입력을 통합하는 통합 BIM 접근방식을 도입했다. 이 조직은 B사의 연결된 데이터 환경을 사용하여 일관된 3D 모델을 제공하고 유지하기 위해 이 접근방식을 구현했다. 연결된 데이터 환경은 설계, 엔지니어링 및 시공 전반에 걸쳐 사용되어 전체 설계시간을 70% 단축하고 시공비용을 20% 절감하는 등 이점을 이미 제공했다. 또한 설계에서 시공 및 시운전, 운영 및 유지 보수에 이르기까지 3D 디지털 엔지니어링 모델을 사용하여 현장의 연간 운영비용을 30% 절감할 수 있었다.

① 디지털 트윈이란 물리적 자산, 프로세스 또는 시스템의 디지털 표현이며 성능을 이해하고 모델링할 수 있는 엔지니어링 정보이다.

② 전체 플랜트의 풀 디지털 트윈을 생성하는 경우에도 디지털 트윈 기술은 비용을 줄이고 유지보수 및 운영 프로세스를 간소화할 수 있다.

③ 오만 가스는 B사가 제공하는 디지털화된 자동화 프레임 워크를 기반으로 신뢰성 및 무결성 프로그램을 개발했다.

④ B사의 애셋와이즈는 B사의 자산 성과 소프트웨어를 사용하여 800개가 넘는 해양 우물에서 생산을 최적화했다.

⑤ 러시아의 볼고그라데네프프로트는 B사의 연결된 데이터 환경을 사용하여 일관된 3D 모델을 제공하고 유지하기 위해 통합 BIM 접근방식을 구현했다.

10. AA 기업은 다음과 같은 방식으로 제비뽑기를 하여 20XX년 9월 당직근무를 정하기로 했다. 김 대리가 가장 먼저 제비를 뽑을 때, 김 대리가 휴일 중 하루라도 당직근무를 할 확률은 기약분수로 $\frac{a}{b}$이다. 이때 $b-a$의 값은?

- 직원 15명 모두 각 날짜에 해당하는 제비 30개 중에서 두 개씩 뽑는다. 뽑은 제비는 다시 집어넣지 않는다.
- 토요일, 일요일, 공휴일에 하는 근무는 휴일 근무로 간주한다.
- 20XX년 9월 1일은 일요일이고 9월은 30일까지 있다. 12, 13, 14일은 추석연휴로 공휴일에 해당한다.

① 43 ② 57 ③ 88
④ 171 ⑤ 172

11. 한 교실에서 공기 중 산소 농도를 측정한 결과 21%가 나왔다. 교실을 환기하지 않고 10분 간격으로 산소 농도를 측정하면, 10분 전 산소 농도의 2%만큼 감소하며 농도가 18% 이하면 산소결핍상태가 일어난다고 한다. 현재로부터 10분 뒤에 첫 번째 측정을 할 때, 산소결핍상태가 일어나지 않으려면 적어도 몇 번째 측정 전에는 환기를 시켜야 하는가? (단, $\log 6=0.78$, $\log 7=0.85$, $\log 9.8=0.99$로 계산한다)

① 6번째 ② 7번째 ③ 8번째
④ 9번째 ⑤ 10번째

12. A, B 두 사람이 1 ~ 6까지의 숫자 중에서 하나를 골라 서로 번갈아 가며 숫자를 적는 게임을 하고 있다. 먼저 시작하는 사람은 A이고, 더 이상 숫자를 쓸 수 없게 되는 사람이 진다. 게임은 〈규칙〉에 따라 진행하며, 이 게임은 먼저 시작하는 사람이 반드시 이길 수 있는 방법이 있다. 먼저 시작한 A가 반드시 이기기 위해 1회에서 써야 할 숫자를 모두 나열한 것은?

규칙

- 이미 쓰인 수의 약수는 쓸 수 없다(예를 들어 4가 이미 쓰인 경우 1, 2, 4는 쓸 수 없다).
- 숫자를 적지 않고 차례를 넘기는 것은 불가능하다.

예시

구분	1회	2회	3회
A	1	6	4
B	2	5	X

이미 쓰인 수의 약수는 쓸 수 없으므로, B는 남은 숫자인 3(6의 약수)을 쓸 수 없어 A가 승리한다.

① 1, 3　② 2, 4　③ 3, 6
④ 5, 6　⑤ 2, 4, 5

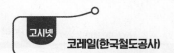

13. 다음은 20XX년 6월 6 ~ 13일의 특정 질병에 대한 정보를 나타낸 것이다. 이에 대한 설명으로 옳은 것을 〈보기〉에서 모두 고르면?

〈확진자 수 및 검사 의뢰자 수〉

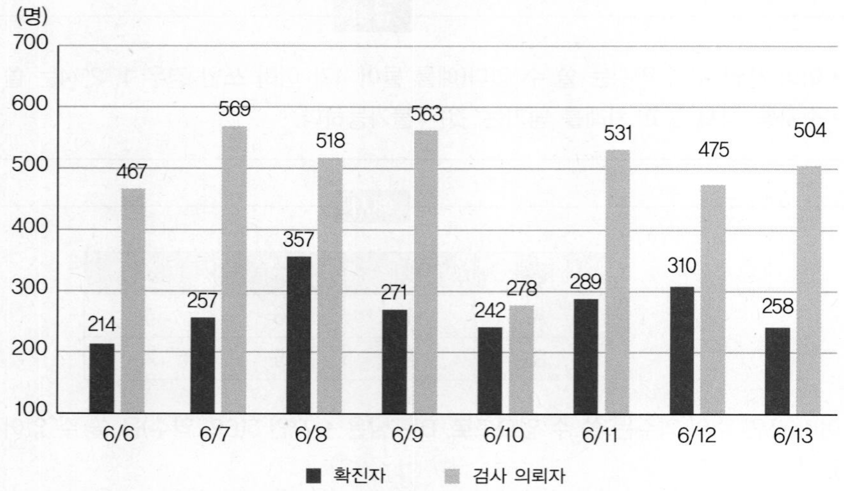

(명)

날짜	확진자	검사 의뢰자
6/6	214	467
6/7	257	569
6/8	357	518
6/9	271	563
6/10	242	278
6/11	289	531
6/12	310	475
6/13	258	504

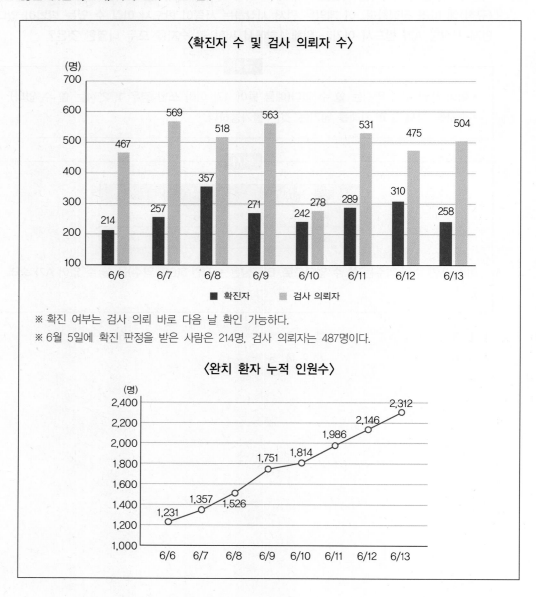

※ 확진 여부는 검사 의뢰 바로 다음 날 확인 가능하다.

※ 6월 5일에 확진 판정을 받은 사람은 214명, 검사 의뢰자는 487명이다.

〈완치 환자 누적 인원수〉

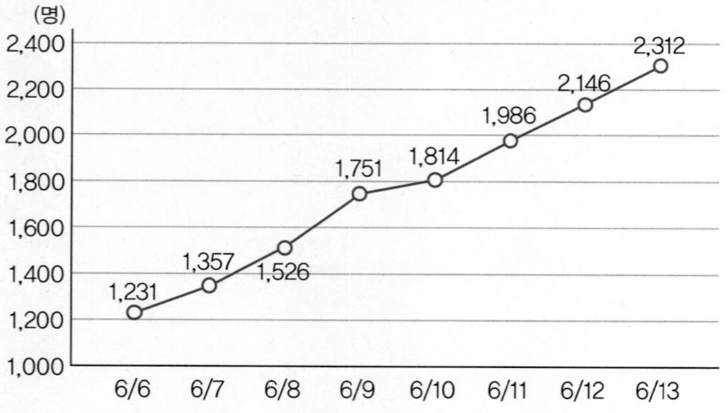

(명)

날짜	6/6	6/7	6/8	6/9	6/10	6/11	6/12	6/13
완치 환자 누적 인원수	1,231	1,357	1,526	1,751	1,814	1,986	2,146	2,312

보기

ㄱ. 6월 6 ~ 13일 중 검사 의뢰자 수가 가장 많은 날짜는 6월 7일이다.
ㄴ. 전날 대비 확진자 수의 증가율이 가장 큰 날짜는 6월 8일이다.
ㄷ. 6월 6일에 음성 판정을 받은 사람은 273명이다.
ㄹ. 6월 7일에서 6월 8일 사이에 완치된 환자 수가 6월 12일에서 6월 13일 사이에 완치된 환자 수보다 적다.

① ㄱ, ㄴ　② ㄱ, ㄷ　③ ㄱ, ㄴ, ㄷ
④ ㄴ, ㄷ, ㄹ　⑤ ㄱ, ㄴ, ㄷ, ㄹ

[14 ~ 15] 다음 자료를 보고 이어지는 질문에 답하시오.

〈국내 프로스포츠 좌석점유율〉

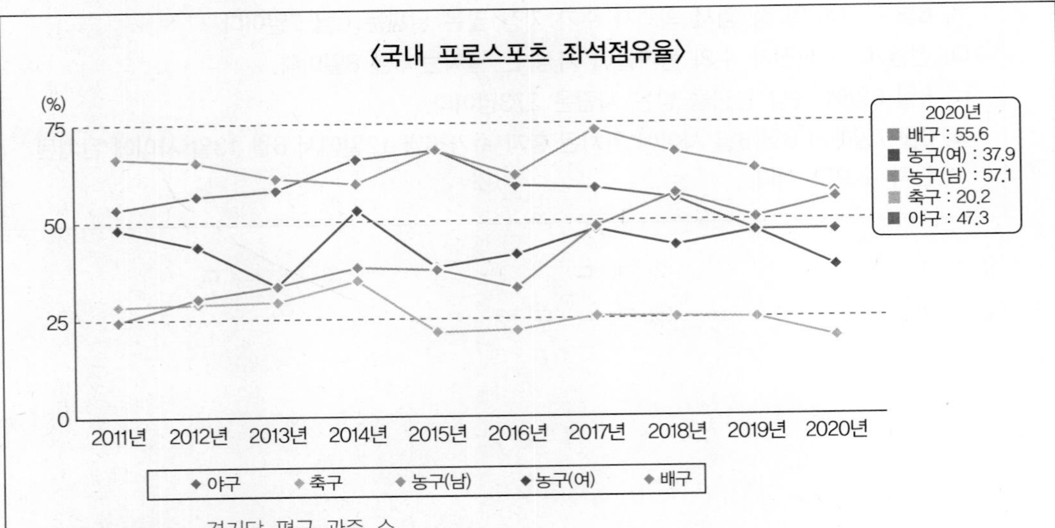

* 좌석점유율(%) = $\frac{\text{경기당 평균 관중 수}}{\text{수용규모}} \times 100$

* 수용규모 = 각 구장 매진인원 총계 ÷ 구장 수

〈주요 프로스포츠 경기 수 및 경기당 평균 관중 수〉

(단위 : 경기, 명)

구분		2016년	2017년	2018년	2019년	2020년
야구	경기 수	593	591	736	720	720
	경기당 평균 관중	11,373	11,429	10,357	11,583	11,668
축구	경기 수	266	229	228	228	228
	경기당 평균 관중	7,656	8,115	7,720	7,854	6,502
농구(남)	경기 수	300	301	292	291	291
	경기당 평균 관중	4,092	4,458	3,953	3,543	3,188
농구(여)	경기 수	113	112	111	112	112
	경기당 평균 관중	1,237	1,417	1,480	1,425	1,097
배구	경기 수	210	227	227	229	229
	경기당 평균 관중	1,525	1,967	2,311	2,336	2,425

19. 다음 글에 나타난 퇴장방지의약품의 특징으로 적절하지 않은 것은?

퇴장방지의약품 제도란?

질병의 예방 및 치료에 반드시 필요하고 비용효과적인 의약품 중 의약품 공급 및 사용이 원활하지 않은 품목을 '퇴장방지의약품'으로 지정하여 보건복지부에서 생산원가를 보전해 주거나 사용장려비용을 지급하는 제도

1. 퇴장방지의약품의 지정
   가. 장관은 요양급여기준 제8조 제2항에 따른 약제급여목록표에 등재된 약제 중 다음의 어느 하나에 해당하는 약제의 경우 요양급여기준 제11조의2 제1항부터 제6항까지의 규정에 따라 퇴장방지의약품으로 지정할 수 있다.
   나. 가목에 따른 단체의 추천을 받아 퇴장방지의약품을 지정받고자 하는 약제 제조업자 · 위탁제조판매업자 · 수입자는 별지 제2호 서식에 의한 퇴장방지의약품 지정 신청서에 별지 제3호 서식에 의한 추천서와 별지 제4호 서식부터 별지 제7호 서식까지에 의한 관련 증빙자료를 매년 4월 말 또는 10월 말까지 장관 또는 심사평가원장에게 제출하여야 하며, 신청서가 심사평가원장에게 제출된 때에는 장관에게 제출된 것으로 본다.
2. 퇴장방지의약품의 지정기준 등
   가. 장관은 다음의 어느 하나에 해당하는 경우 제1호 가목에 따라 퇴장방지의약품으로 지정한다. 이 경우 지정된 약제와 동일투여 경로 · 동일성분 내 제형이 같은 약제는 본문에 의하여 지정된 것으로 볼 수 있다.
      (1) 타약제에 비하여 저가인 약제로 품절이 빈번하게 발생하거나 원가의 상승 등으로 생산 또는 수입이 기피되어 임상진료에 지장을 초래하는 약제
      (2) 타약제에 비하여 저가이면서 약제의 특성상 타약제의 대체효과가 있어 비용 · 효과적인 측면에서 특별히 관리하여야 할 약제
      (3) 기타 퇴장방지의약품 관리 목적에 부합하다고 약제급여평가위원회에서 평가된 약제

① 퇴장방지의약품은 환자들에게 저가의 약제를 안정적으로 공급하기 위하여 지정되는 약제이다.

② 퇴장방지의약품으로 지정되면 정부로부터 생산원가를 보전받는다.

③ 이미 퇴장방지의약품으로 지정된 약제와 성분이 같다면 퇴장방지의약품으로 바로 인정된다.

④ 퇴장방지의약품 제도가 없으면 효과가 유사하면서 가격이 더 높은 약제들 위주로 제조 및 수입이 될 수 있다.

⑤ 퇴장방지의약품으로 지정받기 위해서는 약제 판매업체가 직접 장관 또는 심사평가원장에게 신청하여야 한다.

20. 김 주임은 현재 소유하고 있는 자동차에 대한 자동차 보험에 새로 가입하기 위해 다음과 같이 보험료를 확인하였다. 남편과 상의해 다음 자동차 보험 가입 관련 자료를 참고하여 수정하기로 한 내역대로 보험료를 다시 확인한다고 할 때, 새로 확인되는 보험료의 추가 금액은 얼마인가?

보험료 확인

보험료를 클릭 시 각 담보를 변경하여 설정할 수 있습니다.

대인배상 I	?	가입(자동차손해배상보장법 한도)	49,220원
대인배상 II	?	무한	66,530원 >
대물배상	?	3억 원	137,370원 >
자기신체사고/자동차상해	?	자동차상해 사망/후유장애 3억 원, 부상 5천만 원	22,240원 >
무보험차상해	?	2억 원	2,790원 >
자기차량손해	?	손해액의 20% 자기부담금 20만 원 ~50만 원	77,470원 >
긴급출동특약	?	하이카서비스 60km(잠금장치해제 포함)	29,410원 >
기타특약 등		실비케어 외 4개	3,590원 >
물적사고할증기준금		200만 원	>

남편 : 피보험자에 포함되는 건 당신과 나구나. 불의의 사고에 대비하기 위해서는 높은 보장을 선택하는 게 좋을 것 같아. 요새 무보험자동차가 많다고 하니 무보험자동차로 발생할 사고에 대비하기 위한 항목의 보장 금액을 높이는 것이 어떨까?

김 주임 : 그래, 그렇게 하는 것이 좋겠어. 우리 차의 사고로 인해서 우리가 상해를 입은 경우에 대한 보장 금액도 높이자. 이왕 높이는 거 사망 시 보장 금액도 높이는 것이 좋겠지?

남편 : 그래, 그리고 우리 둘 다 운전을 시작한 지 얼마 되지 않았으니 우리 차로 다른 차를 박거나 했을 때 보장되는 금액도 2억 원 더 늘리는 게 좋겠어.

〈대물배상 보험료와 보장범위〉

• 대물배상
  – 보상책임 : 피보험자동차의 사고로 인하여 타인의 자동차나 물건에 손해를 끼친 경우 법률상 손해배상책임을 짐으로써 입은 손해를 보상
  – 보상내용 : 한 사고당 선택한 보험 가입 금액 한도를 보상하며, 반드시 2천만 원 이상은 가입해야 하는 의무보험 외제차량을 포함한 고가 차량의 증가로 충분한 보험 가입 금액의 설정이 필요

보장범위	10억 원	5억 원	3억 원	2억 원	1억 원	7천만 원	5천만 원
보험료	141,090원	138,240원	137,370원	134,520원	132,050원	126,470원	124,490원

〈자동차상해 보험료와 보장범위〉

• 자동차상해
  – 보상책임 : 피보험자동차의 사고로 인하여 피보험자(본인 및 가족－부모, 배우자, 자녀)가 동승 중 죽거나 상해를 입은 경우 보상
  – 보상내용
    ▲ 사망 : 보험가입금액 한도 보상
    ▲ 후유장애 : 보험가입금액 한도 내에서 위자료 및 상실 수익액 추가 지급
    ▲ 부상 : 보험가입금액 한도 내에서 실제로 지출한 치료비 보상

보장범위 (사망/상해)	5억 원/ 1억 원	5억 원/ 5천만 원	5억 원/ 3천만 원	3억 원/ 1억 원	3억 원/ 5천만 원	3억 원/ 3천만 원	2억 원/ 1억 원	2억 원/ 5천만 원	1억 원/ 1억 원
보험료	27,820원	26,310원	24,630원	27,690원	22,240원	22,240원	25,990원	22,780원	24,470원

〈무보험차상해 보험료와 보장범위〉

• 무보험차상해
  – 보상책임 : 피보험자(본인 및 가족－배우자, 부모, 자녀)가 무보험자동차로 인한 사고로 죽거나 다쳤을 때 그 손해에 대하여 배상의무자가 있을 경우 보상
  – 보상내용
    ▲ 피보험자 1인당 선택한 보험 가입 금액 한도 보상
    ▲ 대인배상 Ⅰ, 대인배상 Ⅱ, 대물 배상, 자기신체 사고나 자동차상해 담보에 모두 가입하는 경우 가입 가능

보장범위	미가입	2억 원	5억 원
보험료	0원	2,790원	2,890원

① 5,040원　② 5,540원　③ 6,050원
④ 6,550원　⑤ 7,060원

21. 신약 개발 단계에 대한 다음 글의 내용으로 옳지 않은 것은?

〈신약 개발 단계 중 전임상실험〉

전임상시험(Pre-Clinical Trial)은 신약이 될 후보물질을 선정한 후 그 안정성과 효과를 확인해 보기 위해 동물 모델을 대상으로 진행하는 생화학적 실험으로, 크게 전임상 유효성 평가와 전임상 안전성 평가로 구분하여 진행한다. 전임상 유효성 평가는 후보물질이 가지는 약리 작용의 프로필을 연구하고 그 안정성과 흡수성, 대사, 배설, 여러 장기기능에 미치는 효과를 연구하며 전임상 안정성 평가는 유효성 평가를 통해 효과가 어느 정도 입증된 물질을 대상으로 물질의 독성, 흡수성, 용해성 등을 측정하여 이를 평가한다.

이러한 전임상실험을 통해 후보물질의 안전성(독성)과 유효성이 검증되면 사람을 대상으로 하는 연구를 수행하기 위해 식품의약품안전청의 임상시험허가신청(IND)을 거쳐 임상시험을 진행한다.

〈신약 개발 단계 중 임상시험 단계〉

전임상시험에서 검증이 된 약물이 사람에게도 안전하고 효과가 있는지 시험하기 위해 임상시험을 실시한다. 임상시험은 1상, 2상, 3상으로 이루어져 있다.

– 임상시험 1상

임상시험 1상은 안전성을 확신하기 위해 시행한다. 일반적으로 건강한 사람 20 ~ 80명에게 약물을 투여해 약물이 문제를 일으키지 않는지 확인한다. 이 시험에서 사람에게 사용할 수 있는 최대용량을 결정한다. 또한 약이 몸에 흡수돼 최종적으로 제거되는 과정과 부작용을 조사한다. 항암제는 건강한 사람 대신 환자에게 약물을 투여한다. 이때 약의 효능이 나타나는지도 조사한다.

–임상시험 2상

- 2상에서는 수백 명의 환자들을 시험에 참가시키지만 약의 효능을 완전히 증명할 만큼 충분하지는 않다. 이 단계에서는 약물로 치료하려는 질병을 앓고 있는 환자들이 참여한다. 안전성이 여전히 중요한 사안이며 특히 약물을 투여한 후 짧은 기간에 나타나는 부작용을 주의 깊게 관찰한다.
- 환자들을 최소 세 그룹으로 나눠 위약, 낮은 용량, 높은 용량을 투약하며 부작용이 가장 낮게 나타나면서 약효를 보이는 용량을 결정한다. 임상시험에서 파악하고 싶은 질문을 세부적으로 수정하면서 임상시험 방법을 최종적으로 결정한다. 이 시험결과에 따라서 약물 효능이 뛰어나다고 판명되면 3상으로 진행하는데, 보통은 이 단계에서 약 67% 정도가 떨어지고 33% 정도가 임상시험 3상으로 진행된다.

–임상시험 3상

- 임상시험 중에서 가장 중요하며 가장 비용이 많이 소요되는 연구다. 임상시험 3상은 개발사에서 계획하지만 FDA의 승인을 받아야 한다. 앞에서 기술한 것처럼 FDA 규제요원과 만나면서 협의 과정을 거친다.

- 참여하는 환자의 수는 300 ~ 3,000명이다. 이때 1차 평가지수를 설정하며 이 평가지수가 바로 시험에 사용한 약의 성패를 결정하는 주요소가 된다. 2차 평가지수와 그 외 부수적으로 분석할 내용도 이때 결정한다. 통계적으로 약효를 입증해야 하는데 암 치료제와 같이 약효를 명확하게 볼 수 있는 경우에는 수백 명, 백신과 같이 효과를 보려면 자연적인 감염이 필요할 경우에는 수천 명까지 참여시켜야 한다. 예외적인 경우 10만 명 이상 참가한 임상시험도 있다.

〈임상시험 모식도〉

소요 시간 : 3 ~ 10년, 실험 대상 : 환자, 정상인

임상시험 1상	임상시험 2상	임상시험 3상
참여인원 : 20 ~ 80명 목적 : 주로 안전성 평가 성공률 : ~70%	참여인원 : 100 ~ 300명 목적 : 효능을 보이는 최고 복용량 조사 성공률 : ~33%	참여인원 : 300 ~ 3,000명 목적 : 효능 및 안전성 확인 성공률 : 25%

① 임상시험은 총 3상에 걸쳐 최소 3년 이상의 시간이 소요된다.

② 신약 개발 과정에서 약의 효능을 시험하기에 앞서 안전성을 먼저 확인해야 한다.

③ 사람에게 사용할 수 있는 최대용량을 결정하는 단계는 임상시험 1상이다.

④ 임상시험 2상은 약의 효능을 확인하는 단계로, 이 과정에서 약물의 대다수가 임상시험 3상으로 진행된다.

⑤ 전임상시험은 임상시험에 들어가기 전 실험동물을 대상으로 진행하는 시험단계이다.

[22 ~ 23] 다음 자료를 보고 이어지는 질문에 답하시오.

○○기업은 이번 신입사원 공개채용에서 2명을 선발할 예정이다. 1명은 해당 직종에서 3년 이상의 경력을 쌓은 지원자 중에서 선발하고, 나머지 1명은 해당 직종에서 3년 미만의 경력을 가진 지원자 중에서 직무적합도 테스트와 면접에서 우수한 결과를 보인 지원자를 채용하려고 한다. 이 기업 인사담당자는 다음의 요건과 지원자들의 결과에 따라 합격자를 선발하고자 한다.

1. 직무적합도 테스트 관련 합격요건

100점 만점의 시험에서 성적이 우수한 자를 선발하되, 50점 이하의 점수를 받은 지원자는 과락으로 처리, 즉시 불합격된다.

2. 면접 관련 합격요건

면접관 3명이 A/B/C/D의 등급으로 지원자의 면접 점수를 평가하되, D 등급이 하나라도 부여된 지원자의 경우 과락으로 처리, 즉시 불합격된다. 면접등급은 A는 33점, B는 22점, C는 11점으로 환산한다. 예를 들어, 어떤 지원자의 면접결과가 A/B/B라면 이 지원자의 면접 점수는 77점이다.

3. 부가점 관련 합격요건

- 직무연관 자격증 : 1개당 부가점 3점 부여, 최대 6점 부여
- 사회봉사시간 : 10시간당 1점 부여, 최대 5점 부여(시간 책정은 일의 자리에서 반올림함)
- 자기소개서 우수자 : 5점 부여
- 국가유공자 : 5점 부여

4. 합격자 선발 방법

직무적합도 테스트 점수와 면접 결과 점수를 합산한 다음, 부가점을 추가하여 지원자의 총점을 집계하여 성적이 가장 좋은 2명을 선발한다. 동점자 발생 시 우선순위는 직무 적합도 테스트 점수, 면접 환산 점수, 해당직종 경력 순으로 선발이 이루어진다.

〈지원자 공개채용 결과〉

구분	직무적합도	면접결과	경력	부가점
지원자 A	70점	A/B/B	3년	사회봉사 28시간
지원자 B	85점	B/B/D	4년	직무연관 자격증 2개 사회봉사 36시간, 국가유공자
지원자 C	90점	A/B/C	경력 없음	–
지원자 D	75점	A/A/C	3년 2개월	직무연관 자격증 1개
지원자 E	50점	A/B/B	3년 6개월	직무연관 자격증 1개
지원자 F	85점	B/B/B	1년	직무연관 자격증 1개 사회봉사 24시간
지원자 G	90점	A/C/C	경력 없음	직무연관 자격증 3개

22. 지원자들이 ○○기업 채용의 합격요건과 모든 지원자들의 점수를 알고 있다고 할 때, 다음 대화 내용 중 옳지 않은 것은?

① 지원자 D : 합격이다!

② 지원자 G : 축하해요. 저는 떨어졌어요.

③ 지원자 C : 지원자들 중에 과락자도 있네요.

④ 지원자 A : 전 직무적합도 테스트에서 5점만 더 맞았더라면 합격이었어요.

⑤ 지원자 F : 전 사회봉사만 5시간 더 했더라면 합격할 수 있었어요.

23. ○○기업 공개채용에서 다음과 같은 추가 지원자가 있다고 할 때, 다음 중 정해진 합격자를 바뀌게 하는 추가 지원자와 이로 인해 합격 여부가 바뀌는 지원자가 바르게 연결된 것은?

구분	직무적합도	면접결과	경력	부가점
지원자 H	90점	A/C/D	3년 6개월	직무관련 자격증 4개
지원자 I	100점	B/C/C	3년 2개월	자기소개서 우수자, 사회봉사 52시간
지원자 J	95점	B/B/C	2년 6개월	국가유공자
지원자 K	75점	A/A/C	3년 3개월	–
지원자 L	90점	A/B/C	1년	–

① 지원자 H－지원자 A

② 지원자 I－지원자 F

③ 지원자 J－지원자 D

④ 지원자 K－지원자 G

⑤ 지원자 L－지원자 C

[24 ~ 25] 다음 자료를 보고 이어지는 질문에 답하시오.

관광행태의 질적 변화의 필연성은 이미 오래 전부터 지적되어 왔다. 미래의 여행패턴이 수단과 목적의 선별적 활용을 추구하는 방향으로 바뀔 것이라든지, 후기산업사회를 살아가는 사람들은 소득수준이 높아지면서 관광에 있어서도 경험의 질을 중시하는 방향으로 바뀔 것이라는 등의 주장은 테마 위주의 고품질 여행이 관광의 주류를 이룰 것을 예견하고 있는 연구 사례이다. 최근의 여행패턴이 시설물 중심에서 이미지 중심의 여행으로, 그리고 현실 중심의 여행에서 감성 중심의 여행으로 바뀌고 있음을 보고하고 있는 연구도 시대의 흐름과 함께 관광의 질적 변화를 예견한 사례라고 할 것이다.

가장 주목할 만한 변화는 여행기간의 증가이다. 지난 2002년부터 정부가 도입한 주5일제 근무로 인해 주말여가 형태 및 여행패턴에 큰 변화가 일어나고 있다. 주5일제 근무 이전에는 당일관광이 주류를 이루었으나, 실시 후에는 당일관광의 비율이 줄어든 대신 1박 2일과 2박 3일 등 숙박관광의 비율이 높아지고 있는 것으로 나타났다. 여행의 질적 변화가 나타나고 있는 것이다.

지리학은 현장의 자연환경과 인문환경을 연구하는 공간과학이다. 지구 위에서 발생되고 있는 대기, 물, 지형, 생물 등의 자연요소와 인간의 행동요소들이 어우러져 지리학의 근원을 이룬다. 환경과 인간은 관광의 핵심 콘텐츠로 이들을 연구대상으로 삼고 있는 지리학은 관광 콘텐츠의 중심 학문이라고 말할 수 있다. 이는 지리학이 흥미로운 관광 프로그램을 생산할 수 있는 동력의 학문이며, 새로운 관광 소재를 발굴할 수 있는 학문임을 의미한다.

'지리여행(地理旅行, Geotravel)'이란 말이 사용되기 시작한 것은 약 20년 전이다. 지리여행은 '어떤 곳의 지형이나 길 따위의 형편 혹은 지구상의 지형, 생물, 물, 기후, 도시, 교통, 주민, 산업 따위의 상태를 즐기는 여행'으로 풀이할 수 있다. 지리여행은 머리로 하는 여행이 아니라 가슴으로 하는 여행이며, 지리여행은 감성여행이며 관찰여행이다. 지리여행은 역사 중심의 관광패턴을 크게 뛰어넘는 포괄적 국토환경여행이다. 지구를 구성하고 있는 기권, 암권, 수권, 생물권 등의 4권역을 관광의 대상으로 삼는 신개념 탐구여행이고, 특정의 자연환경을 토대로 살아온 지역 주민들의 의식주를 탐미하는 향토여행이기도 하다. 지리여행은 현장답사를 통해 우리 주변의 산지, 하천, 해안지형 및 물이 빚어낸 자연경관, 그리고 이러한 자연경관 위에 펼쳐지고 있는 도시, 농산어촌의 생활양식이 시공간적으로 결합된 지리콘텐츠(Geographical Content)를 이해하는 체험여행이다.

현재 우리 사회의 관광 콘텐츠는 주로 역사 중심의 프로그램으로 구성되어 있다. 반만 년의 유구한 전통을 갖고 있는 우리나라 곳곳에는 역사와 관련된 국보와 보물 등의 문화재로 가득하다. 우리나라가 세계유산으로 등재한 11곳의 내역을 보면 10곳이 해인사장경판전, 종묘, 석굴암 · 불국사 등과 같은 문화유산들이며, 자연유산으로는 제주 화산섬과 용암동굴 만이 지정되어 있을 뿐이다. 이는 우리나라의 관광자원이 역사 · 문화 중심으로 편중되어 있음을 의미한다. 역사 · 문화 편중의 관광 콘텐츠만으로는 우리의 국토공간을 제대로 즐기기 어렵다. 이러한 콘텐츠로는 국내여행의 다양성을 확보하기 힘들다. 국립공원과 같은 관광지에서 한눈에 볼 수 있는 것은 산, 강, 바다와 같은 대자연으로 고궁, 사찰 등의 관광 소재만으로는 우리의 자연경관을 음미하기에는 제한적일 수밖에 없다. 이러한 현실을 극복하기 위해 삶의 공간을 탐미하는 지리여행은 관광 활성화를 위한 적절한 대안이 될 수 있다.

지리여행과 비슷한 탐구 성격을 지닌 여행으로 생태관광과 지질관광이 있다. 2010년부터 문화체육관광부와 환경부가 창녕, 파주, 태안 등 전국 11개 지역에서 선정한 생태관광 모델사업도 국내관광 활성화를 위해 시도된 테마여행이다. 지질관광 역시 지질공원과 함께 생긴 테마여행으로 2012년 환경부가 마련한 국가지질공원제도는 지질관광 대중화를 위한 활력소가 되고 있다. 현재 우리나라의 국가지질공원은 2013년에 지정된 제주도와 울릉도 · 독도 등 모두 6곳이 지정되어 있다. 생태관광이나 지질관광은 아직 초기단계여서 그 성과를 평가하기에는 성급함이 있으나 벌써부터 대중화를 위한 적지 않은 한계점이 나타나고 있다. 예컨대 생태관광 사업은 원래 우수한 생태자원을 발굴하고 주변의 역사와 문화자원을 더불어 체험하기 위해 마련된 소프트웨어 중심의 사업이다. 그러나 문화체육관광부에서 환경부로 생태관광 업무가 이관된 후로는 국립공원과 자연공원, 생태경관보전지역, 철새도래지 등 환경적으로 우수한 대다수의 보호지역이 생태관광지로 소개되며 생태관광 본래의 사업목적이 변질되기에 이르렀다. 또한 지질관광은 깊은 지질학적 지식을 요구하고 있어 방문객들이 그 내용을 근본적으로 이해하기 어려운 구조적 문제점을 안고 있다. 이는 지질관광의 일반화를 위해 지질관광의 콘텐츠 개발이 재고되어야 함을 의미한다.

지리여행 콘텐츠는 이러한 생태관광이나 지질관광의 한계를 극복하기 위해 개발되었다. 우선 지리여행이 지질관광이나 생태관광과 다른 점은 지리여행은 점(點)의 여행이 아니라, 답사 코스를 따르는 공간 여행의 성격이 강하다는 것이다. 광범위한 지역의 공간 특성을 관광 대상으로 하는 지리여행은 어떤 지역의 자연은 물론 문화, 역사, 민속 등 인문적 특성 모두를 관광의 관심대상으로 삼는다. 장(場, Field)의 환경특성을 기초로 한 21세기형 문화여행은 지리여행의 근간을 이루는 주요 융복합 콘텐츠이다. 지리여행 콘텐츠는 우리의 땅의 특성은 무엇이고, 그러한 땅 위에서 선조들이 어떤 삶의 형태를 이루어 왔는지를 음미하는 내용으로 구성된다. 지리여행은 자연스럽게 지구환경 보전사상을 균형감 있게 갖추는 계기를 마련해 줄 것이며 향토애를 느끼고 또 우리 땅의 가치를 인식해 이를 애국심으로 승화시키는 시너지 효과를 가져다 줄 것이다.

24. 윗글을 바탕으로 추론한 내용으로 적절하지 않은 것은?

① 현재의 지질관광은 전문적 지식을 요하기 때문에 대중화에 어려움을 겪고 있다.

② 현재 여행 콘텐츠는 대체로 역사 중심으로 이루어져 있다는 점이 한계로 지적된다.

③ 지리여행은 역사 · 문화 관광과 지질관광, 생태관광의 개념을 모두 아우르는 형태이다.

④ 자연경관 관광 중심 여행에 더하여 현대의 건축물이나 시장 답사 중심의 여행 콘텐츠가 개발될 필요가 있다.

⑤ 생태관광의 본래 사업 목적을 실현하기 위해서는 관련된 지식을 쉽게 전달할 수 있는 콘텐츠를 개발해야 한다.

25. 윗글을 고려하여 ○○강 지리여행을 위한 1박 2일 체험학습 안내서를 작성하고자 한다. 다음 ㉠ ~ ㉤ 중 적절하지 않은 것은?

〈○○강 지리여행 목적〉

- 인간의 필수 생활요소인 물 환경의 관찰을 토대로 유역의 소중함을 환경적 관점에서 느낄 수 있도록 한다. ………… ㉠
- ○○강 유역 속에 담겨 있는 지역의 향토문화 특색을 여행지 숙박을 통해 자연스레 깨닫도록 한다. 이는 탐방객들에게 문화 태생지인 하천공간을 둘러보게 함으로써 문화공간으로서의 유역의 의미를 되새기게 하는 데 의의를 갖는다. ………… ㉡

〈○○강 지리여행 내용〉

- ○○강 발원지의 이해 : 우리나라 5대강 발원지의 지형학적 특성과 해당 지역의 전설을 흥미롭게 설명
- △△산의 이해 : ○○강과 인접한 △△산의 지질, 지형학적 특징을 중점적으로 전달 ………… ㉢
- 인삼밭 방문 : 인삼재배의 역사를 설명하고 인삼 캐기 체험을 통해 마을 사람들의 삶을 가까이서 느껴 볼 수 있는 시간을 가짐. ………… ㉣

〈○○강 지리여행 기대효과〉

- ○○강의 자연환경 구성 요소를 올바르게 파악할 수 있다.
- ○○강 유역 거주민들의 향토문화 특성을 파악할 수 있다.
- ○○강 유역 내의 지리여행 방문지들의 위치와 특성을 말이나 글로 표현할 수 있다.
- 우리 자연환경과 문화유산의 소중함을 인지할 수 있다. ………… ㉤

① ㉠　② ㉡　③ ㉢
④ ㉣　⑤ ㉤

코레일(한국철도공사)

10회 기출예상문제

수험번호	
성 명	

KORAIL

감독관 확인란	

10회 기출예상문제

성명표기란

수험번호

(주민등록앞자리 생년제외) 월일

수험생 유의사항

※ 답안은 반드시 컴퓨터용 사인펜으로 보기와 같이 바르게 표기해야 합니다.
〈보기〉 ① ② ③ ❹ ⑤

※ 성명표기란 위 칸에는 성명을 한글로 쓰고 아래 칸에는 성명을 정확하게 표기하십시오. (맨 왼쪽 칸부터 성과 이름은 붙여 씁니다)

※ 수험번호/월일 위 칸에는 아라비아 숫자로 쓰고 아래 칸에는 숫자와 일치하게 표기하십시오.

※ 월일은 반드시 본인 주민등록번호의 생년을 제외한 월 두 자리, 일 두 자리를 표기하십시오.
〈예〉 1994년 1월 12일 → 0112

※ 검사문항 : 1~25

문번	답란	문번	답란
1	① ② ③ ④ ⑤	16	① ② ③ ④ ⑤
2	① ② ③ ④ ⑤	17	① ② ③ ④ ⑤
3	① ② ③ ④ ⑤	18	① ② ③ ④ ⑤
4	① ② ③ ④ ⑤	19	① ② ③ ④ ⑤
5	① ② ③ ④ ⑤	20	① ② ③ ④ ⑤
6	① ② ③ ④ ⑤	21	① ② ③ ④ ⑤
7	① ② ③ ④ ⑤	22	① ② ③ ④ ⑤
8	① ② ③ ④ ⑤	23	① ② ③ ④ ⑤
9	① ② ③ ④ ⑤	24	① ② ③ ④ ⑤
10	① ② ③ ④ ⑤	25	① ② ③ ④ ⑤
11	① ② ③ ④ ⑤		
12	① ② ③ ④ ⑤		
13	① ② ③ ④ ⑤		
14	① ② ③ ④ ⑤		
15	① ② ③ ④ ⑤		

10회 기출예상문제

▶ 정답과 해설 55쪽

문항 수 | 25 문항

01. 다음 (가) ~ (마)를 문맥에 맞도록 순서대로 바르게 나열한 것은?

(가) 흡수층에서 생성된 전자와 양공은 각각 양의 전극과 음의 전극으로 이동하며, 이 과정에서 전자는 애벌랜치 영역을 지나게 된다. 이곳에는 소자의 전극에 걸린 역방향 전압으로 인해 강한 전기장이 존재하는데, 이 전기장은 역방향 전압이 클수록 커진다. 이 영역에서 전자는 강한 전기장 때문에 급격히 가속되어 큰 속도를 갖게 된다. 이후 충분한 속도를 얻게 된 전자는 애벌랜치 영역의 반도체 물질을 구성하는 원자들과 충돌하며 느려지면서 새로운 전자-양공 쌍을 만드는데, 이 현상을 충돌 이온화라 부른다. 새롭게 생성된 전자와 기존의 전자가 같은 원리로 전극에 도달할 때까지 애벌랜치 영역에서 다시 가속되어 충돌 이온화를 반복적으로 일으킨다.

(나) 애벌랜치 광다이오드는 크게 흡수층, 애벌랜치 영역, 전극으로 구성되어 있다. 흡수층에 충분한 에너지를 가진 광자가 입사되면 전자(-)와 양공(+) 쌍이 생성될 수 있다. 이때 입사되는 광자 수 대비 생성되는 전자-양공 쌍의 개수를 양자 효율이라 부른다. 소자의 특성과 입사광의 파장에 따라 결정되는 양자 효율은 애벌랜치 광다이오드의 성능에 영향을 미치는 중요한 요소 중 하나이다.

(다) 한편 애벌랜치 광다이오드는 흡수층과 애벌랜치 영역을 구성하는 반도체 물질에 따라 검출이 가능한 빛의 파장 대역이 다르다. 예를 들어 실리콘은 300 ~ 1,100nm, 저마늄은 800 ~ 1,600nm 파장 대역의 빛을 검출하는 것이 가능하다. 현재 다양한 사용자의 요구와 필요를 만족시키기 위해 여러 종류의 애벌랜치 광다이오드가 제작되고 있다.

(라) 광통신은 빛을 이용하기 때문에 정보의 전달은 매우 빠를 수 있지만, 광통신 케이블의 길이가 증가함에 따라 빛의 세기가 감소하기 때문에 원거리 통신의 경우 수신되는 광신호는 매우 약해질 수 있다. 빛은 광자의 흐름이므로 빛의 세기가 약하다는 것은 단위 시간당 수신기에 도달하는 광자의 수가 적다는 뜻이다. 따라서 광통신에서는 적어진 수의 광자를 검출하는 장치가 필수적이며, 약한 광신호를 측정이 가능한 크기의 전기 신호로 변환해 주는 반도체 소자로서 애벌랜치 광다이오드가 널리 사용되고 있다.

(마) 그 결과 전자의 수가 크게 늘어나는 것을 '애벌랜치 증배'라고 부르며 전자의 수가 늘어나는 정도, 즉 애벌랜치 영역으로 유입된 전자당 전극으로 방출되는 전자의 수를 증배계수라고 한다. 증배 계수는 애벌랜치 영역의 전기장의 크기가 클수록, 작동 온도가 낮을수록 커진다. 전류의 크기는 단위 시간당 흐르는 전자의 수에 비례한다. 이러한 일련의 과정을 거쳐 광신호의 세기는 전류의 크기로 변환된다.

① (나)-(다)-(라)-(가)-(마)
② (다)-(라)-(나)-(마)-(가)
③ (다)-(라)-(마)-(나)-(가)
④ (라)-(나)-(가)-(다)-(마)
⑤ (라)-(나)-(가)-(마)-(다)

02. 다음 글을 읽고 추론한 내용으로 옳지 않은 것은?

현대 생명윤리는 크게 두 가지 관점을 통해서 해결에 접근한다. 그것은 바로 자유주의 윤리학과 공동체주의 윤리학이다. 주목할 점은 자유주의 윤리학과 공동체주의 윤리학은 동시에 대립하며 발전한 것이 아니라 자유주의 윤리학의 이론과 적용에 대하여 공동체주의 윤리학이 반론을 제기하면서 발전했다는 점이다. 그러므로 대응방식으로서 생명윤리학의 현대적 의의는 자유주의 윤리학에 대한 공동체주의 윤리학의 보충이 아닌 맞대응이라고 할 수 있다. 여기서 맞대응은 생명윤리의 전제조건에 대한 전환을 말한다.

계몽주의적 계보에 그 연원을 두고 있는, 특히 의무론적인 자유주의 윤리학은 옳음과 정의의 우선성을 근거로 하는 개인의 권리, 자유, 자기 선택, 자기결정, 나라는 존재의 개별적 정체성 등을 중요한 가치로 내세운다. 반면에 아리스토텔레스적 또는 낭만주의적 전통을 그 원류로 하는 공동체주의 윤리학은 좋음과 공동선의 우월성을 기초로 하는 공생, 공익 등의 공동체적 가치와 궁극 목적에 기여하는 여러 가지 공동체적 덕목 그리고 유대감 및 우리라는 존재의 집단적 정체성을 전제로 하는 공동체의 유지와 강화 등을 중요한 가치로 삼는다.

자유주의 진영에서 존 롤스(John Rawls)의 출현은 규범적 전환이라고 불릴 정도로 규범에 관한 논쟁을 일으켰다. 대표적인 논쟁이 규범윤리학 방법론이다. 생명윤리 문제에서 공동체주의의 대응은 원칙주의와 결의론 등 자유주의적 관점이 지닌 문제점에 대한 인식에서 나왔다. 현대 바이오테크놀로지(biotechnology)는 기술만으로는 해결하기 어려운 많은 생명윤리적 쟁점과 질문을 동시에 세상에 내놓았다. 이와 같은 한계를 극복하고 문제를 해결하는 대응으로 출현한 것이 공동체주의 관점의 생명윤리학이다.

자유주의 생명윤리가 개인의 자율성을 강조한 것에 대항하여 공동체주의 학자 샌델(Michael Sandel), 매킨타이어(Alasdair MacIntyre), 테일러(Charles Taylor), 왈저(Michael Walzer)는 각자의 정치철학 이론에 기초하여 생명윤리관을 서술했다. 샌델은 '옳음은 좋음에 우선한다'는 롤스의 자유주의를 칸트적 자유주의로 규정하고 이에 대한 비판을 제기했다. 매킨타이어는 위기에 빠진 현대의 도덕문화를 극복하기 위해서 공동체주의적 대안을 모색해야 한다는 입장을 내세웠다. 테일러는 자유주의가 도덕적 위기를 가져왔다며 자아정체성과 도덕적 선을 회복해야 한다고 주장했다. 이들은 정의로운 사회란 공동체가 공유하는 가치와 선(good)으로 구성된다고 말한다.

다시 말하자면 공동체주의는 공동선(common good)이 옳기 때문에 정의의 자격이 부여되는 것이 아니라 그것을 사람들이 좋아하고 그로 인해 행복할 수 있기 때문에 정의로서 자격을 갖춘다고 주장한다. 하지만 공동체주의적 접근방식은 공동선을 강조하다 보니 인간의 권리와 자유를 소홀히 할 수 있고 공동체에 대한 개념과 공동체가 지닌 현실적 한계가 무엇인지 모호하다는 비판이 있다.

그러나 이런 한계에도 불구하고 공동체주의 접근방식은 개인의 자율성으로 경도되어 지나치게 보호하는 자유주의적 관점에 대하여 개인이 현실적으로 속해 있는 공동체와 대화할 수 있는 길을 열어 주었다는 점에서 큰 공헌을 했다. 사실 현실 세계와 분리된 상황에서 인간의 도덕적 지위를 확립하고 그 이념에 따라 모든 인간이 올바른 가치판단을 내리면서 올바르게 삶을 선택한다면 좋겠지만 현실 속의 인간은 추상화된 개념의 이상(理想) 속에 고립되고 한정된 존재가 아니라는 점을 간과해서는 안 된다.

추상적 존재로도 불리지만 현실적, 경험적 인간이 속해 있는 공동체의 가치와 선을 고려한다는 것은 삶이 허무주의로 흐를 수 있는 고립된 자아를 좋은 삶을 위한 방향으로 수정할 수 있는 기회를 제시해 주는 것과 같다. 이 점은 개인과 공동체 사이에 여러 가지 차이와 간극이 있음에도 불구하고 공동체주의가 주는 현실적 가치임을 기억해야 한다.

① 현대 바이오테크놀로지는 기존의 자유주의 윤리학의 관점만으로는 해결하기 어려운 생명윤리적 쟁점을 가진다.

② 자유주의 윤리학은 공동체주의 윤리학에 선행하여 발생하였으며 공동체주의 윤리학은 자유주의 윤리학에 대해 반박하면서 등장한 개념이다.

③ 개인의 자율성을 지나치게 보호하는 자유주의적 관점을 따를 경우, 자아가 고립되어 삶이 허무주의로 흐를 가능성이 있다.

④ 공동체주의는 어떤 순간에도 절대적으로 정의로운 공동선을 설정한 후 이에 기초해 올바른 가치판단을 내리는 삶을 이상적으로 본다.

⑤ 각자의 공동체주의적 정치철학 이론에 기초하여 생명윤리관을 서술한 학자로는 샌델, 매킨타이어, 테일러, 왈저 등이 있다.

03. 다음 글을 읽고 이해한 내용으로 적절하지 않은 것은?

전기는 우리가 사용하는 에너지의 형태 중 그 편리함 덕분에 가장 광범위하게 사용되고 있으나, 생산과 동시에 소비가 이루어져야 하고 저장이 어려운 특성을 가지고 있다. 기존 중앙 집중형 송배전시스템은 전력 수요·공급의 불일치로 에너지 관리의 효율성에 문제를 발생시키고 있으며, 신재생에너지(태양광, 풍력 등)에서 생산되는 전기는 품질 문제로 전력망의 안정성과 신뢰도를 저하시키고 있다. 또한 여름과 겨울의 급격한 전력 수요로 인해 대규모 정전 사고가 빈번해지고 있는 상황이다. 전력망의 안정성과 신뢰도를 개선시키고, 신재생에너지의 간헐적인 출력 특성을 해결하여 효율적인 전력 활용, 고품질의 전력 확보, 안정적인 전력 공급이라는 목표를 달성하기 위해 스마트그리드 에너지저장시스템(ESS)은 그 필요성이 증대되고 있으며 미래 유망 사업 중 하나이기도 하다.

일반적으로 전력 공급은 수요에 맞춰 탄력적으로 변화시키기 힘들다. 주요 전력 공급원인 원자력은 항상 가동상태를 유지해야 하며, 화력이나 수력 역시 원자력보다는 낫다고는 하지만 일정 수준 이하로 가동률을 낮출 수는 없다. 전력 수요가 공급을 초과할 경우 대규모 정전 사태로 이어지기 때문에 발전업체는 항상 충분한 전력 예비율을 확보해야 한다. 문제는 예상치 못한 순간 수요가 발생하거나 혹은 발전기 고장 등으로 공급이 감소하는 경우다. 발전업체가 예비 발전기를 가지고 있지만 발전기 가동에 15분 이상이 필요하기 때문에 그만큼 전력 공급에 공백이 발생하게 된다. 이러한 공백을 메워 주는 역할을 하는 것이 바로 ESS다. 만약 ESS가 없을 경우 발전회사는 비상 상황에 대비해 적정 수준보다 많은 발전기를 항상 가동 상태로 유지시켜야 한다.

비상 상황뿐 아니라, 일일 전력 수급을 효율적으로 관리하기 위해서도 ESS는 필요하다. 일일 전력수요를 살펴보면 하계의 경우 낮 2 ~ 4시경 피크를 이룬 후 저녁시간으로 갈수록 수요가 점차 감소한다. 하지만 앞서 언급했듯 전력 생산은 탄력적이지 못하므로 피크 시간 수요를 기준으로 생산해야만 한다. 즉, 심야시간의 잉여 전력은 그대로 사장되며, 전력 이용의 효율성 역시 떨어질 수밖에 없다.

이런 측면에서 발전업체에서 ESS를 도입하면 심야시간의 잉여 전력을 저장해뒀다 피크 시간에 활용할 수 있기 때문에 보다 전력을 효율적으로 이용할 수 있다는 장점이 있다. 과거에는 ESS 구입비용보다 발전기 가동비용이 저렴했기 때문에 발전업체 입장에서는 발전기를 추가로 가동하는 편이 훨씬 용이했지만, ESS 가격 하락과 맞물려 정책적으로 탄소배출 발전을 제한함에 따라 발전업체들도 ESS에 대한 관심을 가질 수밖에 없는 상황이다. 최근 풍력, 태양광 등 신재생에너지발전 비중이 증가하고 있다는 점도 ESS 보급 확대에 긍정적으로 작용하고 있다.

전력계통에서 요구되는 ESS는 다양한 출력과 저장시간에 따라 적용되는 분야가 크게 장주기용 ESS와 단주기용 ESS로 분류된다. 장주기용 ESS는 기저부하의 유효전력을 이용함으로써 전력계통의 효율적 운영 및 안정성을 증대시키기 위한 에너지 관리용으로 이용되며, 리튬이온배터리(LIB ; Lithium－Ion Battery), RFB(Redox Flow Battery), NaS배터리(Sodium－Sulfur Battery) 및 CAES(Compressed Air Energy Storage) 시스템 등이 있다. 단주기용 ESS는 스마트그리드의 순간 정전 방지 및 신재생에너지원의 출력 변동 완화를 위한 전력 품질 개선용으로 이용되며, 초고용량 커패시터와 FESS(Flywheel Energy Storage System) 등이 있다. 향후 신재생에너지의 보급 확대 및 전기자동차 시장 확대로 중대형 ESS 시장은 급격히 증대될 것으로 예상되며, 전기자동차용 전력공급용 시장, 신재생에너지 및 차익거래용 시장으로 구분되어 형성될 것으로 전망된다. 또한 용량별로는 50MW 이하는 리튬이온배터리 · NaS · RFB 등의 전지 산업으로, 50MW 이상은 CAES 및 양수발전시스템과 같은 대형 발전 산업으로 시장을 형성할 것으로 예상된다.

리튬이온배터리를 이용한 2차 전지 시장은 전기자동차(EV ; Electric Vehicle) 분야뿐만 아니라 ESS 분야에서도 크게 각광받고 있다. 2차 전지를 이용한 대용량 전력저장시스템은 크게 배터리 시스템, 전력변환시스템(PCS ; Power Conditioning System) 및 ESS 계통운용시스템(PMS ; Power Management System)으로 구성된다.

리튬이온배터리의 대용량화를 위해서는 배터리 셀의 열화 예측, 수명계산 및 배터리 보호 등을 위한 BMS(Battery Management System)가 필요하며, 리튬이온배터리와 BMS를 합쳐 하나의 배터리시스템을 구성한다. 배터리시스템과 전력계통 사이의 전력 변환을 담당하는 PCS는 대용량의 인버터 · 컨버터를 통해 배터리의 DC시스템과 전력계통의 AC시스템을 연계하여 배터리의 충 · 방전을 가능하게 하며, 배터리시스템의 제어를 위해 BMS와 PMS 사이에서 매개 역할을 수행한다. ESS 계통운용시스템(PMS)은 부하평준화 알고리즘 및 신재생에너지원의 출력 개선 알고리즘 등을 이용하여 전력저장장치의 충 · 방전을 결정하고, ESS의 상태를 감시하는 역할을 하여 대용량 전력저장장치시스템의 전체적인 제어를 한다.

① 기존 방식으로 생산되는 전기는 에너지 관리의 효율성 측면에서, 신재생에너지에서 생산되는 전기는 안정성 측면에서 문제가 발생한다.

② 스마트그리드 에너지저장시스템은 전력망의 안정성과 신뢰도를 개선시키고, 효율적인 전력 활용, 안정적인 전력 공급 등을 위해 그 필요성이 증대되고 있다.

③ 장주기용 ESS는 전력계통의 효율적 운영 및 안정성을 증대시키기 위해 이용되며, 단주기용 ESS는 스마트그리드의 순간 정전 방지 및 신재생에너지원의 출력 변동 완화를 위한 전력 품질 개선용으로 이용된다.

④ ESS 시장은 용량별로, 50MW 이상은 리튬이온배터리 · NaS · RFB 등의 전지 산업으로, 50MW 이하는 CAES 및 양수발전시스템과 같은 대형 발전 산업으로 시장을 형성할 것으로 예상된다.

⑤ ESS는 구매비용이 발전기 가동비용보다 더 비쌌던 과거 대비 현재에 그 가격이 더 하락된 상태이다.

04. 다음 글의 ㉠~㉢이 가지는 입장에 대한 설명으로 적절하지 않은 것은?

> 아이들은 일정한 나이가 되면 배우지 않아도 스스로 걷고 말을 한다. 읽고 쓰는 것은 배우지만 말은 따로 배우지 않아도 한다. 언어 습득 이론으로는 아이들이 태어난 후 어른이 하는 말을 모방하여 언어를 배운다는 행동주의적 관점과 태어날 때부터 이미 언어를 말할 수 있는 능력을 가지고 태어났다는 이성주의 · 합리주의적 관점, 아동의 인지적 수준과 언어를 사용하는 사회 환경과의 상호 작용에 의해 언어를 배운다는 인지주의적 관점이 제시되었다.
>
> 미국의 ㉠ 레너드 블룸필드(Leonard Bloomfield)는 어린이는 백지 상태로 태어나지만 후천적인 경험에 의하여 언어를 습득한다는 경험주의 · 행동주의적 관점을 주장했다. 이반 파블로프(Ivan Pavlov)의 조건 반사 이론에 영향을 받아 버러스 스키너(Burrhus Skinner)는 언어를 주어지는 자극에 대한 반응을 통하여 습득되는 것으로 보았다. 즉 아이가 배가 고플 때 우유를 주는 것(무조건 자극)은 아기의 배고픔을 해결하는 생리적 반응을 일으킨다(무조건 반응). 우유를 주기 전에 엄마가 '우유'라고 말하면(조건 자극) 이 자극은 무조건 자극인 우유와 결합하게 되어 실제 우유를 먹었을 때와 유사한 생리적 반응을 일으킨다. 따라서 엄마가 주는 '우유(자극)'는 아기가 '우유(반응)'라고 말하는 것을 강화하게 된다. 이러한 과정을 통하여 아이는 '우유'라는 말을 학습하게 된다는 주장이다.
>
> 또한 다른 사람의 말을 모방함으로써 언어를 습득한다고 본다. 즉 엄마가 출근하는 아빠를 보며 '빠이빠이'라고 하면 아이는 엄마의 말을 모방하여 '빠이빠이'라고 한다. 아이들은 어른의 말을 단순히 모방하는 데에서 그치지 않고 자신의 능력이 허락하는 범위 내에서 표현한다. 행동주의 관점의 연구자들은 동물 실험의 결과를 인간의 언어 행위에 그대로 적용하는 한계를 보였지만 외국어 교수법에서 패턴 학습법의 토대를 세워 상당한 기여를 하였다.
>
> 이성주의 · 합리주의적 관점에서 1968년 ㉡ 노암 촘스키(Noam Chomsky)는 어린이는 보편 문법(Universal Grammar)이라는 언어 규칙 세트를 가지고 태어나므로, 주변에 언어를 사용할 수 있는 환경이 주어지면 어린이의 뇌에 내재된 언어 습득 장치(Language Acquisition Device)가 작동하여 자동적으로 언어를 배운다고 주장했다.
>
> 하지만 아무리 언어 습득 장치가 있더라도 아이는 반드시 언어가 사용되는 환경에 노출되어 자극을 받아야 한다. 따라서 환경적 경험은 내재되어 있는 언어 능력을 자극하는 역할만 한다고 본 것이다. 노암 촘스키는 인간이 말을 하는 능력은 선천적인 보편적 언어 습득 장치 때문이지, 후천적 경험에 의해 자극에 대한 반응으로 언어를 습득하지 않는다고 보아 경험주의 언어관을 반박했다. 인간은 이성을 가진 존재이므로 동물과 근본적으로 다르고, 따라서 오로지 인간만이 언어를 가진다고 주장했다.
>
> 노암 촘스키는 모든 언어에 존재하는 언어의 보편성의 규명에 힘을 쏟으며 언어학적 논리를 발전시켜 왔다. 노암 촘스키는 언어 습득 장치가 다소 추상적인 개념이며 내용을 구체화할 수 없다는 반론에서 해명되지 않았지만, 행동주의 이론보다 우위에서 언어 습득을 설명했다는 평가를 받는다.

또한 어린이들이 주변에서 듣는 자극이 풍부하지 않은데도 불구하고 한 번도 들어 보지 않은 문장을 무한히 만들어 내는 창의성은 ⓒ빌헬름 폰 훔볼트(Wilhelm von Humboldt)가 말한 인간의 창의성에 기반을 두고 있다.

① ㉠ : 인간의 정신 활동을 바탕으로 실제 발화되는 문장은 자극으로서 아이들에게 후천적인 경험을 선사한다.

② ㉠ : 어린이들은 주위의 부모 또는 어른들의 발화로부터 자극된 반응에 의해 문장을 생성할 수 있다.

③ ㉡ : 언어학자의 임무는 유전적으로 결정된 인간의 언어 습득 장치를 찾아내고 이를 보다 구체화하기 위해 연구하는 것이다.

④ ⓒ : 어린이들은 문법에 대한 기본 골격을 뛰어넘어 부족한 자극을 초월하는 문장을 창조해 낼 수 있을 것이다.

⑤ ⓒ : 어린이들은 주변 사람들로부터 습득된 자극에 대한 반응에 의해서만 문장을 만들어 낼 수 있다.

05. 다음 글에 제시된 데카르트의 견해에 대한 반론으로 옳지 않은 것은?

내가 보고 느낄 수 있으면 실제로 존재하는 것인가. 실제로 존재하는 것일 수도 있고 아닐 수도 있다. 현실의 실재(實在)는 실제인 '듯'하다. 하지만 꿈속에서 내가 보고 느꼈던 실재가 실제가 아니라는 것을 확증할 수 있을까. 실제는 감각을 통해 지각되는 것인가, 아니면 인식을 통해 실제를 파악하는 것일까. 이 모든 것들이 그저 황당한 의심뿐일까?

자신의 감각과 인식, 자신이 파악한 모든 지식 그 자체의 본질과 실존에 대해 의문을 갖고 명증하게 확신할 수 있는 진리를 얻기 위해 집요하게 탐구한 사람이 바로 데카르트이다. 이를 통해 그는 '생각하는 나(Cogito)'를 강조함으로써 신에 눌려 있던 중세의 어둠 속에서 인간 자신의 중요성을 재인식하게 하는 개인(자아)주의(egoism)를 태동시켰다. 그가 '근대 철학의 아버지'라 불리게 된 배경이다.

데카르트는 모든 것에 대해 의심했다. 이렇게 데카르트가 지독하게 '의심하는 사람'이 된 이유는 뭘까? 그는 당대 최고 학자들로부터 교육을 받았고, 다양한 학문 지식을 습득했다. 그는 언어, 역사, 철학, 신학, 도덕 등 모든 학문이 나름대로 유용성이 있었지만, 인식론적 토대가 부족하거나 비현실적인 한계를 가지고 있다고 생각했다. 그래서 불확실한 학문 세계를 떠나 현실의 실생활에서 진리를 찾고자 9년간 각지를 여행 다녀 보기도 했다. '세상이라는 커다란 책'에서 새로운 시각을 얻을 수 있으리라 기대했기 때문이다. 지금부터 데카르트가 추구한 '정신의 여정'을 따라가 보도록 하겠다.

우선, 데카르트가 진리 추구를 위해 이것만 견지해도 충분하다고 한 네 가지 규칙은 학문을 하는 사람 또는 실용적 판단과 결정을 하는 사람에게도 매우 유용한 가치가 있다. 이 규칙들은 진리 탐구의 길에서뿐만 아니라 일상생활의 바람직한 규칙으로 활용할 수도 있을 것이다.

첫째, 명증적으로 참이라고 인식한 것 외에는 참된 것으로 받아들이지 말 것
둘째, 어려움을 가능한 한 작은 부분으로 나눌 것
셋째, 단순한 대상에서 출발하여 조금씩 올라가 가장 복잡한 것의 인식에까지 이를 것
넷째, 빠트리지 않았다는 확신이 들 정도로 완벽한 열거와 전반적인 검사를 행할 것

그는 이 방법을 통해 가장 밑바닥 기초부터 새롭게 다져나가 모든 앎의 출발점이 될 확실한 지식을 발굴해 내고, 여기에서부터 세계에 대한 지식을 다시 구성하려 했다. 모든 지식의 기초가 될 확실한 지식은 어떻게 얻을 수 있을까? 그는 그 방법으로 '방법적 회의'를 전개한다. 데카르트는 우리가 보고 듣는 모든 것이 과연 확실한지 되묻는다. 먼저, 일상의 경험이 혹시 꿈에 지나지는 않는지 의심해 본다. 다음으로 그는 '2+3=5'와 같은 논리적 지식에 대해서도 의심한다. 사실은 '2+3=7'인데 악마가 '5'라고 믿도록 우리를 속이는 것은 아닐까?

그러나 아무리 의심해 보아도 도저히 의심할 수 없는 지식이 있다. 그것은 '내가 생각한다는 사실'이다. 이 세상에서 일어나는 일이 모두 꿈에 지나지 않는다 해도, 나는 반드시 존재한다. 이로부터 데카르트는 세상에서 가장 확실한 지식으로 다음과 같은 명제를 이끌어 냈다.

'나는 생각한다. 그러므로 존재한다'

『성찰』에서 그는 이 확실한 명제에서 출발하여 신과 세상의 모든 지식을 다시금 구성한다. 먼저 신의 존재를 증명하는데, 그 증명 과정은 이렇다. 신은 완전하다. 반면 인간은 불완전하다. 불완전한 존재가 완전한 것을 상상하고 만들어 낼 수 없다. 그렇다면 완전한 신이 있다는 생각은 신에게서 나왔다. 그러므로 신은 있다. 이어 그는 세상의 존재도 증명해 낸다. 완전한 신이 우리가 보고 듣고 생각하는 것을 속이고 있을 리는 없다. 그렇다면 내가 몸이 있으며 그런 내가 보고 느끼는 세상이 있다는 사실과 '2+3=5' 같은 지식은 참임이 분명하다.

그의 증명은 이성의 힘에 의존해 논리적 방법으로 이루어지고 있다. '내가 존재한다'라는 필연적이면서도 확실한 명제를 토대 삼아 다른 사실들을 논리적으로 추론해 내고 있는 것이다. 결국 그는 이러한 방법으로 세상의 확실성을 증명하는 데 성공했다.

① 데카르트의 주장에는 순환 논증의 오류가 나타난다.
② 이성이 신의 존재를 증명할 수는 없으므로 '신의 존재' 증명은 성립하지 않는다.
③ 데카르트는 잘못된 전제에 근거하여 자신의 입장을 성립시키고 있다.
④ 내가 사유함에 따라 존재한다는 사실만큼은 의심할 수 없는 사실이다.
⑤ 인간에게 무의식이 존재하므로 데카르트의 '나의 존재' 증명은 성립하지 않는다.

06. 다음 글의 제목으로 적절한 것은?

드론(Drone)은 사람이 타지 않고 무선전파로 원격 조종하는 무인 항공기를 의미한다. 드론이라는 이름은 벌이 윙윙거리는 소리에 착안하여 지어졌다. 사람 대신 위험 지역에서 군사 임무를 수행하고, 사람 없이 무기나 연료를 실을 수 있는 운송수단으로서 드론은 빠른 속도로 개발되어 왔다. 이후 드론은 강력한 공격력까지 보유하게 되었고, 실제 전투에서 많은 활약을 했으나 그 잔인함으로 인해 인권단체나 여론으로부터 뭇매를 맞기도 했다.

그러나 최근 글로벌 기업, IT업체, 공과대학, 일반인 등 너 나 할 것 없이 드론 개발에 뛰어들어 상용화를 시도하고 있다. 생산업체 증가와 관련 기술 발달에 따라 제작비가 낮아졌고, 다양한 활용도가 민간 수요를 자극하고 있기 때문이다.

상업용으로 개발되고 있는 드론은 탁월한 기동성과 다양한 활용성에서 강점을 보인다. 수직 이 · 착륙이 가능하기 때문에 빌딩으로 가득한 도심 속에서도 비행이 가능하다. 또한 험난한 산악지역을 포함해 어디든 어렵지 않게 접근할 수 있다. 초고속 · 초정밀 카메라 등 현대과학으로 무장한 부속 장치들을 추가한다면 그 활용 방법은 더욱 무궁무진할 것이다.

구글과 페이스북은 드론을 활용한 인터넷 보급 확대를 도모하고 있다. 구글은 2014년 4월 타이탄 에어로스페이스(Titan Aerospace)를, 페이스북은 그보다 앞선 3월 영국 스타트업 기업인 어센터(Ascenta)를 각각 인수하였다. 타이탄 에어로스페이스와 어센터는 모두 태양광 패널을 이용해 자체 동력을 생산하고 드론을 개발한다. 구글과 페이스북은 이 기업들의 기술로 드론을 무선통신 기지국으로 활용하여 아프리카, 남미 등에 인터넷을 보급한다는 계획을 세우고 있다. 실제 구글은 룬(Loon) 프로젝트를 진행하며 2013년 6월에 열기구 30개를 하늘에 띄워 50여 가구에 인터넷을 공급하는 실험에 성공했다. 페이스북은 드론 1만 대를 아프리카 상공에 띄워 저렴한 인터넷 서비스를 공급하는 인터넷닷오알지(Internet.org) 프로젝트를 진행하고 있다.

영국 석유회사 브리티시 페트롤리엄(BP)은 미국 알래스카 지역의 석유 탐사와 송유관 파손 점검을 위해 미국연방 항공청(FAA)으로부터 드론 사용허가를 받았다. 미국 항공우주국(NASA)은 허리케인 중심부의 데이터 수집을 위해 드론을 사용할 계획이다. 중국은 스모그 등 환경 관련 감시용으로, 이스라엘의 어반 에어로노틱스(Urban Aeronautics)는 응급환자 수송용으로 드론을 활용하고 있거나 활용할 계획을 가지고 있다.

뿐만 아니라 최근 영화업계, 방송사, 취미 및 여가활동에 사진 및 영상촬영을 위해 드론을 활용하는 등 그 쓰임새가 끝없이 확장되는 추세다. 우리나라는 농약이나 사료 살포용 정도로 드론을 사용하고 있다.

미국 방산 전문 컨설팅 기업인 틸 그룹(Teal Group)은 향후 10년간 세계 항공우주산업 중 무인항공기가 가장 역동적인 성장세를 보일 것으로 전망했다. 2014년 64억 달러였던 드론의 시장 규모는 10년 후 910억 달러까지 늘어날 것으로 기대된다. 2014년 전 세계 TV 시장 규모가 약 1,630억 달러 수준임을 감안한다면 드론의 미래 시장 가치는 실로 엄청난 것이라 할 수 있다.

또한 2014년 군사용 수요가 89%, 민간 수요가 11%를 차지하던 드론 시장의 판매 분포는 10년 후에는 군사용이 86%(약 783억 달러), 민간 수요가 14%(약 127억 달러)로 변할 것으로 예측되었다. 그렇다면 향후 지속적인 성장이 예상되는 드론은 사회경제적으로 어떠한 영향을 미치게 될까?

먼저 경제적으로는 1인 기업의 확대를 예상해 볼 수 있다. 드론을 활용한다면 기술에 대한 초기 투자의 중요도가 커지는 반면, 관리 및 운영에서는 인력이 크게 필요하지 않기 때문이다. 예를 들어 스마트폰 케이스를 디자인하여 판매할 경우, 창업자는 제품 제작과 동시에 배송정보 입력을 수행하고 실제 운송은 입력된 GPS를 따라 드론이 하게 된다. 한편 드론이 가져올 변화가 자연스레 실업 문제로 이어질 수 있다. 앞서 설명한 해당 업무를 드론이 정교하게 할 수 있다면 패스트푸드점의 배달원들은 드론에게 고스란히 일자리를 넘겨주어야만 할 것이다.

하지만 차량용 블랙박스처럼 목격자가 없는 사건, 사고의 증거가 되거나 바캉스 시즌의 해수욕장 인명 피해를 예방하는 등 드론이 가진 순기능 역시 무궁무진하다. 지금이 바로 드론 시점에서 진취적이고 창의적인 도전을 해야 할 때이다.

① 드론, 제대로 알고 활용하라

② 경제 성장, 드론에 해답이 있다

③ 드론, 실업 문제를 불러일으키다

④ 드론의 가능성, 그 끝은 어디인가

⑤ 드론, 그 이면에 숨겨진 위험

07. 다음 중 글의 내용과 일치하지 않는 것은?

국내 신재생에너지 분야의 경우 국가적 차원의 전방위적인 기술개발 및 시장보급 활성화 지원에도 불구하고 국내 1차 에너지 중 신재생에너지 생산 비중은 약 4.08%, 국내 총 발전량 대비 신재생에너지 발전 비중은 2014년 기준 1.6%에 그치고 있어 독일 27.5%, 미국 13.1%, 일본 15.3% 등 OECD 주요 국가와 비교하여 크게 뒤지고 있다. 2035년 보급 목표 또한 11% 수준으로 선진국과 비교하여 온실가스 감축 수단의 비중이 신재생에너지 분야보다는 에너지 전환 분야와 같은 타 분야에의 의존도가 더 높을 것으로 전망되고 있다.

최근 도입이 논의되었던 신재생열에너지 공급의무화제도(이하 RHO)는 국내 · 외 신재생에너지 보급이 확산되는 가운데 상대적으로 열 분야에 대한 제도적 지원이 부족하다는 인식에서 마련된 제도이며, 향후 4세대 지역난방 모델 도입에 따른 보급 활성화에 적합한 지원 정책으로 적극 고려해 볼 필요가 있다.

정부에서는 신재생열에너지 분야에 대한 신규 정책을 도입함으로써 국가적인 신재생에너지 목표 달성 및 관련 산업의 활성화를 기대하고 있으며, 신재생에너지 의무할당제도(이하 RPS)와 달리 RHO는 건물을 대상으로 한 신재생에너지 열원 적용 의무 제도이므로 집단에너지 사업자 입장에서는 해당 제도에 부합하는 4세대 지역난방 모델과 같은 새로운 개념의 열공급 기술의 확보를 통해 신규 혹은 증축 건물을 대상으로 한 지역냉난방 기술의 보급 활성화 방안으로 적극 활용할 필요가 있다.

현재까지 준비 중인 RHO 시행(안)에 따르면 연면적 1만 m^2 이상의 신축 건축물(주거용 주택, 공공시설 제외)에 대해 신재생열에너지 의무공급량을 10% 내외로 적용하고자 하며, 대상 에너지원은 태양열, 지열, 연료전지, 바이오 연료 등으로 규정하고 있다. 저온 열공급 기반 4세대 지역난방 모델의 경우 태양열, 풍력, 지열 등을 이용한 열공급 기술로 공급하기 용이한 저온 영역의 열공급 조건을 갖고 있으므로 RHO에 부합하는 적정 기술이라 할 수 있다.

따라서 앞서 기술한 바와 같이 지역난방 네트워크 인근의 신축 건축물 혹은 증축 건축물, 지정 지역 내 증축 건축물에 대한 수요 시장을 RHO 정책을 기반으로 확보 가능할 것으로 분석되므로 RHO 추진 및 활성화에 대비한 융 · 복합형 기술 개발의 형태로 4세대 지역난방 모델의 사업화 추진을 적극 고려해 볼 필요가 있다.

RPS란 발전사업자의 총 발전량, 판매사업자의 총 판매량의 일정비율을 신재생에너지원으로 공급 또는 판매하도록 의무화하는 제도를 말한다. RPS는 신재생에너지의 보급 확대가 지지부진한 현실적인 문제를 해결하기 위한 목적으로 시작된 제도인데, 지역난방 사업자의 경우도 RPS 대응을 위해 다양한 신재생에너지 사업을 펼치고 있으나 2014년 총 의무공급량은 219,834MWh에 달해 최근 지역난방 사업의 사업 경제성이 악화되는 시점에서 사업자들에게 큰 부담으로 작용하고 있다.

최근 들어 늘어나는 RPS 과징금으로 인한 발전사들의 부담이 크게 증대되고 외부요인으로 인한 불가피한 불이행 사례들이 속출하고 있어 구제방안에 대해 다각도로 고민하고 있는 것으로 알려져 있으나 기후변화로 인한 친환경 저탄소 에너지 환경 마련의 기조 속에 신재생에너지 보급 활성화라는 큰 방향성에는 변함이 없을 것으로 전망되므로, RPS는 향후 지역난방 사업 추진에 있어 지속적인 부담으로 작용할 것이라는 것이 중론이다.

기존의 고온 열공급 기반의 지역난방 모델에서 실제 사업과 크게 상관없는 태양광, 풍력 발전 설치와 같은 단편적인 기술적 접근으로는 근본적인 해결 방안 마련이 어려울 것으로 보인다. 이러한 관점에서 분산형 열원 기반의 양방향 에너지 거래 모델의 적용이 가능한 4세대 지역난방 모델의 도입과 연계한 신재생에너지 의무 이행과 관련한 정책적 지원 방안의 수립 및 활용 전략의 수립이 필요할 것으로 판단되며, 정부의 신재생보급 활성화를 통한 국가 온실가스 감축 목표 달성을 위한 실효적 수단으로 대응할 수 있을 것으로 기대된다.

① 지역난방 사업자는 RPS를 이행하는 데 영업적인 측면에서 곤란함을 겪고 있다.

② 4세대 지역난방 모델에서는 RHO와 RPS 모두가 적용되는 것이 바람직할 것이다.

③ 2035년 우리나라 온실가스 감축 수단의 주류는 신재생에너지가 아닌 타 에너지 분야일 것이다.

④ RHO는 에너지의 공급 측면, RPS는 에너지의 사용 측면에서 신재생에너지 보급에 기여할 수 있다.

⑤ 신재생에너지 보급 활성화를 위해서는 RPS보다 RHO를 더 집중적으로 확대하는 정책을 펼쳐야 한다.

08. 다음 글을 이해한 내용으로 옳지 않은 것은?

오늘날 우리는 몇 번의 클릭이나 터치로 가장 가격이 싼 상품을 찾아서 구매하고, 실시간으로 금융시장 정보를 얻고 있으며, 전 세계 언론사의 기사도 읽을 수 있게 되었다. 넘쳐나는 정보와 데이터 속에서 우리의 의사결정에 도움을 주는 정보는 알고리즘에 기반한 서비스들에 의해서 공급된다. 검색서비스, 추천서비스, 평점서비스 등 수많은 온라인 서비스들은 인터넷에서 발생하는 데이터를 처리하여 또 다른 데이터나 의미 있는 정보를 재생산하는 알고리즘에 의해서 구현되고 있다.

현재 디지털 경제를 주도하고 있는 Google, Facebook, Amazon, Alibaba 등의 대표적인 인터넷 기업이나 Uber, AirBnB 등의 공유경제 기업들의 핵심적인 경쟁력도 알고리즘에서 나온다. 예를 들어, 구글의 뛰어난 검색 알고리즘은 '구글링'이라는 용어를 사전에 등재시킬 만큼 전 세계 검색시장의 표준으로 자리 잡게 해주었다. 숙박서비스를 제공하는 공유경제 기업인 AirBnB는 전 세계 수백 개 도시에 걸쳐있는 다양하고 이질적인(heterogeneity) 집이나 방을 역시 다양한 이질적인 선호를 가진 불특정 다수의 전 세계 소비자에게 효율적으로 배분하는 문제를 해결하기 위해서 머신러닝 알고리즘을 이용한다.

알고리즘(algorithm)은 어떤 문제를 해결하기 위한 절차나 방법을 말한다. 알고리즘은 간단한 글이나 그림으로 표현할 수 있지만, 컴퓨터 프로그래머에 의해서 기계가 이해할 수 있는 코드로 구현되면서 일상의 문제 해결에 광범위하게 쓰이고 있다. 특히, 컴퓨터 프로그램으로 구현된 알고리즘은 사람이 직접 하기에는 시간과 비용이 많이 소요되는 복잡한 계산이나 데이터 처리와 관련된 반복적인 작업을 컴퓨터가 자동적으로 수행할 수 있도록 해 준다. 최근 빅데이터, 컴퓨터 하드웨어의 발전에 힘입어 새로운 패러다임에 접어든 인공지능에 대한 글로벌 기업들의 기술 확보 경쟁이 심화되면서 인공지능 알고리즘에 의한 자동화는 더욱 빠르게 확대될 것으로 보인다.

디지털 카르텔은 알고리즘을 이용한 기업의 담합 행위를 말한다. 인터넷과 컴퓨터에 기반한 디지털 경제가 확대되면서 알고리즘은 정보의 활발한 유통, 거래비용 절감 등을 통해서 효율적인 자원 배분과 소비자 후생 증진에 기여해 왔다. 그러나 투명성이 높고, 거래비용이 낮은 시장 상황은 역설적으로 알고리즘을 이용한 담합에 용이한 환경이 되고 있다.

알고리즘은 담합 과정에서의 정보교환, 가격 조정, 가격 모니터링 등의 과정을 사람의 직접적 개입 없이 수행하여 담합의 발생 위험과 지속성을 높이는 역할을 할 수 있다. 디지털 카르텔은 알고리즘의 이용 방법에 따라서 크게 4가지 유형으로 살펴볼 수 있다.

Messenger 유형은 담합을 공모한 기업이 동일한 알고리즘을 이용하여 가격을 서로 유사한 수준으로 자동적으로 조정함으로써 발생하는 디지털 카르텔이다. 최근 미국과 영국에서 적발된 온라인 포스터 판매업체들의 담합 사례가 여기에 해당한다.

Hub-and-Spoke 유형은 하나의 플랫폼(hub)과 수직적 관계에 있는 경쟁 기업들(spoke)이 플랫폼의 가격결정 시스템을 동일하게 이용하면서 수평적 담합의 효과가 나타나는 디지털 카르텔이다. 최근 유럽에서는 온라인 여행 예약 플랫폼의 일괄적인 할인율 제한 조치를 수용한 여행사들이 담합에 동조했다는 이유로 벌금이 부과되었고, 미국에서는 우버와 법적으로 사업자 관계인 운전기사들이 우버의 가격 알고리즘을 동일하게 이용한 것은 가격 경쟁을 제한하는 행위라는 판결이 나왔다.

Predictable Agent 유형은 인터넷을 통해서 가격 정보가 투명하게 공개되고, 가격이 알고리즘에 의해서 탄력적으로 결정되는 시장 상황에서 명시적 합의 없이 발생하는 담합이다. 한 기업이 가격을 인하하는 순간 경쟁기업이 같은 수준으로 가격을 조정할 수 있을 경우 가격인하로 애초에 기대했던 고객 유인 효과가 사라지기 때문에 가격경쟁보다 묵시적 담합의 결과가 나타날 수 있다. 실제로 각국의 실증 연구에 따르면 주유소 가격공개 정책 후에 오히려 가격이 상승하는 현상이 나타났다. 디지털 시장에서는 알고리즘으로 경쟁 기업을 모니터링하고, 가격을 즉각 동조화시키는 '알고리즘에 의한 의식적 병행행위'가 쉽게 나타날 수 있는데, 이 경우 불법 여부를 판단하기가 쉽지 않다.

Autonomous Machine 유형은 기업의 의사결정을 대리하는 인공지능 알고리즘의 정교한 예측력에 의해 초래되는 담합이다. 인간의 개입 없이 시장의 방대한 데이터를 기반으로 인공지능이 스스로 경쟁 제한적 상황을 만들어 낼 수 있기 때문에 법적인 대처가 쉽지 않을 수 있다.

선진국에서는 디지털 카르텔이 적발되는 사례가 나타나면서 이에 대한 본격적인 논의를 시작하고 있다. 알고리즘 감사 제도를 통해서 알고리즘에 대한 투명성을 높이자는 제안, 기업의 법인격과 같은 법적 지위를 알고리즘에 부여하여 권리와 책임을 명확히 하자는 제안 등 새로운 경쟁환경에 맞는 전향적인 대응을 요구하는 의견들이 나오고 있다. 규제당국과 소비자도 인공지능 알고리즘을 활용하여 기업과 대등한 정보 수집, 분석 능력을 보유하여 대응하자는 새로운 발상의 의견도 나오고 있는 상황이다.

우리나라에서는 아직까지 디지털 카르텔이라고 할 수 있는 법적 사례가 나오지는 않았지만 전자상거래가 일반화되면서 유사한 사례들이 나타날 수 있다. 알고리즘에 의한 자동화의 장점이 디지털 카르텔에 의해서 희석되지 않도록 제도적 대응에 대한 논의를 시작할 필요가 있다.

① 디지털 카르텔은 그 특성상 법적인 판단과 대처가 쉽지 않다.

② 사람 대신 담합 과정을 담당하는 알고리즘에 법적 지위를 부여하여 디지털 카르텔에 대응하자는 의견이 있다.

③ 시장 상황의 특성으로 인해 기업의 담합 행위가 나타나기도 한다.

④ 정보가 활발하게 유통되어 시장의 투명성이 강화되면 가격 담합 행위를 방지할 수 있다.

⑤ 기업들이 특정 플랫폼 시스템을 동일하게 사용하는 것도 대처가 필요한 사례에 해당한다.

09. 다음 글의 전개방식으로 적절한 것은?

"우리가 꿈꾸는 곳에는 마술 지팡이가 있어서 아이들이 음식과 물을 충분히 먹는지, 한 사람도 빠짐없이 학교에 가서 공부를 하는지, 보호받고 존중받는지 지켜보고 있어요."

유엔아동권리협약을 풀어쓴 그림책 〈어린이의 권리를 선언합니다〉에 나온 문장이다. 아동이 신체적, 지적, 정신적, 도덕적, 사회적 발달에 맞는 생활수준을 누릴 권리를 가짐을 인정한다는 제27조에 대한 설명인데, 요즘 마술 지팡이는 아이들의 무엇을 보고 있을까.

재난이 닥쳐오면 약자들이 가장 먼저, 제일 많이 고통 받는다. 그중엔 아이들이 있다. 5년 전 9월 세 살 알란 쿠르디는 터키 남서부 해변에서 엎드려 숨진 채 발견됐다. 내전을 피해 배를 타고 지중해를 건너 그리스로 향하던 중이었다. 고향으로 돌아가 쿠르디를 땅에 묻은 아버지는 다시는 그 땅을 떠나지 않겠다고 했다. 아픔의 땅을 떠나지도, 떠나지 않을 수도 없는 아버지와 세상에 없는 아들을 남긴 비극이었다. 그로부터 4년 뒤 미국과 멕시코 접경의 리우그란데 강에선 25세 아빠와 23개월 된 딸의 시신이 떠올랐다. 엘살바도르에서 아메리칸드림을 꿈꾸던 가족은 국경 검문검색을 피해 강을 건너다 변을 당했다. 아빠의 검은색 티셔츠 안에 몸을 숨긴 딸은 덜 무섭고 덜 외로웠을까.

수개월째 일상과도 같아진 코로나19도 아이들의 숨통을 죄어 온다. 국제 아동구호 NGO 세이브더칠드런이 지난 10일 공개한 보고서를 보면, 전 세계 37개국 2만 5,000명의 아동과 보호자를 대상으로 조사한 결과 아이들이 가정 폭력을 신고한 가정 가운데 19%는 코로나19로 인해 수입이 줄어든 것으로 나타났다. 여기에다 학교까지 문을 닫으면서 아이들은 더 힘들어졌다. 조사 대상의 3분의 2가 선생님을 전혀 만난 적이 없으며 학교가 문을 닫은 동안 아이들을 향한 가정 폭력은 학교를 열었을 때(8%)보다 2배 넘게(17%) 증가한 것으로 나타났다.

일자리를 잃은 어른들의 고통은 아이들에게 폭력이라는 흔적을 더했다. 비대면 수업을 한다지만 아예 컴퓨터가 없거나, 인터넷을 사용할 수 없는 경우 혹은 원격 수업을 들을 공간 자체가 존재하지 않는 환경에 처한 아이들도 많다. 그렇다보니 국내외를 막론하고 비대면 수업으로 학력의 빈부격차가 발생하고 있다는 조사결과가 나오기 시작했다. 내전이나 불법 이민과 같은 극단적 상황, 코로나19 팬데믹과 같은 예외적인 상황 탓이 아니다. 학대받다 숨지거나 상처입고, 한 끼를 어떻게 먹을지 고민하고, 생리대 가격이 부담스러운 아이들과 청소년이 여전히 존재한다.

〈아이들의 계급투쟁〉의 작가 브래디 미카코는 영국 최악의 빈곤 지역 무료 탁아소에서의 경험을 묘사했다. 탁아소가 끝날 시간이 훨씬 지나도 아이를 찾으러 오지 않는 엄마, 유일한 보호자인 엄마가 자신을 포기할까 불안해서 모래만 발로 차던 네 살짜리 딜런. 소리도 없이 울던 아이에게 선생님이 말한다. "울지 마. 울지 말고 화를 내. 번번이 우는 건 포기했다는 뜻이야. 그러니까 우리는 항상 화를 내지 않으면 안 돼."

저자는 이처럼 자신이 일했던 빈곤 지역 내 무료 탁아소의 모습을 전한다. 각 시기마다 탁아소 아이들과 가족의 삶이 얼마나 변화했는지를 담담히 그려내며 가난이 아이들의 삶을 어떻게 갉아먹는지 보여 준다. 책에서 묘사된 시기는 집권 정당이 노동당에서 보수당으로 바뀌며 사회의 전반적인 복지 제도가 점차 축소되던 때다. 긴축 정책이 시행되며 탁아소의 풍경은 완전히 바뀌었다. 보육비 지원을 받는 아이들과 이들 부모에 대한 주변의 시선은 전보다 더 차가워졌고, 건강한 교육 현장이던 탁아소는 버려진 공간이 되어 버렸다. 이러는 사이 영국은 밥 굶는 사람이 속출하는 나라가 되어 가고 아이들이 보장받아야 할 사회적 상승의 기회는 사라졌다.

현장 체험을 한 저자가 영국의 민낯을 드러내는 관찰기인 만큼 책은 생생하면서도 엄중하다. 인종 차별에 대해서는 반대하면서 자신보다 불우하게 자란 이웃을 경멸하는 '소셜 레이시즘'이 확산하고 있는 현재의 영국 그리고 세계 사회에 경종을 울리기도 한다.

울지도 못하는, 울어도 울음소리가 세상 밖으로 들리지 않는 아이들이 수없이 많다. 가려진 아이들에게 귀 기울이고 지켜봐야 하는 건 마술 지팡이가 아니라 우리의 공동체여야 하지 않을까.

① 독자의 감정을 자극하는 사례를 들어 본인의 의견에 대한 공감을 이끌어 내고 있다.
② 아이들의 인권에 대하여 서로 대립되는 의견을 대조하여 보여 주고 있다.
③ 코로나19에 따른 빈부격차를 해소하기 위한 대책을 마련하기를 촉구하고 있다.
④ 전쟁이 아이들에게 어떤 비극을 가져오는지에 관한 주제로 글을 전개하고 있다.
⑤ 아동폭력에 따른 생존의 위협이 여전히 남아 있음을 주장하기 위해 글을 전개하고 있다.

10. 지윤이는 숙소에서 설악산까지 Xkm의 거리를 5km/h로 이동한 후, 설악산에서 부모님 댁까지 Ykm의 거리를 10km/h로 이동하려고 한다. $10 \leq X \leq 50$, $100 \leq Y \leq 150$이며, X와 Y는 각각 지정된 범위 내에서 임의의 값을 가질 확률이 모든 값에 대하여 동일하다. 지윤이가 이동하는 데 걸린 총 시간이 15시간 이상 20시간 이하일 확률은?

① 52.5% ② 55% ③ 57.5%
④ 60% ⑤ 62.5%

11. 제시된 표는 축구팀 A 팀의 한 시즌 득점에 대한 대푯값을 정리한 것이다. 선수는 총 10명이고 최다 득점자가 30골을 넣었다고 할 때, 다음 중 옳지 않은 것은? (단, 선수 10명 모두 골을 넣었다)

평균	중앙값	최빈값
7점	2점	1점, 2점

① A 팀의 시즌 총 득점은 70점이다.
② A 팀의 두 번째 최다 득점자는 11골 이상을 넣었다.
③ A 팀에서 한 골을 넣은 선수의 수와 두 골을 넣은 선수의 수는 같다.
④ 골을 많이 넣은 순서대로 나열했을 때 여섯 번째 최다 득점자는 3골을 넣었다.
⑤ 다섯 번째 최다 득점자와 여섯 번째 최다 득점자의 점수의 평균은 2점이다.

12. A와 B는 다음의 규칙대로 진행하는 카드 게임을 하고 있다. 다음 중 옳은 설명은?

- 1 ~ 15의 숫자가 각각 1개씩 적힌 숫자 카드 15장과 +, −, ×, ÷의 연산기호가 각각 1개씩 적힌 연산기호 카드 4장이 있다.
- 숫자 카드와 연산기호 카드는 서로 구분되어 있으며 카드는 공개되지 않은 상태로 시작한다.
- 숫자 카드와 연산기호 카드를 조합한 최종 계산 결과가 50과 더 가까운 사람이 이긴다.
- A가 먼저 숫자 카드 3장과 연산기호 카드 1장을 뽑은 후 B가 숫자 카드 3장과 연산기호 카드 1장을 뽑는다.
- B가 먼저 숫자 카드 1장을 반납한 후 A가 숫자 카드 1장을 반납한다. 이때 반납한 카드는 공개된다.
- 반납한 카드를 포함하여 B가 먼저 숫자 카드 2장과 연산기호 카드 1장을 더 뽑은 후 A가 숫자 카드 2장과 남은 연산기호 카드 1장을 뽑는다.
- A와 B는 보유하고 있는 숫자 카드 4장과 연산기호 카드 2장을 조합하여 최종 결과를 도출한다(단, 숫자 카드는 3장, 연산기호 카드는 2장을 사용해야 한다).

① A와 B의 계산 결과가 모두 50이 될 수도 있다.

② 보유한 연산기호 카드가 +와 ×라면 반드시 이기게 된다.

③ 보유한 연산기호 카드가 +와 ÷라면 계산 결과가 50이 될 수 없다.

④ 보유한 연산기호 카드가 +와 −라면 계산 결과가 50이 될 수 있다.

⑤ A가 처음에 11, 12, 13, ×를 뽑고, 13을 반납한 후 B가 반납한 숫자 카드 5와 연산기호 ÷, 숫자 카드 10을 뽑는다면 A가 반드시 이긴다.

[13 ~ 14] 다음 자료를 보고 이어지는 질문에 답하시오.

〈연도별 1인 가구 수〉

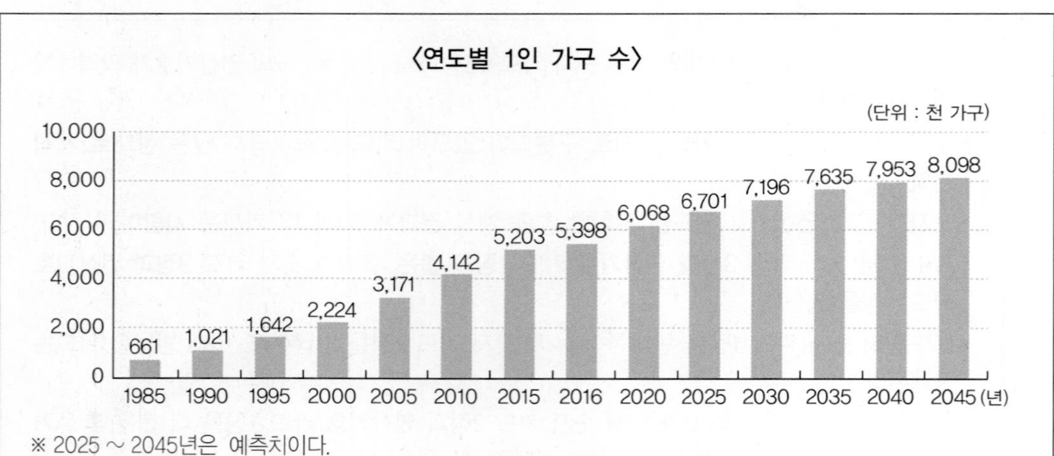

※ 2025 ~ 2045년은 예측치이다.

〈연도별 · 성별 1인 가구 현황〉

(단위 : 천 가구)

구분		전체 가구	1인 가구	1인 가구 비율(%)
2000년	전체	14,312	2,224	15.5
	남자	11,659	945	8.1
	여자	2,653	1,279	48.2
2005년	전체	15,887	3,171	20.0
	남자	12,402	1,418	11.4
	여자	3,485	1,753	50.3
2010년	전체	17,339	4,142	23.9
	남자	12,842	1,924	15.0
	여자	4,497	2,218	49.3
2015년	전체	19,111	5,203	27.2
	남자	13,461	2,593	19.3
	여자	5,650	2,610	46.2
2016년	전체	19,368	5,398	
	남자	13,565	2,676	19.7
	여자	5,803	2,722	46.9

13. 위 자료를 토대로 다음과 같은 보고서를 작성하였다. ㉠ ~ ㉤ 중 올바르지 않은 것은?

> 저출산 현상이 지속되면서 가구의 규모는 축소되어 1인 가구가 증가하고 있다. ㉠ 2016년 1인 가구는 전체 가구의 약 27.9%를 차지하여 이전 조사 대비 가장 높은 비중을 차지하였다. ㉡ 1995년 약 164만 가구였던 1인 가구는 2015년에 약 520만 가구로 약 3.2배 증가하였으며, 등록 센서스 방식으로 전환되어 1년 주기로 처음 조사된 2016년에도 약 540만 가구로 다시 증가하였다. ㉢ 이러한 1인 가구의 증가율은 2020년 이후로도 계속 증가하는 추이를 보일 것으로 예측된다. 통계청에서 2020년 인구주택총조사를 기반으로 발표한 장래가구추계에 따르면 1인 가구 수는 지속적으로 증가하여 ㉣ 2035년에는 약 764만 가구, 2045년에는 그보다 약 6% 더 많은 810만 가구에 이를 것으로 추정된다.
>
> 한편 여성 1인 가구의 수가 남성보다 다소 높게 나타나는데, ㉤ 2016년 남성 1인 가구 수는 약 268만 가구인 반면 여성 1인 가구 수는 약 272만 가구로 나타났다. 이러한 가구 규모의 축소 경향은 전통적으로 부모와 자녀로 구성된 가족을 중심으로 설계된 정책을 1인 가구를 포함한 다양한 가구 형태별 특성에 맞는 다양한 정책으로 전환하여 복합적인 문제에 대응해야 한다는 점을 시사한다.

① ㉠ ② ㉡ ③ ㉢
④ ㉣ ⑤ ㉤

14. 2016년 1인 가구의 성별 · 연령별 비율이 다음과 같을 때, 40 ~ 49세의 남녀 1인 가구 수의 합은 얼마인가? (단, 소수점 아래 첫째 자리에서 반올림한다)

(단위 : %)

구분	20세 미만	20 ~ 29세	30 ~ 39세	40 ~ 49세	50 ~ 59세	60 ~ 69세	70세 이상
남자	1.1	18.8	22.7	19.9	18.6	11.2	7.7
여자	1.2	15.6	12.5	11.4	15.2	16.4	27.7

① 773천 가구 ② 798천 가구 ③ 810천 가구
④ 843천 가구 ⑤ 859천 가구

[15 ~ 16] 다음 자료를 보고 이어지는 질문에 답하시오.

최근 3년간 발생한 식중독 10건 중 4건 이상은 그 원인이 밝혀지지 않은 것으로 조사되었다. 최근 3년간 식중독 발병 원인 및 건수를 분석한 결과 발생 원인을 파악하지 못하는 경우는 전체 발생건수의 42%에 달하는 것으로 나왔다.

식중독을 발생 원인별로 살펴보면 병원성 대장균, 살모넬라 등으로 인한 식중독이 꾸준히 증가하고 있었으며 노로바이러스로 인한 식중독은 지난 20X3년부터 매년 30여 건 이상 발생했다. 식중독 환자를 적기에 발견하여 알맞은 치료를 받을 수 있도록 하는 것이 절실하지만 한편으로 절반 가까운 식중독 사고가 원인불명이라는 점에서 원인을 정확히 파악할 수 있는 철저한 대책의 강구가 요구되고 있다.

(단위 : 건, 명)

구분		20X3년		20X4년		20X5년	
		건수	환자 수	건수	환자 수	건수	환자 수
합계		228	5,999	271	7,218	249	7,105
세균성	병원성 대장균	37	1,671	28	1,926	32	2,109
	살모넬라	17	477	27	677	24	1,065
	장염 비브리오균	12	106	18	223	9	133
	캄필로박터제주니	7	405	15	380	13	329
	황색포도상구균	12	864	19	372	10	323
	클로스트리디움 퍼프리젠스	5	527	5	171	7	324
	바실러스 세레우스	–	–	14	401	6	98
	기타 세균	–	–	–	–	2	20
바이러스성	노로바이러스	32	568	31	1,994	31	1,524
	기타 바이러스	–	–	2	8	3	21
자연독		6	126	6	33	4	27
화학물질		–	–	1	3	–	–
원인불명		100	1,255	105	1,030	108	1,132

15. **자료에 대한 설명으로 적절하지 않은 것은?**

① 20X5년에 발생한 식중독 발생건수 중 황색포도상구균이 원인인 경우는 약 4%이다.

② 전체 식중독 발생건수 중 그 원인이 파악되지 않는 경우의 비중은 20X5년이 가장 높았다.

③ 20X4년 노로바이러스에 의한 식중독에서 1건당 평균 약 64명의 환자가 발생했다.

④ 20X4년의 경우 세균성 원인으로 인한 식중독 건수가 바이러스성 원인으로 인한 식중독 건수에 비해 많았다.

⑤ 20X3년 캄필로박터제주니에 의한 식중독은 장염 비브리오균에 의한 식중독에 비해 발생 건수는 적었지만 환자 수는 더 많았다.

16. **다음 그래프를 참조하여 계절에 따라 식중독의 원인이 다르므로 주의해야 한다는 내용을 본문에 추가하려고 한다. 빈칸에 들어갈 내용으로 적절한 것은? (단, 소수점 아래 둘째 자리에서 반올림한다)**

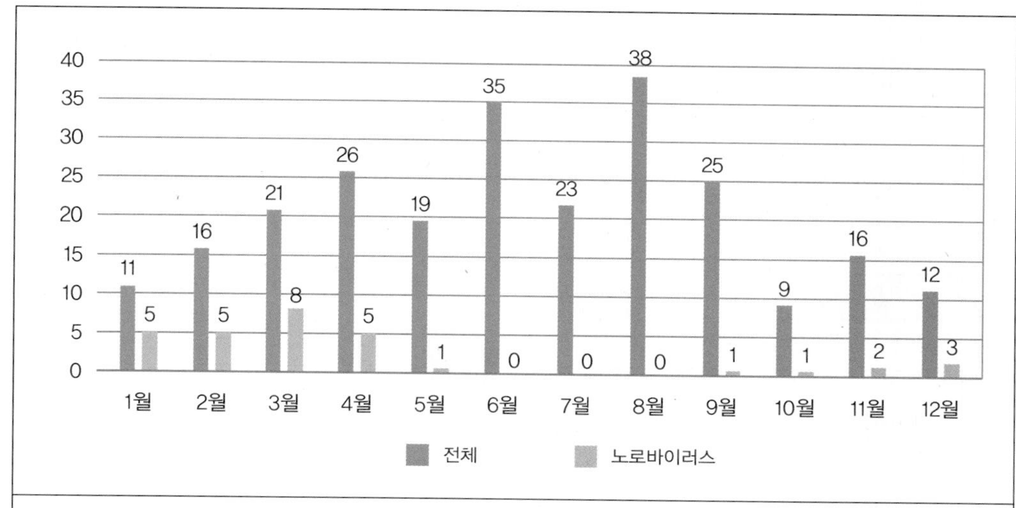

〈추가 내용〉

전체 식중독의 발생 건수가 여름에 집중되는 것과 달리 노로바이러스에 의한 식중독은 발생 건수의 (　　)가 12 ~ 2월에 집중되어 있다. 특히 노로바이러스는 발생 건수에 비해 전파력이 매우 높다는 점에서 주의해야 한다.

① 31.9%　　② 36.9%　　③ 41.9%

④ 46.9%　　⑤ 49.6%

17. 다음은 동일한 상품군을 판매하는 백화점과 TV홈쇼핑의 상품군별 판매수수료율에 대한 자료이다. 이에 대한 설명으로 옳은 것을 〈보기〉에서 모두 고르면?

〈표 1〉 백화점 판매수수료율 순위

(단위 : %)

판매수수료율 상위 5개			판매수수료율 하위 5개		
순위	상품군	판매수수료율	순위	상품군	판매수수료율
1	셔츠	33.9	1	디지털기기	11.0
2	레저용품	32.0	2	대형가전	14.4
3	잡화	31.8	3	소형가전	18.6
4	여성정장	31.7	4	문구	18.7
5	모피	31.1	5	신선식품	20.8

〈표 2〉 TV홈쇼핑 판매수수료율 순위

(단위 : %)

판매수수료율 상위 5개			판매수수료율 하위 5개		
순위	상품군	판매수수료율	순위	상품군	판매수수료율
1	셔츠	42.0	1	여행패키지	8.4
2	여성정장	39.7	2	디지털기기	21.9
3	진	37.8	3	유아용품	28.1
4	남성정장	37.4	4	건강용품	28.2
5	화장품	36.8	5	보석	28.7

보기

㉠ 백화점, TV홈쇼핑 모두 셔츠 상품군의 판매수수료율이 전체 상품군 중 가장 높다.
㉡ 백화점, TV홈쇼핑 모두 상위 5개 상품군의 판매수수료율이 30%를 넘어섰다.
㉢ 잡화 상품군과 모피 상품군의 판매수수료율은 TV홈쇼핑이 백화점보다 더 낮다.
㉣ 여행패키지 상품군의 판매수수료율은 백화점이 TV홈쇼핑의 2배 이상이다.

① ㉠, ㉡ ② ㉠, ㉣ ③ ㉢, ㉣
④ ㉠, ㉡, ㉣ ⑤ ㉠, ㉢, ㉣

18. 다섯 개의 한글 자음으로 이루어진 암호문자는 〈암호 변환 절차〉에 따라 〈암호표〉를 사용하여 암호문으로 변환된다. 다음 중 〈암호문 A〉가 의미하는 암호문자는?

〈암호 변환 절차〉

1. 암호문자를 세로로 쓰고 하단의 〈암호표〉에서 해당하는 자음의 오른쪽에 나열된 숫자(5개)를 〈예시〉의 (과정 1)과 같이 순서대로 나열한다.
2. 첫 번째 과정을 통해 순서대로 나열한 숫자를 〈예시〉의 (과정 2)와 같이 왼편부터 한 열씩 세로로 쓰면 암호문이 완성된다.

〈암호표〉

ㄱ	1	6	4	5	2	ㅇ	2	7	2	0	9
ㄴ	3	4	7	2	9	ㅈ	3	5	2	1	4
ㄷ	0	4	3	2	1	ㅊ	7	4	7	2	9
ㄹ	8	2	0	1	7	ㅋ	1	3	2	7	5
ㅁ	8	3	5	1	2	ㅌ	5	0	1	2	5
ㅂ	4	6	5	8	1	ㅍ	2	4	9	7	5
ㅅ	8	3	2	9	4	ㅎ	6	3	0	1	8

〈예시〉

암호문자 'ㅈㅇㅎㅊㄱ'의 변환 과정

(과정 1)

ㅈ	3	5	2	1	4
ㅇ	2	7	2	0	9
ㅎ	6	3	0	1	8
ㅊ	7	4	7	2	9
ㄱ	1	6	4	5	2

(과정 2) 32671 57346 22074 10125 49892

〈암호문 A〉

32051 47406 72314 20225 99152

① ㅈㅌㅇㄷㅂ　　② ㄴㅇㅁㅍㄹ　　③ ㄴㅁㅈㅅㅂ

④ ㄴㅇㄷㅌㄱ　　⑤ ㅌㄷㄹㅂㅋ

19. 다음 글을 참고할 때, 〈보기〉의 (가), (나)에 들어갈 수치가 올바르게 짝지어진 것은? (단, 다른 기타 대출은 없다)

아파트 분양을 원하는 대부분의 일반인은 담보 대출을 필요로 하는데 이때 LTV, DTI 등 대출조건 등을 잘 따져야 한다. 부동산 담보대출을 받아 본 적 없는 사람에게는 생소한 용어들인 LTV와 DTI 그리고 신DTI, DSR 등의 내용을 예시와 함께 알아보도록 하자.

LTV(주택담보대출비율)는 'Loan To Value ratio'의 약자로, 담보가치(주택가격) 대비 대출비율을 뜻하며, 계산식은 '대출액÷주택가격'이다. 은행이 주택을 담보로 대출해 줄 때 적용하는 담보가치 대비 최대 대출가능 한도를 의미하는데, 집을 담보로 은행에서 돈을 빌릴 때 집의 자산가치를 얼마로 보는가의 비율이다. LTV는 보통 기준시가가 아닌 시가의 일정 비율로 정한다. 예를 들어 LTV가 40%라면 시가 12억 원짜리 아파트의 경우 최대 4억 8,000만 원까지 대출할 수 있는 것이다.

DTI(총부채 상환비율)는 'Debt To Income'의 약자로, 금융부채 상환능력을 소득으로 따져 대출한도를 정하는 계산비율을 뜻한다. 계산식은 '(신규주택담보대출 원리금+기존주택담보대출 이자상환액)÷연간소득'이며, 대출상환액이 소득의 일정 비율을 넘지 않도록 제한하기 위해 실시되었다. 간단히 말하면 소득 대비 대출 상환금의 비율을 의미하는데, 연간 소득이 1억 원이고 DTI를 40%로 설정할 경우 연간 원리금 상환액은 4,000만 원을 초과하지 않도록 대출규모를 제한하는 것이다.

한편, 2017년 10월 24일에 발표한 정부의 '10 · 24 가계부채 종합대책'으로 2018년 1월부터 투기 수요 억제를 위해 다주택자를 대상으로 신DTI를 적용한다. DTI는 신규주택담보대출 원리금과 기존 주택담보대출의 이자만 반영해 대출 한도를 정하지만 신DTI는 '(주택대출 원리금상환액+기타대출 이자상환액)÷연간 소득'으로 계산하며, 신규주택담보대출 원리금상환액과 기존주택담보대출 원리금상환액을 합친 금액을 연간소득으로 나누는 것이 차이점이다. 정리하면, 기존주택담보대출의 경우 '이자'만 반영했지만 신DTI는 원금까지 더한 '원리금'까지 합산해 계산한다. 때문에 다주택자들의 추가 주택담보대출이 어려워지거나 대출 한도가 줄어들 수 있다.

마지막으로 2018년 3월 26일부터 적용된 DSR(총부채 원리금상환비율)은 'Debt Service Ratio'의 약자로, 금융위원회가 대출 상환 능력을 더 엄격하게 심사하기 위해 도입되었다. 계산식은 '(주택대출 원리금상환액+기타대출 원리금상환액)÷연간소득'으로, 대출받으려는 사람의 소득 대비 전체 금융부채 원리금상환액 비율을 의미하는데, 주택담보대출 원리금뿐만 아니라 신용대출, 학자금 대출, 할부금융 등의 원리금까지 전체 금융부채에 포함된다.

보기

연봉이 1억 원인 A 씨는 신DTI 40%를 적용받아 기타대출을 제외한 연간 최대 주택대출 원리금상환액이 ___(가)___만 원이다. 현재 주택담보대출 2억 원(20년 만기, 대출금리 연 3%, 원리금균등상환)이 있어, 매년 1,330만 원씩 상환하고 있다. 이때 A 씨는 12억 원(LTV 40%)짜리 아파트를 새로 분양 받기 위해 4억 8,000만 원을 추가대출(20년 만기, 대출금리 연 3%, 원리금균등상환) 받고자 하는데, 4억 8,000만 원을 추가대출 받게 되면 1년에 3,200만 원의 원리금을 추가적으로 상환하여야 한다. 그런데 신DTI에 따르면 현재 A 씨가 대출 가능한 원리금 합계액은 ___(나)___만 원으로, 약 600만 원이 대출한도에서 초과해 추가대출을 받을 수 없다는 사실을 알게 되었다.

	(가)	(나)
①	4,000	2,670
②	4,000	1,330
③	6,000	2,670
④	6,000	1,330
⑤	6,000	3,200

20. A 기업의 회의실 외부 개방 안내자료와 일정을 참고할 때, 회의실 임대료 총액이 큰 일정부터 순서대로 나열한 것은? (단, 빔 프로젝터는 별실에만 설치되어 있으며, 비용이 가장 적게 드는 회의실을 임대한다고 가정한다)

〈A 기업 회의실 외부 개방 안내〉

1. 회의실 사용 7일 전까지 임대료를 카드결제 또는 무통장 입금으로 납부해야 합니다. 무통장 입금은 반드시 회의실 담당자와 통화 후 입금 가능합니다.
   ※ 회의실 담당자와 통화하지 않고 입금 시 회의실 예약이 취소될 수 있으며, 이 경우 책임을 지지 않습니다.
2. 비품은 기존 배치 상태로 사용하셔야 하며 책상, 의자 등의 추가 또는 이동은 승인해 드릴 수 없습니다.
3. 음식물쓰레기 및 일반쓰레기 처리 곤란으로 인하여 도시락 반입은 금지합니다.
4. 현수막 사용은 사전에 회의실 담당자에게 문의하시기 바랍니다. 벽을 훼손할 시에는 배상하셔야 하며 규칙 위반 시 회의실 담당자가 조치한 사항에 대해서 이의를 제기할 수 없습니다.
5. 회의실 안내문 부착은 지정된 위치에만 가능하며 맞이방 및 연결통로에는 부착할 수 없습니다.
6. 회의실 이용시간은 예약시간 30분 전부터 입실 가능합니다.
7. 회의실 사용요금과 부대장비 대여요금은 아래 표와 같습니다(VAT 포함).

회의실 사용요금						
회의실명	사용가능 최대인원	면적(m^2)	기본임대료		추가임대료	
			시간	임대료(원)	시간	임대료(원)
대회의실	100	184	2시간	360,000	1시간	180,000
별실	36	149	2시간	400,000	1시간	200,000
소회의실 1	23	50	2시간	136,000	1시간	68,000
소회의실 2	21	43	2시간	136,000	1시간	68,000
소회의실 3	10	19	2시간	74,000	1시간	37,000
소회의실 4	16	36	2시간	110,000	1시간	55,000
소회의실 5	8	15	2시간	62,000	1시간	31,000

* 사용 가능 시간 : 매일 09 : 00 ~ 22 : 00

부대장비 대여요금(원)					
장비명	1시간	2시간	3시간	4시간	4시간 초과
PC(노트북)	10,000	10,000	20,000	20,000	30,000
빔 프로젝터	30,000	30,000	50,000	50,000	70,000

〈A 기업 회의실 사용 일정〉

구분	일정
6월	영업본부 신규 프로젝트 운영회의, 20명, 3시간, PC 사용 요망
8월	하계휴가 안전사고 예방교육, 30명, 2시간, 빔 프로젝터와 PC 사용 요망
10월	가을 체육대회 진행 회의, 20명씩 2개 조(조별 별도회의), 3시간, 부대장비 사용 안 함.
12월	연말 종무식, 95명, 30분, 부대장비 사용 안 함.

① 6월－10월－8월－12월
② 6월－8월－12월－10월
③ 8월－10월－12월－6월
④ 8월－12월－10월－6월
⑤ 10월－8월－12월－6월

21. 다음 중 ○○공사의 신규채용자 결격사유에 해당하지 않는 것은? (단, 규정에 제시되어 있는 경우에 한하여 결격사유자로 본다)

> **신규채용자의 결격사유(당사 인사관리규정 제11조)**
> 1. 피성년후견인 또는 피한정후견인
> 2. 파산(破産)선고를 받고 복권되지 아니한 자
> 3. 금고(禁錮) 이상의 실형을 선고받고 그 집행이 종료되거나 집행을 받지 아니하기로 확정된 후 5년이 지나지 아니한 자
> 4. 금고(禁錮) 이상의 형을 선고받고 그 집행유예기간이 끝난 날로부터 2년이 지나지 아니한 자
> 5. 금고(禁錮) 이상의 형의 선고유예를 받은 경우에 그 선고유예 기간 중에 있는 자
> 6. 징계(懲戒)에 의하여 해임의 처분을 받은 때로부터 5년이 지나지 아니한 자
> 7. 법원의 판결 또는 법률에 의하여 자격이 상실 또는 정지된 자
> 8. 공무원 또는 공공기관의 운영에 관한 법률에서 정한 공공기관의 임직원으로 재직 중 직무와 관련하여 형법 제355조(횡령, 배임) 및 제356조(업무상의 횡령과 배임)에 규정된 죄를 범한 자로서 300만 원 이상의 벌금형을 선고받고 그 형이 확정된 후 2년이 지나지 아니한 자
> 9. 병역법 제76조에서 정한 병역의무 불이행자
> 10. 입사제출서류에 허위사실이 발견된 자
> 11. 신체검사 결과 불합격으로 판정된 자
> 12. 「부패방지 및 국민권익위원회의 설치와 운영에 관한 법률」 제82조에 따른 비위면직자 등의 취업제한적용을 받는 자
> 13. 공공기관에 부정한 방법으로 채용된 사실이 적발되어 채용이 취소된 날로부터 5년이 지나지 아니한 자
> 14. 「성폭력범죄의 처벌 등에 관한 특례법」 제2조에 규정된 죄를 범한 자로서 100만 원 이상의 벌금형을 선고받고 그 형이 확정된 후 3년이 지나지 아니한 자
> 15. 미성년자에 대하여 다음 각 목의 어느 하나에 해당하는 죄를 저질러 파면 · 해임되거나 형 또는 치료감호를 선고받아 그 형 또는 치료감호가 확정된 자(집행유예를 선고받은 후 그 집행유예기간이 경과한 자를 포함한다)
>   가. 「성폭력범죄의 처벌 등에 관한 특례법」 제2조에 따른 성폭력 범죄
>   나. 「아동 · 청소년의 성보호에 관한 법률」 제2조 제2호에 따른 아동 · 청소년대상 성범죄

① 미성년자를 대상으로 성추행을 저질러 집행유예 1년을 선고받은 뒤로 1년이 경과한 경우

② 과거 공무원으로 재직하던 중 예산을 횡령해 벌금 500만 원을 선고받고 형이 확정된 후로부터 1년이 지난 경우

③ 과거 □□공단에서 채용과 관련해 부정청탁이 밝혀져 채용이 취소되고 2년간 직장을 구하지 못하고 있는 경우

④ 입사지원 시 제출한 외국어성적 인증 서류가 위조된 것인 경우

⑤ 고등학교 재학 중 학교폭력 사건과 관련하여 강제전학 처분을 받았던 경우

[22 ~ 23] 다음은 A 기업이 임금피크제를 도입하기 위해 작성한 것이다. 이어지는 질문에 답하시오.

〈기업 개요〉

업종	근로자 수	유형
운송업	18,347명	임금 조정형

〈주요 내용〉

1. 사전준비 : 정년 연장으로 늘어날 수 있는 인건비를 중 · 장기적으로 분석하여 노사협상 시 활용
2. 임금피크제 제도 설계
   - 직원들 간의 형평성을 고려하여 임금피크제 적용 시점을 주민등록상의 생년월일을 기준으로 월별 적용
   - 임금피크제 정부지원금을 활용하여 임금피크제 도입 이후에도 임금수령액의 차이가 크지 않음.
3. 복지 지원 강화 : 임금피크제 적용 대상 근로자가 정년 연장 기간만큼 자녀학자금 등의 복지혜택을 일반근로자와 동일하게 받게 되어 이로 인해 임금감액분을 상쇄할 수 있음.

〈세부 내용〉

1. 사전준비
   - 기업문화 특성상 명예퇴직 등 미실시
   - 고직급화 및 인력 고령화, 영업이익 적자 등에 따라 노사 모두 임금피크제 도입이 필요하다는 점에 공감하며 교섭 진행
     - 노사교섭과 별도로 관리자(부장급 이상)를 대상으로 임금피크제 도입 필요성에 대한 교육 실시
     - 국내 타 기업 사례 검토
2. 현황분석
   - 중 · 장기 비용분석을 실시하여 노사협상 시 활용
     - 정년 연장으로 인한 인건비 비용 분석 자료 작성 : 2018년 100억 원 → 2019년 215억 원 → 2020년 331억 원 → 2021년 428억 원
3. 적용대상 및 감액기준 결정
   - 적용대상 : 일반직 직원
   - 감액기준 : 호봉제일 경우 기본급, 연봉제일 경우 직위급으로 임금감액 대상 기준을 달리 적용
   - 임금피크제 적용 비율 : 임금 구성항목 중 임금피크제 적용을 받는 감액대상이 한정적

호봉제		연봉제(차장 이상 관리직)	
기본급	85%	직위급	86%
상여금	–	직무급	5%
제수당(자격수당 등)	15%	업적급	9%

4. 제도유형 결정 : 정년연장형(56세 → 60세)
5. 임금굴절점 결정
   • 만 56세가 되는 달이 피크시점 : 만 56세가 되는 날의 익월부터 월별로 적용
   • 타 직원과의 형평성을 고려하여 주민등록상의 생년월일을 기준으로 월별 적용
6. 임금감액률 결정
   • 감액기준 : 전년도 임금

구분	만 56세	만 57세	만 58세	만 59세
감액률	전년임금 대비 10%	전년임금 대비 10%	전년임금 대비 10%	전년임금 대비 10%
지급률	피크임금 대비 90%	피크임금 대비 81%	피크임금 대비 73%	피크임금 대비 66%

   • 최초 감액률을 '30－40－50－60%'로 설계하였으나, 노사 교섭 시 감액률을 최소화하는 방향으로 감액률 조정
7. 근로조건 등의 조정
   • 임금피크제 도입 논의와 함께 적정한 임금인상 반영(3.8%, 2016년 소급 적용)
   • 노사교섭 시 임금피크제 지원금이 포함된 임금수령액 전후 비교표를 제시하여 노사 합의에 의한 임금피크제 도입
     － 임금피크제 적용 시 직원 수령금액 예시(2급, 1년차)

구분	만 56세	만 59세
기존임금	6,666만 원	6,081만 원
정부지원금	－	585만 원
실질임금	6,666만 원	6,666만 원

   • 신규채용이 불가능한 상황이 계속되면 기존 근로자들도 인사상 불이익을 받을 수밖에 없는 상황 설명
   • 임금감액 외 복리후생에 변동이 없어 장기적으로 임금감액분을 상쇄시킴을 설득
     － 자녀 1인당 학자금 최대 수령 가능액(정년 연장 4년) : 4,640만 원(1학기당 지원한도 580만 원)
8. 직무 · 직책의 조정 : 변동 없음(임금만 감액).

22. 위 자료에 대한 설명으로 옳은 것은?

① A 기업의 임금피크제 적용대상은 모든 직원이다.
② 호봉제일 경우 임금피크제의 적용비율이 가장 높은 임금 항목은 기본금이다.
③ 임금피크제가 시행되면 기존 56세였던 정년이 62세로 연장된다.
④ 임금 감액은 만 56세가 되는 달부터 적용된다.
⑤ 임금피크제 적용시점은 주민등록상 생년월일 기준으로 일별 적용된다.

23. A 기업의 일반직 직원인 B의 2016년 임금피크제 도입 논의 전 연봉은 4,000만 원이었고, 연령은 만 55세였다. 2016년에 임금피크제가 적용되었다면 B의 2018년 연봉은 약 얼마였는가? (단, B의 생년월일과 정부지원금은 고려하지 않는다)

① 약 3,240만 원　② 약 3,243만 원　③ 약 3,360만 원
④ 약 3,363만 원　⑤ 약 3,590만 원

[24 ~ 25] 자동차 제조 전문 기업 K사의 기술개발팀 D 대리는 B 컨벤션 센터에서 열리는 T사의 전기자동차 특허기술 세미나에 참석하게 되었다. 이어지는 질문에 답하시오.

〈세미나 일정〉

일시	8월 23일	8월 24일	8월 25일	8월 26일	8월 27일
09 : 00 ~ 12 : 00	개회식	전기자동차 배터리 이슈	드라이빙 익스피리언스	전기자동차 충전 인프라	T사 부설 연구소 안내
12 : 00 ~ 14 : 00	점심식사				
14 : 00 ~ 18 : 00	특허의 이해와 활용	안전 기술	전기자동차와 사회문제	특허전략 A to Z	폐회식
18 : 00 ~ 20 : 00	환영회	저녁 만찬	와인 파티	저녁 만찬	–

〈K사 정문 → B 컨벤션 센터 버스 시간표〉

버스 번호	일자	출발시간	도착시간	소요시간	가격(원)	비고
101	8월 23일	07 : 00	08 : 00	1시간	40,000	경유 없음
102		18 : 00	20 : 00	2시간	29,000	E시 경유
201	8월 24일	07 : 00	08 : 30	1시간 20분	45,000	E시 경유
301	8월 25일	08 : 30	13 : 00	4시간 30분	20,000	E, F시 경유
401	8월 26일	06 : 00	09 : 10	3시간 10분	30,000	E시 경유
402		15 : 00	18 : 00	3시간	35,000	F시 경유

〈출장 비용 기준〉

1. 세미나 주최측의 보안요청에 의해 한 사람이 동일한 숙박 장소에 2박 이상 체류하는 것을 금지한다.
2. 숙소는 B 컨벤션 센터와 가까운 숙박업소는 다음의 네 곳으로 제한한다.

숙박 장소	조식비(1회, 원)	1일 숙박비(원)	B 컨벤션 센터와의 거리(도보)
그랜드 호텔	3,000	32,000	20분
호텔 주성	2,500	29,500	10분
호텔 에어포트	4,000	31,500	15분
포스타 호텔	4,500	35,000	5분

3. 조식비는 숙박 후 체크아웃 시에만 지원되며, 점심 및 저녁식사 비용, K사로 돌아오는 교통편은 세미나를 주최하는 T사에서 전액 제공하므로 출장 비용에 포함되지 않는다.

24. **D 대리는 세미나 일정 중에서 다음 주제의 세미나에 반드시 참석해야 한다는 Y 팀장의 지시를 받아 숙박을 고려한 출장 일정을 계획하고 있다. D 대리가 세미나에 참석하기 위해 필요한 최소 출장 비용은? (단, 조식은 반드시 먹는다고 가정한다)**

〈필수 참여 세미나 목록〉

- 전기자동차 배터리 이슈
- 전기자동차와 사회 문제
- 특허전략 A to Z or 특허의 이해와 활용 중 택 1

① 96,000원 ② 107,000원 ③ 110,000원
④ 112,000원 ⑤ 124,000원

25. 기술개발팀 M 사원은 Y 팀장으로부터 다음의 업무 요청 메일을 받아 답장을 작성하고 있다. 다음 중 적절하지 않은 내용은? (단, 비용은 고려하지 않으며 교통수단은 버스만 이용 가능하다)

이번 전기자동차 특허기술 세미나의 강의를 위해 출장 교통편과 숙박 예약을 요청하고자 메일을 발송합니다.

먼저 교통편의 경우 아침 8시 이전에 자사 정문에서 출발하는 버스를 탑승할 수 있도록 예약 부탁합니다. 단, 장시간 버스를 타지 않는 것이면 좋겠습니다. 또한 숙박의 경우, 내가 맡은 강의 일정에 맞추어 B 컨벤션 센터와 가장 가까운 숙소로 예약하면 됩니다.

그리고 M 사원의 업무 일정을 확인하여 보조강사로 참여가 가능한 날짜를 알려 주기 바랍니다. M 사원이 보조강사로 참여할 강의는 제가 맡은 안전 기술, 드라이빙 익스피리언스, 전기자동차 충전 인프라 강의입니다. 보조강사로 참여하게 된다면, E시에 근무하는 J 연구원을 만나 관련 자료를 세미나 전에 받아 와야 합니다.

M 사원이 보조강사로 참석하는 경우, 도착시간과 출장 일정을 확인해야 하니 첨부하는 버스 시간표를 참고하여 탑승할 버스를 알려 주고 세미나 일정을 확인하여 숙박 일정을 알려 주기 바랍니다.

보내 주신 메일에 대해 답변 드립니다.

① 우선 팀장님의 세미나 참석을 위해 교통편은 8월 24일 201번 버스로 예약해 두었습니다. 숙박의 경우 세미나 보안정책을 고려하여, 첫날에는 ② 세미나 장소에서 도보로 가장 가까운 '포스타 호텔'을 이용하시고, 둘째 날에는 ③ 세미나 장소에서 두 번째로 가까운 '호텔 에어포트'를 이용하시기 바랍니다.

또한 문의 주신 보조강사 건과 관련하여 업무 일정을 검토한 결과 '안전 기술', '전기자동차 충전인프라' 강의에 참석이 가능합니다. 이를 위해 ④ 저는 24일과 25일에 B 컨벤션 센터 인근 숙박시설을 이용할 예정입니다. 또한 ⑤ 출발 당일인 24일에는 팀장님과 동일한 버스를 탑승한 후, 기술 자료를 위해 E시에서 담당 연구원을 만날 예정입니다.

코레일(한국철도공사)

11회 기출예상문제

수험번호	
성 명	

감독관 확인란	

11회 기출예상문제

성명표기란

수험번호

(주민등록앞자리 생년제외) 월일

※ 검사문항 : 1~25

문번	답란	문번	답란
1	① ② ③ ④ ⑤	16	① ② ③ ④ ⑤
2	① ② ③ ④ ⑤	17	① ② ③ ④ ⑤
3	① ② ③ ④ ⑤	18	① ② ③ ④ ⑤
4	① ② ③ ④ ⑤	19	① ② ③ ④ ⑤
5	① ② ③ ④ ⑤	20	① ② ③ ④ ⑤
6	① ② ③ ④ ⑤	21	① ② ③ ④ ⑤
7	① ② ③ ④ ⑤	22	① ② ③ ④ ⑤
8	① ② ③ ④ ⑤	23	① ② ③ ④ ⑤
9	① ② ③ ④ ⑤	24	① ② ③ ④ ⑤
10	① ② ③ ④ ⑤	25	① ② ③ ④ ⑤
11	① ② ③ ④ ⑤		
12	① ② ③ ④ ⑤		
13	① ② ③ ④ ⑤		
14	① ② ③ ④ ⑤		
15	① ② ③ ④ ⑤		

수험생 유의사항

※ 답안은 반드시 컴퓨터용 사인펜으로 보기와 같이 바르게 표기해야 합니다.
〈보기〉 ① ② ③ ❹ ⑤

※ 성명표기란 위 칸에는 성명을 한글로 쓰고 아래 칸에는 성명을 정확하게 표기하십시오. (맨 왼쪽 칸부터 성과 이름은 붙여 씁니다)

※ 수험번호/월일 위 칸에는 아라비아 숫자로 쓰고 아래 칸에는 숫자와 일치하게 표기하십시오.

※ 월일은 반드시 본인 주민등록번호의 생년을 제외한 월 두 자리, 일 두 자리를 표기하십시오.
〈예〉 1994년 1월 12일 → 0112

11회 기출예상문제

▶ 정답과 해설 60쪽

문항 수 | 25 문항

01. 다음 글의 ㉠과 ㉡에 들어갈 말이 적절하게 짝지어진 것은?

100년이 넘게 살고 있는 사람들의 생활습관을 보면, 다들 여전히 텃밭 가꾸기 같은 활동을 하며 몸을 움직이면서도 식사는 단출하게 하는 것 같다. 이처럼 소식(小食)이 장수의 비결이라는 건 잘 알려져 있다.

칼로리 섭취를 줄이는 소식이 장수의 비결이라는 것을 입증하기 위해 A 연구팀은 붉은털원숭이를 대상으로 20년에 걸쳐 칼로리 섭취를 제한한 연구결과를 발표하였으며, 그 결과는 예상대로 칼로리 제한군이 대조군에 비해 수명이 긴 것으로 나타났다. 그런데 A 연구팀의 발표 이후, 곧이어 B 연구팀은 붉은털원숭이를 대상으로 25년 동안 비교 · 연구한 결과를 발표하였으며, 그들의 연구결과는 칼로리 제한군과 대조군의 수명에 별 차이가 없다는 것을 보여 주었다. A 연구팀과 다른 결과가 도출된 것에 대해 B 연구팀은 A 연구팀의 실험설계가 잘못되었기 때문이라고 주장했다. 즉, 영양분을 정확하게 맞추기 위해 당분이 많은 사료를 먹인 데다가 대조군은 식사 제한이 없어 사실상 칼로리 섭취량이 높아 건강한 상태가 아니기 때문에 칼로리 제한군이 건강하게 오래 사는 건 당연하다는 것이다.

B 연구팀의 연구결과 발표 이후, A 연구팀은 처음 발표한 연구결과에 대한 후속 연구의 결과를 발표하였다. 처음 연구결과를 발표한 지 5년이 경과하였기 때문에 25년에 걸친 연구결과를 정리한 것이다. 이번 연구결과도 5년 전과 마찬가지로 역시 칼로리 제한군이 더 오래 사는 것으로 나타났다. 이 연구결과를 바탕으로 A 연구팀은 자신들의 결론과 다른 B 연구팀의 연구결과는 B 연구팀이 실험설계를 잘못했기 때문이라고 주장하면서 역공을 펼쳤다. B 연구팀은 대조군에게 마음대로 먹게 하는 대신 정량을 줬는데, 그 양이 보통 원숭이가 섭취하는 칼로리보다 낮기 때문에 사실상 대조군도 칼로리 제한을 약하게라도 한 셈이라는 것이다. 즉, B 연구팀은 칼로리 제한을 심하게 한 집단과 약하게 한 집단을 비교한 셈이었고, 그 결과로 인해 유의미한 차이가 없는 것으로 나타났다는 것이다. A 연구팀은 자신들의 주장을 입증하기 위해 각지의 연구소에 있는 붉은털원숭이 총 878마리의 체중 데이터를 입수해 자신들의 대조군 원숭이 체중과 B 연구팀의 대조군 원숭이 체중을 비교하였다. 그 결과 총 878마리 붉은털원숭이의 평균 체중은 A 연구팀의 대조군 원숭이의 평균 체중(㉠), B 연구팀의 대조군 원숭이의 평균 체중(㉡). 따라서 체중과 칼로리 섭취량이 비례한다는 사실에 입각했을 때 서로의 대조군 설계에 대한 A 연구팀과 B 연구팀의 비판이 모두 설득력이 있는 것으로 밝혀진 셈이다.

	㉠	㉡
①	보다 더 나갔고	보다 덜 나갔다
②	보다 덜 나갔고	보다 더 나갔다
③	과 차이가 없었고	과 차이가 없었다
④	보다 더 나갔고	보다 더 나갔다
⑤	보다 덜 나갔고	보다 덜 나갔다

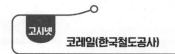

02. 다음 글을 읽고, '광역버스 준공영제 시범사업'을 통해 달성하고자 하는 목표로 적절한 것을 〈보기〉에서 모두 고르면?

> 국토부가 수도권 3개 노선을 대상으로 광역버스 준공영제 시범사업에 나선다. 국토교통부 대도시권광역교통위원회는 △△월 △△일부터 광역급행버스 3개 노선을 대상으로 준공영제 시범사업에 착수하기 위하여 사업자 모집 공고를 실시한다. 이번 준공영제 시범사업 대상은 수도권 주요 교통축을 운행하는 광역급행버스 노선을 대상으로 버스회사와 면허반납 협의, 전문기관의 시범사업 포함 필요성 검토 및 관계 지자체 협의 등을 거쳐 선정하였다.
>
> 광역버스 준공영제 시범사업의 중점 내용은 다음과 같다. 첫째, 광역버스 노선의 공공성을 강화하고 신도시 개발, GTX 개통 등 광역교통 여건 변화에 유연하게 대응할 수 있도록 국가에서 노선을 소유하는 한정면허(여객운송업무의 면허나 기간이 제한된 면허)로 운영된다. 또한 준공영제 노선은 기본 면허기간 5년의 한정면허로 운영되며, 기본 면허기간 동안 주기적으로 시행되는 서비스 평가 결과에 따라 1회 갱신(면허기간 4년 연장)될 수 있다. 아울러, 면허기간(최대 9년)이 만료되어 소유권이 국가로 귀속된 노선에 대하여 재입찰을 거쳐 사업자를 선정하여 준공영제 노선의 사유화를 방지할 계획이다.
>
> 둘째, 버스업체 간 비용경쟁을 유도하기 위하여 사업수행능력뿐만 아니라 준공영제 노선의 운영을 희망하는 버스회사에서 제시하는 운영비용을 평가하여 사업자를 선정하는 노선별 비용입찰제 방식으로 운영된다. 준공영제 노선의 운영 단계에서는 출퇴근 시간대 한 방향으로 이용수요가 집중되는 광역버스의 이용 특성을 감안하여 고정비 부담은 적으면서 좌석 공급은 확대할 수 있는 전세버스 등을 결합한 수요맞춤형 모델도 도입된다. 일반적인 정규운행버스는 하루 단위 운행을 전제하는 반면, 전세버스유휴차량 등을 활용할 경우에는 1회 단위 운행도 가능하여 더욱 적은 비용으로 출퇴근 시간대 과다수요에 탄력적 대응이 가능하게 된다.
>
> 셋째, 입석 · 과밀운행, 배차간격 준수 여부, 교통사고 등 광역버스 서비스 저하 요소를 체계적으로 관리하기 위하여 주기적인 서비스 평가를 하고, 평가 결과에 따라 성과이윤 차등지급, 면허 갱신 · 취소 등을 실시한다. 특히 광역버스 이용 시 차내 혼잡, 장시간 정류소 대기 등의 주요 불편사항을 해소하기 위해 이용현황을 모니터링하고 선제적으로 증회 · 증차운행을 할 계획이다. 아울러, 운전직 종사자의 장시간 근무에 따른 졸음운전을 예방하고 양질의 일자리로 전환되도록 1일 2교대제를 의무적으로 도입한다. 이를 통해 운전직 종사자의 충분한 휴식시간을 보장하여 근무여건 개선, 안전사고 예방 등이 가능할 것으로 기대된다.
>
> 광역급행버스 준공영제 시범사업 노선은 이용객들에게 보다 향상된 서비스를 제공하기 위해 여러 가지 편의시설이 장착된 신규 차량으로 운행할 계획이다. 우선, 기존 노선 운행 차량에 비해 앞뒤 좌석 간 간격이 최대 54mm(800 → 854)가 넓어지고, 일부 차량은 옆 좌석과 간격 조정 기능도 장착하여 편안한 승객 공간을 제공할 계획이며, 차내 공기 질 개선을 위해 차량에 스마트 환기 시스템 기능을 탑재하고, 공기청정필터 등을 설치할 계획이다. 아울러, 무료 와이파이 제공 및 승객석 USB 충전포트 설치로 이용객들의 가계통신비 부담을 완화하고, 전자기기 상용 편의성도 제고할 계획이다.

광역급행버스 3개 노선에 대한 준공영제 시범사업은 □□월 □□일까지 사업자 모집 공고를 실시, 사업자 선정 평가단의 평가를 거쳐 ○○월까지 한정면허를 발급하여 순차적으로 운행을 개시할 예정이다. 국토교통부 대도시권광역교통위원회 K 광역버스과장은 "광역버스 준공영제 시범사업 결과를 토대로 광역버스 서비스가 안정적으로 제공되도록 준공영제를 확대할 계획"이라면서 "준공영제를 통하여 주요 거점지역을 빠르고 편리하게 연결하는 광역버스 서비스가 한 단계 도약하기를 기대한다."라고 밝혔다.

보기

ㄱ. 공공성 강화
ㄴ. 재정효율성 향상
ㄷ. 노선의 탄력성 확보
ㄹ. 안전 및 서비스 개선

① ㄱ, ㄴ
② ㄱ, ㄹ
③ ㄴ, ㄷ
④ ㄱ, ㄴ, ㄹ
⑤ ㄴ, ㄷ, ㄹ

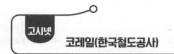

03. 다음 (가)~(라) 문단별 중심 내용으로 적절하지 않은 것은?

(가) 매일 아침 하던 등산이라기보다는 산길 걷기 정도의 가벼운 산행을 첫눈이 온 후부터는 그만두었다. 산에 온 눈은 오래간다. 내가 다시 산에 갈 수 있기까지는 두 달도 더 기다려야 할 것 같다. 걷기는 내가 잘할 수 있는 유일한 운동이지만 눈길에선 엉금엉금 긴다. 어머니가 눈길에서 미끄러져 크게 다치신 후 7, 8년간이나 바깥출입을 못하시다 돌아가신 뒤 생긴 눈 공포증이다. 부족한 다리 운동은 볼일 보러 다닐 때 웬만한 거리는 걷거나 지하철 타느라 오르락내리락하면서도 벌충할 수 있지만 흙을 밟는 쾌감을 느낄 수 있는 맨땅은 이 산골마을에도 남아 있지 않다. 대문 밖 골목길까지 포장되어 있다. 그래서 아침마다 안마당을 몇 바퀴 돌면서 해뜨기를 기다린다. 아차산에는 서울사람들이 새해맞이 일출을 보러 오는 명당자리가 정해져 있을 정도니까 그 품에 안긴 아치울도 동쪽을 향해 부챗살 모양으로 열려 있다. 겨울마당은 황량하고 땅은 딱딱하게 얼어붙었다. 그러나 걸어 보면 그 안에서 꼼지락거리는 씨와 뿌리들의 소요가 분명하게 느껴질 정도의 탄력을 지녔다.

(나) 마당이 있는 집에 산다고 하면 다들 채소를 심어 먹을 수 있어 좋겠다고 부러워한다. 나도 첫해에는 열무하고 고추를 심었다. 그러나 매일 하루 두 번씩 오는 채소장수 아저씨 단골이 되면서 채소농사가 시들해졌고 작년부터는 아예 안 하게 되었다. 트럭에다 각종 야채와 과일을 싣고 다니는 순박하고 건강한 아저씨는 싱싱한 야채를 아주 싸게 판다. 멀리서 그 아저씨가 트럭에 싣고 온 온갖 채소 이름을 외치는 소리가 들리면 뭐라도 좀 팔아 줘야 할 것 같아서 마음보다 먼저 엉덩이가 들썩들썩한다. 그를 기다렸다가 뭐라도 팔아 주고 싶어 하는 내 마음을 아는지 아저씨도 손이 크다. 너무 많이 줘서, 왜 이렇게 싸요? 소리가 절로 나올 때도 있다. 그러면 아저씨는 물건을 사면서 싸다고 하는 사람은 처음 봤다고 웃는다. 내가 싸다는 건 딴 물가에 비해 그렇다는 소리지 얼마가 적당한 값인지 알고 하는 소리는 물론 아니다. 트럭 아저씨는 다듬지 않은 야채를 넉넉하게 주기 때문에 그걸 손질하는 것도 한 일이다. 많이 주는 것 같아도 다듬어 놓고 나면 그게 그걸 거라고, 우리 식구들은 내 수고를 별로 달가워하지 않는 것 같다. 뒤란으로 난 툇마루에 퍼더버리고 앉아 흙 묻은 야채를 다듬거나 콩이나 마늘을 까는 건 내가 좋아서 하는 일이지 누가 시켜서 하는 건 아니다. 뿌리째 뽑혀 흙까지 싱싱한 야채를 보면 야채가 아니라 푸성귀라고 불러 주고 싶어진다. 손에 흙을 묻혀 가며 푸성귀를 손질하노라면 같은 흙을 묻혔다는 걸로 그걸 씨 뿌리고 가꾼 사람들과 연대감을 느끼게 될 뿐 아니라 흙에서 낳아 자란 그 옛날의 시골 계집애와 현재의 나와의 지속성까지를 확인하게 된다. 그것은 아주 기분 좋고 으쓱한 느낌이다. 어쩌다 슈퍼에서 깨끗이 손질해서 스티로폼 용기에 담고 랩을 씌운 야채를 보면 컨베이어벨트를 타고 나온 공산품 같지 푸성귀 같지가 않다.

(다) 무엇보다도 내 단골 트럭 아저씨에게는 불경기가 없었으면 좋겠다. 일요일은 꼬박꼬박 쉬지만 평일에는 하루도 장사를 거른 적이 없는 아저씨가 지난여름엔 일주일 넘어 안 나타난 적이 있는데 소문에 의하면 해외여행을 갔다는 것이었다. 그것도 여비가 많이 드는 남미 어디라나. 그런 말을 퍼뜨린 이는 조금은 아니꼽다는 투로 말했지만 어중이떠중이가 다 해외여행을 떠나는 이 풍요한 나라의 휴가철, 그 아저씨야말로 마땅히 휴가를 즐길 수 있는 어중이떠중이 아닌 적격자가 아니었을까.

(라) 트럭 아저씨는 나를 쭉 할머니라 불렀는데 어느 날 새삼스럽게 존경스러운 눈으로 바라보면서 선생님이라고 부르기 시작했다. 내가 작가라는 걸 알아보는 사람을 만나면 무조건 피하고 싶은 못난 버릇이 있는데 그에게 직업이 탄로 난 건 싫지가 않았다. 순박한 표정에 곧이곧대로 나타난 존경과 애정을 뉘라서 거부할 수 있겠는가. 내 책을 읽은 게 아니라 TV에 나온 걸 보았다고 했다. 책을 읽을 새가 있느냐고 했더니, 웬걸요, 신문 읽을 새도 없다고 하면서 수줍은 듯 미안한 듯, 어려서 『저 하늘에도 슬픔이』를 읽고 외로움을 달래고 살아가면서 많은 힘을 얻은 얘기를 했다. 그러니까 그의 글 쓰는 사람에 대한 존경은 『저 하늘에도 슬픔이』에서 비롯된 것이었다. 나는 그 책을 읽지는 못했지만 아주 오래전에 영화화된 것을 비디오로 본 적이 있어서 그럭저럭 맞장구를 칠 수가 있었다. 아저씨는 마지막으로 선생님도 『저 하늘에도 슬픔이』 같은 걸작을 쓰시길 바란다는 당부 겸 덕담까지 했다.

① (가) : 자연과 더불어 사는 삶의 즐거움
② (나) : 트럭 아저씨와 시골 계집애의 애틋한 사랑
③ (다) : 항상 성실하게 살아가는 트럭 아저씨
④ (라) : 힘을 주는 작품을 소개해 주는 트럭 아저씨의 덕담
⑤ (가) ~ (라) : 고단하고 성실하게 살아가는 사람들에 대한 글쓴이의 애정

04. 다음 글을 읽고 추론한 내용으로 적절하지 않은 것을 〈보기〉에서 모두 고르면?

매년 5월 첫 번째 일요일과 11월 첫 번째 토요일에는 서울 종묘에서 종묘대제가 열린다. 종묘대제는 조선시대 왕과 왕비의 신주를 봉안한 종묘를 알리고, 종묘에서 제사를 지내는 종묘제례와 종묘제례악을 볼 수 있는 전통 있는 행사다. 5월 첫 번째 일요일에 종묘대제가 열리면 종묘는 크게 활기를 띤다. 종묘대제는 우리나라 최대의 제례 의식에 걸맞게 엄격한 절차에 따라 장엄하게 거행된다. 이때는 시민들뿐만 아니라 해외의 언론인, 주한대사, 유네스코 무형문화 관계자 등이 참여해서 이를 지켜본다. 종묘제례악은 종묘대제 때 연주되는 독특한 왕실 음악이다. 종묘제례가 엄격하게 수행되듯이 제례악 역시 절차에 따라 연주된다. 종묘제례악은 신을 영접하고, 신에게 폐백을 올리며, 세 번에 걸쳐 헌작한 뒤에 제기를 거두어들이고, 신을 배웅하는 순서에 따라 연주한다.

고려조를 지나 조선조에 들어와서 종묘제례악은 몇 차례 변화를 겪는다. 조선이 건국되던 시기의 종묘제례악은 고려조의 것을 답습하였다. 태종이 중국에 자문(咨文)을 보내 "본국의 종묘 · 사직 악기가 많이 파손되었으니 허락한다면 사람을 보내 사 오도록 하겠다."는 내용을 전하였지만, 당시 중국의 민간에서도 별로 만들어 파는 것이 없다 하여 요청대로 하지 못한 적이 있었다. 이에 대해 명(明)의 조정에서는 1460년에 사신을 보내어 편종 16개, 금 4장, 슬 2상, 생 2찬, 소 4관 등의 아악기를 전해왔다. 이 악기들은 같은 해 7월에 태종의 친제(親祭)로 올리는 종묘추향에서 처음으로 사용되었다. 고려시대 종묘제향의 아헌과 송신 절차에서 향악을 교주하는 전통은 그대로 유지되었던 것으로 보인다. 이처럼 종묘의 제사에 향악을 교주하는 전통은 세종 초기까지 유지되다가 1427년 이후 아악 선율만을 쓰는 것으로 바뀌게 되었다.

종묘악은 그것이 새로 창작되기 이전에는 아악식 음악이 종묘에 쓰였으나 세종 후기 향악과 고취악을 바탕으로 보태평, 정대업이 만들어지고 세조 10년 악조가 황종궁으로 바뀌면서 현재에 이르고 있다. 조선시대에는 종묘제례악의 골자라 할 수 있는 보태평, 정대업이 세종조에 회례악으로 제정되었다가 세조조에 종묘제례악으로 채택된 역사적 시기이다.

종묘제례는 조선시대의 지배적 사상과 시대를 장악한 유교적 이념 중 효 사상을 유지해 오고 있고 이를 형식화하여 효 실천을 집대성한 행사라 보아도 무방하다. 또한, 종묘제례에 사용되는 종묘제례악은 멀리는 상고시대의 제천의식과 고려시대 유입된 당의 대성아악, 그리고 도참사상의 음양오행과 유가의 음악사상이 내포된 것이라 할 수 있다.

종묘제례악은 우리나라의 수탈과 지배의 역사와 괘를 함께한다. 조선시대 초기에 만들어진 보태평과 정대업은 회례악으로 제정되었으나 이후 제례악으로 다시 제정되었고 행해지지 못한 시기도 있었으며, 축소가 된 시기도 있었다. 더군다나 일제강점기에는 전면 금지된 적도 있었다. 다만, 일부 일본인들의 관심으로 겨우 명맥이 유지되기도 하였다. 해방 이후 한국 전통사회는 문화재에 대한 인식이 매우 희박하였다. 이러한 결과로 해방 직후에는 종묘제례 자체가 행해지지 못한 시기도 있었다.

비참한 현실이지만 일제강점기부터 유형문화재의 발굴 및 보호, 수집 등을 목적으로 하는 정책이 전개됨에 따라 물질적 가치에 대한 인식이 비교적 이른 시기에 정립되었다고 볼 수 있다. 하지만 무형문화재의 경우는 유형문화재와 달리 거의 인식을 하지 않고 있었다. 그러나 해방 이후 무형문화재의 인식이 개선됨에 따라 새로운 사회적 요구의 수용으로 마침내 1962년 「문화재 보호법」이 제정되었다.

현재 중요무형문화재 1호는 종묘제례악이다. 종묘제례는 조선시대의 역사와 사상 그리고 이념을 모두 담고 있는 제례인 만큼 모든 제례 가운데 가장 격식이 높은 의식이었다. 보태평(保太平)과 정대업의 간결하고 힘찬 노래는 위대한 국가를 세우고 발전시킨 왕의 덕을 찬양하는 내용으로 되어 있으며, 종묘제례악이 연주되는 동안 문치와 무공을 상징적으로 보여주는 무용인 문무(文舞)와 무무(武舞)가 곁들여진다. 무용의 문무와 무무는 8줄로 구성된 64명의 무용수가 추며, 유교 문헌에 나오는 대로 대립하지만 서로 보완적인 음(陰)과 양(陽)을 표현한다. 문무는 역대 선왕들의 문덕을 기리는 춤으로 조화롭고 마음을 평화롭게 해 주는 보태평지악에 맞추어 왼손에는 피리종류인 약을 오른손에는 깃털을 단 적(翟)을 들고 춤을 춘다.

보기

ㄱ. 조선 건국 초기의 종묘제례악은 중국식 아악기를 사용하였을 것이다.
ㄴ. 종묘제례악에는 역사와 사상이 두루 집대성되어 있을 것이다.
ㄷ. 조선 초기 만들어진 보태평과 정대업은 일제강점기에 사라졌을 것이다.
ㄹ. 조선시대의 종묘제례악은 음악뿐 아니라 노래와 춤도 함께 행해진 의식이었을 것이다.
ㅁ. 1960년대 이전에는 무형문화재에 대한 인식이 없었을 것이다.

① ㄱ, ㄴ　② ㄴ, ㄷ　③ ㄱ, ㄹ
④ ㄷ, ㅁ　⑤ ㄹ, ㅁ

05. 다음 중 글의 흐름에 맞게 (가) ~ (바) 문단을 바르게 배열한 것은?

생명체는 수많은 세포로 이뤄져 있다. 세포핵의 염색체에는 유전정보를 저장하는 DNA가 들어 있다. 사람의 유전정보를 담은 DNA는 약 30억 개의 염기로 구성된다. 이들 염기의 배열순서에 따라 생명 활동에 필요한 단백질이 만들어진다. 유전체(게놈)는 DNA에 포함된 30억 개 염기의 배열순서(염기서열) 전체를 밝힌 것이다. 사람마다 유전체는 일부 차이가 있다.

(가) 정밀의학 생명공학기업 ○○공학과 △△병원 공동 연구팀은 비영리 국제 컨소시엄 '게놈 아시아 100K 이니셔티브'를 통해 진행한 아시아인 유전체 분석 결과를 국제학술지 '네이처' 4일자(현지시간)에 발표했다. 이는 아시아인에게 발생하는 질병 관련 원인을 규명하는 연구에 큰 도움을 줄 것으로 기대된다.

(나) 분석 결과 아시아에 거주하는 약 142개 종족은 기존 연구에서 밝혀진 것보다 훨씬 더 다양한 유전적 특성이 있는 것으로 나타났다. 연구진은 이를 바탕으로 아시아인들 사이에서도 민족별로 주요 약물에 대한 반응이 다르다는 사실을 규명했다. 예를 들어 심혈관 질환 환자에게 주로 처방되는 항응고제 '와파린'은 특정 유전 변이를 가진 환자에게 알레르기 등 약물 부작용을 일으킬 수 있다. 이번 연구 결과 와파린의 경우 한국인, 중국인, 일본인, 몽골인과 같은 북아시아 조상을 가진 사람들이 예민하게 반응할 가능성이 클 것으로 예측됐다.

(다) 과학자들은 특정 인종이나 국가, 민족을 대상으로 표준유전체지도를 구축하고 있다. 표준유전체지도를 만들면 특정 질병이 있는 환자의 유전체와 비교해 염기서열이 어떻게 다른지 알아낼 수 있다. 염기서열이 달라져 변이가 생긴 단백질을 밝혀내 질병의 원인이나 약물 효능 등을 면밀히 분석한다. '인간 게놈 프로젝트(HGP)'로 2003년 인간 표준게놈지도를 만든 이유다. 개인 맞춤형 치료법을 제시하는 이른바 '정밀의학'도 유전체 분석이 밑바탕이다.

(라) 이번 연구는 아시아를 포함한 총 64개국 219개 종족(아시아 142개 종족)의 샘플을 대상으로 이뤄졌다. 지금까지 공개된 아시아인 유전체 데이터 중에서 가장 많은 지역과 종족을 포함한다. 국가별로 보면 한국인 152명을 비롯해 인도에서 598명, 말레이시아 156명, 인도네시아 68명, 필리핀 52명, 일본 35명, 러시아 32명 등 총 1,739명의 유전체가 분석됐다.

(마) 그러나 처음 만들어진 인간 표준게놈지도는 주로 백인의 유전체를 분석한 것이어서 인종별 특징을 담지 못했다. 전 세계 인구 77억 명 중 58%인 45억 명에 달하는 아시아인에게 적용하기 어려웠다. 인종별 · 민족별로 나타나는 유전체 정보가 다르기 때문이다.

(바) ○○공학은 2016년 10월 세계 최고 정밀도의 아시아인 표준 유전체를 완성해 네이처에 발표한 바 있다. 2016년 연구가 한 사람의 유전체를 정밀하게 분석해 표준 유전체를 구축한 것이라면 이번 연구는 각 지역별, 민족별로 다른 특성을 보이는 아시아인들의 유전체 패턴을 완성한 것이다.

> 서○○ △△병원 석좌교수는 "아시아인에 대한 유전체 정보가 많으면 많을수록 아시아인이 특정 질병에 걸릴 위험이 더 높은지, 특정 약물에 더 잘 반응하는지 분석할 수 있다."며 "앞으로 10만 명의 유전체 빅 데이터를 완성해 아시아인 맞춤형 정밀의학 실현을 위한 기반을 마련하겠다."고 말했다. 또한 박◇◇ 교수는 "2003년 완성된 기존 인간 표준 게놈지도는 13년간 3조 원의 연구비가 투입됐지만 이번 연구에 투입된 연구비는 약 20억 원으로, 가격 대비 정확도가 가장 높다."며 "한국인에게만 나타나는 질병의 유전적 원인을 보다 쉽게 연구할 수 있는 길을 열었다."고 밝혔다.

① (가)-(라)-(나)-(다)-(마)-(바)
② (가)-(라)-(나)-(마)-(다)-(바)
③ (다)-(가)-(마)-(라)-(나)-(바)
④ (다)-(마)-(가)-(라)-(나)-(바)
⑤ (다)-(마)-(가)-(라)-(바)-(나)

06. 다음 글을 읽고 제기할 수 있는 반론으로 옳지 않은 것은?

인류가 생존하기 위해 꼭 필요한 것이 있다면 숨 쉴 공기, 마실 물과 먹을 음식이다. 숨 쉴 공기가 없으면 아무도 5분을 넘게 살 수 없으며, 마실 물이 없으면 5일을 넘기기가 어렵고, 먹을 음식이 없으면 5주를 넘기기 어렵다. 이 세 가지는 생존을 위한 필요조건이고 이것이 충족되면 '생존'의 차원을 넘어서 '삶'을 위한 조건, 즉 쾌적한 환경과 편리한 문명의 혜택 및 마음의 풍요를 위한 문화생활을 찾게 된다.

18세기 말 영국에서 시작된 산업혁명 이후 인류는 눈부신 과학 기술의 발전과 산업화의 결과로 풍요로운 물질문명의 혜택을 누리게 되었다. 하지만 산업화로 말미암아 도시가 비대해지고 화석 에너지 및 공업용수의 사용이 급속히 늘어나 대기 오염, 식수원 오염 및 토양 오염을 유발하여 쾌적하지 못한 삶의 질을 저하시키는 수준의 환경오염이 초래되었다. 급기야는 1940 ~ 1950년대를 전후하여 공업 선진국의 몇몇 도시에서는 이미 대기 오염에 의한 인명 사고가 발생하기 시작하였다. 대표적인 것은 1952년 12월 영국에서 발생했던 런던 스모그 사건이다. 이로 인하여 4,000여 명이 사망하였다고 하니 정말 끔찍한 일이 아닐 수 없다. 이 사건은 환경오염이 삶의 질 차원을 넘어서 인류 생존의 문제로 악화되고 있음을 시사해 주는 대표적인 사건으로 기록되었다.

실험실에서 미생물을 배양할 때, 어느 때까지는 자라다가 일정 시간이 지나면 먹이 고갈과 노폐물의 축적으로 성장을 멈추고 끝내는 사멸한다는 것은 익히 알려진 사실이다. 인류라고 예외일 수는 없다. 만약 인류의 생산 활동의 부산물인 대기 오염, 수질 오염 및 토양 오염을 그대로 방치할 경우 환경 문제는 환경오염의 차원을 넘어 '환경 파괴'로 치닫게 될 것이다. 그 다음의 결과야 불을 보듯 뻔하지 않은가?

20세기 후반에 와서는 측정 기술의 발달에 힘입어 지구 생태계의 보호막인 대기의 오존층이 인류가 발명한 염화불화탄소(CFC ; Chloro Fluoro Carbon, 프레온)라는 합성 물질에 의하여 파괴되고 있고 대기 중에 탄산가스와 메탄 등의 온실 기체가 꾸준히 증가하고 있다는 사실이 밝혀졌다. 슈퍼컴퓨터를 이용한 기후 예측 모델에 따르면 대기 중의 탄산가스 농도가 현재와 같은 추세로 증가할 경우 2030년경에는 지구의 평균 기온이 2 ~ 5도 상승하게 되고 그 결과 해수면이 50 ~ 60센티미터 상승할 것으로 예측되고 있다.

이러한 지구 환경의 위기에 대비하여 1992년 6월 브라질 리우에서 개최된 환경과 개발에 관한 유엔 회의에서는 '환경적으로 건전하고 지속 가능한 발달(ESSD)'만이 인류가 나아가야 할 방향임을 천명하였다. 앞으로 성장 위주의 개발 정책은 국제 사회에서 용납되지 않을 것이며 '환경 보전과 조화를 이루는 개발', 즉 환경적으로 건전하고 지속 가능한 발달의 실현이 21세기에 인류가 추구해야 할 과제가 될 것이다.

① 인류는 환경에 적응하는 동물이다. 지구의 평균 기온과 해수면 상승이 발생한다고 하더라도 그에 적응하여 살아가는 데 지장이 없을 것이다.

② '환경적으로 건전하고 지속 가능한 발달'은 국제 사회의 모든 국가가 협력할 때에만 가능하다. 강대국이 자의적으로 협력을 거부하고 성장을 추구한다면 통제방법이 없다.

③ 슈퍼컴퓨터를 이용한 날씨 예측 시스템은 매우 부정확하여 내일 날씨도 파악하기 힘들다. 장기 기후 예측도 초기값과 포함된 변수에 큰 영향을 받기 때문에 미래의 해수면 상승 정도는 과장되게 예측되었을 수 있다.

④ 1940 ~ 1950년대의 심각한 대기오염 사태와 미생물 배양실험의 경우는 아주 협소한 부분의 근거에 불과하다. 전 지구적 환경 파괴에는 이를 직접 적용할 수 없다.

⑤ 환경 보전과 조화를 이루는 개발을 하려면 추가적인 비용과 노력이 소요된다. 이 과정에서 최종적인 환경 파괴는 줄어들지라도 산업의 전 과정을 고려했을 때 발전이 더딘 결과가 나타날 수 있다.

07. 다음 글의 ㉠에 해당하는 사례로 적절하지 않은 것은?

수도 시설이 보편화되기 이전의 과거에는 우물에서 물을 길어다 쓰거나 가정마다 작은 수동 펌프로 물을 끌어올려 사용했다. 그런데 수동 펌프의 경우 펌프질만으로는 물을 끌어올리기 어려워 물 한 바가지를 넣고 난 후 펌프질을 했다. 이때 펌프에서 물이 나오게끔 도움을 주는 소량의 물이 바로 마중물이다. 이렇게 마중물과 같이 작은 자극이 원인이 되어 더 큰 효과를 일으키는 것을 마중물 효과라 한다.

마중물 효과는 우리 생활 전반에서 다양하게 찾아볼 수 있다. 처음 ㉠ 정부의 마중물 효과는 경제 불황의 극복을 위해 일시적으로 재정 지출을 확대하거나 재정 수입을 감소하는 등의 자극을 주어 경제 활동을 활성화시켜 침체된 경기가 회복되도록 하는 것이었다. 이제 이런 마중물 효과는 정부의 경제 활성화 정책을 넘어 장학 사업 같은 사회사업 분야 및 기업의 마케팅 활동 등 우리 생활 전반에까지 그 영역이 확대되었다. 특히 기업은 마중물 효과를 소비자의 마음을 움직이기 위한 마케팅 전략으로 활발히 사용하게 되었다.

기업이 마중물 효과를 통해 도달해야 하는 목표는 단순한 단기간의 이윤 증대가 아니다. 기업은 다양한 종류의 마중물을 이용해 타사 제품에 비해 자사 제품이 가지고 있는 제품의 가치를 홍보하여 자사 제품에 대한 소비자의 긍정적 평가를 높이려 한다. 이를 바탕으로 마중물의 제공이 중단되더라도 소비자의 꾸준한 구매를 통해 기업의 이익이 장기적으로 지속되도록 하는 것이 마중물을 활용한 마케팅의 궁극적인 목표이자 마중물 효과이다. 그래서 기업은 적지 않은 자금을 투입하여 제품 체험 행사, 1개를 사면 1개를 더 주는 덤 마케팅, 포인트 적립, 할인 쿠폰 제공 등 다양한 형태의 마중물로 소비자의 구매를 유도한다. 대형 마트의 시식행사도 마중물 효과를 노린 마케팅 전략이다. 시식행사는 소비자들이 해당 제품을 직접 맛봄으로써 제품의 특성을 잘 이해하게 되고, 이로 인해 매출증대는 물론이고 제품을 구입한 소비자들이 적극적으로 입소문을 내 주는 것을 주목적으로 한다. 이때 소비자가 마중물을 힘들이지 않고 거저 얻은 것으로 생각하여, 지나친 소비 활동을 하는 공돈 효과*를 일으킨다면 기업은 더 큰 이윤 창출을 기대할 수도 있다.

하지만 기업의 마중물 마케팅이 항상 성공적인 결과를 얻는 것은 아니다. 기업의 의도가 소비자에게 제대로 전달되지 못하여 마중물을 제공하지 않자 제품에 대한 구매가 원상태로 돌아가거나 오히려 하락했다면, 마중물 효과는 단지 광고나 판매 촉진 활동과 같은 일시적인 매출 증대 행위에 그칠 수밖에 없다. 또한 마중물에 투입한 비용이 과도하여 매출은 증가하였지만 이윤이 남지 않는 경우와, 마중물을 투입하였는데도 기업의 매출에 변화가 없어서 오히려 기업의 이윤이 감소하는 경우가 있다. 뿐만 아니라 마중물이 일반 소비자들에게 골고루 혜택을 주지 못하고 일부 체리피커*들에게 독점된다면 기업의 이윤 창출은 더욱 어려워질 수도 있다.

그러나 이런 위험을 알면서도 지금도 많은 기업에서는 소비자의 지갑이 열리기를 기대하며 다양한 마중물을 동원하여 이익을 극대화하는 데에 총력을 기울인다. 그러므로 소비자는 할인이나 끼워 주기와 같은 기업의 조삼모사(朝三暮四)식 가격 정책에 흔들리기보다는 합리적인 소비를 해야 한다. 단순하게 마중물이 주는 혜택에 집중하기보다는 자신에게 꼭 필요한 상품을 꼭 필요한 만큼만 구매하려는 소비자의 현명한 선택이 필요한 것이다.

* 공돈 효과 : 기대하지 않았던 이익(공돈)을 얻게 되면 전보다 더 위험을 감수하려는 현상
* 체리피커 : 상품의 구매 실적은 낮으면서 제공되는 다양한 부가 혜택이나 서비스를 최대한 활용하는 소비자

① 중소기업이 창립 초기에 안정적으로 운영될 수 있도록 국가지원 컨설팅을 제공한다.
② 대학(원)생들의 학비 부담을 줄여 학업에 전념하도록 학자금 지원 정책을 실시한다.
③ 새로운 주택 구매 시 취득세를 감면하여 침체된 부동산 경기를 활성화시킨다.
④ 에너지 효율이 낮은 중고차를 처분하고 연비가 좋은 새 차를 구입할 때, 얼마간의 현금을 보상하여 자동차시장의 활성화 및 환경을 보호한다.
⑤ 추경예산을 편성하여 연구개발 및 일자리 확충과 민생안전을 지원한다.

08. 다음 글에 나타난 전개방식으로 적절하지 않은 것은?

우리 몸에서 체온은 어떤 역할을 할까? 환자가 응급실에 도착하면 의료진은 가장 먼저 바이탈 사인(Vital Sign)을 확인한다. 바이탈 사인이란 환자의 신체가 정상적인 상태인지를 보여주는 것으로 혈압, 맥박, 호흡, 체온 등이 이에 해당한다. 이 중 체온은 사람의 건강 상태를 가늠하는 중요한 기준이 되며, 정상 범위에 해당하지 않는 체온은 우리 몸에 다양한 영향을 미친다.

우리가 '정상 체온'으로 알고 있는 36.5℃는 몸의 신진대사와 혈액순환, 면역체계 작동 등 생명유지 활동에 필요한 효소가 가장 활발하게 활동하는 온도이다. 체온은 성별, 나이, 활동량 등에 따라 차이를 보이는데, 보통 노인은 건강한 성인보다 체온이 0.5℃ 가량 낮으며 같은 사람이라도 낮보다 활동량이 적은 밤의 체온이 0.5℃ 정도 낮다. 그러나 질병이 있는 상태가 아니라면 일반적으로 정상 체온의 범위는 36 ~ 37.5℃이다. 체온이 정상 범위를 벗어날 경우 우리의 몸에서는 곧바로 체온을 조절하기 위한 생체 작용이 일어난다. 피부에 있는 온도 수용체에서 뇌의 시상하부에 명령을 내리면 시상하부는 갑상샘, 교감신경, 대뇌피질, 근육 등에 신호를 보내 체온을 조절하도록 하는 것이다. 교감신경은 체온이 정상 범위보다 높으면 땀샘을 열고 혈관을 확장함으로써 열을 방출하고, 체온이 낮으면 땀샘을 닫고 혈관을 좁힘으로써 열을 보호한다.

체온은 이러한 체내의 생체조절 작용으로 인해 보통 정상 범위 내의 온도로 유지된다. 다만 신체 내 · 외부의 자극에 따라 변화가 나타나는데, 체온이 정상 범위보다 낮은 경우는 크게 두 가지로 나눌 수 있다. 첫째는 외부의 추위에 장시간 노출되는 경우이다. 보온을 제대로 하지 않은 상태에서 낮은 온도와 강한 바람에 노출되면 가장 먼저 오한이 나타난다. 시상하부에서 열을 생산하기 위해 근육을 떨게 하기 때문이다. 이후 낮은 기온에 장시간 노출되면 우리 몸에서는 발열 작용이 일어나며 혈관이 수축된다. 이 때문에 움직임이 둔해지거나 걸음걸이가 흔들리는 등 신체 기능에 문제가 생긴다. 35℃가 되면 손놀림이 부자연스러워지고 정신이 혼미해지며, 32℃ 이하가 되면 심장이 멎어 사망에 이를 수 있다.

한편 외부 온도가 낮지 않음에도 평소 체온이 낮은 사람이 있다. 이 경우 35 ~ 36℃ 사이라면 저체온 증상이 심하지 않기 때문에 자신은 다른 사람보다 체온이 낮은 편일 뿐이라고 생각하며 쉽게 넘기는 경우가 많다. 그러나 체온이 정상 범위 이하로 낮은 사람은 발병위험이 더욱 크게 나타난다. 체온이 낮을수록 면역력이 약해지기 때문이다. 우리가 감기에 걸렸을 때 열이 나는 것은 바이러스에 감염된 우리의 몸을 지키기 위한 일종의 면역 작용이다. 그런데 체온이 낮은 사람은 발열 작용이 충분히 일어나지 않아 병에 걸리기 쉬운 상태가 되는 것이다. 실제로 일본의 한 종양내과 전문의는 "36℃ 이하의 체온이 당뇨병, 암, 치매 등과 같은 질환을 초래할 수 있다."고 말하였다. 또한 우리 몸의 효소는 체온이 낮으면 제대로 기능을 하지 못해 우리 몸에 산소나 영양분을 운반하는 과정에서 문제가 발생하게 된다. 이 때문에 몸의 전반적인 기능이 저하되는 것이다.

체온이 정상 체온 이상으로 오르는 원인 역시 두 가지로 분류할 수 있다. 첫 번째는 고온에 노출되는 경우다. 외부의 높은 온도 탓에 체온이 갑자기 상승하면 우리 몸은 체온을 낮추기 위해 땀이나 호흡 등으로 열을 배출하려고 한다. 여름철에 피부가 붉어지고 숨이 가빠지는 것은 이러한 과정에서 말초혈관이 넓어지고, 열 배출을 위해 호흡이 잦아지기 때문이다. 그런데 외부 온도가 과도하게 높을 경우 우리 몸의 체온 조절 시스템이 제 역할을 하지 못하게 된다. 체온이 39℃를 넘으면 저혈압으로 쓰러질 수 있으며, 39.5℃를 넘으면 뇌 기능이 망가지고 심하면 사망에까지 이를 수 있다. 외부 열을 조절하지 못해 우리 몸에 문제가 생기는 경우의 가장 쉬운 예가 일사병과 열사병이다. 열사병은 체온이 외부로 발산되지 못해 나타나는 질환으로 40℃ 이상의 고열, 현기증, 식은땀, 구토 등의 증상이 나타나며, 의식을 잃고 쓰러지거나 심한 경우 사망에 이르기도 한다. 땀을 많이 흘렸을 때 염분과 수분이 적절히 보충되지 않아 나타나는 질환이 일사병이며, 대표적인 증상은 40℃ 이하의 발열, 구토, 근육경련, 실신 등이 있다.

두 번째는 질병에 의해 열이 오르는 경우다. 우리 몸은 외부에서 바이러스가 침투하면 면역체계가 발동해 바이러스와 싸운다. 이 과정에서 발열물질이 배출돼 열이 오르는 것이다. 장시간 고열이 지속되면 면역세포 중 하나인 대식세포가 증가하는데, 대식세포는 활성산소의 하나인 과산화수소를 만들어 면역세포가 많아졌음에도 우리 몸의 면역력은 떨어지는 결과를 불러일으킨다. 하지만 열이 난다고 해서 무조건 해열제를 먹는 것은 좋지 않다. 섣불리 복용한 약이 바이러스에 대항하는 면역세포까지 약화시킬 수 있기 때문이다. 미열이 있을 때는 미지근한 물로 샤워를 해 체온을 천천히 낮추는 것이 좋으며, 열사병 등 심한 고온이라면 얼음이나 찬물을 수건에 묻혀 몸을 닦아 주는 것이 좋다. 오한으로 인한 근육통이 심한 경우에는 발열 물질 생성을 차단하는 해열제를 복용하는 것이 도움이 된다.

① 용어의 정의를 설명하며 이해를 돕고 있다.
② 물음을 통해 글의 전개 방향을 암시하고 있다.
③ 전문가의 말을 인용함으로써 글의 신빙성을 높이고 있다.
④ 상반된 개념을 대조하며 설명하고 있다.
⑤ 문제가 발생했을 때 이를 해결할 수 있는 방안을 제시하고 있다.

09. 다음 중 글의 내용과 일치하지 않는 것은?

주식회사는 오늘날 회사 기업의 전형이라고 할 수 있다. 이는 주식회사가 다른 유형의 회사보다 뛰어난 자본 조달력을 가지고 있기 때문인데, 주식회사의 자본 조달은 자본금, 주식, 유한책임이라는 주식회사의 본질적 요소와 관련된다.

주식회사의 자본금은 회사 설립의 기초가 되는 것으로, 주식 발행을 통해 조성된다. 현행 상법에서는 주식회사를 설립할 때 최저 자본금에 대한 제한을 두지 않고 있으며, 자본금을 정관*의 기재사항으로도 규정하지 않고 있다. 대신 수권주식총수를 정관에 기재하게 하여 자본금의 최대한도를 표시하도록 하고 있다. 수권주식총수란 회사가 발행할 주식총수로, 수권주식총수를 통해 자본금의 최대한도인 수권자본금을 알 수 있다. 주식회사를 설립할 때는 수권주식총수 중 일부의 주식만을 발행해도 되는데, 발행하는 주식은 모두 인수되어야 한다. 여기서 주식을 인수한다는 것은 출자자를 누구로 하는지, 그 출자자가 인수하려는 주식이 몇 주인지를 확정하는 것을 말한다. 회사가 발행하는 주식을 출자자가 인수하고 해당 금액을 납입하면, 그 금액의 총합이 바로 주식회사의 자본금이 된다. 회사가 수권주식총수 가운데 아직 발행하지 않은 주식은 추후 이사회의 결의만으로 발행할 수 있는데, 이는 주식회사가 필요에 따라 자본금을 쉽게 조달할 수 있도록 하기 위한 것이다.

주식은 자본금을 구성하는 단위로, 주식회사는 주식 발행을 통해 다수의 사람들로부터 대량의 자금을 끌어 모을 수 있다. 주식은 주식시장에서 자유롭게 양도되는데, 1주의 액면주식은 둘 이상으로 나뉘어 타인에게 양도될 수 없다. 주식회사가 액면가액을 표시한 액면주식을 발행할 때, 액면주식은 그 금액이 균일하여야 하며 1주의 금액은 100원 이상이어야 한다. 주식회사가 발행한 액면주식의 총액은 주식회사 설립 시에 출자자가 주식을 인수하여 납입한 금액의 총합과 같다.

주식의 소유주인 주주는 자기가 보유하고 있는 주식 금액의 비율에 따라 이익배당 등의 권리를 가지면서 회사에 대해 유한책임을 진다. 유한책임이란 주주가 회사에 대하여 주식의 인수 가액을 한도로 하는 유한의 출자 의무를 부담하고 회사 채권자에 대해서는 직접적으로 아무런 책임도 부담하지 않는 것을 말한다. 주주의 유한책임은 정관이나 주주총회의 결의로도 가중시킬 수 없다. 때문에 주식회사에서는 회사가 현재 보유하고 있는 재산만이 회사 채권자를 위한 유일한 담보가 된다.

주식회사는 자본금, 주식, 유한책임이라는 본질적 요소로 인해 자본 조달력을 가지기도 하지만 경제적 폐해를 초래하는 경우도 있다. 자본금이 큰 회사이지만 실제 회사가 보유하고 있는 재산이 터무니없이 적은 경우에 자본금의 크기로는 회사의 신용도를 제대로 파악할 수 없으며, 대주주가 권한을 남용하여 사익을 추구하고도 그로 인한 회사의 손해와 회사의 거래 상대방의 손해에 대해서는 책임을 부담하지 않는 경우가 발생하기도 한다. 또한 파산이나 부도 등 회사의 위기 상황에서 채권자, 근로자, 소비자 등 회사의 이해 관계자들이 피해를 보게 되는 상황이 벌어지기도 한다.

이와 같은 문제를 방지하기 위해 주식회사에 대한 법 규정에서는 자본금에 관한 몇 가지 원칙을 마련하고 있다. 자본 유지의 원칙은 자본금이 실제로 회사에 출자되어야 하고, 회사는 자본금에 해당되는 재산을 실질적으로 유지해야 한다는 것으로, 자본 충실의 원칙이라고도 한다. 만일 여러 회사끼리 돌려가며 출자를 반복하는 상황이 벌어진다면 실제로 출자된 자본금은 늘어나지 않는데 서류상 가공의 자본금만 늘어나 회사는 부실화되고 외부의 위험에도 취약해진다. 자본 불변의 원칙은 자본금을 임의로 변경하지 못하며 자본금의 변경을 위해서는 법적 절차를 거쳐야 한다는 것이다. 우리나라의 법률에서 자본금의 증가는 이사회의 결의만으로 가능하도록 한 반면에 자본금의 감소는 엄격한 법적 절차를 요구하고 있다. 이 밖에도 주식회사에 관한 법률을 법에서 규정된 내용대로만 이행해야 하는 강행법으로 하고, 회사에 관한 중요 사항 및 정관의 변동 사항을 공고하도록 하는 등 주식회사의 폐해를 최소화하기 위한 조치도 시행하고 있다.

* 정관 : 회사를 운영하기 위한 규칙을 마련하여 기록한 문서

① 자본금을 늘리는 경우와 자본금을 줄이는 경우 중 자본금 변경을 위해 거쳐야 하는 절차는 후자가 더 까다롭다.

② 자본금과 회사 보유 재산의 차이가 큰 경우, 주주의 권한 남용을 통제하기 어려운 상황이 발생할 수 있다.

③ 회사 설립 시 수권주식총수 중 일부의 주식만을 발행한 경우, 이후 추가로 주식을 발행하기 위해서는 법적 절차를 거쳐야 한다.

④ 출자자에게 인수되는 주식의 가치는 정관에 기재되는 수권자본금보다 크지 않다.

⑤ 주식을 타인에게 양도할 수 있으나, 1주의 액면주식을 여러 개로 나누어 양도할 수는 없다.

1회 2회 3회 4회 5회 6회 7회 8회 9회 10회 11회 12회 13회 14회 15회 인성검사 면접가이드

10. 2층에 위치한 P, Q 사무실을 1층으로 옮기려고 한다. P, Q 사무실에서 각각 430kg, 280kg의 이삿짐이 나왔고, 김 씨는 한 번에 30kg의 이삿짐을 옮기는 데 10분이 걸리고, 안 씨는 한 번에 40kg의 이삿짐을 옮기는 데 15분이 걸린다고 한다. 김 씨는 P 사무실, 안 씨는 Q 사무실을 맡아서 이사를 하고 먼저 끝내는 사람이 5분간 휴식 후 다른 사무실로 가서 나머지 이사를 도와주기로 했다. 오전 9시에 이사를 시작했다면, 이사가 모두 끝나는 시각은 언제인가?

① 오전 11시 ② 오전 11시 5분 ③ 오전 11시 10분
④ 오전 11시 15분 ⑤ 오전 11시 20분

11. J 물류회사는 단체 헌혈 봉사를 하려고 한다. 다음 〈조건〉을 참고하여 헌혈을 하는 사원들 중 임의로 선택한 사원이 A형일 때 그 사원이 3팀일 확률을 구하면?

조건

- 이번 헌혈 봉사는 O형과 A형 혈액형을 가진 사원들이 참여하기로 하였다.
- 이번 헌혈 봉사는 유통1팀, 유통2팀, 유통3팀(이하 각각 1팀, 2팀, 3팀)에서 총 50명이 참여하였다.
- 2팀인 O형과 2팀인 A형의 수는 같다.
- 1팀인 O형의 수는 2팀인 A형 수의 두 배이다.
- 헌혈을 하는 사원들 중 임의로 선택한 사원이 A형일 확률은 $\frac{12}{25}$이다.
- 헌혈을 하는 O형 사원들 중 임의로 선택한 사원이 1팀일 확률은 $\frac{5}{13}$이다.
- 3팀인 O형의 수와 3팀인 A형의 수를 합한 값은 1팀인 O형의 수와 3팀인 O형의 수를 합한 값과 같다.

① $\frac{1}{12}$ ② $\frac{1}{4}$ ③ $\frac{5}{12}$
④ $\frac{7}{12}$ ⑤ $\frac{11}{12}$

12. 다음은 차량 A와 차량 B의 주행 및 주유 기록이다. 이에 대한 설명으로 옳은 것을 〈보기〉에서 모두 고르면? (단, 제시된 조건 이외의 모든 조건은 동일하다고 가정한다)

〈차량 A〉

서울에서 광주까지 300km의 거리를 왕복하려고 한다. 서울에서 출발할 때, 기름탱크가 절반만 찬 상황에서 기름을 가득 주유하고 4만 원을 지불했다. 350km를 달린 지점에서 기름탱크에 40%의 기름이 남아서 다시 가득 주유하고 서울로 돌아와서 다시 가득 주유했다.

〈차량 B〉

기름탱크가 가득 찬 상황에서 서울에서 부산까지 400km의 거리를 왕복하려고 한다. 부산에서 서울로 돌아오던 길에 기름이 부족(10% 이하)하여 가득 주유하고, 250km를 더 달려서 서울에 도착한 후 가득 주유하고 3만 원을 지불했다.

보기

㉠ 차량 B가 차량 A보다 적은 주유비를 지불했다.
㉡ 기름탱크의 용량은 차량 B가 더 크다.
㉢ 차량 A는 기름을 가득 주유한 후에 추가 주유 없이 서울에서 광주까지 왕복이 가능하다.
㉣ 예상 가능한 범위 내에서 추가 주유 없이 차량 B의 최대 주행가능거리는 610km 이상이다.

① ㉠, ㉡　② ㉠, ㉣　③ ㉡, ㉢
④ ㉠, ㉢, ㉣　⑤ ㉡, ㉢, ㉣

[13 ~ 14] 다음 자료를 바탕으로 이어지는 질문에 답하시오.

○○공사에서 근무하는 황 사원은 예산관리를 위해 철도운임 원가정보 총괄표를 참조하고 있다.

〈철도운임 원가정보 총괄표〉

(단위 : 억 원, %)

항목	결산					예산	
	20X4년	20X5년	20X6년	20X7년	20X8년	20X9년	비중
Ⅰ. 총괄원가	25,040	26,456	29,568	28,109	28,798	31,202	100.0
1. 적정원가	22,010	23,629	24,960	23,625	25,229	27,576	88.4
① 영업비용	22,010	23,629	24,960	23,625	25,229	27,576	88.4
ⓐ 인건비	6,219	7,380	7,544	7,827	8,732	9,121	29.2
ⓑ 판매비 및 일반관리비	844	799	896	774	767	802	2.6
– 간접부서 경비	795	765	856	733	699	731	2.3
– 연구관련 경비	25	12	18	12	12	20	0.06
– 판매촉진비 등	24	22	22	29	56	51	0.16
ⓒ 기타 경비	14,947	15,450	16,521	15,024	15,730	17,653	56.6
– 감가상각비	2,279	2,579	2,864	2,945	2,865	2,972	9.5
– 동력비	2,646	2,543	2,371	2,308	2,642	2,751	8.8
– 선로사용비	5,467	6,574	6,945	5,914	6,330	6,591	21.1
– 수선유지비 등 기타	4,555	3,754	4,341	3,857	3,894	5,339	17.1
2. 적정투자보수(①×②)	3,030	2,827	4,608	4,484	3,569	3,626	11.6
① 운임기저*	69,971	72,314	75,413	79,643	69,711	70,961	–
② 적정투자보수율**	4.33%	3.91%	6.11%	5.63%	5.12%	5.11%	–
Ⅱ. 총수입(1×2)	24,920	25,787	26,805	23,936	25,346	27,065	–
1. 수요량(1억 인km)***	228	234	237	220	230	–	–
2. 적용단가(원/인km)	109.3	110.2	113.1	108.8	110.2	–	–

* 운임기저 : 운송서비스에 기여하고 있는 해당 회계연도의 기초 · 기말 평균 순가동설비자산액, 기초 · 기말 평균 무형자산액, 운전자금 및 일정분의 건설중인 자산을 합산한 금액에서 자산재평가액을 차감한 금액

** 적정투자보수율 : 타인자본과 자기자본의 투자보수율을 가중평균

*** 수요량 : 해당 회계기간에 수송한 수송량으로 인km 단위 사용(1인km는 승객 1인이 1km 이동한 수송량)

13. 다음 중 위 자료에 대한 설명으로 적절하지 않은 것은?

① 총괄원가는 적정원가와 적정투자보수의 합이다.

② 20X4년부터 20X8년까지 인건비는 매년 증가하고 있다.

③ 20X8년 총괄원가에서 적정원가가 차지하는 비중은 87% 이상이다.

④ 기타 경비의 20X9년 예산 중 가장 큰 비중을 차지하는 것은 선로사용비이다.

⑤ 20X9년 총수입이 2조 7,065억 원이고 적용단가가 115원/인km라면 수요량은 약 232억 인km 이다.

14. 황 사원은 〈철도운임 원가정보 총괄표〉를 바탕으로 다음과 같은 총괄원가 구성비 그래프를 작성하였다. 다음 ㉠, ㉡에 들어갈 값은? (단, 소수점 아래 둘째 자리에서 반올림한다)

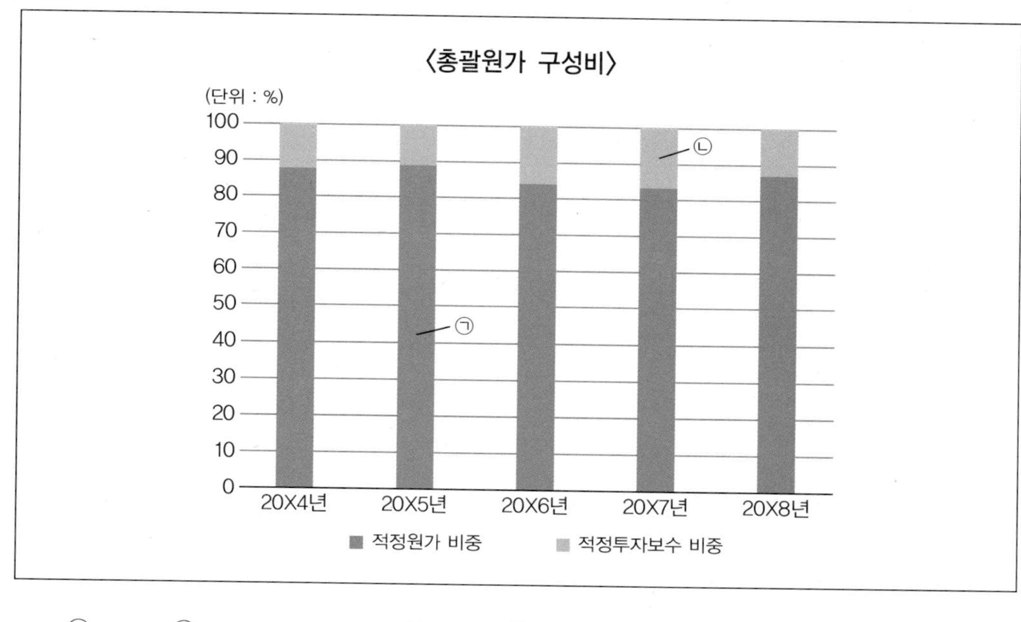

	㉠	㉡
①	89.3	15.0
②	89.3	15.5
③	89.3	16.0
④	89.7	15.5
⑤	89.7	16.0

[15 ~ 16] 다음은 두 영화상영관의 운영 동향이다. 이어지는 질문에 답하시오.

〈자료 1〉 ◇◇멀티플렉스 운영 동향

(단위 : 천 명, %)

구분		20X3년	20X4년	20X5년	20X6년	20X7년	20X8년
전체 이용률		66	68	68	66	66	69
A 지점	관객 수	41,325	44,631	42,713	38,276	39,552	40,864
	이용률	66	68	67	61	62	65
B 지점	관객 수	6,783	6,978	8,765	10,899	9,238	10,122
	이용률	70	73	78	83	81	82
C 지점	관객 수	4,428	4,102	5,001	4,982	5,580	5,649
	이용률	58	54	63	62	66	67
D 지점	관객 수	1,864	2,244	2,317	3,945	3,626	3,891
	이용률	72	78	79	86	83	84
E 지점	관객 수	–	–	2,425	2,876	3,224	3,657
	이용률	–	–	65	68	71	75

〈자료 2〉 ◎◎영화관 운영 동향

(단위 : 천 명, %)

구분		20X3년	20X4년	20X5년	20X6년	20X7년	20X8년
전체 이용률		–	–	–	78	80	86
a 지점	관객 수	–	–	–	9,798	12,686	16,444
	이용률	–	–	–	82	86	91
b 지점	관객 수	–	–	–	5,362	4,660	5,680
	이용률	–	–	–	71	67	73

* 이용률(%) = $\frac{\text{관객 수}}{\text{공급 좌석 수}} \times 100$

15. 다음 중 위 자료에 대한 설명으로 옳지 않은 것은 모두 몇 개인가?

> ㉠ 20X3년부터 20X8년까지 B 지점을 이용한 관객 수는 C 지점 이용 관객 수보다 23,043천 명 더 많다.
> ㉡ ◇◇멀티플렉스 지점 중 20X5 ~ 20X8년 이용률의 평균이 가장 낮은 지점은 A 지점이다.
> ㉢ 20X3년부터 20X8년까지 ◇◇멀티플렉스 D 지점의 관객 수와 이용률은 모두 증가하는 양상을 보인다.
> ㉣ 20X7년 ◇◇멀티플렉스 D 지점과 E 지점 중 D 지점의 공급 좌석 수가 더 많다.
> ㉤ 20X8년 ◎◎영화관의 관객 수는 a, b 지점 모두 전년 대비 20% 이상 증가하였다.

① 0개 ② 1개 ③ 2개
④ 3개 ⑤ 4개

16. 20X8년 ◇◇멀티플렉스 A 지점과 ◎◎영화관 b 지점의 공급 좌석 수 총합은? (단, 모든 계산은 소수점 아래 첫째 자리에서 반올림한다)

① 68,718천 개 ② 70,649천 개 ③ 72,550천 개
④ 76,667천 개 ⑤ 81,684천 개

17. 다음은 우리나라 프린터 시장에 대한 자료이다. 이에 대한 설명으로 옳은 것은?

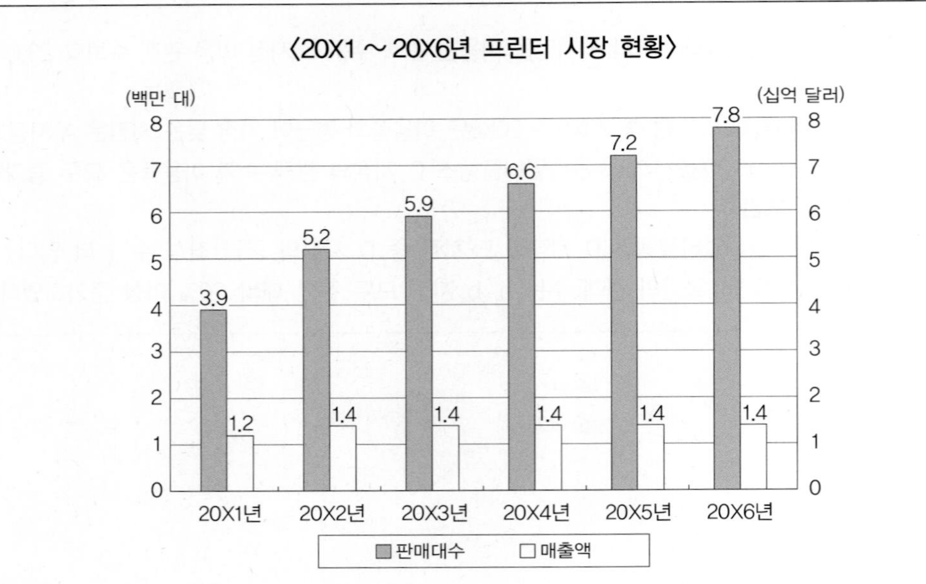

〈20X1년 이용부문별 프린터 판매 및 매출 현황〉

(단위 : 대, 백만 달러)

구분	판매대수	매출액
정부	317,593(40.8%)	122.7(43.7%)
교육	190,301(76.8%)	41.0(55.3%)
일반 가정	1,092,452(223.7%)	121.2(167.5%)
자영업	704,415(66.6%)	165.5(49.5%)
소규모 기업	759,294(71.9%)	270.6(71.0%)
중규모 기업	457,886(15.6%)	207.9(19.6%)
대규모 기업	415,620(31.0%)	231.4(33.3%)
계	3,937,561(75.1%)	1,160.3(50.0%)

* 1. (　)는 전년 대비 증가율

2. 시장 가격 $= \frac{\text{매출액}}{\text{판매대수}}$

① 20X1년부터 20X6년까지 프린터 시장의 매출액은 매년 동일하다.

② 20X3년부터 20X6년까지 프린터의 시장 가격은 전년 대비 매년 하락하고 있다.

③ 20X7년에도 프린터 판매대수는 전년 대비 증가할 것이다.

④ 20X1년 프린터의 시장 가격은 정부 부문이 교육 부문보다 2배 이상 비싸다.

⑤ 20X1년 매출액의 전년 대비 증가율이 네 번째로 높은 것은 교육 부문이다.

18. ○○공사의 홍보부 사원인 H는 내일 제주도의 △△리조트에서 실시되는 세미나에 참석하려고 한다. H 사원은 금릉역에서 김포공항까지 다음 제시된 대중교통으로 이동하며, 이때 비행기 시간에 맞춰 출발해야 하는 시간보다 30분 일찍 나오려고 한다. H 사원이 세미나에 늦지 않으려면 내일 아침 어떤 항공기를 타기 위해 몇 시에 집에서 나와야 하는가? (단, 제주공항에서 △△리조트까지는 무료 셔틀버스를 이용한다)

◆ H 사원의 집 : 파주시 금릉역에서 도보 10분 거리

◆ 세미나 시작 시간 : 오후 2시

◆ 금릉역 → 김포공항 대중교통 경로

[경의중앙선]금릉역 → [일반버스]588번 → 김포공항 국내선 정류장 하차

※ 지하철 이동 20분, 버스 이동 40분, 버스 하차 후 도보 이동 5분 소요 예상

※ 금릉역에서 오전 7시 20분에 지하철의 첫차가 출발함.

◆ 김포 → 제주 항공 시간표

구분	김포 출발	제주 도착	금액(원)
A 항공	09 : 20	10 : 30	124,900
B 항공	10 : 05	11 : 15	124,900
C 항공	10 : 45	11 : 55	117,500
D 항공	10 : 55	12 : 05	74,800

※ 출발 한 시간 전 공항에 도착하여 체크인해야 함.

◆ 제주공항 → △△리조트 무료 셔틀버스 시간표

구분	1회차	2회차	3회차	4회차	5회차
출발시간	10 : 00	12 : 00	14 : 00	16 : 00	19 : 10
도착시간	11 : 10	13 : 10	15 : 10	17 : 10	20 : 20

※ 항공기 도착 후 셔틀버스 탑승 장소까지 7분 소요됨.

	항공기	나오는 시각
①	B	07 : 20
②	B	08 : 20
③	C	09 : 10
④	D	09 : 20
⑤	D	09 : 50

19. 다음은 K 공사의 국내외 출장 규정이다. 이에 대한 설명으로 올바른 것은?

제○○조(국내출장신청) 국내출장 시에는 출장신청서를 작성하여 출장승인권자의 승인을 얻은 후 출발 24시간 전까지 출장담당부서에 제출하여 비용을 지급받아야 한다.

제○○조(국내출장여비) ① 철도여행에는 철도운임, 수로여행에는 선박운임, 항공여행에는 항공운임, 철도 이외의 육로여행에는 자동차운임을 지급하며, 운임의 지급은 별도 규정에 의한다.

② 공사 소유의 교통수단을 이용하거나 요금지불이 필요 없는 경우에는 교통비를 지급하지 아니한다. 이 경우 유류대, 도로사용료, 주차료 및 기지급 교통비 등은 귀임 후 정산한다.

③ 직원의 항공여행은 일정 등을 고려하여 필요하다고 인정되는 경우로, 부득이 항공편을 이용하여야 할 경우에는 출장신청 시 항공여행 사유를 명시하고 출장결과 보고서에 영수증을 첨부하여야 하며, 기상악화 등으로 항공편 이용이 불가한 경우 사후 그 사유를 명시하여야 한다.

④ 국내출장자의 일비 및 식비는 직급에 따라 구분된 정액을 지급하고(필요시 사후 실비정산) 숙박비는 상한액 범위 내에서 첨부된 영수증에 따라 실비로 지급한다. 다만, 업무형편, 그 밖에 부득이한 사유로 인하여 숙박비를 초과하여 지출한 때에는 숙박비 상한액의 10분의 3을 넘지 아니하는 범위에서 추가로 지급할 수 있다.

⑤ 일비는 출장일수에 따라 지급하되, 차량을 임차하여 사용하는 경우에는 일비의 2분의 1을 지급한다.

⑥ 친지 집 등에 숙박하거나 2인 이상이 공동으로 숙박하는 경우 출장자가 출장 이행 후 숙박비에 대한 정산을 신청하면 회계담당자는 숙박비를 지출하지 않은 인원에 대해 1일 숙박당 20,000원을 지급할 수 있다. 단, 출장자는 이에 대한 증빙을 첨부하여야 한다.

제○○조(국내장기체재) 동일지역에 장기간 체재하는 경우에 일비는 도착 다음날로부터 기산하여 15일 초과 시는 그 초과일수에 대하여 1할을, 30일 초과 시는 그 초과 일수에 대하여 2할을, 60일 초과 시는 그 초과일수에 대하여 3할을 각각 감액한다.

제○○조(국내파견여비) 업무수행을 목적으로 본 공사 및 타 공사 지점 외 지역 또는 유관기관에 파견근무 하는 직원의 여비는 파견승인 시 출장승인권자의 결재를 받아 지급할 수 있다. 다만, 유관기관에서 여비조로 실비를 지급하거나 숙박시설을 제공하는 경우에는 이에 상당하는 금액을 차감 지급한다.

제○○조(국외출장신청) ① 국외출장은 국외출장심의를 통과한 경우에 한함을 원칙으로 하며, 긴급하거나 부득이한 사유로 인하여 출장심의 시 확정된 내용 중 일정, 목적지 등 중요한 사항의 변경이 생긴 경우에는 출장승인권자의 승인을 얻어야 한다.

② 국외출장 시에는 국외출장심의결과를 첨부하여 예산통제와 출장승인권자의 최종결재를 받은 후 시행한다. 단, 국외출장 중 해외사무소 직원의 주재국 내의 출장은 국외출장심의를 거치지 아니한다.

제○○조(국외출장여비) ① 현지에서 숙박 혹은 숙식이 제공되는 출장 및 연수의 경우에는 연수비를 지급한다.

② 특수지역 출장자에 한해 특수지역임을 감안하여 출장비를 별도로 추가 지급할 수 있다.

③ 동일지역에서 30일 이상 장기출장을 하는 경우 동일지역 장기출장감액기준에 의거하여 출장비를 지급하며 장기출장 중 업무수행을 위한 타지역 출장 시 교통비 및 숙박비를 추가로 지급한다.

④ 2인 이상이 동일 목적으로 동행하여 출장할 경우 출장자의 여비는 교통비 및 식비에 한하여 상위직자에 해당하는 금액을 지급한다.

⑤ 출장 중 상병, 사고, 기타 업무상 부득이한 사유로 인하여 출장기간을 연장할 필요로 할 경우에는 그 기간을 연장하여 해당하는 여비를 지급 또는 정산한다.

① 하루의 일비, 식비, 교통비, 숙박비는 모두 출장 지역에 따라 달라진다.

② 육로여행에 따른 자동차운임을 지급받았으나 거래처에서 교통비를 지급해 준 경우 지급받은 교통비의 10분의 3을 제외한 나머지를 귀임 후 정산해야 한다.

③ 숙박비 상한액인 5만 원을 숙박비로 지급받았으나 8만 원을 숙박비로 지불하게 된 경우, 적어도 2만 원은 출장자의 비용으로 부담해야 한다.

④ 일비가 5만 원인 직원이 도착 다음날부터의 체재 기간이 50일인 장기출장을 간 경우, 총 일비는 220만 원에서 225만 원 사이이다.

⑤ 동일지역에 장기간 체재하는 경우에는 도착한 날부터 일비를 기산하며, 초과일수에 대하여 15일 초과 시 1할을, 30일 초과 시 2할을, 60일 초과 시 3할을 각각 감액한다.

20. ○○기업은 사무실을 이전하려고 한다. 위치 점수가 가장 높은 사무실 한 곳을 선택할 때, 〈보기〉에서 옳은 설명을 모두 고르면?

〈사무실-장소의 거리별 점수표〉

장소 \ 점수	5점	4점	3점	2점	1점
거래처	0 ~ 120m	120 ~ 230m	230 ~ 330m	330 ~ 400m	400m ~
은행	0 ~ 150m	150 ~ 300m	300 ~ 380m	380 ~ 450m	450m ~
지하철역	0 ~ 180m	180 ~ 360m	360 ~ 500m	500 ~ 700m	700m ~
우체국	0 ~ 250m	250 ~ 400m	400 ~ 600m	600 ~ 850m	850m ~

※ 'a ~ bm'는 'am 이상 ~ bm 미만'를 의미한다.
※ 우편집중국에는 우체국과 동일한 점수 조건을 적용한다.

〈사무실 A ~ C와 장소 간 거리〉

(단위 : m)

사무실 \ 장소	거래처	은행	지하철역	우체국
A	104	150	412	420
B	223	263	170	180
C	76	218	360	507

보기

㉠ A 사무실의 위치 점수는 15점이다.
㉡ 위치 점수를 높게 받은 순서는 B>C>A 순이다.
㉢ 사무실에서부터의 거리를 따질 때에 가장 중요하게 생각하는 장소는 은행이다.
㉣ C 사무실과 우편집중국까지의 거리는 210m이다. 사무실에서 필요한 우편 작업을 우편집중국에서 할 수 있다면, C 사무실도 선택할 수 있다.
㉤ 〈사무실 A ~ C와 장소 간 거리〉에서 은행과의 거리가 실제보다 멀게 측정되었다고 할 때, 다시 측정해서 점수를 계산해도 선택할 사무실은 동일하다.

① ㉠, ㉣ ② ㉠, ㉤ ③ ㉡, ㉢
④ ㉢, ㉤ ⑤ ㉣, ㉤

21. 다음은 ○○공사의 특허 등록현황 자료이다. 출원일자 대비 등록기간이 가장 긴 특허는?

번호	명칭	출원일자
1	유무선 통신방식을 동시 운용한 원격 검침시스템	2018-11-19
2	배터리 관리 시스템 및 방법	2019-02-02
3	변압기 감시장치	2019-01-07
4	지중 전력구 진단장치	2019-04-16
5	태양광 발전 시스템 모니터링장치	2018-09-01
6	CIM 기반 SCADA 시스템 구축을 위한 도메인 데이터 입력 운영시스템 및 이를 이용한 도메인 데이터 입력방법	2018-10-15
7	원격검침시스템	2018-04-23
8	전송구간에 중계 브릿지를 사용한 원격검침시스템	2019-01-29
9	배전선로 고장분석 및 고장분포 표시 시스템 및 방법	2019-06-23
10	프라임 전력선통신 기반의 원격검침 시스템 및 이를 이용한 슬레이브 PLC 모뎀들의 등록방법	2019-03-31
11	지능형 전압 충/방전 파형 측정장치를 이용한 지락고장점 판단방법	2019-11-19
12	스마트그리드 기기 인증방법	2018-12-23
13	송전설비의 순시 점검 장치, 정시 점검 시스템 및 그 방법	2018-09-23
14	모션센서모듈 및 이를 이용한 통신선로 공가상태 감시시스템	2018-05-16
15	모바일 단말의 가속도 센서를 이용한 콘텐츠 조작 장치 및 방법	2019-06-19
16	배전지능화용 단말장치 및 이를 이용한 배전선로 이상 판단방법	2018-09-22
17	배터리 관리 시스템	2018-07-15
18	송전설비의 순시 점검 장치, 순시 점검 시스템 및 그 방법	2017-04-03
19	방사선 정보를 제공하는 데이터 집중장치 및 검침 시스템, 이를 이용한 방사선 정보 제공방법	2017-04-25
20	배전지능화용 단말장치	2018-11-04
21	전력설비 분석 장치 및 방법	2018-11-04
22	원격검침 시스템의 정전 감지 데이터 집중장치 및 이의 제어방법	2017-09-24

① 송전설비의 순시 점검 장치, 순시 점검 시스템 및 그 방법

② 배전선로 고장분석 및 고장분포 표시 시스템 및 방법

③ 배터리 관리 시스템 및 방법

④ 원격검침 시스템의 정전 감지 데이터 집중장치 및 이의 제어방법

⑤ 방사선 정보를 제공하는 데이터 집중장치 및 검침 시스템, 이를 이용한 방사선 정보제공방법

[22 ~ 23] 다음 자료를 보고 이어지는 질문에 답하시오.

〈참가기업 모집 공고〉

1. 사업개요
   가. 사업명 : 유명 IP(지식재산권) 홀더 모집 공고
   나. 사업규모 : 유명 콘텐츠 IP 1식 이상(단일 혹은 복수의 IP 묶음)
   ※ IP의 범위는 기존 게임의 판권, 유명 웹툰, 소설 등의 캐릭터 등 게임콘텐츠 개발에 직접적으로 적용이 가능하다고 판단되는 경우에 한함.
   다. 모집대상
   - 국내 · 외 유명 IP를 개발 및 보유한 제작 업체 또는 개인
   - 국내 · 외 유명 IP의 저작권 및 사용 권리를 소유한 업체 또는 개인
   ※ 지식재산권 관련 증빙 서류(산업재산권 증빙 서류, 저작권등록증, 저작권 표준계약서, IP 라이선스 계약서 등) 제출 필수

2. 참가자격
   가. • 단일 혹은 복수의 IP을 보유하고 있으며, 활용 계약이 가능한 자
   - IP 관련 증빙 서류(산업재산권 증빙서류, 저작권등록증, 저작권 표준계약서, IP 라이선스 계약서 등)가 확보되어 제출이 가능한 기업 또는 개인
   – 법적 분쟁, 소송 등으로 IP 관련 서류(산업재산권 증빙서류, 저작권등록증, 저작권 표준계약서 등)가 계약 전까지 확보가 되지 않거나 관련 사실이 허위로 판정된 경우, 계약 해지, 계약 부담금 회수 등의 제재 조치 예정
   - 신청일 또는 이후 현재 국세 또는 지방세 체납 사실이 없는 경우
   ※ 신청 IP를 활용해 만들어진 기 개발 게임콘텐츠가 있는 경우, 동일한 게임콘텐츠 장르 개발 제외 예정(유의사항 참조)

3. 참가신청서 접수
   가. 접수 기간 : 202X. 08. 09. (일) ~ 202X. 08. 14. (금)(제출기한 엄수)
   나. 신청방법 : 유명 IP 홀더 모집 신청서 서면 제출 후 전자파일 제출
   다. 제출서류

구분	제출서류	제출 형식	주의사항
모집 신청서	IP 홀더 모집 신청서	스캔파일 (pdf)	• 모집신청서 및 콘텐츠 IP 소개서 • IP 홀더 경력기술서 (최대 20장 이내로 작성 권장)
동의서	개인정보 수집 · 이용 · 제공 동의서	스캔파일 (pdf)	• 개인정보 수집이용제공 동의서는 자필서명 필수
증빙 자료	사업자등록증	스캔파일 (pdf)	• 최근 3개월 이내의 것

	국세 및 지방세 납세증명서	스캔파일 (pdf)	• 증명서 유효기간이 사업신청일 기준, 만료되지 않은 것
	IP 권리 관계 증빙자료(※ 중요)	스캔파일 (pdf)	• IP 관련 증빙서류 제출 필수(다수 제출 가능) [산업재산권(특허권, 디자인권, 상표권, 서비스표권 등) 증빙 서류, 저작권등록증, 저작권 표준계약서, IP 라이선스 계약서 등]
	콘텐츠 IP에 대한 추가 자료(선택 제출 자료)	스캔파일 (pdf)	• 콘텐츠 IP에 대해 추가로 제출 가능한 설명 자료 제출(수상 자료, IP 소개 자료 등) • 콘텐츠 IP 가치 예상가격을 뒷받침할 주관적 · 객관적 자료
발표 자료	선정평가 발표자료	PPT	• 선정평가 발표항목을 고려한 프레젠테이션 제작

22. **위의 공고문을 바탕으로 해당 사업에 참가하고자 하는 ○○기업의 직원들이 나눈 의견으로 적절하지 않은 것은?**

① 우리 회사의 지식재산권 중 게임콘텐츠 개발에 사용할 수 있는 지식재산권이 있는지부터 봐야지.

② 우리 회사가 현재 국세 또는 지방세를 체납한 사실이 있었는지 확인하자.

③ 우리 회사의 지식재산권 관련 증빙 서류를 202X. 08. 14. (금)까지 구비할 수 있어.

④ 이번 사업에 신청하는 지적재산권으로 동일한 게임콘텐츠 장르를 개발한 적이 없어야 해.

⑤ 이번 사업 공고를 보고 새로운 지적재산권을 만들었는데, 이를 제출해야겠어.

23. **위의 사업에 참가하기로 결정한 ○○기업이 서류를 제출하기 직전에 검토를 하는 과정에서 나눈 의견으로 적절하지 않은 것은?**

① 사업자등록증이 최근 3개월 이내의 것인지 확인해 보아야 해.

② 개인정보 수집 · 이용 · 제공 동의서를 자필로 서명했는지 확인해 보았어?

③ IP 홀더 모집 신청서 중 IP 홀더 경력기술서가 20장 이내로 작성된 것이 맞아?

④ IP 권리 관계 증빙자료 중 우리가 낼 수 있는 것은 전부 낸 것이 맞아?

⑤ 콘텐츠 IP에 대한 추가자료 중 콘텐츠 IP 예상가격의 뒷받침 자료는 필수로 챙겨야 해.

[24 ~ 25] 다음 글을 읽고 이어지는 질문에 답하시오.

〈열병합 발전 시스템 설치 지원〉

1. 지원대상
   - 설치장려금 : 열병합 천연가스 요금을 적용받는 자가열병합 발전 설비를 신 · 증설한 자로서 자가열병합 발전 시스템 설치 당시 열병합 발전 설비의 소유주
   - 설계장려금 : 열병합 천연가스 요금을 적용받는 자가열병합 발전 설비의 원동기(가스엔진, 가스터빈, 연료전지 등) 계통을 설계한 기계설비 설계사무소

2. 지원금액
   - 설치장려금 : 50,000원/kWe(1억 원 한도)
   - 설계장려금 : 10,000원/kWe(2천만 원 한도)

3. 지급제한 기준
   - 천연가스 열병합 발전 시스템이 설치되어 있는 건축물에 설비 증설한 경우에도 증설 용량에 대하여 지급
   - 기계설비와 전기설비 부문의 설계를 서로 다른 설계사무소에서 시험한 경우, 열병합 발전 시스템의 원동기(가스엔진, 가스터빈, 연료전지 등) 계통을 설계한 설계사무소에 지급
   - 시험용 · 연구용 설비는 지급대상에서 제외
   - 기존에 여타 장소에 설치 및 사용되었던 설비인 경우 지급대상에서 제외
   - 신청자가 판매를 목적으로 하는 에너지(열 · 전기) 공급사업자인 경우 지급대상에서 제외
   - 동일 장소에 하나의 천연가스 사용시설을 설치한 경우 두 종류 이상의 장려금을 신청할 수 없으며 천연가스 공급규정에 의한 주 용도에 해당하는 장려금을 지급(단, 열병합발전시스템과 가스냉방이 연계 운용되는 시스템의 경우 열병합발전시스템 장려금과 가스냉방장려금을 함께 지급할 수 있음)

4. 신청 방법

   장려금 신청자가 설치 완료된 발전 시스템 설비가 소재하는 ○○공사 관할지역본부에 직접 신청(제출 서류 누락 시 미신청으로 처리)

5. 신청절차

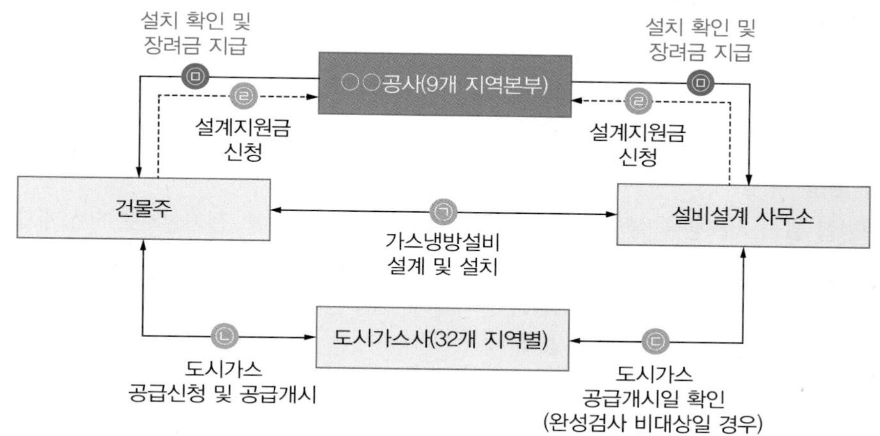

6. 제출 서류

공통	• 장려금 신청공문(법인) 1부 • 사업자등록증 사본(주민등록등본 1부(원본대조필) • 발전 시스템이 설치된 건물등기부 등본 1부 • 열병합발전설비 설치 사진(전경 및 명판) • 법인(개인)통장 사본 1부(원본대조필) • 계좌입금 거래약정서 • 인감증명서(100만 원 이상 신청 시) 1부
설치장려금	• 설치장려금 지급신청서 • 열병합발전설비 구입확인서(세금계산서 또는 구매계약서 등) • 설비완성검사 필증 사본 • (부지 및 건물 임대 시) 임대차 계약서 사본 1부
설계장려금	• 설계장려금 지급신청서 • 설계수정 실적증명서(계약서 사본 또는 용역확인원 등) • 열병합발전설비 장비일람표 • 배관평면도 • 설비완성검사 필증 사본 • 엔지니어링 활동주체증 또는 기술사 개설등록증 사본

※ 신청인과 증빙서류상의 명의가 동일할 것

※ 원본대조필 인감은 통장거래인감을 날인

24. 윗글의 내용에 근거하여 추론한 내용으로 적절한 것은?

① A 대학에서 연구용으로 열병합 발전 설비를 신규 설치하는 경우, 설치장려금을 받을 수 있다.

② B 업체가 사용하던 열병합 발전 설비를 C 업체가 사서 신규 설치하는 경우, 설치장려금을 받을 수 있다.

③ D 발전소에서 열병합 발전 시스템을 설치하여 해당 지역에 전기를 판매하는 경우, 설치장려금을 받을 수 없다.

④ 열병합 발전 시스템을 설치하고자 기계설비를 E 설계사무소에, 전기설비를 F 설계사무소에 맡긴 경우, E, F 설계사무소 모두 설계장려금을 받을 수 있다.

⑤ 이미 천연가스 열병합 발전 시스템이 설치되어 있는 건축물에 설비를 증설한 경우, 열병합 발전 시스템 설치장려금을 받을 수 없다.

25. 법인회사를 운영하는 A는 사업장에 열병합 발전 시스템을 설치하고자 개인사업자인 B에게 설계를 의뢰하였고, A와 B는 모두 열병합 발전 시스템 설치 지원을 받고자 한다. 다음 중 옳지 않은 것은?

① 장려금을 신청할 때 A는 장려금신청공문이 필요하지만 B는 필요하지 않다.

② 장려금을 신청할 때 A와 B 모두 A 사업장의 건물등기부등본을 제출해야 한다.

③ A가 설계 계약 후 장려금을 신청하려고 하자, B는 설치 완료 후 신청할 수 있다고 알려 주었다.

④ A가 설치장려금과 설계장려금을 모두 신청하려고 하자, B가 A는 설치장려금만 신청할 수 있다고 알려 주었다.

⑤ 장려금을 신청할 때 A는 사업장이 위치한 ○○공사 □□지역본부에 신청하고, B는 설계사무소가 위치한 ○○공사 ◇◇지역본부에 신청하면 된다.

코레일(한국철도공사)

12회 기출예상문제

수험번호	
성 명	

KORAIL

감독관 확인란	

12회 기출예상문제

성명표기란

수험번호

0	0	0	0	0	0
1	1	1	1	1	1
2	2	2	2	2	2
3	3	3	3	3	3
4	4	4	4	4	4
5	5	5	5	5	5
6	6	6	6	6	6
7	7	7	7	7	7
8	8	8	8	8	8
9	9	9	9	9	9

(주민등록앞자리 생년제외) 월일

0	0	0	0
1	1	1	1
2	2	2	2
3	3	3	3
4	4	4	4
5	5	5	5
6	6	6	6
7	7	7	7
8	8	8	8
9	9	9	9

수험생 유의사항

※ 답안은 반드시 컴퓨터용 사인펜으로 보기와 같이 바르게 표기해야 합니다.
〈보기〉 ① ② ③ ❹ ⑤

※ 성명표기란 위 칸에는 성명을 한글로 쓰고 아래 칸에는 성명을 정확하게 표기하십시오. (맨 왼쪽 칸부터 성과 이름은 붙여 씁니다)

※ 수험번호/월일 위 칸에는 아라비아 숫자로 쓰고 아래 칸에는 숫자와 일치하게 표기하십시오.

※ 월일은 반드시 본인 주민등록번호의 생년을 제외한 월 두 자리, 일 두 자리를 표기하십시오.
〈예〉 1994년 1월 12일 → 0112

※ 검사문항 : 1~25

문번	답란	문번	답란
1	① ② ③ ④ ⑤	16	① ② ③ ④ ⑤
2	① ② ③ ④ ⑤	17	① ② ③ ④ ⑤
3	① ② ③ ④ ⑤	18	① ② ③ ④ ⑤
4	① ② ③ ④ ⑤	19	① ② ③ ④ ⑤
5	① ② ③ ④ ⑤	20	① ② ③ ④ ⑤
6	① ② ③ ④ ⑤	21	① ② ③ ④ ⑤
7	① ② ③ ④ ⑤	22	① ② ③ ④ ⑤
8	① ② ③ ④ ⑤	23	① ② ③ ④ ⑤
9	① ② ③ ④ ⑤	24	① ② ③ ④ ⑤
10	① ② ③ ④ ⑤	25	① ② ③ ④ ⑤
11	① ② ③ ④ ⑤		
12	① ② ③ ④ ⑤		
13	① ② ③ ④ ⑤		
14	① ② ③ ④ ⑤		
15	① ② ③ ④ ⑤		

12회 기출예상문제

▶ 정답과 해설 66쪽

문항 수 | 25 문항

01. 다음 글의 내용과 일치하지 않는 것은?

> 정보화로 인해 폭발적으로 늘어난 큰 규모의 정보를 활용하는 빅데이터 분석이 샘플링과 설문조사 전문가들의 작업을 대체하고 있다. 이제 연구에 필요한 정보는 사람들이 평소대로 행동하는 동안 자동적으로 수집된다. 그 결과 샘플링과 설문지 사용에서 기인하는 편향이 사라졌다. 또한 휴대전화 통화정보로 드러나는 인맥이나 트위터를 통해 알 수 있는 사람들의 정서처럼 전에는 수집이 불가능했던 정보의 수집이 가능해졌다. 그리고 가장 중요한 점은 샘플을 추출해야 할 필요성이 사라졌다는 사실이다.
>
> 네트워크 이론에 관한 세계적인 권위자 바라바시는 전체 인구의 규모에서 사람들 간의 소통을 연구하고 싶었다. 그래서 유럽의 한 국가 전체 인구의 약 20%를 고객으로 하고 있는 무선통신 사업자로부터 4개월 치의 휴대전화 통화내역을 제공받아 네트워크 분석을 행하였다. 그렇게 큰 규모로 통화기록을 분석하자 다른 방식으로는 결코 밝혀 낼 수 없었을 사실을 알아냈다.
>
> 흥미롭게도 그가 발견한 사실은 더 작은 규모의 연구 결과들과 상반된 것이었다. 그는 한 커뮤니티 내에서 링크를 많이 가진 사람을 네트워크로부터 제거하면 네트워크의 질은 저하되지만, 기능이 상실되는 수준은 아님을 발견하였다. 반면 커뮤니티 외부와 링크를 많이 가진 사람을 네트워크에서 제거하면 갑자기 네트워크가 와해되어 버렸다. 구조가 허물어지는 것처럼 말이다. 이것은 기존 연구를 통해서는 예상할 수 없었던 중요한 결과였다. 네트워크 구조의 안정성이라는 측면에서 봤을 때, 친한 친구를 많이 가진 사람보다 친하지 않은 사람들과 연락을 많이 하는 사람이 훨씬 더 중요할 거라고 누가 생각이나 해 보았겠는가? 이것은 사회나 그룹 내에서 중요한 것이 동질성보다는 다양성일 수 있다는 점을 시사한다.
>
> 사실 기존의 통계학적 샘플링은 만들어진 지 채 100년도 되지 않는 통계 기법으로서 기술적 제약이 있던 시대에 개발된 것이다. 이제 더 이상 그런 제약들은 그때와 같은 정도로 존재하지는 않는다. 빅데이터 시대에 무작위 샘플을 찾는 것은 자동차 시대에 말채찍을 드는 것과 같다. 특정한 경우에는 여전히 샘플링을 사용할 수 있겠지만 더 이상 샘플링이 사회현상 분석의 주된 방법일 수는 없다. 우리는 이제 샘플이 아닌 전체를 분석할 수 있게 되었기 때문이다.

① 빅데이터 분석이 설문조사 전문가들의 작업을 대체하고 있다.

② 샘플링 기법은 현재보다 기술적 제약이 컸던 시대의 산물이다.

③ 샘플링이나 설문지를 사용하는 연구의 경우에는 어느 정도의 편향이 발생한다.

④ 빅데이터 시대에 샘플링은 더 이상 사회현상 연구의 주된 방법으로 간주되지 않게 되었다.

⑤ 바라바시의 연구에 의하면 커뮤니티 외부와 링크를 많이 가진 사람을 네트워크에서 제거해도 네트워크가 와해되지는 않는다.

02. 다음 글에 대한 설명으로 옳지 않은 것은?

1974년 리처드 이스털린(Richard Easterlin) 교수가 1946년부터 빈곤국가과 부유한 국가 등 30개 국가의 행복규모를 연구한 결과를 논문으로 발표하면서 세계경제학계에 충격을 주었다. 그의 연구결과는 모든 나라에서 경제적 소득이 증가하면 사람들은 행복감을 느낀다는 것이다. 하지만 이스털린의 연구결과는 여기서 끝나지 않았다. 소득이 높아지면 행복감은 증가하지만 일정 수준을 넘는 순간 소득이 더 증가하더라도 대다수 사람들은 더 큰 행복을 느끼지 않더라는 것이다.

이것이 그 유명한 '이스털린의 역설(Easterlin's paradox)'이다. 이 이론은 이후 '행복경제학'의 고전이 되다시피 하였다. 즉, 이스털린의 역설은 소득이 어느 정도 높아지면 행복도가 높아지지만 일정 시점을 지나면 소득이 증가해도 행복도가 정체된다는 이론으로, 그 근거로 바누아투, 방글라데시와 같은 가난한 나라에서 국민의 행복지수는 오히려 높고, 미국, 프랑스, 영국과 같은 선진국에서는 오히려 행복지수가 낮다는 연구결과를 제시하였다.

이스털린은 1974년에 소득의 크기가 행복의 크기를 결정한다는 경제학의 신념에 근본적인 의문을 제기했다. 그는 1946년부터 1970년에 걸쳐, 공산권, 아랍, 가난한 국가 등을 모두 포함한 전 세계 30여 개의 지역에서 정기적인 설문 조사를 시행했다. 이 설문 조사의 표면적 결과는 우리의 상식적 기대와 크게 다르지 않았다. 즉, 예외 없이 모든 나라, 모든 지역에서 소득수준과 개인이 느끼는 행복이 비례관계에 있는 것으로 나타났다. 미국의 경우 1940년대부터 1950년대 후반까지 소득이 늘어나면서 행복도가 증가했지만 개인 소득이 급속도로 늘어난 1970년대까지는 다시 행복감이 감소했다. 이 조사 이후에 이스털린은 1972년부터 1991년까지 추가 조사를 했는데 스스로 행복하다고 생각하는 사람들의 비율이 감소했다는 사실을 발견했다. 이 시기는 그간의 인플레이션과 세율을 반영한다 하더라도 개인 소득이 이전에 비해 33%나 늘어난 시기였다.

이스털린의 역설은 최근의 연구에서도 입증되었다. 대니얼 카너먼(Daniel Kahneman) 교수와 앵거스 디턴(Angus Stewart Deaton) 교수는 2008 ~ 2009년 미국인 45만 명을 대상으로 분석을 진행하였다. 이 연구에서도 소득이 높을수록 행복감은 커졌다. 그러한 (+)의 관계는 연간 소득 7만 5,000달러(한화 약 8,700만 원)까지 유지되었지만 그 이후부터는 증가된 소득이 행복감을 키우는 효과가 거의 사라져 버려 소득이 증가하여도 일상적인 행복감에는 큰 차이가 없음을 나타내었다.

왜 그럴까? 첫째, 높아진 소득으로 획득한 부의 효과는 오래가지 못한다. 부의 효과에 익숙해지면 금세 그 행복을 잊어버리고 새로운 행복을 추구하기 때문이다. 둘째, 새로운 행복을 얻자면 더 많은 비용을 지출해야 하고 결국 과로로 인해 인간은 더 불행해진다. 그러니 대다수 인간들은 소유에 대한 욕망을 무한하게 발산시켜 행복을 추구하지 않는다.

하지만 2008년 미국 와튼스쿨의 베시 스티븐슨(Betsey Stevenson) 교수팀은 이스털린의 설문보다 더 광범위한 실증조사를 통해 이스털린의 주장이 잘못됐다고 반박했다. 스티븐슨은 "132개국을 대상으로 지난 50년간 자료를 분석한 결과 부유한 나라의 국민이 가난한 나라의 국민보다 더 행복하고, 국가가 부유해질수록 국민의 행복수준은 높아졌다."고 말했다. 돈이 있어야 행복할 가능성이 더 크다는 사실을 확인해 준 셈이다. 물론 국민 개개인을 보면 돈보다 명예나 다른 곳에서 행복을 찾는 사람이 있을 수 있다. 하지만 국가 차원에서 보면 국민소득이 늘어날수록 복지 수준과 행복감이 높아질 가능성이 크다는 게 대다수의 견해이다.

이스털린 교수는 2016년 미국경제학회에서 최근 수년간 경제학자들 사이에서 이스털린의 역설이 자신의 경험적 연구와 일치하지 않는다는 주장이 나오고 있다고 말문을 열었다. 2015년 노벨경제학상 수상자인 '위대한 탈출'의 저자 앵거스 디턴 교수를 비롯해 상당수 경제학자가 이스털린의 역설에 이의를 제기했다. 그러나 이날 이스털린 교수는 미국 종합사회조사(GSS)와 세계 가치서베이(WVS) 자료 등을 토대로 재검증한 결과 "내 학설은 유효한 것으로 재입증되었다."고 강조했다. 그는 미국은 1946년부터 2014년까지 약 70년간 개인소득이 3배로 늘었지만 행복은 정체되거나 심지어 낮아졌다고 주장했다. WVS가 세계 43개국을 대상으로 한 조사 역시 자신의 주장을 뒷받침한다고 강조했다. 또한 그는 이스털린의 역설이 틀렸다고 비판하는 연구는 연구기간이 짧아 경기의 확장과 수축이 이뤄지는 경기순환주기 전체를 조사하지 못했기 때문이라고 분석했다. 또한 미국은 글로벌 금융위기 직후인 2009년 이후 지금까지 평균소득이 빠르게 늘었지만 행복지수의 장기 추세선은 하락했다고 지적했다. 이어 이스털린은 "내 주장이 행복에서 소득의 중요성을 간과한 것은 아니다."고 강조했다.

① 최근의 연구를 통해 이스털린의 역설이 잘못되었다는 주장도 나오고 있다.

② 이스털린의 역설에 반박하는 주장은 국가는 부유해질수록 국민의 행복수준을 높이지만, 개인은 명예가 있을수록 행복할 가능성이 더 크다고 말한다.

③ 이스털린은 미국은 1946년부터 2014년까지 약 70년간 개인소득이 3배로 늘었지만 행복은 정체되거나 심지어 낮아졌다고 주장했다.

④ 2015년 노벨경제학상 수상자이며 '위대한 탈출'의 저자인 앵거스 디턴은 이스털린의 역설에 이의를 제기하였다.

⑤ 이스털린은 자신의 이론을 반박하는 연구에 대해 기간이 짧았다는 점을 들어 지적했다.

03. 다음 글을 읽고 추론할 수 있는 내용으로 적절한 것은?

학창시절 뇌의 기본 구성 요소는 신경세포이고, 뉴런이라고 불리는 신경세포가 모여 뇌를 이루는 것이라고 배운다. 하지만 실제로는 뇌에 신경세포보다 신경 교세포라고 불리는 비신경세포가 더 많은 부분을 차지한다. 그러나 신경 교세포는 오랜 시간 신경세포의 그림자에 가려 관심을 받지 못했다. 고등학교 교재에서는 신경 교세포에 대한 내용을 찾아볼 수 없고, 심지어는 전공자들이 배우는 대학교 신경생물학 교재에도 신경 교세포가 언급되는 부분은 한 단원도 채 되지 않는다. 또한 현재 진행되는 뇌에 관한 연구들은 대부분 신경세포에 초점이 맞추어져 있다. 이는 신경세포가 신경 교세포에 비해 많은 일들을 하기 때문이었다.

신경세포는 자극을 전달할 수 있는 능력을 가지고 있다. 이들은 활동전위를 가질 수 있고, 신경세포의 끝에서 다른 신경세포로 자극을 전달할 수 있다. 이 뉴런들이 우리의 행동과 감정을 조절하고, 우리를 움직일 수 있게 한다. 이 신경세포를 조절하는 것으로 즉각적인 행동변화를 관찰할 수 있었기 때문에 신경세포의 변화를 통해 본능, 감각, 기억, 질병 등에 관한 연구가 활발히 진행되어 왔다. 그간 알려진 신경 교세포의 역할은 각각 뇌 속의 항상성을 조절하고, 신경세포의 미엘린 수초를 감싸주고, 죽은 세포들을 먹어치우는 수동적인 역할뿐이다. 이것이 신경 교세포가 뇌의 대부분을 차지함에도 신경세포에 가려 스포트라이트를 받지 못한 이유였다.

하지만 최근 들어 신경 교세포의 능동적인 역할이 서서히 밝혀지며 그 연구가 활발해지고 있다. 그중 첫 번째 예시는 별아교세포가 시냅스를 먹는다는 것이다. 특히 별아교세포는 신경교세포의 대부분을 차지하고 있음에도 그 능동적인 역할에 대해 밝혀진 바가 없었는데, 2013년도에 미국 스탠퍼드 연구소에서 별아교세포가 시냅스를 먹는다는 사실을 밝혀냈다. 이는 꽤나 놀라운 사실이다. 신경세포는 시냅스라고 하는 연결 부위로 서로 연결되어 있는데, 신경세포만의 영역이라고 믿어져 왔던 신경세포 간의 연결과 신경세포의 변화, 그로 인한 행동변화가 교세포에 의해서도 조절될 수 있다는 증거와 가능성을 보였기 때문이다. 이후 이와 관련하여 신경 교세포가 신경세포를 조절할 수 있는 메커니즘에 대한 연구가 활발히 진행되고 있다.

두 번째 예시는 신경 교세포가 뇌질환과 굉장히 밀접한 관련이 있다는 점이다. 2016년 사이언스지에 미세아교세포가 치매에 미치는 영향에 관한 논문이 발표됐다. 치매를 일으키는 뇌질환인 알츠하이머의 대표적인 증상은 뇌에 독성을 띠는 아밀로이드 베타가 쌓이고, 시냅스가 점차 사라져서 결국 기억을 잃는 것이다. 이때, 알츠하이머 초기에 아밀로이드 베타가 미세아교세포를 자극하여 미세아교세포가 시냅스를 먹어 시냅스가 없어지는 것이라는 연구결과가 보고됐다. 이는 미세아교세포가 알츠하이머와 직접적인 연관이 있음을 입증하는 것이다. 이와 같이 신경 교세포는 알츠하이머 외에도 조현병과 같은 많은 뇌질환에 직접적인 영향을 미친다고 서서히 드러나고 있다.

알츠하이머는 치매를 일으키는 가장 흔한 퇴행성 뇌질환이다. 매우 서서히 발병하여 점진적으로 진행되는 경과를 특징으로 한다. 초기에는 주로 최근 일에 대한 기억력에서 문제를 보이다가 진행함에 따라 언어기능이나 판단력 등 다른 여러 인지기능의 이상을 동반하다 결국에는 모든 일상생활 기능을 상실하게 하는 무서운 병이다. 현미경으로 알츠하이머에 걸린 환자의 뇌 조직을 검사했을 때 특징적인 병변인 신경반과 신경섬유다발 등이 관찰되었고, 육안 관찰 시에는 신경세포의 소실로 인한 전반적 뇌 위축 소견이 보였다.

조현병은 사고, 감정, 지각, 행동 등 인격의 여러 측면에 걸쳐 광범위한 임상적 이상 증상을 일으키는 정신 질환이다. 지난 10여 년간 조현병의 원인 물질이나 특징적 뇌 구조 변화를 찾아내려는 연구가 활발히 진행되어 왔고 수많은 이론들이 발표되었다. 신경전달물질은 두뇌 속의 세포들이 서로 소통하고 연결되도록 하는 물질로, 조현병에서는 특히 도파민과 세로토닌이라는 신경전달 물질이 불균형을 보인다고 알려져 있다. 또한 조현병 환자의 뇌세포 또한 일반인의 뇌세포와 차이를 보인다고 한다. 두 질환 모두 현재로서는 신경세포와 관련된 연구가 압도적이다.

하지만 아직까지도 알츠하이머, 조현병 등의 뇌질환은 인간이 극복하지 못한 영역이다. 그들을 치료하거나 증상을 완화할 수 있는 약조차 마땅치 않은 것이 현실이다. 그러나 신경 교세포가 신경세포를 능동적으로 조절하고, 뇌질환의 주요 원인이 될 수도 있다는 보고가 계속되면서 이와 관련된 연구가 활발히 진행되고 있고, 사람들은 신경 교세포 연구에서 뇌질환을 극복할 수 있을 거라는 희망을 찾고 있다.

① 죽은 뉴런은 자연적으로 소멸한다.
② 치매는 아밀로이드 베타가 축적되어 나타날 수 있다.
③ 희소돌기아교세포는 활동전위를 가지고 자극을 전달한다.
④ 신경세포는 비신경세포보다 뇌의 더 많은 부분을 차지한다.
⑤ 조현병 환자의 뇌세포는 알츠하이머 환자의 뇌세포와 같다.

04. 다음은 영화 〈비바리움〉을 소개하는 글이다. (가) ~ (사)를 논리의 순서에 따라 바르게 나열한 것은?

(가) 영화 〈비바리움〉은 완벽한 삶의 공간을 찾던 커플이 미스터리한 마을의 9호 집에 갇히게 되는 상황을 소재로 한다. 로칸 피네건 감독과 각본가 가렛 샌리는 2008년 글로벌 금융위기로 시작된 부동산 시장 침체가 야기한 아일랜드의 유령 부동산과 그곳에서 집을 팔지 못해 떠나지 못하는 사람들을 주목했다. 그 결과 주택 단지에 갇힌 젊은 커플을 주인공으로 한 단편 영화 〈여우들〉(2011)을 만들었다. 장편 영화 〈비바리움〉은 〈여우들〉의 설정을 바탕으로 정치, 사회, 문화 문제들을 공상과학적인 상상력으로 덧붙인 일종의 '확장판'이다. 로칸 피네건 감독은 "딜레마에 직면했을 때 인간은 어떻게 행동하는지, 극단적 상황에 처한 인간의 본능을 보고 싶었다."라고 연출 의도를 설명한다.

(나) 비바리움은 관찰이나 연구를 목적으로 동물, 식물을 사육하는 공간을 뜻한다. 욘더 마을의 수많은 집은 모두 같은 모양을 하고 있다. 거리도 규격화된 모습이다. 흡사 공장의 생산라인처럼 꾸며진 욘더 마을은 대량 생산을 중요시하는 자본주의 시스템을 풍자한다. 이 속에서 톰과 젬마는 노동, 육아(생산)를 하면 대량으로 만든 식료품, 생활용품을 배달(소비)받는다. 욘더 마을은 저항과 변화를 거부한 채로 전통적인 가족상과 남녀 역할을 강요하는 사회 시스템이기도 하다. 욘더 마을에서 톰과 젬마는 매일 똑같은 하루를 보낸다. 톰은 아침이면 마당에 나가 종일 구멍을 판다. 직장에서 일하는 남편처럼 말이다. 젬마는 요리, 빨래 같은 집안일을 하고 아이를 보살핀다. "욘더의 집들은 정말 이상적"이라는 마틴의 말은 곧 남자가 돈을 벌고 여자가 집안일을 하는 성 역할에 충실한 삶이 이상적이라는 주장이다. 두 사람은 매일 똑같이 반복되는 일상의 공포를 경험한다. 탈출구는 없다. 아기를 기르면 풀어 준다고 했지만, '기른다'의 정의는 모호할 따름이다. 하루 이틀 시간이 흐를수록 둘의 관계엔 균열이 점차 커진다. 그렇게 집은 스스로 판 무덤처럼 변한다. 영화는 자신의 목소리와 선택의 자유를 상실한 채로 누군가 정한 기준에 맞춰 욕망하며 순응하는 '요람에서 무덤까지' 갇혔다고 본 것이다.

(다) 이런 부분에 있어 로칸 피네건 감독은 〈비바리움〉을 만들며 미켈란젤로 안토니오니의 〈붉은 사막〉(1964), 제프 머피의 〈조용한 지구〉(1985), 데이비드 린치의 〈로스트 하이웨이〉(1997), 로이 앤더슨의 〈2층에서 들려오는 노래〉(2000)의 영향을 받았다고 밝혔다. 케시가하라 히로시의 〈모래의 여자〉(1964)의 영감을 받은 듯한 장면도 나온다.

(라) 톰은 여자친구 젬마와 함께 지낼 안락한 집을 알아보다가 부동산 중개인 마틴으로부터 욘더 마을을 소개받는다. 두 사람은 똑같은 모양의 주택들이 세워진 욘더 마을의 9호 집을 둘러보다가 기묘함에 사로잡힌다. 그런데 마틴이 사라지고 둘은 어떤 방향으로 가도 다시 9호 집에 통하며 마을에 갇히게 된다. 며칠 후 9호 집 앞에 아기를 담은 박스가 도착한다. 박스엔 "아기를 기르면 풀려난다."고 적혀있다. 욘더 마을에서 벗어날 수 없음을 알게 된 톰은 두려움과 공포에 사로잡혀 나가는 길을 찾기 위해 마당을 파기 시작한다. 반면에 젬마는 아이를 키우며 희망을 잃지 않으려 애쓴다.

(마) 감독이 언급한 것은 아니지만 어떤 해외 평자들은 〈비바리움〉이 TV 시리즈 〈환상특급〉 시즌5의 30번째 에피소드인 '조용한 마을에서의 체류' 편을 보고 무의식적으로 영감을 받았을 것이라 언급한다. 사람, 동물, 음식, 나무 등 모든 것이 가짜인 마을에 갇힌 부부, 출구가 없는 공간 등 설정의 유사성이 깊기 때문이다. 물론, 자본주의, 가족, 생명의 순환 등 생명의 다양함은 〈비바리움〉 쪽이 훨씬 뛰어나다. 한편으로는 금융위기가 정점이었던 2010년을 배경으로 중산층의 불안 심리를 방공호를 만드는 남자로 그렸던 〈테이크 쉘터〉(2011)가 떠오른다. 〈테이크 쉘터〉와 〈비바리움〉은 초현실적인 화법으로 묘사한 불안과 벙커를 공유하고 있다.

(바) 〈비바리움〉에서 이야기만큼이나 강력한 건 시각의 힘이다. 〈비바리움〉의 미술 콘셉트는 단순함과 반복적임이다. 영화는 르네 마그리트의 〈빛과 제국〉과 같이 구름을 반복적으로 배치하고 마치 그림을 그린 것처럼 마을의 하늘을 꾸몄다. 화면의 주된 톤으로 사용된 녹색은 원래 생명력을 상징하는 색깔이다. 하지만 녹색은 욘더 마을에 위치한 집에 과장스럽게 칠해져 인공적인 분위기를 자아내며 관객의 불안감을 유발한다.

(사) 영화에 대해 마지막으로 정리하자면, 현실적으로 오늘날 부부의 삶을 묘사한 〈비바리움〉은 훌륭한 가족 영화이자 공포 영화다. 영화는 자본주의 시스템을 은유하며 이 시대를 살아가는 현대인들이 두려워하는 것은 무엇인가 묻는다.

① (라)－(가)－(나)－(바)－(다)－(마)－(사)
② (라)－(가)－(다)－(마)－(바)－(나)－(사)
③ (라)－(나)－(가)－(다)－(바)－(마)－(사)
④ (라)－(바)－(다)－(가)－(나)－(마)－(사)
⑤ (라)－(바)－(마)－(나)－(다)－(가)－(사)

05. 다음 글을 참고할 때, 빛의 사용 방식과 효과가 ⓐ와 유사한 것은?

17세기 네덜란드의 경제가 급성장하고 부가 축적됨에 따라 새롭게 등장한 시민계급은 이전의 귀족과 성직자들이 즐기던 역사화나 종교화와는 달리 자신들에게 친근한 주제와 형식의 그림을 선호하게 되었다. 이러한 현실적이고 실용적인 취향에 따라 출현한 정물화는 새로운 그림 후원자들의 물질에 대한 태도를 반영했다. 화가들은 다양한 사물을 통해 물질적 풍요와 욕망을 그려 냈다. 동시에 그들은 그려진 사물을 통해 부와 화려함을 경계하는 기독교적 윤리관을 암시했다.

칼뱅교는 종교원리주의, 예정설, 지옥의 공포를 강조하는 설교로 유명하다. 뿐만 아니라 자기규제, 청렴, 종교공동체, 종교 개혁을 부르짖으며, 이런 교리에 맞추어 정치, 경제, 사회, 문화 등 모든 영역을 통제했다. 신정정치, 종교적 독재, 이 원칙에 어긋나면 누구를 막론하고 사형시킬 정도였다. 심지어 칼뱅의 청렴주의는 신의 뜻을 구현한다는 명목으로 어린아이까지 사형시키기도 했다.

칼뱅교는 인간을 신의 용기로 보는 루터의 수동적인 경건에 대해, 인간을 신의 영광을 위한 도구로 보는 활동주의적 경향을 가졌으며, 적극적인 태도로 사회생활을 할 것을 주장했다. 그래서인지 네덜란드 사람들에게는 유능하고 성실한 일꾼이라는 이미지가 있다. 어린 시절부터 아르바이트로 단련된 확실한 경제관념과 노동에 대한 성실한 자세는 자린고비와 더치페이를 만들지 않았던가. 어쨌든 네덜란드 사람하면 적극적으로 삶을 개척해나가는 꾀바르고 의지가 강한 인상을 준다는 것은 부인할 수 없다.

문제는 칼뱅교의 영향으로 네덜란드에서는 더 이상 이전처럼 교회나 수도원, 군주나 궁정사회에서 더 이상 그림을 주문할 일이 없어졌다는 사실이다. 개신교는 성상을 우상숭배로 여겨 금지했고, 미사도 허례에 불과하다고 폐지해 버렸으니, 교회를 위한 장인, 화가, 조각들의 작품들은 무용지물이 된 것이다. 교회나 수도원이나 군주가 작품을 주문하지 않으면 화가들은 어떻게 먹고살아야 했을까? 그 빈자리를 채운 것은 부르주아들과 일반 시민들이었다. 그러기 위해서는 부르주아 계층이 두텁고, 일반 시민들의 경제력도 좋아야 했을 것이다. 게다가 아무리 개신교 신자라 해도, 신앙심을 드러내고 싶은 사람들이 있었을 터. 이런 배경에서 네덜란드 특유의 정물화가 탄생한 것이다.

결론부터 말하자면, 네덜란드 정물화는 의인화된 알레고리다. 특히 정물화의 내용은 하나의 텍스트처럼 재구성하여 읽을 수 있다. 네덜란드 특유의 종교적인 배경 아래 제작된 정물화는 교훈과 훈계, 즐거움이 결합되어, 예술이란 즐거운 것이어야 함을 설파했다.

루뱅 보쟁의 〈체스 판이 있는 정물－오감〉에는 흑백의 체스 판 위에 카네이션이 꽂혀 있는 꽃병이 보인다. 꽃병에 담긴 물과 꽃병의 유리 표면에는 이 그림의 광원인 창문과 거기에서 나오는 다양한 빛의 효과가 미묘하게 표현되어 있다. 그 빛은 테이블 왼편 끝에 놓인 유리잔에도 반사될 뿐만 아니라, 술잔과 꽃병 사이에 놓인 흰 빵, 테이블 전면에 놓인 만돌린과 펼쳐진 악보, 지갑과 트럼프 카드에도 골고루 비치고 있다. 이처럼 보쟁은 ⓐ 섬세한 빛의 처리를 통해 물건들에 손으로 만지는 듯한 질감과 함께 시각적 아름다움을 부여했다.

이 그림의 부제가 암시하듯, 그림 속의 사물들은 각각 인간의 오감을 상징한다. 당시 많은 화가들이 따랐던 도상적 관례에 의거하면, 붉은 포도주와 빵은 미각과 성찬을 상징한다. 카네이션은 그리스도의 수난과 후각을, 만돌린과 악보는 청각을 나타낸다. 지갑은 탐욕을, 트럼프 카드와 체스 판은 악덕을 상징하는데, 이들은 모두 촉각을 상징하기도 한다. 그림 오른편 벽에 걸려 있는 팔각형의 거울은 시각과 함께 교만을 상징한다.

이와 같은 사물들의 다의적인 의미에도 불구하고, 당시 오감을 주제로 그린 다른 화가들의 작품들로부터 이 그림의 의미를 찾을 수 있다. 당시 대부분의 오감 정물화는 세상의 부귀영화가 얼마나 허망한지를 강조하며, 현실의 욕망에 집착하지 말고 영적인 성장을 위해 힘쓰라고 격려했다. 이 사실로부터 우리는 중세적 도상 전통에서 '일곱 가지 커다란 죄' 중의 교만을 상징하는 거울에 주목하게 된다. 이때 거울은 자기 자신의 인식, 깨어있는 의식에 대한 필요성으로 이해된다. 그런 점에서 이 그림은 감각적인 온갖 악덕에 빠질 수 있는 자신을 가다듬고 경계하라는 의미를 암시하고 있다.

① 빛과 어둠의 극단적 대비를 통해 인물의 내면적 고통과 외로움을 표현한 그림
② 시시각각 변화하는 빛에 대응하는 작은 색점을 통해 그 빛의 느낌을 추상적으로 표현한 그림
③ 프리즘을 통해 본 태양광을 무지갯빛의 동심원 형태를 이용해 음악적 리듬감으로 치환한 그림
④ 촛불과 그 역광이 만들어 내는 엄숙하고 신비한 분위기를 통해 기독교적 경건함을 암시한 그림
⑤ 창문으로 들어오는 빛을 이용해 따스한 감촉의 양탄자와 다양한 색채의 과일, 번쩍이는 장식물을 조화시킨 그림

06. 다음 글의 (가)~(마) 문단에 어울리는 소제목으로 적절하지 않은 것은?

은행나무 잎의 노란색이 어우러진 거리의 풍경은 보는 곳마다 한 폭의 그림 같다. 파란 하늘과 강한 햇살이 아름다움을 더해 준다. 그렇지만 은행 열매가 떨어져, 밟히고 으깨 터져서 퍼지는 고약한 냄새는 사람들의 얼굴을 찡그리게 만든다. 밝은 노란색의 단풍잎으로 포장된 아름다운 나무의 자태와 어울리지 않는 모양이다. 눈은 호강을 하지만 코는 고통을 받는다. 은행나무는 수명이 길어서 1,000년을 넘게 버틴 것도 있다. 가을의 은행나무 이미지는 노란색 단풍, 고약한 냄새, 열매를 줍는 사람들과 함께한다. 은행나무 군락에서 노란색 풍경을 보면 잠시 동화 속으로 빠져들게 만드는 마력을 지닌 것이 은행나무이기도 하다. 이번에는 은행에 관련된 화학을 생각해 본다.

(가) 가을에 은행잎은 아주 밝은 노란색 단풍으로 변한다. 은행나무의 잎은 여름에는 엽록소의 생성이 활발하여 초록색이 두드러진다. 그러나 가을이 되면서 엽록소의 생성이 느려지고 분해되면서 잎에 포함된 색소(크산토필(노란색, Xanthophyll))가 본래의 모습을 드러내면 노란색이 된다. 다른 색소를 포함한 식물은 그들이 띠고 있는 색소(카로틴(오렌지색)과 탄닌(갈색))로 그들만의 멋을 부린다. 식물의 색소에는 안토시아닌(Anthocyanin)이라 부르는 것도 있다. 그것은 식물의 잎, 줄기, 뿌리 등에 분포되어 있으며, 그것이 많이 포함된 부분에서 고유의 색을 나타낸다. 안토시아닌의 경우에는 가을철에 일부 나뭇잎에서 형성되어 색을 발현한다. 여름보다 낮과 밤의 기온 차가 큰 가을에 엽록소의 생성이 감소하고 잎에 당이 축적되면서 안토시아닌이 생성된다.

(나) 안토시아닌으로 인한 단풍잎의 색깔은 토양의 pH에도 영향을 받는다. 왜냐하면 안토시아닌 색소는 pH에 따라 색이 달라지는 분자이기 때문이다. 온도와 습도가 변하는 같은 조건에서 색소의 분해 속도는 엽록소의 분해 속도보다 느리기 때문에 단풍의 수명이 그렇게 짧지는 않다. 은행나무 잎에 있는 크산토필을 비롯한 카로티노이드 계통의 색소는 분해가 더디게 진행되므로 비교적 오랫동안 보존이 가능하다. 그러므로 나뭇잎이 떨어지기 전에 밝은 노란색을 유지하고, 떨어진 후에도 어느 정도 기간까지는 노란색을 유지하는 것이 가능하다. 보통 노란 잎의 수명은 2주 정도이며, 그 후에는 낙엽이 되어 거리를 어지럽힌다.

(다) 은행나무는 암수가 구별된다. 주황색 열매가 열리는 것이 암컷이며, 수컷은 열매를 맺지 않는다. 은행 열매의 모양과 빛깔은 살구와 비슷하지만 그 냄새는 전혀 다르다. 더구나 열매가 떨어져 물렁한 외피층이 터져 버리면 정말로 참기 힘든 고약한 냄새가 난다. 냄새의 주범은 주로 탄소 4~6개로 이루어진 지방산들이다. 테르펜(Terpene, C_5H_8) 및 그것의 유도체인 불포화 탄화수소들은 산소, 빛, 열에 의해 산화되면 5개의 탄소로 이루어진 지방산으로 쉽게 변질될 가능성이 있다. 이 지방산의 냄새가 발 고린내와 매우 비슷한 것으로 알려져 있다.

(라) 이런 종류의 지방산들은 특히 피부와 눈 점막 등에 닿으면 자극적이어서 문제가 된다. 그러므로 익은 은행 열매를 주울 때 혹은 은행알을 얻기 위해 외피층을 벗길 때 반드시 비닐장갑을 껴 피부를 보호해야 된다. 또한 탄소가 4개인 뷰티릭산(Butyric Acid), 6개인 헥사노익산(Hexanoic Acid)도 이에 포함된다. 상한 버터 냄새로 알려진 뷰티릭산은 버터에서 처음 발견되었다. 일반적으로 탄소가 4～6개로 이루어진 지방산 혹은 그것의 변형 분자들은 냄새가 고약하다는 특징이 있다. 이런 종류의 유기 지방산은 강산은 아니지만 농도가 진할 경우에는 주의해서 취급해야 한다.

(마) 한편 은행 외피층에서 발산하는 지독한 냄새의 효능은 의외로 다른 데 있다. 사람과는 달리 그런 냄새에 유혹을 느낀 동물이 열매를 먹고, 장소를 옮겨 가며 볼일을 본다. 그러면 소화가 안 된 은행알에서 새로이 싹이 튼다. 그 결과 은행나무는 어렵지 않게 새로운 장소에 자손을 퍼뜨릴 수 있다. 스컹크나 너구리 같은 들짐승들은 은행나무가 여러 장소로 퍼져 나가는 데 한몫을 했다고 볼 수 있다.

① (가) – 은행잎이 노랗게 물드는 이유

② (나) – 단풍의 수명이 짧은 이유

③ (다) – 은행나무의 분류와 은행 냄새의 메커니즘

④ (라) – 은행을 다룰 때 주의점과 그 이유

⑤ (마) – 은행 냄새의 효능

07. 다음 글에 대한 이해로 적절한 것은?

논증은 크게 연역과 귀납으로 나뉜다. 연역법은 일반적인 사실이나 원리를 전제로 하여 개별적인 사실을 결론으로 이끌어 내는 방법으로, '대전제－소전제－결론'의 논리 전개 구조를 가진다. 경험에 의하지 않고 논리상 필연적인 결론을 내게 하는 것이며 그 대표적인 형식으로는 삼단 논법을 들 수 있다. 정리하자면 연역법은 전제로부터 결론을 도출하는 방법이다. 연역법 추론의 예시는 다음과 같다.

(ㄱ) 모든 사람은 잘못을 저지를 수 있다.
(ㄴ) 모든 지도자는 사람이다.
(ㄷ) 모든 지도자는 잘못을 저지를 수 있다.

귀납법은 여러 가지 구체적인 사실을 통해 일반적인 주장을 펴는 방법으로, 인과 관계를 확정하는 데 많이 사용된다. 정리하자면 귀납법은 여러 가지 사례로부터 결론을 도출해 내는 방법이다. 귀납법 추론의 예시는 다음과 같다.

(ㄱ) 나는 눈이 두 개이다.
(ㄴ) 어머니의 눈은 두 개이다.
(ㄷ) 동생의 눈은 두 개이다.
(ㄹ) 모든 사람들의 눈은 두 개이다.

전제가 참이면 결론이 확실히 참인 연역 논증은 결론에서 지식이 확장되는 것처럼 보이지만, 실제로는 전제에 이미 포함되어 있던 결론을 다른 방식으로 확인하는 것일 뿐이다. 반면 귀납 논증은 전제들이 모두 참이라고 해서 결론이 확실히 참이 되는 것은 아니지만 우리의 지식을 확장해 준다는 장점이 있다. 여러 귀납 논증 중에서 가장 널리 쓰이는 것은 수많은 사례들을 관찰한 다음에 그것을 일반화하는 것이다. 우리는 수많은 까마귀를 관찰한 후에 우리가 관찰하지 않은 까마귀까지 포함하는 '모든 까마귀는 검다'라는 새로운 지식을 얻게 되는 것이다.

철학자들은 과학자들이 귀납을 이용하기 때문에 과학적 지식에 신뢰를 보탤 수 있다고 생각했다. 그러나 모든 귀납에는 논리적인 문제가 있다. 수많은 까마귀를 관찰한 사례에 근거해서 '모든 까마귀는 검다'라는 지식을 정당화하는 것은 합리적으로 보이지만, 아무리 치밀하게 관찰했어도 아직 관찰되지 않은 까마귀 중에서 검지 않은 까마귀가 있을 수 있기 때문이다.

포퍼는 귀납의 논리적 문제는 도저히 해결할 수 없지만, 귀납이 아닌 연역으로 과학을 논할 수 있는 방법이 있으므로 과학적 지식은 정당화될 수 있다고 주장한다. 어떤 지식이 반증 사례 때문에 거짓이 된다고 추론하는 것은 순전히 연역적인데, 과학은 이 반증에 의해 발전하기 때문이다. 다음 논증을 보자.

(ㄱ) 모든 까마귀가 검다면 어떤 까마귀는 검어야 한다.
(ㄴ) 어떤 까마귀는 검지 않다.
(ㄷ) 따라서 모든 까마귀가 다 검은 것은 아니다.

'모든 까마귀는 검다'라는 지식을 귀납을 통해 참이라고 입증할 수는 없지만, 이 논증에서처럼 전제 (ㄴ)이 참임이 밝혀진다면 확실히 거짓임을 보여 줄 수 있다. 그러나 아직 (ㄴ)이 참임이 밝혀지지 않았다면 그 지식을 거짓이라고 말할 수 없다.

포퍼에 따르면, 지금 우리가 받아들이는 과학적 지식들은 이런 반증의 시도로부터 잘 견뎌온 것들이다. 참신하고 대담한 가설을 제시하고 그것이 거짓이라는 증거를 제시하려는 노력을 진행해서, 실제로 반증이 되면 실패한 과학적 지식이 되지만 수많은 반증의 시도로부터 끝까지 살아남으면 성공적인 과학적 지식이 되는 것이다. 그런데 포퍼는 반증 가능성이 없는 지식, 곧 아무리 반증을 해 보려 해도 경험적인 반증이 아예 불가능한 지식은 과학적 지식이 될 수 없다고 비판한다. 가령 '관찰할 수 없고 찾아낼 수 없는 힘이 항상 존재한다'처럼 경험적으로 반박할 수 있는 사례를 생각할 수 없는 주장이 그에 해당한다.

① 연역 논증은 결론에서 지식의 확장이 일어난다.
② 귀납 논증은 전제가 참이면 결론은 항상 참이다.
③ 치밀하게 관찰한 후 도출된 귀납의 결론은 확실히 참이다.
④ 과학적 지식은 새로운 지식이라는 점에서 연역의 결과이다.
⑤ 전제에 없던 새로운 지식이 귀납의 논리적인 문제를 낳는다.

08. 다음 글의 ㉠~㉤에 들어갈 내용으로 적절하지 않은 것은?

단어 간의 의미 관계는 계열 관계와 복합 관계로 나뉜다. 먼저 계열 관계에는 유의 관계, 반의 관계, 상하 관계, 부분 관계 등이 있다. 다음으로 복합 관계에는 다의 관계와 동음이의 관계가 있다. 이 글에서 다루고자 하는 것은 상하 관계로, 이외의 의미 관계에 대해 간단하게 설명해 보자면 다음과 같다.

단어의 '유의 관계'는 말소리는 다르지만 서로 비슷한 단어 간의 관계를 일컫는다. 즉, 유의 관계는 의미가 같거나 비슷한 둘 이상의 단어가 맺는 의미 관계를 말하며, 그 짝이 되는 말들을 '유의어'라고 한다. 그 예로는 '죽다, 숨지다, 숨넘어가다, 숨 끊어지다, 눈감다, 사망(死亡)하다, 절명(絕命)하다, 영면(永眠)하다' 등이 있다.

단어의 '반의 관계'는 동일한 언어 내에서 동일한 의미 분야에 속하고 그 가운데에서 반대적인 의미를 나타내는 단어 간의 관계이다. '남자, 여자', '살다, 죽다'처럼 전자의 부정이 곧 반의어가 되는 경우와 '크다, 작다', '좋다, 나쁘다'처럼 대립 양상을 보이지만 그 사이에 여러 단계의 중간 영역이 존재하는 경우, '사다, 팔다', '주다, 받다'처럼 역 관계의 양상을 보이는 경우를 모두 아우른다.

단어의 '다의 관계'는 두 가지 이상 다른 의미를 갖는 단어를 가리키는 말로, 하나의 의미만 가지는 단의어 그리고 동음어와 대립되는 개념이다. 그러나 다의어가 두 가지 이상 다른 의미를 가진다고 해서 연관성이 아예 없는 것은 아니다. 의미는 분명히 다르지만서도 연관성이 있어야 한다.

단어의 '상하 관계'는 단어의 의미가 계층 구조에서 한 쪽이 의미상 다른 쪽을 포함하거나 다른 쪽에 포함되는 관계를 말한다. (㉠) 여기서 동위 관계에 있는 하위어의 무리를 '공(통) 하위어'라고 한다. '동물, 개, 삽살개'의 경우 '동물'은 '개'의 상위어이며 역으로 '개'는 '동물'의 '하위어'가 된다. (㉡) 상하 관계의 논리와 기본 층위의 특성을 살펴보려고 한다.

상하 관계의 논리와 기본 층위의 특성에는 '포함'과 '함의' 논리가 있다. '포함' 논리에서 무엇이 무엇을 포함하는가는 의미를 외연적으로 보느냐, 내포적으로 보느냐에 따라 달라진다. 즉 외연적인 관점에서 보면 '동물'과 같은 상위어가 지시하는 부류는 '개'와 같은 하위어가 지시하는 부류를 포함하고 있다. 한편 내포적인 관점에서 보면, '개'의 의미는 '동물'의 의미보다 더 풍부하므로 '개'가 '동물'의 의미를 포함한다. (㉢) 반면 '함의' 논리는 일방적 함의가 성립되는 논리로 다음과 같은 함의 관계가 유지된다면 B는 A의 하위어이다.

ㄱ. '이것은 B이다'는 '이것은 A이다'를 일방적으로 함의한다.
ㄴ. '이것은 A가 아니다'는 '이것은 B가 아니다'를 일방적으로 함의한다.

ㄱ, ㄴ에 따라 '이것은 개(B)이다'는 '이것은 동물(A)이다'를 일방적으로 함의하며, '이것은 동물(A)이 아니다'는 '이것은 개(B)가 아니다'를 일방적으로 함의하는 경우, '개(B)'는 '동물(A)'의 하위어가 된다. (㉣)

다음으로 상하 관계는 수직적으로 상위 층위, 중간 층위, 하위 층위의 계층 구조를 이루고 있다. 의미상 이론에서 각 층위의 가치는 등가적이며, 분류의 편의상 상위어가 하위어에 비해 우선적으로 간주되어 왔으며, 언어 습득에서 상위어가 하위어보다 의미 성분이 단순하므로 먼저 습득될 것으로 보았다. 그러나 중간 층위, 즉 '기본 층위'는 다음과 같은 특징을 지니고 있다.

첫째, 인지적인 측면에서 기본 층위는 사람들이 보편적으로 사물을 지각하고 개념화하는 층위이다. 예를 들어, 한 사물을 보고 "저것이 무엇이냐"라는 질문에 대답할 때 '동물－개－삽살개－청삽사리' 가운데 일반적으로 '개'를 선택하게 되는데, 계층 구조에서 이 층위가 곧 기본 층위에 해당한다. (㉤)

둘째, 기능적인 측면에서 기본 층위는 발생 빈도가 높고 언어 습득 단계에서 가장 이른 시기에 습득된다. 셋째, 언어적인 측면에서 기본 층위는 형태가 짧고 고유어인 경우가 대부분이다. 대조적으로 하위 층위는 합성어나 파생어가 많다는 점에서 형태가 길며, 상위 층위나 하위 층위는 다른 언어에서 차용되는 경우가 흔하다.

① ㉠ : 상위어는 포괄적이며 일반적인 뜻, 하위어는 구체적이고 자세한 뜻을 가지고 있다.

② ㉡ : '개'와 함께 '소, 고양이'는 '동물'에 대한 '공 하위어' 또는 '동위어'가 된다.

③ ㉢ : '상위어'는 의미의 외연이 좁고 내포가 넓은 반면, '하위어'는 의미의 외연이 넓고 내포가 좁다.

④ ㉣ : 하위어는 상위어를 함의하지만, 역으로 상위어는 하위어를 함의하지 않는다.

⑤ ㉤ : 기본 층위는 우리의 머릿속에서 그 영상을 명확히 떠올릴 수 있다는 점에서 인식의 기준점이 된다.

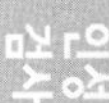

09. 다음 글의 내용과 일치하지 않는 것은?

이산화탄소는 지구 대기 중에 존재하는 미량 기체다. 지표면에서 방출되는 적외선 영역대의 복사에너지를 흡수하는 온실가스 중 하나로서, 지구시스템의 에너지 평형에 중요한 역할을 하며 육상 및 해양 표층에서 생물권의 탄소 흡수에 중요한 공급원이 된다. 대기 중 이산화탄소의 농도는 기후의 장기적인 변동에 따라 자연적으로 변화할 수도 있고, 화석연료 사용 증가에 따라 인위적으로 증가하여 기후의 급격한 변화를 유발한다는 문제점을 지닌다.

실제로 전 세계에서 지구온난화의 심각성에 대해서는 이미 너무나도 잘 알려진 바이다. 지구온난화란 온실가스의 증가로 인해 지구의 평균 온도가 점점 높아지는 현상을 말한다. 그 결과는 폭염과 가뭄으로 인한 기근과 경기 침체, 해수면 상승으로 인한 피해, 생태계의 균형이 깨짐에 따라 멸종되는 많은 곤충과 동물, 기후 급변 등으로 지구에 있어 치명적인 것들뿐이다. 그리고 이 온실가스 중 대표적인 것이 바로 이산화탄소이다.

경제성을 대폭 높인 이산화탄소 제거 촉매가 나왔다. 기초과학연구원(IBS) 나노구조물리 연구단 ○○○ 부연구단장은 가시광선을 이용해 이산화탄소를 산소와 일산화탄소로 변환하는 촉매를 개발했다. 가시광선으로 화학 반응이 가능해 실내에서 사용할 수 있는 데다, 연료로 변환 가능한 일산화탄소를 일반 촉매보다 200배, 기존의 가장 우수한 촉매보다 15배 많이 생산할 수 있어 수익성이 향상됐다.

'아나타제-루타일 이산화티타늄(TiO_2)'은 한 해 500만 톤 이상 소비되어 자외선 차단제, 탈취 · 살균제 등에 쓰인다. 자외선을 흡수하면서 물과 이산화탄소를 메탄, 일산화탄소, 그리고 다량의 산소로 변환하는 촉매다. 부산물인 메탄과 일산화탄소로 연료 · 메탄올 등 유용한 화합물을 만들 수 있어, 이를 통해 생산 비용을 회수하는 이산화탄소 제거제를 개발하고자 지난 50년간 연구가 계속됐다. 특히 가시광선까지 흡수하는 가시광촉매는 자외선만 흡수하는 기존 촉매보다 많은 에너지를 활용하면서 병원 · 지하철 등 실내에서 작동해 이산화탄소 촉매 연구의 핵심 과제로 여겨졌다.

연구진은 지난 9월 아나타제-루타일 이산화티타늄에서 아나타제 결정을 환원해, 가시광선으로 작동하는 촉매 '비결정아나타제-결정루타일 이산화티타늄' 제조에 성공하고 저자 이름을 따 '○○○의 블루 이산화티타늄'으로 이름 붙였다. 이번 연구에서는 '○○○의 블루 이산화티타늄'을 개선해 메탄 없이 일산화탄소만 생산하는 촉매를 개발하는 데 성공했다.

연구진은 촉매 효율을 향상시키기 위해 촉매가 빛을 흡수하며 생성하는 전하의 수와 이동성을 향상시키고자 실험을 고안했다. '○○○의 블루 이산화티타늄'에 다른 물질을 도핑해 불균일한 구조를 만들면, 전하 생성이 증가해 광효율이 향상될 것으로 예상했다. 연구진은 도핑 재료로 일산화탄소 발생률을 높일 수 있는 은을 포함해 3가지 후보 물질을 시도하고, 가장 안정적인 조합인 텅스텐 산화물과 은을 도핑해 하이브리드 촉매를 만들었다.

이렇게 만들어진 하이브리드 촉매는 흡수된 빛 중 34.8%를 촉매 변환에 활용하는데, 이는 기존 촉매보다 3배 높은 광효율이다. 또 이산화탄소-산소 변환 과정에서 메탄 없이 100% 일산화탄소만 발생시켰는데, 이는 부산물을 단일화한다는 점에서 경제성이 높다. 일산화탄소 양은 기존 이산화티타늄 촉매보다 200배, 학계에 보고된 가장 우수한 촉매보다 15배 많이 발생했다. 또 기존 이산화티타늄 공정이 고온 · 고압의 기체를 다뤄 위험성이 큰 데 비해 상온 · 상압에서 액체상으로 합성해 안전하다는 장점이 있다.

○○○ 부연구단장은 "가시광선으로 작동하는 블루 이산화티타늄 제조에 관한 원천기술을 확보하고 이를 이용해 새로운 가시광촉매를 개발했다."며 "이번에 개발한 촉매는 미세먼지와 병원 내 병원균 등을 제거하는 데에도 역시 우수한 성능을 보였다."고 밝혔다. 연구결과는 화학 · 재료분야 세계적인 권위지인 '머터리얼스 투데이(Materials Today)'지에 게재됐다.

① 새로 만든 하이브리드 촉매는 기존 촉매보다 광효율이 15배 더 높다.
② 기존 이산화티타늄 공정은 고온 · 고압의 기체를 다뤄 위험성이 크다.
③ 기존 촉매는 자외선만 흡수하는 반면 가시광촉매는 지하철 등 실내에서도 작동이 가능하다.
④ 아나타제–루타일 이산화티타늄의 부산물로 연료 · 메탄올 등 유용한 화합물을 만들 수 있다.
⑤ 하이브리드 촉매는 이산화탄소–산소 변환 과정에서 메탄 없이 일산화탄소만 발생시켰는데, 이는 부산물을 단일화한다는 점에서 경제성이 높다.

10. S 시의 지역화폐 1만 원권은 10%를 할인받아 현금 9천 원에 살 수 있고, 지역화폐 액면가의 80% 이상을 사용하면 현금으로 거스름돈을 받을 수 있다. 매일 한 번씩 지역화폐를 사용할 수 있는 음식점에서 8천 원짜리 백반을 사 먹는다고 할 때, 현금 20만 원으로 지역화폐와 현금을 이용하여 백반을 사 먹을 수 있는 날은 최대 며칠인가?

① 24일 ② 25일 ③ 26일
④ 27일 ⑤ 28일

11. ○○공사 보안팀은 다음과 같이 야간 당직을 운영하고 있다. 이를 바탕으로 보안팀장이 직원 A, B, C, D, E 5명의 당직근무표를 작성할 때, 가능한 모든 경우의 수는 몇 가지인가?

- 평일 야간 당직근무는 A, B, C, D, E 5명으로 배정한다.
- 1일 야간 근무 시간을 절반씩 전반야(18 ~ 24시), 후반야(24 ~ 06시) 총 2회차로 나누어 야간 당직근무를 배정한다.
- 당직근무 배정 시 한 회차에는 1명씩 배정한다.
- A는 전반야, 후반야 둘 다 근무가 가능하며, B와 C는 전반야, D와 E는 후반야만 가능하다.
- 하루에 전반야와 후반야를 연달아 근무할 수 없으며, 5명의 직원은 5일간 모두 동일한 회차의 당직근무를 선다.

① 720가지 ② 864가지 ③ 1,200가지
④ 1,296가지 ⑤ 2,290가지

12. 다음은 어느 회사 직원들의 근속 기간을 정리한 자료이다. 근속 기간이 3년 이상 15년 미만인 직원은 몇 명인가?

근속 기간	0 ~ 1년 미만	0 ~ 3년 미만	0 ~ 5년 미만	0 ~ 10년 미만	0 ~ 15년 미만
직원 수(명)	32	126	328	399	(?)

- 근속 기간이 3년 미만인 직원의 수는 전체의 24%이다.
- 근속 기간이 10년 이상 15년 미만인 직원의 수는 근속 기간이 15년 이상인 직원 수의 2배이다.

① 345명 ② 349명 ③ 353명
④ 357명 ⑤ 361명

13. 다음은 어느 제조업 회사 A 공장의 지난해 제품 X와 제품 Y의 분기별 생산량, 생산 비용 및 재고에 관한 자료이다. 이를 통해 추론한 내용으로 옳지 않은 것은? (단, 제품 X와 제품 Y는 지난해 1분기에 처음 제조 및 출시되었다)

〈제품 X와 제품 Y의 분기별 생산량〉

(단위 : 만 개)

구분	1분기	2분기	3분기	4분기
제품 X	329	519	449	364
제품 Y	1,079	2,485	1,967	1,338

〈제품 X와 제품 Y의 분기별 생산 비용〉

(단위 : 천만 원)

구분	1분기	2분기	3분기	4분기
제품 X	756	1,965	1,173	776
제품 Y	1,812	3,511	2,972	2,181

〈제품 X와 제품 Y의 분기별 재고〉

(단위 : 만 개)

구분	1분기	2분기	3분기	4분기
제품 X	101	29	135	277
제품 Y	174	308	632	958

① 제품 X와 Y의 수요는 2분기에 가장 많았다.

② 제품 Y의 재고는 매분기 50% 이상 증가하였다.

③ 제품 X의 개당 평균 생산 비용은 2분기에 가장 높고 4분기에 가장 낮다.

④ 제품 Y의 개당 판매 가격이 3,000원일 때, 1분기에 제품 Y를 판매하여 얻은 순이익은 100억 원 이상이다.

⑤ 제품 X의 생산량이 가장 적은 분기의 생산 비용은 제품 X의 생산량이 가장 많은 분기의 생산 비용의 40% 미만이다.

[14 ~ 15] 다음 자료를 보고 이어지는 질문에 답하시오.

〈20X8년 한국 철도 무임승차 대상별 인원〉

(단위 : 천 명)

구분	계	노인	장애인	국가유공자	기타
합계	453,713	367,005	80,963	5,427	318
서울교통공사	258,250	208,466	46,405	3,379	–
서울메트로 9호선	12,440	9,746	2,529	165	–
서울메트로 9호선운영	1,350	1,103	228	19	–
부산교통공사	93,419	77,631	14,854	934	–
대구도시철도공사	43,796	36,211	7,180	405	–
인천교통공사	18,500	14,109	4,208	183	–
광주광역시 도시철도공사	6,202	5,092	1,017	93	–
대전광역시 도시철도공사	9,212	7,081	1,725	104	302
부산-김해 경전철	1,072	–	1,000	72	–
의정부 경전철	4,585	3,556	984	39	6
용인 경량전철	2,552	2,001	523	20	8
우이 신설경전철	2,335	2,009	310	14	2

〈20X8년 한국 철도 무임승차 대상별 무임비용〉

(단위 : 백만 원)

구분	계	노인	장애인	국가유공자	기타
합계	607,777	491,168	108,753	7,455	401
서울교통공사	351,671	283,059	64,000	4,612	–
서울메트로 9호선	15,563	12,182	3,161	220	–
서울메트로 9호선운영	1,691	1,379	285	27	–
부산교통공사	124,862	103,710	19,843	1,309	–
대구도시철도공사	54,755	45,264	8,975	516	–
인천교통공사	24,382	19,047	5,081	254	–
광주광역시 도시철도공사	8,287	6,936	1,207	144	–
대전광역시 도시철도공사	11,991	9,176	2,286	151	378
부산-김해 경전철	1,525	–	1,411	114	–
의정부 경전철	6,193	4,801	1,328	56	8
용인 경량전철	3,701	2,901	758	30	12
우이 신설경전철	3,156	2,713	418	22	3

14. 다음 중 철도 회사 전체의 무임승차자 1인당 무임비용이 가장 큰 대상과 전체 무임인원 대비 국가유공자 무임인원의 비율이 가장 큰 철도 회사(단, 부산－김해 경전철 제외)를 바르게 짝지은 것은?

① 노인, 서울교통공사
② 장애인, 서울메트로 9호선운영
③ 국가유공자, 광주광역시 도시철도공사
④ 장애인, 서울교통공사
⑤ 국가유공자, 서울메트로 9호선운영

15. 다음은 20X8년 각 철도 회사의 영업손실액에 관한 자료이다. 영업손실액이 무임비용보다 큰 회사는 다음 해에 노인 대상 무임비용을 10%, 장애인 대상 무임비용을 5% 감축해야 할 때, 20X9년 철도 회사 전체의 무임비용의 예상 감소액은 얼마인가? (단, 비용 감축을 안 하는 경우 매년 20X8년과 동일한 비용이 발생한다고 가정한다)

(단위 : 억 원)

구분	영업손실액	구분	영업손실액
서울교통공사	5,219	광주광역시 도시철도공사	70
서울메트로 9호선	–	대전광역시 도시철도공사	28
서울메트로 9호선운영	–	부산－김해 경전철	171
부산교통공사	1,148	의정부 경전철	–
대구도시철도공사	2,346	용인 경량전철	–
인천교통공사	1,537	우이 신설경전철	102

① 약 390억 원
② 약 420억 원
③ 약 450억 원
④ 약 480억 원
⑤ 약 510억 원

[16 ~ 17] 다음은 일평균 외환거래량과 1인당 국민소득에 대한 자료이다. 이어지는 질문에 답하시오.

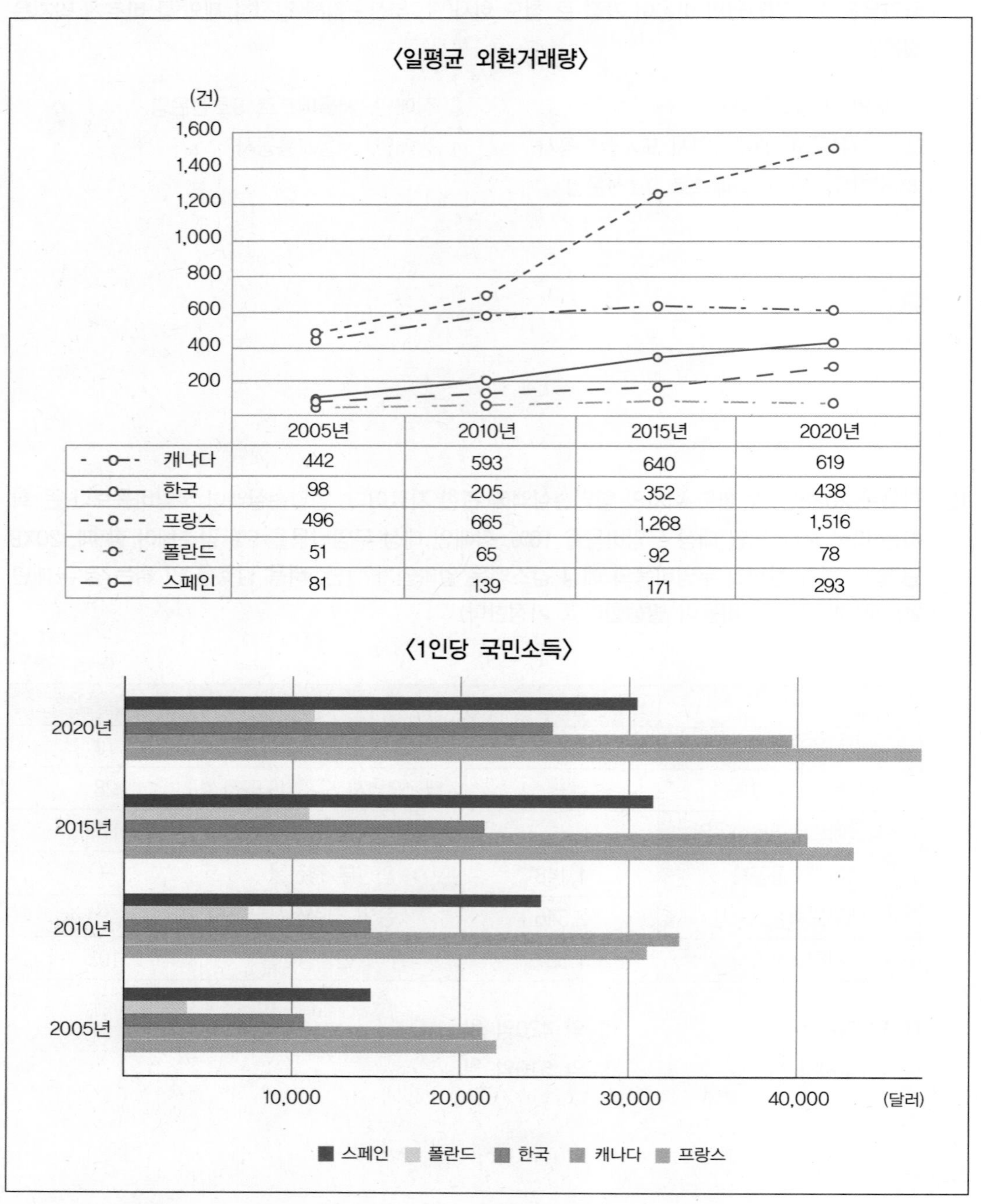

	2005년	2010년	2015년	2020년
캐나다	442	593	640	619
한국	98	205	352	438
프랑스	496	665	1,268	1,516
폴란드	51	65	92	78
스페인	81	139	171	293

16. 자료에 대한 설명으로 옳은 것을 〈보기〉에서 모두 고르면?

보기

㉠ 다섯 국가의 1인당 국민소득 합의 평균은 2005년 이후 증가하는 추세이다.
㉡ 1인당 국민소득이 큰 나라일수록 일평균 외환거래량이 많다.
㉢ 2005년 이후 캐나다의 1인당 국민소득은 다섯 국가 중에서 가장 높았다.
㉣ 위 그래프의 2015년 이후 일평균 외환거래량의 추이가 지속된다면 언젠가 대한민국의 외환거래량이 캐나다를 앞지를 것이다.

① ㉠　　② ㉠, ㉢　　③ ㉠, ㉣
④ ㉡, ㉣　　⑤ ㉢, ㉣

17. 다음 중 자료에 대한 설명으로 옳지 않은 것은?

① 폴란드의 일평균 외환거래량과 1인당 국민소득은 매 기간 가장 작다.
② 2015년에는 프랑스의 1인당 국민소득이 가장 크다.
③ 5개국 모두 일평균 외환거래량은 조사기간 동안 꾸준히 증가하였다.
④ 일평균 외환거래량이 500건 이상 된 적이 있는 나라는 캐나다와 프랑스뿐이다.
⑤ 2020년 프랑스의 외환거래량은 스페인의 5배 이상이다.

[18 ~ 19] 다음은 부가가치세에 대한 자료이다. 이어지는 질문에 답하시오.

부가가치세란 상품(재화)의 거래나 서비스(용역)의 제공과정에서 얻어지는 부가가치(이윤)에 대한 과세이다. 물건 값에 포함되어 실제로는 최종소비자가 부담하고 사업자가 세무서에 납부한다. 사업자가 납부하는 부가가치세는 매출세액에서 매입세액을 차감하여 계산하므로 과세대상 사업자는 상품을 판매하거나 서비스를 제공할 때 거래금액에 일정금액의 부가가치세를 징수하여야 한다.

부가가치세는 6개월을 과세기간으로 하여 신고 · 납부하게 되며 각 과세기간을 다시 3개월로 나누어 중간에 예정신고기간을 두고 있다. 일반적인 경우 아래와 같이 법인사업자는 1년에 4회, 개인사업자는 2회 신고하여 각 신고납부기간 내에 납부한다.

과세기간	과세대상기간		신고납부기간	신고대상자
제1기 1. 1. ~ 6. 30.	예정신고	1. 1. ~ 3. 31.	4. 1. ~ 4. 25.	법인사업자
	확정신고	1. 1. ~ 6. 31.	7. 1. ~ 7. 25.	법인 · 개인일반사업자
제2기 7. 1. ~ 12. 31.	예정신고	7. 1. ~ 9. 30.	10. 1. ~ 10. 25.	법인사업자
	확정신고	7. 1. ~ 12. 31.	다음해 1. 1. ~ 1. 25.	법인 · 개인일반사업자

다만 개인 간이과세자의 경우는 1년을 과세기간으로 하여 다음과 같이 신고 · 납부한다.

과세기간	신고납부기간	신고대상자
1. 1. ~ 12. 31.	다음해 1. 1. ~ 1. 25.	개인 간이사업자

〈부가가치세 사업자별 세액 계산〉

구분	기준 금액	세액 계산
일반과세자	연간 매출액 8,000만 원 이상	매출세액(매출액의 10%) – 매입세액(매입액의 10%) = 납부세액
간이과세자	연간 매출액 8,000만 원 미만	(매출액 × 업종별 부가가치율 × 10%) – 공제세액 = 납부세액 ※ 공제세액 = 매입세액 × 해당 업종의 부가가치율

〈간이과세자의 업종별 부가가치율〉

업종	부가가치율(2020년)
전기 · 가스 · 증기 및 수도 사업	5%
소매업, 음식점업, 재생용 재료수집 및 판매업	10%
제조업, 농 · 임 · 어업, 숙박업, 운수 및 통신업	20%
건설업, 부동산임대업, 기타 서비스업	30%

18. 다음 중 부가가치세에 대하여 바르게 이해하지 못한 것은?

① 법인사업자는 부가가치세를 1년에 4번 신고하고 납부한다.
② 간이과세자는 일반과세자에 비해 부가가치세 납부액이 적을 것이다.
③ 판매자가 거래금액 대비 부가가치세 비율을 설정할 수 있다.
④ 부가가치세는 소득과 관계없이 동일한 세금을 납부하는 간접세에 해당한다.
⑤ 최종소비자는 물건 구매와 동시에 부가가치세에 해당하는 금액을 지불한다.

19. 다음 상황에서 K 씨가 납부할 연간 총 부가가치세는?

K 씨가 운영하는 숙박업소의 연간 매출액은 2020년에 4,500만 원, 매입액은 1,300만 원이다.

① 52만 원　② 64만 원　③ 70만 원
④ 75만 원　⑤ 82만 원

20. 다음 안내문을 읽은 수강신청 예정자와 담당자 간의 질의응답 내용으로 적절하지 않은 것은?

〈○○공사 무료 이러닝 사이트 리뉴얼 및 수강신청 안내〉

• 목적 : 중소 협력기업 임직원의 직무역량 강화

• 이용대상
 – ○○공사 중소 협력기업 임직원 1,000여 명 대상
 – 수강 신청자가 많을 경우 아래의 우선순위에 따라 기업당 2명 이내 선정
  1) KTP 및 에너지밸리 협약기업
  2) 신뢰품목 유자격 등록기업
  3) 배전/송변전 분야 기자재 제조 및 시공 중소기업
  4) ○○공사 사내벤처기업 및 연구소기업

• 오픈일 : 2021. 4. 15. (오픈 후 1년간 운영)

• 접속경로 : ○○공사 홈페이지 상단 배너 '이러닝 사이트' 클릭
 * URL : http://kelearning.co.kr

• 교육과정
 – 법정필수 및 경영일반 580개 콘텐츠

구분	법정필수교육	경영일반(576개 콘텐츠)
교육과정	성희롱 예방, 개인정보보호, 장애인인식개선, 퇴직연금	경영, 리더십, 북러닝, 비즈스킬, 외국어, IT/OA
수강인원	350명	700명

• 수강신청
 – 신청 기간 : 2021. 4. 15. ~ 4. 26.
  * 수강신청 결과에 따라 추가모집 가능
 – 신청 방법 : 학습사이트 방문하여 회원가입 및 신청
 – 결과 안내 : 2021. 4. 30. 승인 여부 개별 SMS 안내(5월 1일 교육 시작)

• 이벤트
 – 수강신청 이벤트 : 수강 신청자 중 20명 랜덤 추첨, 1만 원권 기프티콘 증정
 – 우수학습자 이벤트 : 매월 우수학습자 2명 선발, 2만 원권 기프티콘 증정

• 학습 이용 안내
 2021년 무료 이러닝 사이트가 전면 개편되었습니다. 이에, 수강을 희망하시는 기존 회원분들께서도 신규 회원가입 후 사용해 주시기 바랍니다.
 ※ 이전 아이디 사용 불가

①	Q	저희 회사는 우선순위 요건에 아무것도 해당이 안 되는데 수강신청이 어렵겠죠?
	A	꼭 그렇지는 않습니다. 수강신청 상황을 지켜봐야 다시 말씀드릴 수 있을 것 같군요.
②	Q	저는 경영실무 분야에 관심이 있는데요. 이 과정을 신청하면 도움이 될 수 있을까요?
	A	그럼요. 경영에 관한 576개 이러닝 콘텐츠를 수강하시면 경영실무 분야에 도움이 되실 겁니다.
③	Q	인터넷을 통해 안내문을 본 학생입니다. 평소 ○○공사에 대해 관심이 많았는데 이번 무료 이러닝을 수강하고 싶어서 전화 드렸습니다.
	A	죄송합니다만, 학생이시라면 수강이 어렵겠습니다.
④	Q	수강신청 승인 결과는 개별적으로 홈페이지에서 확인해야 하는 거지요?
	A	아닙니다. 홈페이지를 확인하지 않으셔도 저희가 일일이 문자를 드릴 겁니다.
⑤	Q	4월 중에 제가 장기 해외 출장을 다녀와야 해서 수강이 불가할 것 같아 다음 기회에 신청하려 합니다. 다음 기회는 언제 있을까요?
	A	좋은 기회를 놓치셔서 안타깝네요. 아직 다음 수강 계획이 확정되지는 않았습니다만, 홈페이지를 수시로 참고하시면 소식을 아실 수 있을 겁니다.

21. 총무팀에서 근무하는 Y 사원은 출장을 갈 때 필요한 교통편 예약 및 지불 업무를 담당하고 있다. 다음 대화를 참고할 때 J 부장의 총 운임 비용은? (단, 다른 요구 사항이 없을 경우 항공편은 이코노미석으로 예약한다)

〈국내선 항공 운임표〉

(단위 : 원)

구분 / 노선	이코노미		비즈니스	
	할인	기본	할인	기본
김포-부산	70,000	81,000	130,000	141,000
김포-울산	69,000	79,000	129,000	139,000
김포-여수/순천	70,000	82,000	130,000	142,000
김포-포항	65,000	75,000	125,000	135,000
광주-김포	61,000	70,000	121,000	130,000
인천-제주	111,000	111,000	171,000	171,000
인천-대구	79,000	79,000	139,000	139,000

※ 성인 1인 편도 운임 기준(유류 할증료 및 공항 이용료 포함)

※ 할인 운임은 월 ~ 목요일, 기본 운임은 금 ~ 일요일에 적용

※ 부가가치세 10% 미포함된 가격임.

〈울산 터미널 광주행 시간/운임표〉

출발지	도착지	경유지	운행 회사	
울산	광주	직행(DIRECT)	**고속, ○○고속, ☆☆고속	
출발 시간				
07 : 40, 08 : 30, 09 : 20, 10 : 10, 11 : 00, 11 : 40, 12 : 20, 13 : 00, 13 : 40, 14 : 20, 15 : 00, 15 : 40, 16 : 20, 17 : 00, 17 : 40, 18 : 20, 19 : 00, 19 : 40 (23 : 40, 24 : 40 심야 노선)				
요금				
지명	일반	중고생	초등생	보훈
광주(심야)	21,100원	14,800원	10,600원	14,800원
광주	25,600원	18,600원	12,500원	18,600원

J 부장 : 안녕하세요, Y 씨. 제가 내일 급하게 울산에 출장을 가게 되어서 비행기와 버스 예약 좀 부탁할게요.

Y 사원 : 네, 알겠습니다. 비행기는 어디에서 몇 시에 출발하는 걸로 예약할까요?

J 부장 : 김포공항에서 아침 9시에서 10시 사이에 울산으로 출발하는 비행기를 예약해 주세요.

Y 사원 : 네. 그럼 내일 울산에서 하루 숙박하고 오시는 건가요?

J 부장 : 아니요, 내일 모레 광주에서 거래처 직원과 만나기로 약속을 해서 울산 공장에서 일 마치는 대로 고속버스를 타고 광주로 이동했다가 광주에서 김포로 비행기를 타고 올 예정입니다. 울산 터미널에 알아보니 밤 11시 40분에 떠나는 버스가 있다고 해서 그걸 타고 가려고 합니다.

Y 사원 : 아, 힘드시겠어요. 그럼 광주에서 김포로 오는 비행기 시간은 어떻게 할까요?

J 부장 : 저녁 6시쯤 출발하는 비행기로 부탁드립니다.

Y 사원 : 알겠습니다. 그럼 이제 출장 다녀오신 다음 날인 목요일에나 뵙겠네요.

J 부장 : 그렇겠네요. 고마워요.

① 158,500원 ② 164,100원 ③ 171,200원
④ 180,700원 ⑤ 193,600원

22. 서 대리와 팀원들은 가야산으로 팀 야유회를 가려고 한다. 이를 위해 서 대리가 등 · 하산코스를 정해 소요 시간을 계산하려고 한다. 다음 탐방코스에 대한 정보와 〈조건〉을 고려할 때, 등 · 하산에 필요한 총 시간은?

〈가야산 탐방코스〉

구분	등 · 하산코스	소요시간	거리	난이도
가야산 소리길	대장경 테마파크 – 농산정 – 영산교	2시간 30분	6km	하
가야산 1코스	해인사 입구 – 가야산(상왕봉) 정상	2시간 20분	4km	중
남산제일봉 1코스	청량동 탐방지원센터 – 전망대 – 남산제일봉	2시간 50분	2.3km	중
만물상 코스	백운동 탐방지원센터 – 만물상 – 서성재	2시간 20분	3km	상
남산제일봉 2코스	해인사관광호텔 – 오봉산 중턱 – 남산제일봉	1시간 30분	2.6km	하
가야산 2코스	백운동 탐방지원센터 – 서성재 – 칠불봉 – 가야산(상왕봉) 정상	2시간 40분	4km	중
용기골 코스	백운동 탐방지원센터 – 용기골 – 서성재	1시간 30분	2.6km	상

※ 등산코스는 왼쪽에서 시작하고 하산코스는 오른쪽에서 시작한다.

조건

1. 다양한 경치를 보기 위해 등산과 하산 코스는 달라야 한다.
2. 등산 후 하산하기 위해서 추가 이동은 없어야 한다.
3. 중간에 1시간의 휴식시간이 반드시 필요하다.
4. 등산 시작 지점과 하산 도착 지점은 같아도 되고, 달라도 된다.
5. 등산 시간 전과 하산 후의 이동시간은 포함하지 않는다.
6. 팀원들의 체력을 고려하여 이동거리는 최대한 짧게, 난이도는 최대한 낮게 한다.

① 4시간 00분
② 4시간 20분
③ 5시간 10분
④ 5시간 20분
⑤ 5시간 40분

23. 다음을 읽고 스마트오더를 이용한 사례로 옳지 않은 것은?

〈스마트오더 주문방법〉

1. 주문방법
   (1) 음료 선택 : 기호에 맞게 세부 옵션을 설정할 수 있습니다.
      – 최대 주문 수량은 1회당 10개
      – 매장 상황에 따라 일부 메뉴는 주문이 불가능할 수 있음.
   (2) 내 주변 매장 찾기 : 현재 위치에서 2km 이내의 매장에 주문할 수 있습니다(단, 어플 접근 권한에 실시간 위치를 허용해야 이용 가능. 권한 거부 시 픽업 매장 직접 설정).
   (3) 결제하기
      – 신용(체크)카드, 간편결제, 멤버십카드, e–쿠폰
      – 자주 쓰는 결제 정보를 저장하여 사용
   (4) 주문현황 실시간 확인
   (5) 음료 픽업
2. 주문접수
   (1) 접수 후 3분 이내 미승인 시, 안내창을 통해 대기 / 취소 여부를 선택할 수 있습니다.
   (2) 접수 후 10분 이내 미승인 시, 자동취소 후 취소안내가 발송됩니다.
3. 주문취소
   (1) 메뉴 취소는 매장의 주문 승인 이전에만 가능합니다.
   (2) 메뉴 변경은 매장의 주문 승인 이전에 취소 후 재주문해 주시기 바랍니다.
   (3) 주문 후 매장에서 주문 승인 시, 메뉴 제조가 시작되어 취소가 불가능합니다.
4. 운영시간
   (1) 스마트오더 전송 가능 시간은 07시부터 22시까지입니다.
   (2) 매장별 운영시간이 상이하므로 해당 매장의 운영시간을 참고하시기 바랍니다.
5. 이용안내
   (1) 스마트오더로 주문 시 스탬프가 자동 적립됩니다.
   (2) 스마트오더로 주문하신 금액에 대해 소득공제 혜택을 받으실 수 있습니다.

① 출근길에 직장 근처 매장을 지정하여 커피를 결제하였으나 3분 이내에 승인되지 않아 주문을 취소하였다.

② 오후 시간에 졸음이 몰려와 샷 2개를 추가하고 얼음이 적게 들어간 아이스 아메리카노를 주문하여 직장 근처 매장에서 픽업하였다.

③ 야근 후 오후 11시 30분에 24시간 운영하는 매장을 향하면서 미리 음료를 주문했다.

④ 10명이 참석하는 회의를 위해 미리 음료를 주문하고 두 사람이 음료를 픽업하러 다녀왔다.

⑤ 음료를 주문하면서 현금영수증 발급을 요청하였다.

[24 ~ 25] 다음 글을 읽고 이어지는 질문에 답하시오.

여러분 세계에서 가장 오래된 목판 인쇄물을 아시나요? 바로 1966년 경주 불국사 석가탑에서 발견된 무구정광대다라니경입니다. 폭은 6.6cm, 길이는 약 620cm이며 닥종이 12장을 이어 만든 두루마리 형태로, 발견될 당시 비단보자기에 싸여 있었습니다. 보자기는 그 모습을 알 수 없을 정도로 부식이 심했지만 무구정광대다라니경은 자그마치 천 년을 넘는 기간 동안 보존되어 우리나라의 높은 인쇄 문화와 종이 기술을 보여주고 있습니다. 특히 우리 고유 방식으로 만들어진 한지(韓紙)의 우수성을 여실히 볼 수 있습니다. 현재 우리가 사용하는 서양식 종이의 수명은 100년이라고 합니다. 자그마치 1,200년 동안 보존될 수 있었던 우리 한지의 비밀! 한지의 제작 과정을 알아봅시다.

한지를 다른 말로 백지(百紙)라고 하는데요. 바로 주원료인 닥나무를 베고, 찌고, 삶고, 말리고, 벗기고, 두들기고, 고르게 섞고, 뜨는 등 아흔아홉 번 손질을 거친 후 맨 마지막 사람이 백 번째로 만진다하여 붙여진 이름이랍니다.

한지를 만들 때에는 11월에서 다음 해 2월 사이에 1년생 햇닥을 베어서 사용합니다. 이 시기에 닥나무는 섬유질이 잘 생기고 수분도 적당히 함유되어 있고 여리고 부드러워 종이뜨기에 가장 알맞습니다. 특히 이 시기에 섬유를 단단하게 만드는 접착제와 같은 성분을 가진 '리그닌(Lignin)'이 가장 적게 들어있습니다. 이 리그닌이 많은 나무는 섬유가 빳빳해서 종이를 만들면 거친 종이가 되고 빛에 약해서 쉽게 색이 변하게 되는데요. 한지는 리그닌이 적은 나무로 만들기 때문에 종이의 질이 부드럽고 세월이 지나도 색이 변하지 않는 것입니다.

닥나무의 껍질이 잘 벗겨지도록 뜨거운 증기로 나무를 찌는 과정을 "닥무지"라고 부릅니다. 커다란 솥에 물을 붓고 닥나무를 쌓은 다음 그 아래 아궁이에 불을 지피면 물이 끓어 올라온 수증기로 닥이 쪄집니다. 닥 껍질이 쉽게 벗겨질 만큼 충분히 찌는 데는 보통 8 ~ 10시간 정도의 긴 시간이 걸립니다. 그 다음은 삶은 닥나무의 껍질을 벗기는 과정입니다. 껍질이 붙어 있는 채로 햇볕에 말린 검정색의 '흑피'를 냇물에 불려 껍질을 벗긴 것이 푸른색을 띠는 '청피'이고, '청피' 껍질을 벗기면 종이의 원료가 되는 하얀 '백피', 즉 '백닥'을 얻을 수 있게 됩니다. 이후 백피를 맑은 물에서 하루 정도 잘 불린 후 잿물에 넣어 4 ~ 5시간 푹 삶습니다. 이 잿물에 백피를 넣고 삶은 뒤 건져내어 흐르는 물에 다시 한 번 잘 씻어주고 햇빛이 잘 드는 곳에 펼쳐서 말립니다. 햇볕에 말리는 작업을 "바래기"라고 부르는데 햇빛의 자외선이 '백피'의 남은 색소를 파괴하기 때문에 더욱 하얗게 만드는 표백효과가 있습니다.

잡티와 잿물기가 완전히 제거된 '백피'를 돌 위에 올려놓고 2 ~ 3시간 두드려 섬유가 풀어지도록 하는데 이를 "고해"라고 합니다. 잡티 제거 시 섬유의 표백도 같이 해주는데 원료를 흐르는 물에 치어망을 놓고 계속해서 풀어 나가면 섬유 속에 남아 있는 잿물 성분과 리그닌이 서서히 제거되어 닥의 색이 더욱더 하얗게 됩니다. 이런 과정을 2 ~ 3회 반복합니다. 고해가 끝나면 물과 황촉규 뿌리로 만든 '닥풀'을 넣어 잘 섞어줍니다. 이 과정을 "해리"라고 하는데, 닥풀은 물의 점도를 높여 섬유끼리 잘 뭉쳐주도록 할 뿐 아니라 섬유질을 중성화합니다. 한지가 천 년의 세월이 흘러도 산화되지 않고 본래 모습을 간직할 수 있는 이유는 바로 이 닥풀의 영향이 큽니다.

다음은 종이를 뜹니다. 닥섬유와 닥풀을 물에 넣고 발(뜰채)로 오른쪽, 왼쪽, 앞, 뒤로 흔들어주면서 섬유를 넓게 퍼트려 건집니다. 닥섬유와 닥풀을 수조에 넣고 막대기로 저어 섬유의 엉킴을 풀어준 뒤 풀어져 있는 섬유를 발로 건져내는 것을 "수초(手抄)"라고 합니다. 우리 한지를 만드는 전통 방식으로 외발뜨기(흘림뜨기)가 있습니다. 턱이 없는 직사각형 발의 한 쪽을 줄로 묶어서 공중에 매달고 다른 한 쪽은 손으로 잡고 물통에 담갔다가 빼면서 앞, 뒤, 오른쪽, 왼쪽으로 흔들어 줍니다. 이러한 과정에서 섬유가 여러 방향으로 꼬여 질기고 튼튼한 종이를 만들 수 있습니다. 외발뜨기로 제조한 종이는 두께가 균일하지 못하기 때문에 이를 보완하기 위해 서로 반대 방향으로 만나게 하는데, 섬유가 대각선 방향으로 배열되면서 종횡으로의 강도 차이가 적어져 개량식인 쌍발뜨기로 만든 종이에 비해 더욱 질긴 종이를 만들 수 있습니다.

이어서, 판 위에 종이를 뜬 발을 뒤집어 놓습니다. 이때 종이 사이에 실이나 노끈을 끼워 나중에 쉽게 뗄 수 있도록 합니다. 또한 굴렁대를 굴려 주름이 잡히지 않도록 천천히 발을 들어내 하룻밤 정도 물기를 뺍니다. 물기를 뺀 종이의 건조 과정으로 온돌에 건조시키는 방법, 부벽(부판)에 붙여 건조시키는 방법, 햇볕에 건조시키는 방법 등이 있습니다. 전통적인 건조법은 습지를 온돌방 방바닥에 펴서 비로 쓸어가면서 말리거나 아니면 벽에다 붙여서 말리거나 나무판에 붙여서 햇볕 건조를 시키는 것입니다.

건조된 종이를 여러 장 포개어 놓고 두드려 펴주는 과정을 "도침"이라고 합니다. 이는 보푸라기가 생기는 단점을 보완하는 과정이기도 하며 섬유 사이의 틈이 메워져 종이의 밀도를 높이고 광택이 생기게 합니다. 디딜방아 모양의 도침기에 덜 마른 한지를 여러 겹 포개놓고 계속해서 두드리면 치밀하고 매끈한 종이를 얻을 수 있습니다. 이 과정에서 도침질을 하지 않은 종이의 $\frac{1}{2} \sim \frac{1}{3}$ 정도로 두께가 줄어드는 자연 사이징(Sizing)효과를 얻을 수 있어 먹의 번짐을 조절하기가 쉬워집니다.

24. 윗글을 바탕으로 추론한 내용으로 옳은 것은?

① 무구정광대다라니경이 1,200년이나 보존될 수 있었던 것은 섬유질이 알칼리성이기 때문이다.
② 한지를 더욱 하얗게 만드는 데 적외선의 표백효과를 이용한다.
③ 거칠고 쉽게 변색되는 종이는 리그닌이 적은 나무로 만들었을 것이다.
④ 종이를 매끈하게 하기 위해서는 종이가 완전히 건조되기 전에 두드려 펴주어야 한다.
⑤ 종이 섬유가 여러 방향으로 배열되면 종이의 강도가 약해진다.

25. 윗글에 따른 닥나무 채취 이후의 한지 제조 과정이 순서대로 바르게 나열된 것은?

① 수초 → 바래기 → 닥무지 → 고해 → 해리 → 건조 → 도침
② 바래기 → 고해 → 해리 → 수초 → 닥무지 → 도침 → 건조
③ 닥무지 → 해리 → 수초 → 고해 → 바래기 → 건조 → 도침
④ 닥무지 → 바래기 → 고해 → 해리 → 수초 → 건조 → 도침
⑤ 수초 → 닥무지 → 고해 → 바래기 → 해리 → 도침 → 건조

코레일(한국철도공사)

13회 기출예상문제

수험번호	
성 명	

감독관 확인란	

13회 기출예상문제

성명표기란

수험번호

(주민등록앞자리 생년제외) 월일

수험생 유의사항

※ 답안은 반드시 컴퓨터용 사인펜으로 보기와 같이 바르게 표기해야 합니다.
〈보기〉 ① ② ③ ❹ ⑤

※ 성명표기란 위 칸에는 성명을 한글로 쓰고 아래 칸에는 성명을 정확하게 표기하십시오. (맨 왼쪽 칸부터 성과 이름은 붙여 씁니다)

※ 수험번호/월일 위 칸에는 아라비아 숫자로 쓰고 아래 칸에는 숫자와 일치하게 표기하십시오.

※ 월일은 반드시 본인 주민등록번호의 생년을 제외한 월 두 자리, 일 두 자리를 표기하십시오.
〈예〉 1994년 1월 12일 → 0112

※ 검사문항 : 1~25

문번	답란	문번	답란
1	① ② ③ ④ ⑤	16	① ② ③ ④ ⑤
2	① ② ③ ④ ⑤	17	① ② ③ ④ ⑤
3	① ② ③ ④ ⑤	18	① ② ③ ④ ⑤
4	① ② ③ ④ ⑤	19	① ② ③ ④ ⑤
5	① ② ③ ④ ⑤	20	① ② ③ ④ ⑤
6	① ② ③ ④ ⑤	21	① ② ③ ④ ⑤
7	① ② ③ ④ ⑤	22	① ② ③ ④ ⑤
8	① ② ③ ④ ⑤	23	① ② ③ ④ ⑤
9	① ② ③ ④ ⑤	24	① ② ③ ④ ⑤
10	① ② ③ ④ ⑤	25	① ② ③ ④ ⑤
11	① ② ③ ④ ⑤		
12	① ② ③ ④ ⑤		
13	① ② ③ ④ ⑤		
14	① ② ③ ④ ⑤		
15	① ② ③ ④ ⑤		

01. 다음 글의 제목으로 적절한 것은?

> 지금도 관심 영역에 속해 있는 바이오연료는 화석연료의 대체 에너지로 향후 10년간 엄청난 관심을 불러일으킬 것이다. 태양광 에너지나 핵융합 에너지도 시장의 관심을 받기는 하겠지만 기술적인 문제가 해결되지 않는 한 화석연료와 같이 재료를 비교적 쉽게 구할 수 있는 바이오연료가 가장 먼저 주목받게 될 것이다. 따라서 에탄올, 프로판올, 뷰탄올, 바이오디젤, 바이오메스 및 유기 석유계 화합물 등의 바이오 에너지가 초반 대체에너지 시장을 주도할 것이다.
>
> 대체에너지 수요는 2018년을 기점으로 급증할 것으로 전망된다. 에탄올 생산은 효율성과 가격 탓에 지금도 상승과 하락을 오락가락하고 있지만 화석연료의 고갈이 다가올수록 상승세를 이어 2017년 350억 달러에서 2018년에는 그 가치가 1,000억 달러를 돌파하며 세계가 바이오원료를 원하게 된다. 이에 따라 에탄올 제조를 위한 옥수수 생산량은 약 760억 리터로 증가할 것이다. 에너지 전문가들은 2018년 에탄올이 1,000억 달러 시장으로 성장하면서 화석연료 사용량을 능가할 수도 있다고 이야기한다. 한편 2012년 미세조류(micro-algae)로 수입 원유의 17%를 대체하겠다는 오바마 대통령의 연설 이후 미세조류를 원료로 한 에너지 시장도 급성장할 것으로 보인다.
>
> EU 국가들은 현재 연료 사용의 약 10%를 바이오 연료로 충당하고 있다. EU는 브라질에 이어 바이오연료의 두 번째 생산지이며, 세계 산림의 약 22%를 보유한 러시아는 선도적인 바이오메스 생산국이다. 국제적 기업들은 아프리카의 모잠비크, 탄자니아에서 바이오연료를 수출하는데, 자트로파이(생낙엽수의 일종으로 검은 씨앗에서 나오는 기름이 바이오디젤의 원료로 사용된다) 재배로 매년 4만 톤 이상의 바이오디젤을 생산한다. 인도와 중국도 바이오연료 생산을 늘리고 있다. 하지만 바이오연료는 논쟁의 여지가 있다. 생산에 필요한 토지는 식량 생산과 경쟁하는 탓에 에탄올 생산량이 증가할수록 수많은 농산물 가격 역시 상승한다. 또한 토양 침식, 삼림 벌채, 물 부족 문제도 수면에 떠오를 것이다.
>
> 해수 농업이 여기에 해결책이 되어 줄 수 있다. 유전자 변형 등의 개량을 통해 농산물을 바닷물로 생산하는 해수 농업 기술이 개발되면 담수가 부족한 지역에서도 농작물 생산이 가능해지며, 식물을 생산하는 과정에서 이산화탄소를 흡수해 온실가스로 인한 지구 온난화 문제에도 해결책이 되어 줄 것이다. 지구의 물 가운데 97%를 차지하는 바닷물은 지구에서는 흔치 않게 무한한 자원이다. 해수 농업이 가능해진다면 에너지는 물론 기후 변화와 식량 부족의 대안이 될 수도 있다. 현재 해수를 통한 작물 재배 방법이 전 세계적으로 활발하게 연구되고 있다.

① 바이오연료로 안정적인 에탄올
② 대체 에너지의 해결책인 해수 농업
③ 핵융합 에너지의 안전평가
④ 바이오연료 시장의 급속한 성장가능성
⑤ 바이오연료 사용에 따른 부작용

02. 다음 글에서 필자가 논점을 전개하는 방식으로 적절한 것을 〈보기〉에서 모두 고르면?

당뇨병 환자가 밤에 잠을 이루지 못한다면 합병증의 신호일 수 있으므로 주의를 해야 한다. 당뇨병 환자가 가장 많이 겪는 합병증인 '당뇨병성 신경병증'이 있는 경우 다리 화끈거림 등의 증상으로 수면장애를 겪는 경우가 많기 때문이다. 당뇨병성 신경병증은 높은 혈당에 의해 말초신경이 손상돼 생기며 당뇨병 합병증 중에 가장 먼저 생기는 질환이다. 이후 당뇨병성 망막병증, 당뇨병성 콩팥 질환 순으로 발병한다. 국민건강보험공단의 2013년 자료에 따르면 전체 당뇨병 환자의 14.4%가 당뇨병성 신경병증을 앓고 있다.

통증(Pain)잡지에 발표된 논문에 따르면 당뇨병성 신경병증은 일반적으로 아침에 가장 통증이 적고 오후시간이 되면서 통증이 점차 증가해 밤 시간에 가장 극심해진다. 또한 당뇨병성 신경병증은 통증 등의 증상이 누워 있을 때 악화되는 경우도 많아 수면의 질에 큰 영향을 미친다. 실제로 당뇨병성 신경병증 통증을 갖고 있는 환자 1,338명을 대상으로 수면장애 정도를 조사한 결과, 수면의 질을 100점으로 했을 경우 '충분히 많은 잠을 잤다'고 느끼는 경우는 32.69점, '일어났을 때 잘 쉬었다'고 느끼는 경우는 38.27점에 머물렀다. '삶의 질'에 대한 당뇨병성 신경병증 환자의 만족도 역시 67.65점에 머물러 합병증이 없는 당뇨병 환자(74.29점)보다 낮았다. 이는 일반인의 평균점수인 90점에는 크게 못 미치는 결과이다.

당뇨병성 신경병증은 당뇨병 진단 초기에 이미 환자의 6%가 앓고 있을 정도로 흔하다. 당뇨병 진단 10년 후에는 20%까지 증가하고, 25년 후에는 50%에 달해 당뇨병 유병기간이 길수록 당뇨병성 신경병증에 걸릴 확률이 크게 높아진다. 따라서 당뇨병을 오래 앓고 있는 사람은 당뇨병성 신경병증의 신호를 잘 살펴야 한다. 당뇨병 진단을 처음 받았거나 혈당 관리를 꾸준히 잘 해온 환자 역시 당뇨병성 신경병증 위험이 있으므로 증상을 잘 살펴야 한다.

당뇨병성 신경병증의 4대 증상은 ▲찌르는 듯한 통증 ▲스멀거리고 가려운 이상감각 ▲화끈거리는 듯한 작열감 ▲저리거나 무딘 무감각증이다. 환자에 따라 '화끈거린다', '전기자극을 받는 것 같다', '칼로 베거나 찌르는 듯하다', '얼어 버린 것 같다'는 등의 증상을 호소하는 경우가 많다. 당뇨병성 신경병증의 가장 큰 문제는 피부 감각이 둔해져 상처를 입어도 잘 모르는 데다, 상처를 입으면 치유가 잘되지 않아 궤양, 감염이 잘 생긴다는 것이다. 특히 발에 궤양 · 감염이 잘 생기는데, 심하면 발을 절단해야 하는 상황에까지 이르게 된다. 실제로 족부절단 원인의 절반은 당뇨병으로 인한 것이라는 연구 결과도 있다. 따라서 당뇨병 환자는 진단받은 시점부터 정기적으로 감각신경 · 운동신경 검사를 받아야 한다. 대다수가 앓고 있는 제2형 당뇨병의 경우는 발병 시점이 명확하지 않기 때문에 당뇨병을 얼마나 앓았는지 모르는 경우가 많다. 당장 당뇨병성 신경병증이 없더라도 대한당뇨병학회는 당뇨병 환자라면 매년 한 번씩 진찰을 받으라고 권하고 있다.

모든 당뇨병 합병증과 마찬가지로 당뇨병성 신경병증 또한 혈당조절을 기본으로 한다. 혈당 조절은 당뇨병성 신경병증의 예방뿐만 아니라 당뇨병성 망막병증 같은 눈의 합병증, 당뇨병성 콩팥 질환 같은 콩팥 합병증이 생기는 것도 막을 수 있다. 그러나 이미 신경병증으로 인해 통증이 심한 환자의 경우에는 통증에 대한 약물 치료가 필요한 경우도 있다. 치료제로는 삼환계항우울제, 항경련제, 선택적 세로토닌/노르아드레날린 재흡수억제제, 아편유사제, 국소도포제 등이 처방되고 있다. 다만 약제 선택 시 통증 이외에도 수면장애 등 동반되는 증상까지 고려하고 다른 약물과의 상호작용이 적은 약제를 선택해야 한다. 말초 혈액순환을 원활하게 하는 것도 중요하다. 그래야 말초 신경 손상이 악화되는 것을 예방할 수 있다. 말초 혈액순환을 원활히 하기 위해서는 금연이 중요하다. 당뇨병 환자가 금연을 하면 당뇨병성 신경병증이 악화되는 것은 물론, 눈 · 콩팥 등 다른 합병증도 예방할 수 있다.

보기

ㄱ. 특정 환자들의 사례를 구체적으로 제시하여 논리의 근거를 마련하였다.
ㄴ. 각 증상별 차이를 비교 분석하여 질환의 정도를 설명하였다.
ㄷ. 해당 병증을 앓고 있는 환자들의 통계를 분석하여 일반화된 정보를 추출하였다.
ㄹ. 의학계 전문가의 소견을 참고해 논리를 정당화시켰다.

① ㄱ, ㄴ ② ㄱ, ㄹ ③ ㄴ, ㄷ
④ ㄴ, ㄹ ⑤ ㄷ, ㄹ

03. 다음 글에 대한 이해로 적절한 것은?

우리가 살아가면서 행하는 상호 간의 거래에 있어 계약은 매우 밀접하고 중요한 관계를 형성하고 있다. 예컨대 근로계약이나, 임대차계약, 매매계약 등 우리 생활 전반에 많은 영향을 미치고 있다. 계약은 일반적으로 상호 간의 의사표시에 대한 승낙의 합치를 의미하며, 법률로 보호받을 수 있다. 계약의 성립을 위해서는 복수 당사자의 의사표시가 있어야 하고, 당사자에게 권한을 위임받은 대리인을 통해 의사를 표시할 수 있으며, 당사자 각각의 의사표시에 대한 합의가 갖추어져야 한다.

계약서란 당사자의 의사표시에 따른 법률행위의 내용을 문서로 표시한 것을 말한다. 계약서는 당사자 사이의 권리와 의무의 발생 등 법률관계를 규율하고 당사자의 의사표시를 구체적으로 명시하여 어떠한 법률 행위를 어떻게 하려고 하는지 등의 내용을 특정하고자 작성하게 된다. 이를 통해 상호 간의 권리의무 관계가 명확해지며, 당사자 간의 신뢰도를 체크할 수 있다. 향후 분쟁이 발생할 경우 계약서는 가장 중요한 증빙자료가 된다.

계약서의 서두 부분은 제목과 전문 규정, 목적 규정, 정의 규정으로 구분할 수 있다. 계약서를 작성할 때 제일 먼저 생각해야 할 것은 계약의 형태에 따른 제목이다. 계약서의 제목을 어떻게 붙이든 그 제목에 의해 구속력이 발생하는 것은 아니며, 당해 계약서에 규정된 구체적인 조문들의 내용에 의해 결정된다. 전문은 계약서의 각 조항에 합의하기 전에 일반적 합의사항을 기재하는 문언으로 이는 반드시 기재해야 하는 것은 아니다. 비전형적인 계약이나 복잡한 계약 형태에서는 계약의 핵심이나 취지, 목적, 기능 등을 간결하게 기재하고 있다. 전문에는 당사자 및 계약의 명칭, 계약 체결의 경위 등을 기재하며, 이를 통해 계약의 당사자와 계약의 전체적 형태, 계약의 동기 등을 파악할 수 있다.

목적 규정은 계약 당사자 및 당해 거래 명칭을 간략히 적시하고 더불어 당해 계약이 추구하는 바를 대체적으로 기재하는 방식이 적절하다. 이때 당해 계약에서 이행되어야 할 중요사항에 대하여 간략하게 주제 단어를 기재해 주는 것이 좋다. 왜냐하면 이를 통해 당해 계약서에서 어떤 사항이 중요하게 간주되는지 어느 정도 예측할 수 있기 때문이다.

정의 규정은 계약서에서 반복적으로 사용되는 표현을 짧은 단어나 구절로 압축하여 사용함으로써 계약서 내용을 간결하고 명확하게 만들고, 상황에 따라 다른 의미로 해석될 수 있는 용어에 대해 통일된 의미를 부여하는 역할을 한다.

본문에는 거래 목적물의 규정, 거래대금, 거래 안전 규정 등을 책정한다. 목적물 특정 조항은 거래의 본질과 내용을 구성하므로 가능한 자세하고 명확하게 구성해야 한다. 이와 더불어 목적물의 인도 시기 또는 계약 내용의 이행 시기는 일정 시점을 정할 수도 있고, 특정 조건이 완성된 이후 그 밖의 계약 종류와 내용에 따라 당사자의 합의로 정할 수 있다. 인도 시기는 구체적으로 작성하되 비용이 발생할 것으로 예상되는 경우에는 비용 부담자를 특정할 필요가 있다. 목적물의 인도 이후, 검수와 하자대처와 관련한 조항 역시 거래 목적물 규정 항목에서 기재되어야 한다.

거래대금과 관련해서는 그 금액을 확정하고 지급방법이나 지급시기 등을 미리 확실히 정해 두어야만 하며 관련된 분쟁이 발생했을 때 분쟁 해결 기준으로 작용할 수 있다. 특히 대금을 연체했을 경우 이에 대한 지연손해금을 확정하는 등 당사자의 의무이행을 강제하는 내용을 미리 정해 둘 필요가 있다. 그렇게 거래 안전 규정은 거래의 이행 담보, 하자에 대한 담보 책임, 차후 이행 불가 및 지연에 대한 조항, 지적재산권에 대한 비밀유지 조항 등에 해당하는 것으로 거래 안전 규정을 통해 거래의 확실한 이행을 도모하고 분쟁 발생 소지를 없애는 것이 중요하다.

① 계약서의 본문에서는 계약의 핵심적인 목적과 중요사항이 주제 단어와 함께 분명하게 명시되어 있어야 한다.

② 계약서의 제목은 계약의 형태를 드러내고 법률적 효력을 실제적으로 발생시킨다는 점에서 매우 중요하다.

③ 계약서의 전문은 계약 당사자와 계약의 형태, 계약의 동기 등을 파악할 수 있다는 점에서 반드시 기재되어야 한다.

④ 계약서를 작성하는 목적은 계약 당사자 사이의 권리와 의무를 규율하기 위함이며, 계약서는 당사자 간의 신뢰도에 영향을 주지 않는다.

⑤ 계약서에서 거래대금과 관련된 조문은 분쟁 해결 기준이 된다는 점에서 가능한 한 상세하게 작성할 필요가 있다.

04. 다음 글을 읽고 이해한 내용으로 적절하지 않은 것은?

인생에는 활동뿐 아니라 휴식이 필요하고 휴식에는 여가와 유흥이 포함되는 만큼 휴식을 함에 있어서도 적절한 자세가 필요하다. 마땅히 말해야 할 것들과 들어야 할 것들의 내용 및 방법과 관련해서 말이다. 또한 우리가 말을 건네거나 귀를 기울이는 사람들도 서로 다를 수 있다. 이 분야에도 분명 중용에 대한 지나침과 모자람이 있을 것이다.

지나치게 농담을 하는 사람들은 웃길 수만 있다면 무슨 짓이든 하며, 농담의 대상이 되는 사람들의 감정을 해치지 않으려고 점잖게 말하기보다는 웃기고자 하는 데 관심이 더 많은 저속한 익살꾼으로 간주된다. 반면 자신은 농담을 하지 않을뿐더러 남이 농담을 하는 것도 거부하는 사람들은 촌스럽고 딱딱해 보인다.

농담을 적절하게 하는 사람들은 두뇌의 회전이 빠르고 재치 있다고 여겨진다. 그런 농담은 성격의 운동으로 간주되는데, 몸이 그 운동에 의해 구별되듯 성격도 그 운동에 의해 구별되기 때문이다.

그러나 농담거리는 늘 가까이 있고, 대부분의 사람들은 우스개의 농담을 적당한 정도 이상으로 즐긴다. 그래서 익살꾼들도 여기저기에서 재치 있다고 불린다. 그러나 우리가 앞서 말한 것으로 미루어 볼 때, 익살꾼들이 재치 있는 사람과 다르다는 것은 분명하다.

중용에는 기지도 있다. 훌륭하고 점잖은 사람들에게 적절한 것을 말하고 듣는 것이 기지 있는 사람의 특징이다. 그런 사람이 재미삼아 말하고 듣기에 적절한 것이 따로 있는데, 점잖은 사람이 재미있어 하는 것은 노예적인 인간이 재미있어 하는 것과 다르며, 교육을 받은 사람이 재미있어 하는 것은 교육을 받지 못한 사람이 재미있어 하는 것과 다르기 때문이다. 이 점은 고(古)희극과 신(新)희극을 비교해 봐도 알 수 있다. 초기 작가들은 농담을 위해 상스러운 말투를 썼지만, 후기 작가들은 훨씬 더 점잖은 풍자를 선호했기 때문이다.

그렇다면 우리는 제대로 농담할 줄 아는 사람을 점잖은 사람들에게 어울리는 말투를 사용할 줄 아는 사람이라고 정의할 것인가, 아니면 듣는 사람에게 고통을 주지 않거나 즐거움을 주는 사람이라고 정의할 것인가? 아니면 후자의 정의는 여전히 막연한가? 사람에 따라 좋아하고 싫어하는 것이 서로 다르니 하는 말이다. 그런 사람은 또한 같은 종류의 농담에 귀를 기울일 것이다. 그는 자신이 할 법한 농담을 들으면 참고 견딜 테니까. 그럼에도 그는 아무 농담이나 다 하지는 않을 것이다. 왜냐하면 사람을 놀리는 것은 일종의 욕설인데, 어떤 종류의 욕설은 법으로 금지되어 있기 때문이다. 사람을 놀리는 것도 아마 거기에 포함되어야 할 것이다. 따라서 교양 있고 점잖은 사람은 말하자면 법 없이도 살 사람일 것이다.

중용을 지키는 사람이란 재치 있다고 불리든 임기응변에 능하다고 불리든 아무튼 그런 사람이다. 익살꾼은 농담하지 않고는 배길 수가 없어 사람들을 웃길 수만 있다면 자신도 남도 배려하지 않고 점잖은 사람이라면 입에 담지도 않을 말을 더러 하는데, 그중 어떤 것에는 그 자신도 귀 기울이지 않을 것이다. 촌스러운 사람은 그런 사교에서는 쓸모가 없는 사람이다. 휴식과 유흥은 살아가는 데 필요하다고 보이는데도 그는 아무것도 기여하지 않고 사사건건 이의를 제기하니까.

사회생활을 하는 데는 세 가지 중용이 있는데, 모두 이런저런 대화나 행위에 참여하는 것에 관련된다. 그러나 그중 한 가지는 진실에, 다른 두 가지는 즐거움에 관련된다는 점에서 서로 다르다. 즐거움에 관련되는 것들 중 한 가지는 유흥에서 발견되고, 다른 한 가지는 다른 종류의 교제에서 발견된다.

① 대부분의 사람들은 우스개의 농담을 적당한 정도 이상으로 즐긴다.
② 중용을 지키는 사람은 재치있는 사람이며 임기응변에 능한 사람이다.
③ 훌륭하고 점잖은 사람들에게 적절한 것을 말하고 듣는 것이 기지 있는 사람의 특징이다.
④ 교육을 받은 사람과 교육을 받지 못한 사람은 질적으로 다르다.
⑤ 휴식과 유흥이 살아가는 데 필요한데도 촌스러운 사람은 그것에 아무것도 기여하지 않고 사사건건 이의를 제기한다.

05. 다음 글의 밑줄 친 ㉠에 대한 설명으로 적절하지 않은 것은?

브랜드는 경쟁자들로부터 차별화하고 다른 제품과 서비스를 식별하기 위해서 사용하는 것으로 이름, 용어, 신호, 상징, 디자인 또는 이들의 결합체이다. 브랜드는 소비자들이 그들이 선호하는 제품의 특성을 파악할 수 있는 능력이 부족한 경우에 제품의 품질을 평가하는 데 유익한 정보로서의 역할을 하며, 구매를 결정하는 데 하나의 중요한 단서로 사용된다. 브랜드는 소비자의 감정적, 표현적 가치에 직접적인 영향을 미치는 요소이다.

품질이나 디자인이 서로 비슷한 제품들이 있다. 한 제품은 유명 브랜드의 제품으로 유명 브랜드가 아닌 다른 제품보다 가격이 비싸다. 많은 사람들은 ㉠ <u>유명 브랜드</u>가 아닌 제품을 구입할 것이라고 예상하지만 실제로 소비자들은 유명 브랜드를 구입하는 경향이 있다. 과거에는 이러한 현상이 발생하는 것은 소비자들이 일반적인 브랜드보다 유명 브랜드를 오래 전부터 더 자주 사용해 왔고, 광고를 통해 이들 브랜드를 더 자주 접해 왔기 때문일 거라고 예상하는 정도에서 그치고는 했었다.

하지만 2004년 실시된 한 신경과학적 실험은 특정 제품을 비교 평가할 때 과거의 경험보다는 제품의 유명세, 즉 브랜드 평판에 의존한다는 새로운 사실을 보여 주었다. 브랜드 평판이 높은 A 음료와 브랜드 평판이 높지 않은 B 음료를 마시는 피실험자의 뇌를 기능성 자기공명 영상 장치로 촬영하여 특정 브랜드 인지 여부에 따른 뇌의 활성화 정도를 확인하였다. 브랜드를 모르는 상태에서는 달콤한 맛에 의해 전두엽의 보상 영역 부분이 모두 활성화되지만, A 음료의 브랜드를 보여 주자 B 음료의 브랜드를 보여 줄 때와는 달리 전두엽의 보상 영역뿐만 아니라 쾌감 중추도 활성화되면서 브랜드의 인지 여부에 따라 쾌감 중추의 활성화 정도가 달라지는 것을 보여 주었다.

위 실험의 사례처럼 소비자들이 평소 유명 브랜드를 좋아하는 이유는 이 브랜드로부터 미래의 보상 경험을 예견할 수 있기 때문이다. 유명 브랜드로부터 친근한 인상이나 특별한 가치를 가졌다는 신호를 뇌가 포착하게 되면, 이 신호는 즉시 뇌의 브랜드 보상 예견 경험을 자극함으로써 쾌감을 느낄 수 있도록 해 주는 도파민 분비를 유도하게 된다. 결국 소비자가 유명 브랜드를 보는 것만으로도 뇌는 즉각적으로 다량의 도파민을 분비해 소비자가 흥분하도록 유도하는 것이다.

더 나아가 유명 브랜드일수록 소비자로 하여금 그 브랜드에 대해 더 긍정적인 감정을 느끼도록 유도한다. 유명 브랜드로부터 들어오는 시각이나 청각 자극은 신체 내부에서 생기는 감정과 서로 연결되어 '신경 브랜드 네트워크'를 활성화시킨다. 실제로 빨간색 필기체의 로고를 가진 ○○○, 독창적인 로고를 가진 □□□처럼 오랫동안 동일한 브랜드의 이미지를 보유한 경우, 우리 뇌의 신경 브랜드 네트워크 역시 잘 구축될 가능성이 높다. 이렇게 활성화된 뇌의 신경 브랜드 네트워크는 기억, 감정 그리고 의사 결정에 더 큰 영향을 미친다.

그러나 유명 브랜드일수록 소비자의 비합리적인 소비 행동을 유도할 수 있다는 등의 부정적인 측면도 있다. 대표적으로 유명 브랜드의 '명품' 이미지는 소비자로 하여금 브랜드 이면의 다양한 정보에 관심을 멀어지게 한다. 또한 유명 브랜드일수록 뇌의 쾌감 중추를 더 강하게 자극하기 때문에 충동적인 구매로 이어질 가능성이 높아진다. 특히 유명 브랜드의 높은 브랜드 이미지와 비싼 가격이 서로 어우러진 제품일수록 충동구매 될 가능성이 더 높아진다.

이처럼 유명 브랜드는 우리에게 선택의 편리성을 제공하는 동시에, 우리로 하여금 선택의 오류를 범하도록 만드는 양면성을 가지고 있다. 따라서 소비자들이 효율적인 소비 행동을 영위하기 위해서는 먼저 브랜드에 대한 다양한 정보들을 수집한 후, 수집된 정보들에 대해 유명세 혹은 가격에 치우치지 않고 가급적 객관적인 기준으로 평가하려는 태도가 중요하게 요구될 것이다.

① 인간의 뇌를 자극함으로써 비합리적인 소비행동을 유발한다.

② 신경과학적 실험을 통해 전두엽의 보상 영역을 억제하여 도파민을 활성화시킨다는 사실을 입증하였다.

③ 신경 브랜드 네트워크를 통해 소비자들에게 긍정적인 감정을 유발한다.

④ 양면성을 지니고 있으므로 편파적인 관점에서 평가해서는 안 된다.

⑤ 보상 예견 경험을 자극함으로써 소비자들에게 쾌감을 준다.

06. 다음은 4차 산업혁명에 따른 핀테크(FinTech)의 등장과 그에 따른 사회적 활성화 방안에 관한 글이다. 다음 중 필자의 주장에 부합하지 않는 것은?

> 핀테크(FinTech) 기업이 제공하는 새로운 금융서비스가 시작되고 있다. 핀테크 기업은 설립 초기 비금융회사로 출발해 IT 기술(소프트웨어, 디지털 기기, 인터넷, 모바일)을 활용하여 금융서비스를 제공하고 있다. 최근 핀테크가 급부상된 이슈는 블록체인이라는 P2P 분산 네트워크 보안 방식의 디지털 장부기술이 뒷받침되는 소프트웨어, 비트코인 그리고 유사한 암호화폐(Cryptocurrency)의 가파른 양적 성장 등이다. 그중 가장 이슈가 되는 것은 새로운 디지털 재화로 꼽히는 비트코인이다. 2013년에 1BTC는 고작 수천 ~ 수만 원에 불과하였으나 현재 4백만 원까지 100만 배 이상의 가치 상승을 보였다. 또한 빗썸, 코빗, 코인원 등의 3대 거래소가 2017년 8월경 시가총액 하루 거래량이 5억 달러를 넘는 진기록을 달성했고, 최근 코빗은 온라인 게임사 넥슨과 1천억 원에 가까운 투자인수가 체결되기도 했다. 국내 가상화폐 거래 규모가 코스닥 거래량을 넘어서는 진기록을 갱신하고 있는 것이다. 이에 과도한 가상화폐 열풍에 제약을 취하기 위해 중국에 이어 국내에서도 최근 ICO 전면 금지를 선언한 바 있다.
>
> 이러한 가상화폐의 급부상에는 블록체인 기술의 뒷받침이 큰 상승작용을 하고 있다. 법정화폐처럼 정부나 제3의 발행 및 통제기관이 전혀 없는 단순 소프트웨어에 불과한 비트코인과 같은 가상화폐가 블록체인에 의하여 개인과 개인 간(P2P)의 OTC(비상장 거래시장)에서 새로운 기술적 가치 기반의 신뢰를 얻으면서 가상화폐가 마치 화폐나 물품, 증권, 자산처럼 인정받고 있다. 블록체인 출현의 의미는 제3의 정보혁명을 의미한다. 1994년 대량 정보와 지식의 공유를 위해 PC가 출현했고, 인터넷 출현을 기점으로 제2의 정보 공유의 혁명이 시작되었다. 무차별적인 정보 공유와 정보 보관 위치가 노출되는 과도화된 중앙 집중화 데이터 보관 등 많은 문제점이 제기되었고, 개인정보 피해사례 등 심각한 불신이 문제가 되었는데, 마침내 이를 극복할 새로운 대안으로 블록체인이 출현한 것이다. 다만, 초기 비트코인과 가상화폐의 급격한 양적 성장과 변화 양상을 정부가 대응하기에는 한계가 있기 때문에 민간 주도 방식의 올바른 제도 수립이 병행되어야 하며, 이를 위해선 반드시 선행적 연구체계가 따라야만 한다. 따라서 우선 정부와 민간의 역할론이 중요한 과제로 언급되어야 할 시점이다.
>
> 정부는 세계의 관련 산업을 살피면서 정부 대응 제도 체계와 민간 생태계를 위해 필요한 규제와 기술 등의 선행 연구에 전력을 아끼지 않아야 한다. 정부가 단독으로 나서서 블록체인 R&D 수립을 하기에는 무리수가 상당하다고 본다. 오히려 정부는 위 선행연구에 집중하고, 특히 과도하게 중앙 집중화된 각종 문서, 자료 등을 분산하여 정비하기 위한 선행연구를 수행하여야 하며, 이를 통해서 해당 연구를 통한 정부 입법 제도화에 집중해야 할 필요가 있다.
>
> 이와 더불어 블록체인 가상화폐의 기술규격 등을 심의하고, 검증하는 블록체인의 검증위원회와 같은 민간 주도의 심의기구도 필요하다. 정부의 선행연구 결과와 입법제도 토대를 바탕으로, 민간 주도의 광범위하고 다양하면서도 독창적인 블록체인 R&D 로드맵을 수립해 나아가야 한다고 본다. 민간의 역할이 필요한 이유는 이를 통해 국가 GDP의 2% 상승효과를 기대할 수 있으며, 이와 더불어 수십만 개의 질 좋은 일자리가 창출될 수 있기 때문이다.

4차 산업과 핀테크는 금융뿐 아니라 비금융 융합 연결 기술로 실제적인 서비스 운용에 우선 적용되는 IP 금융에 해당하는 4차 산업의 꽃이다. 즉, 핀테크 산업의 본질에 입각한 규제 정책이 핀테크 산업 정책의 핵심이라고 할 수 있다. 핀테크 규제는 많은 법이 연관되어 복잡성을 띠며 법령 미비로 금감원 내부 지침에 의존하는 문제가 있다. 따라서 개별적 접근보다는 명확한 원칙의 수립 후 일괄적으로 규제를 해소하는 강력한 접근이 필요해 보이므로 핀테크 규제를 총괄하는 원칙과 별도의 선행연구 추진단(Task Force)이 필요하다. 2015년 1월 금융위원회가 '기술의 중립성과 사전규제 최소화'라는 총론적 원칙을 발표한 바 있는데, 이를 구체화할 대책이 필요하다. 핀테크 규제를 총괄하여 혁신하는 강력한 별도의 추진단 마련이 필요하다.

① 핀테크는 금융서비스를 공급하는 기술적 기반을 제공하고 있지만 설립 초기에는 비금융회사에서 출발하였다.

② 핀테크를 통한 가상화폐 시장의 급성장은 핵심 기술인 블록체인의 발전을 토대로 진행되었다.

③ 블록체인은 가시적인 규제가 없는 가상화폐 시장에 새로운 질서와 규제를 도입하여 당국의 보호를 유도하고 구태를 타파하기 위하여 탄생하게 되었다.

④ 가상화폐 시장의 안정적인 정착을 위해서는 정부 주도형의 정책 대안이 아닌 관련 분야 민간 생태계를 면밀히 살펴 현실을 반영하는 정책이 요구된다.

⑤ GDP 상승과 일자리 창출을 위해 민간 주도의 블록체인 심의기구가 필요하다.

07. 다음 글의 (가) ~ (라)를 논리의 순서에 따라 알맞게 나열한 것은?

동양 최초의 침구학 문헌이라 할 수 있는 기원전 160년경의 '마왕퇴의서'에는 다음과 같은 내용이 적혀 있다. "살아 있는 닭의 털을 뽑아 장대에 매달아 벌집 옆에 두어 벌들이 침으로 닭을 쏘아 죽게 한다. 그 후 닭의 살점을 발라내 말려 대추 기름에 재운 다음 헝겊에 싸서 사람의 발에 문질러 주면 기가 왕성해진다."

(가) 마스토파란-L은 항균 효과가 높아 새로운 항생제의 유력한 후보 물질로 주목받고 있다. 하지만 항균 성질을 높이는 방법이나 인간에게 안전하게 사용하는 방법 등이 아직 밝혀지지 않은 상태이다. 연구진은 이미 알려진 수백 개의 항균 펩타이드 데이터베이스를 활용해 박테리아에 대해 강한 활동성을 보이는 '펜타펩타이드 모티브(pentapeptide motif)'로 불리는 작은 부위를 발견했다. 연구진은 이 모티브를 인간 세포에 대한 독성의 주요 원천으로 여겨지는 마스토파란-L의 한쪽 끝부분과 대체시켰다. 즉, 박테리아에는 강하지만 인간 세포에는 독성이 없는 펩타이드의 변이체를 만든 것이다. 연구진은 실험 쥐에게 치명적인 패혈증을 유발하는 균주에 감염시킨 후 몇 시간 뒤 그 변이체로 치료했다.

(나) 땅벌은 말벌의 일종으로서 몸길이가 10 ~ 14mm에 불과해 일반적인 말벌들에 비해서 상대적으로 작은 편이다. 연구진은 땅벌이 지닌 벌독의 핵심 성분인 마스토파란-L에 주목했다. 마스토파란은 말벌로부터 분리할 수 있는 펩타이드 독소이다. 말벌에게 쏘였을 때 마스토파란-L을 함유한 독성분은 그 양이 그리 많지 않아 사람에게 위험하지 않지만, 독성 자체는 상당히 강한 것으로 알려져 있다. 이 독은 적혈구를 파괴하며, 민감한 이들에게서는 아나필락시스라고 불리는 치명적인 증후군을 일으키기도 한다. 항원-항체 면역 반응이 원인이 되어 발생하는 아나필락시스 쇼크가 일어나면 혈압이 떨어지고 호흡이 어려워지거나 아예 불가능해진다.

(다) 그 결과 이 펩타이드 변이체는 80%의 실험 쥐를 치료하는 데 성공했다. 하지만 이와는 대조적으로 마스토파란-L로 치료를 시도한 실험 쥐들의 경우 생존 가능성이 낮았으며, 고용량을 투입했을 때 심각한 독성 부작용을 나타내는 것으로 밝혀졌다. 또한 이 변이체의 효력은 젠타마이신이나 이미페넘 등의 기존 항생제와 비교해도 손색이 없는 것으로 나타났다. 연구진은 이 변이체가 세포의 외막에 작은 구멍을 만들어 박테리아를 죽인다는 사실을 알아냈다. 이런 작용은 함께 투여되는 항생제가 세포에 침투하는 능력을 향상시킨다는 장점을 지닌다. 또한 일부 박테리아 감염에서 심각한 질병으로 이어질 수 있는 유해한 면역 과잉반응을 완화시키는 작용도 하는 것으로 알려졌다.

(라) 벌독의 치료 효과는 서양에서도 오래전부터 주목받았다. 고대 이집트의 파피루스와 바빌로니아 의서에는 벌독이 치료 목적으로 사용됐다는 기록이 있으며, 서양 의학의 아버지로 불리는 히포크라테스 역시 벌침을 신비한 약이라고 하며 벌침으로 질병을 치료한 기록을 남겼다. 벌독은 벌이 자신을 보호하기 위해 독샘에서 분비하는 독액이지만, 강력한 항균 작용도 지니고 있다. 독성을 정제한 벌독은 화학물질이 전혀 없는 천연 항생제로서,

페니실린의 1,000배나 되는 항균 효과를 지니고 있는 것으로 알려졌다. 이 때문에 뉴질랜드와 영국, 미국 등의 양봉 선진국에서는 화장품, 연고, 안약 등에 벌독을 이용하고 있다. 그런데 최근 말벌 독에서 발견되는 독성 단백질을 이용해 새롭고 강력한 항균 물질을 만들어 내는 데 성공했다는 소식이 전해졌다. 미국 펜실베이니아대학 의과대학 연구진이 이용한 말벌은 바로 한국에 사는 땅벌이다.

이 연구 결과는 미국 국립과학원회보(PNAS) 최신호에 발표됐다. 연구진은 수십 가지의 펩타이드 변이체를 만들었는데, 그중 몇 개는 인간 세포에 대한 독성은 없는 대신 항균 효능은 크게 강화됐다고 밝혔다. 이번 연구를 이끈 세자르 드라 푸엔테 박사는 "우리가 만든 것처럼 독에서 유래된 분자가 앞으로 새로운 항생제 시대를 여는 귀중한 자원이 될 것이라고 생각한다."고 말했다. 이 변이체의 발견은 이처럼 항생제 내성 문제의 열쇠가 될 수 있다는 점에서 주목받고 있다.

① (가)－(다)－(라)－(나)
② (나)－(가)－(라)－(다)
③ (나)－(라)－(가)－(다)
④ (라)－(가)－(나)－(다)
⑤ (라)－(나)－(가)－(다)

08. 다음 글에 대한 설명으로 적절하지 않은 것은?

최근 환경부와 학계의 연구 결과에 의하면 우리나라 초미세먼지의 고농도 발생 시의 주된 성분은 질산암모늄인 것으로 알려졌다. 질산암모늄은 일반적으로 화석연료의 연소로부터 발생되는 질산화물(NOx)과 농업, 축산, 공업 등으로부터 배출되는 암모니아(NH_3)의 주된 영향을 받는다고 할 수 있다. 황산화물(SOx)이 주로 중국으로부터 기원된 지표물질이며, 질산암모늄과 같은 질소계열의 미세먼지는 국내영향을 의미하기 때문에 고농도 시에는 국내 배출의 영향을 받는다는 것을 알 수 있다. 이 때문에 평소의 국내 질소계열의 오염물질 감소에 정책 우선순위를 두어야 한다.

우리나라 전국 배출 사업장(공장)의 수는 약 5만 8천 개에 이르고 있으나, 자동 굴뚝측정망으로 실시간 감시가 되는 대형 사업장의 수는 전체 사업장의 10% 이하이다. 대다수를 차지하고 있는 중소 사업장의 배출량은 대형 사업장에 미치지 못하나 문제는 날로 늘어가고 있는 중소 사업장의 숫자이다. 이는 배출물질과 배출량의 파악을 갈수록 어렵게 하여 배출원 관리 문제와 미세먼지 증가를 유발할 수 있다는 점에서 이에 대한 철저한 관리 감독이 가능하도록 국가적 역량을 집중할 필요가 있다.

2000년대 이후 국내 경유 차량의 수가 크게 증가한 것도 미세먼지 관리가 어려운 이유 중 하나이다. 특히 육상 차량 중 초미세먼지 배출의 약 70%를 차지하고 있는 경유 화물차는 2009～2018년 사이 약 17%가 증가하여 현재 약 330만 대를 상회하고 있다. 이 중 약 1/4를 차지하고 있는 경유차가 'Euro3' 수준의 초미세먼지를 배출하고 있는데, 이러한 미세먼지와 질산화물을 과다배출하고 있는 노후 경유차에 대한 조기 폐차 유도, 친환경차 전환 지원, 저감장치 보급과 관리감독이 여전히 시급한 상황이다.

암모니아(NH_3)는 현재 국내 가장 중요한 국내 미세먼지 발생 원인으로 받아들여지고 있다. 암모니아의 가장 중요한 배출원은 농업과 축산분야인데 주로 비료사용과 가축 분뇨 등에 의해 대기 중에 배출되는 특성을 보이고 있으며, 비료 사용이 시작되는 이른 봄과 따뜻한 온도의 영향을 주로 받는다.

우리나라는 2000년 이후 암모니아의 농도가 정체 혹은 소폭 증가하고 있는 경향을 보이고 있다. 또한 2010년 이후 암모니아 배출에 영향을 주고 있는 가축분뇨 발생량과 농약 및 화학비료 사용량도 줄지 않고 있는 정체 현상을 보이고 있다. 암모니아 배출량은 바람과 온·습도, 강우 등 기상조건의 영향을 받는데 국내의 암모니아 배출량 산정은 이러한 물리적 조건을 반영하지 않고 있어 매우 불확실하다. 따라서 비료 및 가축분뇨 등이 미세먼지의 주요 원료인 만큼 환경부뿐 아니라 농림수산식품부 차원의 적극적인 관리 정책도 시급하다고 할 수 있다.

미세먼지는 총량적 관점의 무게농도 측정뿐 아니라 그 기원을 파악할 수 있는 미세먼지 화학조성을 측정하는 것이 매우 중요하다. 현재 우리나라에서는 단 6개의 집중 측정소에서 화학조성을 측정하고 있으며, 여기에 대한 자료의 공개가 제한적이다. 또한 초미세먼지의 측정이 2015년부터 공식 측정된 만큼 현재 누적된 자료의 값도 매우 제한적이다. 국내 내륙에서의 암모니아 대기 측정 장소는 한 곳에 불과하다. 따라서 기본적 미세먼지의 실태와 기원을 밝히기 위해 국가관리의 집중 측정소의 확충과 관리가 매우 시급하다고 할 수 있다. 또한 지자체 차원의 미세먼지의 양상이 다소 상이한 만큼 지자체 미세먼지 대응을 위해서도 전국단위의 집중측정소의 확충과 관리가 필수적이다.

마지막으로 실내 공기질 개선을 위한 국가적 노력이 추가적으로 요구된다. 현재 초미세먼지 고농도 발생 시 경보 발령 등으로 일반 국민들은 외부활동을 자제하고 실내에서 대부분의 시간을 거주하게 된다. 이때에 실내 공기질이 오염된다면 이차적 건강피해를 겪을 가능성이 있다. 따라서 실내 미세먼지 오염 등을 예방할 수 있도록 거주공간의 공기 청정기 기술 개발과 보급이 필요하다. 특히 사람들이 많이 모이는 역사나 대형 건물 등에 적용될 수 있는 필터 및 효율적 청정 기술이 보급, 개발된다면 고농도 사례에서 실내 공기질을 관리할 수 있을 것이다. 이를 위한 미세먼지 국민 대응을 위한 정부의 노력과 함께 정부차원의 관리와 연구개발 투자도 고려할 만하다.

① 가축의 분뇨 배출량 증가는 고농도 초미세먼지 발생을 유발할 수 있다.
② 현재 약 80만 대 이상의 경유 화물차가 'Euro3' 수준의 초미세먼지를 배출하고 있다.
③ 유해 물질을 배출하는 전국의 사업장 중 실시간 감시가 가능한 사업장의 수는 계속 감소하고 있다.
④ 이른 봄은 다른 시기보다 농업 분야에서의 초미세먼지 원인 물질 배출이 더 많아진다.
⑤ 초미세먼지 관리에는 원인 물질 배출량뿐 아니라 기상조건의 변화에도 주의를 기울여야 한다.

1회 2회 3회 4회 5회 6회 7회 8회 9회 10회 11회 12회 13회 14회 15회 인성검사 면접가이드

09. 주장이 유의미한 결론이 되기 위해서는 다양한 변수나 상이한 상황에서도 결론이 똑같다고 검증되어야 한다. 다음 〈보기〉 중 제시된 글과 관련하여 ⓐ에 해당하는 검토 사항을 모두 고르면?

경제학에서는 경제행위의 기본단위를 가구로 정의한다. 대부분의 성인은 결혼을 통하여 가구를 구성하고 한 가구에 소속된 가구원들은 각자 전문화된 영역을 가짐과 동시에 서로 협동하여 가구의 목적을 달성하기 위해 함께 노력한다. 그러나 2인 이상의 가구원으로 구성된 가구의 가구원들 간의 선호가 언제나 일치하지는 않는다.

예를 들어 청명한 가을날 주말 오후에 남편은 아내와 함께 야구장에 가서 프로야구 경기를 관람하고 싶어하는데 아내는 남편과 함께 예쁘게 물든 단풍구경을 가기를 원하는 경우를 생각해 보자. 이 부부가 같은 시간에 두 가지 행위를 동시에 수행할 수 없기 때문에 결과적으로는 프로야구를 보러 가거나, 단풍구경을 위해 산에 가거나, 혹은 제3의 다른 장소에 가거나, 아니면 아무 곳에도 가지 않고 집에 있는 선택을 하게 될 것이다. 결과적으로 우리는 이 가운데 부부가 최종적으로 선택한 행위를 관찰하게 된다. 그렇지만 최종 선택에 이르기까지 남편과 아내는 자신의 선호를 관철시키고자 서로를 설득하기 위해 노력할 것이고 최종 결과는 결국 각각의 배우자의 협상력에 의해 결정될 것이다. 즉 가구원들 사이의 이질적인 선호가 존재한다면 가구의 경제행위는 가구원들 간의 협상의 결과로 이해할 수 있다.

가구원들 간 선호의 이질성은 가구의 기부행위에도 영향을 미칠 수 있다. 사람들이 기부를 하는 이유는 그들이 납부한 기부금으로 어려움에 처한 사람들이 도움을 받을 것이며 이들의 행복이 곧 나의 행복이 된다는 믿음이 있기 때문일 것이다. 이를 경제학적인 관점에서 해석해 보면 기부행위를 다른 사람의 행복이 경제학에서 효용이라고 불리는 나의 행복에 영향을 미치는, 즉 개인에게 효용을 주는 하나의 재화로 인식할 수 있다. 그런데 부부가구를 생각해 보면 남편과 아내가 이러한 기부행위에 대해 서로 다른 생각을 가질 수 있으며 선호하는 기부 분야도 다를 수 있다.

예를 들어 남편과 아내 가운데 누군가는 TV에서 굶주리는 아프리카의 어린이들을 도와달라는 캠페인을 보고 나서 기꺼이 그들의 후원자가 되려고 하는지도 모른다. 그러나 그의 혹은 그녀의 배우자는 이러한 TV 광고에 별다른 흥미를 느끼지 못할 수도 있다. 흥미를 느끼지 못하는 이유가 애초에 남을 돕는 것에 대한 관심이 없기 때문일 수도 있고 우리나라에서 어려움을 겪는 어린이들을 돕는 것이 더욱 중요하다고 생각하거나 혹은 자신이 다니는 교회나 절에 헌금을 내는 것에 더 큰 관심이 있기 때문일 수도 있다. 다시 말하면 부부 사이에 기부행위 자체에 대한 선호의 차이가 존재할 수도 있으며, 혹은 기부행위 자체에 대해서는 유사한 선호를 보이지만 기부 분야에 대한 우선순위가 다를 수도 있다. 그러므로 두 명 이상(보통의 경우 남편과 아내 및 자녀들)으로 구성된 가구의 기부행태는 결과적으로 서로 다른 선호를 가진 가구원, 특히 남편과 아내의 협상에 의해 나타난 결과로 이해하는 것이 타당하다.

해외 선행연구에서는 1980년대 후반부터 부부가구에서 남편과 아내의 선호가 다른 경우 가구의 의사결정이 이루어지는 경제모형 및 이에 대한 실증연구가 활발하게 진행되어 온 반면에 우리나라에서는 아직까지 이러한 방식의 경제적 접근을 시도한 연구가 많지 않다. 이에 따라 본 연구에서는 (　　　　　　ⓐ　　　　　　)를 살펴보고자 한다.

보기

ㄱ. 성별에 따라 기부행위 자체에 대한 선호의 차이가 있는지 여부
ㄴ. 독신 가구만을 대상으로 남성과 여성이 선호하는 기부분야에서 차이를 보이는지 여부
ㄷ. 종교적 차이가 기부행위 결정에 중요한 요인인지 여부
ㄹ. 소득과 가구원의 수가 총 기부액에 영향을 미치는지 여부

① ㄱ, ㄴ　② ㄴ, ㄹ　③ ㄱ, ㄴ, ㄷ
④ ㄱ, ㄴ, ㄹ　⑤ ㄴ, ㄷ, ㄹ

10. A 질병에 대해 양성 여부를 판단할 수 있는 시약이 있다. A 질병을 앓고 있는 사람은 전체 인구의 약 10%이며, 이 시약으로 감염 여부를 올바르게 판단할 확률은 90%이다. 어떤 사람이 이 시약을 사용하여 A 질병의 양성 반응이 나왔을 때, 실제 이 질병에 걸렸을 확률은?

① 50%　② 60%　③ 80%
④ 90%　⑤ 95%

11. ○○기업의 회사 차량 관리 담당인 김 대리는 비용절감을 위해 회사 근처 두 주유소의 가격을 비교하여 더 저렴한 곳에서 주유하려고 한다. 주유 시 세차도 함께 하려고 한다면, 몇 리터(ℓ)를 주유할 때 A 주유소를 방문하는 것이 유리한가? (단, 주유는 ℓ 단위로 한다)

〈주유소 가격 정보〉

구분	리터(ℓ)당 가격	세차비
A 주유소	1,550원	3천 원(5만 원 이상 주유 시 무료)
B 주유소	1,500원	3천 원(7만 원 이상 주유 시 무료)

① 32ℓ 이상 45ℓ 이하
② 33ℓ 이상 46ℓ 이하
③ 33ℓ 이상 47ℓ 이하
④ 33ℓ 이상 48ℓ 이하
⑤ 33ℓ 이상 60ℓ 이하

12. 다음 〈조건〉을 참고할 때, 서울시에서 정수기 관리사 일을 하는 사람은 몇 명인가?

조건

- 서울시에는 약 1,000만 명이 살고 있다.
- 한 가구에는 평균 4명이 살고 있다.
- 2가구 중에 1가구만 정수기를 사용하고, 3개월에 한 번 정수기 관리를 받는다.
- 정수기 관리사는 4시간에 5가구를 관리할 수 있다.
- 정수기 관리사는 하루에 8시간, 일주일에 5일, 1년에 50주를 근무한다.

① 1,400명
② 1,600명
③ 1,800명
④ 1,900명
⑤ 2,000명

13. 다음은 A국의 애니메이션 산업에 대한 자료이다. 단순 복제 분야의 매출액이 20X3년부터 매년 50억 원씩 감소할 경우, 창작 · 판권 분야의 매출액이 단순 복제 분야의 매출액보다 커지는 첫 해는 언제인가?

〈애니메이션 산업의 매출액 추이〉

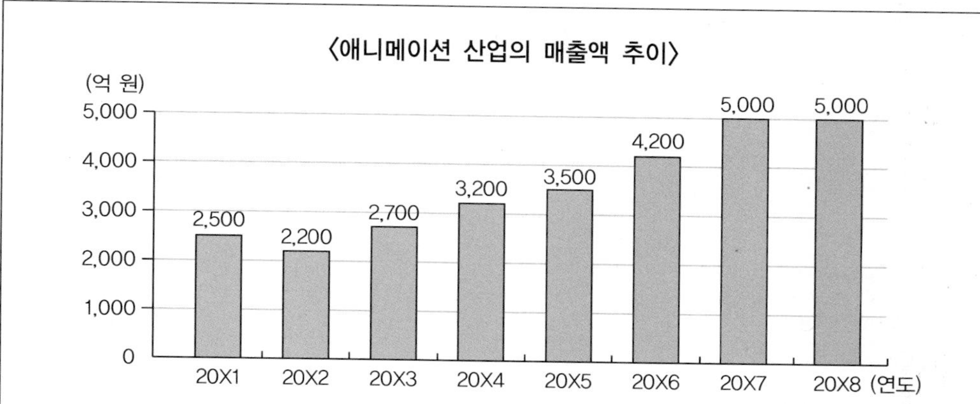

〈표 1〉 애니메이션 산업 부문별 매출액

구분	20X1년(억 원)	20X2년(억 원)
애니메이션 제작	2,370	2,040
애니메이션 상영	120	140
애니메이션 수출	10	20
계	2,500	2,200

〈표 2〉 애니메이션 제작부문 분야별 매출액

구분	20X1년(억 원)	20X2년(억 원)
창작 · 판권	700	550
제작 서비스	40	60
투자 수입	10	20
단순 복제	1,400	1,100
유통 및 배급	180	90
마케팅 및 홍보	40	220

※ 20X3 ~ 20X7년의 연도별 애니메이션 산업 매출액 대비 창작 · 판권 분야의 매출액 비율은 20X2년 애니메이션 산업 매출액 대비 창작 · 판권 분야 매출액의 비율로 동일하게 유지된다.

① 20X4년 ② 20X5년 ③ 20X6년
④ 20X7년 ⑤ 20X8년

[14 ~ 15] 다음은 K 지역 거주자들을 대상으로 설문조사를 한 자료이다. 이어지는 질문에 답하시오.

〈거주지 변경의향〉

(단위 : %)

구분		향후 10년 이내 거주지 변경의향	
		있다	없다
전체	소계	22.1	77.9
연령별	13 ~ 19세	79.9	20.1
	20 ~ 29세	78.3	21.7
	30 ~ 39세	41.3	58.7
	40 ~ 49세	22.5	77.5
	50 ~ 59세	17.1	82.9
	60 ~ 69세	9.2	90.8
	70세 이상	1.7	98.3
교육 수준별	초졸 이하	6.9	93.1
	중졸	8.7	91.3
	고졸	26.9	73.1
	대졸 이상	30.8	69.2

〈거주지 변경의향 이유(중복응답)〉

(단위 : %)

구분		향후 10년 이내 거주지 변경의향 이유						
		교육환경	직장사업 여건	교통	문화시설 · 생활편의 시설	치안	토지집값 상승	기타
전체	소계	24.3	75.2	20.0	53.7	1.4	15.6	9.9
연령별	13 ~ 19세	12.9	74.8	25.2	87.1	–	–	–
	20 ~ 29세	19.0	85.6	6.5	76.8	–	1.9	10.2
	30 ~ 39세	40.9	89.0	15.7	34.5	–	11.6	8.4
	40 ~ 49세	29.9	80.6	14.5	48.0	–	23.1	3.8
	50 ~ 59세	16.8	54.8	40.4	44.4	2.5	26.3	14.8
	60 ~ 69세	12.4	49.4	42.2	35.6	12.4	31.9	16.0
	70세 이상	–	–	17.4	71.3	–	53.9	57.3

교육 수준별	초졸 이하	–	44.9	51.8	45.5	7.1	27.0	23.7
	중졸	12.1	76.0	45.0	29.6	–	25.3	11.9
	고졸	19.2	73.9	18.8	63.4	1.7	13.7	9.2
	대졸 이상	37.0	82.4	13.4	43.6	–	15.4	8.1

* 거주지 변경의향 이유는 거주지 변경의향이 있는 사람들을 대상으로 조사한 결과이다.

14. 다음 중 자료에 대한 이해로 적절하지 않은 것은?

① 거주지 변경의향은 10대와 20대에서 가장 강하게 있는 것으로 나타났다.

② 교육수준이 높을수록 거주지 변경의향이 있는 인원수가 감소하는 항목은 교통과 기타이다.

③ 20 ~ 69세 연령층에서는 거주지 변경의향의 이유로 직장사업 여건을 가장 많이 선택하였다.

④ 모든 교육수준 계층에서 거주지 변경의향이 없는 사람이 있는 사람보다 더 많다.

⑤ 50대와 60대에서 향후 10년 이내 거주지 변경의향이 있다고 응답한 인원수가 같다고 가정할 때, 향후 10년 이내 거주지 변경의향이 있다고 응답한 전체 인원 중 50대가 차지하는 비율은 약 9.4%이다.

15. 설문조사에 응답한 전체 인원이 10,000명이고, 초졸 이하부터 대졸 이상까지 교육수준별로 응답 인원의 비율이 각각 7%, 3%, 52%, 38%일 때, 향후 10년 이내 거주지 변경의향 이유로 교육환경을 선택한 사람은 몇 명인가? (단, 반올림하여 정수로 표시한다)

① 523명　② 585명　③ 614명

④ 660명　⑤ 705명

[16 ~ 17] 다음 자료를 보고 이어지는 질문에 답하시오.

〈자료 1〉 한국 섬유산업 동향

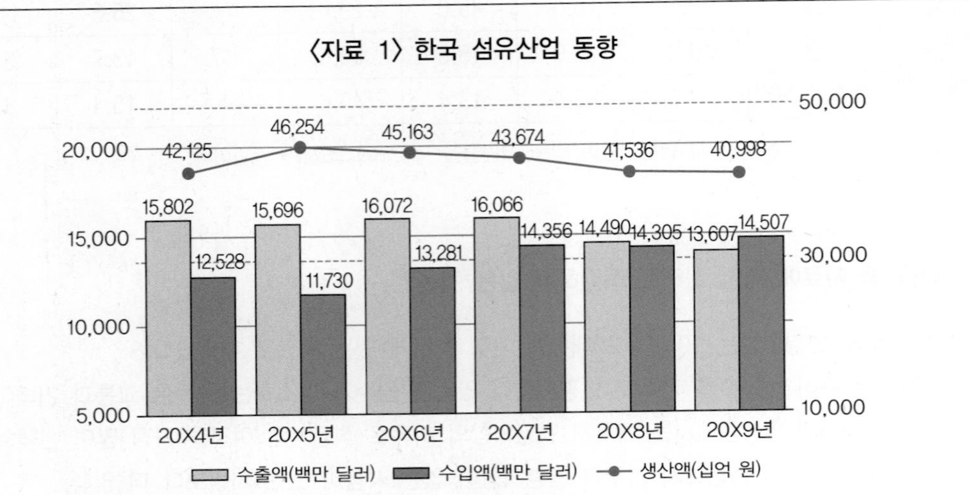

〈자료 2〉 20X9년 세계 주요국별 섬유 수출 현황

(단위 : 억 달러)

순위	국가	금액	순위	국가	금액
	세계	7,263	8	홍콩	236
1	중국	2,629	9	미국	186
2	인도	342	10	스페인	170
3	이탈리아	334	11	프랑스	150
4	베트남	308	12	벨기에	144
5	독일	307	13	대한민국	136
6	방글라데시	304	14	네덜란드	132
7	터키	260	15	파키스탄	128

＊기타 국가는 위 목록에서 제외함.

16. 다음 중 자료에 대한 설명으로 옳지 않은 것은? (단, 모든 계산은 소수점 아래 둘째 자리에서 반올림한다)

① 20X5년부터 20X9년까지 한국 섬유산업의 생산액은 지속적으로 감소하고 있다.
② 20X5년 한국 섬유산업 수출액은 전년 대비 236백만 달러 감소했다.
③ 20X8년 한국 섬유산업 수입액은 20X5년 대비 2,575백만 달러 증가했다.
④ 20X9년 이탈리아 섬유 수출액은 한국 섬유 수출액보다 145% 더 많다.
⑤ 20X6년 한국 섬유 수출액은 20X9년 프랑스의 섬유 수출액보다 더 많다.

17. 위 자료를 바탕으로 작성한 그래프 중 적절한 것을 모두 고르면? (단, 모든 계산은 소수점 아래 둘째 자리에서 반올림한다)

㉠ 전년 대비 한국 섬유 수입액 증가율

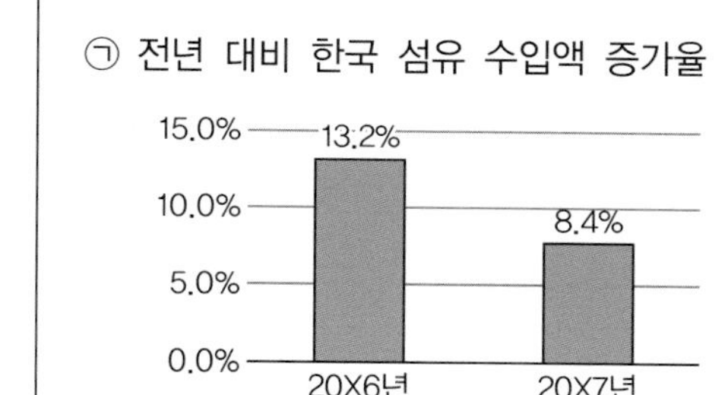

㉡ 20X9년 세계 섬유 수출 중 터키의 비율

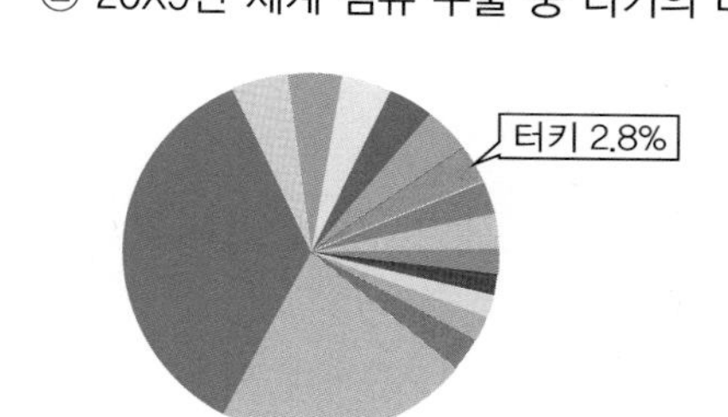

㉢ 한국 섬유 수입액 대비 수출액의 비율

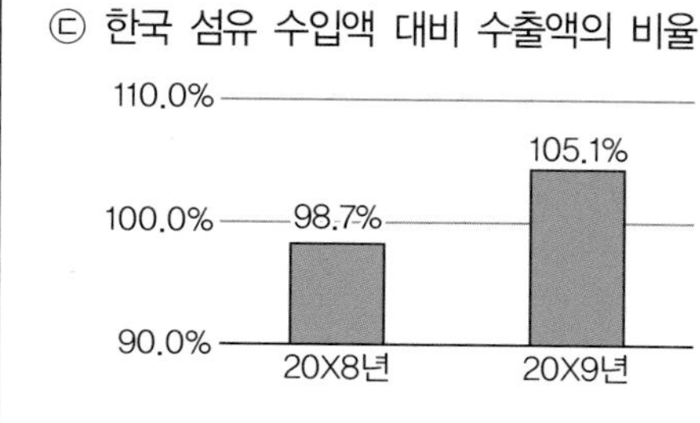

㉣ 20X9년 세계 섬유 수출 중 중국의 비율

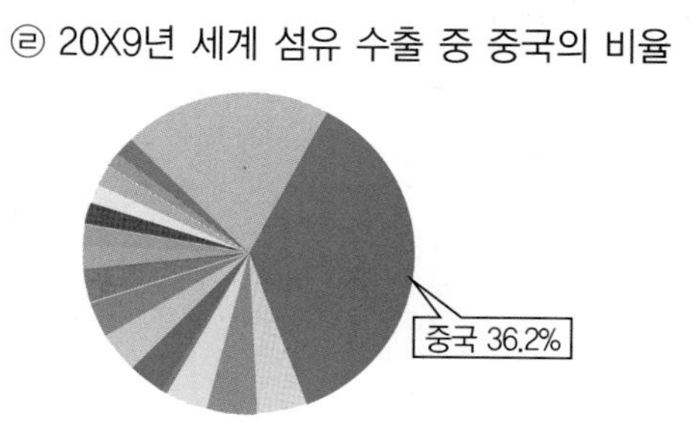

① ㉡
② ㉠, ㉡
③ ㉣
④ ㉠, ㉣
⑤ ㉡, ㉢, ㉣

18. ○○공장 직원들은 8시간의 업무 시간 동안 2인 1조로 일해야 한다. 다음 〈조건〉을 바탕으로 할 때, 올바른 추론이 아닌 것은?

조건

- 업무 시간은 총 8시간이며, 3시간마다 주근무자를 교대한다(업무 시작 3시간 뒤와 6시간 뒤, 총 2회 교대).
- 주근무자는 기사 자격증을 보유하여야 한다.
- 부근무자는 경력이 5년 이상이어야 하고, 4시간에 1번씩 교대한다(업무 시작 4시간 뒤, 총 1회 교대).
- 기사 자격증 보유자이면서 경력 5년 이상인 사람은 주근무를 먼저 한 후 부근무를 할 수 있다.
- 주근무와 부근무를 휴식시간 없이 연이어 할 수 없고, 주근무자 또는 부근무자가 되었던 사람은 반드시 근무를 쉬고 있던 사람과 교대하여야 한다.
- 처음 주근무자는 A이다.
- 직원 A, B, C, D에 관한 정보는 아래와 같다.

구분	기사 자격증 보유	경력 5년 이상
직원 A	○	○
직원 B	○	○
직원 C	○	×
직원 D	×	○

① 업무가 처음 시작할 때 직원 C는 휴식 중이다.

② 업무 시작 후 3시간이 지난 시점의 부근무자는 직원 D이다.

③ 직원 A는 경력 5년 이상임에도 불구하고 한 번도 부근무자가 되지 않았다.

④ 직원 C는 절대 부근무자가 될 수 없다.

⑤ 직원 B와 직원 D는 함께 근무를 서지 않는 경우도 있다.

19. B 씨는 민간주택의 청약을 받기 위해 주택청약종합저축에 가입하고자 한다. 주택청약종합저축 가입을 친구 J 씨에게 의뢰하였을 경우, 가입을 위해 필요한 서류가 아닌 것은?

• 주택청약종합저축 가입하기 : 공공주택 또는 민영주택에 청약하려는 사람은 주택청약종합저축에 가입되어 있어야 하기 때문에 먼저 주택청약종합저축에 가입해야 합니다.

– 청약통장의 종류

청약통장	설명	가입가능 은행
주택청약종합저축	국민주택과 민영주택을 공급받기 위한 청약통장	농협, 신한, 우리, 하나, 기업, 국민, 대구, 부산
청약저축	국민주택을 공급받기 위한 청약통장	신규가입 중단 (20X5년 9월 1일부터)
청약예금	민영주택 및 민간건설 중형국민주택을 공급받기 위한 청약통장	
청약부금	85m² 이하의 민영주택 및 민간건설 중형국민주택을 공급받기 위한 청약통장	

– 주택청약종합저축 가입서류

가입 시 구비서류	본인이 직접 가입 신청 시	실명확인증표
	배우자 / 직계 존 · 비속이 대리 가입 신청 시	주민등록등본 대리인 실명확인증표
	제3자가 대리 가입 신청 시	본인 및 대리인 실명확인증표, 본인이 작성한 위임장, 본인의 인감증명서

• 납입기간 : 가입한 날부터 주택의 입주자로 선정된 날까지입니다.

• 납입금액 : 월 납입금은 2만 원 이상 50만 원 이하이며, 납입금액의 단위는 5천 원입니다.

〈공급받을 수 있는 주택의 전용면적 및 지역에 따른 총 납입금〉

(단위 : 만 원)

구분	85m² 이하	102m² 이하	135m² 이하	135m² 초과 모든 면적
특별시 및 부산광역시	300	600	1,000	1,500
그 외 광역시	250	400	700	1,000
특별시 및 광역시 제외 지역	200	300	400	500

① B 씨의 인감증명서

② B 씨의 실명확인증표

③ J 씨의 실명확인증표

④ J 씨의 인감증명서

⑤ B 씨가 작성한 위임장

20. 다음은 〈K 에너지공사 연구예산 편성지침〉과 예산 관련 조건이다. K 에너지공사 그린에너지 본부 박 대리는 '20XX년 신재생에너지 개발 연구사업'의 일정에 따라 예산을 편성하고자 한다. 다음 자료를 참고하여 박 대리가 수립한 3월 예산으로 적절한 것은?

〈K 에너지공사 연구예산 편성지침〉

연구 예산에는 수용비, 연구기자재 임차료, 여비, 전문가 활용비, 회의비, 외부용역비가 포함된다. 여비에는 회의비, 일비, 유류비, 교통비 등이 포함된다. 전문가 활용비와 회의비는 별도의 지침을 따르고 직급별 월급과 출장 건당 일비는 다음 표의 기준을 따른다.

사원	대리	과장	부장
월 2,500,000원	월 3,200,000원	월 4,000,000원	월 5,100,000원
건당 100,000원	건당 110,000원	건당 120,000원	건당 140,000원

〈A 부서 직원들의 일정〉

1. 일정 : 2일 / 목적 : 해외 대체에너지 개발 회의 참여 / 참석자 : F 과장, J 대리
2. 일정 : 6일 / 목적 : 전 부서 부장급 회의 참석 / 참석자 : P 부장
3. 일정 : 21일 / 목적 : 연구소 참관 / 참석자 : A 부서 전원 참석

※ A 부서는 각 직급별 1명씩으로 총 4인이다.

※ 2월 A 부서 연구예산에서 일비가 차지하는 비중은 30%이며, 각 부서의 예산은 임금과 연구예산의 합이다.

〈전문가 활용비, 회의비〉

• 전문가 활용비 : 전문가 초청 자문료, 강사료, 원고료, 번역료, 통역료 등
  – 연구 수행 중 특정 전문 지식이 필요하여 한시적으로 과제에 참여하는 외부의 비참여 연구원에 한정함(단, K 공사 임직원은 활용 불가).
  – 전문가 활용비 신청 시, 전문가의 인적사항과 자문내용 등이 포함된 전문가 활용 내역서를 제출하여야 함.
  – 단, 자문 목적으로 진행되는 회의를 제외하고 일반적인 회의(현황 보고, 개선안 도출 등)에 전문가가 참석하는 경우 전문가 활용비를 지급하지 않음.
  – 지급 기준 : A급(대학 정교수, 부교수, 조교수 또는 이에 준하는 자) 인당 1회 400,000원, B급(전입강사, 책임급 연구원, 선입급 연구원 또는 이에 준하는 자) 인당 1회 250,000원
• 회의비 : 업무 관련 회의를 진행하는 경우에 한하여 다음과 같이 지급함.
  – 점심시간(12 : 00 ~ 13 : 00)을 포함한 회의 : 1인 25,000원(외부 전문가와 회의하는 경우도 동일)
  – 저녁시간(18 : 00 ~ 19 : 00)을 포함한 회의 : 1인 30,000원(외부 전문가와 회의하는 경우도 동일)
  – 점심시간과 저녁시간을 포함하지 않는 회의(2시간 이상 진행되는 경우) : 1인 5,000원

※ 단, 점심시간과 저녁시간을 포함하여 업무를 진행하는 경우에는 회의 진행과 무관하게 법인카드 결제 시간을 13 : 00(또는 19 : 00)부터 1시간 이내로 제한함.

※ 시내 출장의 경우 여비 중 일비와 회의비를 동시에 지급받을 수 없으며, 시내 출장 중 외부인이 참석하는 회의의 경우에는 회의비로, 외부인이 참석하지 않는 회의는 일비로 처리함.

〈3월 일정〉

1. 일정 : 3월 12일 11 : 00 ~ 15 : 00
   목적 : 미국 및 유럽 국가들의 대체에너지 개발 현황 회의(L시 소재 K 공사 인근 음식점)
   참석자(소속) : P 부장, F 과장, J 대리(이상 K 공사), X 정교수, Y 조교수(이상 H 대학)
2. 일정 : 3월 16일 09 : 00 ~ 18 : 00
   목적 : 제8차 신재생에너지 워크숍 참여(S시 Q 연구소)
   참석자(소속) : F 과장, J 대리, G 사원(이상 K 공사)
   이동수단 : J 대리 자가용
   ※ 단, L시 소재 K 공사와 S시 소재 Q 연구소의 직선거리는 21km이다.
3. 일정 : 3월 21 ~ 23일
   목적 : 신재생에너지 보고서 자문 검토(총 3회)
   참석자(소속) : X 정교수, Y 조교수(이상 H 대학), Z 책임연구원(이상 M시)

〈일자별 여비 지급 기준〉

구분	3/15	3/16	3/17
유류비(1km당)	150원	160원	160원
KTX(1인 기준)	31,000원	34,000원	34,000원
고속버스(1인 기준)	25,000원	20,000원	22,000원

① 3,818,520원 ② 3,402,200원 ③ 3,395,000원
④ 3,611,720원 ⑤ 3,585,000원

21. ○○공사 인사처 신입사원 K는 〈주간 회의록〉과 〈직급별 업무 내용〉을 바탕으로 행사 관련 업무의 일정을 정리하고 있다. 다음 중 적절하지 않은 것은?

〈주간 회의록〉

문서번호	인사20-164	작성자	K 사원
일시	202X. 09. 05.(화)	장소	5층 3회의실
참석자	인사부 A 부장, B 차장, C 과장, D 과장, E 대리, F 사원, ◇◇행사대행업체 G 과장		
안건	202X. 10. 10. ○○공사 미래사업단 발족 기념행사 준비		

구분	항목	업무분장		마감일정
		○○공사	◇◇행사대행업체	
기획	프로그램	기본 방향 확정	세부 프로그램 구성	행사 21일 전
	예산	예산 규모 및 집행 방안 확정	소요 예산 계획, 산출	
	일정	행사 추진 일정 관리	일정 계획 수립 및 실행	
연출	제작물	제작물 확정, 시안 접수	제작물 작업, 발주	행사 10일 전
	시스템	종류, 규모, 영상물 기획	발주, 영상물 제작	
	공연	출연진 확정	출연진 섭외 및 협의	
운영	매뉴얼	내부 직원 업무 분장 및 계획	세부 계획 수립, 작성	행사 5일 전
	참가자 관리	인솔 및 좌석 계획 수립	참가자, 수상자, 시상자 리스트 작성	
	물자	식음료, 기념품 계획	구입 및 입대	행사 2일 전
실행	세팅/리허설	리허설	무대 장비 세팅, 완성도 보완	행사 1일 전
	스텝회의	회의 참석(대리급 이상)	회의 주관 및 점검	

〈직급별 업무 내용〉

직급	기념식 업무 내용
부장	행사 구성 및 예산 총괄, VIP 관리
차장	행사용 영상 제작 및 관리
과장	PT제작 및 발표, 포토부스 기획 및 관리
대리	공연팀 논의, 행운권 운영
사원	업무 보조 및 지시사항 이행

	담당자	업무내용	추진일자
①	A 부장	기념식 총 예산 확정 건으로 행사대행업체와 미팅	9월 18일
②	B 차장	F 사원과 미래사업단 관련 영상 기획	9월 23일
③	C 과장	포토부스 배너 시안 접수 및 확정	9월 25일
④	D 과장	PT부스 리허설 및 스탭회의 참석	10월 9일
⑤	E 대리	축하 공연 퓨전국악팀 섭외 및 단가 협의	9월 26일

22. ○○도는 신입 공무원을 대상으로 하는 연수에서 '한국 지방자치단체의 나아갈 길'이라는 주제로 조별 토의를 진행하였다. 조별로 다음 글을 활용하여 제시한 아이디어로 적절하지 않은 것은?

브라질에는 '쿠리치바'라는 도시가 있다. 그다지 중요한 장소가 아니었던 인구 300만의 이 도시는 지난 수십 년간 철저히 친환경적 도시계획을 실천해 왔다. 그 결과 유엔을 비롯한 많은 국제기관과 전문가들에 의해 모범적인 녹색도시로 주목을 받게 되었다. 현재 이 도시에는 수많은 공원과 숲이 조성되어 있다. 일인당 녹지면적은 세계 최고 수준이다. 시민들은 대부분 평생 여기서 살기를 원하고, 관광객들은 끊임없이 찾아들고 있다. 오늘날 쿠리치바를 언급할 때 무엇보다 빼놓을 수 없는 것은 도시 전역을 유기적으로 연결하고 있는 버스 중심 교통망이다. 쿠리치바의 도시계획가들은 지하철 중심 대중교통망 건설을 단호히 거부했다. 그 대신 그들은 기존 도로를 정비, 버스의 대형화 및 정거장의 독특한 설계를 통해서 환경 파괴와 막대한 재정지출을 강요하는 지하철 없이도 매우 쾌적하고 효율적인 대중교통 체계의 실현이 가능하다는 것을 증명하였다. 이를 통해 쿠리치바는 일상적인 대중교통 이용률이 80%가 넘고 대기오염이 가장 낮은 도시가 되었다.

그러나 원래 이랬던 것은 아니다. 쿠리치바가 세계적인 녹색도시로 변모하게 된 결정적인 계기는 1970년대 초 한 건축가 출신의 시장 취임이었다. 당시까지도 쿠리치바는 빈곤과 실업의 만연, 극심한 교통지옥, 살벌한 환경 등 제3세계 도시의 문제를 모두 갖고 있었다. 새 시장이 해결해야 할 가장 긴급한 문제는 50만 명이 거주하는 판자촌의 쓰레기 처리였다. 골목에 마구 버려지고 쌓인 쓰레기는 쥐들의 천국이었고 온갖 질병의 온상이었다.

이럴 경우 대부분의 도시 행정가들은 재개발이나 복지 프로그램을 떠올린다. 하지만 이 도시에 새로 취임한 시장은 쿠리치바의 빈곤과 실업, 극심한 교통지옥, 무시무시한 환경을 해결하기 위해 상투적인 방식보다 더 창의적인 아이디어를 제시하였다. 새 시장은 창의적인 아이디어를 냈다. 그는 쓰레기를 지정된 봉투에 넣어 가지고 오는 판자촌 주민에게 버스 토큰을 주는 정책을 시행했다. 퇴비화가 가능한 유기물 쓰레기에 대해서는 식품교환권을 주었다. 그러자 놀라운 속도로 판자촌은 청결해졌고, 아이들마저 쓰레기의 다양한 분류법을 재빨리 익혔다. 빈민가 사람들의 삶은 토큰과 교환권 덕분에 호전되기 시작했고 시 당국은 쓰레기 재활용으로 얻은 수입을 다시 토큰이나 교환권을 발행하는 데 썼다. 이윽고 경제가 활기를 띠기 시작했다. 시내 전역에서 통용되는 토큰과 교환권은 버스를 타거나 음식을 사먹는 것뿐만 아니라 웬만한 점포에서 돈처럼 사용되었고, 그 결과 서민들의 구매력이 크게 향상되었던 것이다.

따져 보면, 화폐란 별것 아니다. 화폐는 본래 사람들 사이의 거래를 원활하게 하는 매개체일 뿐이다. 그러므로 화폐의 성립 여부는 공동체 구성원 간의 합의 혹은 신뢰에 달려 있다. 사람들이 인정하기만 하면 조개껍질이든 도토리든 다 돈이 될 수 있다. 쿠리치바의 성공은 바로 이러한 지방화폐에 단초가 있었다. 쿠리치바의 경우는 국가의 중앙은행이 발행한 화폐가 없어도 지자체들도 지역화폐를 만들어 쓰면 된다는 것을 가르쳐 준다.

① 1조 : 아무리 창의적인 정책이라도 시민과 합의하지 않으면 실제로 이루어지기 어려울 거야. 무엇보다 시민들의 자발적인 참여가 함께 이루어져야 해.

② 2조 : 한국의 도시가 브라질하고 다르다는 점을 충분히 고려해야 할 것 같아. 쿠리치바가 모범적이라고 해도 우리 실정에 맞지 않을 수도 있거든. 그게 진정한 창의성이라고 생각해.

③ 3조 : 건축가 출신의 시장이 취임한 덕분에 쿠리치바가 친환경적 도시로 거듭난 점도 눈여겨봐야 하지 않을까? 올바른 지도자를 선출하는 것이 중요하다는 점을 놓치지 않아야 해.

④ 4조 : 지하철이 막대한 재정을 지출한다는 사실을 알게 됐어. 지하철 대신 지하차도를 만들어서 대중교통 체계를 정비하면 효율적이고 친환경적인 녹색도시를 만들 수 있을 거야.

⑤ 5조 : 우리나라처럼 중앙정부가 막강한 권한과 재정을 행사하는 나라는 드물지. 지자체가 좋은 정책을 펴려면 역시 중앙정부와 협력하지 않으면 안 돼. 중앙정부와 보조를 맞추면서 정책을 집행하는 일이 관건이야.

[23 ~ 24] 다음 자료를 보고 이어지는 질문에 답하시오.

〈참가기업 모집 공고〉

1. 사업개요
   가. 사업명 : 해외 원조 ○○사업 입찰 참가기업 모집 공고
      (세부사업명 : 해외 의약 실험실 기구 납품 사업)
   나. 사업규모 : 약 650만 불($6,532,603.66)
   다. 세부품목 : 실험실 진단용 시약(Laboratory Reagents) 등
      • 상세 품목은 〈붙임 2〉 조달예정 품목 목록을 참고하되, 입찰공고 과정에서 일부품목 변동 가능

2. 참가자격
   가. 참가신청서 접수 마감일까지 「국가종합전자조달시스템 입찰참가자격등록규정」에 의하여 반드시 나라장터(G2B)에 입찰참가 등록한 자(기존 등록자는 생략)

3. 참가신청서 접수
   가. 접수 기간 : 공고 게시일부터 202X. 09. 07. (금) 18 : 00까지
   나. 신청 및 접수 방법 : 해외조달정보센터(http://www.pps.go.kr/gpass/) 접속 → '사업신청' → '국내지원사업'에서 신청
      ※ 상기 방법으로 신청 불가 시 직접 또는 우편접수 가능. 단, 접수 마감 일시까지 도착분에 한함.
   다. 제출서류 : 참가신청서 〈붙임 1〉과 참가자격 확인서류 및 신청기업 기초자료와 관련 증빙서류 일체(〈붙임 2〉 표2 참고)
      ※ 제출서류가 접수 기한 내에 제출되지 않은 경우 참가신청은 무효 처리됩니다.
      ※ 제출하는 서류가 사본일 경우에는 "사실과 상위 없음"을 확인 · 날인하여 제출하시기 바랍니다.

4. 선정절차
   가. 추진기업 선정규모 : 10개사 이내 선정
   나. 평가기준 : 별첨2 '분야별 심사항목 및 배점기준' 참고
   다. 선정발표 : 개별 통보

5. 유의사항
   가. 조달예정인 세부품목은 〈붙임 2〉에 의하며, 신청일 기준으로 세부품목 목록에 대한 납품이 가능해야 합니다.
   나. 신청서류를 위조 · 변조하거나 허위서류를 제출한 경우가 확인된 경우 선정된 이후라도 취소의 조치를 받을 수 있습니다.
   다. 영어로 된 제품설명 카탈로그를 필수로 첨부해야 하며, 해당 제품의 해외수출 실적을 신청 시 반드시 밝혀야 합니다(참가신청서 〈붙임 1〉 참조).

202X년 7월 27일 〈조달청 기획조정관〉

23. △△기업에서 위 공고문을 바탕으로 해당 사업에 참가하기 위하여 회의를 준비하고 있다. 적절한 의견이 아닌 것은?

① A : 우리 회사 제품이 해당 공고와 얼마나 관련이 있는지 조달 예정품목의 목록을 검토해야지.
② B : 제품을 소개하는 영문 자료를 만들어 두어야 한다는 점을 강조해야겠다.
③ C : 우리 회사는 기존에 나라장터에 입찰참가 등록한 적이 있으니 참가신청서를 다시 제출할 필요는 없군.
④ D : 어떤 기준을 충족하면 입찰에 더 유리한지를 따져봐야 하니 미리 평가기준 자료를 추가로 준비해 두어야지.
⑤ E : 참가신청서 외에도 참가자격 여부를 확인하는 서류가 필요하다는 점을 잊지 않도록 알려 줘야겠어.

24. 조달청의 담당 직원 A 씨는 위 공고문을 바탕으로 참가 문의를 하는 민원에 응대해야 한다. 윗글을 바탕으로 A 씨가 응대한 내용으로 적절하지 않은 것은?

> 민원 1 : 참가신청을 하고 싶습니다. 그런데 저희는 신청서를 인터넷으로 제출하기가 어려운데 다른 방법은 없나요?
> 민원 2 : 서류 준비 중에 질문이 있어 연락드립니다. 제품의 품질보증 증명서를 제출하려는데 서류 원본을 제출해야 합니까?
> 민원 3 : 진단용 시약을 전문적으로 생산하는 업체입니다. 선정되고 나면 언제부터 해당 물품을 납품해야 하는지 궁금합니다.
> 민원 4 : 올해 10월부터 해당 제품을 생산해 11월부터 해외 업체에 수출할 예정입니다. 이번 사업에 신청해도 될까요?
> 민원 5 : 제가 깜빡하고 제출하지 못한 서류가 있어요. 접수 마감 기간 내에 추가로 미비서류를 제출해도 인정되나요?

① 응답 1 : 인터넷 접수 외에도 직접 방문 또는 우편도 가능합니다. 접수 마감 일정은 인터넷 접수와 동일하므로 참고하시기 바랍니다.
② 응답 2 : 서류 원본을 제출해 주셔도 좋습니다. 그게 어려우시면 서류의 사본을 제출해 주시면 되는데요, 다만 사본에 원본과 다르지 않다고 표시를 해 주셔야 합니다.
③ 응답 3 : 납품일자는 아직 구체적으로 정해지지 않았지만, 신청일 기준으로 납품이 가능해야 합니다.
④ 응답 4 : 해외 업체에 수출한다고 해서 선정에 불이익이 가지는 않습니다. 신청서에 수출 계획서를 작성하여 제출해 주시면 됩니다.
⑤ 응답 5 : 관련 서류는 신청 기한 내에 제출하시면 됩니다. 하지만 접수가 마감된 이후에 제출한 서류는 일절 인정되지 않으니 유의 바랍니다.

25. ○○공사 인사처는 202X년 3월 1일(수)부터 3일(금)까지 2박 3일간 제주에서 개최되는 임원연수를 계획하고 있다. 일정상 임원 50명은 3월 1일 오전에 김포에서 모두 같은 비행기를 탑승하여야 한다. 다음의 〈항공편 운항 정보〉를 활용하여 인사처 직원 K가 임원 50명의 편도 항공권을 구입하고자 할 때, 전체 예산 지출이 가장 적은 항공편은?

〈○○공사 202X년 3월 임원연수 일정 안내〉

- 일시 : 202X년 3월 1일(수) ~ 3일(금) (2박 3일)
- 장소 : 제주 P 호텔
- 임원연수 세부일정

일시		내용	강연자
등록 및 개회식	10 : 00 ~ 10 : 10	등록	
	10 : 10 ~ 10 : 45	개회사	
강연	10 : 45 ~ 11 : 00	휴식	
	11 : 00 ~ 11 : 50	리더의 자세	A사 대표이사
	12 : 00 ~ 13 : 00	점심시간	
이하 생략			

〈항공편 운항 정보〉

편명	출발시각	도착시각	운항 요일							가격(원)
			월	화	수	목	금	토	일	
KE1251	07 : 40	08 : 50	●	●	●	●	●	●	●	91,500
OZ8915	07 : 50	09 : 00	●	●	●	●	●	●	●	112,200
LJ305	08 : 05	09 : 15	●		●		●		●	81,900
7C107	08 : 15	09 : 25				●	●		●	101,000
TW703	08 : 20	09 : 35			●			●	●	99,900

※ 반드시 등록시간 이전에 도착하여야 한다.

※ 공항에서 P 호텔까지 버스로는 60분, 택시로는 40분 소요되지만 버스는 무료고, 택시를 이용할 시 총 50만 원을 지불해야 한다.

※ 모든 항공사와 제휴를 맺어 단체 10인 이상이면 총 비용의 10%를 할인 제공받는다.

① KE1251 ② OZ8915 ③ LJ305
④ 7C107 ⑤ TW703

코레일(한국철도공사)

14회 기출예상문제

수험번호	
성 명	

감독관 확인란	

14회 기출예상문제

성명표기란

ㄱ	ㅏ	ㄱ	ㄱ	ㅏ	ㄱ	ㄱ	ㅏ	ㄱ	ㄱ	ㅏ	ㄱ
ㄴ	ㅑ	ㄴ	ㄴ	ㅑ	ㄴ	ㄴ	ㅑ	ㄴ	ㄴ	ㅑ	ㄴ
ㄷ	ㅓ	ㄷ	ㄷ	ㅓ	ㄷ	ㄷ	ㅓ	ㄷ	ㄷ	ㅓ	ㄷ
ㄹ	ㅕ	ㄹ	ㄹ	ㅕ	ㄹ	ㄹ	ㅕ	ㄹ	ㄹ	ㅕ	ㄹ
ㅁ	ㅗ	ㅁ	ㅁ	ㅗ	ㅁ	ㅁ	ㅗ	ㅁ	ㅁ	ㅗ	ㅁ
ㅂ	ㅛ	ㅂ	ㅂ	ㅛ	ㅂ	ㅂ	ㅛ	ㅂ	ㅂ	ㅛ	ㅂ
ㅅ	ㅜ	ㅅ	ㅅ	ㅜ	ㅅ	ㅅ	ㅜ	ㅅ	ㅅ	ㅜ	ㅅ
ㅇ	ㅠ	ㅇ	ㅇ	ㅠ	ㅇ	ㅇ	ㅠ	ㅇ	ㅇ	ㅠ	ㅇ
ㅈ	ㅡ	ㅈ	ㅈ	ㅡ	ㅈ	ㅈ	ㅡ	ㅈ	ㅈ	ㅡ	ㅈ
ㅊ	ㅣ	ㅊ	ㅊ	ㅣ	ㅊ	ㅊ	ㅣ	ㅊ	ㅊ	ㅣ	ㅊ
ㅋ	ㅐ	ㅋ	ㅋ	ㅐ	ㅋ	ㅋ	ㅐ	ㅋ	ㅋ	ㅐ	ㅋ
ㅌ	ㅒ	ㅌ	ㅌ	ㅒ	ㅌ	ㅌ	ㅒ	ㅌ	ㅌ	ㅒ	ㅌ
ㅍ	ㅔ	ㅍ	ㅍ	ㅔ	ㅍ	ㅍ	ㅔ	ㅍ	ㅍ	ㅔ	ㅍ
ㅎ	ㅖ	ㅎ	ㅎ	ㅖ	ㅎ	ㅎ	ㅖ	ㅎ	ㅎ	ㅖ	ㅎ
	ㅘ		ㄲ	ㅘ	ㄲ	ㄲ	ㅘ	ㄲ	ㄲ	ㅘ	ㄲ
	ㅙ		ㄸ	ㅙ	ㄸ	ㄸ	ㅙ	ㄸ	ㄸ	ㅙ	ㄸ
	ㅚ		ㅃ	ㅚ	ㅃ	ㅃ	ㅚ	ㅃ	ㅃ	ㅚ	ㅃ
	ㅝ		ㅆ	ㅝ	ㅆ	ㅆ	ㅝ	ㅆ	ㅆ	ㅝ	ㅆ
	ㅞ		ㅉ	ㅞ	ㅉ	ㅉ	ㅞ	ㅉ		ㅞ	ㅉ
	ㅟ			ㅟ	ㄺ		ㅟ	ㄺ		ㅟ	ㄺ
	ㅢ			ㅢ	ㄻ		ㅢ	ㄻ		ㅢ	ㄻ

수험번호

0	0	0	0	0	0
1	1	1	1	1	1
2	2	2	2	2	2
3	3	3	3	3	3
4	4	4	4	4	4
5	5	5	5	5	5
6	6	6	6	6	6
7	7	7	7	7	7
8	8	8	8	8	8
9	9	9	9	9	9

(주민등록앞자리 생년제외) 월일

0	0	0	0
1	1	1	1
2	2	2	2
3	3	3	3
4	4	4	4
5	5	5	5
6	6	6	6
7	7	7	7
8	8	8	8
9	9	9	9

수험생 유의사항

※ 답안은 반드시 컴퓨터용 사인펜으로 보기와 같이 바르게 표기해야 합니다.
〈보기〉 ① ② ③ ❹ ⑤

※ 성명표기란 위 칸에는 성명을 한글로 쓰고 아래 칸에는 성명을 정확하게 표기하십시오. (맨 왼쪽 칸부터 성과 이름은 붙여 씁니다)

※ 수험번호/월일 위 칸에는 아라비아 숫자로 쓰고 아래 칸에는 숫자와 일치하게 표기하십시오.

※ 월일은 반드시 본인 주민등록번호의 생년을 제외한 월 두 자리, 일 두 자리를 표기하십시오.
〈예〉 1994년 1월 12일 → 0112

※ 검사문항 : 1~25

문번	답란	문번	답란
1	① ② ③ ④ ⑤	16	① ② ③ ④ ⑤
2	① ② ③ ④ ⑤	17	① ② ③ ④ ⑤
3	① ② ③ ④ ⑤	18	① ② ③ ④ ⑤
4	① ② ③ ④ ⑤	19	① ② ③ ④ ⑤
5	① ② ③ ④ ⑤	20	① ② ③ ④ ⑤
6	① ② ③ ④ ⑤	21	① ② ③ ④ ⑤
7	① ② ③ ④ ⑤	22	① ② ③ ④ ⑤
8	① ② ③ ④ ⑤	23	① ② ③ ④ ⑤
9	① ② ③ ④ ⑤	24	① ② ③ ④ ⑤
10	① ② ③ ④ ⑤	25	① ② ③ ④ ⑤
11	① ② ③ ④ ⑤		
12	① ② ③ ④ ⑤		
13	① ② ③ ④ ⑤		
14	① ② ③ ④ ⑤		
15	① ② ③ ④ ⑤		

01. 다음 글의 논지 전개방식에 대한 설명으로 적절한 것은?

휴리스틱(heuristic)은 문제를 해결하거나 불확실한 사항에 대해 판단을 내릴 필요가 있지만 명확한 실마리가 없을 경우에 사용하는 편의적 · 발견적인 방법이다. 우리말로는 쉬운 방법, 간편법, 발견법, 어림셈 또는 지름길 등으로 표현할 수 있다.

1905년 알베르트 아인슈타인은 노벨 물리학상 수상 논문에서 휴리스틱을 '불완전하지만 도움이 되는 방법'이라는 의미로 사용했다. 수학자인 폴리아는 휴리스틱을 '발견에 도움이 된다'는 의미로 사용했고, 수학적인 문제 해결에도 휴리스틱 방법이 매우 유효하다고 했다. 휴리스틱에 반대되는 것이 알고리즘(algorism)이다. 알고리즘은 일정한 순서대로 풀어나가면 정확한 해답을 얻을 수 있는 방법이다. 삼각형의 면적을 구하는 공식이 알고리즘의 좋은 예이다.

휴리스틱을 이용하는 방법은 거의 모든 경우에 어느 정도 만족스럽고, 경우에 따라서는 완전한 답을 재빨리, 그것도 큰 노력 없이 얻을 수 있다는 점에서 사이먼의 '만족화' 원리와 일치하는 사고방식인데, 가장 전형적인 양상이 '이용 가능성 휴리스틱(availability heuristic)'이다. 이용 가능성이란 어떤 사상(事象)이 출현할 빈도나 확률을 판단할 때, 그 사상과 관련해서 쉽게 알 수 있는 사례를 생각해 내고 그것을 기초로 판단하는 것을 뜻한다.

그러나 휴리스틱은 완전한 답이 아니므로 때로는 터무니없는 실수를 자아내는 원인이 되기도 한다. 불확실한 의사결정을 이론화하기 위해서는 확률이 필요하기 때문에 사람들이 확률을 어떻게 다루는지가 중요하다. 확률은 이를테면 어떤 사람이 선거에 당선될지, 경기가 좋아질지, 시합에서 어느 편이 우승할지 따위를 전망할 때 이용된다. 대개 그러한 확률은 어떤 근거를 기초로 객관적인 판단을 내리기도 하지만, 대부분은 직감적으로 판단을 내리게 된다. 그런데 직감적인 판단에서 오는 주관적인 확률은 과연 정확한 것일까?

카너먼과 트버스키는 일련의 연구를 통해 인간이 확률이나 빈도를 판단할 때 몇 가지 휴리스틱을 이용하지만, 종종 그에 따라 얻어지는 판단에는 객관적이며 올바른 평가와 상당한 차이가 있다는 의미를 가진 '바이어스'가 동반되는 것을 확인했다. 이용 가능성 휴리스틱이 일으키는 바이어스 가운데 하나가 '사후 판단 바이어스'이다. 우리는 어떤 일이 벌어진 뒤에 '그렇게 될 줄 알았어', '그렇게 될 거라고 처음부터 알고 있었어'와 같은 말을 자주 한다. 이렇게 결과를 알고 나서 마치 사전에 그것을 예견하고 있었던 것처럼 생각하는 바이어스를 사후 판단 바이어스라고 한다.

① 분석 대상과 관련되는 개념들을 연쇄적으로 제시하며 정보의 확대를 꾀하고 있다.
② 인과 관계를 중심으로 분석 대상에 대한 논리적 접근을 시도하고 있다.
③ 핵심 개념을 설명하면서 그와 유사한 개념들과 비교 · 대조함으로써 이해를 돕고 있다.
④ 전달하고자 하는 정보를 다양한 맥락에서 재구성하여 반복적으로 제시하고 있다.
⑤ 핵심 개념의 속성을 잘 보여 주는 사례들을 통해 구체적인 설명을 시도하고 있다.

02. 다음 글의 내용과 일치하지 않는 것을 〈보기〉에서 모두 고르면?

한옥(韓屋)의 사전적 의미는 '우리나라 고유의 형식으로 지은 집을 양식 건물에 상대하여 이르는 말'이다. 한옥이라는 단어는 융희2년(1907)에 작성된 '가사(家舍)에 관한 조복문서'에도 등장하는 꽤 오래된 말이다. 한옥이라는 용어는 우리 사회에 양식 건물이 등장하면서 본격적으로 사용되기 시작한 것으로 보인다.

창은 채광이나 환기를 위해서, 문은 사람들의 출입을 위해서 건물 벽에 설치한 개폐가 가능한 시설이다. 일반적으로 현대적인 건축물에서 창과 문은 각각의 기능이 명확하고 크기와 형태가 달라 구별이 쉽다. 그러나 한국전통 건축, 곧 한옥에서 창과 문은 그 크기와 형태가 비슷해서 구별하지 않는 경우가 많다. 그리하여 창과 문을 합쳐서 창호라고 부른다. 이것은 창호가 창과 문의 기능과 미를 공유하고 있다는 것을 의미한다. 그런데 창과 문을 굳이 구별한다면 머름이라는 건축 구성 요소를 통해 가능하다. 머름은 창 아래 설치된 낮은 창턱으로, 팔을 얹고 기대어 앉기에 편안한 높이로 하였다.

공간의 가변성을 특징으로 하는 한옥에서 창호는 핵심적인 역할을 한다. 여러 짝으로 된 큰 창호가 한쪽 벽면 전체를 대체하기도 하는데, 이때 외부에 면한 창호뿐만 아니라 방과 방 사이에 있는 창호를 열면 별개의 공간이 합쳐지면서 넓은 새로운 공간을 형성하게 된다. 창호의 개폐에 의해 안과 밖의 공간이 연결되거나 분리되고 실내 공간의 구획이 변화되기도 하는 것이다. 이처럼 창호는 한옥의 공간 구성에서 빠트릴 수 없는 중요한 위치를 차지한다.

한편, 한옥에서 창호는 건축의 심미성이 잘 드러나는 독특한 요소이기도 하다. 창호가 열려 있을 때 바깥에 나무나 꽃과 같은 자연물이 있을 경우 방 안에서 창호와 일정 거리 떨어져 밖을 내다보면 창호를 감싸는 바깥 둘레 안으로 한 폭의 풍경화를 감상하게 된다. 방 안의 사람이 방 밖의 자연과 완전한 소통을 하여 인공의 미가 아닌 자연의 미를 직접 받아들임으로써 한옥의 실내 공간은 자연과 하나 된 심미적인 공간으로 탈바꿈한다. 열린 창호가 안과 밖, 사람과 자연 사이의 경계를 없앤 것이다.

창호가 닫혀 있을 때에는 창살 문양과 창호지가 중요한 심미적 기능을 한다. 한옥에서 창호지는 방 쪽의 창살에 바른다. 방 밖에서 보았을 때 대칭적으로 배열된 여러 창살들이 서로 어울려 만들어 내는 창살 문양은 단정한 선의 미를 창출한다. 창살로 구현된 다양한 문양에 따라 집의 표정을 읽을 수 있고 집주인의 품격도 알 수 있다. 방 안에서 보았을 때 창호지에 어리는 햇빛은 이른 아침에 청회색을 띠고, 대낮의 햇빛이 들어올 때는 뽀얀 우윳빛, 하루 일과가 끝날 때쯤이면 석양의 붉은색으로 변한다. 또한 창호지가 얇기 때문에 창호가 닫혀 있더라도 외부와 소통이 가능하다는 장점도 있다. 방 안에서 바깥의 바람과 새의 소리를 들을 수 있고, 화창한 날과 흐린 날의 정서와 분위기를 느낄 수 있다. 창호는 이와 같이 사람과 자연 간의 지속적인 소통을 가능케 함으로써 양자가 서로 조화롭게 어울리도록 한다.

언제나 자연과 소통하게 할 수 있는 구조가 바로 한옥의 진면목. 덕분에 옛 선비들은 창문을 여는 순간 자연과 하나 되는 '물아일체(物我一體)' 사상을 구현하고, 지혜와 용기를 배울 수 있었다. 창문은 세상의 변화를 깨닫게 하고, 닫히고 열리는 문의 기능처럼 때로는 절제와 때로는 개방으로 사람을 대하게 하고, 편협하지 않고 균형 잡힌 사람으로서의 역할을 다해야 함을 상징했다. 한옥의 창문은 그렇게 넘치지도 모자라지도 않으며 사람과 사람, 사람과 자연, 사람과 진리를 이어주는 숨길이었다.

보기

㉠ 한국전통 건축에서의 창과 문은 그 크기와 형태가 비슷해서 구별하지 않는 경우가 많아 창과 문을 합쳐서 창호라고 부른다.

㉡ 한옥에는 창 아래 낮은 턱이 있어 팔을 얹고 기대어 앉기에 편한 구조물이 있는데, 이를 머름이라고 부른다.

㉢ 한옥에서 창호는 건축의 심미성이 잘 드러나는 독특한 요소로 한옥의 아름다움을 담당하는 부분이지만 공간의 가변성과는 관련이 없다.

㉣ 창호는 한옥의 실내 공간을 자연과 하나 된 심미적인 공간으로 탈바꿈시키며 이를 통해 사람과 자연 사이의 경계를 없앤다.

㉤ 창호지를 바른 창은 외부의 소음을 차단하여 밖의 소리가 안으로 전달되지 않는다.

① ㉠, ㉡　② ㉢, ㉣　③ ㉢, ㉤

④ ㉢, ㉣, ㉤　⑤ ㉠, ㉡, ㉢, ㉣, ㉤

03. 다음 글의 필자의 관점에서 〈보기〉와 같은 문화 현상에 대해 할 수 있는 말로 가장 적절한 것은?

19세기 중반 이후 사진, 영화 같은 시각 기술 매체가 발명되면서 예술 영역에는 일대 변혁이 일어났다. 작품에서는 일회성과 독창성이 사라지고 수용자는 명상적인 수용에서 벗어나기 시작하였다. 그리고 비디오, 위성, 컴퓨터 등의 '위대한 신발명들'로 인해 매체는 단순한 수단 이상의 적극적이고 능동적인 의미를 부여받게 되었다. 이제 이러한 매체와의 소통이 곧 '문화'로 규정되고 있다.

정보와 소통이라는 비물질적 요소가 사회의 토대로 작용하는 매체 시대를 맞아 이성과 합리성에 의해 억압되었던 감각과 이미지의 중요성이 부각되고 있다. 또한 현실과 허구, 과학과 예술의 경계가 무너지면서 그 자리에 '가상 현실'이 들어서게 되었다. 가상 현실에서는 실재하는 것이 기호와 이미지로 대체되고, 그 기호와 이미지가 마치 실재하는 것처럼 작동한다. 따라서 현실 세계의 모방이라는 예술 영역의 기본 범주가 매체 사회에서는 현실과 허구가 구분되지 않는 시뮬레이션이라는 범주로 바뀌게 되었다.

매체 시대의 특징은 속도이다. 텔레비전이 공간의 차이를 소멸시키고 컴퓨터가 시간의 차이를 소멸시킴으로써 매체 시대에는 새로운 지각방식이 대두된다. 매체에 의해 합성된 이미지는 과거, 현재, 미래가 구분되는 '확장된 시간'이 아니라 과거, 현재, 미래가 공존하는 '응집된 시간'에 의존하며, 이는 문학과 예술의 서술 형태까지 변화시킨다. 뮤직 비디오를 보면 시간의 연속성의 구조가 파괴된 장면들이 돌발적으로 등장하는 것을 확인할 수 있다.

맥루한은 미디어가 단순히 커뮤니케이션 도구가 아니라, 우리의 감각을 외불어 끌어낸 인간 능력의 확장이라는 것을 강조한다. 그의 말에 따르면 "자동차의 바퀴는 발의 확장이고, 서적은 눈의 확장이고, 의복은 피부의 확장이고, 전자회로는 중추신경계의 확장"이라고 했다. 즉 미디어는 인간의 감각을 배분한다는 것이다. 텔레비전은 시각과 청각을 복수로 사용하여 모든 감각이 총동원되어 대상을 종합적으로 인식하는 것을 가능하게 한 커다란 계기를 제공한다.

핫 미디어와 쿨 미디어에 의한 미디어의 구분은 바로 미디어에 의한 감각의 배분 원리에 근거를 둔다. 어떤 미디어는 정보량은 많으나 특정 단일감각 기관을 고도로 확장시켜 커뮤니케이션을 왜곡시키는 반면, 어떤 미디어는 정보량은 적지만 모든 감각기관들이 동시에 작용하기 때문에 이상적인 커뮤니케이션을 형성할 수 있다고 본다.

이러한 매체 시대의 특징들을 바탕으로 매체 이론가들은 '매체 작품'이라는 개념을 제시한다. 전통적으로 예술 작품은 고독한 예술가의 창작물로 간주되었으며, 예술가는 창작 주체로서의 특권화된 위치를 차지하였다. 특정 질료를 독창적으로 다루어 만들어 낸 예술 작품은 그 누구도 모방할 수 없는 원본의 가치를 지니며, 모방물은 부정적으로 평가되었다. 그러나 오늘날의 매체 작품은 고독한 주체의 창조물이 아니라 매체들 간의 상호 소통의 결과물이다. 여기저기에서 조금씩 복사하여 책을 만들기도 하고, 예술가의 개별적인 작업보다는 협동 작업이 중시되기도 한다. 또한 홀로그래피, 텔레마틱 같은 새로운 장르 혼합 현상이 나타난다.

전통적인 미학론자들은 이러한 매체 작품이 제2의 문맹화를 가져오며 수용자에게 '나쁜' 영향을 끼칠 것이라고 평가한다. 그런데 이는 인쇄술의 발달과 함께 문학적 글쓰기가 대중성을 획득할 당시의 경고와 흡사하다. 예컨대 18세기 모리츠의 「안톤 라이저」는 '감각을 기분 좋게 마비시키는 아편'으로 간주되었다. 그럼에도 불구하고 소설 문화는 이후 지속적으로 발전하였다. 이를 통해 지금의 매체 작품도 향후 지속적으로 발전하여 정상적인 문화 형태로 자리 잡으리라는 전망이 가능하며, 따라서 전통적인 예술 작품과 매체 작품 모두 문화적 동인(動因)으로 열린 지평 안에 수용되어야 할 것으로 판단할 수 있다.

보기

컴퓨터광들이 공동으로 한 작품을 창작하는 방식과 한 사람의 작가가 총체적인 계획하에 자신의 고유한 작품을 완성하는 전통적인 글쓰기 방식이 공존하고 있다.

① 서로의 차이를 인정하고 존중하면서 상호 개방적인 태도를 취해야 한다.
② 두 문화 방식을 절충하여 가장 종합적이고 합리적인 대안을 찾아야 한다.
③ 기존의 예술 방식은 새로운 매체 환경에 적응하면서 변해야만 살아남을 수 있다.
④ 기술 매체에 의해 위협받고 있는 전통적인 예술과 문학의 방식이 보호되어야 한다.
⑤ 각자의 예술 방식에 대한 자기 반성을 통해 거듭나고자 하는 노력을 기울여야 한다.

04. 다음 글은 세 가지의 주제를 다루는 여섯 개의 문단 (가) ~ (바)로 구성되어 있다. 각각 같은 주제에 대해 설명하고 있는 문단을 두 개씩 분류해 문맥의 순서대로 나열한 것은? (단, 주제의 순서는 관계없다)

(가) 그러나 이러한 변화는 인구 고령화와 폭발적으로 증가하고 있는 의료비 문제 등으로 이미 거스를 수 없는 대세이며 이에 대한 깊은 고민과 사회적인 합의가 필요한 부분이다. 따라서 이것은 치료의 질을 향상시키는 한편 비용 절감이라는 두 마리 토끼를 잡을 수 있는 유일한 대안으로 제시되고 있으며 글로벌 시장조사업체에 따르면 비용 절감과 의료 서비스 향상을 위해 의료기관이 원격통신 기술 및 모니터링 기술사용을 늘리면서 세계 원격의료 기기 및 서비스 시장의 매출이 2013년 4억 4,060만 달러(4,847억 원)에서 2018년에는 45억 달러(4조 9,500억 원)로, 원격의료 서비스를 사용하는 환자 수도 2013년 35만 명 이하에서 2018년 700만 명으로 증가할 것으로 예상된 바 있다.

(나) 현재 외과는 예비 의사 사이에서 가장 인기 없는 분야다. 특히 심장외과 등은 사람의 목숨을 책임져야 하고, 만에 하나 실수라도 있다면 의료소송 등에 휘말릴 위험도 크다. 반면 가장 인기 높은 과 중 하나로 꼽히는 것 중 하나는 영상의학과다. 어려운 수술에 참여하지 않아도 되고, 의료의 1선을 지켜야 하는 부담도 적기 때문이다. 하지만 미래에 AI와 로봇기술이 점점 더 발전하면 어느 과가 더 주목받게 될까. 영상의학과에서 의료 인력의 필요성은 점점 줄어들 가능성이 크다. AI 학습기능을 이용하면 X선 영상, 인공지능 컴퓨터 판독 프로그램이 인간 이상으로 판독을 잘 할 가능성이 크다. 영상의학과 의사가 완전히 사라진다고 보긴 어렵겠지만, 현장에서 수요가 줄어드는 것은 피하기 어려울 것이다.

(다) 분화가 끝난 체세포를 분화 이전의 세포 단계로 되돌려 만능성을 유도시킨 유도만능 줄기세포 기술을 활용하면 자신의 세포를 이용하여 면역 거부반응이 없는 맞춤형 세포치료제 개발이 가능하다. 또한 직접 사람의 질병 모델의 제작이 가능하여 기존의 동물 모델을 이용하는 것보다 안전성과 효율성을 크게 향상시킨 drug screening platform의 개발이 가능해지며 이는 신약개발 분야에 큰 파급효과를 가져올 것으로 기대된다. 이종이식의 경우 유전자 편집기술의 발전에 힘입어 최근 미국 하버드 대학 의과대학 연구팀이 돼지 장기의 인간 이식을 가로막는 요인 중 하나인 돼지 내인성 레트로바이러스를 지닌 DNA염기서열을 유전자 가위로 잘라내는 데 성공하는 등 현실화가 한 단계 더 가까이 다가왔다. 이를 통해 가까운 미래에 돼지 등 동물의 장기를 사람에 이식하는 이종이식의 길이 열릴 것으로 예상되며 당뇨병, 각막 질환 등 난치질환 환자의 고통을 해결해 줄 수 있을 것으로 기대된다.

(라) 오늘날 의료기술의 놀랄 만한 발전에도 불구하고 아직도 수많은 환자들이 난치성 질환으로 고통을 받고 있다. 미래에는 질병, 사고, 노령화 등으로 손상된 세포, 조직 및 장기의 형태 및 기능을 근원적으로 복원하는 기술인 재생의료기술을 통해 난치 질환을 근본적으로 치료하는 새로운 패러다임의 시대가 도래할 것이다. Frost & Sullivan에 따르면 재생의료 시장은 매년 23%씩 성장하여 오는 2020년에는 675억 달러(약 80조 4천억 원)

의 시장 규모를 형성할 것으로 예상되었다. 재생의료의 핵심기술로는 줄기세포, 생체소재, 조직공학 기술이 있으며, 특히 유도만능 줄기세포 기술과 이종이식 기술의 파급력과 시장성이 클 것으로 예상된다.

(마) U-health는 물리적으로 떨어져 있는 환자를 ICT 기술을 활용하여 원격으로 진단 · 치료하는 일련의 활동뿐 아니라 일상적인 생활 속에서 건강에 관련된 신호 등을 수집 분석하여 상시적으로 건강을 관리하는 새로운 의료 패러다임을 포함한다. 즉 현재 병원과 의사를 중심으로 단절적으로 이루어지던 의료가 생활 속으로 스며들어 '지속적이며 상시적 관리'라는 의료시스템 전반에 혁명적인 변화를 유도할 수 있는 기술이다. 15년 이상 많은 논란에도 불구하고 아직 크게 발전하지 못하고 있는 것은 이렇게 사회 전반적인 시스템 변화가 수반되어야 하기 때문이다.

(바) 반대로 외과는 이야기가 다른데, 앞으로 오히려 유망한 분야로 보고 있다. 바로 로봇기술과 인공지능(AI)의 발전 덕분이다. 사실 수술용 로봇은 이미 실용화돼 있다. 가장 대표적인 로봇이 '다빈치'다. 미국 인튜이티브서지컬사가 개발한 이 로봇은 의료계에 큰 혁명을 가지고 왔다. 이 로봇은 본래 의사가 기다란 수술 도구를 손으로 잡고 환자의 몸에 뚫은 대여섯 개의 작은 구멍 속으로 넣어 치료하는 '복강경 수술'을 더욱 편리하게 할 수 있도록 만든 것이다. 복강경 수술을 할 줄 아는 외과 의사라면 당연히 이 로봇이 없어도 기존의 도구를 이용해 수술할 수는 있다. 반대로 의사가 복강경 수술 자체를 할 줄 모르면 이 로봇은 무용지물이 된다. 수술을 하는 것은 로봇이 아니라 여전히 의사이기 때문이다.

① (라)－(다) / (마)－(가) / (나)－(바)
② (다)－(라) / (마)－(가) / (바)－(나)
③ (라)－(마) / (가)－(다) / (나)－(바)
④ (나)－(다) / (가)－(바) / (라)－(마)
⑤ (라)－(다) / (나)－(가) / (마)－(바)

1회 2회 3회 4회 5회 6회 7회 8회 9회 10회 11회 12회 13회 14회 15회 인성검사 면접가이드

05. 다음 글을 바탕으로 추론할 수 없는 것은?

2017년 5월 25일 오후 4시 20분(현지 시간). 뉴질랜드 북섬 마히아 반도의 해안가에서 희뿌연 연기가 피어올랐다. 곧이어 연기 위 하늘로 검은색 로켓이 솟아올랐다. 뉴질랜드에서 발사된 최초의 전기모터 우주발사체가 우주를 향해 날아오르는 순간이었다. '로켓랩'이라는 회사가 개발한 '일렉트론'이라는 이름의 이 로켓은 길이가 17m에 불과한 2단 로켓이다. 우리나라가 2013년 발사에 성공한 나로호의 절반밖에 안 된다. 그럼에도 불구하고 이 로켓의 시험발사가 관심을 모은 이유는 터보펌프보다 가벼운 전기모터와 효율적인 배터리, 3D 프린터를 통해 출력한 엔진을 사용한 로켓이기 때문이다.

현재 우주발사체 엔진은 액체연료를 쓴다. 액체 상태의 연료를 높은 압력으로 연소기에 뿜어 준 뒤 불을 붙여서 그 폭발력으로 로켓을 추진시키는 것이다. 예를 들어 2013년 발사된 나로호는 액체 산소와 케로신(등유)을 산화제와 연료로 썼다. 이때 연소기에 주입된 연료의 압력이 높아야 연소기를 작고 가볍게 만들면서도 강한 추진력을 낼 수 있다. 이를 위해 연료통의 압력을 높이면 될 것 같지만, 그만한 압력을 견디려면 연료통이 훨씬 두꺼워야 하고, 결국 로켓이 더 무거워지는 문제가 생긴다. 현재 사용 중인 대부분의 우주로켓은 연료통과 연소기 사이에 터보펌프를 장착하는 것으로 그 문제를 해결하고 있다. 연료통의 압력을 3기압 정도로 유지하고 터보펌프로 압력을 100 ~ 200기압으로 높여서 연소기에 주입하는 것이다. 하지만 터보펌프를 써도 펌프를 비롯해 이를 작동시키기 위한 여러 장치들을 설치해야 하기 때문에 어쩔 수 없이 로켓의 무게가 무거워진다. 게다가 설비가 복잡해질수록 오작동을 일으킬 가능성도 높아진다.

전기모터는 이런 문제점을 해결해 주는 기술이다. 터보펌프 대신 전기의 힘으로 모터를 돌려서 연료를 연소실에 높은 압력으로 보내 주는 것이다. 이런 방식으로 작동하는 로켓엔진을 전기모터 엔진이라고 부른다. 전기모터를 쓰면 터보펌프를 쓰는 것보다 단순한 구조로 로켓을 만들 수 있어서 오작동 가능성이 낮다. 또 엔진을 끄고 켜거나 추진력을 조절하기도 쉽다. 게다가 터보펌프를 작동시키기 위해 투입된 연료가 다 연소되지 못해서 생기는 그을음이 없어서 친환경적이며 엔진을 재활용하는 것도 상대적으로 쉽다. 그럼에도 지금까지 전기모터와 배터리를 장착한 엔진이 나오지 못했던 가장 큰 이유는 배터리의 에너지 밀도 때문이다. 작은 부피에 충분한 양의 에너지를 저장할 만한 기술이 뒷받침되지 못했다. 하지만 최근 스마트폰과 전기자동차 등의 기술이 발전하면서 배터리의 효율이 빠르게 개선되었고 이로 인해 로켓랩이 최초의 전기모터 엔진을 개발할 수 있었다. 로켓랩은 원자핵을 발견한 뉴질랜드 출신의 물리학자 어니스트 러더퍼드의 이름을 따서 전기모터 엔진에 '러더퍼드'라는 이름을 붙였다.

러더퍼드 엔진에 적용된 또 하나의 신기술은 바로 3D 프린터이다. 로켓랩은 엔진의 주요 부품인 연소실과 연료 분사기, 펌프, 추진체 밸브 등을 24시간 안에 출력해서 3일이면 엔진 하나를 만들 수 있다고 밝혔다. 이 말이 사실이라면 로켓 개발 역사에 획을 그을 만한 혁신적인 성과라고 할 수 있다. 한국항공우주연구원에서 로켓 엔진을 개발 중인 전문가에 따르면 연소실 하나를 만드는 데 보통 5 ~ 6개월이 걸린다고 한다. 로켓 개발비의 대부분이 인건비인 만큼 제작 기간을 단축하면 비용을 획기적으로 줄일 수 있는 것이다. 하지만 3D 프린터로 출력한 부품이 과연 기계로 제작한 부품만큼 안정적으로 작동할지에 대해서는 검증이 필요하다. 실제로 이번 발사에서 일렉트론은 목표로 한 궤도에 도달하지는 못했는데, 여러 가능성이 있지만 엔진에 문제가 있었을 가능성도 배제할 수 없다.

로켓랩은 올해 시험발사를 몇 차례 더 한 뒤 본격적으로 상업발사를 할 계획이다. 1회 발사 비용은 약 55억 원(490만 달러)으로 책정했다. 인공위성을 최대한 많이 실었다고 가정하면(225kg), 1kg당 발사 비용은 약 2,460만 원 정도가 된다. 영화 '아이언맨'의 모델로 알려진 일론 머스크가 세운 민간우주기업 스페이스 X의 저궤도 위성 발사 비용과 비교하면 약 8배 정도 비싼 편이지만 스페이스 X는 100 ~ 500kg급의 소형 위성은 발사하지 않으므로 소형 저궤도 위성만 전문적으로 발사하는 시장에서는 경쟁력이 있는 가격이다. 특히 최근 들어 큰 위성보다는 작은 위성 여러 개를 군집 비행시키는 방식으로 개발 추세가 변하고 있어 소형 저궤도 위성 발사 시장이 커질 것으로 전망된다. 로켓랩은 올해 안에 일렉트론 로켓을 달로 쏘아 보낼 계획이다. 올해 1월 구글의 민간 달탐사 후원 공모전인 '구글 루나 X 프라이즈'에서 선정된 '문 익스프레스' 팀이 일렉트론에 탐사선을 실어 보내기로 했기 때문이다. 구글은 선정된 다섯 팀 중에서 올해 안에 탐사선을 달에 가장 먼저 착륙시킨 뒤 500m 이상 이동시키면서 사진과 동영상을 촬영한 팀에게 약 226억 원(2,000만 달러)을 상금으로 줄 계획이다.

이처럼 전기모터 엔진 기술이 빠르게 발전하고 있지만 현재 상용화된 터보펌프 엔진과 동등한 수준의 성능을 내려면 아직은 갈 길이 멀다. 전문가들은 전기모터를 구동하는 배터리의 에너지 밀도가 2015년을 기준으로 비교했을 때 1.5 ~ 2배 정도 향상돼야 한다고 설명한다. 현재 기술 발전 속도로 봤을 때 앞으로 10년 이내로 전기모터와 배터리가 액체 엔진의 터빈과 구동 부품들을 대체할 수준이 될 수 있다는 전망이다.

① 제조업의 발전은 서로 다른 품목이라 하더라도 생산방식 · 기술에 상호 간 영향을 끼칠 수 있다.

② 신기술인 3D 프린터를 이용한 부품제작이 이미 러더퍼드 엔진에 적용되어 성공하였으므로 별도의 검증 없이 빠른 시일 안에 상용화될 것으로 전망된다.

③ 올해 안에 로켓랩의 일렉트론 로켓을 이용해 탐사선을 달에 옮기고 탐사선의 이동을 촬영하여 경제적 이익을 획득하고자 하는 사람들이 있다.

④ 전기모터는 친환경적이고 오작동 가능성이 낮다는 장점이 있으나 현재 기술 수준으로는 아직 터보펌프 엔진을 완전히 대체하기는 어렵다.

⑤ 일론 머스크가 세운 민간우주기업인 스페이스 X는 소형 위성을 취급하지 않는다.

06. 다음 글의 (가) ~ (마)에 해당하는 중심 내용에 대한 정리로 적절하지 않은 것은?

배출권거래제가 지난 2015년 시작된 이래로 5년차에 접어들었지만 여전히 혼돈 속에 있는 것으로 보인다. 배출권거래제도는 말 그대로 거래를 기반으로 하는 시장임에도 불구하고 정부의 과도한 개입이 시장의 기반을 망치고 있다는 불만도 터져 나오고 있는 실정이다. 이러한 가운데 업계 내에서는 공정하게 이뤄져야 하는 거래가 특별히 기준이 없다보니 상도덕이 무너지고 있다는 지적도 있다. 현재 운영되고 있는 배출권거래제의 문제점은 무엇인지, 개선 방안은 있는지 살펴봤다.

(가) 배출권거래제는 시장의 모습을 하고 있지만 국내에서 이를 시장으로 바라보는 사람들은 많지 않은 것으로 보인다. 배출권 할당대상 기업들은 배출권거래제를 말하면서 모두 규제라고 해석을 한다. 시장이어야 하는 배출권거래제가 정부의 과도한 개입으로 무너지고 있다는 것이다. 배출권거래제도는 시장의 자율성을 중심으로 이뤄지도록 설계됐고 현재 시행되고 있다. 따라서 제도를 운영하고 대응하는 과정에서 시장의 자율성과 독립성을 인정하는 것이 중요하다. 이것이 배출권거래제도의 기본개념이다.

(나) 만약 시장경제메커니즘 기반의 배출권거래제도를 시행함에 있어서 탄소세 또는 환경규제제도 등의 직접적 규제방식으로 제도를 이해 또는 대응할 경우 시장의 자율성이 훼손될 수 있다. 뿐만 아니라 시장은 정부의 시장개입에 의존하게 됨으로 활성화될 수 없을 것이다. 결국 배출권거래제도는 성공할 수 없는 한계점을 가질 수밖에 없다. 때때로 거대한 제도적 철학을 논하지 않더라도 제도를 이해하고 제도를 운영하는 과정에서 많은 이슈가 제기될 때 이러한 제도적 기본 철학은 해당 이슈를 해결하기에 가장 핵심 원칙이 돼야 한다고 지적했다. 관련업계는 그럼에도 국내 배출권시장은 기본적인 원칙조차 무시하고 있다고 지적하고 나섰다.

(다) 기업 간 불공정거래와 정부의 규제적인 성향, 이 두 가지가 배출권거래제의 도덕적 해이로 지적되는 부분이다. 업계의 한 관계자는 "정부가 애초에 온실가스 감축량을 과도하게 설정함에 따라 시장에 풀리는 물량은 제한적일 수밖에 없고 실제로 시장에 나오는 물량이 없었다."라며 "이로 인한 제도의 불안요소는 가격급등이라는 결과로 나타났다."고 전했다. 또한 그는 "올 초에 시행된 경매제도에서 그 현상은 확실하게 보였다."라며 "시장가격이 2만 원 중반에 형성된 것과 달리 경매가격은 최고 2만 9,000원대까지 치솟은 것을 보면 그 결과를 알 수 있을 것"이라고 강조했다.

(라) 환경부는 배출권 가격을 안정화시키겠다는 의지로 이월제한 등을 시행한다는 계획이다. 이러한 내용을 골자로 21일 공청회를 개최한다. 배출권 잉여업체들에게 강제적으로 잉여물량을 시장에 내놓도록 하겠다는 방침이다. 이에 대해 관련업계는 "이러한 환경부의 결정은 도덕적 해이"라며 "그동안 부족물량을 예측하고 대응해 온 기업들을 바보로 만든 상황이다."고 토로했다. 또 다른 업계의 전문가는 "정부가 배출권에 대한 이해가 있는지 의심스럽다."라며 "당장 발등에 떨어진 불을 끄기 위해 미래시장에 대한 배임을 하고 있는 것"이라고 강도 높게 지적했다.

(마) 반면 배출권부족분에 시달리고 있는 업계에서는 반기는 기색을 보이기도 했다. 그동안 시장에 풀리는 물량이 없는 상황에서 기업 간 거래 시 일방적으로 취소를 하더라도 이에 대한 제재 조항이 없어 전날 가격 동향에 따라 계약을 파기하는 경우가 심심치 않게 이뤄지는 등 시장의 도덕적 해이가 심각하다는 지적도 나오고 있었기 때문이다. 따라서 관련업계에서는 거래의 신뢰성을 회복하기 위한 안전장치가 마련돼야 한다고 주장한 바 있다. 문제는 정부가 개입의 정도를 지키지 못하고 과도한 개입을 예고했다는 것이다.

정부는 21일 제2차 계획기간 국가 배출권 할당계획(2단계) 변경안에 대한 공청회를 개최할 계획이다. 이번 공청회의 주요 내용은 '배출권 이월 기준 변경에 관한 사항'으로 시장안정화를 위해 정부가 이월물량을 제한하는 것으로 현재 부족분인 840만 톤을 해갈하겠다는 목표다. 업계는 이에 대해 시장 질서를 해치는 매우 위험한 발상이라며 반발하고 나섰다. 일각에서는 환경부가 시장에 대한 이해가 있는지 의심스럽다며 배출권은 시장이고 경제가 핵심이기 때문에 주관부처를 변경해야만 하는 것 아니냐는 목소리도 나오고 있다. 이에 따라 정부가 이번 공청회에서 해안을 찾을 수 있을지 귀추가 주목된다.

① (가) – 배출권거래제도의 기본개념과 현실적 문제

② (나) – 배출권거래제도에 담긴 기본 철학과 현실적 한계

③ (다) – 배출권거래제도에서 나타나는 두 가지 도덕적 해이

④ (라) – 배출권거래제도의 도덕적 해이를 시정하기 위한 정부의 노력

⑤ (마) – 정부의 조치에 대한 업계의 긍정적 반응과 그 한계

07. 다음 글의 내용과 일치하지 않는 것은?

A가 증가할 때 B도 증가하거나 A가 증가할 때 B는 감소하는 것과 같이 두 변수의 변화가 함께 나타나는 빈도가 통계적으로 의미 있는 값을 보일 때 우리는 '상관관계가 있다'고 한다. 예를 들어 키가 큰 사람들은 대체로 체중이 많이 나가기 때문에 사람들의 체중과 신장 사이에는 상관관계가 있다고 할 수 있다.

상관관계가 있는 A와 B 중 하나가 원인이 되고 다른 것이 그에 따른 결과가 되면 '인과관계가 있다'고 한다. 상관관계는 변수들의 사이가 밀접하다는 것만을 나타내며 인과관계가 성립하는지에 대해서는 말해 주지 않는다. 두 개의 변수들이 통계적으로 상관관계를 나타내지만 그것은 단지 우연일 뿐 서로 인과관계가 없는 경우도 많다. 그러나 사람들은 이런 경우에 종종 상관관계가 곧 인과관계를 나타낸다고 착각한다.

그중 첫 번째 경우는 A가 일어난 다음 B가 일어난다고 해서 A가 B의 원인이라고 결론짓는 것이다. 철학자인 밀(John S. Mill)은 인과관계가 이루어질 수 있는 조건으로 다음의 세 가지를 제시하였다. 원인은 결과보다 시간적으로 앞서야 하고, 원인과 결과는 관련이 있어야 하며, 결과는 원인이 되는 변수만으로 설명이 되어야 하고 다른 변수에 의한 설명은 제거되어야 한다는 것이다. 그러나 사람들은 이 중에서 첫 번째 조건만 만족되어도 인과관계를 가정하는 경우가 많다.

실제로는 초콜릿과 두통 사이에 인과관계가 없는데, 초콜릿을 먹고 나서 두통이 사라진 경험을 자주 한 사람이 초콜릿 때문에 두통이 나았다고 생각하는 것이 바로 여기에 속한다. '어떤 친구가 음식점에 들어가면 그 음식점에는 항상 사람들이 몰리기 시작한다'고 주장하는 경우도 이와 같은 경우에 해당한다. 물론 친구가 할인매장에 들어가는 사건이 매장에 손님이 몰리는 사건보다 시간상으로 앞서는 것은 사실이지만, 그렇다고 해서 첫 번째 사건을 두 번째 사건의 원인으로 보기에는 어렵다.

상관관계를 인과관계로 오해하는 두 번째 경우는 A와 B라는 두 사건의 원인이 되는 C라는 변수를 고려하지 않고 A나 B를 하나의 원인과 하나의 결과로 나누는 것이다. 휘발유의 가격이 오르면 대개 경유의 가격도 오른다. 그러나 휘발유의 가격 상승이 경유 가격 상승의 원인은 아니다. '원유의 가격 상승'이라는 제3의 변수에 의해 공통적으로 영향을 받는 것이다. 또 하나의 사례를 들자면 다음과 같다. '천재들은 모두 명성을 얻었다. 따라서 명성을 얻으면 천재가 될 것이다'라는 문장을 생각해 보면, 명성을 얻는 사건은 천재가 된 사건에 대한 결과이지 원인이 될 수는 없다.

마지막으로 두 변수 사이에 인과관계가 있더라도 원인과 결과를 바꾸어 생각하는 경우도 있다. 한 스포츠 평론가는 칼럼에서 감독을 쉽게 해고하면 팀의 승률이 낮아진다고 주장했다. 그는 그 근거로 감독을 자주 바꾼 팀이 그렇지 않은 팀보다 승률이 낮다는 통계 자료를 제시했다. 그러나 사실상 감독이 자주 바뀌어서 승률이 낮은 것이 아니라 팀이 자주 지게 되면 감독을 바꾸게 된다고 보는 것이 더 자연스러운 해석일 것이다.

또 다른 사례는 흡연과 심장병이다. 흡연이 심장병을 일으킨다고 생각하므로 흡연을 심장병의 원인으로 생각하는 경우가 있으나, 흡연과 심장병을 공통으로 발생시키는 유전자가 있는 상황에 대해서 생각해 볼 수 있다. 따라서 이 경우, 흡연과 심장병은 규칙적으로 함께 발생하는 상관관계일 뿐이다.

이렇게 상관관계를 인과관계로 착각하여 또는 원인과 결과를 반대로 생각하여 사건의 원인을 혼동하는 일은 개인적이고 일상적인 상황에서뿐만 아니라, 학술적인 판단, 의학적인 진단과 정치 · 경제적인 정책 수립 등 거의 모든 분야에서 발생할 수 있다. 그러므로 어떤 사건의 원인을 파악하고 그에 따른 대책을 세우려고 할 때, 이와 같은 오류에 빠지지 않도록 주의해야 한다.

① 먼저 발생한 사건이라고 해서 반드시 나중에 발생한 것의 원인이 되지는 않는다.
② 사건들 간의 그릇된 관계 해석으로 오류를 야기하지 않도록 경계해야 한다.
③ 두 변수가 인과관계에 놓여 있으면 상관관계도 있는 것이지만 두 변수 사이의 연관성은 명확하지 않다.
④ 두 변수 사이에 상관관계가 있다고 해서 인과관계가 있는 것은 아니다.
⑤ 두 변수의 변화가 함께 발생하는 빈도의 통계적 의미에 따라 '상관관계'를 논할 수 있다.

08. 다음 글의 내용과 일치하지 않는 것은?

'캐리 벅 사건(1927)'은 버지니아 주에서 시행하는 강제 불임시술의 합헌성에 대한 판단을 다룬 것이다. 버지니아 주에서는 정신적 결함을 가진 사람들의 불임시술을 강제하는 법을 1924년에 제정하여 시행하고 있었다. 이 법은 당시 과학계에서 받아들여지던 우생학의 연구 결과들을 반영한 것인데, 유전에 의해 정신적으로 결함이 있는 자들에게 강제불임시술을 함으로써 당사자의 건강과 이익을 증진하는 것을 목적으로 하였다. 우생학은 인간의 유전과 유전형질을 연구하여, 결함이 있는 유전자를 제거하여 인류를 개선하는 것이 주목적이었는데, 정신이상자, 정신박약자, 간질환자 등을 유전적 결함을 가진 대상으로 보았다.

캐리 벅은 1906년 버지니아 주 샬러츠빌에서 태어났다. 캐리가 3 ~ 4살 때 부모는 이혼했고 이복남매인 로이와 도리스까지 세 아이를 키워야 하는 엄마 엠마 벅은 구걸을 하다 결국 길거리를 전전하며 몸을 팔게 되었다. 이후 엠마는 어린 정신연령 탓에 정신박약자 수용시설에 수용되면서 아이들을 잃었다.

캐리는 돕스 가족에 입양되었고 그 집에서 14년간 허드렛일을 하며 살았다. 1913년에서 1918년까지 캐리는 정상적인 아이들과 같이 학교에 다녔다. 선생님은 캐리를 '행동거지와 수업 매우 훌륭함'이라는 평가를 내리기도 했다. 6학년에 진학해야 할 캐리를 두고 돕스 가족은 집안일을 핑계로 자퇴시켰다. 그러다 돕스의 조카가 17살의 캐리를 강간하였고 캐리는 원치 않는 임신을 했다. 돕스는 집안 체면을 유지하고 수양딸의 수치스러운 상황을 감추기 위해 그녀를 정신박약자로 몰아 수용시설로 보낼 계획을 세웠다. 1924년 가정법원에 청문회를 신청하자 돕스가의 주치의인 J.C. 쿨터 박사와 J.F 윌리엄스 박사는 캐리를 정신박약자로 진단했다. 이 청문회에서는 돕스 부부만 증언을 했고 캐리 벅에게는 증언의 기회조차 없었다. 법원은 캐리가 정신박약자 또는 간질병자에 해당하므로 수용시설에 수용하라고 명령했다. 돕스는 14년간 하녀처럼 부리던 캐리를 자신의 조카의 치부를 감추기 위해 헌신짝처럼 버린 셈이다. 캐리는 딸을 출산하고 수용시설에 수감되었다.

첫 상소에서 캐리 벅의 변호사인 화이트헤드는 수용시설에 있는 사람들에 대한 시술은 평등권을 침해한다는 사실과 우생학적 불임시술을 규정하고 있는 버지니아 주 법률이 잔인하고 비정상적인 형벌에 해당해 수정헌법 8조를 위반한다는 사실을 알고 있으면서도 5페이지짜리 의견서에서는 오직 적법절차에만 초점을 맞춘 내용을 적어 제출했다. 불임시술이 사회에 이익이 된다는 근거가 잘못되었다는 지적만 했지, 캐리 벅이 인간으로서 누려야 할 기본권에 대한 의견은 없었다.

미국 연방대법원은 강제불임시술을 규정한 버지니아 주의 주법을 합헌으로 판단하였다. 이 사건의 다수의견을 작성한 홈즈 대법관은 판결의 이유를 다음과 같이 밝혔다.

"사회 전체의 이익 때문에 가장 우수한 시민의 생명을 희생시키는 일도 적지 않다. 사회가 무능력자로 차고 넘치는 것을 막고자 이미 사회에 부담이 되는 사람들에게 그보다 작은 희생을 요구하는 것을 금지할 수는 없다. 사회에 적응할 능력이 없는 사람들의 출산을 금지하는 것이 사회에 이익이 된다. 법률로 예방접종을 하도록 강제할 수 있는 것과 같은 원리로 나팔관 절제도 강제할 수 있다."

13. 다음은 ○○공사의 신입사원 채용 지원자 수와 비율에 대한 자료이다. 〈보기〉 중 이에 대한 설명으로 옳지 않은 것은 모두 몇 개인가? (단, 필요한 경우 소수점 아래 둘째 자리에서 반올림한다)

〈자료 1〉 ○○공사의 국내 및 해외 지원자 수

(단위 : 명)

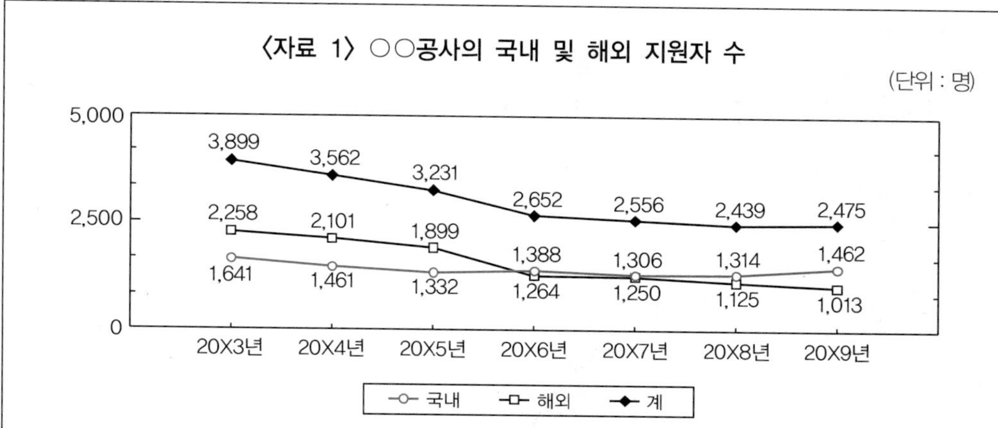

〈자료 2〉 ○○공사의 국내 및 해외 지원자 비율

(단위 : %)

구분	20X3년	20X4년	20X5년	20X6년	20X7년	20X8년	20X9년
국내	42.1	41.0	41.2	52.3	51.1	53.9	(A)
해외	57.9	59.0	58.8	47.7	48.9	46.1	(B)
합계	100.0	100.0	100.0	100.0	100.0	100.0	100.0

보기

㉠ 전체 지원자 수 대비 해외 지원자의 비율은 전반적으로 감소하는 추세이다.
㉡ 20X9년 전체 지원자 수 대비 국내 지원자의 비율은 약 59.1%에 해당한다.
㉢ 20X3년 대비 20X9년 전체 지원자 수는 1,424명 감소하였다.
㉣ 20X5년 대비 20X6년 전체 지원자 수는 약 25% 감소하였다.
㉤ (A)는 (B)보다 약 18.2%p 높다.

① 1개 ② 2개 ③ 3개 ④ 4개 ⑤ 5개

[14 ~ 15] 다음 자료를 보고 이어지는 질문에 답하시오.

〈표 1〉 A 사업의 소관부처별 예산 현황

(단위 : 십억 원, %)

소관부처	20X8년		20X9년	
	예산	구성비	예산	구성비
농림축산식품부	19,950	86	19,630	88
국토교통부	1,800	8	1,451	6
산림청	1,200	5	1,056	5
농촌진흥청	300	1	194	1
계	23,250	100	22,331	100

〈표 2〉 A 사업의 회계별 예산 현황

(단위 : 십억 원, %)

회계	20X8년		20X9년	
	예산	구성비	예산	구성비
일반회계	7,650	33	7,612	34
특별회계	8,200	35	8,918	40
기금	7,400	32	5,801	26
계	23,250	100	22,331	100

〈표 3〉 A 사업의 회계, 소관부처별 예산 현황

(단위 : 십억 원, %)

회계	소관부처	20X8년		20X9년	
		예산	구성비	예산	구성비
일반회계	농림축산식품부	5,700	75	6,100	80
	국토교통부	1,100	14	790	10
	산림청	700	9	573	8
	농촌진흥청	150	2	149	2
	소계	7,650	100	7,612	100
특별회계	농림축산식품부	7,000	85	7,934	89
	국토교통부	550	7	456	5
	산림청	500	6	483	5
	농촌진흥청	150	2	45	1
	소계	8,200	100	8,918	100
기금	농림축산식품부	7,250	98	5,596	96
	국토교통부	150	2	205	4
	소계	7,400	100	5,801	100

14. A 사업의 20X9년 일반회계 예산과 특별회계 예산이 전년 대비 증가한 소관부처의 20X8년 대비 20X9년 예산총액 증감률은 몇 %인가? (단, 소수점 아래 넷째 자리에서 반올림한다)

① −1.602%　　② −1.603%　　③ −1.604%
④ −1.605%　　⑤ −1.606%

15. A 사업의 20X9년 기금 예산 구성비의 전년 대비 증감폭(%p)과 국토교통부의 기금 예산의 전년 대비 증감률(%)을 더한 값은 얼마인가? (단, 소수점 아래 넷째 자리에서 반올림한다)

① 41.667　　② 42.667　　③ 43.665
④ 44.665　　⑤ 45.663

[16 ~ 17] 다음 자료를 보고 이어지는 질문에 답하시오.

〈자료 1〉 2011 ~ 2020년 한국 농업 및 낙농업 연평균 물 사용량

(단위 : 억 m³/년)

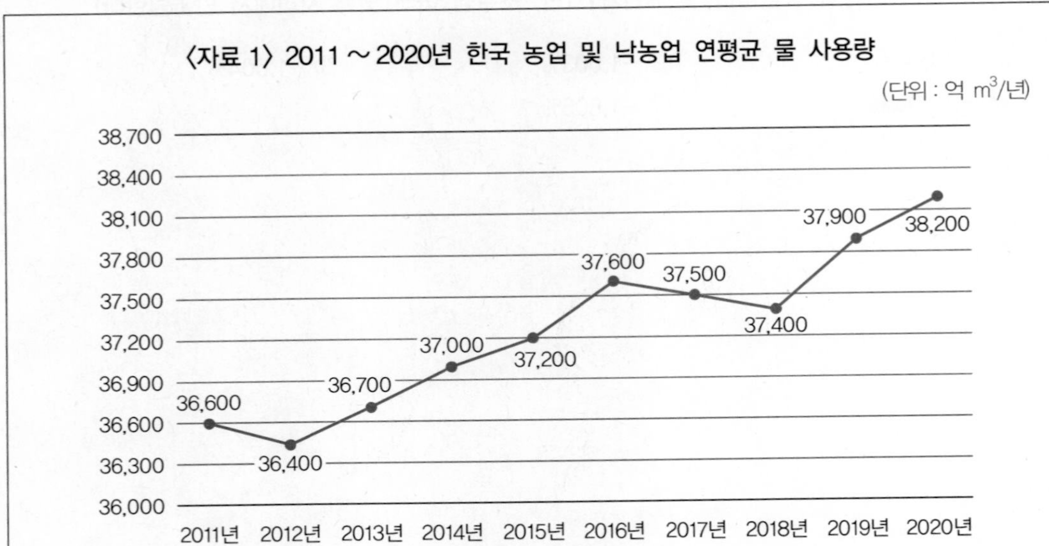

〈자료 2〉 주요 농업 및 낙농업 품목 연평균 물 사용량

(단위 : 억 m³/년)

품목	물 사용량	품목	물 사용량
쌀	2,895	닭고기	3,918
밀	1,334	달걀	3,340
옥수수	909	우유	990
소고기	12,497	치즈	4,914
돼지고기	4,856		

16. 다음은 위 자료를 바탕으로 작성한 보고서 중 일부다. ㉠ ~ ㉣ 중 옳은 내용은 몇 개인가?

보고서

농업 및 낙농업 연평균 물 사용량은 당해 연도 동안 사용된 농업 및 낙농업의 연평균 농업 용수량을 의미한다. 연평균 물 사용량이 적다는 것은 해당 지역에서 어떤 낙농업 제품에 대한 생산량이 적다는 것을 의미한다. ㉠ 우리나라의 농업 및 낙농업 연평균 물 사용량은 2012년부터 2020년까지 지속적으로 증가하였다. 또 ㉡ 최근 2년간(2018 ~ 2020년)의 추세가 유지될 때 앞으로 물 사용량은 지속적으로 감소할 전망이다.

한편 주요 농업 및 낙농업 품목에 대한 평균 물 사용량에 따르면 농업 및 낙농업 제품 생산에 필요한 용수량을 대략적으로 알 수 있다. ㉢ 예를 들어 옥수수 생산에는 가장 적은 물이 요구되는 반면, 소고기 생산에는 가장 많은 물이 필요하다. 표에는 제시되지 않았지만 가장 많은 물을 필요로 하는 작물은 커피다. 커피는 대략 연간 19,028억 m^3의 용수가 필요하다. ㉣ 이것은 주요 농업 및 낙농업 평균 물 사용량의 상위 3개 품목을 합친 것보다도 많은 용수를 필요로 하는 것이다.

① 0개 ② 1개 ③ 2개
④ 3개 ⑤ 4개

17. 상사의 지시에 따라 2021년도 우리나라 농업 및 낙농업 연평균 물 사용량을 추산하여 보고서에 추가하려고 한다. 빈칸에 들어갈 수치는? (단, 소수점 아래 셋째 자리에서 반올림한다)

보고서

우리나라의 2021년도 농업 및 낙농업 연평균 물 사용량에 대한 추정치는 직전 3개 연도의 증감률(%)을 각각 산출하여 그 평균값으로 계산하였다. 즉, 2018년 대비 2019년의 물 사용량 증감률과 2019년 대비 2020년 물 사용량 증감률을 각각 산출한 후 그 둘의 평균 증감률을 2021년 농업 및 낙농업 연평균 물 사용량 추정치로 하였다. 따라서 2021년 농업 및 낙농업 연평균 물 사용량은 2020년 대비 (   )% 증가할 전망이다.

① 1.09 ② 1.07 ③ 1.03
④ 1.00 ⑤ 0.98

18. 다음은 L 그룹이 내부 회의를 통해 결정한 조치사항과 프로젝트 평가 결과이다. L 그룹의 내년도 사업에 대한 예측으로 옳지 않은 것은?

L 그룹은 다음과 같이 현재 진행 중인 프로젝트에 대한 경영 컨설팅을 진행하여 내년도 전략을 수립하려 한다. 컨설턴트들의 점수 평균이 95점 이상일 경우에는 1등급, 90점 이상 ~ 95점 미만은 2등급, 85점 이상 ~ 90점 미만은 3등급, 85점 미만은 4등급을 부여한다. 이때 가장 높은 점수를 부여한 컨설턴트의 점수를 제외하고 계산한다(동점인 경우 포함하여 계산한다).

〈등급별 조치사항〉

- 1등급에 해당하는 사업은 내년에도 적극 지원 및 확장을 시도한다.
- 2등급에 해당하는 사업은 일단 지속 수행하며 투자금을 유지하되 보다 세밀한 관찰과 관리가 필요한 사업으로 분류된다.
- 3등급에 해당하는 사업은 투자 중단 및 내부 회의를 거쳐 사업 지속을 위한 결정을 내린다.
- 4등급에 해당하는 사업은 폐지 및 관리조직과 담당자가 문책을 받게 된다.

〈프로젝트별 평가 결과〉

(단위 : 점)

컨설턴트 / 사업명	A	B	C	D	E
□□콜라보 마케팅	92	87	90	83	94
△△업체 지원	87	90	89	90	95
○○펀드 투자	82	89	92	94	79
◇◇선박 운용	89	98	95	96	98
인도 ◎◎사 인수	79	88	83	84	85

① 인도 ◎◎사 인수는 내년에 사업 지속이 불가능하다.

② 금년 진행된 프로젝트 중 내년에 시행될 가능성이 있는 프로젝트는 최소 1개이다.

③ 금년 진행된 프로젝트 중 보다 세밀한 관찰과 관리가 필요한 사업은 존재하지 않는다.

④ E 컨설턴트가 ◇◇선박 운용에 대해 1점을 더 주어도 이 프로젝트의 등급에는 변화가 없다.

⑤ B 컨설턴트가 ○○펀드 투자 사업에 대해 C 컨설턴트와 동점을 주어도 이 프로젝트의 등급에는 변화가 없다.

19. ○○은행 고객 박 씨는 다음과 같은 외화예금 추천을 문의하였다. 외화예금 상품 중 박 씨가 추천받을 상품으로 적절한 것을 모두 고르면?

박 씨 : 요즘 외화예금을 많이 한다고 해서 외화예금 계좌를 하나 만들까 하는데 저에게 맞는 상품을 추천해 주세요. 환율 우대 혜택 없이는 외화예금으로 이득을 보기 어렵다던데, 외화예금에 가입하면 환전수수료 할인 혜택은 당연히 받게 되겠죠? 요금 호주달러(AUD) 예금이 유행이라니 제 것도 호주달러로 예금거래가 가능하면 좋겠고, 소액으로도 가입할 수 있으면 좋겠어요. 처음에는 5 ~ 6만 원 정도로 시작해볼까 해요. 외화예금은 멀리 보고 시작하라기에 저도 3년 정도 두고 보려고 하는데 어떤 상품에 가입하는 것이 좋을까요?

〈외화예금 상품 현황〉

상품	㉠	㉡	㉢	㉣
가입금액	USD 50불 이상	USD 50불 이상	USD 100불 이상	USD 50불 이상
가입통화	USD, JPY, EUR, GBP, CAD, AUD, NZD, CHF, HKD, SGD	USD, JPY, EUR, GBP, CAD, AUD, NZD, CHF, HKD, SGD	USD, JPY, EUR, GBP, CAD, AUD, NZD, CHF, HKD, SGD	USD, JPY, EUR, CNY
만기약정비율	영업점 및 인터넷뱅킹 고시	외화정기예금 금리 적용	외화정기예금 금리 적용	영업점 및 인터넷뱅킹 고시
기본 예치기간	3개월 이상 36개월 이내	1일 이상 1년 이내	7일 이상 2년 이내	3개월 이상 36개월 이내
세제혜택	–	–	–	–
비고	• 환율 우대(50%) 및 송금수수료 면제 • 수시 적립 가능 • 1년 이상 예치 시 우대 금리(0.2%p) 제공	• 환율 우대(70%)	• 특별 우대 금리 지급 • 1년 단위로 예치기간 연장 가능	• 환율 우대(50%) • 금리 0.15%p 추가 제공 • 1계좌 1통화 원칙

① ㉠ ② ㉡ ③ ㉣

④ ㉠, ㉢ ⑤ ㉡, ㉣

20. 영업부 직원인 최 사원은 회의실을 예약하라는 상사의 지시를 받았다. 〈회의실 예약 조건〉과 〈회의실 예약 현황〉이 다음과 같을 때, 회의실을 예약할 수 있는 요일과 시간으로 옳은 것은?

〈회의실 예약 조건〉

- 12 : 00 ~ 14 : 00은 점심시간으로 회의 불가
- 회의 시간은 3시간이 걸릴 것으로 예상되며 회의는 끊기지 않고 지속하여야 함.
- 회의에는 김 부장, 유 과장, 이 대리, 박 대리, 최 사원 중 3명 이상이 참여해야 함(단, 가능한 날짜와 시간이 여러 개라면 가장 많은 사람이 참여할 수 있는 시간을 선택)
- 김 부장 : 월요일 재택근무, 목요일 휴가
- 유 과장 : 월요일부터 수요일까지 휴가
- 박 대리 : 화요일부터 금요일까지 출장
- 최 사원 : 수요일부터 목요일까지 출장
- 금요일 오후는 직원 전체 워크숍으로 회의 진행 불가

〈회의실 예약 현황〉

- 월요일 14 : 00 ~ 16 : 00, 화요일 09 : 00 ~ 11 : 00, 목요일 10 : 00 ~ 12 : 00 법무팀 예약
- 화요일 오후 ~ 수요일 오전 회의실 공사
  (단, 오전은 09 : 00 ~ 12 : 00, 오후는 14 : 00 ~ 18 : 00을 의미한다)

구분	월	화	수	목	금
09 : 00 ~ 10 : 00					
10 : 00 ~ 11 : 00					
11 : 00 ~ 12 : 00					
12 : 00 ~ 13 : 00					
13 : 00 ~ 14 : 00					
14 : 00 ~ 15 : 00					
15 : 00 ~ 16 : 00					
16 : 00 ~ 17 : 00					
17 : 00 ~ 18 : 00					

① 월요일 9 : 00 ~ 12 : 00
② 수요일 15 : 00 ~ 18 : 00
③ 목요일 14 : 00 ~ 17 : 00
④ 금요일 9 : 00 ~ 12 : 00
⑤ 금요일 15 : 00 ~ 18 : 00

21. 다음의 안내문을 읽고 추론한 내용으로 적절하지 않은 것은?

〈사내 선택적 근로시간제 도입 안내〉

※ 선택적 근로시간제란 근로자가 직접 출 · 퇴근 시간을 자율적으로 선택할 수 있는 제도를 말함.

- 신청 접수 : 2021년 3월 1일 ~ 2021년 3월 31일
- 시행일 : 2021년 6월 1일
- 신청 방법 : 각 부처 및 인사과
  - 구내식당 등에 비치된 양식 작성 후 인사과에 개별 접수
  - 이번 접수기간 이후에는 매월 말일 신청서 접수 예정
- 상세 내용
  - 1일 근로시간은 최소 8시간을 충족하여야 함(전 직원 공통).
  - 점심 또는 저녁 식사시간 1시간은 휴게시간으로서 근로시간에 포함되지 않음. 휴게시간은 무조건 부여하므로 이를 고려하여 근로시간을 설정할 것
  - 1일 8시간, 1주 40시간을 초과하는 경우 연장 근로수당 지급(연장근무는 최대 1주 12시간)
  - 출 · 퇴근 시간은 자율적으로 결정하는 것을 원칙이나 보안 시스템이 종료되는 24 : 00 이전 퇴근을 완료할 것
  - 출 · 퇴근 시간은 하루 1회씩 설정해야 하고, 하루에 출근 또는 퇴근을 반복하여 근로시간을 충족하는 것은 불가
  - 신청서를 제출하지 않은 직원에 대하여는 기존 근무시간(09 : 00 ~ 18 : 00, 점심시간 1시간)을 적용
- 예외 부서 안내
  - 고객을 응대하는 고객센터 및 판매직 직원은 출근 시간 설정 범위를 정오 이전으로 제한
  - 디자인팀, 광고팀은 근로시간(출 · 퇴근 시간 포함)을 전적으로 개인이 자율적으로 선택하며, 재택근무도 가능(단, 연장수당은 지급되지 않으며, 실적은 각 팀별 성과물로 평가)
- 기타 문의사항 : 인사과(내선 1234) 또는 선택적 근로시간제 담당자 김병현 대리

① 판매직 직원은 시간 설정 제한이 있으므로 기존 출 · 퇴근 시간대로 근로하는 것이 가장 좋겠네.

② 광고팀 직원은 연장근무를 하더라도 연장수당을 받을 수 없겠네.

③ 예외 부서가 아니라면 최소한 오후 3시에는 출근해야 하는군.

④ 이 제도에 신청서를 제출하지 않는다고 해서 남들보다 더 많이 일하는 건 아니군.

⑤ 오전에 출근했다가 오후에 퇴근하고 저녁에 다시 출근하는 건 안 되겠어.

[22 ~ 23] 다음 〈시설 공사계획〉을 보고 이어지는 질문에 답하시오.

〈시설 공사계획〉

1. 산림공원 내 시설 확장
   - 차량 진 · 출입을 원활히 하도록 각 출입문 도로 확장 및 주차장 배치
   - 공원 출입구 주변에 관리사무소 및 진입광장을 배치하여 이용객 안내 및 만남의 장소 제공
   - 산림공원 내부에 국악 공연장, 동상, 자연박물관을 적정 위치에 배치
   - 공원 동쪽에 있는 기존의 대나무 숲 최대한 보존
   - 화장실, 벤치, 그늘막 등의 이용객을 위한 공원 내 편의시설을 적절한 위치에 배치

2. 한지체험박물관
   - 청소년과 지역 주민들이 쉽게 접근할 수 있도록 주거지역과 인접한 곳에 건설
   - 박물관 혹은 기념관과 프로그램 연계를 위해 간접 지역에 건설
   - 산림공원 이용객이 접근하기 쉽도록 산림공원의 대나무 숲과 연결도로 확장
   - 산림공원 연결로를 통한 산림공원 내차 주차장 공동 이용
   - 한지 공장에서 물품 공수를 위해 이용도로 확장

3. 도시 외곽 레포츠 시설
   - 강변 운영으로 수영장과 수상스포츠 시설 시공
   - 원활한 차량 출입을 위해 순환도로와 연결된 출입로를 확장하고 주차장 배치
   - 인접 산의 암벽 지역에 자연 암벽장 시공
   - 암벽장 내에 강의용 건물을 적정 배치하고 내부에 강의용 인공 암벽장 배치
   - 자연 암벽장의 이용에 불편점이 없도록 공간 확보
   - 이용객들의 휴식을 위해 수변 공원 및 편의시설 배치

4. 강변 산책로
   - 강변 인도 정비 및 자전거도로 설치
   - 입수 사고 대비를 위한 출입 제한 및 구조튜브 등 구조시설 마련
   - 차량을 통해 산책로로 접근하는 이용객들을 위한 주차시설 확충
   - 인근 주민의 접근성 확보를 위한 도로 확장
   - 산책로 코스 내 일정 간격으로 화장실, 벤치 등 공용 편의시설 설치

22. 본 공사 계획에는 각각 다른 건설사가 하나의 사업씩 맡아 진행한다. 〈건설사 시공 가능내역〉을 참고하였을 때 다음 중 참여하지 않을 건설사는?

〈건설사 시공 가능내역〉

건설사	주차장	도로 확장	공용 편의시설	수상스포츠 시공	암벽장	건축물
갑	X	O	X	O	X	X
을	O	O	X	X	O	O
병	O	O	O	X	X	O
정	O	O	O	O	O	O
무	O	O	O	X	O	O

① 갑　② 을　③ 병　④ 정　⑤ 무

23. 다음은 건설 부지 명단과 입지 여건이다. 〈시설 공사계획〉과 입지 여건을 참고할 때 우선순위가 가장 낮은 부지는?

구분	입지 여건
A 부지	• 동쪽으로 일반 주거 지역과 역사박물관이 있으며, 서쪽으로 산림 공원과 맞닿음. • 북쪽으로 청소년 수련원 및 골프연습장이 위치함.
B 부지	• 자연녹지 지역으로 폭 12m 도로와 접하고 있으며, 산림 공원 내 위치함. • 서쪽에 스쿨존이, 남쪽에는 주거 지역 및 상업 지역과 인접해 있음. • 동쪽으로 대나무 숲이 위치함.
C 부지	• 자연녹지 지역이며 일반 주거 지역 내부에 있음. • 외곽 순환 도로와 접해 있음. • 서쪽과 남쪽에 강을 따라 농장 및 논과 밭이 있음.
D 부지	• 일반 주거 지역 내부에 있으며, 서쪽에 고등학교, 중학교, 한지 공장이 있음. • 강변에 위치하여 순환 도로와 접해 있음. • 서쪽에 대나무 숲이 위치함.
E 부지	• 도시 외곽에 위치한 자연녹지 지역이며 서쪽으로 순환도로가 있음. • 남쪽에 절이 위치하며, 북쪽에 강이 있음. • 부지 동남쪽으로 △△산 자연 암벽 지형이 있음. • 부지 내에 공터 및 주차장이 조성되어 있음.

① A 부지　② B 부지　③ C 부지　④ D 부지　⑤ E 부지

[24 ~ 25] L 마트 F&B부는 고객들의 식음료 구매 성향을 반영하여 다음과 같이 배치된 식품 매장을 리모델링하고자 한다. 자료를 바탕으로 이어지는 질문에 답하시오.

〈식품 매장 배치도〉

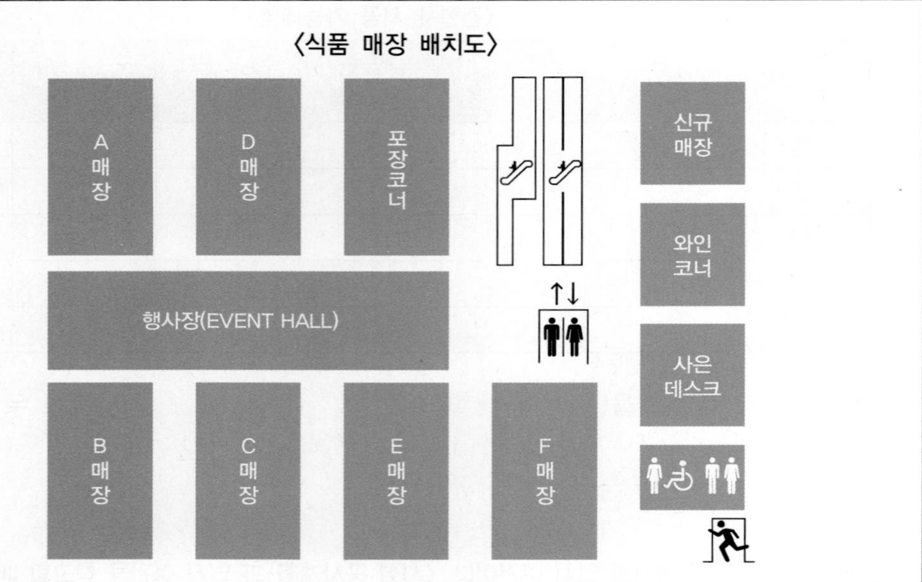

〈하반기 식품 매장 리모델링 주요사항〉

- 신규 매장 입점 계획 추진 : 입점 후보 업체 선정 및 평가
- 매출 개선 : 매출 하위 세 업체에 대한 업체 평가 실시 및 매출 개선안 마련
- '건강한 Y 백화점 식품 매장' 이미지 마케팅 : 저염식 · 저자극 매장 집중 홍보 계획안 마련

〈식품 매장별 상반기 매출액〉

(단위 : 만 원)

매장	업종 설명	상반기 매출액
A	저염식 중식 레스토랑	3,822
B	짭짜름한 미국식 햄버거 프랜차이즈 식당	71,080
C	유기농 채식당	2,460
D	자극적이지 않은 한식당	4,168
E	50가지 달달한 토핑 선택이 가능한 아이스크림 카페	38,967
F	매운맛 떡볶이 프랜차이즈 식당	47,460

24. 다음 평가표에 따라 신규 입점 계약을 하게 될 업체는? (단, 모든 평가 항목은 100점 기준이다)

- 신규 입점 업체는 기존 업체 중 매출액 하위 세 업체와 같은 업종으로 한정한다.
- 기존 업체에 대해서는 매출액 하위 세 업체에 대해 평가를 실시한 결과 84, 89, 91점을 기록하였다.
- 등급은 1 ~ 5등급으로 구분하여 1등급은 100점을 부여하고, 한 등급이 낮아질 때마다 20점씩 차감한다. 평가 요소 점수의 평균으로 해당 업체의 점수를 결정한다.
- 평가 점수가 기존 하위 세 업체의 평가 점수 평균보다 높은 업체를 입점하도록 한다.

〈입찰 참여 업체 평가표〉

(단위 : 등급)

업체	업종	소비자 선호도	예상 매출액	임대료
㉠	중식	1	2	3
㉡	중식	2	4	1
㉢	채식당	1	3	2
㉣	한식당	2	1	1
㉤	한식당	4	3	2

① ㉠ ② ㉡ ③ ㉢
④ ㉣ ⑤ ㉤

25. L 마트 F&B부 J 사원은 일부 매장의 매출액 저조로 인해 O 부장의 지시에 따라 식품 매장 배치도를 다음과 같이 변경하였다. J 사원이 작성한 배치도에 대해 H 차장이 수정을 지시할 내용으로 적절하지 않은 것은?

보낸 사람 : O 부장(Ohs@lmart.co.kr)
받은 사람 : J 사원(Jmg@lmart.co.kr)
날짜 : 202X년 09월 01일
제목 : 매장 배치도 변경 건

J 사원 안녕하세요. 일부 매장의 상반기 매출액이 저조함에 따라 매장 배치를 변경하고자 합니다. 다음 사항을 포함하여 변경된 배치도를 5일까지 회신 부탁합니다.

신규 매장은 고객들의 접근성이 뛰어나야 하므로 엘리베이터와 에스컬레이터가 가까운 위치에 배치하되 화장실 바로 옆 매장은 피해 주시기 바랍니다. 포장코너는 와인코너와 서로 자리를 교체하여 사은데스크 바로 옆에 위치하도록 배치해야 합니다. 상반기 매출액에 따라 매출액이 가장 높았던 두 매장 사이에는 매출액이 가장 낮았던 매장을 배치하도록 합니다. 또한 신규 브랜드에 맞추어 매운 음식을 판매하는 매장 바로 옆에는 단 음식을 판매하는 매장을 배치합니다. 기존의 A와 D 매장의 위치에 "FRESH ZONE"을 구성하여 자극적이지 않고 염분이 적은 음식을 판매하는 매장들로 배치를 수정하기 바랍니다.

추가로 행사장과 사은데스크의 위치는 기존과 동일합니다. 변경사항은 반드시 H 차장의 검토를 거쳐 수정 후에 보고해 주세요.

〈J 사원이 작성한 식품 매장 배치도〉

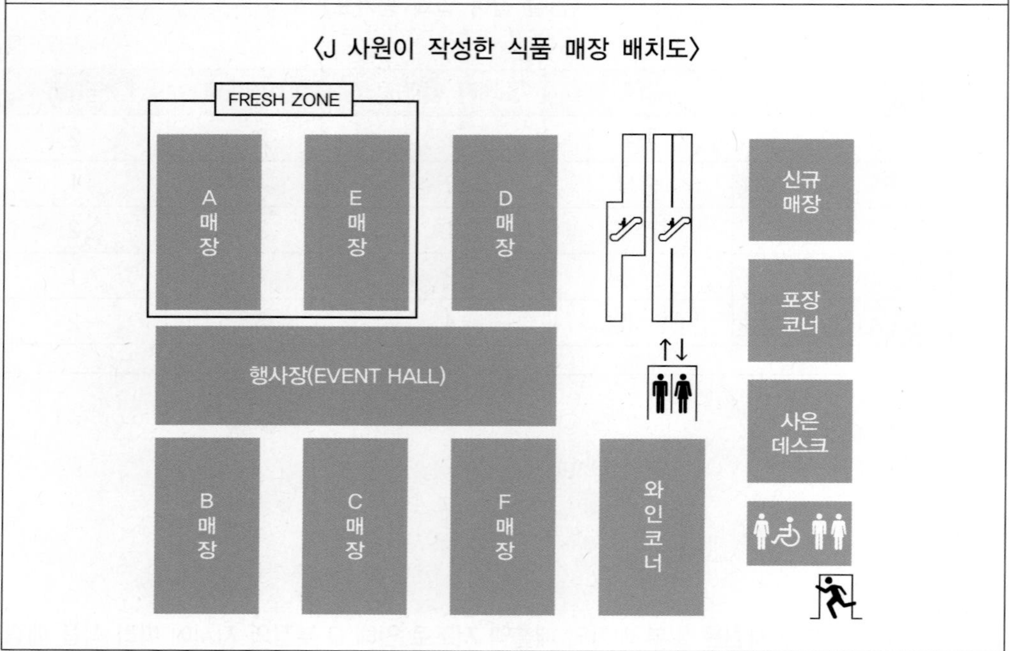

① 와인코너는 포장코너와 서로 자리를 교체한다는 조건이 있으므로 이를 고려하여 재배치하기 바랍니다.

② C 매장은 유기농 음식을 판매하므로 "FRESH ZONE" 구역으로 위치를 수정해 주시기 바랍니다.

③ 포장코너와 사은데스크의 매장 배치는 O 부장의 메일에 따라 적절하게 작성하였으므로 수정하지 않아도 됩니다.

④ F 매장은 매운 음식을 판매하고 있으며, E 매장은 단 음식을 판매하고 있으므로 두 매장이 인접하도록 배치도를 수정하기 바랍니다.

⑤ 신규 매장은 접근성을 고려해 엘리베이터와 에스컬레이터가 가깝게 위치시키되 화장실 바로 옆은 피해야 하므로 해당 위치는 적절한 것 같네요.

코레일(한국철도공사)

15회 기출예상문제

수험번호	
성 명	

감독관 확인란	

15회 기출예상문제

성명표기란

수험번호

(주민등록앞자리 생년제외) 월일

수험생 유의사항

※ 답안은 반드시 컴퓨터용 사인펜으로 보기와 같이 바르게 표기해야 합니다.
〈보기〉 ① ② ③ ❹ ⑤

※ 성명표기란 위 칸에는 성명을 한글로 쓰고 아래 칸에는 성명을 정확하게 표기하십시오. (맨 왼쪽 칸부터 성과 이름은 붙여 씁니다)

※ 수험번호/월일 위 칸에는 아라비아 숫자로 쓰고 아래 칸에는 숫자와 일치하게 표기하십시오.

※ 월일은 반드시 본인 주민등록번호의 생년을 제외한 월 두 자리, 일 두 자리를 표기하십시오.
〈예〉 1994년 1월 12일 → 0112

※ 검사문항 : 1~25

문번	답란	문번	답란
1	① ② ③ ④ ⑤	16	① ② ③ ④ ⑤
2	① ② ③ ④ ⑤	17	① ② ③ ④ ⑤
3	① ② ③ ④ ⑤	18	① ② ③ ④ ⑤
4	① ② ③ ④ ⑤	19	① ② ③ ④ ⑤
5	① ② ③ ④ ⑤	20	① ② ③ ④ ⑤
6	① ② ③ ④ ⑤	21	① ② ③ ④ ⑤
7	① ② ③ ④ ⑤	22	① ② ③ ④ ⑤
8	① ② ③ ④ ⑤	23	① ② ③ ④ ⑤
9	① ② ③ ④ ⑤	24	① ② ③ ④ ⑤
10	① ② ③ ④ ⑤	25	① ② ③ ④ ⑤
11	① ② ③ ④ ⑤		
12	① ② ③ ④ ⑤		
13	① ② ③ ④ ⑤		
14	① ② ③ ④ ⑤		
15	① ② ③ ④ ⑤		

01. 다음 글의 ㉠과 ㉡에 대한 이해로 적절한 것은?

> 연금 제도의 목적은 나이가 많아 경제 활동을 못하게 되었을 때 일정 소득을 보장하여 경제적 안정을 도모하는 것이다. 이를 위해서는 보험 회사의 사적 연금이나 국가가 세금으로 운영하는 공공 부조를 활용할 수 있다. 그럼에도 국가가 이 제도들과 함께 공적 연금 제도를 실시하는 까닭은 무엇일까?
>
> 그것은 사적 연금이나 공공 부조가 낳는 부작용 때문이다. 사적 연금에는 역선택 현상이 발생한다. 안정된 노후 생활을 기대하기 어려운 사람들이 주로 가입하므로, 납입되는 보험료 총액에 비해 지급해야 할 연금 총액이 자꾸 커지는 것이다. 이렇게 되면 보험 회사는 계속 보험료를 인상하지 않는 한 사적 연금을 유지할 수 없다. 한편 공공부조는 도덕적 해이를 야기할 수 있다. 무상으로 부조가 이루어지므로, 젊은 시절에는 소득을 모두 써 버리고 노년에는 공공부조에 의존하려는 경향이 생길 수 있기 때문이다. 이와 같은 부작용에 대응하기 위해 공적 연금 제도는 소득이 있는 국민들을 강제 가입시켜 보험료를 징수한 뒤, 적립된 연금 기금을 국가의 책임으로 운용하다가, 가입자가 은퇴한 후 연금으로 지급하는 방식을 취하고 있다.
>
> 우리나라에서 공적 연금 제도를 운영하는 과정에는 ㉠ 사회적 연대를 중시하는 입장과 ㉡ 경제적 성과를 중시하는 입장이 부딪치고 있다. 구체적으로 전자는 이 제도를 계층 간, 세대 간 소득 재분배의 수단으로 이용해야 한다고 주장한다. 소득이 적어 보험료를 적게 낸 사람에게 보험료를 많이 낸 사람과 비슷한 연금을 지급하고, 자녀 세대의 보험료로 부모 세대의 연금을 충당하자는 것이다. 하지만 후자는 이처럼 사회 구성원 일부에게 희생을 강요하는 소득 재분배는 물가 상승을 반영하여 연금의 실질 가치를 보장할 수 있을 때만 허용되어야 한다고 비판한다. 사회 내의 소득 격차가 커질수록, 자녀 세대의 보험료 부담이 커질수록 이 비판은 더욱 강해질 수밖에 없다.
>
> 요새 이 두 입장은 연금 기금의 투자 방향에 관해서도 대립하고 있다. 이에 대해서는 원래 후자의 입장에서 연금 기금을 가입자들이 노후의 소득 보장을 위해 맡긴 신탁 기금으로 보고, 안정된 금융 시장을 통해 대기업에 투자함으로써 수익률을 극대화하려는 태도가 지배적이었다. 그러나 최근에는 전자의 입장에서 연금 기금을 국민 전체가 사회 발전을 위해 조성한 투자 자금으로 보고, 이를 일자리 창출에 연계된 사회 경제적 분야에 투자해야 한다는 주장이 힘을 얻고 있다. 지금까지 연금 기금을 일종의 신탁 기금으로 규정해 온 관련 법률을 개정하여, 보험료를 낼 소득자 집단을 확충하는 데 직접 활용하자는 것이다.

① ㉠에서는 연금 기금을 국민 전체가 사회 발전을 위해 조성한 투자 자금으로 본다.

② ㉠에서는 연금 기금을 안정된 금융 시장을 통해 수익률이 높은 대기업에 투자하려고 한다.

③ ㉠에서는 관련 법률을 개정하여 연금 기금의 법적 성격을 바꾸는 데 반대한다.

④ ㉡에서는 소득 격차가 커질수록 공적 연금 제도를 통한 소득 재분배를 더욱 강하게 요구한다.

⑤ ㉡에서는 보험료를 낼 소득자 집단을 확충하는 데 연금 기금을 직접 활용하자고 주장한다.

02. 다음 중 (가) ~ (마)의 중심 내용으로 적절하지 않은 것은?

(가) 사회복지는 "누구든지 인간의 존엄성과 가치를 훼손당하지 않으면서 인간답게 살 수 있어야 한다."라는 이념을 전제로 한다. 사회복지 실천을 위한 방법론은 바로 이 이념을 실현하기 위해서 발달하였다. 사회복지방법론은 고통을 받고 있는 사람들이 인간답게 살 수 있도록 도와주는 데 필요한 전문 지식과 기술로 구성되는데, 이는 크게 둘로 나눌 수 있다. 하나는 도움을 필요로 하는 개인에 초점을 맞추고 문제를 개별화하여 그 해결 방안을 찾는 미시적 방법론이고 다른 하나는 문제를 집합적으로 보면서 전체적인 사회 차원에서 그 해결 대책을 강구하는 거시적 방법론이다. 사회복지 전문가들은 이러한 방법론에 따라 도움이 필요한 사람들로부터 문제를 찾아내어 그 원인을 진단해 냄으로써 그들 스스로 자신의 문제를 해결할 수 있도록 도움을 주기도 하며, 다른 한편으로는 정부 정책이나 제도에 영향을 미침으로써 문제의 해결에 도움을 주기도 한다.

(나) 이러한 두 가지 방법론은 사회체제와의 관계에서도 차이가 있다. 미시적 방법론을 활용하는 사회복지 전문가들은 사회체제 자체에 별 관심을 보이지 않고, 따라서 사회 정책을 입안하고 집행하는 데에도 그다지 관여하려 하지 않는다. 이들은 단지 사회체제 안에서 개인에게 도움을 줄 수 있는 효과적인 방법들 곧 자신이 담당하고 있는 임상(臨床) 분야의 전문성을 강화하는 데 관심을 기울인다.

반면에 거시적 방법론을 주장하는 전문가들은 개인의 생활에 영향을 미치는 정부의 정책이나 사회체제 자체를 매우 중요시한다. 왜냐하면 정부의 정책을 변화시키거나 사회체제에 영향을 미침으로써, 그것이 궁극적으로 개인에게 도움을 줄 수 있다고 보기 때문이다. 따라서 이들은 사회의 발전 과정에서 나타나는 사회 세력들 간의 역동적인 측면에 관심을 보이며, 정부의 정책 과정 및 그것을 둘러싼 정책 환경에 관련된 지식들을 바탕으로 사회복지방법론의 지식과 기술을 발전시키고자 한다.

(다) 역사적으로 볼 때, 사회복지방법론은 미시적 방법론을 중심으로 발전하였다. 현재의 사회복지방법론을 구성하고 있는 내용 중 대부분은 사회학, 심리학, 사회심리학, 정신의학, 집단역학(集團力學) 등 인접 학문으로부터 빌려 온 많은 지식들을 바탕으로 사람들을 돕는 데 필요한 실천 지향적인 전문 지식과 기술로 이룩된 것들이다. 그 결과 사회복지방법론은 개별적인 차원에서 문제들을 다루거나, 복지서비스를 효과적으로 전달하는 데 필요한 전문적인 지식과 기술을 갖추는 단계까지는 일단 성공을 하였다. 그러나 도움을 받는 사람과 사회체제의 관계, 사회적 약자의 욕구가 정책에 반영되는 과정, 그리고 사회체제에 내재해 있는 편향성 등의 문제에 대해서는 간과하는 경향이 있다.

(라) 이처럼 한쪽으로 치우쳐 발전된 사회복지방법론은 단지 사회복지서비스를 전달하는 일 자체에만 관심을 집중함으로써 '인간의 존엄성과 가치의 유지 및 보존'이라는 사회 복지 본래의 목표 달성을 어렵게 만들었다. 왜냐하면 기형적으로 발전된 이러한 사회복지방법론만 가지고서는 사회복지를 실천하는 데 영향을 미칠 수 있는 정부의 정책을 비판하기 어렵고, 창조적 대안을 제시할 수 없기 때문이다.

(마) 우리는 미시적인 사회복지방법론의 발전 과정을 고찰함으로써 미시적인 사회복지방법론 만으로 사회복지의 이념을 달성하는 데에는 한계가 있을 수밖에 없으며, 따라서 미시적 방법론과 거시적 방법론을 균형 있게 발전시키는 것이 바람직하다는 교훈을 얻을 수 있다. 사회복지 문제를 해결하기 위해서는 임상적 지식이 필요한 것은 물론, 사회정책을 입안하거나 개선하기 위한 활동 역시 필요하기 때문이다. 결국 미시적 방법론과 거시적 방법론을 양측으로 하는 사회복지방법론을 발전시키는 것만이 사회복지의 이념을 효과적으로 앞당겨 달성할 수 있게 해 줄 것이다.

① (가) – 사회복지방법론의 유형과 기능
② (나) – 사회복지방법론 유형 간 차이
③ (다) – 미시적 방법론 중심의 사회복지방법론 발전과 그 한계
④ (라) – 거시적 방법론 발전의 한계
⑤ (마) – 사회복지방법론의 균형적 발전의 필요성

03. 다음 글의 ㉠, ㉡, ㉢에 들어갈 말의 조합으로 적절한 것은?

최근 잇따른 원자력발전소의 고장으로 올 여름 전력대란 위기가 조기에 가시화되고 있는 가운데 정부가 관련 대책 마련에 부심하고 있습니다. 31일 정부가 올 여름 전력비상수급 대책을 발표할 예정인 가운데 하나의 방안으로 보다 강력한 '선택형 피크요금제' 시행을 검토하고 있는 것으로 알려졌습니다.

선택형 피크요금제는 대규모 산업용 · 일반용 기업을 대상으로 전력피크를 줄여 전력수요 절감을 (㉠)하기 위해 마련된 제도입니다. 전력피크 발생일과 시간대에 현행 요금보다 3배 이상 높은 할증 요금을 부과하는 대신 부하가 낮은 일자와 시간대에는 요금을 0.8배 수준으로 낮춰 사용시간에 따라 요금 절감 혜택을 얻을 수 있게 한 방식입니다. 피크일과 피크시간대에 발생하는 전력부하를 다른 시간대로 이전하는 것을 유도하는 데 목적이 있으며 이미 미국 · 프랑스 · 대만 등 외국에서도 널리 활용되고 있습니다. 국내에서도 지난해 겨울 동계전력비상수급대책의 일환으로 이 제도가 도입, 평상시 요금을 할인하는 대신 피크일 및 피크시간 대에 3 ~ 5배의 할증요금을 부과하도록 했었습니다.

이미 전력요금은 대상에 따라 기존 계절별 요금제에서 지난해부터 계시별(계절 · 시간대별 차등) 요금제까지 적용되는 등 절전을 유도하는 방향으로 강화되고 있습니다. 이 달부터는 합리적인 전력 사용을 유도하기 위해 기존 일반용 · 산업용 계약전력 300kW 이상에 적용했던 계시별 요금제를 일반용 · 산업용 고압 사용자 전체로 확대한 상태입니다. 정부는 선택형 피크요금제가 현재 적용 중인 계시별 요금제의 차등률이 보다 확대 적용되는 것이라고 설명하고 있습니다.

정부는 현재 타 수요관리제도와 연계해 가입대상 및 차등률 등을 검토 중으로 6월 중 희망기업을 모집한 후, 7 ~ 8월 중 적용할 계획입니다. 현재 하계 중 시간대별 차등요금 차등률(경부하시간대 전력량요금 대비 최대부하시간대 전력량요금 비율)은 3.2 ~ 3.3배 수준으로 올 여름 보다 강력한 수요관리 대책이 요구되는 만큼 이보다 (㉡) 수준에서 책정될 가능성이 큽니다. 산업통상자원부는 전력사용자의 부하절감 노력에 따라 전기요금 부담이 경감될 수 있다면서 전기소비자의 전력사용패턴, 부하절감 여력 등에 따라 스스로 가입여부를 판단할 수 있도록 할 것이라고 밝히고 있습니다.

전문가들은 현재 시행되고 있는 계시별 요금제를 시간대별로 요금을 다르게 적용하는 선택형 피크요금제로 전환하면, 시간대별 가격 수준을 통해 소비자의 수요 반응을 유도할 수 있어 보다 합리적인 전력소비가 가능하다는 의견을 내놓고 있습니다. 현재 전력대란 위기가 여름이나 겨울철 모두 특정시간대 최대수요가 많이 발생한다는 점에 착안한 것이라고 할 수 있습니다. 특정시간대에만 수요 조절이 이뤄질 수 있으면 현재와 같은 전력위기는 충분히 극복할 수 있다는 분석입니다.

그러나 보다 중요한 문제는 참여율이라고 할 수 있습니다. 지난해 겨울에도 정부는 동계전력비상수급 대책의 일환으로 선택형 피크요금제를 실시했었지만 기업들의 저조한 참여로 당초 기대에 미치지 못한 바 있습니다. 많은 기업들이 이 제도를 통해 받을 수 있는 전력요금 할인 혜택이 (㉢) 판단해 적극적으로 나서지 않은 탓입니다. 이 때문에 당시 정부는 이 제도를 통해 평균 전력수요를 약 20만kW 줄이겠다는 목표를 세웠지만 목표량에 대한 달성이 쉽지 않았습니다.

정부가 잇따른 원전 고장으로 전력위기 경보가 조기에 발동된 이 시점에서 선택형 피크요금제의 요금체계와 지원혜택을 어떻게 개선해 참여율을 제고할 수 있을지가 주목되고 있습니다.

	㉠	㉡	㉢
①	강제	높은	크다고
②	강제	낮은	크지 않다고
③	유도	높은	크지 않다고
④	유도	높은	크다고
⑤	유도	낮은	크다고

04. 다음 글에 대한 이해로 옳지 않은 것은?

지구상에 온갖 생명이 다녀가며 진화가 이뤄지는 동안, 크고 복잡한 신경계를 가진 생물도 점차 많아졌다. 전기요금을 내기 위해 돈을 버는 것도 쉽지는 않지만 생명체가 신경계를 감당하는 일은 갈수록 결코 만만치 않았을 것이다. 충분한 에너지를 섭취하며 먹고사는 일은, 생명체의 크기와 모양과 삶의 방식을 바꿀 만큼 절실한 문제이기 때문이다. 신경계는 특히 에너지 소모가 심하다. 사람의 경우, 뇌의 질량은 체중의 2% 정도밖에 되지 않지만 신체가 섭취하는 전체 에너지의 25%나 소모한다. 신경계가 커지려면 비싼 신경계를 유지할 수 있을 만큼 에너지를 확보할 수 있는 수단도 생겨야 한다. 사람의 뇌가 커진 것도 에너지 섭취와 관련된다. 인간의 뇌는 침팬지를 비롯한 다른 영장류의 뇌와 같은 방식으로 구성되어 있지만, 신경세포의 숫자가 가장 많다. 이렇게 많은 신경세포를 유지할 수 있는 것은 날것을 먹는 다른 영장류와 달리 음식을 불로 익혀서 먹기 때문이다. 화식을 하면 소화에 필요한 시간과 에너지가 줄어든다. 그래서 하루 30분씩 3끼만 먹고도 비싼 뇌를 유지할 수 있다.

신경계가 만들어지고 운영되는 데 많은 에너지가 소모되기 때문에, 이를 절약할 수 있는 온갖 수단이 동원되었다. 신경 네트워크의 구조를 살펴보자. 멀리 떨어진 신경세포들끼리 소통하지 못하면 정보의 통합이 어려워진다. 그렇다고 뇌 속에 있는 모든 신경세포가 서로 연결되면 연결에 필요한 부피가 늘어난다. 그러면 커다란 뇌를 유지하기 위해서 들어가는 비용도 증가한다.

그래서인지 뇌 속 신경 네트워크에서는 한 신경세포가 다른 모든 신경세포와 연결되어 있지 않다. 대부분의 신경세포가 일부 신경세포들과만 연결되고, 몇몇 신경세포가 마당발처럼 유난히 많은 연결을 가지고 있다. 이런 구조를 작은 시상 네트워크라고 한다. 이런 구조를 취하면 멀리 떨어진 신경세포 간의 신호 전달을 허락하면서도, 신경세포들을 연결하는 데 필요한 부피와 비용을 줄일 수 있다.

또 하나의 신경세포에서 뻗어 나온 축삭돌기가 다른 하나의 신경세포만 연결하는 방식을 취하면 신경세포들을 연결하는 데 필요한 부피가 커진다. 그러므로 하나의 신경세포에서 뻗어 나온 축삭돌기가 가지를 쳐서 근처에 있는 신경세포들까지 연결할 수 있으면 더 효과적이다. 신경세포의 축삭돌기는 실제로 이렇게 가지치기를 한다. 여기에서 더 나아가 축삭돌기와 연결되는 신경세포들이 수상돌기에서 가시처럼 뾰족 튀어나온 구조물(스파인)을 뻗을 수 있다. 이렇게 하면 수상돌기 전체를 굵게 만들지 않고도 신경세포 간의 연결을 늘릴 수 있다. 실제로 신경세포는 평균 수천 개의 스파인을 가지고 있다.

알뜰한 구조를 위한 신경계의 절실한 노력은 여기서 그치지 않는다. 멀리 떨어진 신경세포들을 연결하는 긴 축삭돌기들은 대뇌 피질의 안쪽에 모여 있다. 반면에 가까운 연결들이 많은 회색질은 대뇌 피질의 바깥에 있다. 이렇게 구분되어 있으면, 가까운 연결들의 길이를 늘리지 않으면서도 긴 축삭돌기의 굵기를 늘려서 먼 부위들 간의 정보 전달 속도를 높일 수 있다. 축삭돌기를 따라 전기신호가 전달되는 속도는 축삭돌기가 굵을수록 높아지기 때문이다.

더욱이 대뇌의 피질은 구불구불 주름져 있다. 주름진 피질 구조는 멀리 떨어진 신경세포들을 직선으로 연결할 수 있어 연결하는 데 필요한 거리를 줄여 준다. 또한 상호 연결이 많은 뇌 영역들은 위치상으로 인접해 있다고 한다. 이렇게 하면 연결에 필요한 부피가 줄어들 것이다. 지금까지는 에너지를 절약하기 위한 신경계의 구조만 설명했지만, 신경계의 활동을 에너지 절약 측면에서 설명하는 이론도 있다. 이 이론에서는 신경계가 최소의 에너지로 최대량의 정보를 전달할 수 있도록 동작한다고 본다.

이처럼 신경계의 구조와 활동은 제한된 에너지라는 제약 조건 속에서 다듬어졌다. 제약 조건 때문에 얻어걸렸을지 모를 구조적 특징들의 일부는 높은 인지 능력과 관련된다고 추정되기도 한다. 이 추정이 사실이라면 제약 조건이 곧 디딤돌이 된 셈이다.

① 인간의 신체는 신경계가 중심이 되어 에너지가 많이 소비되므로 에너지를 절약할 수 있도록 다양한 방식이 개발되었다.

② 대부분 신경 세포가 일부 신경 세포들과 연결되고 몇몇 신경 세포들이 마당발처럼 많은 연결을 담당하는데 이러한 구조를 작은 시상 네트워크라고 한다.

③ 멀리 떨어진 신경 세포들과 연결된 긴 축삭돌기들은 대뇌 피질의 안쪽에 모여 있고, 가까운 연결들이 많은 회색질은 바깥쪽에 있는데, 이는 먼 부위들 사이의 정보 전달 속도를 높이기 위한 것이다.

④ 대뇌 피질이 주름진 형태를 띠는 것은 세포들 사이의 연결이 직선으로 될 수 있어 필요한 거리를 줄여 주기 때문이다. 또한 서로 연결이 많은 뇌 영역들도 인접해 있어서 부피가 줄어든다.

⑤ 인간의 높은 인지 능력 덕분에 에너지를 절약할 수 있는 신경계의 구조가 생성되었다.

05. 다음 글의 내용과 일치하지 않는 것은?

세상에 존재하는 모든 기업들은 공통의 목표를 가지고 있다. 바로 '이윤 극대화'다. 상품을 생산하고 판매하는 과정에서 최대한 돈을 많이 남기는 것이 기업의 존재 이유이고, 또 추구하는 최고의 가치라는 것이다. 이를 위해 기업들은 지속적으로 성장할 수 있는 방법을 찾고자 다양한 방안을 구상하고 시행한다. 신규 사업에 뛰어들거나 새로운 시장을 개척하는 것이 대표적인 예다. 때로는 불필요한 사업 부문과 인력을 과감히 정리하여 선택과 집중을 통해 성장을 도모하기도 한다. 비용 절감과 생산성 향상을 위해 기술 개발과 경영 혁신에 몰두하는 것도 성장의 한계를 극복하고 지속 성장을 달성하기 위한 기업 활동의 일환이다.

기업들은 이익의 극대화를 위해 끝없이 경쟁한다. 이러한 경쟁의 전략으로 인수합병(M&A)을 하기도 하는데, 인수는 기업이 다른 기업의 주식이나 자산을 사들여 경영권을 갖는 것을 말하며, 합병은 2개의 기업 이상이 법률적으로 하나의 기업으로 결합되는 것을 말한다. 기업들은 이를 통해 내적 성장의 한계를 극복할 수 있는 계기를 만들고 새로운 사업 아이템을 창출하는 데 비용을 줄일 수 있다. 인수합병은 기업 간의 결합 형태에 따라 수평적, 수직적, 다각적 인수합병으로 나눌 수 있다.

먼저 수평적 인수합병은 같은 업종 간에 이루어지는 인수합병이다. 예를 들면 두 전자 회사가 결합하여 하나의 전자 회사가 되는 경우이다. 일반적으로 수평적 인수합병이 이루어지면 경쟁 관계에 있던 회사가 결합하여 불필요한 경쟁이 줄고 이전보다 큰 규모에서 생산이 이루어지게 되므로 인수합병한 기업은 생산량을 늘릴 수 있게 된다. 이러한 과정에서 규모의 경제*가 실현되면 생산 단가가 낮아져 가격 경쟁력이 증가하고 이를 통해 제품의 시장점유율*이 높아질 수 있다. 그러나 수평적 인수합병 이후에 독과점으로 인한 폐해가 일어날 경우, 이는 규제의 대상이 되기도 한다.

수직적 인수합병은 동일한 분야에 있으나 생산 활동 단계가 다른 업종 간에 이루어지는 인수합병이다. 이러한 수직적 인수합병은 통합의 방향에 따라 전방 통합과 후방 통합으로 나눌 수 있다. 예를 들어 자동차의 원자재를 공급하는 기업과 자동차를 생산하는 기업이 인수합병하는 경우, 자동차를 생산하는 기업이 자동차의 원자재를 공급하는 기업을 통합하면 후방 통합이고, 자동차의 원자재를 공급하는 기업이 자동차를 생산하는 기업을 통합하면 전방 통합이 된다. 이렇게 수직적 인수합병이 이루어지면 생산 단계의 효율성이 증가하여 거래비용*이 감소하고, 원자재를 안정적으로 공급할 수 있다는 장점이 있지만, 인수합병한 기업 중 특정 기업에 문제가 발생할 경우, 기업 전체가 위험해질 수 있다는 단점도 있다.

마지막으로 다각적 인수합병은 서로 관련성이 적은 기업 간의 결합이다. 예를 들면 한 회사가 전자 회사, 건설 회사, 자동차 회사를 결합하여 하나의 회사를 만드는 경우이다. 이러한 경우 만약 건설 회사의 수익성이 낮더라도 상대적으로 높은 수익성이 기대되는 다른 회사를 통해 위험을 분산시킨다면 기업의 안정된 수익성을 유지할 수 있다는 장점이 있다. 그러나 기업이 외형적으로만 비대해질 경우, 시장에서 높은 수익을 내기에는 한계가 있을 수도 있다.

기업은 인수합병을 통해 사업의 규모를 확대할 수 있다. 그러나 경우에 따라서는 인수합병을 통한 외적인 성장에만 치우쳐 신기술 연구 등과 같은 내적 성장을 위한 투자에 소홀할 수 있다는 위험을 가진다. 또한 인수합병 과정에서 많은 직원이 해직되거나 전직될 수도 있고 이로 인해 조직의 인간관계가 깨지는 등 여러 문제가 발생할 수 있기에 인수합병은 신중하게 이루어져야 한다.

* 규모의 경제 : 생산 요소 투입량의 증대(생산 규모의 확대)에 따른 생산비 절약 또는 수익 향상의 이익
* 시장점유율 : 경쟁 시장에서 한 상품의 총판매량에서 한 기업의 상품 판매량이 차지하는 비율
* 거래비용 : 각종 거래 행위에 수반되는 비용

① 분야가 다른 기업 간 결합의 목적은 생산 비용 절감보다는 위험 분산 측면이 강하다.

② 인수합병을 통해 시장 내 불공정 거래 발생 위험이 증가하는 경우 인수합병 자체가 규제될 수 있다.

③ 신규기업의 진입이 없다고 가정할 때, 수평적 인수합병 이후 산업 내 기업의 수는 감소한다.

④ 생산비용이 줄어들고 생산의 효율성이 증가했다면 이는 수직적 인수합병을 통해 얻은 효과일 것이다.

⑤ CPU를 공급하는 기업이 컴퓨터를 생산하는 기업을 통합하는 경우는 수직적 인수합병 중 전방 통합에 해당한다.

06. 다음 (가)~(마)를 글의 흐름에 맞게 배열한 것은?

(가) 민간화는 지방자치단체가 담당하는 특정 업무의 운영권을 민간기업에 위탁하는 것으로, 기업 선정을 위한 공청회에 주민들이 참여하는 등의 방식으로 주민들의 요구를 반영하는 것이다. 하지만 민간화를 통해 수용되는 주민들의 요구는 제한적이므로 전체 주민의 이익이 반영되지 못하는 경우가 많고, 민간기업의 특성상 공익의 추구보다는 기업의 이익을 우선한다는 한계가 있다. 경영화는 민간화와는 달리, 지방자치단체가 자체적으로 민간 기업의 운영방식을 도입하는 것을 말한다. 주민들을 고객으로 대하며 주민들의 요구를 충족하고자 하는 것이다. 그러나 주민 감시나 주민자치위원회 등을 통한 외부의 적극적인 견제가 없으면 행정 담당자들이 기존의 관행에 따라 업무를 처리하는 경향이 나타나기도 한다.

(나) 현대 사회가 다원화되고 복잡해지면서 중앙정부는 물론, 지방자치단체 또한 정책 결정과정에서 능률성과 효과성을 우선시하는 경향이 커져 왔다. 이로 인해 전문적인 행정 담당자를 중심으로 한 정책 결정이 빈번해지고 있다. 그러나 지방자치단체의 정책 결정은 지역 주민의 의사와 무관하거나 배치되어서는 안 된다는 점에서 이러한 정책 결정은 지역 주민의 의사에 보다 부합하는 방향으로 보완될 필요가 있다.

(다) 행정 담당자 주도로 이루어지는 정책 결정의 문제점을 극복하기 위해 그동안 지방자치단체의 개선 노력이 없었던 것은 아니다. 지역 주민의 요구를 수용하기 위해 도입한 '민간화'와 '경영화'가 대표적인 사례이다. 이 둘은 모두 행정 담당자 주도의 정책 결정을 보완하기 위해 시장 경제의 원리를 부분적으로 받아들였다는 점에서는 공통되지만, 운영 방식에는 차이가 있다.

(라) 직접민주주의 제도의 활성화를 통해 지역 주민들이 직접적으로 정책 결정에 참여하게 되면, 정책 결정에 대한 주민들의 참여가 지속적이고 안정적으로 이루어질 수 있다. 각 개인들은 지역 문제에 대한 관심이 높아지고 공동체 의식이 고양되는 효과도 기대된다. 또한 직접민주주의 제도를 통해 전체 주민의 의사가 가시적으로 잘 드러날 뿐만 아니라, 이에 따라 행정 담당자들도 정책 결정에서 전체 주민의 의사를 더 적극적으로 고려하게 된다. 아울러 주민들의 직접적인 참여를 통해 정책에 대한 지지와 행정에 대한 신뢰가 높아짐으로써 주민들의 정책 집행에 대해 적극적으로 협조하는 경향이 커지게 될 것이다.

(마) 이러한 한계를 해소하고 지방자치단체의 정책 결정과정에서 지역 주민 전체의 의견을 보다 적극적으로 반영하기 위해서는 주민 참여 제도의 활성화가 요구된다. 현재 우리나라의 지방자치단체가 채택하고 있는 간담회, 설명회 등의 주민 참여 제도는 주민들의 의사를 간접적으로 수렴하여 정책에 반영하는 방식인데, 주민들의 의사를 더욱 직접적으로 반영하기 위해서는 주민 투표, 주민 소환, 주민 발안 등의 직접민주주의 제도를 활성화하는 방향으로 주민 참여 제도가 전환될 필요가 있다.

① (가) – (라) – (마) – (나) – (다)
② (가) – (마) – (라) – (나) – (다)
③ (나) – (다) – (가) – (마) – (라)
④ (다) – (나) – (가) – (마) – (라)
⑤ (라) – (가) – (마) – (다) – (나)

07. 다음 (가) ~ (마) 중 글의 주제와 직접적인 관련이 없는 부분은?

(가) 〈에너지혁명 2030〉의 저자인 토니 세바(Tony Seba)는 미래의 에너지 조건으로 '청정에너지'와 '분산형 에너지'를 꼽는다. 청정에너지라는 이름으로 국내 시내버스에도 많이 도입되어 있는 천연가스는 언뜻 전자의 조건에 부합하는 것처럼 보인다. 그러나 천연가스의 '청정'은 어디까지나 다른 화석 연료와 비교했을 때의 의미일 뿐이다. 실제로 천연가스 발전소는 석탄 발전소에 비해 온실가스를 절반밖에 배출하지 않는다. 하지만 연소되지 않은 가스는 사정이 다르다. 천연가스의 주성분인 메탄은 이산화탄소보다 72배 더 강한 온실효과를 일으키기 때문이다.

(나) 미국 환경보호국(EPA)은 매년 전 세계 천연가스 생산량의 3.2%가 미국에서 누출된다고 발표하였다. 이를 근거로 볼 때 1%의 가스 누출 비율만으로 천연가스를 이용한 화력발전의 이산화탄소 배출량이 석탄을 이용한 화력발전의 이산화탄소 배출량보다 50%나 더 적다는 논리는 성립될 수 없다. 하물며 누출량이 3% 이상이라면 천연가스를 이용한 화력발전이 석탄을 이용한 화력발전보다 나을 것이 전혀 없다.

(다) 미국의 가스관은 대부분 1950년대와 1960년대 이전에 건설되었으며 그중 12%는 1950년대에 건설되었다. 2013년 10월 미국 전기 · 가스 공급 회사인 P 기업은 3년간 20억 달러를 들여 자사가 보유한 6,750마일의 파이프라인 가운데 69마일을 교체했다고 발표했다. 이는 마일당 약 2,900만 달러가 지출되었다는 의미이므로 나머지 99%의 라인을 교체하려면 1,937억 달러가 추가로 소요된다는 뜻이기도 했다. 물론 이는 고스란히 고객이 부담해야 할 몫이다.

(라) 그래도 아직까지 천연가스가 석유보다 가격 면에서 경쟁력이 있다고 생각할 것이다. 하지만 하나 더 고려해야 할 부분이 있다. 바로 '수압파쇄법'이다. 이는 이송 과정에서 가스 누출이 발생한다는 사실 외에도 천연가스가 결코 청정에너지원이 될 수 없는 또 하나의 이유이기도 하다. 천연가스 채취는 수압파쇄법으로 이루어진다. 이 방식은 채취 과정에서 방사성 폐기물인 라듐을 발생시키는데, 라듐은 1,601년의 반감기를 가지고 있다.

(마) 하나의 예로, 미국 노스다코타 주의 수압파쇄법 유정(油井)은 매일 27톤이 넘는 방사성 폐기물을 배출하고 있다. 이는 천연가스가 채취된 지역의 대기와 수질, 토양이 최소 1,601년간 회복 불능의 상태에 놓인다는 의미이다. 미국에서 수압파쇄법은 현재 대기오염방지법, 수질보호법, 음용수안전법, 국가환경정책법, 비상계획 및 지역사회의 알 권리에 관한 법 등 모든 환경보호 법률로부터 예외의 특혜를 받고 있다. 하지만 과연 이 특혜가 언제까지 지속될 수 있을까? 특혜가 사라졌을 때 지불해야 할 사회적 비용을 고려하면 우리는 현재 천연가스에 많은 대가를 지불하고 있는 셈이다. 과연 천연가스가 정말로 청정에너지일까?

① (가) ② (나) ③ (다)
④ (라) ⑤ (마)

08. 다음 글에 나타난 서술 방식으로 적절한 것을 〈보기〉에서 모두 고르면?

모든 것이 인터넷에 연결된다면 삶이 얼마나 바뀔까? 냉장고도, 세탁기도, 책상도, 자동차도 모두 인터넷에 연결되어 손가락 하나만으로 주변의 모든 것을 마음대로 컨트롤 할 수 있다면 얼마나 편리할까? 모든 사물이 인터넷에 연결되어 서로 정보를 공유하고 원격 조정이 가능한 세상. 사물인터넷은 이러한 세상을 가능하게 만드는 기술이다.

사물인터넷(IoT ; Internet of Things)이란 사물에 센서를 부착해 실시간으로 데이터를 모아 인터넷으로 전달해 주는 것을 말한다. 인터넷을 기반으로 사물과 사람을 연결해, 사람이 무선으로 연결된 스마트기기, 즉 스마트폰을 통해 사물을 제어할 수 있도록 해 주는 기술이다. 이는 사람과 사람, 사람과 사물 간의 소통을 넘어 이제는 '사물과 사물 간의 소통'이 가능해진 것을 의미한다. 한마디로 정의하면 데이터를 일차적으로 획득, 저장, 분석하고 이를 다시 활용해 결과를 예측하는 프로세스의 탄생이다. 이러한 사물인터넷은 상품정보를 저장한 극소형 칩이 무선으로 데이터를 송신하는 'RFID'와 센서, 스마트기기의 등장에서 비롯되었다. 최근 출시된 구글 글래스와 같은 웨어러블(wearable) 컴퓨터도 사물인터넷 기술을 포함한다.

근거리 무선통신기술인 'NFC' 칩을 활용한 IT형 가전제품도 마찬가지다. NFC 칩이 탑재된 세탁기는 태그에 스마트폰을 갖다 대면 세탁기의 동작 상태나 오작동 여부를 확인하고 사용자에 따른 맞춤형 세탁코스로 세탁을 할 수 있다. 냉장고의 경우에도 기존에 존재하던 온도를 일정한 규칙에 따라 설정하는 기능을 넘어, 이제는 실시간으로 온도점검을 하고 제품 진단과 절전관리를 할 수 있으며, 프린터는 파일을 컴퓨터에 옮기지 않고 스마트폰을 갖다 대는 것만으로도 인쇄물을 손쉽게 출력할 수 있다. K 교수는 이에 대해 "인터넷과 거리가 멀게 느껴졌던 주변 사물이 통신망을 통해 서로 연결되면서 새로운 부가가치 산업이 등장하고 있다."고 말한다.

사물인터넷을 활용한 대표적인 사례 중 하나가 월트디즈니 놀이공원에서의 미키마우스 인형이다. 디즈니는 미키마우스 인형의 눈, 코, 팔, 배 등 몸 곳곳에 적외선 센서와 스피커를 탑재하여, 인형이 실시간으로 디즈니랜드의 정보 데이터를 수집한 뒤 관람객에게 놀이공원에서 어떤 놀이기구를 얼마나 기다려야 하는지, 또 지금 있는 위치가 어디쯤인지 등을 알려 준다고 한다. 또한 미국의 매사추세츠공과대학에서는 기숙사의 화장실과 세탁실에 센서를 설치해 두고 인터넷을 연결해 어떤 화장실이 비어 있는지, 어떤 세탁기와 건조기가 이용 가능한지 등의 정보를 실시간으로 제공하고 있다. 이 덕분에 학생들은 현장에 가지 않더라도 스마트폰으로 화장실, 세탁실의 상황을 파악할 수 있게 된다. 또한 사물인터넷은 농업과 축산업에서도 활용된다. 네덜란드의 벤처기업 '스파크드'는 IoT(사물인터넷)를 농업과 축산업에 접목했다. 소의 몸에 센서를 부착해 소의 움직임과 건강정보를 파악한 뒤 이 데이터를 실시간으로 전송해 주는 이 기술 덕분에 더욱 많은 소들을 건강하게 키울 수 있게 되었다. 자율주행자동차 역시 사물인터넷의 산물이다. 차량 곳곳에 센서가 장착돼 주변에 있는 장애물을 파악한다. 실시간 유입된 교통 상황과 정보가 정체 구간을 피하게 하고 가장 빨리 가는 길을 찾아내며, 내비게이션에 목적지가 없다면 포털사이트를 검색해 찾아낸다. 엔진오일 교환 주기가 궁금하다면 차 안에서 직접 알아볼 수도 있다. 추운 겨울 또는 무더운 여름 오랜 시간 세워 둔 자동차를 이용하기 전에 냉·난방을 미리 할 수도 있다.

현재 전 세계에는 약 100억 개에 달하는 기계가 인터넷과 연결되어 있다. 하지만 이 숫자는 전 세계 단말기 수의 0.7%에 불과하다. 미국의 다국적 기업 IBM은 앞으로 새로운 하드웨어의 등장보다는 사용자에게 데이터를 제공하는 방법이 더 관건이 될 것이라고 주장하고 있다. 그러나 모든 사물이 연결될 경우, 개인정보가 유출되거나 시스템이 마비되는 등 해킹의 문제가 자연스럽게 뒤따르기 때문에 철저한 대안과 정책 마련도 반드시 필요하다.

보기

ㄱ. 권위자의 의견에 의지하여 대상을 묘사하고 있다.
ㄴ. 예상되는 결과와 그에 따른 행동의 필요성을 제시하고 있다.
ㄷ. 대상이 적용됨에 따라 나타난 결과를 설명하고 있다.
ㄹ. 구체적인 사례와 사례별 대상의 적용 방식을 열거하고 있다.

① ㄱ, ㄴ ② ㄱ, ㄷ ③ ㄴ, ㄹ
④ ㄱ, ㄷ, ㄹ ⑤ ㄴ, ㄷ, ㄹ

09. 다음은 각 환경오염물질에 대한 관리방법을 소개하는 글이다. (마)에서 제시된 관리방법으로 적절한 것은?

(가) 발전소에서 발생하는 모든 하 · 폐수는 자체 하 · 폐수처리시설을 통해 처리하여 방류합니다. 방류수질은 법으로 정하고 있는 배출허용 기준보다 50% 이상 엄격하게 관리되고 있으며, 특히 수질연속측정시스템(Tele-Monitoring System, TMS)을 구축하여 실시간 모니터링하고 있습니다. 또한, 폐기물의 경우 일반폐기물, 지정폐기물, 건설폐기물을 구분하여 발생단계에서부터 최종 처리까지 전 과정을 철저히 관리하고 있습니다. 나아가 조직별로 폐기물 보관시설을 확장, 신축하고 폐기물을 종류, 성상, 처리방법별로 세분화하여 관리함으로써 온실가스 등의 대기오염물질 발생을 저감하고 있습니다.

(나) 발전소 계통 내 부식방지와 수처리를 위해 유해화학물질을 사용하며, 화학사고의 예방 및 대응 역량을 강화하기 위해 '원전 맞춤형 표준 화학사고 비상대응 지침서'를 개발하여 현장에 적용하고 있습니다. 또한, 전문가와 합동으로 원전 내 화학물질 저장시설의 안전점검을 주기적으로 실시하고 있으며, 2015년부터 유해화학물질의 위험요소를 진단, 평가하는 리스크 관리 시스템을 도입하여 전사에 적용하고 있습니다.

(다) 발전소 운영 시 발생하는 방사성폐기물은 발생원과 발생량이 매우 적지만 안전하고 철저한 관리가 필수적입니다. 이에 원전 운영 과정에서 발생하는 방사성폐기물을 ○○시에 위치한 방사성폐기물 처리장으로 안전하게 인도하여 처리하고 있습니다. 사용후핵연료와 같은 고준위 방사성폐기물의 경우 특정설비를 갖춘 저장시설에 일정 기간 임시 저장한 후 정부의 고준위 방사성폐기물 관리 기본 계획에 따라 최종 처분하고 있으며, 향후 사용후핵연료 포화에 대비한 후속조치 방안을 마련하여 안전하게 관리해 나갈 계획입니다. 중 · 저준위 방사성폐기물은 안전성이 검증된 드럼에 포장하여 발전소 내 임시저장고에 보관하며, 방사능에 오염되지 않거나 기준치 이하로 오염된 폐기물은 규제기관의 승인을 거쳐 소각, 매립하는 방법으로 자체처분하고 있습니다.

(라) 원전 주변 해역의 물리, 화학 및 생물학적 조사와 관리를 통해 해양환경 관리에 적극 앞장서고 있습니다. 특히 고리, 한빛, 월성 및 한울원전 취 · 배수구 주변 해역에 해수수온 연속측정기와 수질분석기 및 유향 · 유속계를 설치하여 운영하고 있으며, 이를 통해 관측된 결과는 무선으로 원격 감시하고 인터넷 및 각 원전 홍보전시관을 통해 실시간으로 공개합니다.

(마) 해수는 발전소의 복수기 전열관을 통과하면서 발전기를 회전시킨 수증기를 냉각 및 응축시키는 간접냉각수로 사용되며, 이때 사용된 해수는 취수할 때보다 수온이 약 7℃ 정도 상승되어 바다에 배출되는데, 이것을 온배수라고 합니다. 온배수는 상업적 가치를 가지는 온수성 어류의 번식에는 긍정적인 영향을 미치지만 미역이나 김 등 저온성 해조류에는 생장시기에 따라 다소 부정적 영향을 줄 수도 있습니다. 이에 온배수로 인한 피해가 발생할 경우 적법한 절차에 따라 피해보상이 원만하게 이루어지도록 노력하고 있습니다. 한편 온배수 이용 양식 어패류를 발전소 주변 해역에 방류하며, 지역주민 소득 향상과 주변 해역 수산 자원 보존을 위한 활동을 지속적으로 시행하고 있습니다. 20X6년 8월까지

총 어류 899만 마리, 전복 1,704만 마리, 갑각류 8,880만 마리, 패류 1,232톤, 해상 83만 마리 등 해역 특성에 맞는 고부가가치 품종을 방류하였습니다.

① 제도와 법규를 준수하여 지역 주민들의 피해가 최소화될 수 있도록 하였다.
② 환경오염물질이 배출되는 경로를 유심히 관찰하고 모니터링을 통해 획득한 정보를 전 조직과 공유하였다.
③ 발상의 전환을 통하여 환경오염물질을 지속가능한 방법으로 활용하였다.
④ 고가의 첨단 장비를 동원하여 안전과 피해 최소화를 위한 관리 시스템을 구축하였다.
⑤ 기후변화에 따라 환경물질 배출에 관한 국제 기준에 부합할 수 있는 처리 방안을 마련하였다.

10. A 회사는 20X0년 신입사원을 대상으로 20X1년에 근무하고 싶은 지역으로 서울, 경기 중 한 곳을 선택하게 하였다. 다음 〈조건〉을 참고할 때, 1차 선택에서 서울을 선택한 신입사원은 전체 신입사원의 몇 %인가?

조건

• 총 두 번(1차 선택, 2차 선택)의 조사가 진행되었다.
• 1차 선택 때 서울을 선택한 신입사원의 10%가 2차 선택 때 경기를 선택했다.
• 1차 선택 때 경기를 선택한 신입사원의 10%가 2차 선택 때 서울을 선택했다.
• 2차 선택 때 경기를 선택한 신입사원은 전체 신입사원의 20%이다.

① 25%　② 37.5%　③ 75%
④ 87.5%　⑤ 90%

11. 양돈업을 하는 농부가 열병 방제를 위해 전문업체에 방역을 맡기려고 하는데 방역 여부에 따라 다음과 같은 이익이 예상된다. 방역비가 500원일 경우 농부는 열병이 유행할 확률이 최소 몇 % 이상일 때 방역을 맡기게 되는가? (단, 이익 예상액에 방역비는 포함되어 있지 않다)

구분	이익 예상액(원)	
	열병이 유행할 경우	열병이 없는 경우
방역관리를 하는 경우	4,500	3,000
방역관리를 하지 않는 경우	2,000	3,000

① 16% ② 20% ③ 33%
④ 44% ⑤ 50%

12. 다음 〈조건〉을 참고할 때, 집에서 도서관을 거쳐 영화관에 갔다가 다시 도서관을 거쳐 집으로 돌아오는 경로의 수는 몇 가지인가?

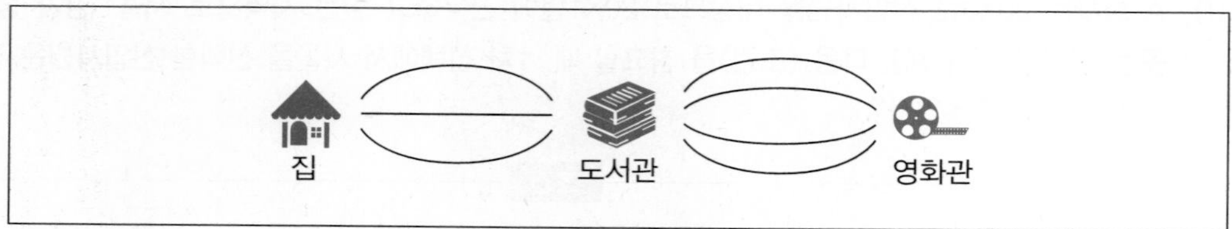

조건

- 위 그림과 같이 집에서 도서관을 가는 3가지 경로가 있고, 도서관에서 영화관을 가는 4가지 경로가 있다.
- 도서관에서 영화관을 갈 때 이용한 경로를 돌아올 때도 이용한다면 도서관에서 집으로 올 때는 이전과 다른 경로를 이용해야 한다.
- 도서관에서 영화관을 갈 때 이용한 경로를 돌아올 때 이용하지 않는다면 도서관에서 집으로 올 때는 이전과 같은 경로를 이용해야 한다.

① 24가지 ② 48가지 ③ 60가지
④ 72가지 ⑤ 84가지

13. 다음은 초콜릿 수출입에 관한 조사 자료이다. 이에 대한 설명으로 옳은 것은?

〈자료 1〉 연도별 우리나라의 초콜릿 수출입

(단위 : 톤, 천 불(USD 1,000))

구분	수출총량	수입총량	수출금액	수입금액	무역수지
20X4년	2,941	26,186	23,384	169,560	-146,176
20X5년	2,827	29,963	22,514	195,643	-173,129
20X6년	2,703	30,669	24,351	212,579	-188,228
20X7년	2,702	31,067	22,684	211,438	-188,754
20X8년	3,223	32,973	22,576	220,479	-197,903
20X9년	2,500	32,649	18,244	218,401	-200,157

〈자료 2〉 20X9년 우리나라의 초콜릿 수출입 주요 6개국

(단위 : 톤, 천 불(USD 1,000))

구분	수출총량	수입총량	수출금액	수입금액	무역수지
미국	89.9	6,008	518	39,090	-38,572
중국	900.0	3,624	6,049	14,857	-8,808
말레이시아	15.3	3,530	275	25,442	-25,167
싱가포르	13.9	3,173	61	12,852	-12,791
벨기에	0.0	3,155	0	23,519	-23,519
이탈리아	0.0	2,596	0	27,789	-27,789

* 〈자료 2〉의 수치는 우리나라를 기준으로 해당 국가와의 수출, 수입 총량과 금액을 의미한다.

① 무역수지는 수출금액에서 수입총량을 뺀 값과 같다.

② 20X9년 우리나라의 초콜릿 수출입 주요 6개국의 수출금액 평균은 1,000천 불 이하다.

③ 20X7년의 단위 총량당 수입금액은 20X6년에 비해 감소하였다.

④ 20X6년부터 20X9년까지 우리나라는 전년에 비해 수출총량이 감소하면 수출금액도 감소하는 경향을 보인다.

⑤ 20X9년 우리나라의 수출총량에서 중국으로의 수출총량은 40%를 차지한다.

[14 ~ 15] 다음은 2020년 7 ~ 12월 전력거래량을 연료원별, 회원사별로 나타낸 자료이다. 이어지는 질문에 답하시오.

〈표 1〉 연료원별 전력거래량

(단위 : GWh)

구분	원자력	유연탄	무연탄	유류	LNG	양수	기타
12월	10,514	17,965	188	643	16,003	300	2,211
11월	9,724	17,947	154	153	12,203	266	2,124
10월	10,071	18,725	ⓐ	191	9,856	290	2,316
9월	9,803	19,624	164	100	9,623	299	ⓑ
8월	11,597	21,400	243	258	12,083	313	2,578
7월	11,110	20,811	247	212	11,751	306	2,364

〈표 2〉 회원사별 전력거래량

(단위 : GWh)

구분	A 발전	B 발전	C 발전	D 발전	E 발전	F 발전	기타
12월	10,878	4,977	ⓓ	4,158	4,059	4,169	14,969
11월	10,050	5,123	4,311	4,146	3,235	3,623	12,083
10월	10,409	5,332	4,141	3,958	3,690	3,549	10,493
9월	10,212	5,559	3,914	4,141	4,258	3,637	10,055
8월	12,025	ⓒ	4,255	4,553	5,001	4,408	12,285
7월	11,510	5,654	4,068	4,372	4,871	4,291	12,035

〈표 3〉 2020년 7 ~ 12월 전력거래량 합계

(단위 : GWh)

구분	7월	8월	9월	10월	11월	12월
합계	46,801	48,472	41,776	41,572	42,571	ⓔ

1회 2회 3회 4회 5회 6회 7회 8회 9회 10회 11회 12회 13회 14회 15회 인성검사 면접가이드

14. ⓐ～ⓔ에 들어갈 숫자로 알맞지 않은 것은?

① ⓐ : 123 ② ⓑ : 2,163 ③ ⓒ : 6,123
④ ⓓ : 4,614 ⑤ ⓔ : 47,824

15. 다음 중 자료에 대한 설명으로 적절하지 않은 것은?

① 2020년 9월 총 전력거래량은 전월 대비 10% 이상 감소하였다.
② 2020년 8월부터 12월까지 D 발전과 F 발전의 전월 대비 전력거래량 증감 추이는 동일하다.
③ 2020년 7월부터 12월까지 양수의 평균 전력거래량은 300GWh 이상이다.
④ 2020년 10월 양수와 LNG의 전력거래량 합은 원자력의 전력거래량보다 많다.
⑤ F 발전의 월별 전력거래량 중 가장 많이 거래된 월과 가장 적게 거래된 월의 전력거래량 차이는 860GWh 미만이다.

[16 ~ 17] 다음 자료를 보고 이어지는 질문에 답하시오.

〈자료 1〉 한국 자동차 산업 동향(생산 기준)

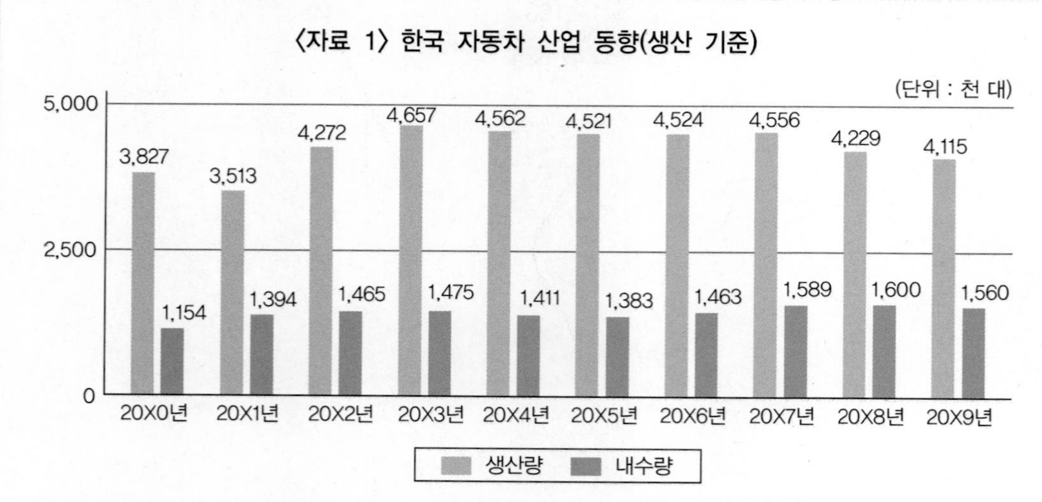

〈자료 2〉 한국 자동차 산업 동향(수출입 기준)

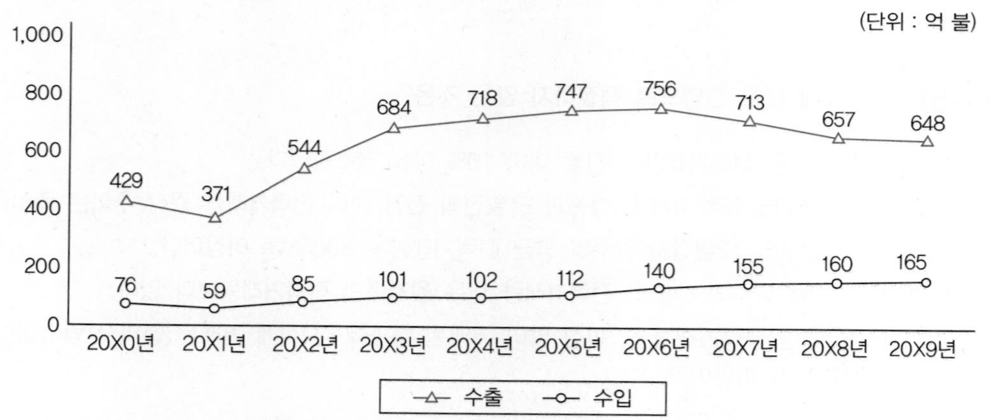

* 생산/내수는 국내 완성차 업계의 실적 집계이며, 수출/수입은 통관 기준 금액임(완성차, 부품 포함).
* 무역수지=수출－수입

〈자료 3〉 20X9년 자동차 생산량 국제 비교

(단위 : 천 대)

구분	한국	중국	미국	일본	독일	인도	멕시코	세계 총 생산
생산량	4,115	29,015	11,182	9,684	6,051	4,780	4,068	98,909

16. 다음 중 제시된 자료에 대한 설명으로 옳은 것을 모두 고르면?

> ㉠ 20X9년 한국은 세계 총 자동차 생산량의 약 4%를 차지하고 있다.
> ㉡ 한국의 자동차 내수량이 가장 많았던 해에는 전년 대비 10,000대 이상 증가했다.
> ㉢ 한국 자동차 산업의 무역수지는 모든 해에서 흑자를 기록하였으며, 무역수지가 가장 큰 해는 20X5년이다.

① ㉠ ② ㉠, ㉡ ③ ㉠, ㉢
④ ㉡, ㉢ ⑤ ㉠, ㉡, ㉢

17. 20X9년 한국의 자동차 생산량의 전년 대비 감소율과 일본의 전년 대비 증가율이 동일하다고 할 때, 일본의 20X8년 자동차 생산량은 몇 대인가? (단, 모든 계산은 소수점 아래 첫째 자리에서 반올림한다)

① 약 9,078천 대 ② 약 9,150천 대 ③ 약 9,277천 대
④ 약 9,402천 대 ⑤ 약 9,504천 대

18. 다음 자료를 참고할 때, 해외출장을 갈 직원에 대한 추론으로 옳은 것은?

- 해외출장 일정 : 202X. 11. 10. ~ 11. 13.
- 비행기로 해당 국가에 도착한 후 현지에서 자동차로 이동하므로 팀원 모두 운전이 가능해야 함.
- 출장자는 총 2인으로 구성하며, 팀장 또는 부장이 반드시 1인 이상 포함되어야 함.
- 출장 스케줄을 처음부터 끝까지 모두 소화할 수 있어야 함.

〈11월 스케줄〉

일	월	화	수	목	금	토
7	8 박 부장 프로젝트 회의	9	10 윤 사원 사내봉사활동	11 강 사원 사내봉사활동	12 최 팀장 수여식 참여	13 윤 사원 자녀 돌잔치
14	15 이 부장 프로젝트 회의	16	17 정 사원 사내봉사활동	18 한 사원 사내봉사활동	19	20

〈직원별 특징〉

직원	특징
박 부장	운전면허 있음.
이 부장	운전면허 있음. 여권을 분실하였음.
김 팀장	운전면허 있음.
최 팀장	운전면허 있음. 임신 중으로 비행기 탑승이 어려움.
한 사원	운전면허 있음.
강 사원	운전면허 없음.
정 사원	운전면허 있음.
윤 사원	운전면허 없음.

① 이번 출장에는 팀장 또는 부장이 1인 이상 포함되어야 하므로 박 부장을 포함하여 강 사원이 함께 출장을 갈 것이다.

② 해외출장 일정과 겹치는 스케줄이 없는 김 팀장과 윤 사원이 함께 출장을 갈 것이다.

③ 최 팀장은 운전면허가 있는 한 사원과 이번 해외출장을 함께 갈 것이다.

④ 출장 스케줄을 처음부터 끝까지 모두 소화할 수 있어야 하므로 한 사원과 정 사원이 함께 출장을 가게 될 것이다.

⑤ 이번 출장에는 박 부장과 김 팀장 중 한 명 이상은 반드시 출장을 가게 될 것이다.

19. 다음은 원자력발전소 방사선 비상 조치 및 대응조치에 관한 매뉴얼이다. 자료를 읽고 Q&A를 진행할 때 질문에 대한 대답으로 가장 적절하지 않은 것은?

구분	정의	대응조치
백색비상	• 방사성물질의 밀봉상태에서의 손상 또는 원자력 시설의 안전상태 유지를 위한 전원공급기능에 손상이 발생하거나 발생할 우려가 있는 등의 사고 • 방사선 영향이 원자력 시설 건물 내에 국한될 것으로 예상되는 비상사태	• 비상발령보고, 상황 전파 • 사고확대방지응급조치 • 원자력사업자 비상대응 시설의 운영 • 지역방재대책본부 발족운영(상황실 및 연합 정보센터)
청색비상	• 백색비상에서 안전상태로의 복구기능의 저하로 원자력 시설의 주요 안전기능에 손상이 발생하거나 발생할 우려가 있는 사고 • 방사선 영향이 원자력 시설 부지 내에 국한될 것으로 예상되는 비상사태	• 백색비상 대응조치 수행 • 원자력사업자 비상대책본부 발족 운영 • 중앙방사능방재대책본부 발족 운영 • 현장방사능방재지휘센터 발족 운영 • 기술 및 의료 지원 조직 운영 • 지역방재대책본부 확대 운영
적색비상	• 노심의 손상 또는 용융 등으로 원자력 시설의 최후방벽에 손상이 발생하거나 발생할 우려가 있는 사고 • 방사선 영향이 원자력 시설 부지 밖에도 미칠 것으로 예상되는 비상상태	• 청색비상 대응조치 수행 • 방사능 재난 발생 선포 검토 • 원자력 시설 주변 주민에 대한 보호조치 실시

Q : 지진이 발생하여 방사성물질의 밀봉상태가 손상되는 사고가 발생할 것이 우려된다면 어떤 조치를 내려야 할까요?

A : ① 우선 백색비상 조치를 발령하고 상황을 알려야 합니다. 또한 사고가 확대되지 않도록 방지하는 응급조치가 필요합니다. ② 이 경우 상황실과 연합 정보센터를 구축하여 지역방재대책본부를 운영하는 것이 급선무입니다.

Q : 이 상태에서 안전상태로의 복구기능이 저하되어 원자력 시설의 주요 안전기능에 큰 손상이 추가적으로 발생한다면 어떠한 조치가 필요할까요?

A : ③ 원자력사업자 비상대응 시설을 운영하고 원자력사업자 비상대책본부를 발족하여 운영해야 합니다. 또한 중앙방사능방재대책본부와 현장방사능방재지휘센터를 발족하여 운영합니다. ④ 더불어 원자력 시설 주변 주민에 대한 보호조치를 실시하여 주민들을 보호하는 데 힘써야 합니다.

Q : 방사선 영향이 원자력 시설 부지 밖에도 미칠 것으로 예상되는 상황이라면 어떤 조치가 내려져야 하나요?

A : 기술 및 의료 지원 조직을 운영해야 합니다. 또 ⑤ 지역방재대책본부를 확대 운영하고 방사능 재난 발생 선포를 검토해야 합니다.

20. 질문 게시판에 올라온 다음 글에 답변하고자 할 때, Q의 답변으로 옳지 않은 것은?

〈상담센터 온라인 질문 게시판〉

안녕하세요. 저는 만 2세 11개월 아들을 키우고 있습니다. 어린이집에서 저희 아이가 사회성이나 감각능력에는 문제가 없는데 인지능력이 다른 또래 아이들에 비해 떨어지는 것처럼 보인다고 하더라고요. 무슨 문제가 있는 것인지 걱정이 돼서 검사를 받고자 합니다. 혹시나 부모로서 양육 태도가 잘못되었던 것이 아닌지도 확인받을 수 있는지 궁금합니다. 어떤 검사를 받으면 좋을지 답변 주시면 감사하겠습니다.

〈상담센터 발달검사 프로그램〉

대상연령	검사도구	검사 설명
1~42개월	Bayley-III®	1개월의 영아에서부터 유아에 이르기까지의 포괄적인 발달 테스트 도구입니다. 인지, 언어, 사회-정서, 운동과 적응행동의 다섯 가지 요소로 검사를 실시합니다.
	PAT	유아부터 초등학생, 청소년 자녀를 둔 보호자의 양육 태도를 검사는 것으로, 보호자가 직접 검사문항을 체크합니다. 이 검사를 통하여 지지표현, 합리적 설명, 성취압력, 간섭, 처벌, 감독, 과잉기대, 비일관성의 부모태도를 확인할 수 있습니다.
만 2세 6개월~만 7세 7개월	K-WPPSI-Ⅳ	유아의 전반적인 지능(전체 IQ)과 더불어 특정 인지영역의 지적기능을 나타내는 15가지 소검사와 5가지 기본지표 및 4가지 추가지표를 제공해줍니다. 본 검사는 아동의 인지영역별 강점과 약점을 상세히 평가할 수 있을 뿐 아니라 영재, 정신지체 등을 포함하는 전반적인 인지 기능에 대한 평가입니다.
1개월~만 12세	K-PSI	부모가 자녀양육과 관련해 경험하는 스트레스의 상대적 크기를 측정할 수 있도록 고안된 검사로, 아동의 특징과 부모에게 스트레스를 가져오는 요인을 밝히기 위해 부모영역과 자녀영역의 두 가지 요인으로 구성되어 있습니다.
24~60개월	SP	아동의 현재 감각처리 능력의 평가를 비롯하여 조절능력, 행동과 감정반응의 능력을 평가할 수 있으며, 보호자에게 앞으로의 감각경험에 대한 방향을 제시해 줄 수 있습니다.
24~72개월	PRES	아동들의 언어 이해 수준뿐 아니라 표현 능력까지 평가할 수 있는 검사로, 결과를 통하여 언어발달이 정상적으로 이루어지고 있는지 혹은 언어발달에 지체가 있는지 여부를 판별할 수 있고 아동의 수용언어 및 표현언어 발달 간의 차이를 분석합니다.
0~36개월	DEP	대근육, 소근육, 의사소통, 사회정서, 인지, 기본생활로 발달영역을 6개의 척도로 나눈 것으로 이 검사에서는 매우 느림, 느림, 보통, 빠름, 매우 빠름으로 발달척도를 측정합니다.

① PAT를 통해 지지표현, 합리적 설명, 감독, 비일관성의 부모 양육 태도를 확인받을 것을 추천드립니다.

② SP를 통해 자녀분이 일상생활에서의 기능적인 작업 수행 활동에 문제가 있는지 확인하시길 바랍니다.

③ K-WPPSI-Ⅳ 검사를 통해 자녀의 전반적인 지능과 인지영역별 강점 및 약점을 확인하시길 바랍니다.

④ 자녀분의 나이가 상담센터에서 시행하는 모든 발달검사프로그램의 대상연령에 해당되므로 대상연령은 고려하지 않고 적합한 검사유형을 선택하실 수 있습니다.

⑤ Bayley-Ⅲ® 검사를 통해서 인지 영역뿐 아니라 다른 영역까지 포괄적으로 검사를 받으실 수 있으므로 해당 검사를 추천합니다.

21. 다음 ○○공사의 사회 공헌활동에 대한 설명으로 옳은 것을 〈보기〉에서 모두 고르면?

〈사회 공헌활동 유형〉

유형		내용
지역사회 활동	→	• 김장, 연탄배달, 도시락배달, 급식 · 배식활동, 헌혈 캠페인 • 1사 1촌 자매결연, 지역특산물 판매, 온누리 상품권 구입, 지역축제 자원봉사 • 농촌 일손 돕기, 장수사진 촬영, 치매극복 전국 걷기대회
교육문화 활동	→	• 어린이 전기안전 교육, 방송직업 체험, 방과 후 학습 도우미 • 문화체험 도우미, 신입사원 장애우 돌봄, 직원가족 초청 행사 • 대학생 서포터즈 운영
환경보호 활동	→	매봉산 숲 돌보미 협약식 체결 및 환경정화, 식목 행사 시행, 산불 감시 예방, 야생동물 먹이 주기 캠페인, 자연보호 활동

〈2018 ~ 2020년 사회 공헌활동〉

(단위 : 건, 천 원, 명, 시간)

구분		2018년	2019년	2020년
지역사회 활동	활동건수	951	1,207	1,071
	금액	131,858	201,678	205,728
	활동인원	4,830	7,960	7,115
	활동시간	17,187	23,314	21,753
교육문화 활동	활동건수	105	157	105
	금액	7,152	25,012	11,637
	활동인원	572	483	409
	활동시간	2,059	1,920	1,499
환경보호 활동	활동건수	785	1,115	1,157
	금액	799	927	4,298
	활동인원	10,632	12,983	14,001
	활동시간	29,319	43,936	50,217

보기

㉠ 각 세부 활동별로 활동인원과 활동시간의 증감 방향은 동일하다.
㉡ ○○공사의 사회 공헌활동에는 ○○공사 직원들만 참여할 수 있다.
㉢ 2019년 대비 2020년 지역사회 활동의 활동인원 감소율은 환경보호 활동의 활동인원 증가율보다 크다.
㉣ 2020년 교육문화 활동의 활동건수당 평균 금액은 약 110만 원으로 환경보호 활동의 활동건수당 평균 금액의 약 30배이다.

① ㉠, ㉡ ② ㉠, ㉢ ③ ㉡, ㉢
④ ㉢, ㉣ ⑤ ㉠, ㉢, ㉣

22. ○○전자매장은 12월부터 할인 행사를 진행하려고 한다. 아래 자료를 참고할 때 12월 할인 판매 일정에 관한 설명으로 옳은 것은?

〈○○전자매장 11월 할인 행사〉

- 할인 행사는 11월 1일부터 11월 30일까지 한 달간 진행한다.
- 할인 제품은 TV, 냉장고, 세탁기, 컴퓨터이다.
- 제품 할인은 일정한 순서에 따라 돌아가며 진행된다.
- 두 가지 이상의 제품을 같은 날 할인 판매할 수 없다.
- 한 제품당 2일 연속으로 할인하며, 2일간 할인 행사 후 다음 하루는 어떠한 할인도 진행되지 않는다.
- 11월 1일 할인 제품은 세탁기이고, 첫 번째 수요일에는 TV를 할인 판매한다.
- 컴퓨터 할인 행사는 냉장고보다 먼저 진행된다.
- 휴무일이 할인 행사 예정일이라면 해당 행사를 휴무일 전날 혹은 다음날 하루만 진행한다.
- 할인 행사가 진행되지 않는 날이 휴무일이라면 다음날 바로 다음 제품의 할인 행사를 실시한다.

〈11월 달력〉

일	월	화	수	목	금	토
				1	2	3
4	5	6	7	8	9	10
11	12	13	14	15	16	17
18	19	20	21	22	23	24
25	26	27	28	29	30	

※ ○○전자매장의 휴무일은 매월 세 번째 수요일이며, 한 달에 한 번만 쉰다.

〈12월 할인 행사〉

- 12월의 할인 행사 품목은 TV, 냉장고, 세탁기, 컴퓨터, 에어컨 5개이다.
- TV, 냉장고, 세탁기, 컴퓨터의 할인 순서는 11월과 동일하다.
- 에어컨 할인 행사는 하루씩만 진행되며 바로 다음날 다른 제품의 할인 행사를 진행한다.
- 12월 1일 할인 제품은 에어컨이고, 나머지 사항은 11월 할인 행사 운영 방식과 동일하다.

① 세 번째 토요일에는 냉장고가 할인 판매된다.

② 12월 31일에는 에어컨의 할인 판매가 이루어진다.

③ 12월 24일에는 어떠한 제품도 할인 받을 수 없다.

④ 이벤트 기간 중 세탁기는 4일간 할인된 가격으로 구입할 수 있다.

⑤ 휴무일 전날에는 컴퓨터의 할인 판매가 이루어진다.

23. AA 항공사 지상직 승무원인 K 씨는 수하물 처리 및 승객 안내 업무를 맡고 있다. 기상으로 인해 항공편이 결항 · 지연되어 K 씨는 승객들의 항공편 변경 요청을 받아 관련 규정을 살펴보았다. 다음 중 당일 항공편 변경이 가능한 승객은? (단, 매진된 항공편은 없다고 가정한다)

〈전광판 화면〉

편명	이륙예정시간	변경시간	목적지	탑승구	비고
AU1002	18:00		상하이	05	결항 CANCELLED
AU710	18:00	18:30	도쿄	07	수속 PROCESSING
AU106	18:10	19:35	나리타	09	지연 DELAYED
AU1005	18:30		베이징	12	결항 CANCELLED
AU1008	17:00	19:20	상하이	14	지연 DELAYED
AU226	16:00		상하이	18	결항 CANCELLED
AU314	18:45		나리타	10	수속 PROCESSING
AU1017	18:50		도쿄	11	수속 PROCESSING

※ 현재 시간은 18:30이다.

※ 전광판에 표시되어 있는 것 외의 AA 항공사의 항공편은 없다.

〈관련 규정〉

3. 당일 항공편 변경
   3.1. 당일 항공편 변경은 원칙적으로 불가함.
   3.2. 당일 항공편이 기상 · 천재지변 · 전쟁 · 기타 불가피한 상황에 의해 결항될 경우 승무원은 승객의 당일 항공편 변경을 도울 수 있음. 단, 변경하고자 하는 항공편에 좌석이 남아있을 경우에 한함.
      3.2.1. 당일 항공편 변경은 동일한 목적지의 항공편이 당일 탑승 가능할 경우 가능함.
      3.2.2. 동일한 목적지의 항공편이 당일에 없을 경우 결항 승객의 해당 항공편을 취소하고 취소일로부터 7일 이내 동일한 목적지에 취항하는 항공편으로 재발행이 가능함.
      3.2.3. 위의 상황으로 재발권 혹은 당일 항공편 변경 시 해당 승객의 원래 항공편보다 좌석 등급을 올려주거나 당사 규정에 의거해 마일리지 등으로 보상이 가능함.

① 승객 A : 오후 5시에 상하이로 가는 비행기인데 너무 늦어지네요. 다른 항공편으로 변경해도 되나요?

② 승객 B : 오후 6시 50분 도쿄행 비행기를 당일 다른 항공편으로 변경하면 좌석 업그레이드가 가능한가요?

③ 승객 C : 오후 6시 30분 베이징행 비행기인데, 오늘 것 중에 가장 빠른 편으로 바꿔주시면 안될까요? 정말 급한 일이라서요.

④ 승객 D : 오후 6시 비행기로 상하이에 가려고 했는데 결항이 됐어요. 늦은 시간이어도 상관없으니까 오늘 안에만 출발할 수 있게 해주실 수 있나요?

⑤ 승객 E : 오후 6시 10분 나리타행 비행기 탑승예정인데, 너무 늦어져서요. 오후 6시 45분에 출발하는 다른 비행기로 변경 가능한가요?

[24 ~ 25] GH 보험사의 보험 상품 설계팀은 보험 상품의 다각화를 위하여 반려견과 반려묘 대상의 신규 상품을 개발하여 출시하였다. 다음 자료를 바탕으로 이어지는 질문에 답하시오.

〈GH 보험사 반려견 및 반려묘 보험 상품〉

1. 상품 특징 : 반려견 및 반려묘의 질병 · 상해로 인한 입원, 통원 치료 등과 같은 목적으로 보호자가 전국 모든 동물병원에서 부담한 비용의 실비 보상
2. 가입 대상 : 최초 가입은 생후 91일 이후부터이며 만 8세 이하의 반려견과 반려묘만 가입 가능. 재가입의 경우 만 10세 이하의 반려견과 반려묘만 가입 가능
3. 보험가입기간 : 가입 후 3년마다 자동으로 계약갱신 가능하며 최장 20년 동안 보장
4. 보험 유형

유형	보장 내역	보험금 지급액	월 납부액
A	– 통원 의료비 보장(실속형) – 입원 의료비 보장	1일 10만 원 한도	18,000원
	3대 질환 관련 수술* 의료비 보장(기본형)	1회 100만 원 한도 (연 최대 350만 원 한도)	
B	– 통원 의료비(기본형) – 입원 의료비 보장	1일 15만 원 한도	21,000원
	모든 수술 의료비 보상(고급형)	1회 150만 원 한도 (연 최대 450만 원 한도)	
	배상 책임**(기본형)	1건 500만 원 한도	
C	– 통원 의료비 보장(기본형) – 입원 의료비 보장	1일 20만 원 한도	24,000원
	모든 수술 의료비 보장(고급형)	1회 180만 원 한도 (연 최대 600만 원 한도)	
	배상 책임(고급형)	1건 800만 원 한도	
	장례비 지원***	15만 원 한도	

* 3대 질환 관련 수술 : 반려견의 경우 구강 질환, 슬개골 및 고관절 관련 질환, 반려묘의 경우 신장 및 비뇨기 질환, 장 질환, 소화기계 질환을 대상으로 함.

** 배상 책임 : 보험에 가입한 반려견 및 반려묘가 다른 동물 및 사람의 신체에 손해를 끼쳤을 경우, 보호자가 부담해야 할 실제 손해 금액을 보장

*** 장례비 지원 : 보험에 가입한 반려견 및 반려묘가 보험가입 후에 사망한 경우(단, 자연사, 질병으로 인한 사망, 수의사가 적법하게 시행한 안락사는 지원이 가능하나 학대행위로 사망한 경우는 지원하지 않음)

※ 유의사항

– 보험금 지급을 위하여 동물병원 진료 직후 또는 등록 당일에 보험 가입된 반려견 또는 반려묘의 코 근접사진을 3장 촬영하여 GH 보험사에 제출하여야 함(제출기한 : 진료 당일 포함 3일 이내). 단, 보험가입 시 동물등록증 인증 방식으로 가입된 경우 제외됨.

– 통원 및 입원(모든 수술 포함) 의료비와 반려견 및 반려묘의 배상 책임으로 발생한 사고 비용의 경우, 한도금액 내에서 실비 지급을 원칙으로 하며 책정된 정액을 지급함.

– 모든 유형의 보험에서 보험금 지급 시 해당 건 이외의 자기 부담금은 고려하지 않음.

24. **GH 보험사 보험 상품 설계팀 신입사원 P가 반려견 및 반려묘 보험 상품을 이해한 내용으로 가장 적절한 것은?**

① 최초 가입 시 만 2세였던 반려견이 보험기간 종료 후 노환으로 사망하더라도 매일 24,000원의 보험료를 납부했다면, 장례비용 150,000원을 지급받을 수 있다.

② 월 납입액 21,000원 상품에 가입한 반려묘가 슬개골 및 고관절 관련 질환 수술을 받는다면, 1회 최대 1,000,000원의 보험금을 지급받을 수 있다.

③ 동물등록증 없이 신규 보험상품에 가입한 반려묘가 피부질환으로 3월 5일부터 통원치료를 받았다면, 보호자는 3월 7일까지 반려묘의 코 근접사진 3장을 자사에 제출하여야 보험금을 지급받을 수 있다.

④ 월 납입액 21,000원 상품에 가입한 반려견이 산책 중 자사의 보험 상품에 가입하지 않은 다른 반려견에게 물리는 경우에도 1회 5,000,000원 한도에서 배상책임으로 보험금을 지급받을 수 있다.

⑤ 월 납입액 24,000원 상품에 가입한 반려견이 수술을 받게 된다면 회당 최고금액을 기준으로 약 4회 보장받을 수 있다.

25. **GH 보험사 보험금 지급 담당자인 W에게 신규 보험 상품에 가입한 고객들이 다음과 같은 문제 상황에서 지급받을 수 있는 보험금을 문의해 왔다. 각 고객에게 지급될 보험금이 적절하게 짝지어진 것은?**

문제 상황

- 고객 갑 : 반려묘 '야옹'이가 7월 3일자로 생후 130일이 지나서 A 유형 보험에 가입했습니다. 그런데 지난 7월 8일부터 자꾸 밥을 먹지 않아 근처 동물병원에 데리고 갔더니 제가 모르는 사이에 털뭉치 장난감의 털을 조금 삼켰다고 합니다. 병원에서는 당분간 자극적인 음식을 피하고 위장을 보호해야 하기 때문에 3일 동안 통원치료를 권유했고, 진료비와 약값으로 매일 50,000원을 지출했습니다. 보험가입 당시 동물등록증으로 가입하지 못하여 7월 9일에 '야옹'의 코 근접사진 3장을 보험 담당자 메일로 발송하였습니다. 그리고 통원 치료 중에 동물병원에서 '야옹'이가 평소 좋아하는 사료를 할인하여 70,000원어치 구매하였는데 보험금을 총 얼마 받을 수 있나요?
- 고객 을 : 반려견 '사랑'이가 3살이 되는 날 C 유형 보험에 가입하였습니다. 우리 '사랑'이는 하얀 말티즈인데 지난 9월 6일 강아지 유치원에 갔다가 다른 강아지 '피스'와 싸웠습니다. '사랑'이는 다치지 않았지만 '피스'를 물어서 '피스'의 복부에 상처가 났습니다. 첫 의료비로 200,000원이 청구되었고 두 번째 의료비로 300,000원이 나왔다고 합니다. '피스' 치료비와 몸에 좋은 보양식을 100,000원어치 구입하여 위로금과 함께 보내려고 합니다. 보험금은 얼마나 받을 수 있을까요?

	고객 갑	고객 을
①	50,000원	200,000원
②	100,000원	300,000원
③	130,000원	300,000원
④	150,000원	500,000원
⑤	180,000원	500,000원

Memo

미래를 창조하기에 꿈만큼 좋은 것은 없다.
오늘의 유토피아가 내일 현실이 될 수 있다.

There is nothing like dream to create the future.
Utopia today, flesh and blood tomorrow.

빅토르 위고 Victor Hugo

인성검사란? 개개인이 가지고 있는 사고와 태도 및 행동 특성을 정형화된 검사를 통해 측정하여 해당 직무에 적합한 인재인지를 파악하는 검사를 말한다.

2 파트

코레일(한국철도공사) 인성검사

01 인성검사의 이해

1 인성검사, 왜 필요한가?

채용기업은 지원자가 '직무적합성'을 지닌 사람인지를 인성검사와 NCS기반 필기시험을 통해 판단한다. 인성검사에서 말하는 인성(人性)이란 그 사람의 성품, 즉 각 개인이 가지는 사고와 태도 및 행동 특성을 의미한다. 인성은 사람의 생김새처럼 사람마다 다르기 때문에 몇 가지 유형으로 분류하고 이에 맞추어 판단한다는 것 자체가 억지스럽고 어불성설일지 모른다. 그럼에도 불구하고 기업들의 입장에서는 입사를 희망하는 사람이 어떤 성품을 가졌는지 정보가 필요하다. 그래야 해당 기업의 인재상에 적합하고 담당할 업무에 적격한 인재를 채용할 수 있기 때문이다.

지원자의 성격이 외향적인지 아니면 내향적인지, 어떤 직무와 어울리는지, 조직에서 다른 사람과 원만하게 생활할 수 있는지, 업무 수행 중 문제가 생겼을 때 어떻게 대처하고 해결할 수 있는지에 대한 전반적인 개성은 자기소개서를 통해서나 면접을 통해서도 어느 정도 파악할 수 있다. 그러나 이것들만으로 인성을 충분히 파악할 수 없기 때문에 객관화되고 정형화된 인성검사로 지원자의 성격을 판단하고 있다.

채용기업은 필기시험을 높은 점수로 통과한 지원자라 하더라도 해당 기업과 거리가 있는 성품을 가졌다면 탈락시키게 된다. 일반적으로 필기시험 통과자 중 인성검사로 탈락하는 비율이 10% 내외가 된다고 알려져 있다. 물론 인성검사를 탈락하였다 하더라도 특별히 인성에 문제가 있는 사람이 아니라면 절망할 필요는 없다. 자신을 되돌아보고 다음 기회를 대비하면 되기 때문이다. 탈락한 기업이 원하는 인재상이 아니었다면 맞는 기업을 찾으면 되고, 경쟁자가 많았기 때문이라면 자신을 다듬어 경쟁력을 높이면 될 것이다.

2 인성검사의 특징

우리나라 대다수의 채용기업은 인재개발 및 인적자원을 연구하는 한국행동과학연구소(KIRBS), 에스에이치알(SHR), 한국사회적성개발원(KSAD), 한국인재개발진흥원(KPDI) 등 전문기관에 인성검사를 의뢰하고 있다.

이 기관들의 인성검사 개발 목적은 비슷하지만 기관마다 검사 유형이나 평가 척도는 약간의 차이가 있다. 또 지원하는 기업이 어느 기관에서 개발한 검사지로 인성검사를 시행하는지는 사전에 알 수 없다. 그렇지만 공통으로 적용하는 척도와 기준에 따라 구성된 여러 형태의 인성검사지로 사전 테스트를 해 보고 자신의 인성이 어떻게 평가되는가를 미리 알아보는 것은 가능하다.

인성검사는 필기시험 당일 직무능력평가와 함께 실시하는 경우와 직무능력평가 합격자에 한하여 면접과 함께 실시하는 경우가 있다. 인성검사의 문항은 100문항 내외에서부터 최대 500문항까지 다양하다. 인성검사에 주어지는 시간은 문항 수에 비례하여 30 ~ 100분 정도가 된다.

문항 자체는 단순한 질문으로 어려울 것은 없지만 제시된 상황에서 본인의 행동을 정하는 것이 쉽지만은 않다. 문항 수가 많을 경우 이에 비례하여 시간도 길게 주어지지만 단순하고 유사하며 반복되는 질문에 방심하여 집중하지 못하고 실수하는 경우가 있으므로 컨디션 관리와 집중력 유지에 노력하여야 한다. 특히 같거나 유사한 물음에 다른 답을 하는 경우가 가장 위험하다.

3 인성검사 척도 및 구성

❶ 미네소타 다면적 인성검사(MMPI)

MMPI(Minnesota Multiphasic Personality Inventory)는 1943년 미국 미네소타 대학교수인 해서웨이와 매킨리가 개발한 대표적인 자기 보고형 성향 검사로서 오늘날 가장 대표적으로 사용되는 객관적 심리검사 중 하나이다. MMPI는 약 550여 개의 문항으로 구성되며 각 문항을 읽고 '예(YES)' 또는 '아니오(NO)'로 대답하게 되어 있다.

MMPI는 4개의 타당도 척도와 10개의 임상척도로 구분된다. 500개가 넘는 문항들 중 중복되는 문항들이 포함되어 있는데 내용이 똑같은 문항도 10문항 이상 포함되어 있다. 이 반복 문항들은 응시자가 얼마나 일관성 있게 검사에 임했는지를 판단하는 지표로 사용된다.

구분	척도명	약자	주요 내용
타당도 척도 (바른 태도로 임했는지, 신뢰할 수 있는 결론인지 등을 판단)	무응답 척도 (Can not say)	?	응답하지 않은 문항과 복수로 답한 문항들의 총합으로 빠진 문항을 최소한으로 줄이는 것이 중요하다.
	허구 척도 (Lie)	L	자신을 좋은 사람으로 보이게 하려고 고의적으로 정직하지 못한 답을 판단하는 척도이다. 허구 척도가 높으면 장점까지 인정받지 못하는 결과가 발생한다.
	신뢰 척도 (Frequency)	F	검사 문항에 빗나간 답을 한 경향을 평가하는 척도로 정상적인 집단의 10% 이하의 응답을 기준으로 일반적인 경향과 다른 정도를 측정한다.
	교정 척도 (Defensiveness)	K	정신적 장애가 있음에도 다른 척도에서 정상적인 면을 보이는 사람을 구별하는 척도로 허구 척도보다 높은 고차원으로 거짓 응답을 하는 경향이 나타난다.
임상척도 (정상적 행동과 그렇지 않은 행동의 종류를 구분하는 척도로, 척도마다 다른 기준으로 점수가 매겨짐)	건강염려증 (Hypochondriasis)	Hs	신체에 대한 지나친 집착이나 신경질적 혹은 병적 불안을 측정하는 척도로 이러한 건강염려증이 타인에게 어떤 영향을 미치는지도 측정한다.
	우울증 (Depression)	D	슬픔·비관 정도를 측정하는 척도로 타인과의 관계 또는 본인 상태에 대한 주관적 감정을 나타낸다.
	히스테리 (Hysteria)	Hy	갈등을 부정하는 정도를 측정하는 척도로 신체 증상을 호소하는 경우와 적대감을 부인하며 우회적인 방식으로 드러내는 경우 등이 있다.
	반사회성 (Psychopathic Deviate)	Pd	가정 및 사회에 대한 불신과 불만을 측정하는 척도로 비도덕적 혹은 반사회적 성향 등을 판단한다.
	남성-여성특성 (Masculinity-Feminity)	Mf	남녀가 보이는 흥미와 취향, 적극성과 수동성 등을 측정하는 척도로 성에 따른 유연한 사고와 융통성 등을 평가한다.

	편집증 (Paranoia)	Pa	과대 망상, 피해 망상, 의심 등 편집증에 대한 정도를 측정하는 척도로 열등감, 비사교적 행동, 타인에 대한 불만과 같은 내용을 질문한다.
	강박증 (Psychasthenia)	Pt	과대 근심, 강박관념, 죄책감, 공포, 불안감, 정리정돈 등을 측정하는 척도로 만성 불안 등을 나타낸다.
	정신분열증 (Schizophrenia)	Sc	정신적 혼란을 측정하는 척도로 자폐적 성향이나 타인과의 감정 교류, 충동 억제불능, 성적 관심, 사회적 고립 등을 평가한다.
	경조증 (Hypomania)	Ma	정신적 에너지를 측정하는 척도로 생각의 다양성 및 과장성, 행동의 불안정성, 흥분성 등을 나타낸다.
	사회적 내향성 (Social introversion)	Si	대인관계 기피, 사회적 접촉 회피, 비사회성 등의 요인을 측정하는 척도로 외향성 및 내향성을 구분한다.

❷ 캘리포니아 성격검사(CPI)

CPI(California Psychological Inventory)는 캘리포니아 대학의 연구팀이 개발한 성검사로 MMPI와 함께 세계에서 가장 널리 사용되고 있는 인성검사 툴이다. CPI는 다양한 인성 요인을 통해 지원자가 답변한 응답 왜곡 가능성, 조직 역량 등을 측정한다. MMPI가 주로 정서적 측면을 진단하는 특징을 보인다면, CPI는 정상적인 사람의 심리적 특성을 주로 진단한다.

CPI는 약 480개 문항으로 구성되어 있으며 다음과 같은 18개의 척도로 구분된다.

구분	척도명	주요 내용
제1군 척도 (대인관계 적절성 측정)	지배성(Do)	리더십, 통솔력, 대인관계에서의 주도권을 측정한다.
	지위능력성(Cs)	내부에 잠재되어 있는 내적 포부, 자기 확신 등을 측정한다.
	사교성(Sy)	참여 기질이 활달한 사람과 그렇지 않은 사람을 구분한다.
	사회적 자발성(Sp)	사회 안에서의 안정감, 자발성, 사교성 등을 측정한다.
	자기 수용성(Sa)	개인적 가치관, 자기 확신, 자기 수용력 등을 측정한다.
	행복감(Wb)	생활의 만족감, 행복감을 측정하며 긍정적인 사람으로 보이고자 거짓 응답하는 사람을 구분하는 용도로도 사용된다.
제2군 척도 (성격과 사회화, 책임감 측정)	책임감(Re)	법과 질서에 대한 양심, 책임감, 신뢰성 등을 측정한다.
	사회성(So)	가치 내면화 정도, 사회 이탈 행동 가능성 등을 측정한다.
	자기 통제성(Sc)	자기조절, 자기통제의 적절성, 충동 억제력 등을 측정한다.
	관용성(To)	사회적 신념, 편견과 고정관념 등에 대한 태도를 측정한다.
	호감성(Gi)	타인이 자신을 어떻게 보는지에 대한 민감도를 측정하며, 좋은 사람으로 보이고자 거짓 응답하는 사람을 구분한다.
	임의성(Cm)	사회에 보수적 태도를 보이고 생각 없이 적당히 응답한 사람을 판단하는 척도로 사용된다.

제3군 척도 (인지적, 학업적 특성 측정)	순응적 성취(Ac)	성취동기, 내면의 인식, 조직 내 성취 욕구 등을 측정한다.
	독립적 성취(Ai)	독립적 사고, 창의성, 자기실현을 위한 능력 등을 측정한다.
	지적 효율성(Le)	지적 능률, 지능과 연관이 있는 성격 특성 등을 측정한다.
제4군 척도 (제1~3군과 무관한 척도의 혼합)	심리적 예민성(Py)	타인의 감정 및 경험에 대해 공감하는 정도를 측정한다.
	융통성(Fx)	개인적 사고와 사회적 행동에 대한 유연성을 측정한다.
	여향성(Fe)	남녀 비교에 따른 흥미의 남향성 및 여향성을 측정한다.

❸ SHL 직업성격검사(OPQ)

OPQ(Occupational Personality Questionnaire)는 세계적으로 많은 외국 기업에서 널리 사용하는 CEB사의 SHL 직무능력검사에 포함된 직업성격검사이다. 4개의 질문이 한 세트로 되어 있고 총 68세트 정도 출제되고 있다. 4개의 질문 안에서 '자기에게 가장 잘 맞는 것'과 '자기에게 가장 맞지 않는 것'을 1개씩 골라 '예', '아니오'로 체크하는 방식이다. 단순하게 모든 척도가 높다고 좋은 것은 아니며, 척도가 낮은 편이 좋은 경우도 있다.

기업에 따라 척도의 평가 기준은 다르다. 희망하는 기업의 특성을 연구하고, 채용 기준을 예측하는 것이 중요하다.

척도	내용	질문 예
설득력	사람을 설득하는 것을 좋아하는 경향	– 새로운 것을 사람에게 권하는 것을 잘한다. – 교섭하는 것에 걱정이 없다. – 기획하고 판매하는 것에 자신이 있다.
지도력	사람을 지도하는 것을 좋아하는 경향	– 사람을 다루는 것을 잘한다. – 팀을 아우르는 것을 잘한다. – 사람에게 지시하는 것을 잘한다.
독자성	다른 사람의 영향을 받지 않고, 스스로 생각해서 행동하는 것을 좋아하는 경향	– 모든 것을 자신의 생각대로 하는 편이다. – 주변의 평가는 신경 쓰지 않는다. – 유혹에 강한 편이다.
외향성	외향적이고 사교적인 경향	– 다른 사람의 주목을 끄는 것을 좋아한다. – 사람들이 모인 곳에서 중심이 되는 편이다. – 담소를 나눌 때 주변을 즐겁게 해 준다.
우호성	친구가 많고, 대세의 사람이 되는 것을 좋아하는 경향	– 친구와 함께 있는 것을 좋아한다. – 무엇이라도 얘기할 수 있는 친구가 많다. – 친구와 함께 무언가를 하는 것이 많다.
사회성	세상 물정에 밝고 사람 앞에서도 낯을 가리지 않는 성격	– 자신감이 있고 유쾌하게 발표할 수 있다. – 공적인 곳에서 인사하는 것을 잘한다. – 사람들 앞에서 발표하는 것이 어렵지 않다.

겸손성	사람에 대해서 겸손하게 행동하고 누구라도 똑같이 사귀는 경향	– 자신의 성과를 그다지 내세우지 않는다. – 절제를 잘하는 편이다. – 사회적인 지위에 무관심하다.
협의성	사람들에게 의견을 물으면서 일을 진행하는 경향	– 사람들의 의견을 구하며 일하는 편이다. – 타인의 의견을 묻고 일을 진행시킨다. – 친구와 상담해서 계획을 세운다.
돌봄	측은해 하는 마음이 있고, 사람을 돌봐 주는 것을 좋아하는 경향	– 개인적인 상담에 친절하게 답해 준다. – 다른 사람의 상담을 진행하는 경우가 많다. – 후배의 어려움을 돌보는 것을 좋아한다.
구체적인 사물에 대한 관심	물건을 고치거나 만드는 것을 좋아하는 경향	– 고장 난 물건을 수리하는 것이 재미있다. – 상태가 안 좋은 기계도 잘 사용한다. – 말하기보다는 행동하기를 좋아한다.
데이터에 대한 관심	데이터를 정리해서 생각하는 것을 좋아하는 경향	– 통계 등의 데이터를 분석하는 것을 좋아한다. – 표를 만들거나 정리하는 것을 좋아한다. – 숫자를 다루는 것을 좋아한다.
미적가치에 대한 관심	미적인 것이나 예술적인 것을 좋아하는 경향	– 디자인에 관심이 있다. – 미술이나 음악을 좋아한다. – 미적인 감각에 자신이 있다.
인간에 대한 관심	사람의 행동에 동기나 배경을 분석하는 것을 좋아하는 경향	– 다른 사람을 분석하는 편이다. – 타인의 행동을 보면 동기를 알 수 있다. – 다른 사람의 행동을 잘 관찰한다.
정통성	이미 있는 가치관을 소중히 여기고, 익숙한 방법으로 사물을 대하는 것을 좋아하는 경향	– 실적이 보장되는 확실한 방법을 취한다. – 낡은 가치관을 존중하는 편이다. – 보수적인 편이다.
변화 지향	변화를 추구하고, 변화를 받아들이는 것을 좋아하는 경향	– 새로운 것을 하는 것을 좋아한다. – 해외여행을 좋아한다. – 경험이 없더라도 시도해 보는 것을 좋아한다.
개념성	지식에 대한 욕구가 있고, 논리적으로 생각하는 것을 좋아하는 경향	– 개념적인 사고가 가능하다. – 분석적인 사고를 좋아한다. – 순서를 만들고 단계에 따라 생각한다.
창조성	새로운 분야에 대한 공부를 하는 것을 좋아하는 경향	– 새로운 것을 추구한다. – 독창성이 있다. – 신선한 아이디어를 낸다.
계획성	앞을 생각해서 사물을 예상하고, 계획적으로 실행하는 것을 좋아하는 경향	– 과거를 돌이켜보며 계획을 세운다. – 앞날을 예상하며 행동한다. – 실수를 돌아보며 대책을 강구하는 편이다.

치밀함	정확한 순서를 세워 진행하는 것을 좋아하는 경향	- 사소한 실수는 거의 하지 않는다. - 정확하게 요구되는 것을 좋아한다. - 사소한 것에도 주의하는 편이다.
꼼꼼함	어떤 일이든 마지막까지 꼼꼼하게 마무리 짓는 경향	- 맡은 일을 마지막까지 해결한다. - 마감 시한은 반드시 지킨다. - 시작한 일은 중간에 그만두지 않는다.
여유	평소에 릴랙스하고, 스트레스에 잘 대처하는 경향	- 감정의 회복이 빠르다. - 분별없이 함부로 행동하지 않는다. - 스트레스에 잘 대처한다.
근심 · 걱정	어떤 일이 잘 진행되지 않으면 불안을 느끼고, 중요한 일을 앞두면 긴장하는 경향	- 예정대로 잘되지 않으면 근심 · 걱정이 많다. - 신경 쓰이는 일이 있으면 불안하다. - 중요한 만남 전에는 기분이 편하지 않다.
호방함	사람들이 자신을 어떻게 생각하는지를 신경 쓰지 않는 경향	- 사람들이 자신을 어떻게 생각하는지 그다지 신경 쓰지 않는다. - 상처받아도 동요하지 않고 아무렇지 않은 태도를 취한다. - 사람들의 비판에 크게 영향받지 않는다.
억제력	감정을 표현하지 않는 경향	- 쉽게 감정적으로 되지 않는다. - 분노를 억누른다. - 격분하지 않는다.
낙관적	사물을 낙관적으로 보는 경향	- 낙관적으로 생각하고 일을 진행시킨다. - 문제가 일어나도 낙관적으로 생각한다.
비판적	비판적으로 사물을 생각하고, 이론 · 문장 등의 오류에 신경 쓰는 경향	- 이론의 모순을 찾아낸다. - 계획이 갖춰지지 않은 것이 신경 쓰인다. - 누구도 신경 쓰지 않는 오류를 찾아낸다.
행동력	운동을 좋아하고, 민첩하게 행동하는 경향	- 동작이 날렵하다. - 여가를 활동적으로 보낸다. - 몸을 움직이는 것을 좋아한다.
경쟁성	지는 것을 싫어하는 경향	- 승부를 겨루게 되면 지는 것을 싫어한다. - 상대를 이기는 것을 좋아한다. - 싸워 보지 않고 포기하는 것을 싫어한다.
출세 지향	출세하는 것을 중요하게 생각하고, 야심적인 목표를 향해 노력하는 경향	- 출세 지향적인 성격이다. - 곤란한 목표도 달성할 수 있다. - 실력으로 평가받는 사회가 좋다.
결단력	빠르게 판단하는 경향	- 답을 빠르게 찾아낸다. - 문제에 대한 빠른 상황 파악이 가능하다. - 위험을 감수하고도 결단을 내리는 편이다.

4 인성검사 합격 전략

❶ 포장하지 않은 솔직한 답변

"다른 사람을 험담한 적이 한 번도 없다.", "물건을 훔치고 싶다고 생각해 본 적이 없다."

이 질문에 당신은 '그렇다', '아니다' 중 무엇을 선택할 것인가? 채용기업이 인성검사를 실시하는 가장 큰 이유는 '이 사람이 어떤 성향을 가진 사람인가'를 효율적으로 파악하기 위해서이다.

인성검사는 도덕적 가치가 빼어나게 높은 사람을 판별하려는 것도 아니고, 성인군자를 가려내기 위함도 아니다. 인간의 보편적 성향과 상식적 사고를 고려할 때, 도덕적 질문에 지나치게 겸손한 답변을 체크하면 오히려 솔직하지 못한 것으로 간주되거나 인성을 제대로 판단하지 못해 무효 처리가 되기도 한다. 자신의 성격을 포장하여 작위적인 답변을 하지 않도록 솔직하게 임하는 것이 예기치 않은 결과를 피하는 첫 번째 전략이 된다.

❷ 필터링 함정을 피하고 일관성 유지

앞서 강조한 솔직함은 일관성과 연결된다. 인성검사를 구성하는 많은 척도는 여러 형태의 문장 속에 동일한 요소를 적용해 반복되기도 한다. 예컨대 '나는 매우 활동적인 사람이다'와 '나는 운동을 매우 좋아한다'라는 질문에 '그렇다'고 체크한 사람이 '휴일에는 집에서 조용히 쉬며 독서하는 것이 좋다'에도 '그렇다'고 체크한다면 일관성이 없다고 평가될 수 있다.

그러나 일관성 있는 답변에만 매달리면 '이 사람이 같은 답변만 체크하기 위해 이 부분만 신경 썼구나'하는 필터링 함정에 빠질 수도 있다. 비슷하게 보이는 문장이 무조건 같은 내용이라고 판단하여 똑같이 답하는 것도 주의해야 한다. 일관성보다 중요한 것은 솔직함이다. 솔직함이 전제되지 않은 일관성은 허위 척도 필터링에서 드러나게 되어 있다. 유사한 질문의 응답이 터무니없이 다르거나 양극단에 치우치지 않는 정도라면 약간의 차이는 크게 문제되지 않는다. 중요한 것은 솔직함과 일관성이 하나의 연장선에 있다는 점을 명심하자.

❸ 지원한 직무와 연관성을 고려

다양한 분야의 많은 계열사와 큰 조직을 통솔하는 대기업은 여러 사람이 조직적으로 움직이는 만큼 각 직무에 걸맞은 능력을 갖춘 인재가 필요하다. 그래서 기업은 매년 신규채용으로 입사한 신입사원들의 젊은 패기와 참신한 능력을 성장 동력으로 활용한다.

기업은 사교성 있고 활달한 사람만을 원하지 않는다. 해당 직군과 직무에 따라 필요로 하는 사원의 능력과 개성이 다르기 때문에, 지원자가 희망하는 계열사나 부서의 직무가 무엇인지 제대로 파악하여 자신의 성향과 맞는지에 대한 고민은 반드시 필요하다. 같은 질문이라도 기업이 원하는 인재상이나 부서의 직무에 따라 판단 척도가 달라질 수 있다.

❹ 평상심 유지와 컨디션 관리

역시 솔직함과 연결된 내용이다. 한 질문에 오래 고민하고 신경 쓰면 불필요한 생각이 개입될 소지가 크다. 이는 직관을 떠나 이성적 판단에 따라 포장할 위험이 높아진다는 뜻이기도 하다. 긴 시간 생각하지 말고 자신의 평상시 생각과 감정대로 답하는 것이 중요하며, 가능한 건너뛰지 말고 모든 질문에 답하도록 한다. 300 ~ 400개 정도 문항을 출제하는 기업이 많기 때문에, 끝까지 집중하여 임하는 것이 중요하다.

특히 적성검사와 같은 날 실시하는 경우, 적성검사를 마친 후 연이어 보기 때문에 신체적 · 정신적으로 피로한 상태에서 자세가 흐트러질 수도 있다. 따라서 컨디션을 유지하면서 문항당 7 ~ 10초 이상 쓰지 않도록 하고, 문항 수가 많을 때는 답안지에 바로바로 표기하자.

인성검사

02 인성검사 연습

1 인성검사 출제유형

인성검사는 기업이 추구하는 '사람지향 소통인, 고객지향 전문인, 미래지향 혁신인'이라는 내부 기준에 따라 적합한 인재를 찾기 위해 가치관과 태도를 측정하는 것이다. 응시자 개인의 사고와 태도 · 행동 특성 및 유사 질문의 반복을 통해 거짓말 척도 등으로 기업의 인재상에 적합한지를 판단하므로 특별하게 정해진 답은 없다.

2 문항군 개별 항목 체크

❶ 각 문항의 내용을 읽고 자신이 동의하는 정도에 따라 '① 매우 그렇지 않다 ② 그렇지 않다 ③ 보통이다 ④ 그렇다 ⑤ 매우 그렇다' 중 해당되는 것을 표시한다.

❷ 각 문항의 내용을 읽고 평소 자신의 생각 및 행동과 유사하거나 일치하면 '예', 다르거나 일치하지 않으면 '아니오'에 표시한다.

❸ 구성된 검사지에 문항 수가 많으면 일관된 답변이 어려울 수도 있으므로 최대한 꾸밈없이 자신의 가치관과 신념을 바탕으로 솔직하게 답하도록 노력한다.

인성검사 Tip

1. 직관적으로 솔직하게 답한다.
2. 모든 문제를 신중하게 풀도록 한다.
3. 비교적 일관성을 유지할 수 있도록 한다.
4. 평소의 경험과 선호도를 자연스럽게 답한다.
5. 각 문항에 너무 골똘히 생각하거나 고민하지 않는다.
6. 지원한 분야와 나의 성격의 연관성을 미리 생각하고 분석해 본다.

3 모의 연습

| 01~100 | 모든 문항에는 옳고 그른 답이 없습니다. 다음 문항을 잘 읽고 ① ~ ⑤ 중 본인에게 해당되는 부분에 표시해 주십시오.

| 주의사항 | 자신의 모습 그대로 솔직하게 응답하십시오. 솔직하고 성의 있게 응답하지 않을 경우 결과가 무효 처리됩니다.

번호	문항	매우 그렇지 않다	그렇지 않다	보통이다	그렇다	매우 그렇다
1	내가 한 행동이 가져올 결과를 잘 알고 있다.	①	②	③	④	⑤
2	다른 사람의 주장이나 의견이 어떤 맥락을 가지고 있는지 생각해 본다.	①	②	③	④	⑤
3	나는 어려운 문제를 보면 반드시 그것을 해결해야 직성이 풀린다.	①	②	③	④	⑤
4	시험시간이 끝나면 곧바로 정답을 확인해 보는 편이다.	①	②	③	④	⑤
5	물건을 구매할 때 가격 정보부터 찾는 편이다.	①	②	③	④	⑤
6	항상 일을 할 때 개선점을 찾으려고 한다.	①	②	③	④	⑤
7	사적인 스트레스로 일을 망치는 일은 없다.	①	②	③	④	⑤
8	일이 어떻게 진행되고 있는지 지속적으로 점검한다.	①	②	③	④	⑤
9	궁극적으로 내가 달성하고자 하는 것을 자주 생각한다.	①	②	③	④	⑤
10	막상 시험기간이 되면 계획대로 되지 않는다.	①	②	③	④	⑤
11	다른 사람에게 궁금한 것이 있어도 참는 편이다.	①	②	③	④	⑤
12	요리하는 TV프로그램을 즐겨 시청한다.	①	②	③	④	⑤
13	후회를 해 본 적이 없다.	①	②	③	④	⑤
14	스스로 계획한 일은 하나도 빠짐없이 실행한다.	①	②	③	④	⑤
15	낮보다 어두운 밤에 집중력이 좋다.	①	②	③	④	⑤
16	인내심을 가지고 일을 한다.	①	②	③	④	⑤
17	많은 생각을 필요로 하는 일에 더 적극적이다.	①	②	③	④	⑤
18	미래는 불확실하기 때문에 결과를 예측하는 것은 무의미하다.	①	②	③	④	⑤
19	매일 긍정적인 감정만 느낀다.	①	②	③	④	⑤
20	쉬는 날 가급적이면 집 밖으로 나가지 않는다.	①	②	③	④	⑤

21	나는 약속 시간을 잘 지킨다.	①	②	③	④	⑤
22	영화보다는 연극을 선호한다.	①	②	③	④	⑤
23	아무리 계획을 잘 세워도 결국 일정에 쫓기게 된다.	①	②	③	④	⑤
24	생소한 문제를 접하면 해결해 보고 싶다는 생각보다 귀찮다는 생각이 먼저 든다.	①	②	③	④	⑤
25	내가 한 일의 결과물을 구체적으로 상상해 본다.	①	②	③	④	⑤
26	새로운 것을 남들보다 빨리 받아들이는 편이다.	①	②	③	④	⑤
27	나는 친구들의 생일선물을 잘 챙겨 준다.	①	②	③	④	⑤
28	나를 알고 있는 모든 사람은 나에게 칭찬을 한다.	①	②	③	④	⑤
29	일을 할 때 필요한 나의 능력에 대해 정확하게 알고 있다.	①	②	③	④	⑤
30	나는 질문을 많이 하는 편이다.	①	②	③	④	⑤
31	가급적 여러 가지 대안을 고민하는 것이 좋다.	①	②	③	④	⑤
32	만일 일을 선택할 수 있다면 어려운 것보다 쉬운 것을 선택할 것이다.	①	②	③	④	⑤
33	나는 즉흥적으로 일을 한다.	①	②	③	④	⑤
34	배가 고픈 것을 잘 참지 못한다.	①	②	③	④	⑤
35	단순한 일보다는 생각을 많이 해야 하는 일을 선호한다.	①	②	③	④	⑤
36	갑작스럽게 힘든 일을 겪어도 스스로를 통제할 수 있다.	①	②	③	④	⑤
37	가능성이 낮다 하더라도 내가 믿는 것이 있으면 그것을 실현시키기 위해 노력할 것이다.	①	②	③	④	⑤
38	내가 잘하는 일과 못하는 일을 정확하게 알고 있다.	①	②	③	④	⑤
39	어떤 목표를 세울 것인가 보다 왜 그런 목표를 세웠는지가 더 중요하다.	①	②	③	④	⑤
40	나는 성인이 된 이후로 하루도 빠짐없이 똑같은 시간에 일어났다.	①	②	③	④	⑤
41	다른 사람들보다 새로운 것을 빠르게 습득하는 편이다.	①	②	③	④	⑤
42	나는 모르는 것이 있으면 수단과 방법을 가리지 않고 알아낸다.	①	②	③	④	⑤
43	내 삶을 향상시키기 위한 방법을 찾는다.	①	②	③	④	⑤
44	내 의견이 옳다는 생각이 들면 다른 사람과 잘 타협하지 못한다.	①	②	③	④	⑤

45	나는 집요한 사람이다.	①	②	③	④	⑤
46	가까운 사람과 사소한 일로 다투었을 때 먼저 화해를 청하는 편이다.	①	②	③	④	⑤
47	무엇인가를 반드시 성취해야 하는 것은 아니다.	①	②	③	④	⑤
48	일을 통해서 나의 지식과 기술을 후대에 기여하고 싶다.	①	②	③	④	⑤
49	내 의견을 이해하지 못하는 사람은 상대하지 않는다.	①	②	③	④	⑤
50	사회에서 인정받을 수 있는 사람이 되고 싶다.	①	②	③	④	⑤
51	착한 사람은 항상 손해를 보게 되어 있다.	①	②	③	④	⑤
52	내가 잘한 일은 남들이 꼭 알아줬으면 한다.	①	②	③	④	⑤
53	상황이 변해도 유연하게 대처한다.	①	②	③	④	⑤
54	나와 다른 의견도 끝까지 듣는다.	①	②	③	④	⑤
55	상황에 따라서는 거짓말도 필요하다.	①	②	③	④	⑤
56	평범한 사람이라고 생각한다.	①	②	③	④	⑤
57	남들이 실패한 일도 나는 해낼 수 있다.	①	②	③	④	⑤
58	남들보다 특별히 더 우월하다고 생각하지 않는다.	①	②	③	④	⑤
59	시비가 붙더라도 침착하게 대응한다.	①	②	③	④	⑤
60	화가 날수록 상대방에게 침착해지는 편이다.	①	②	③	④	⑤
61	세상은 착한 사람들에게 불리하다.	①	②	③	④	⑤
62	여러 사람과 이야기하는 것이 즐겁다.	①	②	③	④	⑤
63	다른 사람의 감정을 내 것처럼 느낀다.	①	②	③	④	⑤
64	내게 모욕을 준 사람들을 절대 잊지 않는다.	①	②	③	④	⑤
65	우리가 사는 세상은 살 만한 곳이라고 생각한다.	①	②	③	④	⑤
66	속이 거북할 정도로 많이 먹을 때가 있다.	①	②	③	④	⑤
67	마음속에 있는 것을 솔직하게 털어놓는 편이다.	①	②	③	④	⑤
68	일은 내 삶의 중심에 있다.	①	②	③	④	⑤
69	내가 열심히 노력한다고 해서 나의 주변 환경에 어떤 바람직한 변화가 일어나는 것은 아니다.	①	②	③	④	⑤
70	웬만한 일을 겪어도 마음의 평정을 유지하는 편이다.	①	②	③	④	⑤
71	사람들 앞에 서면 실수를 할까 걱정된다.	①	②	③	④	⑤
72	점이나 사주를 믿는 편이다.	①	②	③	④	⑤
73	화가 나면 언성이 높아진다.	①	②	③	④	⑤

74	차근차근 하나씩 일을 마무리한다.	①	②	③	④	⑤
75	어려운 목표라도 어떻게 해서든 실현 가능한 해결책을 만든다.	①	②	③	④	⑤
76	진행하던 일을 홧김에 그만둔 적이 있다.	①	②	③	④	⑤
77	사람을 차별하지 않는다.	①	②	③	④	⑤
78	창이 있는 레스토랑에 가면 창가에 자리를 잡는다.	①	②	③	④	⑤
79	다양한 분야에 관심이 있다.	①	②	③	④	⑤
80	무단횡단을 한 번도 해 본 적이 없다.	①	②	③	④	⑤
81	내 주위에서는 즐거운 일들이 자주 일어난다.	①	②	③	④	⑤
82	다른 사람의 행동을 내가 통제하고 싶다.	①	②	③	④	⑤
83	내 친구들은 은근히 뒤에서 나를 비웃는다.	①	②	③	④	⑤
84	아이디어를 적극적으로 제시한다.	①	②	③	④	⑤
85	규칙을 어기는 것도 필요할 때가 있다.	①	②	③	④	⑤
86	친구를 쉽게 사귄다.	①	②	③	④	⑤
87	내 분야에서 1등이 되어야 한다.	①	②	③	④	⑤
88	스트레스가 쌓이면 몸도 함께 아프다.	①	②	③	④	⑤
89	목표를 달성하기 위해서는 때로 편법이 필요할 때도 있다.	①	②	③	④	⑤
90	나는 보통사람들보다 더 존경받을 만하다고 생각한다.	①	②	③	④	⑤
91	내 주위에는 나보다 잘난 사람들만 있는 것 같다.	①	②	③	④	⑤
92	나는 따뜻하고 부드러운 마음을 가지고 있다.	①	②	③	④	⑤
93	어떤 일에 실패했어도 반드시 다시 도전한다.	①	②	③	④	⑤
94	회의에 적극 참여한다.	①	②	③	④	⑤
95	나는 적응력이 뛰어나다.	①	②	③	④	⑤
96	서두르지 않고 순서대로 일을 마무리한다.	①	②	③	④	⑤
97	나는 실수에 대해 변명한 적이 없다.	①	②	③	④	⑤
98	나는 맡은 일은 책임지고 끝낸다.	①	②	③	④	⑤
99	나는 눈치가 빠르다.	①	②	③	④	⑤
100	나는 본 검사에 성실하게 응답하였다.	①	②	③	④	⑤

[01~50] 모든 문항에는 옳고 그른 답이 없습니다. 문항의 내용을 읽고 평소 자신의 생각 및 행동과 유사하거나 일치하면 '예', 다르거나 일치하지 않으면 '아니오'로 표시해 주십시오.

| 주의사항 | 자신의 모습 그대로 솔직하게 응답하십시오. 솔직하고 성의 있게 응답하지 않을 경우 결과가 무효 처리됩니다.

번호	문항	예	아니오
1	나는 수줍음을 많이 타는 편이다.	○ 예	○ 아니오
2	나는 과거의 실수가 자꾸만 생각나곤 한다.	○ 예	○ 아니오
3	나는 사람들과 서로 일상사에 대해 이야기하는 것이 쑥스럽다.	○ 예	○ 아니오
4	내 주변에는 나를 좋지 않게 평가하는 사람들이 있다.	○ 예	○ 아니오
5	나는 가족들과는 합리적인 대화가 잘 안 된다.	○ 예	○ 아니오
6	나는 내가 하고 싶은 일은 꼭 해야 한다.	○ 예	○ 아니오
7	나는 개인적 사정으로 타인에게 피해를 주는 사람을 이해할 수 없다.	○ 예	○ 아니오
8	나는 많은 것을 성취하고 싶다.	○ 예	○ 아니오
9	나는 변화가 적은 것을 좋아한다.	○ 예	○ 아니오
10	나는 내가 하고 싶은 일과 해야 할 일을 구분할 줄 안다.	○ 예	○ 아니오
11	나는 뜻대로 일이 되지 않으면 화가 많이 난다.	○ 예	○ 아니오
12	내 주변에는 나에 대해 좋게 얘기하는 사람이 있다.	○ 예	○ 아니오
13	요즘 세상에서는 믿을 만한 사람이 없다.	○ 예	○ 아니오
14	나는 할 말은 반드시 하고야 마는 사람이다.	○ 예	○ 아니오
15	나는 변화가 적은 것을 좋아한다.	○ 예	○ 아니오
16	나는 가끔 부당한 대우를 받는다는 생각이 든다.	○ 예	○ 아니오
17	나는 가치관이 달라도 친하게 지내는 친구들이 많다.	○ 예	○ 아니오
18	나는 새로운 아이디어를 내는 것이 쉽지 않다.	○ 예	○ 아니오
19	나는 노력한 만큼 인정받지 못하고 있다.	○ 예	○ 아니오
20	나는 매사에 적극적으로 참여한다.	○ 예	○ 아니오
21	나의 가족들과는 어떤 주제를 놓고도 서로 대화가 잘 통한다.	○ 예	○ 아니오
22	나는 사람들과 어울리는 일에서 삶의 활력을 얻는다.	○ 예	○ 아니오
23	학창시절 마음에 맞는 친구가 없었다.	○ 예	○ 아니오
24	특별한 이유 없이 누군가를 미워한 적이 있다.	○ 예	○ 아니오
25	내가 원하는 대로 일이 되지 않을 때 화가 많이 난다.	○ 예	○ 아니오
26	요즘 같은 세상에서는 누구든 믿을 수 없다.	○ 예	○ 아니오

27	나는 여행할 때 남들보다 짐이 많은 편이다.	○ 예	○ 아니오
28	나는 상대방이 화를 내면 더욱 화가 난다.	○ 예	○ 아니오
29	나는 반대 의견을 말하더라도 상대방을 무시하는 말을 하지 않으려고 한다.	○ 예	○ 아니오
30	나는 학창시절 내가 속한 동아리에서 누구보다 충성도가 높은 사람이었다.	○ 예	○ 아니오
31	나는 새로운 집단에서 친구를 쉽게 사귀는 편이다.	○ 예	○ 아니오
32	나는 다른 사람을 챙기는 태도가 몸에 배여 있다.	○ 예	○ 아니오
33	나는 항상 겸손하여 노력한다.	○ 예	○ 아니오
34	내 주변에는 나에 대해 좋지 않은 이야기를 하는 사람이 있다.	○ 예	○ 아니오
35	나는 가족들과는 합리적인 대화가 잘 안 된다.	○ 예	○ 아니오
36	나는 내가 하고 싶은 일은 꼭 해야 한다.	○ 예	○ 아니오
37	나는 스트레스를 받으면 몸에 이상이 온다.	○ 예	○ 아니오
38	나는 재치가 있다는 말을 많이 듣는 편이다.	○ 예	○ 아니오
39	나는 사람들에게 잘 보이기 위해 마음에 없는 거짓말을 한다.	○ 예	○ 아니오
40	다른 사람을 위협적으로 대한 적이 있다.	○ 예	○ 아니오
41	나는 부지런하다는 말을 자주 들었다.	○ 예	○ 아니오
42	나는 쉽게 화가 났다가 쉽게 풀리기도 한다.	○ 예	○ 아니오
43	나는 할 말은 반드시 하고 사는 사람이다.	○ 예	○ 아니오
44	나는 터질 듯한 분노를 종종 느낀다.	○ 예	○ 아니오
45	나도 남들처럼 든든한 배경이 있었다면 지금보다 훨씬 나은 위치에 있었을 것이다.	○ 예	○ 아니오
46	나는 종종 싸움에 휘말린다.	○ 예	○ 아니오
47	나는 능력과 무관하게 불이익을 받은 적이 있다.	○ 예	○ 아니오
48	누군가 내 의견을 반박하면 물러서지 않고 논쟁을 벌인다.	○ 예	○ 아니오
49	남이 나에게 피해를 입힌다면 나도 가만히 있지 않을 것이다.	○ 예	○ 아니오
50	내가 인정받기 위해서 규칙을 위반한 행위를 한 적이 있다.	○ 예	○ 아니오

면접이란? 지원자가 보유한 직무 관련 능력 및 직무적합도와 더불어 인품, 언행 등을 직접 만나 평가하는 것을 말한다.

3 파트 코레일(한국철도공사) 면접가이드

NCS 면접의 이해

※ 능력중심 채용에서는 타당도가 높은 구조화 면접을 적용한다.

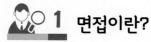

1 면접이란?

일을 하는 데 필요한 능력(직무역량, 직무지식, 인재상 등)을 지원자가 보유하고 있는지를 다양한 면접기법을 활용하여 확인하는 절차이다. 자신의 환경, 성취, 관심사, 경험 등에 대해 이야기하여 본인이 적합하다는 것을 보여 줄 기회를 제공하고, 면접관은 평가에 필요한 정보를 수집하고 평가하는 것이다.

- 지원자의 태도, 적성, 능력에 대한 정보를 심층적으로 파악하기 위한 선발 방법
- 선발의 최종 의사결정에 주로 사용되는 선발 방법
- 전 세계적으로 선발에서 가장 많이 사용되는 핵심적이고 중요한 방법

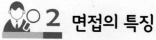

2 면접의 특징

서류전형이나 인적성검사에서 드러나지 않는 것들을 볼 수 있는 기회를 제공한다.

- 직무수행과 관련된 다양한 지원자 행동에 대한 관찰이 가능하다.
- 면접관이 알고자 하는 정보를 심층적으로 파악할 수 있다.
- 서류상의 미비한 사항과 의심스러운 부분을 확인할 수 있다.
- 커뮤니케이션, 대인관계행동 등 행동 · 언어적 정보도 얻을 수 있다.

3 면접의 평가요소

❶ 인재적합도

해당 기관이나 기업별 인재상에 대한 인성 평가

❷ 조직적합도

조직에 대한 이해와 관련 상황에 대한 평가

❸ 직무적합도

직무에 대한 지식과 기술, 태도에 대한 평가

4 면접의 유형

구조화된 정도에 따른 분류

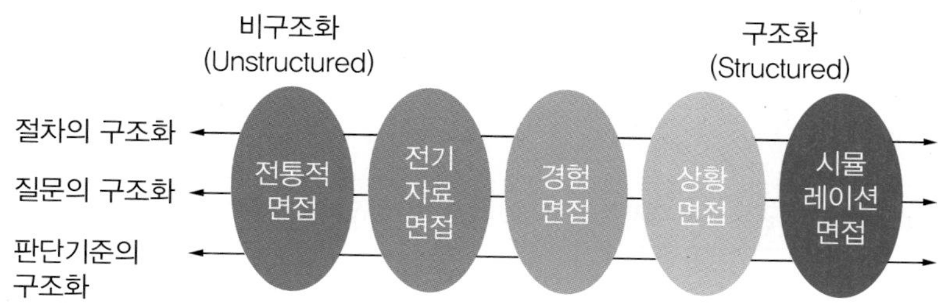

❶ 구조화 면접(Structured Interview)

사전에 계획을 세워 질문의 내용과 방법, 지원자의 답변 유형에 따른 추가 질문과 그에 대한 평가역량이 정해져 있는 면접 방식(표준화 면접)

- 표준화된 질문이나 평가요소가 면접 전 확정되며, 지원자는 편성된 조나 면접관에 영향을 받지 않고 동일한 질문과 시간을 부여받을 수 있음.
- 조직 또는 직무별로 주요하게 도출된 역량을 기반으로 평가요소가 구성되어, 조직 또는 직무에서 필요한 역량을 가진 지원자를 선발할 수 있음.
- 표준화된 형식을 사용하는 특성 때문에 비구조화 면접에 비해 신뢰성과 타당성, 객관성이 높음.

❷ 비구조화 면접(Unstructured Interview)

면접 계획을 세울 때 면접 목적만 명시하고 내용이나 방법은 면접관에게 전적으로 일임하는 방식(비표준화 면접)

- 표준화된 질문이나 평가요소 없이 면접이 진행되며, 편성된 조나 면접관에 따라 지원자에게 주어지는 질문이나 시간이 다름.
- 면접관의 주관적인 판단에 따라 평가가 이루어져 평가 오류가 빈번히 일어남.
- 상황 대처나 언변이 뛰어난 지원자에게 유리한 면접이 될 수 있음.

NCS 구조화 면접 기법

※ 능력중심 채용에서는 타당도가 높은 구조화 면접을 적용한다.

1 경험면접(Behavioral Event Interview)

면접 프로세스

안내: 지원자는 입실 후, 면접관을 통해 인사말과 면접에 대한 간단한 안내를 받음.

질문: 지원자는 면접관에게 평가요소(직업기초능력, 직무수행능력 등)와 관련된 주요 질문을 받게 되며, 질문에서 의도하는 평가요소를 고려하여 응답할 수 있도록 함.

세부질문:
- 지원자가 응답한 내용을 토대로 해당 평가기준들을 충족시키는지 파악하기 위한 세부질문이 이루어짐.
- 구체적인 행동·생각 등에 대해 응답할수록 높은 점수를 얻을 수 있음.

- 방식
  해당 역량의 발휘가 요구되는 일반적인 상황을 제시하고, 그러한 상황에서 어떻게 행동했었는지(과거경험)를 이야기하도록 함.
- 판단기준
  해당 역량의 수준, 경험 자체의 구체성, 진실성 등
- 특징
  추상적인 생각이나 의견 제시가 아닌 과거 경험 및 행동 중심의 질의가 이루어지므로 지원자는 사전에 본인의 과거 경험 및 사례를 정리하여 면접에 대비할 수 있음.
- 예시

지원분야		지원자		면접관	(인)
경영자원관리 조직이 보유한 인적자원을 효율적으로 활용하여, 조직 내 유·무형 자산 및 재무자원을 효율적으로 관리한다.					
주질문					
A. 어떤 과제를 처리할 때 기존에 팀이 사용했던 방식의 문제점을 찾아내 이를 보완하여 과제를 더욱 효율적으로 처리했던 경험에 대해 이야기해 주시기 바랍니다.					
세부질문					
[상황 및 과제] 사례와 관련해 당시 상황에 대해 이야기해 주시기 바랍니다. [역할] 당시 지원자께서 맡았던 역할은 무엇이었습니까? [행동] 사례와 관련해 구성원들의 설득을 이끌어 내기 위해 어떤 노력을 하였습니까? [결과] 결과는 어땠습니까?					

기대행동	평점
업무진행에 있어 한정된 자원을 효율적으로 활용한다.	① - ② - ③ - ④ - ⑤
구성원들의 능력과 성향을 파악해 효율적으로 업무를 배분한다.	① - ② - ③ - ④ - ⑤
효과적 인적/물적 자원관리를 통해 맡은 일을 무리 없이 잘 마무리한다.	① - ② - ③ - ④ - ⑤

척도해설

1 : 행동증거가 거의 드러나지 않음	2 : 행동증거가 미약하게 드러남	3 : 행동증거가 어느 정도 드러남	4 : 행동증거가 명확하게 드러남	5 : 뛰어난 수준의 행동증거가 드러남
관찰기록 : 총평 :				

※ 실제 적용되는 평가지는 기업/기관마다 다름.

2 상황면접(Situational Interview)

면접 프로세스

안내: 지원자는 입실 후, 면접관을 통해 인사말과 면접에 대한 간단한 안내를 받음.

질문:
- 지원자는 상황질문지를 검토하거나 면접관을 통해 상황 및 질문을 제공받음.
- 면접관의 질문이나 질문지의 의도를 파악하여 응답할 수 있도록 함.

세부질문:
- 지원자가 응답한 내용을 토대로 해당 평가기준들을 충족시키는지 파악하기 위한 세부질문이 이루어짐.
- 구체적인 행동·생각 등에 대해 응답할수록 높은 점수를 얻을 수 있음.

- 방식
  직무 수행 시 접할 수 있는 상황들을 제시하고, 그러한 상황에서 어떻게 행동할 것인지(행동의도)를 이야기하도록 함.
- 판단기준
  해당 상황에 맞는 해당 역량의 구체적 행동지표
- 특징
  지원자의 가치관, 태도, 사고방식 등의 요소를 평가하는 데 용이함.

• 예시

지원분야		지원자		면접관	(인)

유관부서협업 타 부서의 업무협조요청 등에 적극적으로 협력하고 갈등 상황이 발생하지 않도록 이해관계를 조율하며 관련 부서의 협업을 효과적으로 이끌어 낸다.
주질문
당신은 생산관리팀의 팀원으로, 2개월 뒤에 제품 A를 출시하기 위해 생산팀의 생산 계획을 수립한 상황입니다. 그러나 원가가 곧 실적으로 이어지는 구매팀에서는 최대한 원가를 줄여 전반적 단가를 낮추려고 원가절감을 위한 제안을 하였으나, 연구개발팀에서는 구매팀이 제안한 방식으로 제품을 생산할 경우 대부분이 구매팀의 실적으로 산정될 것이므로 제대로 확인도 해보지 않은 채 적합하지 않은 방식이라고 판단하고 있습니다. 당신은 어떻게 하겠습니까?
세부질문
[상황 및 과제] 이 상황의 핵심적인 이슈는 무엇이라고 생각합니까? [역할] 당신의 역할을 더 잘 수행하기 위해서는 어떤 점을 고려해야 하겠습니까? 왜 그렇게 생각합니까? [행동] 당면한 과제를 해결하기 위해서 구체적으로 어떤 조치를 취하겠습니까? 그 이유는 무엇입니까? [결과] 그 결과는 어떻게 될 것이라고 생각합니까? 그 이유는 무엇입니까?

척도해설

1 : 행동증거가 거의 드러나지 않음	2 : 행동증거가 미약하게 드러남	3 : 행동증거가 어느 정도 드러남	4 : 행동증거가 명확하게 드러남	5 : 뛰어난 수준의 행동증거가 드러남
관찰기록 : 총평 :				

※ 실제 적용되는 평가지는 기업/기관마다 다름.

3 발표면접(Presentation)

면접 프로세스

안내
- 입실 후 지원자는 면접관으로부터 인사말과 발표면접에 대해 간략히 안내받음.
- 면접 전 지원자는 과제 검토 및 발표 준비시간을 가짐.

발표
- 지원자들이 과제 주제와 관련하여 정해진 시간 동안 발표를 실시함.
- 면접관은 발표내용 중 평가요소와 관련해 나타난 가점 및 감점요소들을 평가하게 됨.

질문응답
- 발표 종료 후 면접관은 정해진 시간 동안 지원자의 발표내용과 관련해 구체적인 내용을 확인하기 위한 질문을 함.
- 지원자는 면접관의 질문의도를 정확히 파악하여 적절히 응답할 수 있도록 함.
- 응답 시 명확하고 자신있게 전달할 수 있도록 함.

• 방식
지원자가 특정 주제와 관련된 자료(신문기사, 그래프 등)를 검토하고, 그에 대한 자신의 생각을 면접관 앞에서 발표하며, 추가 질의응답이 이루어짐.

• 판단기준
지원자의 사고력, 논리력, 문제해결능력 등

• 특징
과제를 부여한 후, 지원자들이 과제를 수행하는 과정과 결과를 관찰 · 평가함. 과제수행의 결과뿐 아니라 과제수행 과정에서의 행동을 모두 평가함.

4 토론면접(Group Discussion)

면접 프로세스

안내
- 입실 후, 지원자들은 면접관으로부터 토론 면접의 전반적인 과정에 대해 안내받음.
- 지원자는 정해진 자리에 착석함.

토론
- 지원자들이 과제 주제와 관련하여 정해진 시간 동안 토론을 실시함(시간은 기관별 상이).
- 지원자들은 면접 전 과제 검토 및 토론 준비시간을 가짐.
- 토론이 진행되는 동안, 지원자들은 다른 토론자들의 발언을 경청하여 적절히 본인의 의사를 전달할 수 있도록 함. 더불어 적극적인 태도로 토론면접에 임하는 것도 중요함.

마무리(5분 이내)
- 면접 종료 전, 지원자들은 토론을 통해 도출한 결론에 대해 첨언하고 적절히 마무리 지음.
- 본인의 의견을 전달하는 것과 동시에 다른 토론자를 배려하는 모습도 중요함.

• 방식
상호갈등적 요소를 가진 과제 또는 공통의 과제를 해결하는 내용의 토론 과제(신문기사, 그래프 등)를 제시하고, 그 과정에서의 개인 간의 상호작용 행동을 관찰함.

• 판단기준
팀워크, 갈등 조정, 의사소통능력 등

• 특징
면접에서 최종안을 도출하는 것도 중요하나 주장의 옳고 그름이 아닌 결론을 도출하는 과정과 말하는 자세 등도 중요함.

5 역할연기면접(Role Play Interview)

- 방식
  기업 내 발생 가능한 상황에서 부딪히게 되는 문제와 역할을 가상적으로 설정하여 특정 역할을 맡은 사람과 상호작용하고 문제를 해결해 나가도록 함.
- 판단기준
  대처능력, 대인관계능력, 의사소통능력 등
- 특징
  실제 상황과 유사한 가상 상황에서 지원자의 성격이나 대처 행동 등을 관찰할 수 있음.

6 집단면접(Group Activity)

- 방식
  지원자들이 팀(집단)으로 협력하여 정해진 시간 안에 활동 또는 게임을 하며 면접관들은 지원자들의 행동을 관찰함.
- 판단기준
  대인관계능력, 팀워크, 창의성 등
- 특징
  기존 면접보다 오랜 시간 관찰을 하여 지원자들의 평소 습관이나 행동들을 관찰하려는 데 목적이 있음.

03 면접 최신 기출 주제

1 2021 하반기 면접 실제 기출 주제

– 다대일(지원자 1명, 면접관 4명), 10분간 진행
– 면접 전 7분간 상황면접지를 보고 답변을 미리 준비 → 1분 자기소개 → 상황면접 → 인성면접

1. 1분 자기소개
2. 상사와 갈등이 발생한다면 어떻게 할 것인가?
3. 주인의식을 가지고 일해 본 경험에 대해 말해 보시오.
4. IoT에 대해 아는 대로 말해 보시오.
5. 팀장이 상사의 업무를 지시한다면 어떻게 할 것인가?
6. 원칙을 준수해서 일을 처리한 경험이 있는가?
7. 신입사원으로서 가져야 할 태도에 대해 말해 보시오.
8. 공공기관의 직원으로서 가져야 할 자세에 대해 말해 보시오.
9. 본인이 채용되어야 하는 이유를 말해 보시오.
10. 지원한 직무에서 어떤 일을 하는지 아는 대로 말해 보시오.
11. 자기소개서에 적혀 있는 경험사항에서 특별히 노력했던 점에 대해 말해 보시오.
12. 평소 자기관리를 어떻게 하는지 말해 보시오.
13. 스트레스를 어떻게 해소하는지 말해 보시오.
14. 동료의 부탁을 거절해야 할 때 어떻게 할 것인지 말해 보시오.
15. 기차가 탈선했을 때 어떻게 조치를 취해야 하는지 말해 보시오.
16. 나이가 많은 직원과 일한 경험이 있는가? 있다면 그때의 경험을 말해 보시오.
17. 지시에 따르지 않는 부하직원이 있을 때 어떻게 할 것인지 말해 보시오.
18. 상사에게 부당한 지시를 받았을 경우 어떻게 대응할 것인지 말해 보시오.
19. 4차 산업을 공사와 본인 업무에 어떻게 적용할 수 있는지 말해 보시오.
20. 선임자가 규정대로 일을 진행하지 않을 경우 어떻게 할 것인가?
21. 선임자와 의견충돌이 발생할 경우 어떻게 대처할 것인가?
22. 조직 간의 갈등을 해결하기 위해 가장 중요한 것은 무엇이라고 생각하는가?
23. 고객들을 위해 한국철도공사가 개선했으면 하는 점을 말해 보시오.
24. 회사 일과 개인적인 일이 겹친다면 어떻게 할 것인가?
25. 마지막으로 하고 싶은 말과 입사 후 포부를 말해 보시오.

2 그 외 면접 실제 기출 주제

1. 지원한 이유에 대해 말해 보시오.
2. 입사 후 자기개발을 위해 어떤 일을 할 것인지 말해 보시오.
3. 공부를 제외하고 성취한 것에 대해 말해 보시오.
4. 코레일에 대해 아는 대로 말해 보시오.
5. KTX의 장점과 보완점에 대해 말해 보시오.
6. 기억에 남는 기차역 또는 지하철역이 있다면 역의 이름과 그 이유를 말해 보시오.
7. 코레일이 검색어 순위 1위를 할 수 있는 방법이 있다면?
8. 코레일의 서비스 수준을 외국인에게 소개한다면?
9. 남북 관계가 개선된다면 코레일이 얻을 수 있는 이득과 가능한 사업 분야에 대해 말해 보시오.
10. 지원한 직무에서 가장 중요하다고 생각하는 점과 필요한 역량에 대해 말해 보시오.
11. 조직을 위해 일했던 경험을 말해 보시오.
12. 일할 때 가장 꺼리는 유형을 말해 보시오.
13. 원하는 부서에 배치되지 않는다면 어떻게 할 것인가?
14. 학생과 직장인의 차이가 뭐라고 생각하는가?
15. 여러 단체에 있으면서 소속감을 느꼈던 순간에 대해 말해 보시오.
16. 차량실명제에 대하여 어떻게 생각하는지 말해 보시오.
17. 이전 회사에 다니면서 부당함을 느껴본 적이 있는가?
18. 자신만의 경쟁력을 말해 보시오.
19. 인간관계에서 가장 중요시하는 것이 무엇인지 말해 보시오.
20. 노조의 필요성과 파업에 대한 견해를 말해 보시오.
21. 공과 사를 구분한 경험이 있다면 구체적으로 말해 보시오.
22. 평소 친구들과 어떻게 연락하는가?
23. 살면서 가장 열정적으로 임했던 일이 있다면 말해 보시오.
24. 융통성을 깨고 성과를 이룬 경험에 대해 말해 보시오.
25. 아르바이트를 하면서 느낀 점에 대해 말해 보시오.
26. 코레일 직원으로서 가져야 할 사명감이 무엇이라고 생각하는지 말해 보시오.

27. 본인이 속했던 집단이 가졌던 장점에 대해 말해 보시오.
28. 돌발 상황에 대처한 경험이 있다면 구체적으로 말해 보시오.
29. 다른 사람이 잘못했을 때 대신 희생한 경험이 있다면 구체적으로 말해 보시오.
30. 본인이 다른 지원자보다 뛰어나다고 생각하는 부분이 있는지 말해 보시오.
31. ATO(Automatic Train Operation)가 있는 곳이 어디인지 말해 보시오.
32. 슬랙이란 무엇인가?
33. 살면서 가장 힘들었던 일과 그 일을 어떻게 극복했는지 말해 보시오.
34. 본인은 안전을 추구하는 사람인지, 경제성을 추구하는 사람인지 말해 보시오.
35. 다른 사람들과 일을 할 때 불편한 게 보여서 누가 말하기 전에 본인이 먼저 나선 경험이 있는지 말해 보시오.
36. 새로운 기술을 사용해 본 경험이 있다면 그 기술을 어떻게 습득하였는지 말해 보시오.
37. 팀 과제나 프로젝트를 하면서 어려움이 있었던 경험에 대해 말해 보시오.
38. 만약 코레일에 입사해서 일을 하다가 보안사고가 터진다면 어떻게 할 것인지 말해 보시오.
39. 지원한 직무를 선택한 동기와 해당 직무를 잘 수행하기 위해 어떤 역량이 가장 필요하다고 생각하는지 말해 보시오.
40. 책임감을 발휘했던 경험에 대해 말해 보시오.
41. 싫어하는 사람과 같이 일해 본 적 있는가? 있다면 구체적으로 말해 보시오.
42. 원리원칙과 효율성 중에 무엇을 우선시하는지 말해 보시오.
43. 철도 관련 사고 중 가장 위험하다고 생각하는 사고는 무엇인지 말해 보시오.
44. 타인과의 갈등을 해결한 경험이 있다면 말해 보시오.
45. A를 해야 하는 상황에서 선배가 B를 하라고 한다면, 어떻게 소통할 것인가?
46. (상황면접)안전과 선배의 지시가 충돌하는 상황일 때 어떻게 할 것인지 말해 보시오.
47. (상황면접)최신 기술을 적용하여 코레일에 도움이 될 만한 기술방안을 말해 보시오.
48. (상황면접)현재 어떤 제품의 점검 주기가 10달인데 해외에서는 5달에 한 번 점검을 한다. 따라서 5달에 한 번 점검을 하자고 다른 사람들을 설득하고자 할 때 어떻게 할 것인가?
49. (상황면접)역무원 측에서 전기배선을 정리해 달라고 하는데 이는 본인 직무의 관할이 아니다. 이 경우, 어떻게 할 것인지 말해 보시오.
50. (상황면접)안전 관련 선로장치를 정비 중인데 제어장치 하나가 고장 나서 수리를 해야 한다. 선배는 선로장치를 먼저 수리하라고 한다. 제어장치를 수리하지 않으면 열차가 지연되고, 선로장치를 수리하지 않으면 사고 가능성이 있다. 어떻게 할 것인지 말해 보시오.

고용보건복지_NCS

SOC_NCS

금융_NCS

저마다의 일생에는,

특히 그 일생이 동터 오르는 여명기에는

모든 것을 결정짓는 한 순간이 있다.

그 순간을 다시 찾아내는 것은 어렵다.

그것은 다른 수많은 순간들의 퇴적 속에

깊이 묻혀있다.

– 장 그르니에, 섬 LES ILES

직업기초능력평가

2022 상반기

고시넷 NCS

코레일

한국철도공사

기출예상 문제집

의사소통능력·수리능력·문제해결능력

사무영업(일반/수송) 운전 차량 토목 건축 전기통신

코레일 신경향 문제로 구성한 실전형 모의고사 15회 수록

정답과 해설

gosinet
(주)고시넷

직업기초능력평가

고시넷 NCS

코레일

한국철도공사

기출예상 문제집

의사소통능력·수리능력·문제해결능력

사무영업(일반/수송) 운전 차량 토목 건축 전기통신

코레일 신경향 문제로 구성한 실전형 모의고사 15회 수록

정답과 해설

gosinet
(주)고시넷

정답과 해설

1회 기출예상문제 문제 31쪽

01	①	02	②	03	③	04	⑤	05	⑤
06	②	07	④	08	②	09	④	10	②
11	①	12	③	13	①	14	③	15	③
16	②	17	①	18	②	19	②	20	②
21	⑤	22	③	23	②	24	②	25	③

01 문서이해능력 세부 내용 이해하기

| 정답 | ①

| 해설 | 두 번째 문단의 '만인의 만인에 대한 전쟁 상태야 말로 자연 상태에서 인간의 생존 조건이라고 천명하고 있는 홉스에게선 전쟁이 평화에 대해 논리적으로 우선할 수밖에 없었다'를 통해 홉스는 전쟁 상태가 우선시되고 그 뒤로 평화로운 상태가 따라온다고 주장했음을 알 수 있다.

| 오답풀이 |

② 첫 번째 문단의 '전쟁 상태라 하면 일단은 사생결단의 물리적 충돌을 의미하나 홉스는 이 정의에다 일종의 냉전이라 할 수 있는 적대 관계를 포함시켰다'를 통해 알 수 있다.

③, ④ 세 번째 문단의 '만인이 만인에게 적인 전쟁 상태에 수반되는 온갖 사태는 인간이 자신의 힘과 창의에 의해 얻을 수 있는 것 이외에는 다른 어떠한 보장도 없이 살아가야 하는 상태에 수반되는 사태와 동일하다'를 통해 알 수 있다.

⑤ 첫 번째 문단의 '홉스는 쌍방 중 어느 쪽에게든 타방을 공격할 의도가 상존하고 따라서 어느 쪽이나 자기를 지키기 위해선 타방에 대한 경계를 늦출 수 없는 상태인 적대 관계 역시 전쟁 상태로 규정한 것이다'를 통해 알 수 있다.

02 문서이해능력 세부 내용 이해하기

| 정답 | ②

| 해설 | 치안서비스는 특정인을 소비하지 못하도록 배제시킬 수도 없으며 서로 다투지 않아도 일정한 편익을 누릴 수 있다는 점에서 공유자원이 아닌 순수공공재에 해당한다.

| 오답풀이 |

① 무분별한 야생동물 수렵은 멸종과 같은 문제를 야기할 우려가 있으므로 정해진 구역에서만 수렵을 허가하는 것은 공유자원에 의한 시장실패를 막을 수 있는 대책으로 적절하다.

③ 유료 고속도로가 아닌 도심의 도로는 배제성이 없어 누구나 무료로 이용가능하나, 이용 차량이 증가하여 혼잡해질 경우 혼란을 불러올 수 있다. 따라서 도심의 교통 혼잡 문제를 해결하기 위해 통행료를 징수하는 것은 공유자원에 의한 시장실패를 막을 수 있는 대책으로 적절하다.

④ 과도한 고기잡이는 어장 황폐화와 같은 문제를 야기할 우려가 있으므로 저인망 그물 사용을 금지하는 것은 공유자원에 의한 시장실패를 막을 수 있는 대책으로 적절하다.

⑤ 원칙적으로 유한한 공유재인 환경을 많은 사람들이 무분별하게 오염시킬 수 있는 상황에서 이를 막기 위해 국립공원 이용 예약제나 등산로 휴식년제를 도입하는 것은 공유자원에 의한 시장실패를 막을 수 있는 대책으로 적절하다.

03 문서이해능력 필자의 견해 파악하기

| 정답 | ③

| 해설 | 마지막 문단을 보면 고대 그리스의 지성 세계 안에서 수학자들은 상대적으로 소수의 무리에 속했으며, 대개는 개별적으로 고립되어 수학을 공부하는 경우가 더 많았음을 알 수 있다. 필자는 이런 환경에서 그리스인들이 탐구를 계속하여 상대적으로 아주 짧은 시간 동안에 폭발적인 혁신을 이루어 냈다는 점에서 '그리스 수학'을 '하팍스'로 보고 있다.

04 문서작성능력 기사 제목 작성하기

| 정답 | ⑤

| 해설 | 제시된 기사는 전기자동차 시장 규모가 점점 확대되면서 전기자동차 충전인프라 또한 확충될 것으로 보이며,

이에 따라 전기자동차와 충전케이블 등에 사용되는 구리 수요가 급증할 것으로 전망하고 있다. 따라서 기사의 제목으로 '전기자동차 충전인프라 확충에 따른 구리 수요 급증 전망'이 적절하다.

05 문서이해능력 글의 내용 추론하기

| 정답 | ⑤

| 해설 | 달걀을 삶을 때 온도를 급격하게 올리면 달걀 내의 공기가 팽창하면서 달걀껍질이 깨지게 된다. 그러나 서서히 온도를 올리더라도 달걀껍질의 두께 차이로 인해 온도 증가에 따라 팽창 정도가 달라져 껍질이 깨질 수도 있다.

| 오답풀이 |

① 흰자위의 소수성 사슬이 물과의 상호작용을 피해서 자기들끼리 서로 결속하면 단백질이 뭉쳐져 점차 단단해지면서 젤 형태로 변한다. 여기에 열이 더 가해질 경우 내부에 갇혀 있던 물 분자마저 빠져나오면서 더욱 단단한 고체로 변한다.

② 흰자위 단백질에서 가장 높은 비중을 차지하는 것은 오발부민이며 이는 온도, pH 변화에 따라 변성이 된다.

③ 노른자위의 단백질은 흰자위보다는 조금 적지만, 지용성 비타민(A, D, E)은 흰자위보다 훨씬 더 많이 녹아 있다. 약 90%가 물로 이루어진 흰자위에는 지용성 물질이 녹아 있기 힘들기 때문이다.

④ 삶은 달걀의 노른자위 색이 검푸르게 변하는 것은 노른자위에 포함된 철 이온과 단백질의 분해로 형성된 황화이온이 반응하여 황화철이 형성되었기 때문이다.

06 문서이해능력 세부 내용 이해하기

| 정답 | ②

| 해설 | 복잡한 사회를 살아가는 현대인은 부교감신경을 활성화하는, 즉 긴장 상태였던 신체를 안정시켜주는 소리를 더 찾게 된다고 하였다. 신체가 스트레스 상황에 처할 때 자극되어 신체가 민첩하게 대처할 수 있게 만드는 소리는 교감신경을 활성화하는 것이다.

| 오답풀이 |

①, ⑤ ASMR은 오감을 자극해 심리적 안정감을 주는 감각적 경험으로, 주로 소리에 초점이 맞춰져 있다. 바람 소리, 시냇물 소리 등 평상시에는 집중하지 않으면 잘 들을 수 없는 자연 속 소리들도 그 대상이 되며, 향후에는 시각 또는 촉각적인 감각을 활용한 파생 콘텐츠가 나올 것으로 전망된다.

③ ASMR 실험 참가자 90%가 몸의 한 부분에서 저릿함을 느꼈으며 80%는 기분이 긍정적으로 바뀌는 경험을 했다고 하였다.

④ 교감신경이 지나치게 활성화된 불면증 환자에게 인류가 원시시대부터 자연에서 편하게 들었던 소리를 들려주면 부교감신경이 강화되어 안정감을 느끼게 할 수 있다.

07 문서작성능력 글의 흐름에 맞게 빈칸 넣기

| 정답 | ④

| 해설 | 세 번째 문단을 보면 과거 왕이 집권하던 시절에 사용되던 '대권'을 예로 들며, 민주공화국인 대한민국에서 이 같은 시대착오적인 표현을 언론에서 사용하는 것은 적절하지 않다고 말하고 있다. 따라서 (라)에는 '왕조시대 언어 사용'을 삼가야 한다는 말이 들어가는 것이 적절하다.

08 문서이해능력 세부 내용 이해하기

| 정답 | ②

| 해설 | 다른 반응은 딥페이크 기술에 의한 다양한 부정적인 측면에 대한 내용임에 반해 ②는 딥페이크 기술의 긍정적인 측면을 말하고 있다.

09 문서이해능력 글의 내용 추론하기

| 정답 | ④

| 해설 | 첫 번째 문단에서 박쥐는 '몸집에 견주어 오래 살아 바이러스가 오래 머물 수 있고, 종종 거대한 무리를 이뤄 한 개체에 감염된 바이러스가 쉽사리 다른 개체로 옮아간다'고 하였다.

| 오답풀이 |

① 보통 포유류라면 외부에서 침입한 병원체에 대해 염증 등 면역반응을 일으킨다. 그러나 박쥐는 이와는 달리, 바이러스에 대항하는 면역력을 병에 걸리지 않을 정도로 약화해 지나치게 강한 면역반응을 피한다고 하였다.

② 박쥐는 비행에 따른 감염을 억제하는 쪽으로 진화했는데, 그 과정에서 노화를 막는 효과를 부수적으로 얻었다고 나와 있다. 따라서 수명에 영향을 미치지 않는다는 설명은 잘못되었다.

③ 박쥐의 높은 체온과 비행 능력은 수많은 바이러스를 몸속에 지니면서도 거의 병에 걸리지 않는 비결과 관련 있다고 과학자들은 보았다.

⑤ 박쥐는 무리를 지어 사는 습성으로 인해 한 개체에 감염된 바이러스가 쉽사리 다른 개체로 옮겨가게 한다. 그러나 이 습성이 박쥐가 병에 걸리지 않는 이유와 관련이 있는 것은 아니다.

10 기초통계능력 경우의 수 구하기

| 정답 | ②

| 해설 | K는 하루에 카페인 섭취량이 400mg 이하가 되도록 커피를 마시고 현재까지 200mg의 카페인을 섭취했으므로, 오늘 현재 시간 이후로 200mg 이하의 카페인을 섭취하는 경우의 수를 구하면 된다. (인스턴트 커피, 핸드드립 커피)로 나타내면 다음과 같이 10가지 경우가 가능하다.

(0, 0), (0, 1), (0, 2), (1, 0), (1, 1), (1, 2), (2, 0), (2, 1), (3, 0), (4, 0)

11 기초연산능력 길이 계산하기

| 정답 | ①

| 해설 | 피타고라스의 정리에 의해 가로, 세로, 대각선 길이의 비는 $4:3:\sqrt{4^2+3^2}=4:3:5$이다. 대각선 길이가 40인치이므로 가로 길이는 32인치, 세로 길이는 24인치가 되어 가로 길이와 세로 길이의 차이는 32－24＝8(in)가 된다. 1in는 2.5cm로 계산한다고 하였으므로 8in는 8×2.5＝20(cm)이다.

12 기초연산능력 거리 · 속력 · 시간 활용하기

| 정답 | ③

| 해설 | A 코스의 거리를 $x$km라고 하면 B 코스의 거리는 $(14-x)$km이므로 다음과 같은 식이 성립한다.

$$\frac{x}{1.5}+\frac{14-x}{4}=6.5-0.5$$

$$\frac{x}{1.5}+\frac{14-x}{4}=6$$

$$4x+1.5(14-x)=36$$

$$4x+21-1.5x=36$$

$$2.5x=15$$

$$\therefore x=6(\text{km})$$

따라서 A 코스의 거리는 6km이다.

13 기초통계능력 확률 계산하기

| 정답 | ①

| 해설 | 임의로 선택한 직원이 신입 직원이면서 남성일 확률은 (전체 직원 중에서 임의로 선택한 직원이 신입 직원일 확률)×(전체 직원 중에서 임의로 선택한 직원이 남성일 확률)로 구할 수 있다. 따라서 (1－0.8)×0.4＝0.2×0.4＝0.08이다.

14 도표분석능력 자료의 수치 분석하기

| 정답 | ③

| 해설 | 기존시청점유율이 2020년 대비 2021년에 상승한 방송사는 D, G, H, I, J 방송사로, 증가율을 구하면 다음과 같다.

- D 방송사 : $\frac{10-8.4}{8.4}\times 100 ≒ 19.0(\%)$
- G 방송사 : $\frac{6-5.8}{5.8}\times 100 ≒ 3.4(\%)$
- H 방송사 : $\frac{5.2-5}{5}\times 100 = 4(\%)$
- I 방송사 : $\frac{2.5-2.4}{2.4}\times 100 ≒ 4.2(\%)$
- J 방송사 : $\frac{2.4-2.3}{2.3}\times 100 ≒ 4.3(\%)$

따라서 2021년 기존시청점유율이 전년 대비 5% 이상 증가한 방송사는 D 방송사뿐이다.

| 오답풀이 |

① 2021년 통합시청점유율 상위 3개 방송사는 A, B, C 방송사로 전체의 22.5＋14.6＋11.7＝48.8(%)를 차지한다.

② 2020년 기존시청점유율 순위는 A−B−C−E−F−D−G−H−I−J−K이고, 2021년 기존시청점유율 순위는 A−B−C−D−E, F−G−H−I−J−K이다. 따라서 순위가 2020년 대비 2021년에 상승한 방송사는 D 방송사뿐이다.

④ 2021년에 기존시청점유율보다 통합시청점유율이 더 높은 방송사는 B, C, E, F, G 방송사로 총 5개이다.

⑤ K 방송사는 2021년 기존시청점유율이 전년 대비 감소하였지만, 통합시청점유율이 기존시청점유율보다 낮다.

15 도표작성능력 자료를 그래프로 변환하기

| 정답 | ③

| 해설 | A ~ K 방송사의 영향력을 계산하면 다음과 같다.

- A 방송사 : $\frac{22.5-25}{25} \times 100 = -10(\%)$
- B 방송사 : $\frac{14.6-12.5}{12.5} \times 100 = 16.8(\%)$
- C 방송사 : $\frac{11.7-11}{11} \times 100 \fallingdotseq 6.4(\%)$
- D 방송사 : $\frac{9.6-10}{10} \times 100 = -4(\%)$
- E 방송사 : $\frac{9.2-8}{8} \times 100 = 15(\%)$
- F 방송사 : $\frac{8.7-8}{8} \times 100 = 8.75(\%)$
- G 방송사 : $\frac{6.1-6}{6} \times 100 \fallingdotseq 1.7(\%)$
- H 방송사 : $\frac{5.1-5.2}{5.2} \times 100 \fallingdotseq -1.9(\%)$
- I 방송사 : $\frac{2.5-2.5}{2.5} \times 100 = 0(\%)$
- J 방송사 : $\frac{2.3-2.4}{2.4} \times 100 \fallingdotseq -4.2(\%)$
- K 방송사 : $\frac{1.9-2}{2} \times 100 = -5(\%)$

영향력이 높은 순서대로 나열하면 B(16.8%)−E(15%)−F(8.75%)−C(6.4%)−G(1.7%)−I(0%)−H(−1.9%)−D(−4%)−J(−4.2%)−K(−5%)−A(−10%)이다. 따라서 방송사와 수치가 바르게 나열된 것은 ③이다.

16 도표분석능력 자료의 수치 분석하기

| 정답 | ②

| 해설 | 기업의 연구개발 금액은 2003년에 18조 원, 2021년에 90조 원으로 연평균 증가량은 $\frac{90-18}{18} = 4$(조 원)이다.

| 오답풀이 |

① 2021년 총 투자는 153+262=415(조 원)이므로 정부투자 금액은 415×0.16=66.4(조 원), 즉 66조 4,000억 원이다.

③ 설비투자, 건설투자는 감소하고 있으나 총 투자 대비 정부투자 비율은 2021년에 증가하였다.

④ 2012년의 사내보유 금액은 597조 원, 건설투자 금액은 222조 원으로 사내보유 금액은 건설투자 금액의 3배인 666조 원 미만이다.

⑤ 사내보유 금액의 증감 패턴은 증가−감소−감소−증가−증가−증가, 설비투자 금액의 증감 패턴은 증가−증가−증가−증가−증가−감소로 반대 양상을 보이지 않는다.

17 도표분석능력 자료를 바탕으로 수치 계산하기

| 정답 | ①

| 해설 | A ~ C는 다음과 같이 구할 수 있다.

- A

2019년의 사내보유 금액을 a조 원이라고 하면 다음과 같은 식이 성립한다.

$$\frac{a-750}{750} \times 100 = \frac{808-a}{a} \times 100$$

$$\frac{a-750}{750} = \frac{808-a}{a}$$

$$a(a-750) = 750(808-a)$$

$$a^2 - 750a = 606,000 - 750a$$

$$a^2 = 606,000$$

$\therefore a \fallingdotseq 778$(조 원)

따라서 A에 들어갈 수치는 778이다.

- B

2021년 총 투자액은 153+262=415(조 원), 2011년 총 투자액은 102+230=332(조 원)으로 2021년 총 투자액은 2011년 총 투자액의 $\frac{415}{332} \times 100 = 125(\%)$이다.

따라서 B에 들어갈 수치는 125이다.

• C

설비투자 금액은 2003년에 76조 원, 2010년에 111조 원이므로 매년 증가하는 일정량은 $\frac{111-76}{7}=5$(조 원)이다.

따라서 C에 들어갈 수치는 76+(5×3)=91(조 원)이다.

위에서 구한 수치의 대소 관계는 A>B>C이다.

18 문제처리능력 식당 메뉴에 대한 의사결정 내리기

| 정답 | ②

| 해설 | ㉢ (다)의 조사 결과, 고객들이 식당을 선택하는 가장 중요한 기준은 '맛'이고, 양을 줄이는 것보다 가격 인상에 더 민감하다는 것을 알 수 있다. 따라서 더 좋은 맛을 내기 위해 식재료를 변동하고 음식의 가격 인상보다는 양을 조정하는 방향으로 진행할 것임을 알 수 있다.

19 문제처리능력 사업 공고문 이해하기

| 정답 | ②

| 해설 | (나) 만 19세 미만 아동 · 청소년에 해당하며 가족이 A 지역에 소속된 청소년 상담 센터에 근무 중이므로 저소득층 여부에 관계없이 지원을 받을 수 있다.

(마) A 지역 학교에 다니는 만 19세 미만 아동 · 청소년에 해당한다. 2종 수급자로 저소득층에 해당하므로 지원을 받을 수 있다.

| 오답풀이 |

(가) A 지역에 거주하거나 A 지역 학교에 다니고 있지 않으므로 지원을 받을 수 없다.

(다) 미용 또는 외모개선 목적의 수술 및 치료는 지원을 받을 수 없다.

(라) 예방진료로 질병 · 부상의 치료를 직접목적으로 하지 않는 사항에 대해서는 지원을 받을 수 없다.

20 문제처리능력 출장비 산출하기

| 정답 | ②

| 해설 | 필수 참여 세미나인 환경마크 인증 심사는 8월 4일, 고속열차와 사회문제는 8월 5일로 예정되어 있다. 그리고 특허전략 A to Z는 8월 6일, 특허의 이해와 활용은 8월 3일로 예정되어 있으므로 N 사원의 세미나 참여 일정은 8월 3일 ~ 5일 혹은 4 ~ 6일이다. 교통비는 8월 3 ~ 5일의 경우 40,000원, 8월 4 ~ 6일의 경우 45,000원이 필요하다. 따라서 특허의 이해와 활용을 선택하여 3 ~ 5일에 출장을 가야 한다.

조식비와 숙박비는 보안 요청에 따라 그랜드 호텔, 호텔 주성에서 (3,000+32,000)+(2,500+29,500)=67,000(원)이 필요하다.

따라서 출장에 필요한 최소 비용은 교통비 40,000원과 총 숙박비 67,000원을 합한 107,000원이다.

21 문제처리능력 온돌의 작용 원리 파악하기

| 정답 | ⑤

| 해설 | E는 구들장이다. 구들장은 아랫목은 낮고 윗목은 높게 설치되어 있어 열이 고르게 퍼지도록 한다.

| 오답풀이 |

① A는 부넘기이다. 부넘기에서 열은 사이폰 작용에 의하여 고래 방향으로 빨려 들어간다.

② B는 고래이다. '함실 온돌'과 '부뚜막 온돌'은 아궁이의 형태에 따라 분류하는 방법이다.

③ C는 개자리이다. 개자리에 열기가 흘러 들어가지만 열이 고르게 퍼지게 하는 구들장에 의해 윗목과 아랫목은 모두 고르게 따뜻하다.

④ D는 굴뚝개자리이다. 굴뚝개자리는 역류되는 연기를 바깥으로 내미는 역할을 한다.

22 문제처리능력 복지 포인트 금액 산출하기

| 정답 | ③

| 해설 | A 사원은 2020년 고용보험 가입자로, 중증질환(당뇨질환자)을 가진 외국인(일본국적 보유)이다. 따라서 본인부담 병원비는 '병 · 의원별 본인부담 병원비'에 '중증질환자 차등 본인부담률(30%)'을 곱하여 산정한다. 〈A 사원의 본인부담 병원비 결제 내역〉에 따라 2020년 본인부담 병원비를 구하면 다음과 같다.

• 갑 한방병원(읍 · 면 지역)

$$\left\{(180,000-100,000)\times\frac{35}{100}+100,000\times\frac{30}{100}\right\}\times0.3$$
$$=(28,000+30,000)\times0.3=17,400(원)$$

• 을 치과병원(시 · 군 지역)

$$\left\{(150,000-60,000)\times\frac{40}{100}+60,000\times\frac{30}{100}\right\}\times 0.3$$

$=(36,000+18,000)\times 0.3=16,200$(원)

• 병 종합병원(시 · 군 지역)

$$\left\{(100,000-50,000)\times\frac{50}{100}+50,000\times\frac{30}{100}\right\}\times 0.3$$

$=(25,000+15,000)\times 0.3=12,000$(원)

• 정 한방병원(읍 · 면 지역)

$$\left\{(300,000-200,000)\times\frac{35}{100}+200,000\times\frac{30}{100}\right\}\times 0.3$$

$=(35,000+60,000)\times 0.3=28,500$(원)

• 무 치과병원 : 2021년에 해당하므로 제외한다.

전년도 기준 본인부담 병원비의 평균 금액을 복지 포인트로 지급하려고 하므로, 지급해야 할 복지 포인트는 $\frac{17,400+16,200+12,000+28,500}{4}=18,525$(원)이다.

23 문제처리능력 병원비 산출하기

| 정답 | ②

| 해설 | N 사원은 중국 국적의 사원으로 시 · 군 지역의 종합병원에서 치료를 받았으며, 고위험임산부이므로 10%의 중증질환자 차등 본인부담률이 적용된다. 따라서 N 사원의 본인부담 병원비를 구하면 다음과 같다.

$$\left\{(180,000-90,000)\times\frac{50}{100}+90,000\times\frac{30}{100}\right\}\times 0.1$$

$=(45,000+27,000)\times 0.1=7,200$(원)

따라서 지원해야 할 금액은 7,200원이다.

| 오답풀이 |

① M 사원 본인부담 병원비(지원 금액) :

$200,000\times\frac{40}{100}=80,000$(원)

③ O 사원 본인부담 병원비(지원 금액) :

$\left(100,000\times\frac{45}{100}\right)\times 0.3=13,500$(원)

④ R 사원 본인부담 병원비(지원 금액) :

$(120,000-80,000)\times\frac{40}{100}+80,000\times\frac{30}{100}$

$=16,000+24,000=40,000$(원)

⑤ S 사원 본인부담 병원비(지원 금액) :

$$\left\{(100,000-40,000)\times\frac{35}{100}+40,000\times\frac{30}{100}\right\}\times 0.15$$

$=(21,000+12,000)\times 0.15=4,950$(원)

24 문제처리능력 회진 순서 이해하기

| 정답 | ②

| 해설 | 9시부터 회진을 시작한다고 가정할 때, 회진 순서는 다음과 같다.

9 : 00 ~ 9 : 20	A(101호)
9 : 20 ~ 9 : 40	F(101호)
9 : 40 ~ 10 : 00	C(102호)
10 : 00 ~ 10 : 20	E(105호)
10 : 20 ~ 10 : 40	D(106호)
10 : 50 ~ 11 : 10	B(108호)

따라서 의사 K가 세 번째로 진료를 보는 환자는 102호의 C 환자이다.

25 문제처리능력 회진 순서 이해하기

| 정답 | ③

| 해설 | 의사가 모든 회진을 마치는 데에는 101호에서 102호로 이동(1), 102호에서 105호로 이동(1), 105호에서 106호로 이동(1), 106호에서 108호로 이동(1.5)으로 총 4.5만큼의 동선이 소요된다.

| 오답풀이 |

① **24**의 해설에 따라 가장 빠르게 회진을 마치는 시간은 11 : 10이다.

② 가장 마지막으로 회진을 받는 환자는 108호의 B이다.

④ 가장 빠른 시간에 회진을 끝내기 위해 두 번째 순서로 회진을 받는 환자는 F이다.

⑤ 만약 의사 K가 수술 일정으로 10 : 30부터 회진을 한다면 다음과 같다.

10 : 30 ~ 10 : 50	F(101호)
10 : 50 ~ 11 : 10	A(101호)
11 : 10 ~ 11 : 30	C(102호)
11 : 30 ~ 11 : 50	E(105호)
12 : 00 초과	

따라서 회진을 12 : 00 내로 끝낼 수 없다.

2회 기출예상문제

문제 69쪽

01	①	02	④	03	④	04	③	05	⑤
06	④	07	①	08	②	09	③	10	③
11	④	12	⑤	13	②	14	④	15	②
16	②	17	③	18	③	19	④	20	①
21	②	22	④	23	③	24	③	25	⑤

01 문서작성능력 빈칸에 알맞은 말 넣기

| 정답 | ①

| 해설 | 인간노동은 다른 동물들의 활동과 구별되며 단순히 본능적인 활동이 아니라 대상의 특성을 미리 고려하고 자신의 행위를 미리 설정한 다음에 그것에 맞게 움직이는 활동이라고 하였으며, 인간의 지성활동은 이러한 노동과 분리된 것이 아니라고 하였다. 따라서 ㉠에는 '목적적 · 의식적인'이, ㉡에는 '노동의 결과'가 들어가는 것이 적절하다.

02 문서작성능력 글의 내용에 어울리는 제목 작성하기

| 정답 | ④

| 해설 | 제시된 글은 대체 의학을 과학적으로 입증할 수 없는 이유와 이러한 문제점에도 불구하고 많은 사람들이 이를 선택함으로써 치료효과를 보고 있다고 설명하고 있다. 따라서 글의 제목으로 '대체 의학의 과학적 한계와 극복'이 적절하다.

03 문서이해능력 세부 내용 이해하기

| 정답 | ④

| 해설 | 7문단에서 '자율주행 택시가 보급되면 집 앞까지 부담 없이 택시를 부를 수 있고 인건비 절감으로 요금도 저렴해진다'고 하였으므로 자율주행 택시를 이용하면 요금이 높아진다는 내용은 적절하지 않다.

| 오답풀이 |

① 1문단을 통해 알 수 있다.

② 3문단에서 '인터넷 시대와 다른 점 또 하나는 정보의 가공 수준이다'를 통해 알 수 있다.

③ 4문단을 통해 알 수 있다.

⑤ 마지막 문단에서 '스마트 시티 추진을 위해 염두에 둬야 할 점은 반드시 시민을 중심으로 이뤄져야 한다는 것이다'를 통해 알 수 있다.

04 문서이해능력 필자의 논지 파악하기

| 정답 | ③

| 해설 | 필자는 헉슬리와 오웰의 의견 차이를 설명하면서 현대 사회에서 텔레비전이 새롭게 부여하는 왜곡된 '진실'에 대해 설명하고 있다. 즉 보이는 것이 전부인 텔레비전에서는 교감을 하되 인격이 사라진 방식이며, 논리적인 언어의 전달이나 '진실'의 전달이 이루어지지 않는다고 설명하고 있다. 특정 소수가 중요한 정보를 독점하고 있다는 것은 필자의 논지에 적절하지 않다.

05 문서이해능력 내용 읽고 추론하기

| 정답 | ⑤

| 해설 | 여섯 번째 문단과 마지막 문단을 보면 합성섬유가 면이나 비스코스 레이온보다는 흡습성이 낮으나, 모양이 잘 변하지 않고 빨리 마르므로 땀이 많이 나는 운동 시에는 면으로 된 운동복보다 합성섬유로 된 운동복을 착용하는 것이 적절하다.

06 문서이해능력 세부 내용 이해하기

| 정답 | ④

| 해설 | 6문단을 보면 원산지 효과보다 명품브랜드 효과가 더 포괄적이고 강렬하며, 심지어는 중독현상을 유발시킬 정도라고 하였다.

07 문서이해능력 글의 주제 추론하기

| 정답 | ①

| 해설 | 제시된 글에서는 기회의 평등을 주장하는 사람들의 입장과 결과의 평등을 주장하는 사람들의 입장을 차례대로 설명하며 두 입장 간의 차이점을 나타내고 있다. 이어 두 입장이 양립할 수 있는 현실적인 주장이 제기되고 있다고 소개하면서 이에 대해 설명하고 있다. 따라서 글의 주제로 '기회의 평등과 결과의 평등의 입장 차이 및 양립 가능성'이 적절하다.

08 문서이해능력 세부 내용 이해하기

| 정답 | ②

| 해설 | 3문단에서 '시각은 보는 것과 보이는 것 간의 공간적 분리를 전제하지만, 소리는 내부적 연결 속에서 말하고 듣는 우리를 감싼다. 또한 청각은 소리들을 내부적으로 통합하고 조화를 추구하는 역할을 한다'고 하였으므로 내부적 통합과 조화 추구의 역할은 청각에만 국한되는 설명임을 알 수 있다.

09 문서이해능력 세부 내용 이해하기

| 정답 | ③

| 해설 | '또한 세계 최초로 고속 · 일반철도 차량용 교류전력과 도시철도 전동차용 직류전력을 모두 공급할 수 있도록 하고'를 통해 알 수 있다.

| 오답풀이 |

① 우리나라는 개발품에 대한 성능시험을 시험용 철도선로가 아닌 KTX · 전동차 등이 운행하고 있는 영업선로에서 실시하였음을 알 수 있다.

② 철도종합시험선로의 1개 교량에 대해 새로운 교량형식 · 공법에 대한 시험이 가능하도록 교량의 교각 · 상부가 자유롭게 변경될 수 있는 구조로 구축되었음을 알 수 있다.

④ 제시된 지문을 통해서는 알 수 없다.

⑤ 20X9년에는 종합시험선로에서 우리나라 기업이 호주에 수출할 전동차량에 대한 주행시험을 실시할 예정이라고 하였으므로 적절하지 않다.

10 기초연산능력 시간 계산하기

| 정답 | ③

| 해설 | 1+2+3+4+5+6+7+8+9+10+11+12=78인데, 뻐꾸기가 총 54번 소리를 냈으므로 연속된 숫자의 합이 78−54=24인 숫자를 제거해야 한다. 이를 만족하는 경우는 7+8+9=24뿐이므로 A는 10 ~ 12시, 1 ~ 6시에 "뻐꾹" 소리를 들은 것을 알 수 있다. 따라서 A가 퇴근한 시간으로 가능한 것은 오후 6시 50분이다.

보충 플러스+

선택지를 토대로 출근 시간을 추측하여 계산해 본다.

① 오후 4시 30분 퇴근 : 오전 8시 1분 ~ 오전 9시 정시에 출근했을 경우 뻐꾸기는 총 9+10+11+12+1+2+3+4=52(번) 소리를 내고, 오전 7시 1분 ~ 오전 8시 정시에 출근했을 경우 뻐꾸기는 총 52+8=60(번) 소리를 낸다. 따라서 뻐꾸기가 54번 소리를 내는 경우는 없다.

② 오후 5시 40분 퇴근 : 오전 9시 1분 ~ 오전 10시 정시에 출근했을 경우 뻐꾸기는 총 10+11+12+1+2+3+4+5=48(번) 소리를 내고, 오전 8시 1분 ~ 오전 9시 정시에 출근했을 경우 뻐꾸기는 총 48+9=57(번) 소리를 낸다. 따라서 뻐꾸기가 54번 소리를 내는 경우는 없다.

③ 오후 6시 50분 퇴근 : 오전 9시 1분 ~ 오전 10시 정시에 출근했을 경우 뻐꾸기는 총 10+11+12+1+2+3+4+5+6=54(번) 소리를 낸다.

④ 오후 7시 10분 퇴근 : 오전 10시 1분 ~ 오전 11시 정시에 출근했을 경우 뻐꾸기는 총 11+12+1+2+3+4+5+6+7=51(번) 소리를 내고, 오전 9시 1분 ~ 오전 10시 정시에 출근했을 경우 뻐꾸기는 총 51+10=61(번) 소리를 낸다. 따라서 뻐꾸기가 54번 소리를 내는 경우는 없다.

⑤ 오후 8시 20분 퇴근 : 오전 11시 1분 ~ 오후 12시 정시에 출근했을 경우 뻐꾸기는 총 12+1+2+3+4+5+6+7+8=48(번) 소리를 내고, 오전 10시 1분 ~ 오전 11시 정시에 출근했을 경우 뻐꾸기는 총 48+11=59(번) 소리를 낸다. 따라서 뻐꾸기가 54번 소리를 내는 경우는 없다.

따라서 A가 퇴근한 시간으로 가능한 것은 오후 6시 50분이다.

11 기초통계능력 확률 계산하기

| 정답 | ④

| 해설 | 1에서 A가 부서장 옆자리에 앉을 확률을 빼면 된다.

가) 운전석에 앉을 수 있는 사람은 3명이며 조수석에는 부서장과 운전자를 제외한 나머지 5명 중 1명이 앉게 된다. 2 ~ 3열에는 1열에 앉은 2명을 제외하고 남은 5명

이 앉게 되므로, 인사부 직원 7명이 7인승 차량에 앉는 경우의 수는 3×5×5×4×3×2×1=1,800(가지)이다.

나) A와 부서장을 하나로 묶어 2열 또는 3열에 앉는 경우로 나누어 계산하면 다음과 같다.

ⅰ. A와 부서장이 2열에 앉을 경우 : 운전석에 앉을 수 있는 사람은 2명이며 A와 부서장 그리고 운전자를 제외한 나머지 4명 중 1명이 2열에 앉게 되는데, 이때 A와 부서장이 자리를 바꿔 앉는 경우도 고려해야 한다. 따라서 $2 \times {}_4C_1 \times 2! \times 2 \times 3 \times 2 \times 1 = 192$(가지)이다.

ⅱ. A와 부서장이 3열에 앉을 경우 : 운전석에 앉을 수 있는 사람은 2명이며 A와 부서장, 운전자를 제외한 나머지 4명이 조수석과 2열에 앉게 된다. 마찬가지로 A와 부서장이 자리를 바꿔 앉는 경우를 고려하면 2×4×3×2×1×2=96(가지)이다.

따라서 A가 부서장 옆자리에 앉지 않을 확률은 $1 - \frac{192+96}{1,800} = \frac{1,512}{1,800} = 0.84$이다.

12 기초연산능력 마스크 구입 날짜 구하기

| 정답 | ⑤

| 해설 | 신입사원 A는 판매 첫 주 평일에 공적 마스크를 구입하고 36일 후에 공적 마스크를 구입하였으므로, 판매 첫 주에 마스크를 구입한 요일보다 하루 뒤에 구입한 것이 된다(∵ 36÷7=5 ⋯ 1이므로). 평일에는 마스크 구입이 가능한 출생연도가 정해져 있는데 요일이 다르게 구매를 했으므로 A가 36일 후 마스크를 구입한 요일은 토요일이 된다. 따라서 판매 첫 주에 구입한 요일은 금요일이며, A의 출생연도 끝자리는 5 또는 0이 된다. 선택지 ④와 ⑤ 중 구입 가능한 날짜가 금요일인 것은 5월 15일이므로 정답은 ⑤이다.

13 도표분석능력 자료의 수치 분석하기

| 정답 | ②

| 해설 | A : 〈자료 1〉을 보면 2020년 조사에서 남자 중 앞으로 결혼할 의향이 없는 1인 가구의 비율은 50대가 20대에 비해 $\frac{20.8-15.1}{15.1} \times 100 \fallingdotseq 38(\%)$ 많다.

| 오답풀이 |

B : 〈자료 1〉을 보면 2019년 조사에서 여자 중 결혼할 의향이 없는 1인 가구의 비율은 연령대가 높아질수록 4.2% → 45.1%로 점점 비율이 높아지고 있음을 알 수 있다.

C : 〈자료 2〉를 보면 2020년 조사에서 2년 이내에 1인 생활 종료가 예상된다고 응답한 사람의 비율은 16.0%로 전년 대비 17.3−16.0=1.3(%p) 줄어들었다.

D : 〈자료 2〉를 보면 10년 이상 1인 생활을 지속할 것이라고 예상하는 사람의 비율은 34.5% → 38.0% → 44.7%로 갈수록 늘어나고 있다.

14 도표분석능력 자료의 수치 분석하기

| 정답 | ④

| 해설 | 대출 A의 금리는 4%대, 가계대출의 금리는 7%대를 계속 유지하면서 매년 2%p 이상의 차이를 계속 유지하였다.

| 오답풀이 |

① 대출 A의 상반기 공급액은 2018년에 처음으로 연간 목표액의 50%를 초과했으나, 문제의 자료만으로는 2018년 하반기를 포함한 대출 A의 연간 공급액을 알 수 없다.

② 2012년 대출 A의 연간 목표액은 20,000천만 원을 초과하고, 2020년 대출 A의 상반기 공급액은 20,000천만 원 미만을 기록하였다.

③ 2015년 대출 A의 연 목표액은 약 30,000천만 원이며, 2015년 대출 A의 금리가 5% 미만이므로 2015년 대출 A의 연 목표 대출이자수익은 30,000×0.05=1,500(천만 원) 미만이었다.

⑤ 70천만 원을 대출했을 때 채무자가 부담해야 하는 이자지출이 2.8천만 원이 되기 위해서는 금리가 4%이어야 한다. 2016년 대출 A의 금리는 4%대, 가계대출의 금리는 7%대이므로 두 상품의 금리 차이는 4%p 미만이다. 따라서 대출 A 대신 가계대출을 선택했을 때 채무자가 부담해야 했던 이자지출의 차이는 2.8천만 원 미만이다.

15 도표작성능력 빈칸에 들어갈 수치 계산하기

| 정답 | ②

| 해설 | ㉠ 2014년 대출 A의 하반기 공급액을 a천만 원이라고 할 때, 2014년 상반기 대출 A의 공급액이 13,000

천만 원이고 하반기 공급액의 비율이 53%이므로

$\frac{a}{13,000+a}\times 100=53$이 성립한다.

이를 정리하면

$100a=53(13,000+a)$

$\therefore a=\frac{53\times 13,000}{47}\fallingdotseq 14,660$(천만 원)

㉡ 2020년 상반기 대출 A의 연간 목표액이 39,000천만 원, 목표액 달성률이 110%이므로 2020년 전 기간 대출 A의 공급액은 39,000×1.1=42,900(천만 원)이다. 2020년 하반기 공급액이 24,120천만 원이므로 2020년 하반기 공급액의 비율은 $\frac{24,120}{42,900}\times 100\fallingdotseq 56$(%)이다.

16 도표분석능력 자료의 수치 분석하기

| 정답 | ②

| 해설 | 2019년 4분기 자동차 수입액 2,475억 원의 5배는 2,475×5=12,375(억 원)으로 4분기 수출액 13,310억 원보다 적다. 따라서 2019년 4분기 자동차 수출액은 수입액의 5배 이상이다.

| 오답풀이 |

① 2020년 하반기 자동차 수출액은 11,467.5+11,247.5=22,715(억 원)이므로 2조 2천억 원 이상이다.

③ 분기별 수출액과 수입액의 차이가 가장 작은 때는 2020년 4분기로 그 차이는 11,247.5−3,327.5=7,920(억 원)이며, 8천억 원 미만을 기록하였다.

④ 자동차의 수입 대수와 수출 대수의 차이가 가장 큰 때는 2019년 1분기이며 수입 대수인 1,586대의 3배는 4,758대로 2019년 1분기의 자동차 수출 대수인 4,657대보다 많다. 따라서 2019년 1분기 자동차 수출 대수는 수입 대수의 3배 미만이다.

⑤ 자동차 수출액이 가장 많았던 분기는 2019년 4분기, 자동차 수출 대수가 가장 많았던 분기는 2019년 1분기이다.

17 도표작성능력 빈칸에 들어갈 수치 계산하기

| 정답 | ③

| 해설 | (A) 12,375+12,870+13,255+13,310=51,810(억 원)

(B) 4,556+4,229+4,115+4,029=16,929(대)

(C) 1,780×4=7,120(대)

18 사고력 약의 복용 순서 파악하기

| 정답 | ③

| 해설 | 제시된 조건에 따라 약을 복용하면 다음과 같다.

구분	월		화		수	
	식전	식후	식전	식후	식전	식후
아침	D	B, E		B, E	C	
점심	D	B, E	C			A
저녁	D	B, E	C			A

따라서 마지막에 복용하는 약은 A 약이다.

| 오답풀이 |

① 모든 약을 할당된 복용 횟수에 맞게 복용하기 위해서는 최소 3일이 필요하다.

② B 약 복용을 마치는 날은 화요일이다.

④ 화요일 아침에는 식후 B 약과 E 약만 복용한다.

⑤ 가장 먼저 복용을 마치는 약은 D 약이다.

19 사고력 카페의 손님 이동 파악하기

| 정답 | ④

| 해설 | 각 시간대별로 방문한 손님을 A～L로 표시하면 다음과 같다.

시간	신규 손님 인원 수	남아 있는 손님	사용 중인 원탁	사용하는 원탁
9:20	1명(A)	–	–	2인용
10:15	2명(B)	1명(A)	2인용	4인용
10:50	4명(C)	3명(A, B)	2, 4인용	6인용
11:30	5명(D)	3명(A, B)	2, 4인용	6인용
12:40	3명(E)	7명(B, D)	4, 6인용	사용 불가
14:10	2명(F)	5명(D)	6인용	2인용
15:50	1명(G)	2명(F)	2인용	사용 불가
16:50	5명(H)	–	–	6인용

18 : 10	3명(I)	5명(H)	6인용	4인용
19 : 00	1명(J)	8명(H, I)	4, 6인용	2인용
19 : 40	3명(K)	8명(H, I)	4, 6인용	사용 불가
20 : 50	2명(L)	8명(H, I)	4, 6인용	2인용

따라서 주문을 하지 못한 손님은 E, G, K로 총 세 팀이다.

| 오답풀이 |

① 10시 50분에 매장에 남아 있는 손님은 A, B, C로 총 7명이다. 따라서 10분 뒤인 11시까지는 7명이 카페 내에 있음을 알 수 있다.

② 9시 20분에 온 A는 카페에 최소 11시 40분까지는 머물렀다. 따라서 2시간 이상 머물렀음을 알 수 있다.

③ 하루 동안 카페에 방문해 음료를 주문한 손님은 1+2+4+5+2+5+3+1+2=25(명)이다. 따라서 판매한 음료는 25잔으로 홀수이다.

⑤ 영업시간 동안 카페에 가장 많은 손님이 앉아 있었던 경우는 20시 50분 이후로 H, I, L 일행을 모두 합하면 총 10명이다.

20 문제처리능력 운항표 확인하기

| 정답 | ①

| 해설 | 싱가포르로 간다면 가는 편의 운임료는 210,000원이고 오는 편의 운임료는 경유 할인을 적용하여 $230,000 \times \frac{80}{100}$=184,000(원)이다. 따라서 210,000+184,000=394,000(원)으로 예산의 50% 이내에서 구입할 수 있다.

| 오답풀이 |

② 휴가를 베트남으로 간다면 입국 시 도착 시간은 한국 시간 기준으로 19일 오후 6시 35분이다.

③ 대기 시간을 포함한 싱가포르의 총 비행 시간은 16시간 15분, 베트남의 총 비행 시간은 16시간 40분, 태국의 총 비행 시간은 18시간이다.

④ 경유 시 할인이 적용되지 않는다면 싱가포르의 왕복 운임료는 440,000원, 베트남의 왕복 운임료는 365,000원, 태국의 왕복 운임료는 310,000원이다. 따라서 예산의 50% 내에서 구매할 수 있는 티켓은 베트남과 태국의 티켓이다. 그러나 태국의 경우, 비행 11시간, 대기 2시간이 소요되어 입국 시 도착 시간은 한국 시간 기준으로 20일 오전 1시이므로 불가능하다.

⑤ 태국으로 간다면 돌아오는 시간은 한국 시간 기준 20일 오전 1시이다.

21 문제처리능력 저렴한 운임료 계산하기

| 정답 | ②

| 해설 | 태국의 경우 돌아오는 날짜가 계획된 휴가 기간을 초과하므로 선택할 수 없다. 싱가포르와 베트남을 보면, 싱가포르의 운임료는 394,000원이고 베트남의 운임료는 332,000원이다. 따라서 가장 저렴한 항공 운임료는 332,000원이다.

22 문제처리능력 내용 추론하기

| 정답 | ④

| 해설 | 석탑은 빗물이 지붕돌 아래 몸돌까지 흘러 탑 안에 안치된 물품이 부식될 수 있기 때문에 지붕돌 아래에 물끊기홈을 파 빗물이 몸돌로 흐르지 않도록 하였다. 하지만 목탑은 기와지붕 끝으로 빗물이 흐르도록 되어 있어 석탑과 달리 물끊기홈이 필요하지 않았다.

23 문제처리능력 자료 읽고 추론하기

| 정답 | ③

| 해설 | ㄴ. A 지역 외에서 들어오는 택배는 다른 중앙 집하장에서 A 지역의 중앙 집하장으로 거쳐 가~다 집하장으로 선별되어 배송된다.

ㄷ. 편의점이나 무인 택배함을 이용한 택배 접수 외 모든 택배물의 접수는 각 집하장 관할의 택배 접수 센터가 담당한다. B 아파트 내 택배보관소는 가 집하장에서 일괄 배송한 택배를 수령하는 곳으로 접수 업무를 하지 않는다고 볼 수 있다. 따라서 가 집하장 관할의 모든 택배는 택배 접수 센터를 통해 접수된다.

| 오답풀이 |

ㄱ. 같은 집하장 관할 내에서 접수되고 배송되는 택배는 중앙 집하장을 거치지 않으나 같은 지역의 다른 집하장 관할로 배송되는 택배는 중앙 집하장을 거쳐 해당 관할 집하장으로 이동 배송된다.

ㄹ. 다 집하장 관할의 무인 택배함으로 접수된 택배는 다 집하장에서 배달사원이 수거하므로 다 집하장을 거쳐 중앙 집하장으로 운송된다.

24 문제처리능력 자료를 바탕으로 일정 파악하기

| 정답 | ③

| 해설 | 오전 9시 시작

→ 가 택배 접수 센터에서 가 집하장으로 이동 (15분 소요, 9시 15분)
→ 특송택배 5건 배송 (50분 소요, 10시 5분)
→ 다 집하장으로 이동 (15분 소요, 10시 20분)
→ 무인택배함 업무 (왕복 40분, 11시)
→ 일반택배 7건 배송 (1시간 45분 소요, 오후 12시 45분)
→ 점심시간 (1시간 소요, 1시 45분)
→ 가 집하장으로 이동 (15분 소요, 2시)
→ 특송택배 8건 배송 (1시간 20분 소요, 3시 20분)
→ 다 집하장으로 이동 (15분 소요, 3시 35분)
→ 무인택배함 업무 (왕복 40분, 4시 15분)
→ 나 집하장으로 이동 (15분 소요, 4시 30분)
→ 일반택배 3건 배송 (45분 소요, 5시 15분)
→ 편의점 택배 수거 (왕복 50분 소요, 오후 6시 5분)

따라서 업무가 종료되는 시간은 오후 6시 5분이다.

25 문제처리능력 자료 읽고 추론하기

| 정답 | ⑤

| 해설 | 〈신 · 재생에너지설비 설치계획서 첨부서류〉를 보면 건물설계개요에는 건물명, 주소, 연면적, 주차장 면적 등의 내용이 포함되어야 한다고 건물설계개요의 비고란에 제시되어 있다.

3회 기출예상문제

문제 103쪽

01	②	02	②	03	①	04	④	05	②
06	③	07	③	08	③	09	③	10	④
11	①	12	④	13	③	14	⑤	15	③
16	①	17	⑤	18	⑤	19	②	20	①
21	③	22	③	23	⑤	24	①	25	④

01 문서이해능력 내용 읽고 추론하기

| 정답 | ②

| 해설 | 최근 매체의 범위와 다양성이 커졌으며, 뉴미디어가 빠르게 발전하고 있다고 하였다. 따라서 과거 매체는 매체 간 경쟁이 적었다고 추론할 수 있으나, 경제적 수익 창출에 부담이 없어 공공성을 중시할 수 있었다는 것은 알 수 없다.

02 문서이해능력 세부 내용 이해하기

| 정답 | ②

| 해설 | 통고처분제도는 '1974년 2월 15일부터 시행되어 현재에 이르고 있다'고 하였다.

| 오답풀이 |

③ '행정범의 성격이 강하기 때문에 행정상 의무이행 확보 차원에서 범칙금 납부를 강제하는 것이 본래의 목적을 달성하는 데 효과적'이라고 하였다.

④ '과태료라는 제도를 가지고 있음에도 불구하고 범칙금이라는 성격이 모호한 제도를 두어 시행하는 것은 법의 명확성의 원칙에 반한다'고 언급하였다.

⑤ '국민의 입장에서 수긍할 수 있는 제도가 갖추어져야 할 것이다'라고 언급하였다.

03 문서작성능력 문단별 소제목 작성하기

| 정답 | ①

| 해설 | (가) 피는 몸에서 요구하는 산소를 공급해 주며 생명 유지에 중요한 역할을 하고 있음을 설명하고 있다.

(나) 혈액을 구성하는 적혈구, 백혈구, 혈소판, 혈장 등에 대해 설명하고 있다.
(다) 출혈을 멈출 수 있게 하는 혈액의 응고기전에 대해 설명하고 있다.
(라) 산소, 영양소 운반 등 혈액의 운반기능에 대해 설명하고 있다.
(마) 혈액이 열을 흡수 및 방출함으로써 체온을 조절하고 있음을 설명하고 있다.

따라서 소제목으로 옳은 것은 5개이다.

04 문서작성능력 글의 내용에 어울리는 제목 작성하기

| 정답 | ④

| 해설 | 1 ~ 2문단은 불면증의 개념과 불면증으로 오해하기 쉬운 질병에 대해 설명하고 있으며, 3 ~ 6문단은 불면증 원인별 치료방법에 대해 제시하고 있다. 따라서 글의 내용을 포괄하는 제목으로 '불면증 원인에 따른 치료방법'이 적절하다.

05 문서이해능력 내용 읽고 추론하기

| 정답 | ②

| 해설 | 현대인은 다양하고 질 높은 복지 서비스를 원하지만 정부의 거대한 관료제는 획일적인 서비스를 제공하는 데에 그친다. NGO는 이렇게 정부가 충족해 주지 못하는 자신들의 요구를 스스로 만족시키기 위해 활성화된 조직이다. 즉, NGO는 정부의 손이 닿지 않는 다양한 비가시적인 문제에 대해 효율적인 복지서비스를 제공함으로써 민주주의의 가치에 기여하고 있으므로 정부와 함께 한다는 설명은 적절하지 않다.

06 문서작성능력 빈칸에 들어갈 문장 고르기

| 정답 | ③

| 해설 | 제시된 글에서는 상대방과의 첫 대면 시 처음에 제시된 몇 가지 정보로 판단이 이루어지며, 한번 형성된 인상은 쉽게 바뀌지 않는다고 하였다. 더불어 호감 유지를 위한 노력보다 비호감의 개선을 위한 노력이 더 많이 필요하다고 하였다. 따라서 이를 종합해 보면 '먼저 호감을 형성하는 것이 상당히 중요하다는 것'이라고 할 수 있다.

07 문서이해능력 글의 세부 내용 이해하기

| 정답 | ③

| 해설 | 마지막 문단에서 투명한 유리의 건물 외벽 사용은 '투명성'이라고 정의될 수 있는 새로운 시대의 도시 모습을 상징하기도 하지만 유리의 사용을 통해서만 현대 도시의 '투명성' 개념을 설명하는 것은 과도한 의미 부여로 보인다고 하였다. 따라서 근대 공공 공간은 건물 외벽의 투명성을 기반으로 한다고 볼 수 없다.

08 문서작성능력 논지 전개 방식 파악하기

| 정답 | ③

| 해설 | 제품을 분류하거나 사전적 정의를 나열한 내용은 찾아볼 수 없다.

| 오답풀이 |

①, ② 5문단에서 확인할 수 있다.
④ 5문단 ~ 마지막 문단에서 제품의 생산 과정을 구체적으로 기술하고 있다.
⑤ 7문단의 '예를 들어 빨주노초파남보 무지개 빛깔의 컵을 만들려면 ~ '에서 확인할 수 있다.

09 문서이해능력 글의 세부 내용 이해하기

| 정답 | ③

| 해설 | 파울 크루첸은 인류세가 이미 시작되었다고 선언했는데, 인류세는 인간의 탄소 사용에 의한 지구 환경 변화, 인구 및 에너지 사용 증가, 온실가스 배출 등이 원인이 된다. 따라서 지질학적 시대를 구분하는 데 있어 인간을 수동적인 존재로 전제했다고 볼 수 없으며, 오히려 그 원인이므로 능동적으로 보아야 한다.

10 기초연산능력 최대 개수 구하기

| 정답 | ④

| 해설 | 4×6 사이즈를 x장, 5×7 사이즈를 y장, 8×10 사이즈를 z장 인화하면 다음과 같은 식이 성립한다.

$150x+300y+1{,}000z=21{,}000$

$3x+6y+20z=420$

$3(x+2y)=20(21-z)$

위의 등식이 성립하기 위해서는 $21-z$가 3의 배수여야 한다. 따라서 z는 3, 6, 9, 12, 15, 18이 가능하며 $z=3$일 때 y가 최댓값을 갖는다.

$3(x+2y)=20(21-3)$

$3(x+2y)=360$

$x+2y=120$

사이즈별로 적어도 1장씩은 인화했으므로 y의 최댓값은 59이다.

11 기초연산능력 신호 체계 이해하기

| 정답 | ①

| 해설 | 신호 체계가 100+70+20=190(초)의 주기로 반복되므로, 1시간 동안 직진-빨간불-좌회전이 18번 반복되고 3,600-(190×18)=180(초)가 남는다. 180초 중 100초는 직진 신호, 70초는 빨간불이므로 오전 9시에는 좌회전 신호가 들어와 있는 상태이다.

12 기초통계능력 평균 활용하기

| 정답 | ④

| 해설 | A, B, C 부서의 사원수를 각각 a, b, c명이라 하면 주어진 조건을 다음과 같이 나타낼 수 있다.

- A 부서의 근무만족도 총점 : $80a$점
- B 부서의 근무만족도 총점 : $90b$점
- C 부서의 근무만족도 총점 : $40c$점
- A, B 부서의 근무만족도 평균 : $\frac{80a+90b}{a+b}=88$ ⋯ ㉠
- B, C 부서의 근무만족도 평균 : $\frac{90b+40c}{b+c}=70$ ⋯ ㉡

㉠을 정리하면,

$80a+90b=88a+88b$

$8a=2b \qquad b=4a$

㉡을 정리하면,

$90b+40c=70b+70c$

$20b=30c \qquad 2b=3c$

$c=\frac{2}{3}b=\frac{2}{3}\times 4a=\frac{8}{3}a$

따라서 A, B, C 부서 사원수의 비는 $a:b:c=a:4a:\frac{8}{3}a=3:12:8$이므로 C 부서의 사원수는 A 부서 사원수의 $\frac{8}{3}$배로 3배 이하이다.

| 오답풀이 |

③ C 부서의 사원수는 8의 배수이므로 짝수이다.

⑤ A, B, C 부서의 근무만족도 평균은 $\frac{80a+90b+40c}{a+b+c}$ $=\frac{80a+360a+\frac{320}{3}a}{a+4a+\frac{8}{3}a}=\frac{\frac{1{,}640}{3}a}{\frac{23}{3}a}\fallingdotseq 71.3$(점)으로 70점을 초과한다.

13 도표분석능력 자료의 수치 분석하기

| 정답 | ③

| 해설 | 20X1년 공공부문과 민간부문의 수주액 비는 407,306 : 667,361≒35 : 57이다.

| 오답풀이 |

② 공공부문은 474,106→472,037→423,447억 원, 민간부문은 1,174,651→1,133,246→1,121,832억 원으로 20X4년부터 2년 연속 전년 대비 수주액이 감소했다.

④ 공공부문 수주액이 전년 대비 증가한 20X1년, 20X2년, 20X3년, 20X6년의 증가율을 계산하면 다음과 같다.

- 20X1년 : $\frac{407{,}306-361{,}702}{361{,}702}\times 100\fallingdotseq 12.6(\%)$
- 20X2년 : $\frac{447{,}329-407{,}306}{407{,}306}\times 100\fallingdotseq 9.8(\%)$
- 20X3년 : $\frac{474{,}106-447{,}329}{447{,}329}\times 100\fallingdotseq 6.0(\%)$

- 20X6년 : $\frac{480,692-423,447}{423,447}\times 100 \fallingdotseq 13.5(\%)$

따라서 공공부문 수주액의 전년 대비 증가율이 가장 큰 해는 20X6년이다.

⑤ 20X7년 1 ~ 3월의 월평균 수주액이 연말까지 동일하다면, 20X7년 수주액은 363,324×4=1,453,296(억 원)이므로 20X6년보다 적다.

14 도표분석능력 자료의 수치 분석하기

| 정답 | ⑤

| 해설 | 유실 · 유기 동물 중 안락사 된 동물의 수는 20X2년이 89,732×0.199≒17,857(마리), 20X1년이 82,082×0.2≒16,416(마리)로, 전년 대비 증가하였다.

| 오답풀이 |

① 동물보호센터의 개수는 지속적으로 감소하다가 20X3년, 20X4년에 전년 대비 증가하였다.

② 유실 · 유기 동물 수의 전년 대비 증가량을 구하면 다음과 같다.

- 20X1년 : 82,082−81,147=935(마리)
- 20X2년 : 89,732−82,082=7,650(마리)
- 20X3년 : 102,593−89,732=12,861(마리)
- 20X4년 : 121,077−102,593=18,484(마리)
- 20X5년 : 135,791−121,077=14,714(마리)

유실 · 유기 동물 수의 전년 대비 증가량은 20X5년에 감소하였다.

③ 20X2년에는 동물등록기관 1개소당 평균 $\frac{91,509}{3,450}\fallingdotseq$ 26.5(마리) 신규 등록하였다.

④ 동물보호센터의 개수는 전년 대비 감소−감소−증가−증가−감소한 반면, 운영비용은 전년 대비 감소−증가−증가−증가−증가하였다.

15 도표작성능력 자료를 바탕으로 그래프 작성하기

| 정답 | ③

| 해설 | 20X1 ~ 20X5년의 인도, 분양, 안락사로 조치되는 유실 · 유기 동물 중 인도 및 분양되는 비율을 구하면 다음과 같다.

- 20X1년 : $\frac{11.6+28.4}{11.6+28.4+20}\times 100 \fallingdotseq 67(\%)$
- 20X2년 : $\frac{18+30.1}{18+30.1+19.9}\times 100 \fallingdotseq 71(\%)$
- 20X3년 : $\frac{12.2+30.2}{12.2+30.2+20.2}\times 100 \fallingdotseq 68(\%)$
- 20X4년 : $\frac{14+26.2}{14+26.2+20.2}\times 100 \fallingdotseq 67(\%)$
- 20X5년 : $\frac{12.1+26.4}{12.1+26.4+21.8}\times 100 \fallingdotseq 64(\%)$

따라서 A는 20X2년, B는 68%이다.

16 도표작성능력 자료의 수치 분석하기

| 정답 | ①

| 해설 | ㉠ 〈자료 1〉의 막대그래프를 보면, 2010년 이후 국내 자동차 등록대수가 지속적으로 증가하고 있음을 알 수 있다.

| 오답풀이 |

㉡ 2009년 국내 자동차 등록대수는 17,940−616=17,324(천 대)로, 2009년 대비 2018년 국내 자동차 등록대수는 $\frac{23,200-17,324}{17,324}\times 100 \fallingdotseq 33.9(\%)$ 증가하였다.

㉢ 인도의 자동차 1대당 인구수는 약 57명으로 중국보다 많다.

㉣ 한국의 자동차 1대당 인구수가 2.7명이므로, 인구수가 자동차 등록대수의 3배 미만인 국가만 자동차 1대당 인구수를 확인해 보면 된다. 이에 해당되는 국가는 미국, 일본, 독일, 이탈리아, 프랑스, 영국, 스페인, 캐나다, 폴란드인데 이들 모두 인구수가 자동차 등록대수의 2배 미만이므로 총 9개이다.

17 도표분석능력 자료를 바탕으로 수치 계산하기

| 정답 | ⑤

| 해설 | 제시된 연도의 전년 대비 증가율을 계산하면 다음과 같다.

- 2011년 : $\frac{1,844-1,794}{1,794}\times 100 \fallingdotseq 2.8(\%)$
- 2012년 : $\frac{1,887-1,844}{1,844}\times 100 \fallingdotseq 2.3(\%)$

• 2013년 : $\frac{1,940-1,887}{1,887} \times 100 ≒ 2.8(\%)$

• 2018년 : $\frac{2,320-2,253}{2,253} \times 100 ≒ 3.0(\%)$

• 2019년 : $\frac{2,368-2,320}{2,320} \times 100 ≒ 2.1(\%)$

따라서 국내 자동차 등록대수의 전년 대비 증가율이 가장 작은 연도는 2019년이다.

18 사고력 조건을 바탕으로 임원 추론하기

| 정답 | ⑤

| 해설 | F가 학생복지국장에 임명될 경우 마지막 유의사항에 따라 H는 인권안전국장이 될 수 없다. 또 B(언론홍보학과), D(교육학과)는 같은 부처에 소속되어야 하는데 교육정책국장에는 교육학과 학생이 임명된다고 했으므로 B, D는 정책부처에 임명되어야 한다. 그리고 사무홍보부처에 언론홍보학과 2명이 소속되므로 A, C도 제외된다. 따라서 인권안전국장에는 남은 E 또는 G가 임명될 수 있다.

| 오답풀이 |

① 사무홍보부처에 임명되는 언론홍보학과 학생 A, C와 정책부처에 임명되는 B, D를 제외한 E, F, G, H 4명이 부중앙집행위원장에 임명될 가능성이 있다.

② 사무홍보부처에는 언론홍보학과 학생만 임용될 수 있고 B는 공공정책국장에 임명되므로 언론홍보학과 학생들은 모두 국장에 임명된다.

③ 제시된 정보로 정확히 알 수 있는 임명은 A, B, C, D뿐이다.

④ F가 학생복지국장에 임명되는 경우 H는 인권안전국장을 포함하여 다른 국장에 임명될 수 없으므로 반드시 간부임원에 임명된다.

19 문제처리능력 조건을 바탕으로 추론하기

| 정답 | ②

| 해설 | 네 번째 정보에서 1회용 알코올 솜 한 개의 가격이 100원이라고 했으므로 1회용 알코올 솜 1박스는 5,000원이다. 두 번째 정보에 따라 1,000개들이 종이컵은 6,000원, 첫 번째 정보에 따라 양면 청진기는 12,000원이 된다. 다섯 번째 정보에서 1,000개들이 종이컵 구매 수량은 양면 청진기의 반이라고 했으므로 이를 여섯 번째 조건에 적용하면 1,000개들이 종이컵을 구매한 박스 수를 x라고 할 때 다음과 같은 식이 성립한다.

$6,000 \times x + 12,000 \times 2x = 120,000$

$6x + 24x = 120$

$30x = 120$

$\therefore x = 4$(박스)

따라서 양면 청진기는 8박스, 1000개들이 종이컵은 4박스를 구입하였으므로 이를 바탕으로 구매목록을 정리하면 다음과 같다.

제품명	1박스당 금액(원)	구매 수량(박스)	구매 가격(원)
1회용 알코올 솜	5,000	7	35,000
1회용 멸균주사기		8	
1,000개들이 종이컵	6,000	4	24,000
양면 청진기	12,000	8	96,000
500ml 손소독제		8	

1회용 멸균주사기 1박스의 가격을 $(6,000+a)$원, 500ml 손소독제 1박스의 가격을 a원이라고 하면 두 물품을 구매하는 데 든 비용은 275,000−(35,000+24,000+96,000)=120,000(원)이다. 따라서 다음과 같은 식이 성립한다.

$8 \times (6,000+a) + 8 \times a = 120,000$

$6,000 + 2a = 15,000$

$2a = 9,000 \quad a = 4,500$

따라서 500ml 손소독제 1박스의 가격은 4,500원이고 1회용 멸균주사기 1박스의 가격은 10,500원이다. 이를 바탕으로 구매목록을 정리하면 다음과 같다.

제품명	1박스당 금액(원)	구매 수량(박스)	구매 가격(원)
1회용 알코올 솜	5,000	7	35,000
1회용 멸균주사기	10,500	8	84,000
1,000개들이 종이컵	6,000	4	24,000
양면 청진기	12,000	8	96,000
500ml 손소독제	4,500	8	36,000

따라서 1,000개들이 종이컵 1박스의 가격인 6,000원은 개당 1,500원인 500ml 손소독제 4개의 가격인 6,000원과 동일하다.

| 오답풀이 |

① 양면 청진기의 1박스당 가격은 12,000원이고 1박스에 2개가 들었으므로 양면 청진기 1개의 가격은 6,000원이다. 500ml 손소독제의 1박스당 가격은 4,500원이고, 1박스에 3개가 들었으므로 500ml 손소독제 3개의 가격은 4,500원이다. 따라서 양면 청진기 1개가 더 비싸다.

③ 양면 청진기 1개의 가격은 6,000원이므로 만일 275,000원으로 양면 청진기만을 구매했다면 구매할 수 있는 양면 청진기는 $\frac{275,000}{6,000} \fallingdotseq 45.83$(개), 즉 최대 45개를 구매할 수 있다.

④ 1회용 멸균주사기의 1박스당 가격은 10,500원이므로, 만일 275,000원으로 일회용 멸균주사기만을 구매했다면 구매할 수 있는 일회용 멸균주사기는 $\frac{275,000}{10,500} \fallingdotseq$ 26.2(박스), 즉 최대 26박스를 구매할 수 있다.

⑤ 〈구매 목록과 영수증 내역〉에서 사용금액이 가장 큰 제품은 96,000원의 양면 청진기, 가장 작은 제품은 24,000원의 1,000개 들이 종이컵이므로 두 제품의 구매금액의 차이는 72,000원이다. 500ml 손소독제의 총 구매가격이 36,000원이므로, 두 제품의 구매금액의 차이는 500ml 손소독제의 총 구매가격의 두 배와 같다.

20 사고력 조건을 바탕으로 배치 추론하기

| 정답 | ①

| 해설 | 〈희망 근무지 배치 규칙〉의 네 번째 규칙을 보면 근무지 배치가 처음인 직원의 1지망을 우선 배치한다. A는 현재 근무지가 없는 것으로 보아 내년 근무지 배치가 처음이므로 A의 1지망에 우선 배치된다. 따라 A는 여의도가 아닌 종로에 배치된다.

| 오답풀이 |

② 두 번째 규칙에 의해 직원의 1지망 근무지를 우선으로 고려하는데, 김포공항점은 D 이외에 아무도 1지망 근무지로 선택하지 않았으므로 D는 김포공항점에 배치된다.

③ B의 1지망인 종로점에는 A가 배치된다. B보다 평가점수가 더 높은 E의 1지망 근무지인 춘천 경춘로점에는 평가점수가 더 높은 C가 배치되므로, E는 2지망 근무지인 여의도점에 배치된다. 따라서 B는 1지망 근무지인 종로점과 2지망 근무지인 여의도점 모두 배치되지 못하여 세 번째 규칙에 의하여 희망 인원인 미달인 지역인 대전 유성구점에 임의로 배치된다.

④ C는 올해 평가점수가 모든 직원들 중에 가장 높으므로 두 번째 규칙에 의해 근무배치에 있어서 A 다음으로의 우선권을 가진다. 따라서 C는 1지망 근무지인 춘천 경춘로점에 배치된다.

⑤ E의 1지망 근무지인 춘천 경춘로점에는 평가점수가 더 높은 C가 배치되므로 E는 2지망 근무지인 여의도점에 배치된다.

21 문제처리능력 규정을 바탕으로 추론하기

| 정답 | ③

| 해설 | 제3조 제4항에 따르면 교통비는 출장 출발지점부터 도착지점까지, 출장지 간 이동에 필요한 비용을 말한다. 따라서 A 주임이 출장을 위해 집에서 출발하였으면 그 비용인 택시비도 여비 중 교통비에 포함된다.

22 문제처리능력 글을 바탕으로 추론하기

| 정답 | ③

| 해설 | 벨라 바레니가 충돌 실험을 통해 입증하고자 한 것은 전과 같이 단단하게 제작되어야 하는 (나) 영역보다는 충돌 시 충격을 흡수해 구겨질 수 있도록 제작되어야 하는 (가), (다) 영역이 자동차 안전에 특히 중요하다는 점이다.

23 문제처리능력 출발, 도착시간 추론하기

| 정답 | ⑤

| 해설 | 토요일 오후에 D 공항에서 출발하는 비행기는 오후 2시에 출발하므로 오후 4시에 C 공항에 도착한다.

24 문제처리능력 이용객 수 구하기

| 정답 | ①

| 해설 | 〈공항별 이용객 수〉를 바탕으로 각 공항별 이용객 수를 구하면 다음과 같다.

(단위 : 명)

구분	도착	출발	합계
A 공항	820,086	768,830	1,588,916
B 공항	781,279	732,883	1,514,162
C 공항	864,677	869,677	1,734,354
D 공항	865,454	847,024	1,712,478
E 공항	902,339	902,043	1,804,382

따라서 이용객 수가 적은 공항부터 나열하면 B－A－D－C－E이다.

25 문제처리능력 공고를 바탕으로 추론하기

| 정답 | ④

| 해설 | 해당 공고문에서는 석사 이상 학위 소지자 또는 석사 학위 이상을 3개월 이내에 취득 예정인 사람을 채용하고자 한다. 따라서 3개월 이내에 학사 학위를 취득할 예정인 사람은 조건에 맞지 않는다.

4회 기출예상문제

문제 133쪽

01	②	02	②	03	④	04	④	05	④
06	③	07	④	08	③	09	⑤	10	④
11	①	12	②	13	③	14	②	15	①
16	②	17	⑤	18	④	19	③	20	①
21	②	22	④	23	⑤	24	③	25	④

01 문서작성능력 글의 전개 방식 파악하기

| 정답 | ②

| 해설 | 글쓴이는 열차와 대비되는 성능을 가진 자동차와 외국의 사례에 대한 비교 그리고 철도신호와 도로신호 간의 비교를 통해 논점을 서술하고 있다.

02 문서작성능력 적절한 제목 작성하기

| 정답 | ②

| 해설 | 글쓴이는 중요 교통수단 중 하나인 도시철도의 사고 발생 시 파급효과가 어느 교통수단보다도 크기 때문에 사전에 미리 예측 · 판단하여 안전을 기반으로 한 도시철도 차량시스템 제작을 할 필요가 있다고 주장하며, 이에 대해 사전위험분석 연구를 실시한 내용을 서술하고 있다. 따라서 모든 내용을 포괄하는 제목으로 '도시철도 차량시스템의 사전위험분석에 관한 연구'가 가장 적절하다.

| 오답풀이 |

⑤ 사전위험분석의 결과가 제시되어 있으나, 글의 전체 내용을 포괄하는 제목으로는 적절하지 않다.

03 문서이해능력 내용 읽고 추론하기

| 정답 | ④

| 해설 | 공리주의는 자율성의 존중 그 자체를 독립적인 가치나 근본적인 도덕 원칙으로 받아들이지는 않지만 자율성의 존중이 대체로 더 좋은 결과를 가져온다는 점에서 통상적으로 그것을 옹호할 가능성이 높다고 제시되어 있다. 따라서 서로 같은 입장을 취할 가능성이 높다.

| 오답풀이 |

① 선호 공리주의는 살인이 그 인격체의 선호를 좌절시키는 행위라는 점에서 나쁘다고 평가한다. 그러므로 어떠한 선호도 가지지 않는 존재를 죽이는 경우, 그 행위로 인하여 좌절되는 선호가 없기 때문에 선호 공리주의 입장에서 그것을 나쁜 행위라고 비판하기는 어려울 것이다.

② 고전적 공리주의는 어떤 사람을 고통 없이 죽이는 경우 피살자가 아닌 다른 사람들이 겪게 되는 고통의 증가라는 '간접적 이유'를 내세워 인격체에 대한 살생을 나쁘다고 비판한다. 그러므로 아무도 모르게 살인을 하였을 경우, 고통받을 사람이 없으므로 그것을 나쁜 행위라고 비판하기는 어려울 것이다.

③ 고전적 공리주의는 어떤 행위가 불러일으키는 쾌락과 고통의 양을 기준으로 하여 그 행위에 대한 가치 평가를 내린다. 그러므로 사람에게 고통을 주지 않고 살인을 한다면 피살자가 겪게 되는 고통의 증가라는 '직접적 이유'를 내세워 그것을 나쁜 행위라고 비판하기는 어려울 것이다.

⑤ 자율성론은 인격체가 비인격체와 달리 여러 가능성을 고려하면서 스스로 선택하고, 그 선택에 따라 행동하는 능력을 지닌 자율적 존재라는 점에 주목하여 삶과 죽음에 대한 인격체의 선택을 존중하지 않는 행위가 곧 그 인격체의 자율성을 침해하는 나쁜 행위라고 본다. 그러므로 불치병에 걸린 환자가 스스로 죽기를 원하는 경우라면 그 환자의 선택, 즉 자율성을 존중하여 안락사를 허용하는 것이 가능하다고 본다.

04 문서이해능력 세부 내용 이해하기

| 정답 | ④

| 해설 | 비록 현재의 컴퓨터는 완전히 무작위적으로 수들을 골라낸 난수를 만들지 못하지만, 무작위적인 것처럼 보이는 수들을 산출하는 수학 공식 프로그램을 내장하고 있다고 하였다. 즉, 일련의 정확한 계산 결과로 만든 것이지만 무작위적인 것처럼 보이는 수열을 만들어 낸다고 하였으므로, 컴퓨터가 만들어 내는 수열 중에는 인간의 능력으로 그 규칙을 예측할 수 없는 것처럼 보이는 경우도 있을 수 있다.

| 오답풀이 |

① 완전히 무작위적인 수열을 아직 만들어 내지 못하고 있고, 컴퓨터의 작동 원리를 생각하면 이는 앞으로도 불가능할 수밖에 없다고 하고 있으므로, 인간은 완전히 무작위적인 규칙과 공식들을 컴퓨터에 입력할 수 없다.

② 완전히 무작위적인 수열이란 모든 수가 다른 수들과 거의 같은 횟수만큼 나와야 하며, 그 수열은 인간의 능력으로 예측이 가능한 어떤 패턴도 나타내지 않아야 한다는 기준을 통과하는 수열이다. 따라서 같은 수가 5번 이상 연속으로 나오더라도 위의 두 가지 기준을 통과한다면 완전히 무작위적인 수열이 될 수 있다.

③ 시작수는 사용자가 직접 입력할 수도 있고, 컴퓨터에 내장된 시계에서 얻을 수도 있다고 하고 있으므로, 사용자가 시작수를 직접 입력하지 않더라도 컴퓨터는 다른 방법으로 수열을 만들어 낼 수 있다.

⑤ 어떤 수열의 패턴이 인간의 능력으로 예측이 가능할 때, 그 수열에는 모든 수가 거의 같은 횟수만큼 나올 수도 있고, 나오지 않을 수도 있다.

05 문서작성능력 내용 추론하여 빈칸 넣기

| 정답 | ④

| 해설 | 제시된 글에서는 닻 내림 효과에 대해 높은 닻, 즉 높은 기준이 박힌 경우 그 언저리에서 비교적 낮게 조정되고 낮은 닻, 즉 낮은 기준이 박힌 경우 그 언저리에서 비교적 높게 조정되는 현상이라고 설명하고 있다. 따라서 '불과 5달러'라는 낮은 닻이 내려졌을 경우 방문객들은 평균 '20달러'를 기부하겠다고 응답하고, '다소 높은 400달러'라는 높은 닻이 내려졌을 경우 방문객들은 평균 '143달러'를 기부하겠다고 응답했음을 추론할 수 있다.

06 문서이해능력 세부 내용 이해하기

| 정답 | ③

| 해설 | 네브래스카 기자협회 사건 판결에 의하면 연방 대법원은 공판 전 보도금지명령에 대하여 침해의 위험이 명백하지 않은데도 가장 강력한 사전 예방 수단을 쓰는 것은 위헌이라고 판단하였다. 따라서 보도금지명령을 최소한의 사전 예단 방지 수단이라고 볼 수 없다.

| 오답풀이 |

① 실제로 피의자의 자백이나 전과, 거짓말탐지기 검사 결과 등에 관한 언론 보도는 유죄판단에 큰 영향을 미친다는 실증적 연구가 있다고 하였으므로 적절하다.

② 일반적으로 변호인이 피고인을 위하여 사건에 대해 발언하는 것은 수사기관으로부터 얻은 정보에 근거한 범죄 보도의 경우보다 적법절차를 침해할 위험성이 크지 않다고 보았으므로 적절하다.

④ 언론의 범죄 관련 보도는 범죄 사실이 인정되는지 여부를 백지상태에서 판단하여야 할 법관이나 배심원들에게 유죄의 예단을 심어 줄 우려가 있다고 언급하고 있으므로 적절하다.

⑤ 변호인은 적극적으로 피고인 측의 주장을 보도 기관에 전하여 보도가 일방적으로 편향되는 것을 방지할 필요가 있으며, 언론이 검사 측 못지않게 피고인 측에게도 대등한 보도를 할 수 있도록 실질적으로 조력을 해야 한다고 제시되어 있으므로 적절하다.

07 문서이해능력 세부 내용 이해하기

| 정답 | ④

| 해설 | 금속 주화와는 달리 내재적 가치가 없는 지폐가 화폐로 받아들여지고 사용되기 위해서는 신뢰가 필수적인데, 중국은 강력한 왕권이 이 신뢰를 담보할 수 있었다고 언급하였다.

| 오답풀이 |

① 유럽에서 금화의 대중적 확산은 지폐가 널리 통용되는 계기를 더디게 했다.

② 지폐가 화폐로 받아들여지고 사용되기 위해서는 신뢰가 필수적인데, 유럽에서 지폐가 사람들의 신뢰를 얻기까지는 그보다 오랜 시간과 성숙된 환경이 필요했다.

③ 중국에서는 기원전 8 ~ 7세기 이후 주나라에서부터 청동전이 유통되었고, 이후 진시황이 중국을 통일하면서 화폐를 통일해 가운데 네모난 구멍이 뚫린 원형 청동 엽전을 만들었다.

⑤ 아시아의 통치자들은 금의 아름다움과 금이 상징하는 권력을 즐겼다는 점에서는 서구인들과 같았지만, 비천한 사람들이 화폐로 사용하기에는 금이 너무 소중하다고 여겨 대중들 사이에서의 유통을 금지했다.

08 문서이해능력 문단별 요지 파악하기

| 정답 | ③

| 해설 | (다) 문단의 요지는 '지속발전이 가능한 경영구조를 완성하겠습니다'가 적절하다.

09 문서이해능력 글의 논지 파악하기

| 정답 | ⑤

| 해설 | 제시된 글의 논지는 어떤 물리 법칙이 유용한 이유는 물체에 작용하는 힘들을 통해 다양하고 복잡한 현상을 설명할 수 있기 때문인데, 결과적으로 참된 사실을 정확하게 기술하기 위해 물리 법칙에 조건을 추가하면 삽입된 조건은 설명력을 현저히 감소시켜 다양한 물리 현상을 설명하기 어려워진다는 것이다.

10 기초통계능력 확률 계산하기

| 정답 | ④

| 해설 | A가 B 대학으로부터 합격 통보를 받을 확률은 1−(A가 B 대학으로부터 합격 통보를 받지 못할 확률)로 구할 수 있다. A가 B 대학으로부터 합격 통보를 받지 못하는 경우는 1 ~ 4등 중 3명이 등록할 때이므로 다음과 같이 계산할 수 있다.

- 1 ~ 3등이 등록할 확률 : $\frac{2}{3}\times\frac{2}{3}\times\frac{2}{3}=\frac{8}{27}$
- 1, 2, 4등이 등록할 확률 : $\frac{2}{3}\times\frac{2}{3}\times\frac{1}{3}\times\frac{2}{3}=\frac{8}{81}$
- 1, 3, 4등이 등록할 확률 : $\frac{2}{3}\times\frac{1}{3}\times\frac{2}{3}\times\frac{2}{3}=\frac{8}{81}$
- 2 ~ 4등이 등록할 확률 : $\frac{1}{3}\times\frac{2}{3}\times\frac{2}{3}\times\frac{2}{3}=\frac{8}{81}$

따라서 A가 B 대학으로부터 합격 통보를 받을 확률은 $1-\left(\frac{8}{27}+\frac{8}{81}\times3\right)=\frac{11}{27}$이다.

11 기초연산능력 부등식 활용하기

| 정답 | ①

|해설| 세 번째 조건에서 $a+3$을 입력하였더니 5가 나왔다고 했으므로 $a+3$의 범위는 다음과 같다.

$4.5 \le a+3 < 5.5$
$1.5 \le a < 2.5$

또한, $5-b$를 입력하였더니 1이 나왔다고 했으므로 $5-b$의 범위는 다음과 같다.

$0.5 \le 5-b < 1.5$
$-4.5 \le -b < -3.5$
$3.5 < b \le 4.5$

$1.5 \le a < 2.5$의 범위에서 a를 계산기에 입력하면 2가 나오고, $3.5 < b \le 4.5$의 범위에서 b를 계산기에 입력하면 $3.5 < b < 4.5$의 범위에서는 4가 나오고, $b=4.5$에서는 5가 나오는데 두 번째 조건을 만족하기 위해서는 $b=4.5$여야 한다. 그러므로 $4a+b$의 범위는 다음과 같이 구할 수 있다.

$1.5 \le a < 2.5$
$6 \le 4a < 10$
$10.5 \le 4a+b < 14.5$

따라서 $4a+b$의 결과로 불가능한 것은 10이다.

12 기초연산능력 시간 계산하기

|정답| ②

|해설| 집의 시계가 가리키는 시각과 실제 시각의 차이를 x분이라 하면, 집의 시계가 실제 시각보다 빠르게 맞추어져 있으므로 A가 출근할 때 걸리는 시간은 $(15+x)$분, 퇴근할 때 걸리는 시간은 $(35-x)$분이다. 이때 출퇴근 속력이 같으므로 다음 식이 성립한다.

$15+x=35-x$
$2x=20$
$\therefore\ x=10$(분)

13 도표분석능력 자료의 수치 분석하기

|정답| ③

|해설| ㉡ 20X5년 도시가스의 1인 공급량이 3,000톤이라면 공급량이 21,678천 톤이므로 표준사용량은 $\frac{21,678,000}{3,000}=7,226$(톤)이다.

㉢ 20X1년 열에너지의 표준사용량은 $\frac{1,020}{2,040}=0.5$이고, 공급량은 1,702천 톤이므로 1인 공급량은 $\frac{1,702,000}{0.5}=3,404,000$(톤)이다.

|오답풀이|

㉠ 신재생 에너지의 공급량은 5,834천 톤→7,124천 톤→7,883천 톤→9,466천 톤→11,096천 톤으로 20X1년 이후 점차 늘어나고 있다.

㉣ 20X5년 LNG의 1인 공급량이 1,400톤이라면 공급량이 850천 톤이므로 표준사용량은 $\frac{850,000}{1,400}$이다. 따라서 에너지 사용량 총합은 $850 \div \frac{850,000}{1,400}=1.4$(톤)이다.

14 도표분석능력 자료의 수치 분석하기

|정답| ②

|해설| 20X7년 인적재난 발생건수는 292천 건으로 전년 대비 $\frac{292-277}{277}\times 100 \fallingdotseq 5(\%)$ 증가하였다.

|오답풀이|

③ 20X7년 인적재난 인명피해는 377천 명으로 전년 대비 $\frac{377-356}{356}\times 100 \fallingdotseq 5.9(\%)$ 증가하였다.

④ 20X9년 전체 인적재난 중 사망자가 가장 많은 교통사고는 $\frac{5,229}{6,709}\times 100 \fallingdotseq 77.9(\%)$, 두 번째로 많은 물놀이, 익사 등은 $\frac{489}{6,709}\times 100 \fallingdotseq 7.3(\%)$이므로 비율 차이는 $77.9-7.3=70.6$(%p)이다.

⑤ 전체 인적재난 발생건수의 15%는 $286,851\times 0.15 \fallingdotseq 43,028$(건)이므로 화재 발생건수는 전체 인적재난 발생건수의 15% 이상을 차지한다.

15 도표분석능력 자료를 바탕으로 수치 계산하기

|정답| ①

|해설| 20X9년 전체 인적재난 중 교통사고의 발생 비율과 인명피해 비율을 계산하면 다음과 같다.

• 발생 비율 : $\frac{221,711}{286,851} \times 100 \fallingdotseq 77.3(\%)$

• 인명피해 비율 : $\frac{346,620}{365,947} \times 100 \fallingdotseq 94.7(\%)$

16 도표분석능력 자료의 수치 분석하기

| 정답 | ②

| 해설 | 10년 전 대비 유소년 인구의 감소율을 계산하면 다음과 같다.

• 1980년 : $\frac{13,709-12,951}{13,709} \times 100 \fallingdotseq 5.5(\%)$

• 1990년 : $\frac{12,951-10,974}{12,951} \times 100 \fallingdotseq 15.3(\%)$

• 2000년 : $\frac{10,974-9,911}{10,974} \times 100 \fallingdotseq 9.7(\%)$

• 2010년 : $\frac{9,911-7,979}{9,911} \times 100 \fallingdotseq 19.5(\%)$

• 2020년 : $\frac{7,979-6,751}{7,979} \times 100 \fallingdotseq 15.4(\%)$

따라서 10년 전 대비 유소년 인구의 감소율이 가장 큰 해는 2010년이다.

| 오답풀이 |

① 유소년 인구는 지속적으로 감소하고 고령 인구는 지속적으로 증가하고 있으므로 노령화 지수는 지속적으로 증가했음을 알 수 있다.

③ 2000년 생산 가능 인구는 33,702천 명으로 고령 인구 3,395천 명의 약 10배이므로 9배 이상이다.

④ 10년 전 대비 생산 가능 인구의 증가율을 계산하면 다음과 같다.

• 1980년 : $\frac{23,717-17,540}{17,540} \times 100 \fallingdotseq 35.2(\%)$

• 1990년 : $\frac{29,701-23,717}{23,717} \times 100 \fallingdotseq 25.2(\%)$

• 2000년 : $\frac{33,702-29,701}{29,701} \times 100 \fallingdotseq 13.5(\%)$

• 2010년 : $\frac{36,209-33,702}{33,702} \times 100 \fallingdotseq 7.4(\%)$

따라서 2010년까지 생산 가능 인구는 점차 증가하나 10년 전 대비 그 증가율은 감소하고 있다.

⑤ 전체 인구수 대비 고령 인구의 비율은 2020년이 $\frac{7,076}{6,751+37,620+7,076} \times 100 \fallingdotseq 13.8(\%)$, 2000년이 $\frac{3,395}{9,911+33,702+3,395} \times 100 \fallingdotseq 7.2(\%)$이므로 2020년이 가장 높다.

17 도표분석능력 부양비율 구하기

| 정답 | ⑤

| 해설 | 2020년 노년 부양비는 $\frac{7,076}{37,620} \times 100 \fallingdotseq 19(\%)$이고, 총 부양비는 $\frac{6,751+7,076}{37,620} \times 100 \fallingdotseq 37(\%)$이다.

18 문제처리능력 행동요령 이해하기

| 정답 | ④

| 해설 | 천재지변이나 전기 고장으로 인한 정전 피해에 대하여는 배상하지 않으므로, 그 사실을 입증하더라도 자연재해로 인한 손실에 대해서는 ○○공사로부터 배상받지 못할 것이다.

19 문제처리능력 자료 읽고 추론하기

| 정답 | ③

| 해설 | 두 묶음번호에서 영업자코드를 나타내는 4자리 수가 1234와 4321로 다르므로 2개의 업체가 각각 3개의 이력번호를 가진 개체를 포장처리한 것이다.

| 오답풀이 |

① 두 개의 묶음번호를 보면 소고기는 2021년 6월 15일, 돼지고기는 7월 23일로 동일하지 않다.

② 소고기를 의미하는 0과 돼지고기를 의미하는 1이 쓰인 묶음번호 내에 개체가 3개씩 있으므로 올바른 판단이다.

④ 묶음번호에서 변하지 않는 것은 맨 앞에 쓰인 L('LOT'를 의미) 1개뿐이다.

⑤ 묶음번호의 마지막 세 자리는 묶음구성일별로 중복되지 않도록 영업자가 자체적으로 부여한 일련번호이다.

20 문제처리능력 자료를 바탕으로 전략 제시하기

| 정답 | ①

| 해설 | 1번 자료를 통해 20XX년 6월의 주요 자동차 업체들의 판매량과 작년 동월 대비 감소폭을 알 수 있다. 하지만 이로부터 감소폭의 증감 여부는 알 수 없다.

| 오답풀이 |

③ C국 정부는 자국 내 모든 전기차에 대한 상품서비스세(GST)를 기존 12%에서 5%로 낮췄으므로 이를 반영하면 판매가격을 인하할 수 있다.

④ C국에서는 앞으로 자동차 제조사들이 전기차 촉진 정책인 'FAME－II'의 인센티브 혜택을 수령하거나 정부가 발주하는 각종 사업에 참여하기 위해 최소 50%의 부품 로컬 소싱 비율을 충족해야 할 것으로 결정하였다.

⑤ D 자동차는 현지공장에 현재 활용하지 않는 생산시설을 보유하고 있고 C국의 자동차 시장 침체가 이어지고 있다는 점에서 H 자동차의 제품을 위탁 생산하여 시장 진출의 위험 부담을 줄이는 전략을 수립할 수 있다.

21 문제처리능력 공고문 이해하기

| 정답 | ②

| 해설 | 1－(라)에 따르면 지문인식 신원확인 견적이 곤란한 자에 한해 개인인증서와 사업자인증서에 의한 전자견적 제출이 가능하다고 했으므로 D의 발언은 적절하지 않다.

| 오답풀이 |

- A : 1－(가)에 따르면 '금속구조물 창호공사업' 등록업체이면서 ○○지역 내에 소재하고 있는 업체이어야 하므로 적절하다.
- B : 2－(가)에 따르면 별도의 견적참가 신청을 하지 않아도 된다고 하였으므로 적절하다.
- C : 1－(나)에 따르면 제출 마감일인 2월 9일의 전일까지 등록해야 하므로 2월 7일에 전자입찰 이용자 등록을 한다는 것은 적절하다.
- E : 2－(나)에 따르면 본 수의견적에서는 입찰보증금을 납부하지 않는다고 명시하고 있으므로 적절하다.

22 문제처리능력 할인 금액 구하기

| 정답 | ④

| 해설 |
- A 쇼핑몰의 배송비 : 10(번)×25(개)×4,000(원)＝1,000,000(원)
  A 쇼핑몰의 할인 금액 : 1,000,000×0.10＝100,000(원)
- B 쇼핑몰의 배송비 : 1(번)×300(개)×4,000(원)＝1,200,000(원)
  B 쇼핑몰의 할인 금액 : 1,200,000×0.10＝120,000(원)
- C 쇼핑몰의 배송비 : 6(번)×52(개)×5,000(원)＝1,560,000(원)
  C 쇼핑몰의 할인 금액 : 1,560,000×0.15＝234,000(원)

따라서 할인금액이 높은 순서는 C－B－A이다.

23 문제처리능력 이익 계산하기

| 정답 | ⑤

| 해설 | 각 제품의 발주 1회당 이익은 다음과 같다(1회 발주당 총수익－생산비용).

- A 제품 : 800×(5－1)－2,000＝1,200(만 원)
- B 제품 : 1,200×(6－1)－4,000＝2,000(만 원)
- C 제품 : 1,000×(4－1)－1,500＝1,500(만 원)
- D 제품 : 1,400×(7－1)－6,500＝1,900(만 원)
- E 제품 : 1,600×(9－1)－8,200＝4,600(만 원)

공휴일과 주말을 제외한 8～9월의 총 영업일은 (5×9)－4＝41(일)이므로 A 제품은 9번, B 제품은 7번, C 제품은 11번, D 제품은 6번, E 제품은 5번 발주한다. 다만 마지막 발주 건의 경우 수익을 얻는 날이 적어서 1회당 총수익을 모두 얻지 못함에 주의해야 한다. 마지막 발주 건에서 A 제품은 4일, B 제품은 1일, C 제품은 3일, D 제품은 1일, E 제품은 4일만큼의 수익을 얻지 못하므로 이를 빼서 계산한다.

- A 제품 : 1,200×9－800×4＝7,600(만 원)
- B 제품 : 2,000×7－1,200＝12,800(만 원)
- C 제품 : 1,500×11－1,000×3＝13,500(만 원)
- D 제품 : 1,900×6－1,400＝10,000(만 원)
- E 제품 : 4,600×5－1,600×4＝16,600(만 원)

따라서 8～9월 동안 가장 많은 이익을 낼 수 있는 제품은 E이다.

24 문제처리능력 발생 이익 산출하기

| 정답 | ③

| 해설 | **23**과 푸는 방법은 같으나 A 제품과 D 제품의 발주 간격이 각각 8일, 6일로 변경되므로 1회 발주당 순이익이 달라진다는 것에 주의해야 한다. 8월 한 달만 고려해야 하므로 영업일은 22일이며 A 제품은 3번, D 제품은 4번 발주한다. 발주 횟수만큼 모두 이익이 발생한다고 가정하였으므로 마지막 발주건도 1회당 순이익으로 계산해야 한다.

- A 제품 : (800×7−2,000)×3=10,800(만 원)
- D 제품 : (1,400×5−6,500)×4=2,000(만 원)

따라서 8월 한 달간 발생하는 A와 D 제품의 순이익의 합은 12,800만 원이다.

25 사고력 조건에 따라 추론하기

| 정답 | ④

| 해설 | 진주에서 진행하고 있는 문화사업의 수를 a개라고 하면, (나)에 의해 사천에서 진행하고 있는 문화사업의 수 역시 a개다. (다)에 의해 하동에서 진행하고 있는 문화사업의 수는 $(a-1)$개이고, (라)에 의해 고성에서 진행하고 있는 문화사업의 수는 $\frac{a}{2}$개이다. 마지막으로 (마)에 의해 김해에서 진행되는 문화사업의 수는 $(a-1)+a=2a-1$(개)이다. 이 모든 문화사업의 수를 더하면 20개이므로 식은 다음과 같다.

$$a+a+(a-1)+\frac{a}{2}+(2a-1)=20$$

$$11a=44$$

$$\therefore a=4$$

따라서 김해시에서 진행되는 문화사업의 수는 2×4−1=7(개)이다.

5회 기출예상문제 문제 171쪽

01	①	02	①	03	⑤	04	③	05	②
06	②	07	⑤	08	⑤	09	④	10	③
11	②	12	①	13	②	14	⑤	15	②
16	③	17	②	18	③	19	④	20	④
21	⑤	22	④	23	③	24	③	25	③

01 문서작성능력 내용에 맞게 빈칸 작성하기

| 정답 | ①

| 해설 | ㉠ 기존 신용평가 방식대로라면 금융권 거래 이력이 없는 이들은 금융 서비스를 받는 데 어려움을 겪을 수밖에 없는데, 새로운 방식의 도입으로 이들에게도 혜택이 돌아갈 수 있다는 내용이 들어가는 것이 적절하다.

㉡ 금융정보(금융데이터) 외에 전기요금 납부 데이터 등을 활용하여 대출이 이루어질 수 있다는 내용이 뒤따르므로 더 이상 금융정보에만 의존하여 대출이 이루어지는 것이 아니라는 내용이 들어가는 것이 적절하다.

㉢ 신용카드를 사용하지 않는 대학생이나 금융 거래 정보가 부족한 노년층은 기존의 금융의 혜택을 받지 못했던 소외층이라고 볼 수 있다. 따라서 '금융 소외층을 향하고 있다'는 내용이 들어가는 것이 적절하다.

02 문서이해능력 글의 제목 파악하기

| 정답 | ①

| 해설 | 첫 번째 문단에서 잊힐 권리에 대한 개념을 제시하고 현재 사회적으로 이슈가 된 상황임을 언급하고 있다. 두 번째 문단과 세 번째 문단에서는 개인정보 보호의 시각에서, 네 번째 문단에서는 알 권리의 시각에서 잊힐 권리에 접근한다. 다섯 번째, 여섯 번째 문단에서는 최근 개인정보 보호 강화 추세가 경제, 산업에 미치는 영향을 제시하고 있다. 따라서 글의 내용을 포괄하는 제목으로 '잊힐 권리를 바라보는 시각과 사회적 파급효과'가 적절하다.

03 문서이해능력 '작업'과 '고역'의 의미 파악하기

| 정답 | ⑤

| 해설 | 마지막 문단에서 작업으로서의 일과 고역으로서의 일의 구별은 단순히 지적 노고와 육체적 노고의 차이에 의해서 결정되지 않는다고 하였으므로 단순히 정신적 노동과 육체적 노동으로 구분하여 설명하는 것은 적절하지 않다.

04 문서이해능력 세부 내용 이해하기

| 정답 | ③

| 해설 | 3문단 마지막 문장을 통해 알 수 있다.

| 오답풀이 |

① 마지막 문단에서 법정화폐와 암호화폐가 보완재 역할을 하면서 상호 보완 관계를 구축해 서로 도움이 될 방법을 찾아야 한다고 주장하고 있으므로 현재 보완재 역할을 하고 있는 것은 아니다.

② 4문단에서 암호화폐를 금융의 한 분야가 아닌 통신판매업으로 분류해 취급하다 보니 투자자 피해와 손실이 여기저기서 터져 나오고 있다고 주장하고 있다.

④ 3문단에서 일부 종목에 한정된 거래 대상을 넓혀 다양한 암호화폐가 거래되도록 해야 한다고 주장하고 있다.

⑤ 2문단에서 블록체인은 '연결과 분산의 기술'이며 한 번 기록된 데이터는 위조나 변조가 어려운 특성이 있다고 설명하고 있다.

05 문서이해능력 글을 통해 추론하기

| 정답 | ②

| 해설 | 하이든의 경우 네덜란드의 음악학자, 모차르트의 경우 그의 열렬한 팬, 슈베르트의 경우 작곡가들의 전기작가의 이름을 따서 작품번호를 매겼다.

| 오답풀이 |

① 베토벤 뒤 세대인 슈베르트는 출판된 작품번호가 있을 것 같다 하였으므로 적절한 추론이다.

③ 헨델 작품의 경우, '헨델 작품 목록'이라는 독일어의 약자인 HWV를 사용한다.

④ 하이든의 경우, 안토니 판 호보켄의 이름을 딴 Hob.를 사용하므로 적절한 추론이다.

⑤ 오토 에리히 도이치는 자신의 이름을 딴 D.를 사용하여 슈베르트의 작품을 작곡한 순서에 따라 정리하였다. 따라서 D.520의 경우 슈베르트가 520번째로 작곡한 작품일 것이라고 추론할 수 있다.

06 문서이해능력 자료 읽고 추론하기

| 정답 | ②

| 해설 | 원가경쟁력은 영업이익률을 높이기 위해 제시된 하나의 전략일 뿐이며, 원가경쟁력을 확보했다고 해서 높은 시장점유율을 유지한다고 단정지을 수는 없다.

| 오답풀이 |

① 첫 번째 문단의 마지막 문장에서 확인할 수 있다.

③ ○○기업은 차별적인 생산기술 확보를 통해 높은 수율을 달성할 수 있었고, 그로 인해 원가경쟁력과 영업이익률을 높였으므로 적절한 교육 내용이다.

④ 세 번째 문단에서 확인할 수 있다.

⑤ 네 번째 문단에서 ○○기업은 R&D 부서의 중요성을 인식하고 대대적인 조직 확대를 추진하였으므로 적절한 교육 내용이다.

07 문서이해능력 세부 내용 이해하기

| 정답 | ⑤

| 해설 | 동물 실험을 비판하는 측은 인간과 실험동물 간에 기능적 차원에서의 유사성이 존재함은 인정하나 기능 구현의 인과적 메커니즘의 유사성을 부정한다. 따라서 인간과 실험동물 간 유사성 자체가 인정되지 않는다고 볼 수는 없다.

| 오답풀이 |

① 유비 논증은 추론하려는 새로운 정보와 관련이 없는 부분에서 대상 간 차이가 존재해도 문제되지 않는다.

② 동물 실험에 반대하는 측은 인간과 동물이 모두 고통을 느끼기에 동물에게도 고통을 끼치는 실험을 해서는 안 된다고 본다.

③ 유비 논증은 대상 간 유사성을 근거로 하여 한 대상이 추가적 특성을 가진 경우 다른 대상도 그 특성을 가짐을 추론하는 방식이다.

④ 유비 논증을 활용해 동물실험에 찬성하는 측은 새로운 정보인 항암제의 효과, 부작용 등과 관련 있는 인간과 오랑우탄의 유사성을 근거로 제시할 것이다. 인간과 오랑우탄의 외모가 비슷하다는 점은 항암제의 부작용과는 관련이 없는 특성이다.

08 문서작성능력 서술상의 특징 파악하기

| 정답 | ⑤

| 해설 | ㉡ 삶과 죽음, 심리학자들의 주장 등 누구나 알 수 있는 상식을 제시하면서 삶과 죽음에 대한 새로운 이해를 하려는 시도가 나타나 있다.

㉢ 인간의 삶은 과학 기술적 접근뿐 아니라 인문학적인 차원에서의 접근도 이루어져야 한다는 점, 삶의 목적은 철학적, 윤리적, 가치론적 입장에서 생각해 볼 수 있다는 점 등의 의견을 제시함으로써 특정 현상을 다양한 각도에서 조명해 보려는 의도가 보인다.

㉣ 상식에 속하는 일반적인 통념을 근원적으로 심도 있게 이해하기 위한 고찰 방법, 즉 과학 기술적 접근과 인문주의적 접근을 제안하고 있다.

| 오답풀이 |

㉠ 죽음에 대한 정의를 찾아 가며 논점에 접근하는 것이 아니라 죽음과 죽음에 대한 여러 측면의 질문을 던지며 그에 대한 답을 구하는 과정으로 점차 논점에 접근하고 있다.

09 문서이해능력 성격이 다른 문단 파악하기

| 정답 | ④

| 해설 | (가), (나), (다), (마)는 각각 공단의 사업 활동 영역에서 담당하는 분야의 사업 현황과 성과에 대한 기술을 하고 있으나 (라)는 공단의 사업 활동 영역에 대한 내용이 아닌 미래 도약을 위한 공단의 청사진에 대하여 기술하고 있다. 따라서 문단 (라)의 내용상 성격이 나머지와 다르다.

나머지 문단의 중심 내용은 다음과 같다.

(가) 능력개발의 사업 현황과 성과

(나) 능력평가의 사업 현황과 성과

(다) 외국인 고용 지원의 사업 현황과 성과

(마) 해외취업 지원의 사업 현황과 성과

10 기초연산능력 7진법 활용하기

| 정답 | ③

| 해설 | 3과 4를 사용하지 않고 그 이외의 7개 숫자로 나타내는 것이므로 7진법을 이용하면 된다. 150을 7진법으로 변환하면 다음과 같다.

$$\begin{array}{r|l} 7 & 150 \\ 7 & \ \ 21 \ \cdots 3 \\ & \ \ \ 3 \ \cdots 0 \end{array}$$

$\therefore 150=303_{(7)}$

이때 3, 4는 사용하지 않으므로 3→5가 되어 505가 150대째 주차 공간의 번호가 된다.

11 기초연산능력 비품 · 서류 박스의 개수 구하기

| 정답 | ②

| 해설 | 박스 1개의 부피는 $0.5\times0.5\times0.5=0.125$(CBM)이 된다. 따라서 차량 1대에 실을 수 있는 박스의 최대 수량은 $7\div0.125=56$(개)이다.

또한 비품 박스의 수량을 x개라 하면 서류 박스의 수량은 $2x$개가 된다. 무게가 비품은 7kg, 서류는 8kg이므로 다음 식이 성립한다.

$7x+8\times2x\leq500$

$23x\leq500$

$x\leq21.7\cdots$

즉 비품 박스는 최대 21개, 서류 박스는 최대 42개가 되어 총 63개가 된다. 그런데 부피 기준 최대 적재 수량인 56개를 넘지 않기 위해서는 최소 7개 이상의 박스를 줄여야 하고 서류 박스가 비품 박스의 2배 수량이 되어야 하므로 비품 박스를 3개, 서류 박스를 6개 줄여야 한다.

따라서 비품 박스 18개와 서류 박스 36개를 사용해야 한다.

보충 플러스+

CBM(Cubic Meter)
CBM은 물품에 대한 부피 단위이다.
가로×세로×높이
→1m×1m×1m=1(CBM)

12 기초연산능력 부등식 활용하기

| 정답 | ①

| 해설 | 영업1팀의 명절 상여금을 x원, 영업2팀의 명절 상여금을 y원이라 하면 다음과 같은 식이 성립한다.

$$\frac{40}{100}\times\frac{10}{100}x-\frac{60}{100}\times\frac{10}{100}y\geq 0$$

$$2x-3y\geq 0$$

$$x\geq\frac{3}{2}y$$

따라서 영업1팀의 명절 상여금이 영업2팀의 명절 상여금의 1.5배 이상이어야 한다.

13 도표분석능력 자료의 수치 분석하기

| 정답 | ②

| 해설 | ㄴ. 20X4 ~ 20X6년의 풍력에너지 생산량의 비율을 계산하면 다음과 같다.

- 20X4년 : $\frac{43}{316,807}\times 100 \fallingdotseq 0.0136(\%)$
- 20X5년 : $\frac{46}{350,880}\times 100 \fallingdotseq 0.0131(\%)$
- 20X6년 : $\frac{48}{381,547}\times 100 \fallingdotseq 0.0126(\%)$

따라서 20X4년부터 20X6년까지 풍력에너지 생산량의 비율은 근소하게 감소하였다.

ㄷ. 20X3 ~ 20X6년의 생산량 상위 4개의 신재생에너지가 차지하는 비율을 계산하면 다음과 같다.

- 20X3년 : $\frac{177,290+94,097+36,965+16,676}{335,138}\times 100 \fallingdotseq 97.0(\%)$
- 20X4년 : $\frac{168,614+79,517+38,137+19,355}{316,807}\times 100 \fallingdotseq 96.5(\%)$
- 20X5년 : $\frac{168,115+77,003+69,689+23,663}{350,880}\times 100 \fallingdotseq 96.5(\%)$
- 20X6년 : $\frac{172,088+97,562+68,432+29,072}{381,547}\times 100 \fallingdotseq 96.2(\%)$

따라서 매년 95% 이상이다.

| 오답풀이 |

ㄱ. 20X4년에는 연료전지, 태양광, 지열, 수력에서, 20X5년에는 연료전지, 태양광, 지열, 풍력에서, 20X6년에는 폐기물, 바이오, 태양광, 지열, 풍력에서 신재생에너지의 생산량이 증가하였다.

ㄹ. 연료전지와 태양광의 20X3년 대비 20X5년 생산량 증가율을 계산하면 다음과 같다.

- 연료전지 : $\frac{69,689-36,965}{36,965}\times 100 \fallingdotseq 88.5(\%)$
- 태양광 : $\frac{23,663-16,676}{16,676}\times 100 \fallingdotseq 41.9(\%)$

따라서 태양광의 생산량은 60% 미만 증가하였다.

14 도표분석능력 자료의 수치 분석하기

| 정답 | ⑤

| 해설 | 〈시도별 학급당 학생 수(2020년)〉에서 전체 학급당 학생 수는 우리나라 평균 학급당 학생 수에 해당한다. 울산의 중학교 학급당 학생 수는 27.1명으로 우리나라 중학교의 평균인 27.4명보다 적다.

15 도표분석능력 학급당 평균 학생 수 계산하기

| 정답 | ②

| 해설 | 시도별 학급 수는 동일하므로, 8개 지역의 각 학교급별 학급당 평균 학생 수는 다음과 같다.

- 초등학교 : (23.4+22.0+22.6+23.0+22.4+21.7+22.8+21.6)÷8 ≒ 22.4(명)
- 중학교 : (26.6+26.9+26.4+28.7+27.8+28.6+27.1+22.5)÷8 ≒ 26.8(명)
- 고등학교 : (29.7+27.4+30.2+28.4+33.0+30.8+30.6+23.3)÷8 ≒ 29.2(명)

16 도표분석능력 자료의 수치 분석하기

| 정답 | ③

| 해설 | 10a당 논벼 생산비와 20kg당 쌀 생산비는 20X5년부터 20X8년까지 꾸준히 감소하다가 20X9년에 다시 증가했다.

17 도표분석능력 빈칸에 들어갈 수치 계산하기

| 정답 | ②

| 해설 | (A) '소득=총수입−경영비'이므로 20X9년의 경영비는 974,553−541,450=433,103(원)이다.

(B) '소득률(%)=$\frac{소득}{총수입}$×100'이므로 20X8년의 소득률은 $\frac{429,546}{856,165}$×100≒50.2(%)이다.

보충 플러스+

전년 대비 증감량을 이용하면 복잡한 계산 없이 빠르게 해결할 수 있다.
20X8년 경영비는 426,619원이고, 전년 대비 증감량은 6,484원이므로 20X9년 경영비는 426,619+6,484=433,103(원), 20X9년 소득률은 55.6%이고, 전년 대비 증감은 5.4%p이므로 20X8년 소득률은 55.6−5.4=50.2(%)이다.

18 문제처리능력 특징에 따라 기술 분류하기

| 정답 | ③

| 해설 | NaS, VRB, LiB 방식은 모두 이온의 특성을 이용한 화학적인 방식으로 볼 수 있으며, Flywheel 방식 또한 전기에너지 → 운동에너지 → 전기에너지의 변환을 거치는 화학적인 방식의 에너지저장 기술이다. 따라서 수위의 낙차를 이용한 양수발전과 압축하여 둔 공기를 가열함으로써 터빈을 돌리는 방식인 CAES가 물리적인 방식의 에너지저장 기술에 해당된다.

19 사고력 로직트리 분석하기

| 정답 | ④

| 해설 | ㉢ 예산과 인적자원의 활용에 관한 내용이 들어가야 한다. 유통 단계 축소에 따른 생산시간 단축은 개발 역량과 관련이 없는 내용이다.

㉤ 시장 포화상태로 인해 시장 진입 여부를 검토할 필요성이 있다. 따라서 디자인을 개선한다는 내용은 적절하지 않다.

20 문제처리능력 지침 이해하기

| 정답 | ④

| 해설 | 토요일 18시 이후로 쓰레기를 문 앞에 내놓는 행위는 가능하므로 토요일 밤 10시에 쓰레기를 문 앞에 내놓고 일요일 오후 3시에 배출한 행위는 적절하다.

| 오답풀이 |

① 부탄가스는 구멍을 뚫은 후 배출해야 한다.

② 냉장고를 무상으로 버리기 위해 전화할 곳은 1599−0903이다.

③ 영수증은 협잡물에 해당되어 종량제봉투에 버려야 한다.

⑤ 러닝머신을 제외한 운동기구인 덤벨은 무상수거가 불가능하다.

21 문제처리능력 출장 규정 적용하기

| 정답 | ⑤

| 해설 | 숙박비를 지출하지 않은 인원수는 계산식에 의해 5−{(30,000×3)÷50,000}=5−1.8=3.2(명)이며 소수점 이하는 올림해야 하므로 4인이 숙박비를 지출하지 않은 것이 된다. 따라서 20,000×4=80,000(원)을 지급하여야 한다.

| 오답풀이 |

① 장기체재 20일 중 2일은 타지로 출장이 이루어진 일수이므로 이를 제외한 18일이 장기체재 일수로 기산된다. 따라서 15일간은 70,000원, 3일간은 1할이 감액된 63,000원씩을 지급받게 된다. 따라서 총 일비는 (70,000×15)+(63,000×3)=1,050,000+189,000=1,239,000(원)이 된다.

② 전철구간에 있어서 철도운임 외에 전철요금이 따로 책정되어 있는 때에는 철도운임에 갈음하여 전철요금을 지급할 수 있다는 제13조 제1항의 규정에 따라 3,500원이 국내여비로 지급된다.

③ 부득이한 사정으로 숙박비가 초과 지출되었으므로 제13조 제4항에 의해 상한액인 50,000원의 $\frac{3}{10}$이 추가된 65,000원까지 지급될 수 있다. 따라서 추가로 35,000원이 더 지급되어야 한다.

④ 기상악화로 항공운임을 사용하지 못한 경우 제13조 제3항에서 사후 미사용 사유를 출장결과 보고서에 명시하도록 규정되어 있다.

22 문제처리능력 글의 내용을 근거로 추론하기

| 정답 | ④

| 해설 | 압전소자는 진동 에너지 하베스팅에서 진동과 압력을 통해 전기 에너지를 얻는 것으로, 압전소자에 가해지는 물리적 힘을 이용하여 전기 에너지를 만드는 것이다. 그러나 이러한 압전소자가 진동 에너지 하베스팅 이외에 열 에너지나 전자파 에너지에도 다양하게 활용할 수 있다는 내용은 언급되지 않았다.

23 문제처리능력 자료를 바탕으로 내용 추론하기

| 정답 | ③

| 해설 | ㉢ 압전소자에 압력을 가하면 양전하와 음전하가 나뉘는 '유전분극'이 발생한다고 하였으므로 〈그림 2〉에서의 양전하와 음전하가 분리된 현상은 유전분극이다.

㉣ 네 번째 문단을 보면 양파 껍질에 들어있는 셀룰로오스 섬유질은 유리판을 쌓은 모양으로 되어 있고 이러한 양파 껍질에 물리적인 힘이 전해지면 나란히 배열되어 있던 양전하와 음전하가 이동하면서 전기가 발생하게 된다고 하였으므로 양파 껍질의 셀룰로오스 섬유질 내부에서는 양전하와 음전하가 쉽게 이동할 수 있음을 알 수 있다.

| 오답풀이 |

㉠ 〈그림 1〉은 압력을 가하지 않는 상태이므로 유전분극이 일어나지 않아 전기를 생산하지 않는 상태이며, 〈그림 2〉는 압력을 가한 후 유전분극이 일어난 상태이므로 전기를 생산하는 상태를 나타낸다.

㉡ 압전소자에 압력을 가하면 양전하와 음전하가 나뉘는 '유전분극'이 발생하며 이러한 전하 밀도의 변화로 인해 전기가 흐르는 '압전효과'가 발생한다고 하였으므로, 다른 전해질로의 변화를 쉽게 일으켜 전기가 발생한다는 설명은 적절하지 않다.

24 문제처리능력 고객 문의에 답변하기

| 정답 | ③

| 해설 | 해당 고객은 한 달 전 발생한 고장을 ○○전자 CS 프로가 아닌 일반 전파상에서 수리하였고 동일한 고장이 발생되었다고 하였다. 품질보증 관련 문서에서 유·무상 수리기준을 보면 '서비스센터 CS프로(엔지니어)가 아닌 사람이 수리하고 고장이 발생한 경우'는 유상수리에 해당한다. 따라서 ③이 옳은 답변이다.

25 문제처리능력 보상금액 계산하기

| 정답 | ③

| 해설 | 〈제품별 부품 보유기간〉의 3.을 보면 2018년 2월 28일 이후에 구입한 제품은 10%로 계산하므로 '부품 보유기간 내에 부품이 없어 제품수리가 불가능한 경우의 보상금액=잔존가치 + 해당 제품 구입가의 10%'이다. 잔존가치=구입가−감가상각비=구입가$-\frac{\text{사용연수}}{\text{내용연수}}\times$구입가이며 내용연수는 96개월, 즉 8년이고 사용연수는 2년이므로 잔존가치는 $160-\frac{2}{8}\times160=120$(만 원)이다. 따라서 보상금액은 $120+160\times0.1=136$(만 원)이다.

6회 기출예상문제

문제 211쪽

01	⑤	02	③	03	④	04	①	05	②
06	①	07	⑤	08	④	09	①	10	②
11	①	12	④	13	②	14	①	15	④
16	②	17	③	18	③	19	②	20	②
21	⑤	22	④	23	⑤	24	⑤	25	②

01 문서이해능력 글을 읽고 추론하기

| 정답 | ⑤

| 해설 | 공매도는 주식의 기대가치와 주가의 차이를 줄이고 투자자들의 의견을 효율적으로 반영하는 데 도움을 준다.

| 오답풀이 |

① 공매도의 부정적인 측면 중 하나로 공매도가 늘어나면 투자자들의 심리에 부정적인 영향을 미치게 된다.

② 전 세계적인 투매 현상이 우리나라로 파급될 것을 우려해 금융시장의 불안정성을 완화하기 위한 취지에서 시행된 것으로 볼 수 있다.

③ 공매도는 주가가 하락했을 때 수익이 발생하고 반대로 주가가 상승하면 손해가 발생한다.

④ 국내 주식시장의 하락세와 더불어 공매도 거래대금이 증가하였으므로, 이는 미래 주가 하락을 예상하는 의견이 평년보다 우세한 상태였음을 유추할 수 있다.

02 문서작성능력 내용 전개방식과 표현상의 특징 파악하기

| 정답 | ③

| 해설 | 제시된 글에서는 전문가의 말을 인용하여 설득의 효과를 높인 부분을 찾을 수 없다.

| 오답풀이 |

① 국내 체류 중인 외국인의 수를 구체적인 수치로 제시하고 있다.

② 세 번째 문단 '그렇다면 증가하는 외국인의 ~ 어떠한 준비가 필요한가?'라는 질문의 형태로 독자의 호기심을 불러일으키고 있다.

④ 국제적으로 외국인을 바라보는 상반된 관점 두 가지를 제시하여 설명하고 있다.

⑤ '포용의 관점'을 취할 때 외국인에 대한 편견과 차별이 줄어들 것이라고 하였고, 포용의 관점에 기반을 둔 '다문화 가정'에 대한 긍정적인 평가를 제시하였다.

03 문서이해능력 필자의 견해 이해하기

| 정답 | ④

| 해설 | 필자는 그동안 '인간'에 국한되었던 공동체에 관한 논의를 다른 생물들과의 공동체를 이루는 것에 대한 논의로 확대해야 한다고 주장하고 있으며, 이를 바탕으로 환경파괴의 문제점을 극복해야 한다고 말하고 있다. 따라서 동물을 사육할 수 있으며 그들을 수단적 존재로 인정할 수 있다는 내용은 필자의 견해로 적절하지 않다.

04 문서작성능력 글의 흐름에 맞게 문단 배열하기

| 정답 | ①

| 해설 | (나)는 청중에게 배경지식을 환기시키고 강연의 주제를 언급하고 있으므로 도입 부분에 해당하며, 마지막 문장에 따라 다음으로 창문세에 관한 내용이 나와야 하므로 (마)와 (바)가 이어진다. 또한 (가)에서 '앞에서 사람들이 왜 일조권을 포기했었죠?'라며 창문세에 관한 내용을 언급하고 있으므로 (가)는 (바) 다음으로 이어지는 것이 적절하다. (가)의 마지막 부분에 '납세자들이 세금 납부를 얼마나 싫어하는지 알 수 있는 사례'라고 언급하였고 그것을 이어받아 (라)에서 납세자들이 세금 납부를 싫어한다고 해도 '근거 과세의 원칙'을 세우는 것이 중요하다고 언급하고 있으므로 (라)가 이어져야 한다. 이어 (다)와 (사)에서 연달아 근거과세 원칙에 따라 국세 과세표준을 조사하고 결정해야 함을 언급하며 그 절차나 방법에 대해 설명하고 있으므로 (다)와 (사) 순서대로 이어져야 한다. 따라서 글의 순서는 (나) – (마) – (바) – (가) – (라) – (다) – (사)가 적절하다.

05 문서이해능력 세부 내용 이해하기

| 정답 | ②

| 해설 | 파레토 법칙은 전체 성과의 대부분에 해당하는 80%가 몇 가지 소수의 잘 팔리는 요소에 해당하는 20%에 의존

한다는 법칙이다. 제4차 산업혁명 시대에는 재고와 물류에 드는 비용이 저렴한 온라인에서 비인기 상품의 진열이 가능하게 되면서 높은 이익을 창출하는 새로운 비즈니스 모델을 기대해 볼 수 있다고 하였으므로 적절하지 않다.

06 문서이해능력 글의 주제 파악하기

| 정답 | ①

| 해설 | 전통적인 리스크 관리는 리스크를 피하면서 기업의 기존 자산을 보호하는 것에 중점을 두었지만, 2000년대 이후에는 글로벌 금융위기와 외환위기를 겪으면서 이러한 리스크 관리가 효과를 보지 못하였다고 설명한다. 그 후에 대두된 리스크 인텔리전스 경영이론이나 글로벌 기업 듀폰사의 사례를 통해 리스크는 회피해야 할 대상이 아니라 새로운 도약을 맞을 기회로 삼아야 한다는 것을 주장하고 있다. 따라서 이 글의 주제는 '리스크 관리에 대한 인식의 변화'이다.

07 문서이해능력 세부 내용 이해하기

| 정답 | ⑤

| 해설 | 고전적 객관주의(㉠)는 인간의 관심 여부와는 상관없이 선이 독립적으로 존재한다고 보는 입장이다. 반면에 주관주의(㉡)는 선을 의식적 욕구의 산물에 불과한 것으로 간주하고 인간이 관심을 가지는 대상은 무엇이든지 가치의 대상이 된다는 입장이다. 그러므로 누가 어떤 것을 욕구하든지 간에 그것은 선으로서 가치를 지니게 된다고 보았다. 고전적 객관주의와 주관주의라는 두 입장을 절충한 온건한 객관주의(㉢)는 선을 인간의 욕구와 사물의 객관적 속성 간의 관계 속에서 상호 통합적으로 형성된다고 보았고, 욕구를 가진 존재가 없다면 선은 존재하지 않을 것이라고 보았다. 이를 통해 ㉡과 ㉢은 공통적으로 욕구를 가진 존재가 필요함을 인정하고 있음을 알 수 있다. 따라서 인간의 관심 여부와는 상관없이 선이 독립적으로 존재한다고 보는 ㉠의 입장에 대해 ㉡과 ㉢은 선을 향유하는 존재가 없다면 그것이 무슨 가치가 있는지에 대한 문제를 제기할 수 있을 것이다.

| 오답풀이 |

① 사람들이 선호하는 것을 항상 선이라고 간주하고 있는 것은 ㉡의 의견이며 이에 대해 ㉠은 우리가 욕구하는 것과 선을 구분해야 한다고 비판하고 있다. ㉢도 욕구하는 모든 것이 선이 될 수는 없다고 본다.

② ㉡은 선에 대해 욕구하는 주관에 전적으로 의존하여 형성된다고 본다. 이에 비해 ㉢은 선이란 인간의 욕구와 사물의 객관적 속성의 결합으로 인해 형성되는 것으로 본다.

③ ㉠은 선과 악을 분명히 구분하고 있다.

④ 플라톤은 선을 인간의 이성을 통하여 인식할 수 있다고 보며, ㉠은 이러한 플라톤적 전통을 계승한 입장이므로, 사람들이 선을 인식할 수 있다고 여길 것이다.

08 문서이해능력 세부 내용 이해하기

| 정답 | ④

| 해설 | 일명 '웃음가스'인 아산화질소는 처음부터 의료용으로 연구된 것이 아니라, 파티의 흥을 돋우어 주는 오락용으로 사용되었다.

| 오답풀이 |

① 아산화질소를 처음 연구하게 된 데이비는 의사가 아닌 과학자였다.

② 에테르의 부작용 때문에 클로로포름이 등장하게 되었다.

③, ⑤ 데이비와 웰즈는 아산화질소, 모튼은 에테르, 심프슨은 클로로포름을 순서대로 연구하였다.

09 문서이해능력 세부 내용 이해하기

| 정답 | ①

| 해설 | 복사 냉난방 패널 시스템의 분배기는 난방용뿐만 아니라 냉방용으로도 사용된다고 하였다.

| 오답풀이 |

② 온도와 유량을 조절하고 냉온수 공급 상태를 확인하며 냉온수가 순환되는 성능을 개선하는 일을 수행하는 것은 분배기이다.

③ 실내에 난방 시 열을 공급하고 냉방 시 열을 제거하는 열매체를 생산해 내는 기기는 열원이다.

④ 거주자가 머무르는 실내 공간과 직접적으로 열 교환을 하여 냉난방의 핵심 역할을 담당하고 있는 것은 패널이다.

⑤ 복사 냉난방 패널 시스템은 다른 냉난방 설비에서 사용되는 열매체의 온도보다 낮은 온도의 열매체로 난방이 가능하다고 하였다.

10 기초연산능력 방정식 활용하기

| 정답 | ②

| 해설 | 연극 티켓을 판매하기 시작했을 때, 이미 줄을 서 있었던 사람들을 x명이라고 하고 창구가 1개일 경우와 창구가 5개일 경우를 나누어 1분간 판매하는 티켓에 대한 식을 세우면 다음과 같다.

- 창구가 1개일 경우

  모든 인원에게 티켓을 판매할 때까지 1시간, 즉 60분이 걸리므로 추가되는 인원은 $20\times60=1,200$(명)이다. 티켓을 판매한 총 인원은 $(x+1,200)$명이고, 티켓을 판매한 시간은 60분이다. 따라서 1분 동안 판매한 티켓은 $\frac{x+1,200}{60}$장이다.

- 창구가 5개일 경우

  모든 인원에게 티켓을 판매할 때까지 6분이 걸리므로 추가되는 인원은 $20\times6=120$(명)이다. 티켓을 판매한 총 인원은 $(x+120)$명이고, 티켓을 판매한 시간은 6분이지만 창구가 5개이므로 창구 1개가 $6\times5=30$(분) 동안 판매한 것과 같다. 따라서 1분 동안 판매한 티켓은 $\frac{x+120}{30}$장이다.

각 창구에서 1분간 판매한 티켓의 장수가 같다고 하였으므로 다음과 같은 식이 성립한다.

$$\frac{x+1,200}{60}=\frac{x+120}{30}$$

$$30(x+1,200)=60(x+120)$$

$$x+1,200=2x+240$$

$$\therefore x=960$$

따라서 연극 티켓을 판매하기 시작한 시점에 매표소 앞에 이미 줄을 서 있었던 사람들은 960명이다.

11 기초연산능력 나이 계산하기

| 정답 | ①

| 해설 | 10년 전 3형제의 나이를 각각 A, B, C세라 하면, 처음 받은 상금 1억 4천만 원을 나이에 비례하게 나누었을 때 첫째가 6천만 원을 받았으므로

$$\frac{6,000}{14,000}(\text{만 원})=\frac{A}{A+B+C} \quad \cdots\cdots ㉠$$

10년 후인 현재 받은 상금 1억 4천만 원 역시 나이에 비례하게 나누어 첫째가 5천6백만 원을 받았으므로

$$\frac{5,600}{14,000}(\text{만 원})=\frac{A+10}{(A+10)+(B+10)+(C+10)}$$

…… ㉡이 성립한다.

㉠을 정리하면

$$\frac{6,000}{14,000}=\frac{3}{7}=\frac{A}{A+B+C}$$

$$A+B+C=\frac{7}{3}A \quad \cdots\cdots ㉠'$$

㉡을 정리하면

$$\frac{5,600}{14,000}=\frac{2}{5}=\frac{A+10}{A+B+C+30} \quad \cdots\cdots ㉡'$$

㉠'을 ㉡'에 대입하면

$$\frac{2}{5}=\frac{A+10}{\frac{7}{3}A+30}$$

$$\frac{2}{5}\left(\frac{7}{3}A+30\right)=A+10$$

$$\frac{14}{15}A+12=A+10$$

$$\frac{1}{15}A=2$$

$$\therefore A=30(\text{세})$$

따라서 10년이 지난 현재 첫째의 나이는 40세이다.

12 기초통계능력 확률 계산하기

| 정답 | ④

| 해설 | 제시된 조건을 정리하면 다음과 같다.

첫 번째 방	두 번째 방	세 번째 방	네 번째 방	다섯 번째 방
1,000원(지폐)	5,000원(지폐)	5,000원(지폐)	500원	1,000원(지폐)
500원	1,000원(지폐)	0원	0원	0원
0원	0원	0원	0원	0원
0원	0원	0원	0원	0원

각 방에서 상자를 1개씩 선택할 때 지폐의 합이 10,000원이 되려면 두 번째와 세 번째 방에서 5,000원권 지폐가 든 상자를 선택해야 한다. 따라서 각 방에서 상자를 1개씩 선택하는 경우의 수는 $4^5=1,024$(가지)이고, 지폐의 합이 10,000원인 경우의 수는 $3\times1\times1\times4\times3=36$(가지)이므로 당첨금

을 가져갈 확률은 $\frac{36}{1,024} \times 100 \fallingdotseq 3.52(\%)$이다. 지폐의 합이 10,000원인 경우이므로 동전을 뽑아도 상관없음에 주의한다.

13 도표분석능력 자료의 수치 분석하기

| 정답 | ②

| 해설 | 수출액에서는 한국 1개국만, 무역액에서는 중국 1개국만 순위가 상승했음을 알 수 있다.

| 오답풀이 |

① 한국의 5,737억 불이 3.45%의 점유율이므로 세계 수출시장 규모는 5,737÷3.45×100≒166,290(억 불)이다.

③ 2.75%→2.61%, 3.05%→2.95%, 3.19%→3.10%로 세 번의 감소시기를 거쳐 $\frac{3.45-2.43}{2.43} \times 100 \fallingdotseq 42(\%)$의 증가율을 보이고 있다.

④ 한국의 점유율을 근거로 계산해 보면 세계 수출시장의 규모는 166,290억 불이다. 상위 10개국의 수출액 합은 92,196억 불이므로 $\frac{92,196}{166,290} \times 100 \fallingdotseq 55(\%)$로 50%가 넘는다.

⑤ 전년 대비 증가율을 통해 2019년의 수출액을 계산해 보면, 네덜란드가 6,525÷1.142≒5,714(억 불)이 되며, 한국이 5,737÷1.158≒4,954(억 불)이 되어 약 760억 불의 차이가 난다.

14 도표분석능력 순위 파악하기

| 정답 | ①

| 해설 | 국가별로 '수입액=무역액−수출액'을 계산하면 다음과 같다.

국가	수입액(억 불)	국가	수입액(억 불)
중국	41,052−22,633 =18,419	프랑스	11,589−5,350 =6,239
미국	39,562−15,468 =24,094	홍콩	11,402−5,503 =5,899
독일	26,155−14,485 =11,670	영국	10,891−4,450 =6,441
일본	13,694−6,982 =6,712	한국	10,522−5,737 =4,785
네덜란드	12,257−6,525 =5,732	이탈리아	9,585−5,063 =4,522

수출액, 수입액, 무역액의 순위를 표시하면 다음과 같다.

구분	수출액	수입액	무역액
1	중국	미국	중국
2	미국	중국	미국
3	독일	독일	독일
4	일본	일본	일본
5	네덜란드	영국	네덜란드
6	한국	프랑스	프랑스
7	홍콩	홍콩	홍콩
8	프랑스	네덜란드	영국
9	이탈리아	한국	한국
10	영국	이탈리아	이탈리아

따라서 독일, 일본, 홍콩의 3개국이 세 가지 지표의 순위가 모두 동일한 것을 알 수 있다.

15 도표분석능력 자료의 수치 분석하기

| 정답 | ④

| 해설 | 독일과 프랑스의 고등학교 졸업자 평균 임금이 동일하다면 두 나라의 임금지수를 직접적으로 비교할 수 있다. 독일의 고등교육 이상 졸업자의 임금지수는 166, 프랑스는 154이므로 두 나라의 임금지수 차이는 12이다.

| 오답풀이 |

① 뉴질랜드는 20X5년 118에서 20X9년 154로 증가하였다.

② 20X9년 한국의 중학교 이하 졸업자의 임금지수는 〈자료 1〉에서 72임을 알 수 있고, 고등교육 이상 졸업자 임금지수는 〈자료 3〉에서 141임을 알 수 있다. 따라서 두 그룹 간의 임금지수 차이는 69이다.

③ 한국의 중학교 이하 졸업자와 대학 졸업자의 임금 격차는 20X4년 98, 20X5년 93, 20X6년 90, 20X7년 79, 20X8년 71로 점차 감소하나 20X9년 73으로 소폭 증가하였다.

⑤ 스위스의 고등교육 이상 졸업자의 임금지수는 20X6년에 소폭 증가하였다가 감소 추세에 접어들었다.

16 도표분석능력 자료를 바탕으로 수치 계산하기

| 정답 | ②

| 해설 | 〈자료 1〉을 보면 20X8년 한국의 전문대학 졸업자 임금지수는 112, 대학 졸업자 임금지수는 145이므로 다음과 같은 식을 세울 수 있다.

$112 : 145 = 180 : x$

$x = 180 \times \frac{145}{112}$

$\therefore\ x = 233$(만 원)

17 도표분석능력 자료의 수치 분석하기

| 정답 | ③

| 해설 | 〈조건〉에서 알 수 있는 A ~ F에 해당하는 6개 지역은 경북, 대전, 전북, 서울, 강원, 충남이다. 첫 번째 조건에 따르면 B, C, D, F 중 경북, 대전, 전북, 서울이 있으므로 A, E는 강원, 충남 중 하나이다. 마지막 조건에 따라 A, D가 강원 또는 전북이므로 A는 강원, E는 충남, D는 전북이며 B, C, F 중에 경북, 대전, 서울이 있음을 알 수 있다.

A	B	C	D	E	F
강원			전북	충남	

두 번째 조건에 따르면 A, B, E, F 중에 강원, 경북, 충남, 서울이 있으므로 B, F 중에 경북, 서울이 있고 이에 따라 C가 대전이 된다. 세 번째 조건에 따르면 A, D, E, F 중에 강원, 전북, 충남, 서울이 있으므로 F가 서울이고, 이에 따라 B가 경북이 된다.

A	B	C	D	E	F
강원	경북	대전	전북	충남	서울

따라서 A는 강원, C는 대전이다.

18 사고력 자료를 바탕으로 추론하기

| 정답 | ③

| 해설 | 직원 명단 일부를 보면 각 팀별로 사원번호 중 4 ~ 5번째 숫자가 통일되어 있음을 알 수 있다. 따라서 4 ~ 5번째 숫자는 소속팀을 가리키는 번호임을 추론할 수 있다. 두 번째 설명에 따르면 홍보기획팀 직원들은 모두 신입직으로 입사했는데, 이들은 사원번호 중 맨 앞자리가 'N'으로 통일되어 있다. 따라서 'N'은 신입직을, 'C'는 경력직을 뜻하는 문자임을 추론할 수 있다. 첫 번째와 세 번째 설명에 따르면 연구팀 팀장과 경영지원팀 팀장은 입사동기이며, 전산팀 황○○ 사원은 제일 최근에 입사한 사원이다. 사원번호 중 2 ~ 3번째 자리를 보면 연구팀 팀장과 경영지원팀 팀장은 '09'로 동일하며, 황○○ 사원은 '19'로 명단 내 직원들 중 가장 숫자가 크다. 따라서 2 ~ 3번째 숫자는 입사년도를 뜻함을 알 수 있다.

2 ~ 3번째 숫자가 '13'인 직원 중 홍보기획팀 손○○ 대리는 맨 앞자리가 'N'이므로, 신입직으로 채용되었음을 알 수 있다. 따라서 2013년에는 경력직 채용만 진행되었다는 추론은 적절하지 않다.

| 오답풀이 |

② 직원 명단 일부를 보면 2 ~ 3번째 숫자가 '18'인 직원은 총 3명이다. 따라서 2018년에 입사한 직원은 최소 3명이다.

④ 소속팀을 가리키는 4 ~ 5번째 숫자가 '02'이므로 노○○ 사원은 연구팀 소속임을 알 수 있다.

⑤ 사원번호 중 6 ~ 8번째 숫자가 직급이 높은 순서대로 순차 생성된다면, 홍보기획팀은 총 7명이고 윤○○ 사원의 6 ~ 8번째 숫자가 '003'이므로 홍보기획팀에서 직급이 사원인 사람은 003 ~ 007로 총 5명임을 알 수 있다.

19 문제처리능력 입찰 공고 평가 방법 파악하기

| 정답 | ②

| 해설 | 각 직원의 주장은 다음과 같이 평가할 수 있다.

- 박 사원 : 공원의 면적은 최대 제안자에게 50점, 개발 연면적은 최소 제안자에게 50점이 각각 부여되므로 박 사원의 의견은 적절하다.
- 최 대리 : 용적률을 활용하여 개발 밀도를 높이게 되면, 높은 개발 연면적 점수를 받게 되지만 공원의 면적이 작으면 공원의 면적 점수가 낮아지게 된다.
- 오 과장 : 사업이익 항목에서 만점을 받기 위해서는 적정 이윤이 5.5% 미만이어야 하므로 적절한 의견이다.
- 남 대리 : 공원 구역 외의 추가 시설물 설치는 인센티브가 부여되므로 이 부분도 포함하여 적절한 제시 가격을 산출하여야 한다.

따라서 올바르게 이해한 사람은 박 사원과 오 과장이다.

20 문제처리능력 조건에 따라 등급 산출하기

| 정답 | ②

| 해설 | 빨간 버튼과 파란 버튼을 동일한 횟수만큼 누른다면 재고상태에는 변화가 없다. 따라서 빨간 버튼 13번, 파란 버튼 7번을 누른 것은 빨간 버튼만 6번을 누른 것과 동일하다. 빨간 버튼을 6번 누를 경우 이동 후 재고상태는 (3, 6, 4, 1)이다. 이동 결과, 저장용량을 초과하는 창고가 없으므로 산출식 X를 적용한다. 초기재고상태와 이동 후 재고상태의 차이의 절댓값이 모두 2로 같으므로 알파벳 순서가 빠른 창고를 산출하면 절댓값이 가장 큰 창고도 A, 가장 작은 창고도 A가 된다. 따라서 이동 후 보관량의 합은 3+3=6으로, 2등급에 해당한다.

21 문제처리능력 규칙 이해하기

| 정답 | ⑤

| 해설 | 제23조의 1에 따라 퇴근 시가 아니라 즉시 지각계를 제출해야 한다.

22 문제처리능력 연장근로 수당 계산하기

| 정답 | ④

| 해설 | 김새롬 사원의 시급은 $\frac{94,560}{8}=11,820$(원)이다. 시간 외 근로수당은 통상임금에 50%를 가산하며 지난주 연장근로 시간은 5시간이므로, 지난주 연장근로 수당은 $11,820\times1.5\times5=88,650$(원)이다.

23 문제처리능력 자료 이해하기

| 정답 | ⑤

| 해설 | 반의 인원 33명이 다 함께 들어갈 수 있는 테마는 수용 인원이 33명 이상인 무협, 마법, 곰돌이 테마로 총 3개이다.

| 오답풀이 |

① 로봇 테마와 마법 테마는 사진 촬영이 금지된다.

② 구내식당의 정원은 200명으로 380명의 학생이 식사를 할 경우 교대로 식사를 해야 한다.

③ 로봇 테마는 자원봉사자의 수가 한 명 부족하므로 다른 선생님이 인솔자로 참여해야 한다.

④ 문의사항은 ○○시청(339－9999)에 연락하여 문의할 수 있다.

24 문제처리능력 견학 일정 계획하기

| 정답 | ⑤

| 해설 | 5월 마지막 주에는 5월 30일이 가정의 달 행사라 견학을 갈 수 없고, 5월 31일에는 무협 테마에서만 행사가 진행되므로 무협 테마가 아닌 견학 일정을 잡을 수 없다.

| 오답풀이 |

① 학생들이 학교에 가는 2, 3, 4, 5, 6일 중 5～6일에는 어린이날 행사로 학교를 비우므로 학교에 있는 날은 3일뿐이다.

② 평일에 학교 행사 일정이 없는 주는 둘째 주와 넷째 주이다. ○○시 어린이날 행사 중 곰돌이 테마는 넷째 주인 23일과 28일에 진행하는데 28일은 주말이므로 23일에 참여해야 한다. 무협 테마의 경우 다른 주에도 참여가 가능하므로 아이들이 학교에 가장 많이 있을 수 있는 주는 둘째 주이다.

③ 토요일, 일요일에는 행사에 참여할 수 없으므로 로봇 테마에 아이들을 데리고 갈 수 있는 날은 5월 20일 하루뿐이다.

④ 셋째 주에 견학 가능한 날은 17일, 18일, 19일, 20일이므로 가능한 테마는 마법, 숲속의 친구, 무협, 로봇으로 총 네 개다.

25 문제처리능력 공고 이해하기

| 정답 | ②

| 해설 | 태양열에너지 기술을 접목한 작품은 친환경에너지 분야에 해당하여 출품주제에 포함된다.

| 오답풀이 |

① 출품신청 항목의 신청방법에 제시된 내용이다.

③ 출품요건 항목의 출품규격에 제시된 내용이다.

④ 유의사항에 제시된 내용이다.

⑤ 출품요건 항목의 출품자격에 제시된 내용이다.

7회 기출예상문제

문제 249쪽

01	③	02	③	03	①	04	④	05	①
06	③	07	②	08	②	09	③	10	⑤
11	②	12	①	13	③	14	①	15	③
16	④	17	④	18	②	19	③	20	③
21	②	22	①	23	①	24	①	25	②

01 문서이해능력 세부 내용 이해하기

| 정답 | ③

| 해설 | ㉠, ㉡ 철학의 여인은 보에티우스에게 건강을 회복할 수 있는 방법은 병의 원인이 되는 잘못된 생각을 바로잡아 주는 것이라며, 보에티우스의 잘못된 생각으로 만물의 궁극적인 목적이 선을 지향하는 데 있다는 것을 모르고 있는 것과 세상의 통치원리가 정의와는 거리가 멀게 제멋대로 흘러간다고 믿고 있는 것을 들었다. 따라서 '철학의 여인'의 논지를 따를 때 보에티우스가 건강을 회복할 수 있는 방법은 만물의 궁극적인 목적이 선을 지향하는 데 있다는 것을 아는 것과 세상이 제멋대로 흘러가는 것이 아니라 정의에 의해 다스려진다는 것을 깨닫는 것이다.

02 문서이해능력 세부 내용 이해하기

| 정답 | ③

| 해설 | 노면 결빙사고 취약지역은 중부내륙(강원, 충남/북)에 집중됐고 지역별로는 통과 교통량이 많고 통행속도가 높은 충남(3.9%), 충북(3.8%), 강원(3.7%)의 결빙교통사고율이 다른 지자체 평균보다 2.6배 높았다고 하였다.

| 오답풀이 |

① 지역별 결빙교통사고율은 충남(3.9%), 강원(3.8%) 순으로, 치사율은 충북(7.0%), 강원(5.3%) 순으로 높았다.

② 최근 5년간 도로결빙사고 사망자 수는 199명이고 사고 100건당 사망자 수는 3.0명으로 전체 교통사고 평균인 1.9명보다 1.6배 높았다.

④ 결빙교통사고는 노면 상태를 운전자가 육안으로 확인하지 못하거나 과속하는 경우에 발생하기 때문에 결빙교통사고 위험구간 지정확대, 도로순찰 강화 등의 대책이 요구된다.

⑤ 겨울철 급격한 일교차 변화에 따른 노면결빙은 도로 환경, 지역과 입지여건 등에 따라 대형사고로 이어질 위험성이 크다.

03 문서이해능력 세부 내용 이해하기

| 정답 | ①

| 해설 | 재료를 급히 처분해야 하는 의류생산자는 하락된 가격으로 물건을 판매할 것이다. 따라서 소비자가 지불하는 가격이 낮아짐에 따라 생산자가 더 많은 세금을 부담해야 한다.

| 오답풀이 |

② 정부는 조세부과 시 어떤 방향으로 조세전가가 일어날지 예측할 수 없으므로 조세 부담자를 파악하기 어렵다.

③ 정부가 소비자에게 세금을 부과하는 경우에도 소비자의 불만이 시장에 반영되면 시장의 가격 조정 기능 작동에 따라 생산자에게 조세가 전가될 수 있다.

④ 조세전가는 한 방향으로만 발생하는 것이 아니다.

⑤ 납세의무자와 담세자가 같다면 직접세이다.

04 문서이해능력 문단별 중심 내용 파악하기

| 정답 | ④

| 해설 | (라) 창의적인 도시의 3요소(3T)로 기술, 관용, 인재가 제시되었다. 창조계급은 창의적인 도시에 몰려 들어올 뿐 창의적 도시 건설을 위해 탄생한 것은 아니다.

05 문서작성능력 글의 흐름에 알맞은 단어 찾기

| 정답 | ①

| 해설 | 인간 거주지 주변에 살고 있는 주행성 동물들이 야행성화 되어 가고 있다는 것이 글의 주된 내용이므로 개체 수가 줄어들고 있는 것은 주행성 동물이어야 한다. 따라서 문맥상 ㉠에는 '주행성'이, 나머지 빈칸에는 모두 '야행성'이 들어간다.

06 문서이해능력 내용 추론하기

| 정답 | ③

| 해설 | 첫 번째 문단을 보면 디젤 기관에 이용되는 연료는 열효율이 높으면서 휘발유보다 저렴하며 주로 경유 계통을 사용한다고 하였다. 따라서 경유는 휘발유에 비해 열효율이 높고 저렴하다는 장점을 가진다는 것을 알 수 있다.

| 오답풀이 |

① 가솔린 기관이 전기와 점화플러그를 이용하여 연료를 점화하는 것이며 디젤기관은 압축점화기관형태를 가진 기관임을 알 수 있으므로 적절한 추론이다.

② 대형 실린더에는 압축비가 약 13 : 1, 중형은 약 14.3 : 1, 소형은 약 20 : 1 정도라고 했으므로 적절하다.

④ 디젤 엔진 트럭과 같은 대형 기관의 경우 2행정 기관을 쓴다고 하였다.

⑤ 단일 기계적 플런저 고압 연료 펌프를 사용하는 엔진은 연료 펌프 수단에 대응하는 플런저가 정확한 양의 연료를 분사하고, 각 분사의 타이밍을 정한다고 하였다.

07 문서이해능력 세부 내용 이해하기

| 정답 | ②

| 해설 | 한국 사회의 진정한 위기는 정치 · 경제적 요인에 의한 것이 아니라 한국 사회의 문화심리학적 구조 때문이라고 언급하고 있다.

| 오답풀이 |

① 근면 성실은 21세기에도 필수불가결한 덕목이며, 단지 그것만으로는 살아남을 수 없을 뿐이라고 하였다.

③ 자유 · 민주 · 평등은 수단적 가치로 본질적 가치인 재미, 행복 없이도 획득이 가능하다.

④ 경제학자들은 사람들이 낙관적인 전망하에서 실제 경제가 나빠지는 것을 참지 않는 것을 알기에 그들을 고려하여 항상 비관적인 전망을 먼저 제시하는 경향이 있다.

⑤ 자기 비우기는 우리를 더욱 좌절하게 만들고 더욱 통속적인 재미에 빠지게 만든다.

08 문서작성능력 의미가 다른 것 파악하기

| 정답 | ②

| 해설 | ㉡은 비트코인에 국한된 문제점인 반면, ㉠, ㉢, ㉣, ㉤은 비트코인과 알트코인 등을 포함한 모든 가상화폐의 문제점에 해당한다.

09 문서작성능력 글의 제목 작성하기

| 정답 | ③

| 해설 | 제시된 글의 핵심 내용은 '블록체인'으로 인해 에너지 시장이 개방되었다는 것이다. 그에 대한 사례로 개인 간 전기 거래 사례를 제시하고 있으므로 ③이 적절하다.

| 오답풀이 |

④ '블록체인'으로 에너지 거래가 활성화된 것은 사실이나 민간의 기술을 활용하고 있다는 점에서 정부 주도의 사업이라고 보기 어렵다.

10 기초통계능력 경우의 수 계산하기

| 정답 | ⑤

| 해설 | 커튼은 유리에만 달 수 있고 콘크리트 벽에는 그림만 걸 수 있으므로 커튼과 그림의 경우의 수는 분리해서 생각한다. 즉 가능한 인테리어 경우의 수는 커튼 인테리어 경우의 수와 그림 인테리어 경우의 수를 곱하여 구한다. 커튼을 달 수 있는 장소는 유리면으로 1곳이고 커튼은 3종이므로 경우의 수는 3가지이다. 그림을 걸 수 있는 경우는 $7\times6\times5=210$(가지)이다. 따라서 가능한 인테리어는 모두 $3\times210=630$(가지)이다.

11 기초연산능력 금액 계산하기

| 정답 | ②

| 해설 | A, B, C 세 개의 부서가 배정받을 운영비를 각각 a, b, c만 원으로 놓고 식을 세우면 다음과 같다.

$a+b+c=6,000$

$a+b=4,100$

B 부서가 최저 운영비를 배정받으므로 $b<1,900$이 된다. 이때, 나머지 a와 c 중에서 c가 최고액일 경우 $b<a<1,900$이 되므로 $a+b+c=6,000$에 어긋난다. 따라서 a가 최고액이 됨을 알 수 있다.

한편, b와 c의 합은 a를 초과할 수 없다는 말은 $b+c$가 a 이하라는 말과 같기 때문에 다음과 같은 식이 성립한다.

$b+c \leq a$

$4,100-a+1,900 \leq a$

$a \geq 3,000$

즉, A 부서가 받을 수 있는 최저액은 3,000만 원이 된다. 또한, 최고액과 최저액에 대한 제한이 없었으므로 최저 운영비 b가 최소 단위 운영비인 100만 원이라면 a의 최고액은 4,100−100=4,000(만 원)이 된다.

따라서 A 부서가 받을 수 있는 최고액과 최저액의 차는 4,000−3,000=1,000(만 원)이다.

12 기초연산능력 버스 운임 계산하기

| 정답 | ①

| 해설 | 버스 운임을 계산하면 다음과 같다.

- 회사→A 역(11km) : 1,250+100=1,350(원)
- A 역→B 역(16km) : 1,250+200=1,450(원)
- B 역→C 역(5km) : 1,250원
- C 역→회사(32km) : 1,250+500=1,750(원)

따라서 버스 운임은 총 1,350+1,450+1,250+1,750=5,800(원)이다.

13 도표분석능력 자료의 수치 분석하기

| 정답 | ③

| 해설 | (나) 2010년의 수출액은 $\frac{3,635}{1-0.139} \fallingdotseq 4,222$(억 불), 수입액은 $\frac{3,231}{1-0.258} \fallingdotseq 4,354$(억 불)로 2011년에는 수출액이 전년 대비 13.9% 감소했고 수입액이 전년 대비 25.8% 감소했다.

(다) 2015년에는 전년 대비 수출액이 2.1% 증가하였지만 수입액은 0.8% 감소하였다.

| 오답풀이 |

(가) '무역수지=수출액−수입액'으로, 2011년부터 2016년까지는 500억 불 미만이나 2017년부터는 903억 불, 892억 불, 952억 불, 697억 불로 600억 불 이상을 나타내고 있다.

(라) 2020년의 무역수지는 2011년 무역수지의 $\frac{697}{404} \fallingdotseq$ 1.7(배)이다.

(마) 2021년의 수출액이 전년 대비 10.2% 감소하였다면 2021년의 수출액은 6,049×0.898≒5,432(억 불)이다.

14 도표작성능력 자료를 바탕으로 수치 계산하기

| 정답 | ①

| 해설 | 7시 공중파 채널의 프로그램 시청률 대비 광고 시청률은 $\frac{0.4}{0.6} \fallingdotseq 0.67$(배)이다.

15 도표분석능력 자료의 수치 분석하기

| 정답 | ③

| 해설 | 시간대별 지상파와 공중파의 광고 수익, 광고 순이익을 계산하면 다음과 같다.

(단위 : 천만 원)

구분	지상파			공중파		
	광고 수익	광고 비용	광고 순이익	광고 수익	광고 비용	광고 순이익
6시	5×3.6 =18	12	6	5×0.2 =1	0.5	0.5
7시	5×4.9 =24.5	12	12.5	5×0.4 =2	1	1
8시	5×7.2 =36	15	21	5×0.32 =1.6	2	−0.4
9시	5×10 =50	30	20	5×0.7 =3.5	3	0.5
10시	5×11 =55	30	25	5×1.2 =6	3	3
11시	5×9.6 =48	15	33	5×1.5 =7.5	1	6.5

㉡ 공중파의 광고 수익이 가장 높은 시간대는 11시이며, 그 다음은 10시이다.

㉢ 지상파의 광고 순이익이 가장 낮은 시간대는 6시로, 광고 수익이 가장 낮은 시간대와 일치한다.

㉤ 지상파의 경우 광고 순이익은 11시−10시−8시−9시−7시−6시 순으로 높고, 광고 수익은 10시−9시−11시

-8시-7시-6시 순으로 높다. 공중파의 경우 광고 순이익은 11시-10시-7시-6시와 9시-8시 순으로 높고, 광고 수익은 11시-10시-9시-7시-8시-6시 순으로 높다.

| 오답풀이 |

㉠ 지상파의 광고 수익이 가장 높은 시간대는 10시이다.

㉣ 공중파의 광고 순이익이 가장 낮은 시간대는 8시이고, 광고 수익이 가장 낮은 시간대는 6시이다.

16 도표분석능력 자료의 수치 분석하기

| 정답 | ④

| 해설 | (B)=100-44-20.4=35.6(%)이므로 2015년 전체 인구가 1,800만 명일 때 지방 AMDR 미만 인구는 $1,800\times\frac{35.6}{100}$ ≒641(만 명)이다.

| 오답풀이 |

① 2010년 지방 AMDR 이내 남성 인구분율(A)은 100-27.1-24.6=48.3(%)로 여성 인구분율은 남성에 비해 48.3-45.7=2.6(%p) 적다.

② 2020년 지방 AMDR 이내 남성 인구분율(D)은 100-25.7-29.9=44.4(%)로 5년 전인 47.2%에 비해 감소하였다.

③ 2015년과 2020년 각각의 여성 전체 인구를 알지 못하므로 2020년의 AMDR 초과 여성 인구의 증가율은 알 수 없다.

⑤ 조사기간 동안 지방 AMDR 미만인 여성 인구분율은 항상 남성 인구분율보다 크다.

17 도표분석능력 자료의 수치 분석하기

| 정답 | ④

| 해설 | 조사기간 동안 AMDR을 초과하는 인구분율이 가장 높은 연령대는 19 ~ 29세로 가정에 의해 이 연령대에서 비만발생 가능성이 가장 높다.

18 문제처리능력 사용 지침 파악하기

| 정답 | ②

| 해설 | • B : 배수펌프가 물에 잠길 수 있으므로 수중형이 바람직하다.

• C : 낮은 장소가 배수펌프의 기능을 극대화시킬 수 있다.

| 오답풀이 |

• A : 차수문은 계단 등의 출입구에 설치하여야 한다.

• D : 배수펌프와 집수정 설치 시 가장 중요한 사항은 배수계통에 따른 설치 장소 및 방법, 유입유량에 의한 지하공간의 침수높이 파악, 집수정의 크기 확인 등이며, 유입되는 물의 수질과는 관계가 없다.

• E : 경보방송시설은 침수 시에도 활용할 수 있도록 지상에서 이를 통제할 수 있도록 해야 하며, 지하공간의 상황을 파악하기 위해 CCTV 설치 등의 조치를 취해야 한다.

19 문제처리능력 자료를 바탕으로 결과 추론하기

| 정답 | ③

| 해설 | 역별 업무량 산출 기준에 따라 각 역별 추가인원을 분석한 결과는 다음과 같다.

산정기준	가	나	다	라
관리장소	0	0	3	0
승하차인원	1.5	0.3	3.6	0
엘리베이터/장애인리프트	0	0	0	0.3
지하역사/이격거리	0.3	0	0.3	0.3
출입구/에스컬레이터	0.3	0	0.3	0.3
역사면적	0.3	0.3	0.3	0
총 추가인원	2.4	0.6	7.5	0.9

따라서 추가 인원이 2명 이상 필요한 역은 가, 다로 총 2개이다.

20 문제처리능력 식중독의 원인 추론하기

| 정답 | ③

| 해설 | (ㄱ), (ㄴ), (ㄹ)만을 고려한다면 우유나 아이스크림 혹은 둘 모두가 식중독의 원인이며, 이는 (ㄱ), (ㄴ)의 공통점과 (ㄹ)의 차이점을 고려한 일치차이병용법을 적용한 추론이다.

| 오답풀이 |

① (ㄱ), (ㄷ)만을 고려한다면 우유뿐만 아니라 샌드위치, 아이스크림도 식중독의 원인이 될 수 있다.

② (ㄱ), (ㄴ), (ㄷ)만을 고려한다면 우유나 아이스크림 혹은 둘 모두가 식중독의 원인이며, 이는 (ㄱ), (ㄴ)의 공통점과 (ㄷ)의 차이점을 고려한 일치차이병용법을 적용한 추론이다.

④ (ㄴ), (ㄷ), (ㄹ)만을 고려한다면 쿠키는 식중독의 원인이 아니다.

⑤ (ㄱ) ~ (ㄹ) 모두를 고려한다면 우유나 아이스크림 혹은 둘 모두가 식중독의 원인이다.

21 문제처리능력 설문조사 내용 파악하기

| 정답 | ②

| 해설 | 언급한 두 문항인 '원하는 사내 복지제도는 무엇입니까?', '현재 가장 부족하다고 생각하는 사내 복지제도는 무엇입니까?'에서 두 번째로 수요가 많은 답변은 '휴가비 지원(53.0%, 22.4%)'이다.

22 문제처리능력 자료를 참고하여 경비 산출하기

| 정답 | ①

| 해설 | 전원 2박 숙박인 점과 대학원생 및 1학년 학생은 할인이 적용되지 않는다는 점에 주의하여 인원별로 요금을 계산해 보면 다음과 같다.

- 64세 교수 : 3,500,000원
- 60세 이하 교수 2명 : 935,000×2=1,870,000(원)
- 4학년 학생 5명 : 420,000×5×0.8=1,680,000(원)
- 3학년 학생 10명 : (370,000×9+770,000×1)×0.8 =3,280,000(원)
- 2학년 학생 5명 : 370,000×5×0.8=1,480,000(원)
- 1학년 학생 3명 : 370,000×3=1,110,000(원)
- 조교 2명 : 770,000×0.8(장애인 동반 보호자 1인 동급 할인)+420,000=1,036,000(원)

요금의 총합은 13,956,000원인데 15인 이상이므로 10% 할인이 적용되어 일행이 지불해야 할 요금은 13,956,000×0.9=12,560,400(원)이 된다.

23 문제처리능력 케이콘텐츠뱅크 이해하기

| 정답 | ①

| 해설 | A : 제시된 글에서 필자는 디지털 미디어 생태계 발전 방안에 있어 대표적으로 잘못되었다고 판단한 점을 지적하고 있다.

- B : 콘텐츠 창작자에게 저작권이 부여되지 않았던 점이 케이콘텐츠뱅크의 문제점이라고 지적하고 있다.

| 오답풀이 |

- C : 필자는 대형 플랫폼이 먼저 존재해야 한다는 점에 반대하는 입장이며, 이용자의 관심과 선택의 크기가 크면 저절로 대형 플랫폼이 생겨나게 된다는 입장이라고 볼 수 있다.
- D : 젊은 세대와 1인에 한정하는 것이 잘못된 것이라는 주장일 뿐, 2 ~ 3명 이상의 제작자가 참여하는 플랫폼이 더 낫다는 의견은 아니다.
- E : 엠앤캐스트, 판도라티브이, 엠군 등 한국의 선도적 동영상 플랫폼이 망 사용료 비용 문제로 사업 초기 매출을 확보하지 못하였다는 내용은 있으나 케이콘텐츠뱅크 역시 망 사용료에 따른 수익문제가 있다는 내용은 제시되어 있지 않다.

24 문제처리능력 의견에 대해 반박하기

| 정답 | ①

| 해설 | 필자는 플랫폼의 대형화를 먼저 생각할 것이 아니라는 주장에 대한 근거로, '플랫폼은 이용자의 관심과 선택의 크기에 의해 규모가 결정되는 것이지 대형화의 결과로 플랫폼 연결 능력이 생기는 것은 아니다'라고 언급하였다. 따라서 만일 대형 규모가 갖춰진 플랫폼의 성공확률이 높고 이용자 유치에도 더 용이하다는 논리가 성립한다면 필자의 주장은 부적절한 논리를 갖게 된다.

| 오답풀이 |

② 사례로 든 동영상 플랫폼인 엠엔캐스트, 판도라티브이, 엠군 등은 동영상의 품질이 아닌 비싼 망 사용료 때문에 글로벌 플랫폼으로 성장할 기회를 잃은 것이다.

③ 필자는 유튜브와 넷플릭스의 국내 이용자가 코로나로 인해 증가하였다고 말했을 뿐, 코로나 덕분에 사라질 뻔한 기업이 생존해 있다고 언급하지는 않았다.

④ 젊은 창작자와 1인 미디어를 집중 지원한다는 것에 반대하는 이유는 지원 대상을 한정했기 때문이며, 여성과 고연령의 미디어 제작자를 선호한다는 근거를 찾을 수는 없다.

⑤ P2P 전송속도가 빨랐다면 이용자의 유튜브 이동이 줄어들었을 것이며, 플랫폼 기업들이 P2P 사업을 활성화할 수 있었을 것이므로 오히려 인터넷 망 사용료가 인하될 수 있었을 것이다.

25 문제처리능력 총점 계산하기

| 정답 | ②

| 해설 | 주어진 기준에 따라 신청자 A ~ F의 평가를 항목별로 점수로 환산해 평점을 매기면 다음과 같다.

구분	A	B	C	D	E	F
재직기간	20	16	20	4	8	4
업무기여도	16	12	8	12	20	20
학업성적	16	12	12	8	16	20
이용고배당 점수	12	12	16	12	12	20
납입출자금	20	16	12	20	12	20
연체채무 및 신용불량 등록여부	−5	0	−5	−5	0	0
총점	79	68	63	51	68	84

따라서 장학금을 받게 될 사람은 총점 상위 4명인 A, B, E, F이다.

8회 기출예상문제

문제 287쪽

01	②	02	①	03	③	04	⑤	05	④
06	④	07	②	08	④	09	⑤	10	④
11	①	12	①	13	④	14	②	15	①
16	③	17	⑤	18	③	19	①	20	③
21	③	22	⑤	23	②	24	①	25	②

01 문서이해능력 글을 읽고 추론하기

| 정답 | ②

| 해설 | 제시된 글은 부정적인 감정도 잘 표출해야 함을 시사하고 있다. 따라서 부정적인 감정 조절을 잘한다고 해서 행복한 사람이라는 추론은 적절하지 않다.

| 오답풀이 |

① 학교생활을 원만하게 하도록 하고, 사회성에 영향을 미치는 핵심 요인이 바로 감정을 다루는 능력이라고 나와 있다. 즉 감정을 어떻게 다스리느냐에 따라 인간관계가 달라진다고 볼 수 있다.

③ 여러 감정 중에서도 부정적 감정은 쉽게 사라지지 않으며, 이를 충분히 해소하지 않고 참고 억누르면 부정적인 감정에 에너지를 빼앗겨 주의집중력과 기억력이 떨어지고 두통, 복통 등이 나타난다고 하였다.

④ 마지막 문단을 보면 선해소 후이해의 원칙을 제시하며, 화가 난 원인을 찾는 것보다 부정적인 감정을 해소하는 것이 우선임을 말하고 있다.

⑤ 두 번째 문단을 보면 조언이나 지적 등의 언어적 침범 또한 '화'를 유발할 수 있다고 언급되어 있다. 즉, 해결책을 제시하는 섣부른 조언은 오히려 악영향을 초래할 수 있으며 이보다는 스스로 부정적 감정을 완전히 해소할 수 있도록 공감해 주는 것이 좋다.

02 문서작성능력 적절한 제목 찾기

| 정답 | ①

| 해설 | 마지막 문단을 보면 국공유지 관리 효율화를 위한 정책적 수단으로 토지이동측량을 수반하는 합병에 대해 제

시하고, 실증하여 그 효과를 분석하여 봄으로써 정책적 수단으로의 적용 가능성을 보고자 한다고 하였으므로 '국공유지관리 효율화를 위한 합병측량 도입의 실증 연구'가 제목으로 가장 적절하다.

03 문서이해능력 세부 내용 이해하기

| 정답 | ③

| 해설 | '1960년대 후반에 접어들면서 과학에 대한 낙관론은 서구 사회에서 급격히 무너져 내렸다'고 하였고 산업화 과정에서 누적된 환경오염의 심각성에 대한 우려 및 베트남 전쟁에서 사용된 대량 살상 무기에 대한 반대 등으로 인해 발생된 과학 기술에 대한 강한 비판 의식이 나타났다고 하였으므로 낙관론이 1970년대까지 이어졌다는 설명은 적절하지 않다.

04 문서작성능력 빈칸에 들어갈 속담 찾기

| 정답 | ⑤

| 해설 | 문맥상 ㉠에 들어갈 속담은 한국형 스마트팜의 추진과정에 있어 가장 경계해야 할 대상이어야 한다. 새 술을 새 부대에 담는다는 말은 기존 것을 버리고 새로운 것으로 대체해야 한다는 의미로, 오랜 축적으로 탄탄하게 다져 온 기존 기술을 최근의 신기술로 무분별하게 대체하는 상황에 대한 속담으로 적절하다.

05 문서이해능력 글을 읽고 추론하기

| 정답 | ④

| 해설 | 제시문에서 전자레인지에서 만들어지는 전자기파의 주파수는 물 분자의 고유 진동수에 가까운데, 물 분자가 가장 흡수를 잘하는 주파수는 9,000MHz대이지만 이 주파수에서는 표면의 물 분자가 모두 흡수하여 겉만 타게 된다고 설명하였다. 따라서 음식 속에 있는 물 분자까지 전자파가 전달되도록 하기 위하여 전자레인지의 전파의 주파수를 2,400 ~ 2,500MHz로 맞춘다고 하였으므로, 전자레인지 사용 시 속까지 데우지 못한다는 추론은 적절하지 않다.

| 오답풀이 |

①, ② 전자레인지는 음식을 데울 때 자신의 진동수에 의해 공명을 일으키는 물질에 극초단파가 흡수되면서 분자가 심하게 진동하여 발열하는 것을 이용한다고 하였다. 대표적으로 공명을 일으키는 물질이 바로 물이며 따라서 수분, 습기가 많이 포함된 부분이 먼저 뜨거워진다고 하였으므로 물이 많은 식품일수록 더 빨리 데워진다고 유추할 수 있다.

③ 물 분자가 흡수를 가장 잘하는 주파수는 9,000MHz대이지만, 전자레인지 전파의 주파수는 2,400 ~ 2,500MHz로 설정한다고 하였다.

⑤ 물(H_2O)은 수소(H) 원자 2개와 산소(O) 원자 1개로 구성되어 있다. 수소 원자가 양전하를 띠고 있고 산소 원자가 음전하를 띠고 있다고 하였으므로, 물 분자 속에는 양전하를 띠는 원자가 음전하를 띠는 원자보다 많음을 유추할 수 있다.

06 문서이해능력 세부 내용 이해하기

| 정답 | ④

| 해설 | 3문단을 보면 '의사소통 스타일과 직무만족의 관계에서 상사 신뢰는 부분매개효과가 있는 것으로 나타났다. 즉, 의사소통 스타일은 직무만족에 직접적으로 영향을 미치는 동시에 상사 신뢰를 통해 간접적으로도 영향을 미치는 것'이라고 하였으므로 옳은 내용이다.

| 오답풀이 |

① 1문단을 보면 즐거운 직장 분위기를 위해서는 조직 내 의사소통 활성화와 구성원 간 신뢰가 필수적이라고 하였다.

② 2문단을 보면 연구모형은 세 가지 변수를 선정하였는데 독립변수로 상사의 의사소통 스타일을, 종속변수로서 직무만족과 조직몰입을, 그리고 매개변수로 상사 신뢰를 선정하였다고 하였다.

③ 3문단을 보면 지원적 의사소통 스타일은 직무만족과 조직몰입에 정(+)의 영향을, 방어적 의사소통 스타일은 부(−)의 영향을 미치는 것으로 나타났다고 하였다.

⑤ 3문단을 보면 의사소통 스타일과 조직몰입의 관계에서 상사 신뢰는 완전매개효과가 있는 것으로 나타났다고 하였다.

07 문서작성능력 효과적인 전달방법 파악하기

| 정답 | ②

| 해설 | 샐러던트라는 새로운 사회변화를 설명하기 위해 수치를 제시하였다. 또한 공부 방향에 따른 다양한 정보를 언급한 후 효과적이고 성공적인 공부를 위한 두 가지 방안을 제시하고, 더 나아가 괴테의 말을 인용하여 공부의 필요성을 제시하였다. 그러나 필자가 미래지향적인 방향을 제시하고 있다고 보기는 어렵다.

08 문서이해능력 세부 내용 이해하기

| 정답 | ④

| 해설 | 해독제가 없고 치사량이 작은 것은 바비튜레이트계 약물에 대한 설명이다. 졸피뎀은 비벤조디아제핀계 약물로 '몇 번 먹는다고 해서 그 약 없인 잠을 이룰 수 없다거나 하는 문제가 쉽게 생기지 않는다'는 내용만으로 치사량이 작고 해독약이 없는지는 알 수 없다.

| 오답풀이 |

① 6문단에서 확인할 수 있다.

② 1문단을 통해 확인할 수 있다.

③ 각 문단에서 각 약물의 부작용을 소개하고 있고, 마지막 문단의 논지로서 부작용에 대한 주의사항을 제시하고 있다.

⑤ 6문단에서 '비벤조디아제핀계 약물은 의존성이 낮다'고 설명하고 있으므로 중독 위험이 낮다는 것을 추론할 수 있다.

09 문서이해능력 세부 내용 이해하기

| 정답 | ⑤

| 해설 | 주주들이 선호하는 고위험 · 고수익 사업은 저위험 · 저수익 사업에 비해 큰 수익과 큰 손실을 낼 가능성이 상대적으로 크고, 작은 수익과 작은 손실을 낼 가능성이 상대적으로 작다. 이런 사업을 선택할 경우 결과적으로 회사의 자산 가치와 부채액 사이의 차이가 늘어날 가능성이 커진다. 주주는 부채를 상환하고 남은 회사의 자산에 대한 청구권자이고 유한 책임을 지기 때문에 회사의 자산 가치가 부채액보다 클수록 이익이 커지지만 회사의 자산 가치가 부채액보다 작을 경우에는 주주의 손실은 주식을 구입하기 위해 투자한 금액으로 한정되어 주주의 이익은 회사의 자산 가치가 부채액보다 얼마나 작은지와 무관하게 된다. 이러한 비대칭적 이익 구조 때문에 주주들은 회사의 자산 가치와 부채액 사이의 차이가 늘어날 가능성이 큰 고위험 · 고수익 사업을 선호하는 것이다.

10 기초연산능력 방정식 해결하기

| 정답 | ④

| 해설 | a와 b는 다음과 같이 구할 수 있다.

• a

– 청소년이 2명 이하면 $7{,}500\times(2X+2)=30{,}000$이므로 $X=1$이다.

– 청소년이 3명 이상이면 $7{,}500X+(7{,}500+5{,}000)(X+2)=30{,}000$이므로 $X=0.25$이다(X는 3 이상이어야 하므로 모순).

따라서 a는 1이다.

• b

청소년이 2명 이하면 청소년과 어른의 입장료가 모두 무료가 되기 때문에 청소년은 3명 이상임을 알 수 있다. 청소년이 3명 이상이면 $(0+5{,}000)(X+2)=30{,}000$이므로 $X=4$이다. 따라서 b는 4이다.

그러므로 $a+b=1+4=5$이다.

11 기초연산능력 수열 활용하기

| 정답 | ①

| 해설 | 각 주머니에 들어가는 카드의 숫자는 다음과 같다.

첫 번째 주머니	두 번째 주머니	세 번째 주머니	네 번째 주머니	다섯 번째 주머니	…
1	2, 3	4, 5, 6	7, 8, 9, 10	11, 12, 13, 14, 15	…

각 주머니에 들어가는 카드의 숫자 중 가장 작은 숫자만 나열해보면 계차수열을 이루고 있음을 알 수 있다.

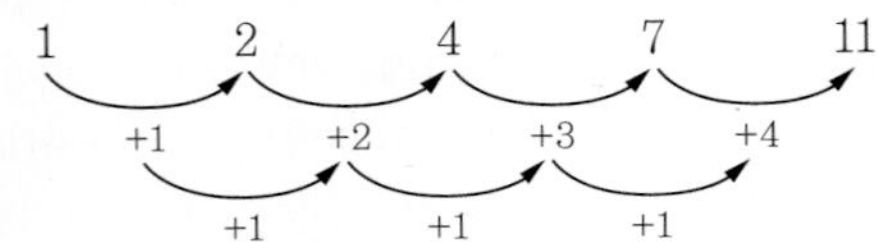

따라서 n번째 주머니에 들어가는 카드의 숫자 중 가장 작은 숫자를 a_n이라 하면 $a_n=1+\sum_{k=1}^{n-1}k=1+\frac{n(n-1)}{2}$이다.

$a_{45}=1+\frac{45\times44}{2}=991$이므로 1,000이 적힌 카드가 들어 있는 주머니에는 991부터 1,000까지의 10장의 카드가 들어 있다.

12 기초통계능력 경우의 수 구하기

| 정답 | ①

| 해설 | • 입사하는 신입사원이 3명일 경우 : 각 팀에 1명씩 배정하면 되므로 1가지

• 입사하는 신입사원이 4명일 경우 : 각 팀에 1명씩 배정하고 남은 1명을 배정하는 경우의 수를 구하면 된다.
$_3H_1={}_{3+1-1}C_1={}_3C_1=3$(가지)

• 입사하는 신입사원이 5명일 경우 : 각 팀에 1명씩 배정하고 남은 2명을 배정하는 경우의 수를 구하면 된다.
$_3H_2={}_{3+2-1}C_2={}_4C_2=6$(가지)

이와 같은 방법으로 계산하면 $1+{}_3H_1+{}_3H_2+\cdots+{}_3H_7=1+{}_3C_1+{}_4C_2+\cdots+{}_9C_7=120$(가지)이다.

13 도표분석능력 자료의 수치 분석하기

| 정답 | ④

| 해설 | 20X0년 세종의 총 연구개발비는 3,562×13,154=46,854,548(만 원)으로 4,500억 원을 넘는다.

| 오답풀이 |

① 경기도의 연구원 수는 20X0년에 166,737명, 20X1년에 172,583명으로 두 해 모두 가장 많다.

② 인천, 대전, 세종의 전년 대비 20X1년 연구원 수 증가량을 구하면 다음과 같다.

- 인천 : 19,635−18,435=1,200(명)
- 대전 : 35,745−34,509=1,236(명)
- 세종 : 4,109−3,562=547(명)

따라서 대전이 가장 많이 증가하였다.

③ 20X1년에 전년보다 연구원 수가 감소한 지역은 부산, 광주, 충남, 전북으로 4개이다.

⑤ 20X0년 강원의 총 연구개발비는 5,886×6,662=39,212,532(만 원)으로, 20X0년과 20X1년을 통틀어 총 연구개발비가 가장 적은 지역이다.

14 도표분석능력 자료의 수치 분석하기

| 정답 | ②

| 해설 | ㉢ 취업률은 '고용률÷경제활동참가율×100'으로 계산하며, 실업률은 '100−취업률'로 계산할 수 있다. 20X3년부터 고령자 실업률을 계산하면 다음과 같다.

구분	20X3년	20X4년	20X5년	20X6년	20X7년
고령자 실업률	2.13%	2.37%	2.80%	2.79%	2.32%

따라서 고령자 실업률은 20X3년부터 20X5년까지 증가하다 그 이후로 감소한다.

| 오답풀이 |

㉠ 고령자 수입은 매년 증가하지 않는다.

㉡ 20X7년 고령자 고용률은 전년보다 1.3%p 증가했다.

㉣ 제시된 나라 중 OECD 평균보다 고령자 고용률이 낮은 나라는 프랑스뿐이다.

㉤ 스웨덴의 고령자 고용률은 일본에 비해 4.2%p 높다.

15 도표분석능력 자료를 바탕으로 수치 계산하기

| 정답 | ①

| 해설 | 20X7년 한국의 고령생산가능인구는 $43,931\times\frac{16.8}{100}\fallingdotseq7,380$(천 명)으로, 이는 전년도 고령생산가능인구인 $43,606\times\frac{16.3}{100}\fallingdotseq7,108$(천 명)보다 $\frac{7,380-7,108}{7,108}\times100\fallingdotseq4$(%) 증가한 값이다.

16 도표분석능력 자료의 수치 분석하기

| 정답 | ③

| 해설 | 2005년 온실가스 총배출량 중 에너지 부문을 제외한 나머지 부문이 차지하는 비율은 $\frac{49.9+21.6+18.8}{500.9}\times100≒18(\%)$이다.

| 오답풀이 |

① 〈자료 1〉의 온실가스 총배출량에서 에너지, 산업공정, 농업, 폐기물의 배출량을 보면 에너지의 배출량이 현저히 크다는 것을 알 수 있다.

② 2020년 1인당 온실가스 배출량은 13.5톤 CO_2eq/명으로, 1995년의 6.8톤 CO_2eq/명에 비해 2배 가까이 증가하였다.

④ 〈자료 1〉을 보면 온실가스 총배출량은 계속해서 증가한 것을 알 수 있고, 2020년 온실가스 총배출량은 69,020만 톤 CO_2eq로 1995년 온실가스 총배출량인 29,290만 톤 CO_2eq의 $\frac{69,020}{29,290}≒2.4$(배)이다.

⑤ 〈자료 1〉의 GDP 대비 온실가스 배출량을 보면 계속 감소한 것을 알 수 있는데, 이는 온실가스 배출량(분자에 해당)의 증가하는 속도보다 GDP(분모에 해당) 증가 속도가 상대적으로 더 빠르기 때문이다.

17 도표분석능력 자료의 수치 분석하기

| 정답 | ⑤

| 해설 | 11개국 중 호주는 2010년 대비 2015년 1인당 온실가스 배출량이 −2.6으로 가장 많이 감소하였으며, 1인당 온실가스 배출량은 26.5톤 CO_2eq/명으로 다른 국가들의 1인당 온실가스 배출량보다 높다.

| 오답풀이 |

① 프랑스의 1인당 온실가스 배출량은 최대 9.2, 최소 7.9로 변화폭이 1.3인 반면, 인도의 1인당 온실가스 배출량은 최대 2.3, 최소 1.6으로 변화폭이 0.7이다.

② 한국, 중국, 브라질의 경우 2005년 이후 1인당 온실가스 배출량이 증가하고 있고, 이탈리아, 일본, 호주의 경우 증가하다가 다시 감소하고 있다.

③ 11개국의 2015년 1인당 온실가스 배출량의 평균을 구하면 $\frac{2.3+7.9+8.2+8.0+9.4+11.5+10.1+5.5+21.0+26.5+13.2}{11}≒11.2$로 우리나라 1인당 온실가스 배출량인 13.2에 비해 낮은 수준이다.

④ 1995년에서 2005년 사이 1인당 온실가스 배출량의 증가폭은 호주가 27.9−26.1=1.8, 우리나라가 10.7−6.8=3.9로 우리나라가 가장 큰 폭으로 증가하였다.

18 문제처리능력 시험 유의사항 이해하기

| 정답 | ③

| 해설 | 전화를 걸 수 있는 시간은 (평일) 09 : 00 ~ 18 : 00, (토/일요일) 09 : 00 ~ 15 : 00로 정해져 있다.

19 문제처리능력 전기요금과 수도요금 구하기

| 정답 | ①

| 해설 | 전기요금과 수도요금을 각각 표로 정리하면 다음과 같다.

구분	전기요금계	부가가치세	전력산업 기반기금	청구요금 합계
A 가구	23,020원	2,302원	850원	26,170원
B 가구	31,720원	3,172원	1,170원	36,060원
C 가구	21,520원	2,152원	790원	24,460원
D 가구	31,520원	3,152원	1,160원	35,830원
E 가구	29,220원	2,922원	1,080원	33,220원

구분	구간별 수도요금 합계
A 가구	(20×430)+(10×570)+(70×840) =73,100(원)
B 가구	70×980=68,600(원)
C 가구	(30×830)+(20×900)+(30×1,010) =73,200(원)
D 가구	120×590=70,800(원)
E 가구	가정용 : (20×430)+(10×570)=14,300(원) 영업용 : (30×830)+(20×900)+(10×1,010) =53,000(원) 합계 : 14,300+53,000=67,300(원)

따라서 전기요금은 B 가구가, 수도요금은 C 가구가 가장 많은 것을 알 수 있다.

20 문제처리능력 변경사항 적용하기

| 정답 | ③

| 해설 | 각 부서별 선발 인원을 (신입사원/경력사원)으로 정리하면 다음과 같다.

인사팀	재무팀	법무팀	기획팀	홍보팀	기술 지원팀	교육팀
6명 (3/3)	9명 (6/3)	10명 (5/5)	7명 (0/7)	6명 (6/0)	12명 (6/6)	12명 (6/6)

이에 따라 변경 전 지시사항대로 면접시험 일정을 계획하면 다음과 같다.

월	화	수	목	금
1 기술 지원팀	2 법무팀	3 X	4 기획팀 또는 X	5 인사팀
8 X 또는 기획팀	9 X	10 홍보팀	11 교육팀	12 재무팀

선발 인원이 가장 적은 2개 부서는 인사팀과 홍보팀이다. 이 두 부서 중 원래 면접시험일이 더 빠른 10월 5일에 두 팀의 면접을 실시하면 일정은 다음과 같이 변경될 수 있다.

월	화	수	목	금
1 기술 지원팀	2 법무팀	3 X	4 기획팀	5 인사팀, 홍보팀
8 교육팀	9 X	10 재무팀	11	12

따라서 기술지원팀, 법무팀, 홍보팀의 면접시험은 첫째 주에 이루어진다.

| 오답풀이 |

① 같은 날 면접시험을 진행하는 2개 부서는 인사팀과 홍보팀이다.

② 같은 날 면접시험을 진행하는 2개 부서 중 홍보팀은 신입사원만 선발하지만 인사팀은 신입사원과 경력사원을 모두 선발한다.

④ 상사의 변경 지시 전과 후의 일정이 반드시 똑같은 부서는 기술지원팀, 법무팀, 인사팀이다.

⑤ 마지막으로 면접시험을 진행하는 부서는 재무팀이며, 10일에 모든 일정이 끝난다.

21 사고력 조건을 바탕으로 직원 선발하기

| 정답 | ③

| 해설 | C 팀장은 직전 해외 파견근무 종료가 2019년 11월로 2021년 10월 기준에서 2년이 경과되지 않아 선발되지 않는다. 지원자 중 업무능력 우수자인 D 팀장은 반드시 선발되어야 하며, 동일 부서에 근무하는 2명 이상의 팀장을 선발할 수 없으므로 같은 영업부에서 근무하는 E 팀장은 선발되지 않는다. 업무능력이 미흡인 B 과장과 G 사원도 선발될 수 없으므로 파견근무에 선발될 직원은 A 과장, D 팀장, F 사원이다.

22 문제처리능력 사이트 요청사항 적용하기

| 정답 | ⑤

| 해설 | 개편 후의 사이트 맵을 보면 연수 자료실은 '정보마당'에 위치해 있고, 연수 도움방은 '학습마당' 카테고리에 포함되어 있어 개편 전과 동일함을 알 수 있다. 따라서 ⑤는 요청사항으로 볼 수 없다.

23 문제처리능력 임대인 부담 비용 파악하기

| 정답 | ②

| 해설 | ㉠ 어린 아이들이 거실에서 뛰어 논 것은 목적물의 비정상적인 사용으로 보기 어려울 것이므로 주요 하자인 만큼 임대인이 비용을 부담해야 한다.

㉢ 임차인이 비용을 부담해야 할 하등의 이유가 없는 경우이므로 임대인이 비용을 부담해야 한다.

㉤ 임차인의 사용, 수익에 영향을 미치는 경우라고 볼 수 있으므로 임대인이 비용을 부담해야 한다.

| 오답풀이 |

㉡ 주어진 설명의 '특약에서 수선의무의 범위를 명시하고 있는 등의 특별한 사정이 없는 한'이라는 문구에 의해, 당연히 임대인이 비용을 부담해야 하는 사안임에도 불구하고 특약에서 명시한 바에 따라 임차인이 비용을 부담해야 하는 경우가 된다.

㉣ 임차인이 통보의무를 다하지 않아 더 큰 비용이 발생하게 된 경우로 임대인에게만 수선의무를 강제할 수는 없는 경우이다. 통보의무를 다하지 않은 경우에 대한 처

리에 관해서는 주어진 글에 구체적으로 명시되지 않았으나 비용이 증가하였으므로 반드시 임대인이 수선의무를 져야 하는 경우는 아니라고 보는 것이 타당하다.

24 문제처리능력 자료를 참고하여 결과 추론하기

| 정답 | ①

| 해설 | 총 상금을 70만 원 받은 바, 사는 부문별 상금을 받지 못하고 성적순위 6, 7위 중 하나씩을 기록했음을 알 수 있다. 마는 성적순위별 상금 70만 원과 부문별 상금 30만 원을 받아 100만 원을 받았을 수도 있지만, 앞서 성적순위 6, 7위가 정해졌으므로 마는 부문별 상금을 받지 못하고 성적순위 5위를 기록했음을 알 수 있다.

남은 가 ~ 라가 1 ~ 4위에 해당하는데, 총 상금은 1,320만 원이므로 다, 라가 받은 상금은 총 380만 원이어야 한다. 2위가 가 또는 나에 있는 경우와 다 또는 라에 있는 경우를 나누어 생각하면 다음과 같다.

i) 가 또는 나에 있는 경우

둘 중 한 명이 성적순위별 2위 상금 250만 원과 부문별 상금 100만 원을 받아 350만 원을 받고, 다른 한 명이 성적순위별 1위 상금 300만 원과 부문별 상금 50만 원을 받아 350만 원을 받는다. 다, 라는 3, 4위에 자리하므로 둘이 받는 성적순위별 상금은 200+150=350(만 원)이며, 이에 4위 해당자가 '미' 또는 '양' 부문별 상금 30만 원을 받았음을 알 수 있다.

ii) 다 또는 라에 있는 경우

둘 중 한 명이 성적순위별 상금 250만 원을 받을 경우, 다른 한 명이 받는 상금은 380−250=130(만 원)이다. 130만 원을 받을 수 있는 방법은 5위를 기록하고 부문별 상금 30만 원을 받는 것인데, 이미 5위는 마로 정해졌으므로 조건과 상충한다.

따라서 성적순위 2위는 가 또는 나에 있다.

| 오답풀이 |

(b) 7위는 바 또는 사이다.

(c) 다 또는 라가 성적순위 3, 4위 중 하나씩 기록했으므로 가능성이 있다.

(d) 가는 성적순위별 1위 상금과 '우' 부문 특별상을 받았을 수도 있고, 성적순위별 2위 상금과 '수' 부문 특별상을 받았을 수도 있다.

(e) '우' 부문을 받은 사람이 다른 특별상을 중복하여 수상하는 경우는 없다.

25 문제처리능력 최소 인력 구하기

| 정답 | ②

| 해설 | 축제를 날짜 순서대로 나열하면 다음과 같다.

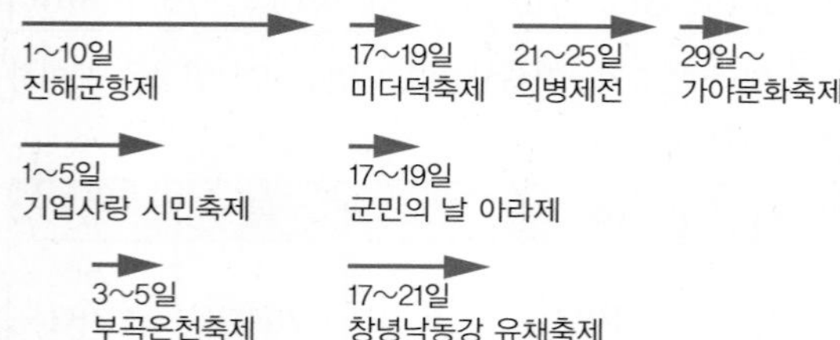

따라서 축제에 필요한 최소 관리 인력은 3명이다.

9회 기출예상문제

문제 323쪽

01	③	02	④	03	②	04	④	05	④
06	③	07	②	08	②	09	④	10	②
11	②	12	④	13	③	14	②	15	②
16	③	17	⑤	18	①	19	③	20	④
21	④	22	④	23	⑤	24	⑤	25	③

01 문서작성능력 글의 서술 방식 파악하기

| 정답 | ③

| 해설 | 제시된 글은 아동의 인지발달이라는 하나의 주제에 대해 피아제와 비고츠키라는 두 이론가의 서로 다른 주장을 제시하며 글을 서술하고 있다.

02 문서이해능력 세부 내용 이해하기

| 정답 | ④

| 해설 | 글쓴이는 '당신이 사람보다 나무를 더 사랑하는 까닭을 알 것 같습니다'라고 하면서 소광리의 소나무를 가르쳐 준 '당신'의 견해에 동조하고 있음을 말하고 있다. 따라서 독자를 '당신'으로 설정하고 '당신'의 견해를 반박하고 독자와의 거리감을 부각시켰다는 설명은 적절하지 않다.

03 문서이해능력 세부 내용 이해하기

| 정답 | ②

| 해설 | 월스트리트저널의 뮤추얼 펀드 매니저 대상 설문조사 결과에 따르면 지지 요청을 제안받은 펀드 매니저는 응답자의 절반이며 이 중 45%가 지지 의사를 표명하였다. 따라서 조사대상 전체 응답자의 약 22.5%가 지지 의사를 표명한 것으로 볼 수 있다.

| 오답풀이 |

① 1 ~ 2%의 지분만 보유한 경우라도 다른 주주들과 이해관계자들을 끌어들여 연합을 구성해 이사회 의석 확보 등과 같이 적극적으로 기업에 영향을 미친다면 행동주의 투자자에 해당한다.

③, ⑤ 미디어를 활용하며 공격적으로 활동하는 행동주의 투자자뿐 아니라 조용히 최고 경영진과 협의하는 행동주의 투자자도 존재한다. 따라서 활동 양상이 외부에서 관찰 가능한지 여부로는 행동주의 투자자의 활동사례인지 아닌지를 결정할 수 없다.

④ 행동주의 투자자가 두 자릿수의 주식 비중을 보유한 대주주인 경우 가능하다.

04 문서작성능력 흐름에 맞게 문단 나열하기

| 정답 | ④

| 해설 | 서론에서 온실가스 배출량이 점점 증가하고 있다고 하였으므로 그에 대한 구체적 수치를 제시한 (마)가 먼저 오는 것이 적절하다. (마)의 마지막 문장에서 '온실가스 의 무감축 국가라고 가정해 보자'라고 하였으므로 그 이후에 감축 목표를 가정하고 있는 (다)가 오는 것이 적절하다. (다)에서 온실가스 절반을 줄여야 한다고 하였으므로 이에 대한 내용이 이어지는 (가)가 다음에 오는 것이 적절하다. (가)의 마지막 문장에서 이명박 대통령이 온실가스 감축 목표를 설정하겠다고 하였으므로 정부의 목표가 언급되는 (나)가 이어지는 것이 적절하며 정부의 낮은 목표치에 대해 덧붙여 설명하고 있는 (라)가 이어지는 것이 적절하다. 따라서 적절한 순서는 (마)－(다)－(가)－(나)－(라)이다.

05 문서이해능력 문단별 중심내용 파악하기

| 정답 | ④

| 해설 | (라)는 정보기술 산업이 우리나라에서 경쟁력을 확보하고 기존 주력 산업과 공존하는 현상을 설명할 수 있는 두 가지 접근방법에 관해 설명하고 있다. 따라서 이 문단의 주제는 '정보기술 산업이 우리나라에서 경쟁력을 갖는 이유'가 적절하다.

06 문서이해능력 내용을 읽고 추론하기

| 정답 | ③

| 해설 | 비타민 A에서 레티놀이 비가역적으로 산화된 형태인 레티노산은 비타민 A로서 부분적인 기능만 하며, 망막의 시각 회로(visual cycle)에서는 아무런 기능도 하지 못

한다고 하였다. 따라서 박명시에 주요한 역할을 수행하지 않는다.

07 문서이해능력 세부 내용 이해하기

|정답| ②

|해설| 중위험 국가의 경우에는 적절한 설명이나, 저위험 국가 역시 외부충격이 발생할 시 정도의 문제일 뿐 외국인 자금 이탈과 주가 및 통화 가치 하락을 경험한다. 다만 대외충격이 가라앉고 나면 외국인 투자자금이 빠르게 재유입되면서 금융시장이 안정을 되찾을 수 있다. 따라서 대외충격 발생 시 외자이탈과 통화가치 하락을 경험한다고 해서 반드시 금리를 인상해야 한다고는 볼 수 없다.

08 문서작성능력 빈칸에 들어갈 말 찾기

|정답| ②

|해설| 3차원 공간에서 표시되는 콘텐츠에 관한 내용을 다루고 있지만, 이러한 수준의 홀로그램 서비스는 아직 먼 미래의 일이라는 점을 제시하고 있다. 또한 공유되는 정보가 다차원적인지도 알 수 없다.

09 문서이해능력 세부 내용 이해하기

|정답| ④

|해설| B사의 자산 성과 소프트웨어를 사용하여 800개가 넘는 해양 우물에서 생산을 최적화한 것은 인도의 케언 오일 및 가스이다. B사의 애셋와이즈는 회사의 기존 시스템과 상호 작용하고 여러 소스의 데이터를 통합하는 연결된 데이터 환경을 제공한다.

10 기초통계능력 확률 계산하기

|정답| ②

|해설| 김 대리가 휴일 중 하루라도 당직근무를 할 확률은 '1－휴일이 아닌 날 중 두 번 당직근무를 할 확률'로 구한다.

주말과 추석연휴를 합친 9월의 휴일은 총 11일이므로

$\frac{a}{b}=1-\frac{{}_{19}C_2}{{}_{30}C_2}=1-\frac{57}{145}=\frac{88}{145}$이다.

따라서 $b-a=145-88=57$이다.

11 기초연산능력 산소 농도 측정하기

|정답| ②

|해설| x번째로 측정한 산소 농도가 18%라고 가정하면 $21\times0.98^x=18$이 성립하므로 x를 구하기 위해 양변에 로그를 취한다.

$\log(21\times0.98^x)=\log18$

$\log21+\log0.98^x=\log18$

$x\log0.98=\log\frac{18}{21}$

$\log0.1=-1$이므로

$x(-1+\log9.8)=\log6-\log7$

$-0.01x=0.78-0.85=-0.07 \qquad \therefore\ x=7$

따라서 7번째로 측정한 산소 농도가 18%가 되므로 7번째 측정 전에는 환기를 시켜야 한다.

12 기초연산능력 약수 활용하기

|정답| ④

|해설| i) A가 6을 썼을 때

B는 6의 약수인 1, 2, 3, 6을 적을 수 없으므로 4나 5를 적는다.

A	6	4
B	5	X

A	6	5
B	4	X

모든 경우에서 반드시 A가 이기게 된다.

ii) A가 5를 썼을 때

B는 1과 5를 제외한 나머지 숫자를 적을 수 있다.

A	5	4
B	6	X

A	5	6
B	4	X

A	5	2	4
B	3	6	X

A	5	3	6
B	2	4	X

모든 경우에서 반드시 A가 이기게 된다.

따라서 A가 1회에서 5나 6을 적으면 반드시 이긴다.

| 오답풀이 |

A가 1회에서 쓴 숫자가 다음과 같을 경우 B가 이길 수 있다.

- 1일 때 ⇒ B는 6을 쓴다.
- 2일 때 ⇒ B는 6을 쓴다.
- 3일 때 ⇒ B는 4 또는 6을 쓴다.
- 4일 때 ⇒ B는 3을 쓴다.

13 도표분석능력 자료의 수치 분석하기

| 정답 | ③

| 해설 | ㄱ. 6월 6일 ~ 13일 중 검사 의뢰자 수가 가장 많은 날짜는 6월 7일로, 569명이 검사를 받았다.

ㄴ. 전날 대비 확진자 수가 증가한 6월 7일, 6월 8일, 6월 11일, 6월 12일의 확진자 수 증가율을 구하면 다음과 같다.

- 6월 7일 : $\frac{257-214}{214}\times 100 ≒ 20.1(\%)$
- 6월 8일 : $\frac{357-257}{257}\times 100 ≒ 38.9(\%)$
- 6월 11일 : $\frac{289-242}{242}\times 100 ≒ 19.4(\%)$
- 6월 12일 : $\frac{310-289}{289}\times 100 ≒ 7.3(\%)$

따라서 전날 대비 확진자 수의 증가율이 가장 큰 날짜는 6월 8일이다.

ㄷ. 확진 여부는 검사 의뢰 바로 다음 날 확인 가능하다고 했으므로 6월 5일에 검사를 의뢰한 사람의 확진 여부를 6월 6일에 확인할 수 있다. 6월 5일의 검사 의뢰자 수는 487명, 6월 6일의 확진자 수는 214명이므로 6월 6일에 음성 판정을 받은 사람은 487−214=273(명)이다.

| 오답풀이 |

ㄹ. 6월 7일에서 6월 8일 사이에 완치된 환자 수는 1,526−1,357=169(명), 6월 12일에서 6월 13일 사이에 완치된 환자 수는 2,312−2,146=166(명)으로, 6월 12일에서 6월 13일 사이에 완치된 환자 수가 더 적다.

14 도표분석능력 자료를 바탕으로 수치 계산하기

| 정답 | ②

| 해설 | '좌석점유율=경기당 평균 관중 수÷수용규모×100'에 의해 '수용규모=경기당 평균 관중 수÷좌석점유율×100'이 된다. 이에 따라 2020년의 종목별 수용규모를 계산해 보면 다음과 같다.

- 야구 : 11,668÷47.3×100≒24,668(명)
- 축구 : 6,502÷20.2×100≒32,188(명)
- 농구(남) : 3,188÷57.1×100≒5,583(명)
- 농구(여) : 1,097÷37.9×100≒2,894(명)
- 배구 : 2,425÷55.6×100≒4,361(명)

따라서 2020년의 수용규모는 축구가 가장 크다.

15 도표분석능력 자료의 수치 분석하기

| 정답 | ②

| 해설 | 2016년 대비 2020년에 경기 수가 증가한 종목은 배구와 야구다.

| 오답풀이 |

① 배구를 제외한 4가지 종목은 모두 2011년 대비 2020년에 좌석점유율이 낮아졌다.

③ 여자 농구와 축구는 모두 2014년에 좌석점유율이 가장 높다.

④ 5년간의 증감 추이가 같은 종목은 없다.

⑤ 배구 경기당 평균 관중의 전년 대비 증감률을 계산하면 다음과 같다.

- 2017년 : $\frac{1,964-1,525}{1,525}\times 100 ≒ 28.8(\%)$
- 2018년 : $\frac{2,311-1,967}{1,967}\times 100 ≒ 17.5(\%)$
- 2019년 : $\frac{2,336-2,311}{2,311}\times 100 ≒ 1.1(\%)$
- 2020년 : $\frac{2,425-2,336}{2,336}\times 100 ≒ 3.8(\%)$

따라서 증감률이 가장 큰 해는 2017년이다.

16 도표분석능력 자료의 수치 분석하기

| 정답 | ③

| 해설 | 20X6년 고등교육기관을 졸업한 취업자는 349,584명, 그중 프리랜서의 수는 20,280명이므로 프리랜서의 비율은 $\frac{20,280}{349,584}\times 100 ≒ 5.8(\%)$이다.

| 오답풀이 |

① 남자와 여자의 취업률 차이는 20X1년에 6.2%p, 20X2년에 4.9%p, 20X3년에 5%p, 20X4년에 3.8%p, 20X5년에 2.9%p, 20X6년에 2.6%p로, 20X3년에는 20X2년에 비해 취업률 차이가 커졌다.

② 제시된 자료에는 취업률만 나와 있으므로 20X1 ~ 20X5년의 취업자 수는 비교할 수 없다.

④ 20X6년 남자의 진학률은 $\frac{19,415}{285,443}\times 100 ≒ 6.8(\%)$, 여자의 진학률은 $\frac{17,423}{295,252}\times 100 ≒ 5.9(\%)$로 남자의 진학률이 더 높다.

⑤ 20X6년 고등교육기관 졸업자 취업통계조사 결과에 따르면 취업률은 $\frac{349,584}{516,620}\times 100 ≒ 67.7(\%)$이다.

17 도표분석능력 자료의 수치 분석하기

| 정답 | ⑤

| 해설 | 20X6년 고등교육기관을 졸업한 취업자 중 해외취업자(B), 개인창작활동종사자(D), 1인 창업 · 사업자(E)의 비율을 각각 구하면 다음과 같다.

- 해외취업자 : $\frac{2,333}{349,584}\times 100 ≒ 0.67(\%)$
- 개인창작활동종사자 : $\frac{3,125}{349,584}\times 100 ≒ 0.89(\%)$
- 1인 창업 · 사업자 : $\frac{4,791}{349,584}\times 100 ≒ 1.37(\%)$

따라서 1인 창업 · 사업자의 비율은 1.2%를 초과한다.

| 오답풀이 |

① 20X6년 고등교육기관 졸업자 수는 580,695명, 취업대상자 수는 516,620명이다. 따라서 고등교육기관 졸업자 중 취업대상자의 비율은 $\frac{516,620}{580,695}\times 100 ≒ 89.0(\%)$이다.

② 남자의 경우 국내진학자 19,066명, 국외진학자 349명으로 국내진학자는 국외진학자의 $\frac{19,066}{349} ≒ 54.6$(배)이고, 여자의 경우 국내진학자 16,893명, 국외진학자 530명으로 국내진학자는 국외진학자의 $\frac{16,893}{530} ≒ 31.9$(배)이다.

③ 〈자료 3〉의 '취업현황'을 보면 C(농림어업종사자)의 수가 가장 적다. 따라서 20X6년 고등교육기관을 졸업한 취업자 중 농림어업종사자의 비율이 가장 낮으며, 그 값은 $\frac{617}{349,584}\times 100 ≒ 0.18(\%)$이다.

④ 〈자료 3〉의 '취업현황'을 보면 A(건강보험 직장가입자)의 수가 가장 많다. 따라서 20X6년 고등교육기관을 졸업한 취업자 중 건강보험 직장가입자의 비율이 가장 높으며, 그 값은 $\frac{318,438}{349,584}\times 100 ≒ 91.1(\%)$이다.

18 문제처리능력 우수 사원 선정하기

| 정답 | ①

| 해설 | ⅰ) 이달의 사원

직전 3개월간 한 번이라도 '이달의 사원'으로 선정된 이력이 있으면 선정 대상에서 제외되므로 9월, 10월, 11월에 선정된 을과 정은 제외된다.

갑, 병, 무의 점수를 계산하면 다음과 같다.

- 갑 : $\{(18\times 15+20\times 20)-(6\times 5+9\times 10)\}\times 1.2=660$(점)
- 병 : $\{(22\times 15+19\times 20)-(8\times 5+12\times 10)\}\times 1.2=660$(점)
- 무 : $\{(16\times 15+25\times 20)-(10\times 5+15\times 10)\}=540$(점)

갑과 병이 동점이므로 '총 계약 건수－총 실수 건수'를 비교하면 갑은 (18+20)－(6+9)=23(건), 병은 (22+19)－(8+12)=21(건)으로 갑이 더 높다.

따라서 이달의 사원으로 선정되는 사람은 갑이다.

ⅱ) 올해의 사원 선정하기

2020년 12월을 포함하여 2회 이상 이달의 사원으로 선정된 사원들을 대상으로 선정하므로 이달의 사원 선정

횟수가 1회인 정, 무는 제외된다. 갑, 을, 병 모두 2020년 계약 건수의 총합이 30건 이상이다. 2020년 실수 건수의 총합이 20건 이상인 병이 제외되므로, 요건에 해당하는 갑과 을의 '중대한 계약 건수−중대한 실수 건수'를 비교하면 갑은 20−9=11(건), 을은 30−10=20(건)으로 을이 더 높다.

따라서 올해의 사원으로 선정되는 사람은 을이다.

19 문제처리능력 자료 읽고 추론하기

|정답| ③

|해설| '2. 퇴장방지의약품의 지정기준 등'에 따르면 성분뿐만 아니라 투여 경로, 제형까지 모두 같아야 한다.

|오답풀이|

④ '2. 퇴장방지의약품의 지정기준 등'에 따르면 '타약제에 비하여 저가이면서 약제의 특성상 타약제의 대체효과가 있어 비용·효과적인 측면에서 특별히 관리하여야 할 약제'가 지정 대상이다. 즉, 퇴장방지의약품 제도는 효과가 있으나 저가이기 때문에 제조 및 수입이 기피되는 의약품이 시장에서 퇴장하는 것을 방지하는 제도이다. 이 제도가 없다면 약제 판매업체들은 유사한 효과를 나타내는 고가의 약 위주로 판매하게 될 것이라 유추할 수 있다.

20 문제처리능력 증가하는 보험료 계산하기

|정답| ④

|해설| • 무보험자동차로 발생할 사고에 대비하기 위한 항목은 '무보험차상해'이다. 현재 확인한 보장 범위는 2억 원이므로, 이를 늘릴 시 가능한 보장범위는 5억 원이다. 이때 늘어나는 보험료는 2,890−2,790=100(원)이다.

• 피보험자(부부)가 피보험차량으로 인해 사고를 당해 상해나 사망한 경우를 대비하기 위한 항목은 '자동차상해'이다. 현재 확인한 보장 범위는 3억 원/5천만 원이므로, 이를 둘 다 늘릴 시 5억 원/1억 원이 된다. 이때 늘어나는 보험료는 27,820−22,240=5,580(원)이다.

• 피보험차량으로 타인의 자동차나 물건에 손해를 가하는 경우를 보장하기 위한 항목은 '대물배상'이다. 현재 확인한 보장범위는 3억 원이므로, 이를 2억 원 늘릴 시 보장범위는 5억 원이다. 이때 늘어나는 보험료는 138,240−137,370=870(원)이다.

따라서 총 증가하는 보험료는 100+5,580+870=6,550(원)이다.

21 문제처리능력 임상시험 이해하기

|정답| ④

|해설| 임상시험 2상에서 약 67% 정도의 약물이 떨어지고 약 33% 정도의 약물이 임상시험 3상으로 진행된다고 하였다.

|오답풀이|

① 임상시험은 총 3상에 걸쳐 진행되며 3 ~ 10년의 소요시간을 거친다.

② 임상시험 1상에서는 안전성을 평가하고 임상시험 2상에는 안전성과 효능 그리고 임상시험 3상에서는 효능을 평가한다. 따라서 효능을 평가하기에 앞서 안전성을 먼저 평가한다.

③ 사람에게 사용할 수 있는 최대용량과 부작용을 조사하는 과정은 임상시험 1상이다.

⑤ 전임상시험은 약물이 사람에게 안전하고 효과가 있는지를 시험하기 전에 그 안정성과 효과를 확인하기 위해 동물 모델을 대상으로 진행하는 시험단계이다.

22 문제처리능력 자료를 기반으로 합격자 파악하기

|정답| ④

|해설| 지원자 A ~ G의 총점을 계산하면 다음과 같다.

(단위 : 점)

구분	직무적합도	면접결과	부가점	총점
지원자 A	70	77	3	150
지원자 B	과락			
지원자 C	90	66	0	156
지원자 D	75	77	3	155
지원자 E	과락			
지원자 F	85	66	5	156
지원자 G	90	55	6	151

A가 직무적합도 테스트에서 5점을 더 맞았더라면 D와 동점이 되지만, 경력이 짧아서 탈락한다.

| 오답풀이 |

① 3년 이상 경력자 중에서 D가 합격한다.

② G는 151점으로 불합격한다.

③ B, E는 과락자이다.

⑤ 사회봉사 5시간을 더 할 경우 29시간이며, 이를 반올림하여 추가 1점을 획득하므로 최고점 157점이 되어 합격할 수 있다.

23 문제처리능력 자료를 기반으로 합격자 파악하기

| 정답 | ⑤

| 해설 | 추가 지원자를 더해 총점을 계산하면 다음과 같다.

(단위 : 점)

구분	직무적합도	면접결과	부가점	총점
지원자 A	70	77	3	150
지원자 B	과락			
지원자 C	90	66	0	156
지원자 D	75	77	3	155
지원자 E	과락			
지원자 F	85	66	5	156
지원자 G	90	55	6	151
지원자 H	과락			
지원자 I	100	44	10	154
지원자 J	95	55	5	155
지원자 K	75	77	0	152
지원자 L	90	66	0	156

지원자 L은 경력 3년 미만 지원자들 중 기존 합격자였던 지원자 C와 동점인 156점을 획득하였는데, 지원자 L이 지원자 C보다 해당직종 경력이 길어 합격자로 뽑히게 된다.

24 문제처리능력 자료 추론으로 타당성 여부 파악하기

| 정답 | ⑤

| 해설 | '지질관광의 일반화를 위해 지질관광의 콘텐츠 개발이 재고되어야 함을 의미한다'를 통해 지질관광에 대한 설명임을 추론할 수 있다.

| 오답풀이 |

① '깊은 지질학적 지식을 요구하고 있어 방문객들이 그 내용을 근본적으로 이해하기 어려운 구조적 문제점을 안고 있다'라고 하였다. 따라서 옳은 설명이다.

② '현재 우리사회의 관광 콘텐츠는 주로 역사 중심의 프로그램으로 구성되어 있다'라고 하였다. 따라서 옳은 설명이다.

③ '광범위한 지역의 공간 특성을 관광 대상으로 하는 지리여행은 어떤 지역의 자연은 물론 문화, 역사, 민속 등 인문적 특성 모두를 관광의 관심대상으로 삼는다'라고 하였다. 따라서 옳은 설명이다.

④ '지리여행은 현장답사를 통해 우리 주변의 산지, 하천, 해안지형 및 물이 빚어낸 자연경관, 그리고 이러한 자연경관 위에 펼쳐지고 있는 도시, 농산어촌의 생활양식이 시공간적으로 결합된 지리콘텐츠(Geographical Content)를 이해하는 체험여행이다'라고 하였다. 따라서 자연경관뿐만 아니라 도시 및 여러 지역의 생활양식 또한 여행 콘텐츠가 될 수 있음을 추론할 수 있다.

25 문제처리능력 자료 읽고 추론하기

| 정답 | ③

| 해설 | 지리여행은 자연은 물론 문화, 역사, 민속 등 인문적 특성 모두를 관광의 관심대상으로 삼는 여행이다. ㉢의 경우 지질, 지형학적 특징에 대해서만 중점적으로 설명하고 문화, 역사, 민속 등에 관련된 내용은 담고 있지 않으므로 적절하지 않다.

10회 기출예상문제

문제 361쪽

01	⑤	02	④	03	④	04	⑤	05	④
06	④	07	⑤	08	④	09	①	10	③
11	④	12	③	13	③	14	④	15	②
16	③	17	④	18	④	19	①	20	③
21	⑤	22	②	23	④	24	②	25	③

01 문서작성능력 문맥에 맞게 문단 배열하기

| 정답 | ⑤

| 해설 | (라)는 광통신에 대해 설명하면서 광통신의 한계를 극복할 수 있는 애벌랜치 광다이오드, 즉 중심소재에 대해 제시한다. 다음으로 애벌랜치 광다이오드에 대해 설명하는 (나)가 이어져 전자와 양공 쌍의 개수가 애벌랜치 광다이오드의 성능에 영향을 미침을 설명하고, (가)는 그 뒤에 이어져 흡수층에서 생성된 전자에 의해 충돌 이온화가 반복적으로 나타남을 설명한다. (마)에서는 그 결과에 따라 전자 수가 크게 증가하는 현상인 '애벌랜치 증배'가 발생한다고 언급하므로 (가)의 뒤에 자연스럽게 연결된다. 마지막으로, (다)에서는 '한편'이라는 접속어로 화제를 전환해 검출 가능한 빛의 파장대역에 대해 설명하고 있으며 이는 앞서 언급한 내용과는 구별된다. 따라서 (라)－(나)－(가)－(마)－(다)의 순서로 문단을 배열하는 것이 적절하다.

02 문서이해능력 세부 내용 추론하기

| 정답 | ④

| 해설 | 공동체주의는 공동선이 옳기 때문에 정의의 자격이 부여되는 것이 아니라, 사람들이 좋아하고 그로 인해 행복할 수 있기 때문에 공동선이 정의로서 자격을 갖춘다고 했다. 즉, 공동체가 공유하는 가치가 변한다면 공동선 또한 변할 수 있다. 따라서 절대적으로 정의로운 공동선을 설정한다고 보는 것은 옳지 않다.

| 오답풀이 |

① 현대 바이오테크놀로지가 내놓은 생명윤리적 쟁점과 질문을 해결하기 위해 공동체주의적 관점의 생명윤리학이 출현하였다고 했다. 따라서 기존의 자유주의 윤리학적 관점만으로는 해결이 어려웠음을 추론할 수 있다.

③ 공동체주의 접근방식이 개인이 현실적으로 속해 있는 공동체와 대화할 수 있는 길을 열어 주었다고 했으므로, 자유주의적 관점은 인간을 추상화된 개념의 이상(理想) 속에 고립되고 한정된 존재로 보고 있음을 추론할 수 있다.

03 문서이해능력 세부 내용 이해하기

| 정답 | ④

| 해설 | 다섯 번째 문단에 '용량별로는 50MW 이하는 리튬이온배터리 · NaS · RFB 등의 전지 산업으로, 50MW 이상은 CAES 및 양수발전시스템과 같은 대형 발전 산업으로 시장을 형성할 것으로 예상된다'고 제시되어 있다.

04 문서이해능력 세부 내용 이해하기

| 정답 | ⑤

| 해설 | 빌헬름 폰 훔볼트는 인간의 창의성을 강조하며 한 번도 들어본 적 없는 문장을 창의적으로 구사해 낼 수 있는 인간의 능력에 대해 주장하고 있다. 따라서 ⑤는 적절하지 않은 설명이다.

| 오답풀이 |

①, ② 레너드 블룸필드는 아이의 언어활동은 주위의 부모 또는 어른들의 발화로부터 습득된 반응에 의해 생산된 문장으로 이루어진다고 하며, 실제 발화되는 문장은 하나의 자극이 되어 아이들에게 후천적인 언어적 경험을 선사한다고 하였다.

③ 노암 촘스키는 언어란 인간의 뇌에 내재되어 있는 언어 습득 장치에 의해 학습된다고 주장하였다. 따라서 유전적으로 결정된 인간의 언어 습득 장치에 대한 연구를 실행하였음을 추론할 수 있다.

④ 빌헬름 폰 훔볼트는 어린이들이 들어본 적 없는 문장을 구사할 수 있는 것은 인간의 창의성 덕분이라고 하였다.

05 문서이해능력 글의 견해 반박하기

| 정답 | ④

| 해설 | 데카르트는 '내가 생각한다는 사실'을 전제로 나의 존재를 증명하였으므로 ④는 반론이 아닌 데카르트의 견해와 일치하는 주장이다.

| 오답풀이 |

①, ③ 신의 증명에서 결론을 전제의 일부로 사용하는 오류인 순환 논증의 오류가 드러난다.

④ RHO는 공급의무화제도이며 RPS는 발전사업자와 판매사업자에게 적용하는 발전 또는 판매의무화제도이므로, 각각 공급과 사용 측면의 정책이라고 할 수 있다.

06 문서작성능력 내용에 맞는 제목 작성하기

| 정답 | ④

| 해설 | 제시문은 드론에 대해 설명하며 현재 구글과 페이스북 등의 기업에서는 드론을 활용해 사업을 확장하고 있음을 제시하고 있다. 또한 영화업계, 방송사, 취미 등 그 쓰임이 갈수록 넓어지고 있음을 소개하며 이처럼 다양한 용도로 쓰이는 드론이 군사적, 경제적으로도 그 규모가 확장될 것을 언급하고 있다. 즉, 성장이 전망되는 드론의 미래에 대해 이야기하고 있으므로 글의 제목으로 '드론의 가능성, 그 끝은 어디인가'가 적절하다.

07 문서이해능력 세부 내용 이해하기

| 정답 | ⑤

| 해설 | 제시된 글은 신재생에너지의 보급 활성화를 위한 필자의 의견을 서술하고 있다. 전반부에서는 신재생에너지 공급의무화제도인 RHO, 후반부에서는 신재생에너지 의무할당제도인 RPS에 대한 설명과 적용 시의 전망 등이 이어지고 있다. 두 가지 제도를 모두 신재생에너지의 보급 활성화 방안으로 제시하고 있으며, 둘 중 어느 하나를 보다 더 확대해야 한다는 의견을 제시하는 것은 아니다.

| 오답풀이 |

① 사업 경제성이 악화되는 환경에서 의무할당제도 불이행에 따른 과징금 등은 큰 부담으로 작용한다고 언급되어 있다.

② RHO와 RPS의 적용 확대를 위해 필자는 4세대 지역난방 모델을 전반부와 후반부에 모두 언급하여 설명하고 있다.

③ 2035년 목표에서는 온실가스 감축 수단의 비중으로 신재생에너지보다 타 에너지에 대한 의존도가 더 높을 것으로 전망하고 있다.

08 문서이해능력 세부 내용 이해하기

| 정답 | ④

| 해설 | 디지털 카르텔은 역설적으로 시장의 투명성이 높은 상황에서 이루어지며, Predictable Agent 유형은 인터넷을 통해 가격 정보가 투명하게 공개되는 상황이 오히려 묵시적인 가격 담합을 유발하는 경우이다.

| 오답풀이 |

① Predictable Agent 유형의 경우 불법여부를 판단하기 쉽지 않으며 Autonomous Machine 유형의 경우 법적인 대처가 어렵다.

② 알고리즘에 법적 지위를 부여하여 권리와 책임을 명확히 하자는 의견이 존재한다.

③ 디지털 경제는 투명성이 높고 거래비용이 낮다는 특성을 가지고 있으며 이는 디지털 카르텔에 용이한 환경으로 작용한다.

⑤ 디지털 카르텔 유형 중 하나인 Hub-and-Spoke에 관한 설명이다.

09 문서작성능력 글의 전개방식 파악하기

| 정답 | ①

| 해설 | 글쓴이는 재난으로 고통받고 있는 아이들에 대한 다양한 사례를 들어 독자들의 감정을 자극하면서 마술 지팡이처럼 아동이 신체적, 지적, 정신적, 도덕적, 사회적 발달에 맞는 생활수준을 누리고 있는지 귀 기울이고 지켜봐야 한다며 의견에 대한 공감을 이끌어 내고 있다.

10 기초통계능력 확률 계산하기

| 정답 | ③

| 해설 | 시간을 기준으로 식을 세우면 다음과 같다.

$$15 \le \frac{X}{5} + \frac{Y}{10} \le 20$$

$$15 \le \frac{2X+Y}{10} \le 20$$

$$150 \le 2X+Y \le 200$$

문제에서 요구하는 것은 $P(150 \le 2X+Y \le 200)$이고, X와 Y는 균등분포를 따르므로 아래와 같은 그래프를 그릴 수 있다.

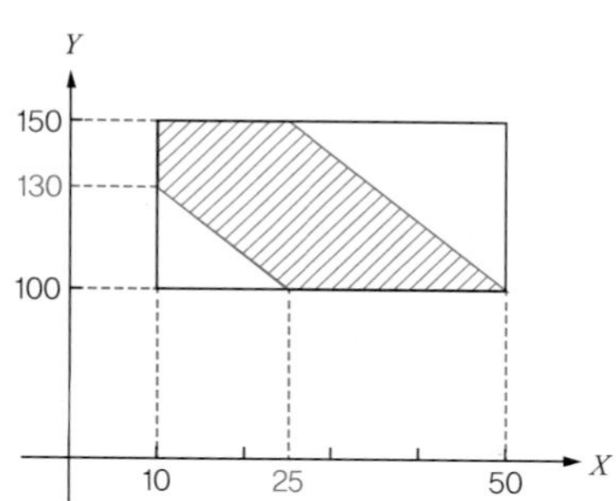

$$P(150 \le 2X+Y \le 200) = \frac{\text{빗금 친 부분의 면적}}{\text{사각형의 면적}}$$

$$= \frac{(40 \times 50) - \left(\frac{1}{2} \times 15 \times 30\right) - \left(\frac{1}{2} \times 25 \times 50\right)}{40 \times 50}$$

$= \frac{2,000 - 225 - 625}{2,000} = \frac{1,150}{2,000} = 0.575$, 즉 57.5%이다.

11 기초통계능력 대푯값 분석하기

| 정답 | ④

| 해설 | 선수가 총 10명이기 때문에 중앙값은 모든 값을 크기 순으로 나열했을 때, 다섯 번째와 여섯 번째 값의 평균이 된다. 따라서 여섯 번째 최다 득점자가 3골을 넣었다면 중앙값으로 2점이 나올 수 없다.

| 오답풀이 |

① 10명의 평균값이 7점이므로 총 득점은 7×10=70(점)이다.

② 최빈값인 1점과 2점을 최소한으로 배치했을 때, 1골을 넣은 선수와 2골을 넣은 선수는 모두 3명씩이다. 최다 득점자인 30골을 넣은 선수를 제외하고 남은 선수는 총 3명이고 총 득점이 70점이므로 3명이서 31점을 득점했다. 따라서 두 번째 최다 득점자는 11골 이상을 넣었다.

③ 최빈값이 1점과 2점이기 때문에 한 골을 넣은 선수의 수와 두 골을 넣은 선수의 수는 같다.

⑤ 다섯 번째 최다 득점자와 여섯 번째 최다 득점자의 점수 평균은 중앙값을 의미하므로 2점이다.

12 기초연산능력 카드 게임 결과 예상하기

| 정답 | ③

| 해설 | +와 ÷ 중 ÷를 먼저 계산해야 한다. ÷를 했을 때 가장 큰 값이 나오는 경우는 15÷1인데 여기에 14를 더해도 29이므로 계산 결과는 50이 될 수 없다.

| 오답풀이 |

① ÷를 했을 때 가장 큰 값이 나오는 경우는 15÷1이므로 계산 결과가 50이 되려면 ×가 필요하다. 그런데 이 경우 다른 한 명이 +와 −를 보유하게 되어 계산 결과가 50이 나올 수 없다(④ 참고).

② A가 1, 2, 3, 4, +, ×, B가 5, 6, 10, 15, −, ÷를 보유하고 있을 경우 A의 계산 결과는 최대 4×3+2=14, B의 계산 결과는 최대 15−5÷10=14.5가 된다. 따라서 보유한 연산기호 카드가 +와 ×일 때 반드시 이기는 것은 아니다.

④ 보유한 연산기호 카드가 +와 −라면 계산 결과는 최대 15+14−1=28이다.

⑤ A가 5, 10, 11, 12, ×, ÷, B가 1, 13, 14, 15, +, −를 보유하고 있을 경우 A의 계산 결과는 최대 12×11÷5=26.4, B의 계산 결과는 최대 15+14−1=28이 되어 B가 이기게 된다.

13 도표분석능력 자료의 수치 분석하기

| 정답 | ③

| 해설 | 2045년까지 1인 가구는 계속 증가할 것으로 추정되나, 1인 가구 증가율은 2020년 이후 오히려 점점 감소할 것으로 추정된다.

| 오답풀이 |

① 2016년 1인 가구는 전체의 $\frac{5,398}{19,368} \times 100 \fallingdotseq 27.9(\%)$를 차지한다.

14 도표분석능력 자료를 바탕으로 수치 계산하기

| 정답 | ④

| 해설 | 2016년의 1인 가구 수는 남녀가 각각 2,676천 가구와 2,722천 가구이므로 40 ~ 49세 남자의 1인 가구 수는 2,676×0.199≒533(천 가구), 여자의 1인 가구 수는 2,722×0.114≒310(천 가구)가 된다. 따라서 남녀 1인 가구 수의 합은 533+310=843(천 가구)이다.

15 도표분석능력 자료의 수치 분석하기

| 정답 | ②

| 해설 | 전체 식중독 발생건수 중 원인불명인 경우의 비중은

20X3년은 $\frac{100}{228}\times 100 \fallingdotseq 43.9(\%)$,

20X4년은 $\frac{105}{271}\times 100 \fallingdotseq 38.7(\%)$,

20X5년은 $\frac{108}{249}\times 100 \fallingdotseq 43.4(\%)$로 20X3년이 가장 높다.

| 오답풀이 |

① 20X5년 전체 식중독 발생건수 중 황색 포도상구균은 249건 중 10건이므로 $\frac{10}{249}\times 100 \fallingdotseq 4(\%)$이다.

③ 20X4년 노로바이러스 1건당 평균 환자수는 $\frac{1,994}{31} \fallingdotseq$ 64(명)이다.

16 도표분석능력 자료를 바탕으로 수치 계산하기

| 정답 | ③

| 해설 | 노로바이러스에 의한 식중독 발생건수는 31건이며, 이 중 12 ~ 2월에 발생한 건수는 3+5+5=13(건)이다. 따라서 $\frac{13}{31}\times 100 \fallingdotseq 41.9(\%)$가 된다.

17 도표분석능력 자료의 수치 분석하기

| 정답 | ④

| 해설 | ㉠ 백화점, TV홈쇼핑 모두 셔츠 상품군의 판매수수료율이 각각 33.9%, 42.0%로 전체 상품군 중 가장 높다.

㉡ 상위 5개 상품군의 판매수수료율은 백화점과 TV홈쇼핑 모두 30% 이상이다.

㉣ 여행패키지 상품군의 판매수수료율은 TV홈쇼핑의 경우 8.4%이며, 백화점의 경우는 〈표 1〉에는 나타나 있지 않지만 하위 5개 중 5위인 20.8%보다 높다는 것을 알 수 있다. 그러므로 2배 이상이라고 할 수 있다.

| 오답풀이 |

㉢ 잡화 상품군과 모피 상품군의 판매수수료율은 백화점에서는 각각 31.8%, 31.1%이지만, TV홈쇼핑에서는 판매수수료율 상위 5개, 하위 5개 부문에 들지 못해서 비교할 수 없다.

18 문제처리능력 암호문 해석하기

| 정답 | ④

| 해설 | 다섯 개의 숫자로 이루어진 〈암호문 A〉의 다섯 수열들의 첫 번째 수, 두 번째 수, …를 각각 모아 보면, 34729, 27209, 04321, 50125, 16452이다. 이 수가 나열된 자음을 찾으면 ㄴㅇㄷㅌㄱ이다.

19 문제처리능력 자료를 바탕으로 금액 산출하기

| 정답 | ①

| 해설 | (가) 주택대출 원리금상환액을 x원이라 하면 신 DTI가 40%이므로, $\frac{\text{주택대출 원리금상환액}}{\text{연간 소득}}\times 100=$

$$\frac{x}{100,000,000}\times 100 = 40(\%)$$

따라서 기타대출을 제외한 주택 원리금상환액은 4,000만 원이다.

(나) 연간 원리금상환액이 4,000만 원이므로 대출 가능한 원리금 합계액은 4,000−1,330=2,670(만 원)이다.

20 문제처리능력 회의실 임대료 구하기

| 정답 | ③

|해설| 월별 임대료 총액을 계산해 보면 다음과 같다.

- 6월 : 소회의실 1 또는 소회의실 2, PC 3시간 사용
  136,000+68,000+20,000=224,000(원)
- 8월 : 별실, 빔 프로젝터, PC 2시간 사용
  400,000+30,000+10,000=440,000(원)
- 10월 : 소회의실 1과 소회의실 2 3시간 사용
  (136,000+68,000)×2=408,000(원)
- 12월 : 대회의실 30분 사용
  360,000원

따라서 회의실 임대료는 8월 – 10월 – 12월 –6월의 순으로 많다.

21 문제처리능력 결격사유 이해하기

|정답| ⑤

|해설| 금고 이상의 형 또는 선고유예 등을 선고받은 것이 아니라 학교폭력에 대한 징계로 강제전학 처분을 받은 경우는 결격사유 규정에 제시되어 있지 않다.

|오답풀이|

① 제15호에 따라 집행유예기간이 경과한 경우에도 결격사유에 해당한다.

② 제8호에 따라 형이 확정된 후 2년이 지나지 않았으므로 결격사유에 해당한다.

③ 제13호에 따라 채용 취소된 지 5년이 지나지 않았으므로 결격사유에 해당한다.

④ 제10호에 따라 입사제출서류에 허위사실이 발견되었으므로 결격사유에 해당한다.

22 문제처리능력 자료 이해하기

|정답| ②

|해설| 호봉제일 경우 임금피크제 적용 비율은 기본금 85%, 제수당 15%, 상여금 없음으로 기본금이 가장 높다.

|오답풀이|

① A 기업의 임금피크제 적용대상은 일반직 직원이다.

③ 임금피크제가 시행되면 기존 56세였던 정년이 60세로 연장된다.

④ 임금 감액은 만 56세가 되는 날의 익월부터 적용된다.

⑤ 임금피크제 적용시점은 주민등록상 생년월일 기준으로 월별 적용한다.

23 문제처리능력 자료를 활용하여 연봉 계산하기

|정답| ④

|해설| 임금피크제 도입 논의와 함께 임금이 3.8% 인상되어 2016년 소급 적용되었으므로 직원 B의 2016년 연봉은 4,152만 원(=4,000×1.038)이다. 2018년에는 B가 만 57세가 되어 피크임금 대비 81%의 임금을 받게 되므로 B의 2018년 연봉은 4,152×0.81=3,363.12≒3,363(만 원)이 된다.

24 문제처리능력 출장 비용 계산하기

|정답| ②

|해설| 필수 참여 세미나인 전기자동차 배터리 이슈는 8월 24일, 전기자동차와 사회 문제 세미나는 8월 25일로 예정되어 있다. 그리고 특허전략 A to Z 세미나는 8월 26일, 특허의 이해와 활용 세미나는 8월 23일로 예정되어 있으므로 D 대리의 세미나 참여 일정은 8월 23 ~ 25일 혹은 24 ~ 26일이다.

교통비는 8월 23 ~ 25일 세미나 일정의 경우에는 40,000원, 8월 24 ~ 26일 세미나 일정의 경우는 45,000원이다.

조식비와 숙박비의 경우에는 보안 요청에 따른 최소 비용인 그랜드 호텔, 호텔 주성에서의 숙박비용인 (3,000+32,000)+(2,500+29,500)=67,000(원)이 필요하다.

따라서 출장에 필요한 최소비용은 8월 23 ~ 25일 일정으로 교통비 40,000원과 총 숙박비 67,000원을 합한 107,000원이다.

25 문제처리능력 출장 일정 파악하기

|정답| ③

|해설| Y 팀장은 숙소를 B 컨벤션 센터와 가장 가까운 숙소로 예약할 것을 요구하였으므로 첫날에는 B 컨벤션 센터와 가장 가까운 도보 5분 거리의 '포스타 호텔'을 예약하고, 둘째 날에는 두 번째로 가까운 도보 10분 거리의 '호텔 주성'을 예약하는 것이 적절하다.

11회 기출예상문제 문제 399쪽

01	②	02	④	03	②	04	④	05	④
06	②	07	②	08	④	09	③	10	③
11	③	12	②	13	⑤	14	③	15	③
16	②	17	②	18	①	19	④	20	②
21	①	22	⑤	23	⑤	24	③	25	⑤

01 문서작성능력 글을 이해하여 빈칸 채우기

| 정답 | ②

| 해설 | 제시된 글의 결론을 보면 체중과 칼로리 섭취량이 비례한다는 사실에 입각했을 때 서로의 대조군 설계에 대한 A 연구팀과 B 연구팀의 비판이 모두 설득력이 있는 것으로 밝혀진 셈이라고 하였다. 따라서 빈칸 ㉠과 ㉡에는 A 연구팀과 B 연구팀의 비판이 모두 성립될 수 있는 내용이 들어가야 한다.

㉠ B 연구팀은 A 연구팀이 영양분을 정확하게 맞추기 위해 당분이 많은 사료를 먹인 데다가 대조군은 식사 제한이 없어 사실상 칼로리 섭취량이 높아 건강한 상태가 아니기 때문에 칼로리 제한군이 건강하게 오래 사는 건 당연하다고 비판하고 있으므로, 총 878마리 붉은털원숭이의 평균 체중이 A 연구팀의 대조군 원숭이의 평균 체중보다 '덜 나갔다'는 내용이 들어가야 한다.

㉡ A 연구팀은 B 연구팀이 대조군에게 마음대로 먹게 하는 대신 정량을 줬는데, 그 양이 보통 원숭이가 섭취하는 칼로리보다 낮기 때문에 사실상 대조군도 칼로리 제한을 약하게라도 한 셈이라고 비판하고 있으므로, 총 878마리 붉은털원숭이의 평균 체중이 B 연구팀의 대조군 원숭이의 평균 체중보다 '더 나갔다'는 내용이 들어가야 한다.

02 문서이해능력 글에서 제시한 목표 파악하기

| 정답 | ④

| 해설 | ㄱ. 2문단의 '국가에서 노선을 소유하는 한정면허로 운영', '준공영제 노선의 사유화를 방지할 계획' 등을 통해 공공성 강화가 목표임을 알 수 있다.

ㄴ. 3문단의 '버스 업체 간 비용경쟁 유도', '운영비용 평가' 등을 통해 '재정효율성 향상'이 목표임을 알 수 있다.

ㄹ. 4문단에서 '광역버스 서비스 저하 요소 체계적 관리', '주기적인 서비스 평가', '운전직 종사자의 장시간 근무에 따른 졸음운전 예방' 등을 통해 '안전 및 서비스 개선'이 목표임을 알 수 있다.

| 오답풀이 |

ㄷ. 3문단에서 '출퇴근 시간대 과다수요에 대한 탄력적 대응'에 관한 내용이 언급되어 있지만 '노선의 탄력성 확보'에 대한 내용은 제시되어 있지 않다.

03 문서이해능력 문단별 중심 내용 파악하기

| 정답 | ②

| 해설 | (나) 문단의 중심 내용은 '흙에서 자란 글쓴이에게 자연의 행복을 주는 트럭 아저씨'가 적절하다. 시골 계집애는 흙에서 자란 글쓴이의 어린 시절을 지칭하는 것이며 이 글은 트럭 아저씨와의 사랑과 관련이 없다.

04 문서이해능력 세부 내용 이해하기

| 정답 | ④

| 해설 | ㄷ. 보태평과 정대업은 회례악에서 제례악으로 제정되며 일제강점기에는 행해지지 못하거나 축소되었다고 설명되었으나, 이를 통해 일제강점기에 사라진 것으로 판단할 근거는 없으며 실제로 지금까지 명맥이 유지되어 오고 있다.

ㅁ. 일제강점기부터 인식이 정립된 유형문화재와는 달리, 무형문화재는 해방 이후 인식이 개선되었다고 나와 있다.

| 오답풀이 |

ㄱ. 조선 초기에 명에서 보내온 아악기들이 종묘추향에서 사용되었다는 언급으로 보아 중국식 아악기가 조선 초기에 사용되었다고 추론할 수 있다.

ㄴ. 효 사상뿐 아니라 제천의식, 대성아악, 도참사상의 음양오행과 유가의 음악사상 등 역사와 사상이 집대성된 것으로 판단할 수 있다.

ㄹ. 힘찬 노래와 문무, 무무가 곁들여진다는 설명에서 추론할 수 있다.

05 문서작성능력 문맥에 맞게 문단 배열하기

| 정답 | ④

| 해설 | 먼저 인간 표준게놈지도에 대한 설명이 나오는 (다)를 제시하고, 이것이 백인 위주로 분석된 것이어서 인종별 특징을 담지 못했다는 한계를 지적하는 내용인 (마)가 제시되어야 한다. 다음은 이를 보완하기 위해 아시아인을 대상으로 하는 연구가 진행되었다는 (가), (라)의 내용이 제시되어야 하고, (나)를 통해 연구 분석 결과를 제시해야 한다. 마지막으로 (바)를 통해 연구 결과 아시아인들의 유전체 패턴을 완성했다는 내용이 이어져야 한다.

따라서 적절한 순서는 (다)－(마)－(가)－(라)－(나)－(바)이다.

06 문서이해능력 적절한 반론 파악하기

| 정답 | ②

| 해설 | 마지막 문단을 보면 성장 위주의 개발 정책은 국제사회에서 용납되지 않을 것이라고 하였으므로, 강대국이 자의적으로 협력을 거부하고 성장을 추구한다는 반론은 성립되지 않는다.

07 문서이해능력 세부 내용 이해하기

| 정답 | ②

| 해설 | ㉠에 해당하는 사례는 정부가 경제 불황을 극복하기 위하여 취하는 재정 정책을 가리킨다. ②는 재정의 수입을 감소하거나, 재정의 지출을 확보하는 등을 통해 경제를 활성화시키는 정책이 아니므로 적절한 예시가 아니다.

08 문서이해능력 전개방식 파악하기

| 정답 | ④

| 해설 | 체온이 정상 범위보다 낮은 경우와 높은 경우를 구분해서 설명하고 있을 뿐, 서로 상반된 개념을 대조하며 설명하고 있다고 보기는 어렵다.

| 오답풀이 |

① 1문단에서 바이탈 사인의 정의에 관해 설명하며 글에 대한 이해를 돕고 있다.

② '우리 몸에서 체온은 어떤 역할을 할까?'라는 물음으로 글을 시작함으로써 체온의 역할에 대한 내용이 전개될 것을 암시하고 있다.

③ 4문단에서 전문가의 말을 인용하여 글에 대한 이해와 신빙성을 높이고 있다.

⑤ 마지막 문단에서 열이 오를 경우 찬물을 수건에 묻혀 몸을 닦아주거나 해열제를 복용하는 등의 해결 방안들을 간략하게 소개하고 있다.

09 문서이해능력 세부 내용 이해하기

| 정답 | ③

| 해설 | 두 번째 문단에 따르면 회사가 수권주식총수 가운데 아직 발행하지 않은 주식은 추후 이사회의 결의만으로 발행할 수 있다.

| 오답풀이 |

① 마지막 문단에 따르면 자본금의 증가는 이사회의 결의만으로도 가능하지만 자본금의 감소는 엄격한 법적 절차를 준수해야 한다.

② 다섯 번째 문단에 따르면 자본금, 주식, 유한책임의 요소로 인해 대주주가 권한을 남용하여 회사 또는 회사의 거래 상대방에게 손해를 입히고도 책임을 부담하지 않는 경우가 발생할 수 있다.

④ 회사가 발행하는 주식을 출자자가 인수하고 납입한 금액의 총합이 주식회사의 자본금이다. 정관에 기재되는 수권자본금은 자본금의 최대한도를 의미한다. 수권주식총수 중 일부의 주식만을 발행하는 것이 가능하기에 출자자에게 인수되는 주식의 가치는 항상 수권자본금보다 크지 않음을 알 수 있다.

⑤ 세 번째 문단에 따르면 주식은 주식시장에서 자유롭게 양도되는데, 1주의 액면주식은 둘 이상으로 나뉘어 타인에게 양도될 수는 없다.

10 기초연산능력 일률 활용하기

| 정답 | ③

| 해설 | 김 씨가 P 사무실의 이사를 끝내기 위해서는 15번 이삿짐을 옮겨야 하고, 안 씨가 Q 사무실의 이사를 끝내기 위해서는 7번 이삿짐을 옮겨야 한다. 따라서 김 씨는 15

×10=150(분), 안 씨는 7×15=105(분)이 소요되므로 이사를 먼저 끝내는 사람은 안 씨이다. 안 씨가 Q 사무실의 이사를 끝내고 휴식하는 105+5=110(분) 동안 김 씨는 110÷10×30=330(kg)의 이삿짐을 옮길 수 있으므로 남은 이삿짐은 430−330=100(kg)이다. 이 이삿짐은 20분 동안 김 씨가 60kg, 안 씨가 40kg을 옮겨 끝낼 수 있으므로 이사가 모두 끝나는 시각은 110+20=130(분) 후인 오전 11시 10분이다.

11 기초통계능력 확률 계산하기

| 정답 | ③

| 해설 | 2팀인 O형의 수를 a명이라고 했을 때, 2팀인 A형의 수는 2팀인 O형의 수와 같고, 1팀인 O형의 수는 2팀인 A형 수의 2배이므로 2팀인 A형의 수는 a명, 1팀인 O형의 수는 $2a$명이다. 또한 3팀인 O형의 수와 3팀인 A형의 수를 합한 값은 1팀인 O형의 수와 3팀인 O형의 수를 합한 값과 같다고 하였으므로, 3팀인 A형의 수는 1팀인 O형의 수와 같은 $2a$명이다.

한편 헌혈을 하는 사원들 중 임의로 선택한 사원이 A형일 확률이 $\frac{12}{25}$라고 하였으므로, A형의 총 인원은 24명, O형의 총 인원은 26명이 된다.

1팀 O형	$2a$	1팀 A형	$24-3a$
2팀 O형	a	2팀 A형	a
3팀 O형	$26-3a$	3팀 A형	$2a$
계	26명	계	24명

그런데 헌혈을 하는 O형 사원 중 임의로 선택한 사원이 1팀일 확률이 $\frac{5}{13}$이므로, 1팀 O형은 10명이 되어 a의 값은 5가 된다.

1팀 O형	10명	1팀 A형	9명
2팀 O형	5명	2팀 A형	5명
3팀 O형	11명	3팀 A형	10명
계	26명	계	24명

따라서 헌혈을 하는 사원들 중 임의로 선택한 사원이 A형일 때 그 사원이 3팀일 확률은 $\frac{10}{24}=\frac{5}{12}$이다.

12 기초연산능력 주행 및 주유 기록 분석하기

| 정답 | ②

| 해설 | 차량 A와 차량 B의 주행 및 주유 기록을 정리하면 다음과 같다.

[차량 A]

- 기름을 50% 채우는 데 드는 비용 : 4만 원
  ➡ 기름을 가득 채우는 데 드는 비용 : 8만 원
- 350km를 달리는 데 필요한 기름 : 기름탱크의 60%
  ➡ 남은 250km를 달리는 데 필요한 기름 : 기름탱크의 $\frac{300}{7}$%

따라서 차량 A는 주유비로 총 40,000(50% 주유)+48,000(60% 주유)+$\frac{240,000}{7}\left(\frac{300}{7}\% \text{ 주유}\right) \fallingdotseq 122,286$(원)을 지불했다.

[차량 B]

- 550km를 달렸을 때 기름이 10% 이하로 남음.
  ➡ 100%는 최대 $\frac{5,500}{9}$km 주행 가능
- 250km를 달리는 데 필요한 기름 : 30,000원어치
  ➡ 800km를 달리는 데 필요한 기름 : 96,000원어치

따라서 차량 B는 주유비로 총 96,000원을 지불했다.

㉠ 주유비로 차량 A는 약 122,286원, 차량 B는 96,000원을 지불했으므로 차량 B가 차량 A보다 적은 주유비를 지불했다.

㉣ 예상 가능한 범위 내에서 추가 주유 없이 차량 B의 최대 주행가능거리는 $\frac{5,500}{9}=611.11\cdots$(km)이다.

| 오답풀이 |

㉡ 기름탱크를 가득 채우는 데 차량 A는 8만 원, 차량 B는 최대 $\frac{5,500}{9}\times\frac{30,000}{250}\fallingdotseq 73,333$(원)이 든다. 따라서 기름탱크의 용량은 차량 A가 더 크다.

㉢ 차량 A는 600km를 달리는 데 기름탱크의 $\frac{720}{7}$%만큼의 기름이 필요하므로 추가 주유가 필요하다.

13 도표분석능력 자료의 수치 분석하기

| 정답 | ⑤

| 해설 | 20X9년 총수입이 2조 7,065억 원이고 적용단가가 115원/인km라면 수요량은 27,065(억 원)÷115(원/인km) ≒235(억 인km)이다.

| 오답풀이 |

② 20X4년부터 20X8년까지 인건비는 6,219→7,380→7,544→7,827→8,732억 원으로 매년 증가하고 있다.

③ 20X8년 총괄원가에서 적정원가가 차지하는 비중은 $\frac{25,229}{28,798}\times 100 ≒ 87.6$(%)로 87% 이상이다.

④ 기타 경비 1조 7,653억 원 중 선로사용비가 6,591억 원으로 가장 큰 비중을 차지한다.

14 도표작성능력 표를 그래프로 변환하기

| 정답 | ③

| 해설 | ㉠ : $\frac{23,629}{26,456}\times 100 ≒ 89.3$(%)

㉡ : $\frac{4,484}{28,109}\times 100 ≒ 16.0$(%)

15 도표분석능력 자료의 수치 분석하기

| 정답 | ③

| 해설 | ㉢ D 지점의 관객 수와 이용률은 20X3년부터 상승세를 보이다 20X7년에 잠시 하락한다.

㉣ 20X7년 ◇◇멀티플렉스 D 지점의 공급 좌석 수는 $\frac{3,626}{83}\times100≒4,369$(천 개)이고, E 지점의 공급 좌석 수는 $\frac{3,224}{71}\times100≒4,541$(천 개)이다. 따라서 E 지점이 더 많다.

| 오답풀이 |

㉠ 20X3년부터 20X8년까지 B 지점을 이용한 관객 수는 6,783+6,978+8,765+10,899+9,238+10,122=52,785(천 명)으로, C 지점 이용 관객 수인 4,428+4,102+5,001+4,982+5,580+5,649=29,742(천 명)보다 52,785−29,742=23,043(천 명) 더 많다.

㉡ ◇◇멀티플렉스 지점별 20X5～20X8년 이용률의 평균을 구하면 다음과 같다.

- A 지점 : (67+61+62+65)÷4=63.75(%)
- B 지점 : (78+83+81+82)÷4=81(%)
- C 지점 : (63+62+66+67)÷4=64.5(%)
- D 지점 : (79+86+83+84)÷4=83(%)
- E 지점 : (65+68+71+75)÷4=69.75(%)

따라서 A 지점이 가장 낮다.

㉤ 20X8년 ◎◎영화관의 전년 대비 관객 수 증가율은 a 지점이 $\frac{16,444-12,686}{12,686}\times100≒29.6$(%)이고, b 지점이 $\frac{5,680-4,660}{4,660}\times100≒21.9$(%)이므로 모두 전년 대비 20% 이상 증가하였다.

16 도표분석능력 자료를 바탕으로 공급 좌석 수 구하기

| 정답 | ②

| 해설 | 공급 좌석 수=$\frac{관객\ 수}{이용률}\times100$이므로

$\frac{40,864}{65}\times 100+\frac{5,680}{73}\times 100 ≒ 62,868+7,781$ =70,649(천 개)이다.

17 도표분석능력 자료의 수치 분석하기

| 정답 | ②

| 해설 | 20X2년부터 20X6년까지 프린터의 판매대수는 계속 증가하고 있으나 매출액은 14억 달러로 일정하므로 프린터의 시장 가격이 전년 대비 매년 하락하고 있음을 알 수 있다.

| 오답풀이 |

① 20X1년에는 12억 달러, 20X2～20X6년에는 14억 달러로 매년 동일하지 않다.

③ 비록 매년 판매대수가 증가하였을지라도 이것만으로는 판단할 수 없다.

④ • 20X1년 정부 부문의 프린터 시장 가격 : $\frac{122,700,000}{317,593}=386.3435\cdots$

• 20X1년 교육 부문의 프린터 시장 가격 :

$\frac{41,000,000}{190,301} = 215.4481\cdots$

따라서 20X1년 정부 부문의 프린터 시장 가격이 교육 부문보다 2배 이상 비싸다는 설명은 옳지 않다.

⑤ 20X1년 매출액의 전년 대비 증가율이 네 번째로 높은 것은 자영업 부문(49.5%)이다.

18 문제처리능력 출발 시간 계산하기

| 정답 | ①

| 해설 | 집에서 김포공항 국내선 청사까지 이동하는 데 걸리는 시간은 10+20+40+5=75(분)이므로 각 항공기를 타기 위해 집에서 나와야 하는 시간은 다음과 같다.

• A 항공 : 8시 20분까지 공항에 도착해야 하므로 7시 5분에 출발해야 하는데 30분 일찍 나온다고 했으므로 6시 35분에 집에서 나와야 한다.
➡ 금릉역에서 오전 7시 20분에 지하철의 첫차가 출발하므로 불가능

• B 항공 : 9시 5분까지 공항에 도착해야 하므로 7시 50분에 출발해야 하는데 30분 일찍 나온다고 했으므로 7시 20분에 집에서 나와야 한다.
7시 20분(출발) → 7시 30분(금릉역) → 8시 35분(김포공항) → 10시 5분(김포 출발) → 11시 15분(제주 도착) → 11시 22분(셔틀버스 탑승 장소 도착) → 12시(셔틀버스 출발) → 13시 10분(도착)

• C 항공 : 9시 45분까지 공항에 도착해야 하므로 8시 30분에 출발해야 하는데 30분 일찍 나온다고 했으므로 8시에 집에서 나와야 한다.
8시(출발) → 8시 10분(금릉역) → 9시 15분(김포공항) → 10시 45분(김포 출발) → 11시 55분(제주 도착) → 12시 2분(셔틀버스 탑승 장소 도착) → 14시(셔틀버스 출발) → 15시 10분(도착)
➡ 세미나에 늦으므로 불가능

• D 항공 : 9시 55까지 공항에 도착해야 하므로 8시 40분에 출발해야 하는데 30분 일찍 나온다고 했으므로 8시 10분에 집에서 나와야 한다.
8시 10분(출발) → 8시 20분(금릉역) → 9시 25분(김포공항) → 10시 55분(김포 출발) → 12시 5분(제주 도착) → 12시 12분(셔틀버스 탑승 장소 도착) → 14시(셔틀버스 출발) → 15시 10분(도착)
➡ 세미나에 늦으므로 불가능

따라서 B 항공기를 타기 위해 07 : 20에 집에서 나와야 한다.

19 문제처리능력 자료를 바탕으로 출장비 추론하기

| 정답 | ④

| 해설 | 1 ~ 15일 차, 16 ~ 30일 차, 31 ~ 50일 차로 구분되어 일비가 다르게 지급된다. 1 ~ 15일 차에는 감액이 없고 16 ~ 30일차에는 1할이, 31 ~ 50일차에는 2할이 감액되어야 하므로 다음과 같이 나누어 계산된다.

• 1 ~ 15일차 : 15×5=75(만 원)
• 16 ~ 30일차 : 15×4.5=67.5(만 원)
• 31 ~ 50일차 : 20×4=80(만 원)

따라서 총 일비는 222.5만 원으로 220만 원에서 225만 원 사이가 된다.

| 오답풀이 |

① 교통비는 출장 방법에 따라 달라지며, 숙박비는 실비정산이므로 역시 지역에 따라 달라질 수 있으나, 일비와 식비는 지역에 따른 구분이 아닌 직급에 따른 구분이므로 출장 지역에 따라 달라지지 않는다.

② 교통비를 지급받은 후 필요 없게 된 경우이므로, 기지급 교통비 등은 귀임 후 정산한다는 규정에 따라야 하지만 10분의 3을 제외한다는 규정은 찾아볼 수 없다.

③ 숙박비 상한액의 10분의 3인 1.5만 원을 추가로 지급받을 수 있으므로 출장자는 나머지 1.5만 원을 자비로 부담해야 한다.

⑤ 동일지역에 장기간 체재하는 경우 도착 다음날부터 일비를 기산한다.

20 문제처리능력 적절한 사무실 선택하기

| 정답 | ②

| 해설 | 〈사무실 A ~ C와 장소 간 거리〉에 점수표를 적용하면 각 점수는 다음과 같다.

(단위 : 점)

장소 사무실	거래처	은행	지하철역	우체국	총점
A	5	4	3	3	15
B	4	4	5	5	18
C	5	4	3	3	15

㉠ A 사무실은 5+4+3+3=15(점)이다.

㉤ 은행의 거리가 실제보다 멀게 측정되어 다시 측정해서 A와 C가 150m 미만으로 5점을 받더라도 B의 총점이 더 높아 선택할 사무실은 동일하다.

| 오답풀이 |

㉡ 위치 점수를 높게 받은 순서는 B>C=A이다.

㉢ 사무실-장소의 거리별 점수에서 거리 기준이 가장 짧게 제시되어 있는 장소는 거래처다. 따라서 거래처와의 거리를 가장 중요하게 생각한다.

㉣ C 사무실과 우편집중국과의 거리를 반영하여 2점이 추가되어도 총점은 17점이므로 선택되지 못한다.

21 문제처리능력 특허 등록기간 파악하기

| 정답 | ①

| 해설 | '송전설비의 순시 점검 장치, 순시 점검 시스템 및 그 방법'의 출원일자는 2017년 4월 3일로 가장 오래되었다.

| 오답풀이 |

② 2019-06-23

③ 2019-02-02

④ 2017-09-24

⑤ 2017-04-25

22 문제처리능력 공고문 이해하기

| 정답 | ⑤

| 해설 | '1. 사업개요'를 보면 유명 IP를 모집하고 있으며 IP의 범위는 기존 게임의 판권, 유명 웹툰, 소설 등의 캐릭터 등이므로 유명하지 않은 새로운 지적재산권 제출은 적합하지 않다.

23 문제처리능력 필요한 서류 검토하기

| 정답 | ⑤

| 해설 | '3.참가신청서 접수'의 '다. 제출서류'에 따르면 콘텐츠 IP에 대한 추가자료는 필수가 아닌 선택 제출 자료이다.

24 문제처리능력 자료를 읽고 추론하기

| 정답 | ③

| 해설 | '3. 지급제한 기준'에서 판매를 목적으로 하는 에너지 공급사업자는 장려금 지급대상에서 제외된다고 명시하고 있으므로 발전 시스템을 설치하여 전기를 판매할 경우 장려금을 지급받을 수 없다는 내용은 적절하다.

| 오답풀이 |

① 시험용 · 연구용 설비는 장려금 지급대상에서 제외된다고 명시하고 있다.

② 기존에 설치되었던 설비는 장려금 지급대상에서 제외된다고 명시하고 있다.

④ 기계설비와 전기설비 부분의 설계를 서로 다른 설계사무소에서 시험한 경우, 열병합 발전 시스템의 원동기 계통을 설계한 설계사무소에 장려금을 지급한다고 명시하고 있다. 즉 E, F 설계사무소 모두가 아닌 원동기를 설계한 설계사무소에만 장려금이 지급된다.

⑤ 천연가스 열병합 발전 시스템이 설치되어 있는 건축물에 설비 증설하는 경우에도 그 증설 용량에 한해 장려금을 지급받을 수 있다.

25 문제처리능력 자료를 통해 문제 해결하기

| 정답 | ⑤

| 해설 | 신청방법에서 장려금을 신청하는 곳은 설비가 설치된 지역을 관할하는 ○○공사 관할지역본부에 신청할 것을 명시하고 있다. 따라서 A와 B 모두 발전시스템을 설치한 사업장이 위치한 ○○공사 □□지역본부에 장려금 지급을 신청해야 한다.

| 오답풀이 |

① 장려금신청공문은 공통제출 서류에 해당하나 법인인 신청자에 한해 제출해야 하는 서류이므로, 개인사업자인 B는 제출하지 않아도 된다.

② 발전 시스템이 설치된 건물등기부등본은 공통제출 서류에 해당한다.

③ 신청 방법에서 설치 완료된 설비가 소재하는 관할지역 본부에 신청할 것을 명시하고 있는 점과 제출서류로 설비 설치사진과 설비완성검사필증 사본을 요구하는 점 등을 통해 설비가 설치 완료된 이후에 장려금을 신청할 수 있음을 유추할 수 있다.

④ 신청 방법에서 장려금 신청자가 직접 신청할 것을 요구하고 있으므로 열병합 발전 시스템의 소유주인 A는 설치장려금만을 신청할 수 있고, 설계장려금은 시스템을 설계한 B가 신청해야 한다.

12회 기출예상문제

문제 435쪽

01	⑤	02	②	03	②	04	①	05	⑤
06	②	07	⑤	08	③	09	①	10	⑤
11	①	12	④	13	④	14	③	15	①
16	③	17	③	18	③	19	②	20	⑤
21	②	22	④	23	③	24	④	25	④

01 문서이해능력 세부 내용 이해하기

|정답| ⑤

|해설| 커뮤니티 외부와 링크를 많이 가진 사람을 네트워크에서 제거하면 갑자기 네트워크가 와해되어 버렸다고 하였다.

|오답풀이|

① 정보화로 인해 폭발적으로 늘어난 큰 규모의 정보를 활용하는 빅데이터 분석이 샘플링과 설문조사 전문가들의 작업을 대체하고 있다고 하였다.

② 기존의 통계학적 샘플링은 만들어진 지 채 100년도 되지 않는 통계 기법으로, 기술적 제약이 있던 시대에 개발된 것이라고 하였다.

③ 연구에 필요한 정보가 사람들이 평소대로 행동하는 동안 자동적으로 수집된 결과 샘플링과 설문지 사용에서 기인하는 편향이 사라졌다고 하였다.

④ 빅데이터 시대에 무작위 샘플을 찾는 것은 자동차 시대에 말채찍을 드는 것과 같으며, 특정한 경우가 아닌 이상 더 이상 샘플링이 사회현상 분석의 주된 방법일 수는 없다고 하였다.

02 문서이해능력 세부 내용 이해하기

|정답| ②

|해설| 이스털린의 역설에 반박하는 주장은 국가가 부유해질수록 국민의 행복수준은 높아지고, 물론 개개인의 특성에 따라 다르겠지만 개인도 돈이 많을수록 행복할 가능성이 더 커진다고 반박한다.

03 문서이해능력 내용 추론하기

| 정답 | ②

| 해설 | 치매를 일으키는 뇌질환인 알츠하이머는 뇌에 독성을 띠는 아밀로이드 베타가 쌓이고, 시냅스가 점차 사라져서 결국 기억을 잃는 질병임을 알 수 있다.

| 오답풀이 |

① 신경 교세포는 죽은 세포를 먹어치우는 역할을 담당하므로 죽은 뉴런은 자연적으로 소멸하지 않는다.

③ 활동전위를 가지고 자극을 전달하는 세포는 신경세포다.

④ 뇌에서 신경세포보다 비신경세포가 더 많은 부분을 차지한다.

⑤ 조현병 환자의 뇌세포가 일반인의 뇌세포와 다를 뿐, 알츠하이머 환자의 뇌세포와 같은지에 대해서는 알 수 없다.

04 문서작성능력 문맥에 따라 바르게 나열하기

| 정답 | ①

| 해설 | 먼저 간략한 영화 줄거리를 소개하는 (라)가 가장 먼저 온다. 그 뒤로 영화가 등장한 배경과 연출의 의도에 대해 설명한 (가)가 이어진 뒤, 〈비바리움〉에 관한 내용과 영화에 대한 해석이 드러난 (나)가 이어져야 한다. 이어 영화의 시각적 의미를 설명한 (바)가 이어지고, 그러한 부분에 대한 설명을 부연하고 있는 (다)가 온다. (다)에서 나오지 않은 내용에 대해 이어 설명하는 (마) 다음으로 글을 마무리하고 있는 (사)가 오는 것이 가장 적절하다. 따라서 글의 순서는 (라)－(가)－(나)－(바)－(다)－(마)－(사)가 적절하다.

05 문서이해능력 글을 실제 사례에 적용하기

| 정답 | ⑤

| 해설 | ⓐ는 섬세한 빛의 처리를 통해 정물화의 대상들을 손으로 만지는 듯한 질감과 시각적 아름다움을 보여 주고 있다. 창문으로 들어오는 빛을 이용해 따스한 감촉의 양탄자와 다양한 색채의 과일, 번쩍이는 장식물을 조화시킨 그림은 빛을 활용해 그림을 그려 질감과 시각적 아름다움을 묘사했으므로 ⓐ와 유사하다.

| 오답풀이 |

① 인간의 내면을 표현한 그림으로, 촉각이나 시각과 관련이 없다.

② 추상적으로 표현했다는 것이므로 감각적 묘사와 관련이 없다.

③ 음악적 리듬감은 청각과 관련된 것이다.

④ 기독교적 경건함을 표현한 것이므로 촉각이나 시각과는 관련이 없다.

06 문서이해능력 문단별 중심내용 파악하기

| 정답 | ②

| 해설 | (나) 문단에서 온도와 습도가 변하는 같은 조건에서 색소의 분해 속도는 엽록소의 분해 속도보다 느리기 때문에 단풍의 수명이 그렇게 짧지는 않다고 했다. 따라서 소제목으로 '단풍의 수명이 짧은 이유'는 적절하지 않다.

07 문서이해능력 세부 내용 이해하기

| 정답 | ⑤

| 해설 | 귀납 논증은 전제가 모두 참이라고 해도 결론이 반드시 참인 것은 아니라고 언급하고 있고, 그 이유를 귀납 논증에 의한 결론이 지금까지 관찰되지 않은 사실에 의해 부정될 수 있기 때문이라고 설명하고 있다. 따라서 귀납 논증은 전제에 없는 새로운 지식의 출현 가능성이라는 논리적인 문제를 가지고 있음을 알 수 있다.

| 오답풀이 |

① 연역 논증은 결론에서 지식이 확장되는 것처럼 보이지만, 실제로는 전제에 이미 포함된 결론을 다른 방식으로 확인하는 것일 뿐이다.

② 귀납 논증은 전제들이 모두 참이라고 해도 결론이 확실히 참이 되는 것은 아니다.

③ 귀납 논증은 아무리 치밀하게 관찰하여도 아직 관찰되지 않은 사실에 의해 부정될 수 있다.

④ 새로운 지식을 도출하는 것은 귀납 논증이다.

08 문서이해능력 빈칸에 들어갈 알맞은 문장 찾기

| 정답 | ③

| 해설 | 외연적인 관점에서 보면 '동물'과 같은 상위어가 지시하는 부류는 '개'와 같은 하위어가 지시하는 부류를 포함하고 있으며, 내포적인 관점에서 보면 '개'의 의미가 '동물'의 의미보다 더 풍부해 '개'가 '동물'의 의미를 포함한다고 하였다. 따라서 상위어는 의미의 외연이 넓고 내포가 좁은 반면, 하위어는 의미의 외연이 좁고 내포가 넓음을 알 수 있다.

09 문서이해능력 세부 내용 이해하기

| 정답 | ①

| 해설 | 하이브리드 촉매는 흡수된 빛 중 34.8%를 촉매 변환에 활용하는데, 이는 기존 촉매보다 3배 높은 광효율이라고 하였으므로 기존 촉매보다 광효율이 15배 더 높다는 설명은 적절하지 않다.

10 기초연산능력 최대 일수 구하기

| 정답 | ⑤

| 해설 | 현금 20만 원 중 198,000원으로 지역화폐 1만 원권 22장을 구입하면, 지역화폐 22만 원과 현금 2,000원을 사용할 수 있게 된다. 매일 한 번씩 8천 원짜리 백반을 사먹으면 2,000원의 현금 거스름돈을 받게 되므로 22일 동안 지역화폐를 사용하여 백반을 사 먹고 받은 현금 거스름돈은 2,000×22=44,000(원)이다. 여기에 처음에 남은 2,000원을 더하면 46,000원인데, 이 중 45,000원으로 다시 지역화폐 1만 원권 5장을 구입하면 지역화폐 5만 원과 현금 1,000원을 사용할 수 있게 된다. 이렇게 또 5일 동안 지역화폐를 사용하여 백반을 사 먹고 2,000×5=10,000(원)의 거스름돈을 받아 1일 더 백반을 사 먹으면 최대 22+5+1=28(일) 동안 백반을 사 먹을 수 있게 된다.

11 기초통계능력 경우의 수 구하기

| 정답 | ①

| 해설 | 5일간 전반야, 후반야 각각 1명씩 총 10번이므로 5명이 2회차씩 근무해야 한다. B와 C는 전반야에만 근무가 가능하고, D와 E는 후반야에만 근무가 가능하므로 전반야의 근무자는 A, B, C, 후반야의 근무자는 A, D, E이다. A가 전반야와 후반야를 연달아 근무할 수 없으므로 A가 전반야 5일 중 하루를 선택하면, 후반야를 선택할 수 있는 날은 4일이 된다. B, C, D, E는 모두 A가 선택한 날을 제외한 4일 중 2일을 택해야 한다. 따라서 가능한 모든 경우의 수는 $5 \times 4 \times {}_4C_2 \times {}_4C_2 = 5 \times 4 \times \frac{4!}{2!2!} \times \frac{4!}{2!2!} = 720$(가지)이다.

12 기초연산능력 인원 수 구하기

| 정답 | ④

| 해설 | 제시된 자료를 바탕으로 근속 기간별 직원 수를 정리하면 다음과 같다.

근속 기간	직원 수(명)	근속 기간	직원 수(명)
1년 미만	32	5년 이상 ~10년 미만	71
1년 이상 ~3년 미만	94	10년 이상 ~15년 미만	(?)
3년 이상 ~5년 미만	202	15년 이상	(?)

근속 기간이 3년 미만인 직원의 수는 전체의 24%이므로 전체 직원 수는 126÷0.24=525(명)이다.

총 525명의 직원 중 근속 기간이 15년 이상인 직원의 수를 x명이라 하면, 근속 기간이 10년 이상 15년 미만인 직원의 수는 $2x$명이므로 다음과 같은 식이 성립한다.

$399 + 2x + x = 525$

$3x = 126$

$\therefore\ x = 42$(명)

따라서 근속 기간이 3년 이상 15년 미만인 직원은 202+71+84=357(명)이다.

13 도표분석능력 자료의 수치 분석하기

| 정답 | ④

| 해설 | 제품 Y의 1분기 재고량이 174만 개이므로 판매량은 1,079−174=905(만 개)이고, 제품 Y를 판매하여 얻은 수입은 905×3,000=2,715,000(만 원)이다. 이때 제품 Y의 1분기 생산 비용이 181억 2천만 원이므로 순이익은 90억 3천만 원이다.

| 오답풀이 |

① '수요=직전분기 재고+해당분기 생산량−해당분기 재고'로 구할 수 있다.

(단위 : 만 개)

구분	제품 X	제품 Y
1분기	0+329−101=228	0+1,079−174=905
2분기	101+519−29=591	174+2,485−308=2,351
3분기	29+449−135=343	308+1,967−632=1,643
4분기	135+364−277=222	632+1,338−958=1,012

따라서 두 제품의 수요는 2분기에 가장 많았다.

② 제품 Y의 재고는

2분기에 $\frac{308-174}{174}\times100 \fallingdotseq 77.0(\%)$,

3분기에 $\frac{632-308}{308}\times100 \fallingdotseq 105.2(\%)$,

4분기에 $\frac{958-632}{632}\times100 \fallingdotseq 51.6(\%)$ 증가하였다.

③ 제품 X의 개당 평균 생산 비용은

1분기에 $\frac{756,000}{329} \fallingdotseq 2,298$(원),

2분기에 $\frac{1,965,000}{519} \fallingdotseq 3,786$(원),

3분기에 $\frac{1,173,000}{449} \fallingdotseq 2,612$(원),

4분기에 $\frac{776,000}{364} \fallingdotseq 2,132$(원)으로 2분기에 가장 높고 4분기에 가장 낮다.

⑤ 제품 X의 생산량이 가장 적은 1분기의 생산 비용(756천만 원)은 제품 X의 생산량이 가장 많은 2분기의 생산 비용(1,965천만 원)의 $\frac{756}{1,965}\times100 \fallingdotseq 38.5(\%)$로 40% 미만이다.

14 도표분석능력 비율 계산하기

| 정답 | ③

| 해설 | 철도 회사 전체의 무임승차자 1인당 무임비용을 계산하면 다음과 같다.

- 노인 : 491,168,000÷367,005≒1,338(원)
- 장애인 : 108,753,000÷80,963≒1,343(원)
- 국가유공자 : 7,455,000÷5,427≒1,374(원)

따라서 1인당 무임비용이 가장 큰 대상은 국가유공자이다. 선택지에 제시된 철도 회사의 전체 무임인원 중 국가유공자의 비율을 계산하면 다음과 같다.

- 서울교통공사 : $\frac{3,379}{258,250}\times 100 \fallingdotseq 1.3(\%)$
- 서울메트로 9호선운영 : $\frac{19}{1,350}\times 100 \fallingdotseq 1.4(\%)$
- 광주광역시 도시철도공사 : $\frac{93}{6,202}\times 100 \fallingdotseq 1.5(\%)$

따라서 국가유공자 무임인원의 비율이 가장 큰 철도 회사는 광주광역시 도시철도공사이다.

15 도표분석능력 금액 계산하기

| 정답 | ①

| 해설 | 영업손실액이 무임비용보다 큰 회사는 서울교통공사, 대구도시철도공사, 인천교통공사, 부산−김해 경전철, 우이 신설경전철이다. 이 다섯 회사의 무임비용 감축 목표액은 아래 표와 같다.

(단위 : 백만 원)

구분	노인	장애인
서울교통공사	28,305.9	3,200
대구도시철도공사	4,526.4	448.75
인천교통공사	1,904.7	254.05
부산−김해 경전철	−	70.55
우이 신설경전철	271.3	20.9

위의 모든 항목의 합은 390억 255만 원으로 약 390억 원의 감축이 예상된다고 볼 수 있다.

16 도표분석능력 자료의 수치 분석하기

| 정답 | ③

| 해설 | ㉠ 1인당 국민소득 그래프를 보면, 2015년까지 모든 국가의 1인당 국민소득이 증가하였음을 알 수 있다. 2020년은 2015년에 비해 1인당 국민소득이 감소한 국가도 있으나, 증가한 국가의 증가폭이 더 크기 때문에 다섯 국가의 1인당 국민소득 합의 평균은 2005년 이후 증가하는 추세라고 볼 수 있다.

1회 2회 3회 4회 5회 6회 7회 8회 9회 10회 11회 12회 13회 14회 15회

ㄹ 대한민국의 외환거래량은 매년 증가하는 반면 캐나다는 2015년까지 증가하다 2020년에는 감소하였다. 그러므로 2015년 이후 일평균 외환거래량의 추이가 지속된다면 언젠가 대한민국의 외환거래량이 캐나다를 앞지를 것이다.

| 오답풀이 |

ㄴ 2010년에는 캐나다의 1인당 국민소득이 가장 크고 일평균 외환거래량은 프랑스가 가장 많다.

ㄷ 2010년을 제외하고는 프랑스의 1인당 국민소득이 가장 높다.

17 도표분석능력 자료의 수치 분석하기

| 정답 | ③

| 해설 | 다른 나라의 경우 일평균 외환거래량이 조사기간 동안 꾸준히 증가하였으나 캐나다와 폴란드는 2015년도까지는 증가하다가 이후 감소하는 추세를 보인다.

18 문제처리능력 자료 분석하기

| 정답 | ③

| 해설 | 일반과세자와 간이과세자 모두 부가가치세가 매출액의 10%로 설정되어 있다.

| 오답풀이 |

① 법인사업자는 1년에 두 번의 부가가치세 과세기간 내에서 예정신고와 확정신고까지 총 4회 신고하며 납부한다.

② 간이과세자는 연간 매출액이 일반과세자에 비해 적고 업종별 부가가치율 적용으로 인하여 납부해야 할 세액이 더욱 큰 폭으로 감소하므로 총 부가가치세 납부액이 적을 것이다.

④ 부가가치세는 물건 값에 일괄적으로 포함되어 있기 때문에 소득과 관계없이 동일하게 지불하게 되므로 간접세에 해당한다.

⑤ 부가가치세는 물건 값에 포함되어 있다.

19 문제처리능력 자료를 참고하여 금액 산출하기

| 정답 | ②

| 해설 | K 씨는 사업장의 연간 매출액이 8,000만 원 미만으로 간이과세자이며, 숙박업에 해당하므로 20%의 부가가치율이 적용된다.

∴ (4,500×0.2×0.1)−1,300×0.1×0.2=64(만 원)

20 문제처리능력 자료를 바탕으로 질의응답하기

| 정답 | ⑤

| 해설 | 수강신청은 4월에 해야 하나, 강의 자체는 5월 1일부터 시작인 것으로 안내되어 있으므로 4월 출장 일정 때문에 수강하지 못한다는 것은 옳지 않다.

| 오답풀이 |

① 우선순위 요건은 수강 신청자가 많을 경우에 판단하는 것이므로 수강신청 상황에 따라 아무 요건에도 해당되지 않더라도 수강이 가능할 수 있다.

② 경영, 리더십, 북러닝, 비즈스킬 등으로 구성된 경영일반 콘텐츠가 교육과정에 포함되어 있다.

③ 이용대상은 중소 협력기업의 임직원으로 한정되어 있으므로 학생은 수강할 수 없다.

④ 승인 여부가 개별 SMS(문자 서비스 등)로 안내된다고 하였으므로 홈페이지를 확인할 필요는 없다.

21 문제처리능력 운임 비용 구하기

| 정답 | ②

| 해설 | 두 사람의 대화를 통해 J 부장의 출장 일정을 유추해 보면, 화요일에 김포공항에서 울산으로 비행기를 타고 가서 공장을 방문한 다음, 화요일 밤에 심야 노선으로 광주에 도착하여 수요일에 거래처 직원을 만나 업무를 본 뒤에, 저녁 비행기로 김포공항에 돌아오는 일정이다. 이를 계산해 보면

- 김포−울산 비행 이코노미석 할인 운임 : 69,000×1.10=75,900(원)
- 울산−광주 심야 고속 : 21,100원
- 광주−김포 비행 이코노미석 할인 운임 : 61,000×1.10=67,100(원)

따라서 J 부장의 총 운임 비용은 75,900+21,100+67,100=164,100(원)이다.

22 문제처리능력 자료를 참고하여 시간 추론하기

| 정답 | ④

| 해설 | 첫 번째 조건에 따라 등하산 코스가 달라야 하며, 마지막 조건에 따라 이동거리가 짧고 난이도가 낮은 코스로 이동해야 한다. 또 두 번째 조건에서 하산을 위해 이동하지 않아야 한다고 했으므로 등산의 끝과 하산의 시작이 같아야 한다.

난이도 하인 가야산 소리길의 영산교에서 하산하는 코스는 없으므로 가야산 소리길을 이용하는 방법은 제외된다. 다른 난이도 하 코스인 남산제일봉 2코스는 남산제일봉에서 끝난다. 남산제일봉에서 하산하는 코스는 남산제일봉 1코스가 있으며 난이도가 중이므로 적절하다. 따라서 남산제일봉 2코스로 등산하고 남산제일봉 1코스로 하산한다. 소요시간은 1시간 30분+2시간 50분=4시간 20분이며 여기에 중간 휴식시간 1시간을 포함하면 총 5시간 20분이 필요하다.

23 문제처리능력 자료 이해하기

| 정답 | ③

| 해설 | 스마트오더가 가능한 시간은 07시부터 22시까지이므로 22시 30분에는 이용할 수 없다.

24 문제처리능력 자료를 바탕으로 추론하기

| 정답 | ④

| 해설 | 마지막 문단에서 '도침기에 덜 마른 한지를 여러 겹 포개놓고 계속해서 두드리면 치밀하고 매끈한 종이를 얻을 수 있다'고 하였으므로 종이를 매끈하게 만들기 위해서는 완전히 건조되기 전에 도침해야 한다고 추론할 수 있다.

| 오답풀이 |

① 다섯 번째 문단에서 '닥풀은 물의 점도를 높여 섬유끼리 잘 뭉쳐주도록 할 뿐 아니라 섬유질을 중성화합니다. 한지가 천 년의 세월이 흘러도 산화되지 않고 본래 모습을 간직할 수 있는 이유는 바로 이 닥풀의 영향이 큽니다'라고 하였다. 즉, 닥풀에 의해 섬유질이 중성화되었기 때문에 산화되지 않고 보존이 잘된다고 추론할 수 있다.

② 네 번째 문단에서 '햇빛의 자외선이 '백피'의 남은 색소를 파괴하기 때문에 더욱 하얗게 만드는 표백효과가 있다'고 하였다.

③ 세 번째 문단에서 '한지는 리그닌이 적은 나무로 만들기 때문에 종이의 질이 부드럽고 세월이 지나도 색이 변하지 않는 것'이라고 하였으므로 리그닌이 많으면 종이가 거칠고 색이 잘 변한다고 추론할 수 있다.

⑤ 여섯 번째 문단에서 '섬유가 여러 방향으로 꼬여 질기고 튼튼한 종이를 만들 수 있다'고 하였으므로 섬유가 여러 방향으로 배열되면 종이의 강도가 강해진다고 추론할 수 있다.

25 문제처리능력 자료를 바탕으로 제조 과정 파악하기

| 정답 | ④

| 해설 | 먼저 닥나무 껍질이 잘 벗겨지도록 찌고(닥무지) 그 후에 껍질을 벗겨 백피를 얻어낸다. 백피를 햇빛 좋은 곳에 펼쳐 말리는데(바래기) 이 과정에서 자외선에 의해 더 하얗게 된다. 표백된 백피를 돌 위에 올려 섬유가 풀어지도록 두들긴다(고해). 이 과정이 끝나면 닥풀을 넣어 섞어주어(해리) 섬유질을 중성화한다. 이렇게 만들어진 닥섬유와 닥풀을 수조에 넣고 막대로 저어 섬유의 엉킴을 풀어준 후 발로 건져 올린다(수초). 이렇게 건져 올린 습지는 전통 건조법에 따라 온돌방 바닥에 펴서 비로 쓸어가며 말리거나 벽에 붙여서 말린다. 어느 정도 마른 종이를 여러 장 포개어 두드려 주는데(도침) 덜 마른 상태여야 매끈하게 된다.

따라서 닥무지–바래기–고해–해리–수초–건조–도침 순으로 한지가 제조된다.

13회 기출예상문제

문제 471쪽

01	②	02	⑤	03	⑤	04	④	05	②
06	③	07	⑤	08	③	09	④	10	①
11	②	12	⑤	13	③	14	②	15	⑤
16	②	17	③	18	③	19	④	20	④
21	⑤	22	⑤	23	③	24	④	25	①

01 문서작성능력 글의 내용에 맞는 제목 작성하기

| 정답 | ②

| 해설 | 제시된 글에서는 바이오연료가 화석연료의 대체 에너지로 각광받고 있지만 바이오연료의 경우 식량이 줄어들어 농산물 가격이 상승하게 되고 토양 침식, 삼림 벌채, 물 부족 현상 등을 초래할 수 있다고 보고 있다. 때문에 이러한 현상의 해결책으로 해수 농업을 제안하며, 해수 농업 기술은 기후 변화와 식량 부족의 대안도 될 수 있다고 말하고 있다. 따라서 제목으로 '대체 에너지의 해결책인 해수 농업'이 가장 적절하다.

02 문서이해능력 글의 전개 방식 파악하기

| 정답 | ⑤

| 해설 | ㄷ. 해당 병증을 앓고 있는 환자들의 수면장애와 관련한 통계를 분석하여 그 원인에 대한 일반화된 정보를 추출하였고, 그에 따라 초기 진단 시점부터 감각신경, 운동신경 검사를 받아야 한다는 결론까지 도출하였다.

ㄹ. 대한당뇨병학회의 소견을 참고해 정기적으로 검사가 필요하다는 논리를 정당화시키고 있다.

| 오답풀이 |

ㄱ. 특정 환자들의 사례는 제시되지 않았다.

ㄴ. 각 증상을 대등하게 나열하였으며 증상 간의 비교 분석을 한 것은 아니다.

03 문서이해능력 세부 내용 이해하기

| 정답 | ⑤

| 해설 | 거래대금과 관련해서는 가능한 상세하게 작성해 두어야 관련된 분쟁이 발생했을 때 분쟁 해결 기준으로 작용할 수 있다고 제시되어 있다.

| 오답풀이 |

① 계약의 핵심적인 목적과 중요사항이 주제 단어와 함께 명시되어야 하는 부분은 목적 규정이다.

② 계약서의 제목은 구속력이 발생하지 않는다.

③ 계약서의 전문을 반드시 기재할 필요는 없다.

④ 계약서를 통해 당사자들 간의 신뢰도를 확인할 수 있다.

04 문서이해능력 세부 내용 이해하기

| 정답 | ④

| 해설 | 5문단을 보면 교육을 받은 사람과 교육을 받지 못한 사람이 서로 '재미있어 하는 것'이 다르다고 하였을 뿐, 교육을 받은 사람과 교육을 받지 못한 사람이 '질적으로' 다른 것은 아니다.

05 문서이해능력 세부 내용 이해하기

| 정답 | ②

| 해설 | 신경과학적 실험을 통해 유명 브랜드는 전두엽의 보상 영역을 활성화하여 도파민을 분비한다는 사실이 입증되었다. 따라서 전두엽의 보상 영역을 억제한다는 설명은 적절하지 않다.

06 문서이해능력 필자의 주장 파악하기

| 정답 | ③

| 해설 | 블록체인이 등장하게 된 결정적인 배경은 무차별적인 정보 공유, 정보 보관 위치가 노출되는 과도화된 중앙집중화 데이터 보관, 개인정보 피해사례 등 심각한 불신 때문에 생겨난 것이라고 볼 수 있다. 블록체인이 당국의 보호를 유도하고 구태를 타파하기 위하여 탄생하였다고 보는 것은 필자의 주장과 거리가 있다.

07 문서작성능력 문단 순서 배열하기

| 정답 | ⑤

| 해설 | (라)는 글의 처음에 제시된 동양의 문헌에 언급된 바와 마찬가지로 서양에서도 벌독을 예전부터 치료 목적으로 사용하였다는 내용이며, (나)는 그 벌독 중에서도 땅벌 독에 대한 설명을 하고 있다. (가)는 땅벌 독에 포함된 성분 중 마스토파란－L을 통해 펩타이드 변이체를 만들었다는 내용이며, (다)는 펩타이드 변이체의 효능에 대한 내용이다. 따라서 글의 순서는 (라)－(나)－(가)－(다)가 적절하다.

08 문서이해능력 세부 내용 이해하기

| 정답 | ③

| 해설 | 실시간 감시가 가능한 사업장은 대형 사업장이며, 실시간 감시가 어려운 중소 사업장 수가 날로 증가하고 있다고 하였다. 따라서 실시간 감시가 가능한 대형 사업장의 비중이 감소하는 것이지, 수가 감소하는 것은 아니다.

| 오답풀이 |

① 가축의 분뇨 배출은 초미세먼지의 주원인 중 하나인 암모니아 배출량을 증가시켜 초미세먼지의 발생을 유발할 수 있다.

② 약 330만 대의 1/4 즉, 약 80만 대 이상이 'Euro3' 수준의 초미세먼지를 배출하고 있다.

④ 비료 사용이 시작되는 이른 봄은 암모니아 배출량이 많아지는 시기이다.

⑤ 온·습도, 강우 등 기상조건의 영향으로 암모니아 배출량이 달라지므로 올바른 설명이다.

09 문서이해능력 근거 자료 파악하기

| 정답 | ④

| 해설 | 성별에 따른 기부 선호도, 독신 남녀의 기부분야 선호도, 소득 및 가족구성원의 수, 부부간의 협상 등은 모두 기부행위에 영향을 미치는 요소로 볼 수 있으므로 ㄱ, ㄴ, ㄹ의 연구 결과는 모두 '성별 및 가구형태의 차이가 어떻게 가구의 기부행위에 영향을 끼치는지'에 대해 도출된 결론을 뒷받침할 수 있는 근거 자료로 활용될 수 있다.

10 기초통계능력 확률 구하기

| 정답 | ①

| 해설 | 어떤 사람이 시약을 사용하여 A 질병의 양성 반응이 나왔을 때 실제 이 질병에 걸렸을 확률은

$\dfrac{(\text{질병○, 양성})}{(\text{질병○, 양성})+(\text{질병×, 양성})}$ 으로 구할 수 있다.

- A 질병을 앓고 있는 사람이 양성 반응이 나올 확률 $=0.1\times0.9=0.09$
- A 질병을 앓고 있지 않은 사람이 양성 반응이 나올 확률 $=0.9\times(1-0.9)=0.09$

따라서 $\dfrac{0.09}{0.09+0.09}=\dfrac{1}{2}$, 즉 50%이다.

11 기초연산능력 가격을 비교하여 유리한 선택하기

| 정답 | ②

| 해설 | i) 32ℓ 이하를 주유할 경우
A, B 주유소 둘 다 세차비가 3,000원이므로 리터당 가격이 더 저렴한 B 주유소를 방문하는 것이 유리하다.

ii) 47ℓ 이상을 주유할 경우
A, B 주유소 둘 다 세차비가 무료이므로 리터당 가격이 더 저렴한 B 주유소를 방문하는 것이 유리하다.

iii) 33ℓ 이상 46ℓ 이하를 주유할 경우
A 주유소의 리터당 가격이 50원 더 비싼데 A 주유소는 세차비가 무료, B 주유소는 세차비가 3,000원이므로 33ℓ 이상 46ℓ 이하를 주유할 경우 A 주유소를 방문하는 것이 유리하다.

12 기초연산능력 조건에 맞는 추정치 구하기

| 정답 | ⑤

| 해설 |
- 서울시 인구 : 10,000,000명
- 가구 수 : $\dfrac{10,000,000}{4}=2,500,000$(가구)
- 정수기 사용 가구 수 : $\dfrac{2,500,000}{2}=1,250,000$(가구)
- 정수기 관리사 1명이 1년 동안 수행하는 정수기 관리 횟수 : $10\times5\times50=2,500$(번)

• 3개월에 한 번 정수기 관리를 받으므로 1년에는 한 대의 정수기당 4번의 관리를 받아야 한다. 따라서 1년간 서울시에서의 정수기 관리 횟수는 1,250,000×4=5,000,000(번)이다.

• 서울시 정수기 관리사의 수 : $\frac{5,000,000}{2,500}=2,000$(명)

따라서 서울시에서 정수기 관리사 일을 하는 사람의 수는 2,000명이다.

13 도표분석능력 자료를 바탕으로 수치 계산하기

| 정답 | ③

| 해설 | 단순 복제 분야의 매출액이 20X3년부터 매년 50억 원씩 감소한다고 했으므로 단순 복제 분야의 매출액 변화는 다음과 같다.

구분	20X3년	20X4년	20X5년	20X6년
단순 복제 분야 매출액 (억 원)	1,050	1,000	950	900

또한, 20X2년 애니메이션 산업 매출액 대비 창작·판권 분야 매출액의 비율은 $\frac{550}{2,200}\times 100=25(\%)$이며 해당 비율이 동일하게 유지된다고 하였으므로 창작·판권 분야의 매출액 변화는 다음과 같다.

구분	20X3년	20X4년	20X5년	20X6년
창작·판권 분야 매출액 (억 원)	2,700 ×0.25 =675	3,200 ×0.25 =800	3,500 ×0.25 =875	4,200 ×0.25 =1,050

따라서 창작·판권 분야의 매출액이 단순 복제 분야의 매출액보다 커지는 첫 해는 20X6년이다.

14 도표분석능력 자료의 수치 분석하기

| 정답 | ②

| 해설 | 교통과 기타 항목에서 교육수준이 높아질수록 거주지 변경의향이 있는 인원의 비율은 감소하나, 각 계층의 조사 인원을 알 수 없으므로 인원수가 감소하는지는 알 수 없다.

| 오답풀이 |

⑤ 50대와 60대에서 향후 10년 이내 거주지 변경의향이 있다고 응답한 인원수를 각각 a명이라고 가정하면, 치안 항목을 선택한 50대와 60대 인원수의 합은 $0.025a+0.124a=0.149a$(명)이다. 또, 향후 10년 이내 거주지 변경의향이 있다고 응답한 전체 인원을 b명이라고 가정하면, 치안 항목을 선택한 인원수는 $0.014b$명이다. 이때 치안 항목을 선택한 연령대는 50대와 60대뿐이므로 $0.149a=0.014b$이다. 따라서 향후 10년 이내 거주지 변경의향이 있다고 응답한 전체 인원 중 50대가 차지하는 비율은 $\frac{a}{b}=\frac{0.014}{0.149}\fallingdotseq 0.094$, 즉 약 9.4%이다.

15 도표분석능력 자료를 바탕으로 수치 계산하기

| 정답 | ⑤

| 해설 | 초졸 이하부터 대졸 이상까지 교육수준별 응답 인원수는 각각 700명, 300명, 5,200명, 3,800명이다. 따라서 교육수준별 향후 10년 이내 거주지 변경의향 이유로 교육환경을 선택한 인원수는 다음과 같다.

• 초졸 이하 : 없음.
• 중졸 : 300×0.087×0.121≒3(명)
• 고졸 : 5,200×0.269×0.192≒269(명)
• 대졸 이상 : 3,800×0.308×0.37≒433(명)

따라서 향후 10년 이내 거주지 변경의향 이유로 교육환경을 선택한 사람은 약 705명이다.

16 도표분석능력 자료의 수치 분석하기

| 정답 | ②

| 해설 | 20X5년 한국 섬유산업 수출액은 전년 대비 15,802−15,696=106(백만 달러) 감소하였다.

| 오답풀이 |

③ 20X8년 한국 섬유산업 수입액은 20X5년 대비 14,305−11,730=2,575(백만 달러) 증가했다.

④ 20X9년 이탈리아의 섬유 수출액은 33,400백만 달러로 한국 섬유 수출액인 13,607백만 달러의 약 2.45배이다. 따라서 한국의 섬유 수출액보다 145% 더 많다.

⑤ 20X6년 한국 섬유 수출액은 16,072백만 달러로 20X9년 프랑스 섬유 수출액인 15,000백만 달러보다 더 많다.

17 도표작성능력 자료를 그래프로 변환하기

| 정답 | ③

| 해설 | ㉣ $\frac{2,629}{7,263}\times 100 \fallingdotseq 36.2(\%)$

| 오답풀이 |

㉠ 20X6년 : $\frac{13,281-11,730}{11,730}\times 100 \fallingdotseq 13.2(\%)$

20X7년 : $\frac{14,356-13,281}{13,281}\times 100 \fallingdotseq 8.1(\%)$

㉡ $\frac{260}{7,263}\times 100 \fallingdotseq 3.6(\%)$

㉢ 20X8년 : $\frac{14,490}{14,305}\times 100 \fallingdotseq 101.3(\%)$

20X9년 : $\frac{13,607}{14,507}\times 100 \fallingdotseq 93.8(\%)$

18 사고력 조건에 따라 추론하기

| 정답 | ③

| 해설 | 업무 시작 시점에 A는 주근무자이고 기사 자격증 보유자이면서 경력 5년 이상인 B는 먼저 주근무를 해야 하므로 첫 번째 부근무자가 될 수 있는 사람은 D뿐이다. 3시간 후, 두 번째 주근무자가 될 수 있는 사람은 B 또는 C이고 두 번째 부근무자가 될 수 있는 사람은 근무를 쉬고 있던 A뿐이다. 이를 그림으로 정리하면 다음과 같다.

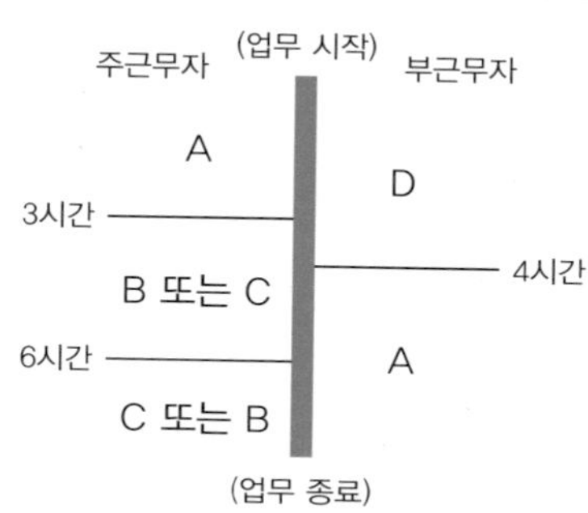

따라서 직원 A가 한 번도 부근무자가 되지 않았다는 추론은 옳지 않다.

19 문제처리능력 제시된 조건을 사례에 적용하기

| 정답 | ④

| 해설 | 제3자 가입 신청인 경우 본인 및 대리인 실명확인증표, 본인이 작성한 위임장, 본인의 인감증명서가 필요하다. 따라서 J 씨의 인감증명서는 필요하지 않다.

20 문제처리능력 지침을 바탕으로 예산 산정하기

| 정답 | ④

| 해설 | 각각의 일정에 따라 필요한 예산을 계산하면 다음과 같다.

1. • 전문가 활용비 : 현황 보고 회의에 해당하므로 지급되지 않음.
   • 회의비 : 시내 출장이며 외부인이 참여하기 때문에 일비를 지급받을 수 없고 회의비로 처리해야 한다. 회의가 점심시간을 포함하고 있기 때문에 1인 25,000원으로 처리하면 5×25,000=125,000(원)이 필요하다.
2. • 일비 : 120,000+110,000+100,000=330,000(원)
   • 유류비 : 160×21×2=6,720(원)
3. 전문가 활용비 : (400,000+400,000+250,000)×3 =3,150,000(원)

따라서 총 예산은 3,611,720원이다.

21 문제처리능력 업무 목록 정리하기

| 정답 | ⑤

| 해설 | 〈주간 회의록〉의 업무분장에 따르면 섭외 및 단가 협의는 ◇◇행사대행업체의 업무에 해당한다.

| 오답풀이 |

마감 일정은 해당 일자까지 마무리되어야 함을 의미하므로, 추진일자는 마감 일정과 반드시 일치하지 않더라도 마감 일정 이전이면 가능하다.

22 문제처리능력 지문을 활용한 아이디어 제시하기

| 정답 | ⑤

| 해설 | 해당 지문은 지방자치단체의 장이 지역화폐를 창안하여 도시의 발전을 이뤄 낸 사례를 서술하고 있다. 또한 마지막 문장에는 '국가의 중앙은행이 발행한 화폐가 없어도

지자체들도 지역화폐를 만들어 쓰면 된다는 것을 가르쳐 준다'라고 하였다. 따라서 지자체가 중앙정부에 협력해야 한다는 내용의 아이디어는 적절하지 않다.

23 문제처리능력 자료를 바탕으로 의견 판단하기

| 정답 | ③

| 해설 | 기존에 나라장터에 입찰참가 등록이 된 자는 참가자격을 준수한다. 하지만 사업에 참가하기 위해서는 이 사업에 대한 참가신청서를 반드시 접수해야 한다.

24 문제처리능력 자료를 바탕으로 민원 응대하기

| 정답 | ④

| 해설 | 사업 참가 신청 시, 해당 제품의 해외수출 실적을 반드시 밝혀야 한다. 즉, 기존에 해외수출 경험이 있는 기업이 이 사업에 참여할 수 있음을 유추할 수 있으므로 민원 4에 대해서는 신청이 불가함을 알려 주어야 한다.

25 문제처리능력 저렴한 항공편 예매하기

| 정답 | ①

| 해설 | 3월 1일은 수요일이므로 수요일에 운항하지 않는 7C107을 제외한다. 또한 택시를 타더라도 등록시간 이전까지 도착할 수 없는 TW703을 제외한다. 남은 세 항공편을 이용할 시 전체 예산을 계산하면 다음과 같다.

- KE1251 : $(91,500\times50)\times\frac{90}{100}=4,117,500$(원)
- OZ8915 : $(112,200\times50)\times\frac{90}{100}=5,049,000$(원)
- LJ305 : $(81,900\times50)\times\frac{90}{100}+500,000=4,185,500$(원)

따라서 예산 지출이 가장 적은 항공편은 KE1251이다.

14회 기출예상문제

문제 507쪽

01	①	02	③	03	①	04	①	05	②
06	④	07	③	08	⑤	09	②	10	④
11	①	12	④	13	①	14	③	15	②
16	②	17	②	18	④	19	①	20	④
21	①	22	①	23	①	24	④	25	②

01 문서작성능력 논지 전개방식 파악하기

| 정답 | ①

| 해설 | 제시된 글은 먼저 휴리스틱의 개념을 제시하고 반대 개념인 알고리즘에 대해 설명한다. 다음으로 휴리스틱과 유사한 사이먼의 '만족화' 원리, 전형적인 양상 '이용 가능성 휴리스틱' 등을 설명하고 이어서 '이용 가능성 휴리스틱'과 동반되는 '바이어스'와 '사후 바이어스'에 대해 설명한다. 그러므로 이 글은 분석 대상 휴리스틱과 관련한 개념을 연쇄적으로 제시하며 정보의 확대를 꾀하고 있다고 볼 수 있다.

02 문서이해능력 세부 내용 이해하기

| 정답 | ③

| 해설 | ㉢ '공간의 가변성을 특징으로 하는 한옥에서 창호는 핵심적인 역할을 한다'고 하였으므로 공간의 가변성과는 관련이 없다는 설명은 적절하지 않다.

㉤ '창호지가 얇기 때문에 창호가 닫혀 있더라도 외부와 소통이 가능하다는 장점도 있다'라고 하였으므로 외부의 소음을 차단한다는 설명은 적절하지 않다.

| 오답풀이 |

㉠ '한국전통 건축, 곧 한옥에서 창과 문은 그 크기와 형태가 비슷해서 구별하지 않는 경우가 많다. 그리하여 창과 문을 합쳐서 창호라고 부른다'를 통해 알 수 있다.

㉡ '머름은 창 아래 설치된 낮은 창턱으로, 팔을 얹고 기대어 앉기에 편안한 높이로 하였다'를 통해 알 수 있다.

㉣ '한옥의 실내 공간은 자연과 하나 된 심미적인 공간으로 탈바꿈한다. 열린 창호가 안과 밖, 사람과 자연 사이의 경계를 없앤 것이다'를 통해 알 수 있다.

03 문서이해능력 글의 내용을 바탕으로 상황 판단하기

|정답| ①

|해설| 마지막 문단에서 글쓴이는 전통적인 예술 방식과 매체 시대의 새로운 예술 방식이 모두 문화적 동인으로서 수용되어야 한다고 하였으므로, 〈보기〉의 문화 현상에 담긴 두 문화 방식을 모두 존중해 줄 것을 말하는 태도가 가장 적절하다.

|오답풀이|

②, ⑤ 두 예술 방식이 절충되어야 한다는 견해 또는 자기 반성에 대한 권고는 나타나 있지 않다.

③, ④ 둘 중 어느 특정 방식만을 옹호하는 견해이므로 부적절하다.

04 문서이해능력 주제별 문단 나열하기

|정답| ①

|해설| (다)와 (라)는 재생의료 기술이라는 주제를 다루고 있으며, (가)와 (마)는 시공을 초월한 의료서비스인 U-health를, (나)와 (바)는 AI 시대와 외과의라는 주제를 다루고 있다. (라)에서는 재생의료 기술의 소개와 함께 향후의 시장성에 대한 언급을 하고 있으며, 특히 유도만능 줄기세포와 이종이식에 주목한다. 이를 받아 (다)에서는 유도만능 줄기세포와 이종이식의 구체적인 기술개발 사례를 언급하고 있다. (마)에서는 U-health를 통한 건강관리 시스템 변화의 필요성을 언급하며 (가)에서는 비용 절감과 의료의 질 향상이라는 과제를 해결할 유일한 대안이 U-health임을 강조하고 있다. (나)에서는 현재 의사들 사이에서 인기가 없는 외과와 가장 인기가 높은 영상의학과에 대한 설명을 하고 (바)에서는 이를 반전해 외과가 미래에 유망하다고 생각되는 이유에 대해 말하고 있다. 따라서 (라)-(다) / (마)-(가) / (나)-(바)가 적절하다.

05 문서이해능력 글을 읽고 추론하기

|정답| ②

|해설| 4문단을 보면 3D 프린터로 출력한 부품이 기계로 제작한 부품만큼 안정적으로 작동할지에 대해서는 검증이 필요하다고 하였으며 실제로 이번 발사에서 일렉트론은 목표로 한 궤도에 도달하지 못했다고 하였다. 따라서 별도의 검증 없이 빠른 시일 안에 상용화될 것이라는 추론은 적절하지 않다.

|오답풀이|

① 스마트폰과 전기자동차 등의 기술이 발전하면서 배터리 효율이 개선됐고 이는 로켓랩이 최초의 전기모터 엔진을 개발하는 데 영향을 미쳤다.

③ '구글 루나 X 프라이즈'에 참가하는 '문 익스프레스' 팀에 관한 설명이다.

④ 전기모터를 구동하는 배터리의 에너지 밀도가 2015년을 기준으로 1.5～2배 정도 향상되어야 하고 이는 앞으로 10년 이내에 가능할 것이란 전망이다.

⑤ 스페이스 X는 로켓랩보다 발사 비용이 더 저렴하지만, 소형 위성은 발사하지 않는다.

06 문서이해능력 문단별 중심 내용 파악하기

|정답| ④

|해설| (다) 문단에서 정부의 규제적인 성향이 도덕적 해이의 원인이라고 지적된 바 있다. 따라서 정부가 규제를 강화하는 것은 오히려 정부의 도덕적 해이를 강화하는 것이라 볼 수 있다. 또한 (라)에 제시된 정부의 의도는 도덕적 해이 시정이 아니라 배출권 가격 안정화에 있다고 볼 수 있으므로 (라)의 중심 내용이 도덕적 해이를 시정하기 위한 정부의 노력이라고 보기 어렵다.

07 문서이해능력 세부 내용 이해하기

|정답| ③

|해설| 두 변수가 인과관계에 놓여 있으면 상관관계도 있다고 볼 수 있고, 상관관계가 성립하므로 두 변수 사이에 연관성이 존재함을 알 수 있다.

|오답풀이|

① 상관관계를 인과관계로 착각하는 첫 번째 경우로서 두 사건 사이에 시간적 차이가 있다 하더라도 앞서 발생한 사건이 반드시 이후 사건의 원인이 되지는 않는다.

② 사건들 간의 그릇된 관계 해석으로 상관관계를 인과관계로 착각하거나 인과관계의 원인과 결과를 반대로 생각하여 사건의 원인을 혼동하는 것과 같은 오류를 범하지 않도록 주의해야 한다.

④ 상관관계는 변수들 간의 밀접한 관계만을 나타낼 뿐 인과관계의 성립 여부에 대해서는 알려 주지 않으므로 상관관계가 있어도 인과관계가 성립되지 않을 수 있다.

⑤ 두 변수의 변화가 함께 나타나는 빈도가 통계적으로 의미 있는 값을 보일 때 '상관관계가 있다'고 말할 수 있다.

08 문서이해능력 세부 내용 이해하기

| 정답 | ⑤

| 해설 | 당시 미국의 주들 가운데는 강제불임시술을 규정하고 있는 주들이 있었지만 그중 대부분의 주들이 이러한 강제불임시술을 실제로는 하고 있지 않았다. 하지만 연방대법원의 합헌 판결이 나자 많은 주들이 새로운 법률을 제정하거나 기존의 법률을 개정해서 버지니아 주의 법과 유사한 법률을 시행하게 되었다고 하였으므로, 버지니아 주의 법이 합헌으로 판단되기 이전에 불임시술을 강제하는 법을 가지고 있던 다른 주들 대부분은 그 법을 집행하고 있지 않았다는 것을 알 수 있다.

| 오답풀이 |

① 우생학의 주목적은 결함이 있는 유전자를 제거하여 인류를 개선하는 것으로, 정신이상자, 정신박약자, 간질환자 등을 유전적 결함을 가진 대상으로 보았다. 캐리 벅은 정신박약인 백인 여성이므로 당시 우생학에 따르면 유전적 결함을 가진 사람이었다.

②, ③ 버지니아 주에서 제정·시행하고 있던 법은 당시 과학계에서 받아들여지던 우생학의 연구결과들을 반영한 것으로, 유전에 의해 정신적으로 결함이 있는 자들에게 강제불임시술을 함으로써 당사자의 건강과 이익을 증진하는 것을 목적으로 하였다고 언급되어 있다.

④ 홈즈 대법관은 사회가 무능력자로 차고 넘치는 것을 막고자 이미 사회에 부담이 되는 사람들에게 그보다 작은 희생을 요구하는 것을 금지할 수는 없다고 하였다. 따라서 홈즈에 따르면 사회가 무능력자로 넘치지 않기 위해서는 사회에 부담이 되는 사람들에게 희생을 요구할 수 있다.

09 문서작성능력 빈칸에 알맞은 내용 찾기

| 정답 | ②

| 해설 | ㉠의 앞 내용은 정부가 모든 대학의 정원을 감축하면 전체 학생 수는 감소하지만 부실대학은 살아남게 된다고 말하고 있다. 이는 대학의 정원 수가 낮아짐에 따라 진학에 실패한 학생들은 부실대학으로 진학하게 되기 때문이고 짐작할 수 있다. 따라서 ㉠에 들어갈 내용은 부실대학으로 진학한 4년제 대졸자 학생들의 임금이 고졸자보다 낮은 현실을 초래하여 성장저해와 소득불평등이 악화될 수 있다는 것이 적절하다.

10 기초연산능력 부등식 활용하기

| 정답 | ④

| 해설 | • 식품 A : a번째 검사 때 식품 A의 대장균 수는 (2×2^a)마리/cc이므로 다음과 같은 식이 성립한다.

$2\times2^a \geq 1,000$

$2^{a+1} \geq 1,000$

∴ 9번째 검사부터 1,000마리/cc 이상의 대장균이 검출된다.

• 식품 B : b번째 검사 때 식품 B의 대장균 수는 (1×2^b)마리/cc이므로 다음과 같은 식이 성립한다.

$1\times2^b \geq 800$

∴ 10번째 검사부터 800마리/cc 이상의 대장균이 검출된다.

• 식품 C : c번째 검사 때 식품 C의 대장균 수는 (3×2^c)마리/cc이므로 다음과 같은 식이 성립한다.

$3\times2^c \geq 700$

$2^c \geq 233.33\cdots$

∴ 8번째 검사부터 700마리/cc 이상의 대장균이 검출된다.

따라서 식품이 상하는 순서는 C−A−B이다.

11 기초통계능력 경우의 수 구하기

| 정답 | ①

| 해설 | 알파벳 'escape'에서 'e' 두 개를 다른 문자 'e1'과 'e2'로 본다면 'escape'을 일렬로 나열하는 경우의 수는 6! 가지이다. 하지만 실제로 'e1'과 'e2'는 같은 문자이므로 둘

이 자리를 바꿔도 같은 경우가 된다. 따라서 'escape'을 일렬로 나열하는 경우의 수는 $\frac{6!}{2}$ =360(가지)이다.

또한 50 ~ 70 사이의 소수는 53, 59, 61, 67로 네 가지이며 네 번째 힌트에 의해 천의 자리 숫자는 1이 되므로 앞의 두 자리 숫자는 61이 된다. 따라서 도어락 비밀번호는 61360으로 한 번에 풀 수 있다.

12 기초연산능력 최소공배수 활용하기

| 정답 | ④

| 해설 | 도르마무가 행성을 먹기 전에 있었던 전체 행성의 수를 $(x+1)$개라 하면 다음과 같이 정리할 수 있다.

- 첫째 날에 먹고 남은 행성의 수 : x
- 둘째 날에 먹고 남은 행성의 수 : $\frac{1}{2}x$
- 셋째 날에 먹고 남은 행성의 수 : $\frac{1}{2}x \times \frac{2}{3} = \frac{1}{3}x$
- 넷째 날에 먹고 남은 행성의 수 : $\frac{1}{3}x \times \frac{3}{4} = \frac{1}{4}x$

⋮

- 일곱째 날에 먹고 남은 행성의 수 : $\frac{1}{6}x \times \frac{6}{7} = \frac{1}{7}x$

도르마무가 행성을 먹고 남은 수는 항상 정수라고 했으므로 x, $\frac{1}{2}x$, $\frac{1}{3}x$, ⋯, $\frac{1}{7}x$는 모두 정수이다. 따라서 x는 1, 2, 3, ⋯, 7의 최소공배수인 420이다.

그러므로 ㉠은 420+1=421, ㉡은 $420 \times \frac{1}{7}$ =60이 되어 그 합은 421+60=481이다.

13 도표분석능력 자료의 수치 분석하기

| 정답 | ①

| 해설 | ㉣ 20X5년 대비 20X6년 전체 지원자 수의 변화율을 구하면 $\frac{2,652-3,231}{3,231} \times 100 ≒ -17.9(\%)$이므로 25%가 아닌 약 17.9% 감소하였다.

| 오답풀이 |

㉠ 〈자료 2〉에서 해외 지원자 비율을 보면 전반적으로 감소하는 추세임을 알 수 있다.

㉡ 〈자료 1〉에서 20X9년 전체 지원자 수 대비 국내 지원자의 비율을 계산해보면 $\frac{1,462}{2,475} \times 100 ≒ 59.1(\%)$이다.

㉢ 〈자료 1〉을 보면 20X3년 대비 20X9년 전체 지원자 수는 3,899−2,475=1,424(명) 감소했다.

㉤ 〈자료 1〉을 통해 (A)와 (B)를 구하면 다음과 같다.

- (A) : $\frac{1,462}{2,475} \times 100 ≒ 59.1(\%)$
- (B) : $\frac{1,013}{2,475} \times 100 ≒ 40.9(\%)$

따라서 (A)−(B)=18.2(%p)이다.

14 도표분석능력 자료를 바탕으로 수치 계산하기

| 정답 | ③

| 해설 | 〈표 3〉을 보면 농림축산식품부만이 일반회계가 5,700십억 원에서 6,100십억 원으로, 특별회계가 7,000십억 원에서 7,934십억 원으로 모두 증가하였다. 따라서 농림축산식품부의 20X8년 대비 20X9년 예산총액 증감률을 계산하면 된다. 〈표 1〉을 보면 농림축산식품부의 예산총액은 20X8년 19,950십억 원에서 20X9년 19,630십억 원으로 감소하였으므로 증감률은 $\frac{19,630-19,950}{19,950} \times 100 ≒ -1.604(\%)$이다.

15 도표분석능력 자료를 바탕으로 수치 계산하기

| 정답 | ②

| 해설 | 〈표 2〉에서 A 사업의 기금 예산 구성비는 20X8년 32%에서 20X9년 26%로 6%p 감소하였다.

〈표 3〉에서 국토교통부의 기금 예산을 보면, 20X8년 150십억 원에서 20X9년 205십억 원으로 증가하였으므로 증감률은 $\frac{205-150}{150} \times 100 ≒ 36.667(\%)$이다.

따라서 두 값의 합은 6+36.667=42.667이다.

16 도표분석능력 자료의 수치 분석하기

| 정답 | ②

| 해설 | ㉢ 옥수수 생산에는 가장 적은 연간 909억 m^3의 용수가 필요한 반면, 소고기 생산에는 가장 많은 연간 12,497억 m^3의 용수가 필요하다.

| 오답풀이 |

㉠ 우리나라의 농업 및 낙농업 연평균 물 사용량은 2012년부터 지속적으로 증가하다가 2017년, 2018년에 감소하였다.

㉡ 최근 2년간 물 사용량은 증가하고 있으므로 이 추세가 유지될 때 앞으로 물 사용량은 지속적으로 증가할 전망이다.

㉣ 주요 농업 및 낙농업 연평균 물 사용량의 상위 3개 품목(소고기, 치즈, 돼지고기)의 물 사용량 합은 12,497+4,914+4,856=22,267(억 m^3)로 커피의 연간 물 사용량인 19,028억 m^3보다 많다.

17 도표분석능력 자료를 바탕으로 수치 계산하기

| 정답 | ②

| 해설 | 2018년 대비 2019년의 물 사용량 증감률은 $\frac{37,900-37,400}{37,400}\times 100 \fallingdotseq 1.34(\%)$, 2019년 대비 2020년의 물 사용량 증감률은 $\frac{38,200-37,900}{37,900}\times 100 \fallingdotseq 0.79(\%)$이므로 평균 증감률은 $\frac{1.34+0.79}{2} \fallingdotseq 1.07(\%)$이다.

18 문제처리능력 내년도 사업 예측하기

| 정답 | ④

| 해설 | ◇◇선박 운용은 $\frac{89+98+95+96+98}{5}=95.2$(점)으로 1등급이다. E 컨설턴트가 ◇◇선박 운용에 99점을 부여하는 경우 평가자들 중 최고점을 부여하는 것이 되어 점수의 평균을 구하는 과정에서 제외된다. 따라서 ◇◇선박 운용의 평균 점수는 $\frac{89+98+95+96}{4}=94.5$(점)으로 2등급이 된다.

19 문제처리능력 조건에 맞는 상품 선택하기

| 정답 | ①

| 해설 | 박 씨는 호주 달러(AUD)로 예금거래가 가능하면 좋겠다고 하였으므로 ㉣은 제외되며, 5 ~ 6만 원 정도로 시작하고 싶다고 하였으므로 가입금액이 USD 100불 이상인 ㉢도 제외해야 한다. 3년 정도 두고 싶다고 하였으므로 예치기간이 1년인 ㉡ 상품도 적절하지 않다. 따라서 박 씨가 추천받을 상품은 모든 조건을 충족하는 ㉠이다.

20 문제처리능력 예약 현황 파악하기

| 정답 | ④

| 해설 | 〈회의실 예약 조건〉에 따라 회의에 참여할 수 있는 요일을 나타내면 다음과 같다.

구분	월	화	수	목	금
김 부장	재택근무	○	○	휴가	○
유 과장	휴가	휴가	휴가	○	○
이 대리	○	○	○	○	○
박 대리	○	출장	출장	출장	출장
최 사원	○	○	출장	출장	○

〈회의실 예약 현황〉을 참고하여 예약할 수 있는 요일과 시간대를 나타내면 다음과 같다.

구분	월	화	수	목	금
9:00～10:00		▨	▨		
10:00～11:00		▨	▨	▨	
11:00～12:00			▨	▨	
점심 시간					
14:00～15:00	▨	▨			▨
15:00～16:00	▨	▨			▨
16:00～17:00		▨			▨
17:00～18:00		▨			▨

회의는 끊기지 않고 3시간으로 진행하여야 한다는 조건에 따라 월요일 오전과 수요일 오후, 목요일 오후, 금요일 오전 시간대에 회의실을 예약할 수 있다. 하지만 수요일 오후와 목요일 오후에는 회의에 참여할 수 있는 사람이 2명이므로 회의를 진행할 수 없다. 월요일 오전과 금요일 오전 가운데 가장 많은 인원이 참여할 수 있는 요일은 4명이 참여

가능한 금요일이므로 금요일 오전(09 : 00 ~ 12 : 00)에 회의실을 예약할 수 있다.

21 문제처리능력 안내문 이해하기

| 정답 | ①

| 해설 | 판매직 직원은 정오 이전에 출근해야 한다는 시간 설정 제한이 있으나 기존 출 · 퇴근 시간대로 근로하는 것이 가장 좋다는 근거는 없다.

| 오답풀이 |

② 광고팀은 예외 부서의 재택근무 대상에 해당하므로 연장근무를 하더라도 연장수당을 받을 수 없다.

③ 보안 시스템이 종료되는 24 : 00 이전에 퇴근을 완료해야 하므로 최소 근로시간 8시간과 저녁시간 1시간을 고려하면 최소한 오후 3시에는 출근해야 한다.

④ 1일 근로시간은 최소 8시간으로 전 직원 공통사항이다.

⑤ 출근 및 퇴근 시간은 하루 1회씩 설정하는 것으로 제한한다.

22 문제처리능력 자료를 적용하여 추론하기

| 정답 | ①

| 해설 | '산림공원 내 시설 확장' 계획을 보면 주차장, 도로 확장, 공용 편의시설, 건축물 시공이 가능해야 한다. 이 조건에 맞는 건설사는 병, 정, 무이다. '한지체험박물관'의 조건에 맞는 건설사는 을, 병, 정, 무이다. '도시 외곽 레포츠 시설'의 수상스포츠 및 암벽장 시공이 가능한 건설사는 정이다. '강변 산책로'가 가능한 건설사는 병, 정, 무이다. 따라서 참여하지 않는 건설사는 갑이다.

23 문제처리능력 우선순위 파악하기

| 정답 | ①

| 해설 |

- '산림공원 내 시설 확장'에 적절한 부지는 산림공원 내에 위치하는 것이 좋다. 또 동쪽에 있는 숲을 최대한 보존하기를 원하므로 동쪽에 대나무 숲이 있어야 한다. 따라서 B 부지가 가장 적절하다.
- '한지체험박물관'은 산림공원 및 대나무 숲과 인접해야 하며 주민들이 쉽게 접근할 수 있도록 주거지역에 인접한 것이 좋다. 따라서 D 부지가 가장 적합하다.
- '도시 외곽 레포츠 시설'은 도시 외곽에 위치하며 수상스포츠 시공을 필요로 하므로 강 등의 물이 가깝고 자연 암벽장이 있는 곳이어야 한다. 따라서 E 부지가 적합하다.
- '강변 산책로'는 부지에 강이 흐르고 인근 주민들이 쉽게 접근할 수 있는 주거지역 인근에 위치하는 것이 적절하므로 C, D 부지가 가장 적절하다.

이를 정리하면 건설 계획에 우선순위가 가장 낮은 부지는 A 부지이다.

24 문제처리능력 우선순위 파악하기

| 정답 | ④

| 해설 | 업체별 등급에 따른 점수를 계산하면 다음과 같다.

(단위 : 점)

업체	업종	소비자 선호도	예상 매출액	임대료	평균 점수
㉠	중식	100	80	60	80
㉡	중식	80	40	100	73.3
㉢	채식당	100	60	80	80
㉣	한식당	80	100	100	93.3
㉤	한식당	40	60	80	60

기존 하위 세 업체의 평가 점수 평균인 88점보다 높은 업체가 계약하게 되므로 신규 입점 계약을 하게 될 업체는 93.3점의 ㉣이다.

25 문제처리능력 조건에 맞게 배치도 수정하기

| 정답 | ②

| 해설 | FRESH ZONE에는 자극적이지 않고 염분이 적은 매장들로 배치하라고 하였으므로 저염식 음식을 판매하는 A 매장과 자극적이지 않은 음식을 판매하는 D 매장이 배치되어야 한다. 상반기 매출액이 가장 저조했던 C 매장은 상반기 매출액이 가장 높았던 B 매장과 F 매장 사이에 배치되어야 하므로 C 매장의 위치는 수정하지 않아도 된다.

O 부장의 메일에 따라 수정된 배치도는 다음과 같다.

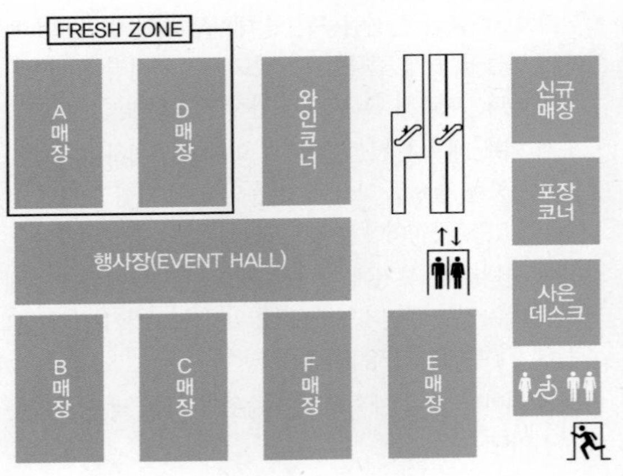

15회 기출예상문제

문제 541쪽

01	①	02	④	03	③	04	⑤	05	④
06	③	07	③	08	⑤	09	③	10	④
11	②	12	③	13	③	14	③	15	③
16	⑤	17	④	18	⑤	19	④	20	②
21	②	22	⑤	23	④	24	③	25	④

01 문서이해능력 세부 내용 이해하기

| 정답 | ①

| 해설 | 4문단에서 '사회적 연대를 중시하는 입장'은 연금 기금을 국민 전체가 사회 발전을 위해 조성한 투자 자금으로 보고 있음을 언급하고 있다.

| 오답풀이 |

② 안정된 금융 시장을 통해 수익률이 높은 대기업에 투자하는 것을 선호하는 입장은 '경제적 성과를 중시하는 입장'이다.

③ '사회적 연대를 중시하는 입장'은 연금 기금을 일종의 신탁 기금으로 규정해 온 관련 법률을 개정하는 데 찬성한다.

④ '경제적 성과를 중시하는 입장'은 사회 내의 소득 격차가 커질수록 사회 구성원 일부에게 희생을 강요하는 소득 재분배에 대한 비판이 더욱 강해질 수밖에 없기 때문에 공적 연금 제도를 통한 소득 재분배를 더욱 강하게 요구한다는 내용은 적절하지 않다.

⑤ 연금 기금을 국민 전체가 사회 발전을 위해 조성한 투자 자금으로 보는 것은 '사회적 연대를 중시하는 입장'과 관련이 있다.

02 문서이해능력 문단별 중심 내용 파악하기

| 정답 | ④

| 해설 | (라)는 미시적 방법론으로 치우친 사회복지방법론 발전의 한계에 대해 말하고 있다.

03 문서작성능력 빈칸 채우기

| 정답 | ③

| 해설 | 선택형 피크요금제는 소비자들이 요금에 따라 전력량을 선택할 수 있도록 유도하는 정책이므로 ㉠에는 '유도'가 들어가는 것이 적절하다. 여름에는 기존보다 강력한 정책이 요구된다고 하였으므로 차등률은 기존보다 강한 수준에서 결정될 것이다. 따라서 ㉡에는 '높은'이 들어가는 것이 적절하다. 선택형 피크요금제의 참여율이 낮은 이유는 기업들이 선택형 피크요금제에 따른 절감 효과가 크지 않다고 생각했기 때문이다. 따라서 ㉢에는 '크지 않다고'가 들어가는 것이 적절하다.

04 문서이해능력 세부 내용 이해하기

| 정답 | ⑤

| 해설 | 마지막 문단에서 신경계의 구조적 특징들의 일부는 높은 인지 능력과 관련된다고 추정함을 언급하고 있다. 다시 말해 제약 조건 속에서 다듬어진 신경계 구조적 특징의 일부가 높은 인지 능력과 관련된다고 추정할 뿐, 인간의 높은 인지 능력 덕분에 에너지를 절약할 수 있는 신경계의 구조가 생성된 것은 아니다.

05 문서이해능력 세부 내용 이해하기

| 정답 | ④

| 해설 | 수평적 인수합병의 경우에도 규모의 경제를 통해 생산 단가를 낮추고 생산의 효율성을 높일 수 있다. 따라서 이러한 효과만으로 수직적 인수합병일 것이라 단정할 수 없다.

| 오답풀이 |

① 분야가 다른 기업 간의 결합은 다각적 인수합병을 말하며, 높은 수익성이 기대되는 다른 분야의 기업을 통해 위험을 분산시키고자 하는 측면이 강하다.

② 수평적 인수합병 이후에 독과점으로 인한 폐해가 늘어난다면 이는 규제의 대상이 될 수 있다.

③ 수평적 인수합병은 경쟁 관계에 있던 회사가 결합하는 것이기에 신규 진입이 없을 때, 산업 내 잔존하는 기업 수 자체는 줄어든다.

06 문서작성능력 글의 흐름에 맞게 문장 배열하기

| 정답 | ③

| 해설 | 이 글의 핵심 내용은 지방자치단체의 정책 결정 과정을 주민의 의사에 부합하는 방향으로 보완해야 한다는 것이다. 따라서 지방자치단체 정책 결정과정의 문제점과 보완 필요성을 언급하고 있는 (나)가 맨 앞에 온다. 다음으로 그동안의 문제점 극복을 위한 노력에 대해 설명하는 (다)가 이어지고 (다)에서 언급한 '민간화'와 '경영화'를 부연 설명하는 (가)가 연결된다. (마)의 '이러한 한계'는 (가)에 언급된 민간화와 경영화의 한계를 말하므로 (마)가 그 다음에 오고, 여기서 그에 대한 대안으로 주민 참여 제도의 활성화를 제시하여 (라)와 연결된다. (라)에서는 직접민주주의 제도를 적용했을 때 예상되는 효과를 나열하면서 직접민주주의 제도 활성화를 촉구하며 글을 마무리하고 있다. 따라서 적절한 순서는 (나)－(다)－(가)－(마)－(라)이다.

07 문서이해능력 주제와 관련 없는 문단 찾기

| 정답 | ③

| 해설 | 청정에너지로 분류되는 천연가스는 이산화탄소보다 더 강한 온실효과를 일으키는 메탄을 배출하며, 천연가스를 채취할 때 사용되는 수압파쇄법은 라돔을 발생시키는 사실을 시사하며 천연가스의 청정성에 의문을 제기하고 있다. 하지만 (다)는 미국의 가스관에 대한 설명으로 글의 주제에 벗어난다.

08 문서작성능력 글의 전개방식 파악하기

| 정답 | ⑤

| 해설 | ㄴ. 시스템 마비나 해킹 등의 예상되는 결과와 이를 해결할 수 있는 철저한 대안과 정책 마련의 필요성을 제시하고 있다.

ㄷ, ㄹ. 대상이 적용됨에 따라 나타난 결과에 대해 설명하고 구체적인 사례와 사례별 대상의 적용 방식을 세탁기, 냉장고, 프린터, 인형, 화장실, 소, 자동차 등으로 열거하고 있다.

| 오답풀이 |

ㄱ. 제시된 글은 권위자인 교수의 말을 빌려 설명을 부연하고 있을 뿐 권위자의 말에 의지해 대상을 묘사하고 있지는 않다.

09 문서이해능력 세부 내용 이해하기

|정답| ③

|해설| 온배수는 저온성 해조류에 악영향을 미치지만 온수성 어류의 성장에는 긍정적인 영향을 미친다고 언급되어 있다. 이것은 저온성 해조류 피해에 따른 보상 등의 절차를 충실히 이행함과 동시에 발상의 전환을 통하여 온배수가 유익한 물질이 될 수 있는 방안을 마련한 것으로 볼 수 있다. 따라서 온수성 어류 방류를 통한 온배수 활용은 앞으로도 지속가능한 환경오염물질 관리 방안이 될 수 있으며, 이러한 지속가능한 관리 방안은 (마) 단락에서만 찾아볼 수 있다.

10 기초통계능력 비율 계산하기

|정답| ④

|해설| 1차 선택 때 서울을 선택한 신입사원의 수를 x명, 경기를 선택한 신입사원의 수를 y명이라 하면 다음과 같이 정리할 수 있다.

구분	서울	경기
1차 선택	x명	y명
2차 선택	$(0.9x+0.1y)$명	$(0.1x+0.9y)$명

2차 선택 때 경기를 선택한 신입사원이 전체 신입사원의 20%라 했으므로 다음과 같은 식이 성립한다.

$$\frac{0.1x+0.9y}{x+y}\times 100=20$$

$$0.1x+0.9y=0.2x+0.2y$$

$$0.1x=0.7y$$

$$x=7y$$

따라서 1차 선택에서 서울을 선택한 신입사원은 전체 신입사원의 $\frac{x}{x+y}\times 100=\frac{7y}{7y+y}\times 100=87.5(\%)$이다.

11 기초통계능력 확률 계산하기

|정답| ②

|해설| 방역을 맡겼을 때의 예상 이익이 방역을 맡기지 않았을 때의 예상 이익 이상이면 방역을 맡기게 된다. 열병이 유행할 확률을 x%라고 하면 다음과 같은 식이 성립한다.

$$(4{,}500-500)\times\frac{x}{100}+(3{,}000-500)\times\frac{100-x}{100}$$

$$\geq 2{,}000\times\frac{x}{100}+3{,}000\times\frac{100-x}{100}$$

$$40x+2{,}500-25x\geq 20x+3{,}000-30x$$

$$25x\geq 500$$

$$x\geq 20$$

따라서 농부는 열병이 유행할 확률이 최소 20% 이상일 때 방역을 맡기게 된다.

12 기초통계능력 경우의 수 구하기

|정답| ③

|해설| 다음과 같이 두 가지 경우로 나누어 생각할 수 있다.

i) 도서관과 영화관 사이를 같은 경로로 이동
도서관과 영화관을 오가는 경로가 같다면 집과 도서관 사이를 다른 경로로 이동해야 하므로, (집에서 도서관을 갈 때 이용할 수 있는 경로의 수)×(도서관에서 영화관을 갈 때 이용할 수 있는 경로의 수)×(영화관에서 도서관으로 올 때 이용할 수 있는 경로의 수)×(도서관에서 집으로 올 때 이용할 수 있는 경로의 수)=3×4×1×2=24(가지)이다.

ii) 도서관과 영화관 사이를 다른 경로로 이동
도서관과 영화관을 오가는 경로가 다르다면 집과 도서관 사이를 같은 경로로 이동해야 하므로, (집에서 도서관을 갈 때 이용할 수 있는 경로의 수)×(도서관에서 영화관을 갈 때 이용할 수 있는 경로의 수)×(영화관에서 도서관으로 올 때 이용할 수 있는 경로의 수)×(도서관에서 집으로 올 때 이용할 수 있는 경로의 수)=3×4×3×1=36(가지)이다.

따라서 가능한 경로의 수는 총 24+36=60(가지)이다.

13 도표분석능력 자료의 수치 분석하기

|정답| ③

|해설| 단위 총량당 수입금액은

20X6년이 $\frac{212{,}579}{30{,}669}\fallingdotseq 6.9$(천 불/톤),

20X7년이 $\frac{211,438}{31,067}$ ≒ 6.8(천 불/톤)으로 20X7년의 단위 총량당 수입금액은 20X6년에 비해 감소하였다.

| 오답풀이 |

① 무역수지는 수출금액에서 수입금액을 뺀 값이다.

② 20X9년 우리나라의 초콜릿 수출입 주요 6개국의 수출 금액 평균은 $\frac{518+6,049+275+61+0+0}{6}$ =1,150.5 (천 불)이다.

④ 20X6년에는 20X5년에 비해 수출총량이 감소하였지만 수출금액은 증가하였다.

⑤ 20X9년 우리나라의 수출총량에서 중국으로의 수출총량은 $\frac{900.0}{2,500}\times 100=36$(%)를 차지한다.

14 도표분석능력 빈칸에 들어갈 수치 계산하기

| 정답 | ③

| 해설 | 〈표 1〉의 가로줄의 합과 〈표 2〉의 가로줄의 합은 각각 〈표 3〉의 합계와 같다는 사실을 이용하면 쉽게 구할 수 있다. 계산이 복잡하면 끝자리를 먼저 비교함으로써 빠르게 계산 가능하다.

ⓒ 48,472−(12,025+4,255+4,553+5,001+4,408+12,285)=5,945

따라서 ⓒ에 들어갈 숫자는 5,945이다.

| 오답풀이 |

① 41,572−(10,071+18,725+191+9,856+290+2,316) =123

② 41,776−(9,803+19,624+164+100+9,623+299) =2,163

④ 12월 합계가 주어져 있지 않으므로 〈표 1〉로부터 12월 합계인 ⓔ를 먼저 구하면 47,824이다.
47,824−(10,878+4,977+4,158+4,059+4,169+14,969)=4,614

⑤ 10,514+17,965+188+643+16,003+300+2,211 =47,824

15 도표분석능력 자료의 수치 분석하기

| 정답 | ③

| 해설 | 양수의 평균 전력거래량은 (300+266+290+299+313+306)÷6≒296(GWh)로 300GWh 미만이다.

| 오답풀이 |

① 2020년 9월 총 전력거래량은 41,776GWh로 전월 대비 $\frac{48,472-41,776}{48,472}\times 100$ ≒ 13.8(%) 감소하였다.

② 증가, 감소, 감소, 증가, 증가로 동일하다.

④ 2020년 10월 양수와 LNG의 전력거래량 합은 290+9,856=10,146(GWh)로 원자력의 전력거래량인 10,071 GWh보다 많다.

⑤ 가장 많이 거래된 월은 8월, 가장 적게 거래된 월은 10월로, 전력거래량 차이는 4,408−3,549=859(GWh)이다.

16 도표분석능력 자료의 수치 분석하기

| 정답 | ⑤

| 해설 | ㉠ 20X9년 한국의 자동차 생산량은 세계 총 생산량의 $\frac{4,115}{98,909}\times 100$ ≒ 4(%)이다.

㉡ 자동차 내수량이 가장 많았던 해는 20X8년으로 전년 대비 11,000대가 증가하였다.

㉢ 모든 해에서 무역수지의 값은 양수이며 20X5년에 635억 불로 가장 크다.

17 도표분석능력 자료를 바탕으로 수치 계산하기

| 정답 | ④

| 해설 | 한국의 20X9년 자동차 생산량은 전년 대비 $\frac{4,229-4,115}{4,229}\times 100$≒3(%) 감소했다. 이는 일본의 전년 대비 20X9년의 증가율과 동일하므로 일본의 20X8년 자동차 생산량은 $\frac{9,684}{1.03}$ ≒ 9,402(천 대)이다.

18 문제처리능력 출장을 갈 직원 선정하기

| 정답 | ⑤

| 해설 | 해외출장 일정과 스케줄이 겹치지 않으며 운전면허가 있고 비행기 탑승에도 문제가 없는 직원은 박 부장, 김 팀장, 한 사원, 정 사원이다. 팀장 또는 부장이 반드시 1인 이상 포함되어야 하므로 이번 해외출장에는 박 부장과 김 팀장 중 한 명 이상은 반드시 가게 된다.

| 오답풀이 |

① 강 사원은 해외출장 일정과 겹치는 11월 11일에 스케줄이 있으므로 출장에 갈 수 없다.

② 윤 사원은 11월 10일과 13일에 스케줄이 있어 출장에 갈 수 없다.

③ 최 팀장은 11월 12일에 스케줄이 있으며 임신 중으로 비행기 탑승이 어려우므로 출장을 갈 수 없다.

④ 한 사원과 정 사원이 모두 출장을 갈 수 있으나 두 사람 중 적어도 한 사람은 팀장 또는 부장이어야 하므로 한 사원과 정 사원이 함께 출장을 가는 것은 적절하지 않다.

19 문제처리능력 매뉴얼 파악하기

| 정답 | ④

| 해설 | 주민에 대한 보호조치는 '적색비상'이 발령된 경우에 해당하는 대응 조치로, 안전상태로의 복구기능이 저하되어 원자력 시설의 주요 안전기능에 큰 손상이 추가적으로 발생한 상태인 '청색비상'에는 해당하지 않는다.

| 오답풀이 |

③ '청색비상' 시 백색비상 대응조치를 수행하므로 원자력사업자 비상대응 시설을 운영할 수 있다.

⑤ '적색비상'시 청색비상 대응조치를 수행하므로 지역방재대책본부를 확대 운영할 수 있다.

20 문제처리능력 자료를 바탕으로 질의응답하기

| 정답 | ②

| 해설 | SP는 아동의 현재 감각처리 능력을 평가하는 감각통합프로파일 검사이다. 문의자의 자녀는 감각능력에는 문제가 없으므로 해당 검사를 추천하는 것은 적절하지 않다.

| 오답풀이 |

④ 만 2세 11개월은 35개월로 제시된 모든 발달검사 프로그램을 실시하기에 적합한 연령이다.

21 문제처리능력 사회 공헌활동 내용 분석하기

| 정답 | ②

| 해설 | ㉠ 각 세부 활동별로 활동인원과 활동시간의 변화를 살펴보면 지역사회 활동은 증가하다 감소하고, 교육문화 활동은 계속 감소하며, 환경보호 활동은 계속 증가하므로 증감 방향이 동일하다.

㉢ 2019년 대비 2020년 지역사회 활동의 활동인원 감소율은 $\frac{7,960-7,115}{7,960}\times 100 \fallingdotseq 10.6(\%)$, 환경보호 활동의 활동인원 증가율은 $\frac{14,001-12,983}{12,983}\times 100 \fallingdotseq 7.8(\%)$로 지역사회 활동의 활동인원 감소율이 더 크다.

| 오답풀이 |

㉡ 교육문화 활동에는 직원가족, 대학생 서포터즈 등 다양한 주체가 참여한다.

㉣ 교육문화 활동의 활동건수당 평균 금액은 $\frac{11,637}{105} \fallingdotseq 110.8$(천 원), 환경보호 활동의 활동건수당 평균 금액은 $\frac{4,298}{1,157} \fallingdotseq 3.7$(천 원)으로 약 30배이다. 단, 금액의 단위가 만 원 단위가 아닌 천 원 단위임에 주의해야 한다.

22 문제처리능력 판매 일정 파악하기

| 정답 | ⑤

| 해설 | 제시된 조건에 따라 12월 할인 판매 일정을 작성하면 다음과 같다.

일	월	화	수	목	금	토
						1
						에어컨
2	3	4	5	6	7	8
세탁기	세탁기	-	컴퓨터	컴퓨터	-	TV
9	10	11	12	13	14	15
TV	-	냉장고	냉장고	-	에어컨	세탁기
16	17	18	19	20	21	22
세탁기	-	컴퓨터	휴무	TV	TV	-
23	24	25	26	27	28	29
냉장고	냉장고	-	에어컨	세탁기	세탁기	-
30	31					
컴퓨터	컴퓨터					

따라서 휴무일 전날인 18일에는 컴퓨터의 할인 판매가 이루어진다.

23 문제처리능력 관련 규정 이해하기

| 정답 | ④

| 해설 | 오후 7시 20분에 상하이로 가는 AU1008편으로 당일 항공편 변경이 가능하다.

| 오답풀이 |

① 동일한 목적지의 항공편인 AU1002, AU226 모두 결항되었으므로 당일 항공편 변경이 불가능하다.

② 오후 6시 50분 도쿄행 비행기는 수속 중이므로 당일 항공편 변경이 불가능하다.

③ 동일한 목적지의 항공편이 없으므로 당일 항공편 변경이 불가능하다.

⑤ 오후 6시 10분 나리타행 비행기는 결항이 아닌 지연 상태이므로 당일 항공편 변경이 불가능하다.

24 문제처리능력 보험 상품 이해하기

| 정답 | ③

| 해설 | 동물등록증 인증 방식으로 가입된 경우가 아니라면, 동물병원 진료 당일 포함 3일 이내에 보험 가입된 반려견 또는 반려묘의 코 근접사진을 3장 촬영하여 GH 보험사에 제출하여야 한다.

| 오답풀이 |

① 해당 사항에 대한 내용은 주어진 자료로는 알 수 없다.

② 월 납입액 21,000원 상품은 모든 수술에 대하여 보험금을 지급하므로 반려묘도 슬개골 및 고관절 관련 질환 수술비를 보장받을 수 있으나 1회 최대 지급액은 1,500,000원이다.

④ 배상 책임은 보험 상품에 가입한 반려견 및 반려묘가 다른 동물 및 사람의 신체에 손해를 끼쳤을 경우에 지급되는 보장이다.

⑤ 1회 180만 원 한도로 연 최대 600만 원 보장받을 수 있으므로 약 3회 보장받을 수 있다.

25 문제처리능력 보험 금액 구하기

| 정답 | ④

| 해설 | 고객 갑은 3일간 통원치료로 매일 5만 원씩 지출하였고 이는 1일 10만 원 한도 범위 내에 해당된다. 이때 한도금액 내에서 실비 지급이 원칙이므로 통원치료비에 해당되는 총 50,000(원)×3(일)=150,000(원)을 수령할 수 있다.

고객 을은 다른 반려견을 물어서 상해를 입혔으므로 1건당 백만 원 한도 내에서 보험금 수령이 가능하다. 이때 한도금액 내에서 실비 지급이 원칙이므로 총 200,000(원)+300,000(원)=500,000(원)을 수령할 수 있다.

기출문제로 통합전공 완전정복

공기업 통합전공

최 신 기 출 문 제 집

- 전공 실제시험을 경험하다 -

수록과목 경영학, 경제학, 행정학, 정책학, 민법, 행정법, 회계학, 기초통계, 금융(경영)경제 상식

수록기업 KOGAS한국가스공사, HUG주택도시보증공사, HF한국주택금융공사, 경기도공공기관통합채용, KODIT신용보증기금, LX한국국토정보공사, 한국지역난방공사, EX한국도로공사, 인천교통공사, 코레일, 한국동서발전, 한국서부발전, 한국남부발전, 한국중부발전, 서울시설공단, 서울시농수산식품공사, 우리은행, 항만공사통합채용, 한국가스기술공사, 한국자산관리공사

코레일 | 한국철도공사 | NCS

기출예상문제집

고시넷

코레일 경영학

■ 808쪽 ■ 정가_32,000원